**Die Bonus-Seite**

Ihr Vorteil als Käufer dieses Buches

Auf der Bonus-Webseite zu diesem Buch finden Sie zusätzliche
Informationen und Services. Dazu gehört auch ein kostenloser
Testzugang zur Online-Fassung Ihres Buches. Und der besondere
Vorteil: Wenn Sie Ihr **Online-Buch** auch weiterhin nutzen wollen,
erhalten Sie den vollen Zugang zum **Vorzugspreis**.

So nutzen Sie Ihren Vorteil

Halten Sie den unten abgedruckten Zugangscode bereit und
gehen Sie auf **www.sap-press.de**. Dort finden Sie den Kasten
Die Bonus-Seite für Buchkäufer. Klicken Sie auf **Zur Bonus-Seite/
Buch registrieren**, und geben Sie Ihren **Zugangscode** ein. Schon
stehen Ihnen die Bonus-Angebote zur Verfügung.

**Ihr persönlicher
Zugangscode**
iwcv-q2he-d93s-fxtk

Dr. Rolf Hiddessen
Laurentiusstr 25
32457 Porta Westfalica
Tel. 05 71 / 7 65 75

Praxishandbuch Transport und Versand mit SAP® LES

SAP PRESS ist eine gemeinschaftliche Initiative von SAP und Galileo Press. Ziel ist es, Anwendern qualifiziertes SAP-Wissen zur Verfügung zu stellen. SAP PRESS vereint das fachliche Know-how der SAP und die verlegerische Kompetenz von Galileo Press. Die Bücher bieten Expertenwissen zu technischen wie auch zu betriebswirtschaftlichen SAP-Themen.

Warehouse Management mit SAP ERP
Marc Hoppe, André Käber
2., aktualisierte und erweiterte Auflage 2009, 695 S., geb.
ISBN 978-3-8362-1422-3

Praxishandbuch Vertrieb mit SAP
Jochen Scheibler, Tanja Maurer
3., aktualisierte und erweiterte Auflage 2010, 656 S., geb., mit Referenzkarte
ISBN 978-3-8362-1472-8

Einkauf mit SAP MM
Torsten Hellberg
2., aktualisierte und erweiterte Auflage 2009, 375 S., geb.
ISBN 978-3-8362-1394-3

Rechnungsprüfung mit SAP MM
Stefan Bomann, Torsten Hellberg
2008, 373 S., geb.
ISBN 978-3-8362-1160-4

Transportmanagement mit SAP TM
Lauterbach, Fritz, Gottlieb, Mosbrucker, Dengel
2009, 636 S., geb., mit Poster
ISBN 978-3-8362-1201-4

Aktuelle Angaben zum gesamten SAP PRESS-Programm finden Sie unter *www.sap-press.de*.

Othmar Gau

Praxishandbuch Transport und Versand mit SAP® LES

Galileo Press

Bonn • Boston

Liebe Leserin, lieber Leser,

vielen Dank, dass Sie sich für ein Buch von SAP PRESS entschieden haben.

Ob per Lkw, Zug, Schiff oder Flugzeug – jeden Tag werden Millionen von Gütern transportiert. Dabei werden die Zeiträume immer kürzer, die Komplexität wird hingegen immer größer. Software kann Ihnen hier helfen, die Prozesse effizient und kostensparend abzuwickeln: von der Planung und der Erstellung einer Lieferung über die Disposition des Transports bis zur Verbuchung des Warenausgangs. Aber auch das unterstützende Softwaresystem muss verstanden und optimal genutzt werden. Mit diesem Buch erhalten Sie das Know-how, um den Transport und Versand mit SAP Logistics Execution System (SAP LES) zu meistern.

Mit Othmar Gau haben wir einen Autor in unserer SAP PRESS-Familie, der mit der Transportlogistik von A bis Z vertraut ist. In seiner langjährigen Beratungstätigkeit hat er Projekte in den verschiedensten Branchen begleitet, dabei eine Vielzahl von Fragestellungen kennengelernt – und Antworten gefunden. Diese Erfahrung teilt er mit Ihnen in diesem Buch. Die zweite, aktualisierte und erweiterte Auflage wurde noch einmal stärker auf Ihre Bedürfnisse als Fachanwender zugeschnitten, um Sie bei der täglichen Arbeit mit dem System zu unterstützen. Aber auch Entwickler, Berater und Entscheidungsträger werden dieses Buch für seine realistische und detailreiche Darstellung sowie seine klare Sprache schätzen.

Wir freuen uns stets über Lob, aber auch über kritische Anmerkungen, die uns helfen, unsere Bücher besser zu machen. Am Ende dieses Buches finden Sie daher eine Postkarte, mit der Sie uns Ihre Meinung mitteilen können. Als Dankeschön verlosen wir unter den Einsendern regelmäßig Gutscheine für SAP PRESS-Bücher.

Ihr Frank Paschen
Lektorat SAP PRESS

Galileo Press
Rheinwerkallee 4
53227 Bonn

frank.paschen@galileo-press.de
www.sap-press.de

Auf einen Blick

Der Name Galileo Press geht auf den italienischen Mathematiker und Philosophen Galileo Galilei (1564–1642) zurück. Er gilt als Gründungsfigur der neuzeitlichen Wissenschaft und wurde berühmt als Verfechter des modernen, heliozentrischen Weltbilds. Legendär ist sein Ausspruch *Eppur se muove* (Und sie bewegt sich doch). Das Emblem von Galileo Press ist der Jupiter, umkreist von den vier Galileischen Monden. Galilei entdeckte die nach ihm benannten Monde 1610.

Lektorat Frank Paschen, Patricia Kremer
Korrektorat Angelika Glock
Einbandgestaltung Daniel Kratzke
Titelbild Fotolia: sculpies, Mikael Damkier; iStock: Beate Becla
Typografie und Layout Vera Brauner
Herstellung Iris Warkus
Satz III-satz, Husby
Druck und Bindung Bercker Graphischer Betrieb, Kevelaer

Gerne stehen wir Ihnen mit Rat und Tat zur Seite:
patricia.kremer@galileo-press.de bei Fragen und Anmerkungen zum Inhalt des Buches
service@galileo-press.de für versandkostenfreie Bestellungen und Reklamationen
thomas.losch@galileo-press.de für Rezensionsexemplare

Bibliografische Information der Deutschen Bibliothek
Die Deutsche Bibliothek verzeichnet diese Publikation in der Deutschen Nationalbibliografie;
detaillierte bibliografische Daten sind im Internet über http://dnb.ddb.de abrufbar.

ISBN   978-3-8362-1424-7

© Galileo Press, Bonn 2010
2. Auflage 2010

Inhalt

6 Weitere Funktionen im Lieferbeleg 191

7 Kommissionierung 259

16 Gefahrgutabwicklung 611

Anhang 641

In der Einleitung möchte ich Ihnen meine Vision und die Gedanken vorstellen, die den Grundstein zu diesem Buch gelegt haben. Zudem erhalten Sie hier einen Überblick über die Inhalte der einzelnen Kapitel.

1 Einleitung

In diesem Buch möchte ich die Prozesse aus dem Transport- und Versandwesen möglichst umfassend und vollständig beschreiben. Insbesondere Fachanwender in der Versandabteilung, aber auch Programmierer, Führungskräfte und Berater, die im Logistikbereich tätig sind, sollen hier praxisnahes Wissen zu allen Aspekten der Lieferabwicklung mit SAP finden können.

Dennoch sind der Darstellungstiefe eines Buches auch Grenzen gesetzt. Besonders ist mir das bei der Kommissionierung, der Terminierung, der Gefahrgutabwicklung, der EDI-Abwicklung und der Frachtkostenabrechnung aufgefallen. Ich habe mich daher auf die manuelle Bearbeitung dieser Prozesse im SAP-System konzentriert.

Dieses Buch soll Sie in die Lage versetzen, die Abbildung der Prozesse im SAP-System zu verstehen. Mit diesem guten Basiswissen können Sie spezielle Funktionen weiter vertiefen und die unterschiedlichen Buttons und Icons selbst entsprechend ausprobieren.

Zielgruppen des Buches

Ich richte mich mit diesem Buch vor allem an die Anwender bzw. Mitarbeiter in den Versandabteilungen. Ihnen stelle ich die Möglichkeiten vor, die SAP-Programme durch eigene Varianten und List-Layouts selbstständig zu modifizieren, damit ihre tägliche Arbeit optimal vom System unterstützt wird. Für Mitarbeiter, die bereits einen tieferen Einblick in die Programmlogik besitzen, ist es manchmal sehr hilfreich, schnell die richtigen Tabellen bzw. Customizing-Pfade einsehen zu können. Diese Tipps erhalten sie jeweils in den einzelnen Kapiteln in den grau unterlegten Kästen mit der Überschrift »Technische Informationen zu ...«.

Diese technischen Hinweise sind aber auch für den Programmierer hilfreich, da die SAP-Standardtabellen während der Entwicklung von eigenen Prozessen Berücksichtigung finden sollten. Greifen Sie, soweit es eben möglich ist, auf diese Tabellen zurück, wenn es um die Steuerung von Prozessen geht, die im SAP-System integriert werden sollen.

Sehr oft ist der Entwickler nicht in der Lage, selbst Programme ausführlich zu testen, da er nicht die Kenntnisse eines Anwenders besitzt. Hier kann ihn das Buch ebenfalls unterstützen, da die Durchführung der einzelnen Funktionen ausführlich und leicht nachvollziehbar beschrieben wird.

Entscheidungsträger, die dieses Buch zur Hand nehmen, sollen einen Überblick über die Möglichkeiten zum Einsatz von *SAP Logistics Execution System* (SAP LES) bekommen. Sie können sich vorab über einen möglichen Einsatz oder über eine mögliche Änderung in der Ablauforganisation eine eigene Meinung bilden.

Für den Berater dient dieses Buch als Nachschlagewerk. Er kann die technischen Informationen nutzen, aber auch die Tätigkeiten der einzelnen Prozessschritte vertiefen.

Aufbau des Buches

Dieses Buch ist in sechzehn Kapitel gegliedert. Das sind im Einzelnen folgende:

Kapitel 2, »Organisationsstrukturen in der Logistik«, stellt zum einen die logistischen Organisationsstrukturen und deren Zusammenhänge und zum anderen die dem Versand vor- oder parallel gelagerten Strukturen der Verkaufs- und der Lagerorganisation vor. Denn die Struktur Ihres Unternehmens muss sich in der eingesetzten Software wiederfinden, damit die Prozesse im Versand und im Transportwesen abgebildet werden können.

Kapitel 3, »Stammdaten«, beschreibt, welche Stammdaten für die Prozesse im Versand- und Transportwesen benötigt werden und an welcher Stelle die für Sie relevanten Registerkarten und Felder zu finden sind. Ich gehe dabei auf die Material-, Kunden-, Lieferanten-, Chargen- und Gefahrgutstammdaten ein.

Kapitel 4, »Belege«, vermittelt die Grundlagen für die Erstellung von Belegen. Um Lieferungen im SAP-System zu verarbeiten und die Prozesse in Ihrem Unternehmen zu steuern, sind Vorbelege notwendig. Diese Vorbelege sind in der Regel Kundenaufträge oder bei Nachschublieferungen an Zweigniederlassungen die sogenannten *Umlagerungsbestellungen*. In diesen Belegen wird der Grundstein für die richtige Abwicklung des Versand- und Transportprozesses gelegt. Ich stelle Ihnen den Aufbau dieser Vorbelege vor und beschreibe, auf welchen Registerkarten und Feldern die für Sie relevanten Informationen zu finden sind.

Kapitel 5, »Lieferbelege«, befasst sich mit den Belegen, die eine Lieferung von Materialien an einen Warenempfänger dokumentieren. Auf dieser Grundlage steuern Sie Ihre Prozesse im Versand und für den Transport. Sie stehen an erster Stelle innerhalb des kompletten Versandprozesses. Ich stelle Ihnen den Aufbau der Lieferbelege und ihre Unterscheidungsmerkmale (Lieferarten und Positionstypen) vor. Sie lernen die verschiedenen Möglichkeiten zur Erstellung der Lieferbelege kennen. Darüber hinaus erfahren Sie in diesem Kapitel, welche Voraussetzungen und Bedingungen mit der Übernahme der Daten aus dem Vorbeleg verknüpft sind (Kopiersteuerung), welche Funktionen die Versandstelle, die Route und die Warenannahmestellen im Lieferbeleg einnehmen und wie sie automatisch ermittelt werden, was Sie im Rahmen Ihrer Tätigkeiten über die Verfügbarkeitsprüfung wissen sollten und wie Lieferzusammenführung und Liefersplit funktionieren.

In **Kapitel 6**, »Weitere Funktionen im Lieferbeleg«, lernen Sie weitere Funktionen und Prozesse auf der Grundlage von Lieferbelegen kennen. Ich stelle Ihnen die Terminfindung und -verfolgung vor und erläutere Ihnen, wie Sie Folgeprozesse durch eine automatisch durchgeführte Unvollständigkeitsprüfung blockieren können. Die Partnerfindung in der Lieferkette ist ebenfalls ein wichtiges Thema. Sie lernen, mit den Texten im Lieferbeleg umzugehen und die verschiedenen Textarten und die wichtigsten Exportdaten im Lieferbeleg zu nutzen und wiederzufinden. Ein weiteres Thema ist die Chargenfindung. Ich stelle Ihnen in Kurzform die Einstellungen und Abläufe der Chargenfindung vor. Ebenso lernen Sie den Umgang mit Serialnummern kennen. Der letzte Abschnitt dieses Kapitels befasst sich mit der Registrierung von Transportmitteln (z. B. Lkws) bei der Ein- und Ausfahrt zu Ihrem Betriebsgelände.

Kapitel 7, »Kommissionierung«, behandelt den ersten Prozess im Rahmen der Versandaktivitäten. Nachdem der Lieferbeleg erzeugt wurde, der die Basis für die weiteren Prozesse bildet, kann mit der Zusammenstellung der bestellten Materialien begonnen werden. Hierzu werden die einzelnen Positionen aus dem Lager entnommen und versandfertig zur Verladung gebracht. Dieser Vorgang wird *Kommissionierung* genannt. Im SAP-System werden Ihnen hierzu drei Möglichkeiten geboten: die Kommissionierung mit einem WM-System, mit Lean-WM und nur mit LES. Ich stelle Ihnen die

Customizing-Einstellungen, die für diesen Prozess benötigten Daten, deren Findung, kurz den Prozess von Lean-WM selbst, sowie die Kommissionierung nur mit LES vor. Hierzu gehören auch das Drucken der Kommissionierlisten (Lean-WM hat seinen eigenen Druckprozess), die Erfassung der kommissionierten Mengen und die Quittierung der Mengen.

Kapitel 8, »Verpacken«, behandelt alle Aktivitäten rund ums Verpacken. Viele Kunden fordern von Ihrem Unternehmen, dass ihnen Packdaten übermittelt werden, um den Wareneingang optimiert durchführen zu können. Dies kann in schriftlicher Form (Packlisten ausdrucken) oder in EDI-Form (EDI-Nachrichten versenden) erfolgen. Sie müssen daher die bestellten Materialien verpacken und die Packdaten im Lieferbeleg erfassen. Ich stelle Ihnen zunächst die Grundlagen in den Stammdaten vor, die erfüllt sein müssen, um im Lieferbeleg zu verpacken. Anschließend erläutere ich Ihnen die Varianten des manuellen Verpackens. Ich beschreibe Ihnen, was Sie einstellen müssen, wenn Sie Bestände über Ihre Packmaterialien führen. Abschließend gehe ich auf die Voraussetzungen und Einstellungen zum Hinterlegen automatischer Packvorschläge im SAP-System ein und erläutere Ihnen, wie Sie diese Packvorschläge während des Verpackens im Lieferbeleg nutzen können.

Kapitel 9, »Statusverfolgung«, stellt Ihnen die einzelnen Statusinformationen zu den Teilprozessen sowie den Auslieferungsmonitor als Überwachungstool vor. Alle Teilprozesse im Versand können über einen Status verfolgt werden. Somit haben Sie einen Überblick über alle Aktivitäten, die sich rund um den Versand und Transport drehen. Aufgrund dieser Statusinformationen haben Sie die Möglichkeit, einen entsprechenden Arbeitsvorrat für den kommenden Tag anzulegen oder den Rückstand für einen bestimmten Prozess herauszufiltern und ihm nachzugehen.

Kapitel 10, »Transporte«, nimmt die Transportbelege in den Blick. Der Transportbeleg ist eine weitere Belegart im Rahmen der Versand- und Transportabwicklung. Er bildet den Transport der bestellten Materialien ab. Ich stelle Ihnen zunächst den Aufbau eines Transportbelegs und die einzelnen Transportarten vor (Vorlauf, Hauptlauf, Direktlauf usw.). Anschließend beschreibe ich Ihnen, wie Sie Transporte erstellen und die dazu notwendigen Lieferbelege selektieren, praktisch eine Transportdisposition durchführen können. Hierbei müssen Termine ebenso beachtet werden wie Spediteure und bestimmte Routen. Ich zeige Ihnen die Textbearbeitung in einem Transportbeleg und stelle Ihnen den Ablauf mit einem externen Transportplanungssystem vor.

Kapitel 11, »Weitere Funktionen im Transport«, behandelt weitere Funktionen des Transportbelegs. Zunächst gehe ich noch einmal auf das Verpacken ein und stelle Ihnen die lieferscheinübergreifende Verpackung im Transportbeleg vor. Im Anschluss daran beschreibe ich die Abschnitte, die eine besondere Rolle innerhalb des Transports einnehmen. Der Einfluss der Route (z. B. die Ermittlung von Vor-, Haupt- und Nachlauf, die Ermittlung von Umschlagspunkten) auf den Transportbeleg und die einzelnen Abschnitte wird in diesem Zusammenhang beschrieben. Abschließend erläutere ich Ihnen noch, was Sie in Bezug auf die Frachtkostenabrechnung wissen sollten.

Kapitel 12, »Status im Transport«, zeigt, wie Sie die Arbeitsschritte innerhalb der Transportabwicklung mithilfe des Transportbelegs verfolgen können. Hierzu können Sie Status setzen, die das Ende einer bestimmten Aktion beschreiben (z. B. Status »Laden Ende« oder Status »Transport Beginn«). Zusätzlich können zu jedem Status bestimmte Aktivitäten vom SAP-System automatisch übernommen werden. Wie diese Aktivitäten eingestellt werden können, lernen Sie ebenfalls in diesem Kapitel.

Kapitel 13, »Versandpapiere und -dokumente«, beschreibt, wie die für den Versand nach wie vor erforderlichen Ausdrucke erstellt werden und wie die Nachrichten- und Druckerfindung zu handhaben ist. Trotz aller Träume vom papierlosen Arbeiten werden für viele Teilprozesse Papiere und Dokumente benötigt: Sei es, dass Sie dem Lkw-Fahrer die Lieferpapiere einschließlich der Zolldokumente und der Gefahrgutmerkblätter mitgeben oder Ihre Paletten mit einem Barcode-Etikett versehen.

Kapitel 14, »EDI und IDocs«, behandelt den elektronischen Austausch von Daten, der zunehmend an Bedeutung gewinnt. Dabei handelt es sich nicht nur um EDI-Lösungen mit Ihren Geschäftspartnern. SAP hat schon vor vielen Jahren eine normierte Schnittstelle zu externen Anwendungssystemen entwickelt, um eine einheitliche und integrierte Plattform mit den externen Systemen zu bieten. Ich stelle Ihnen den groben Ablauf dieser IDoc-Schnittstelle und den strukturellen Aufbau der IDocs selbst, die Startmöglichkeiten der IDoc-Verarbeitung aus den Liefer- und Transportbelegen sowie die Überwachungsfunktion der Schnittstelle vor.

Kapitel 15, »Warenausgang«, behandelt den letzten Schritt im Versandprozess. Ich zeige Ihnen die verschiedenen Möglichkeiten, wie Sie die Warenausgangsbuchungen Ihrer abgefertigten Lieferbelege durchführen und wie Sie die WA-Buchung wieder stornieren können. Sehr oft wird kurz vor der WA-Buchung noch ein nachträglicher Liefersplit notwendig. Wie dieser durchzuführen ist und welche Bedingungen hierzu erfüllt sein müssen, lernen Sie ebenfalls in diesem Kapitel. Abschließend gehe ich noch kurz auf die Kontenfindung ein.

Kapitel 16, »Gefahrgutabwicklung«, befasst sich mit dem Transport von gefährlichen Materialien und Produkten. Transportieren Sie Gefahrgüter, sind bestimmte Regeln für die Durchführung des Transports einzuhalten. Sie erfahren in diesem Kapitel, wie Sie diese Regeln im SAP-System hinterlegen und die Gefahrgutinformationen im Stammsatz ablegen. Des Weiteren gehe ich auch auf die Gefahrgutprüfung im Liefer- und im Transportbeleg sowie abschließend auf die Gefahrgutdokumente selbst ein.

Diese zweite Auflage ist nun aktuell zu SAP ERP 6.0, aber nach wie vor ab Release 4.6C einsetzbar. Sie wurde generell überarbeitet und noch einmal stärker auf die Bedürfnisse von Fachanwendern zugeschnitten, um sie bei der täglichen Arbeit mit dem System zu unterstützen. Darüber hinaus wurde das Buch um punktuell erweitert, z. B. um Informationen zur Verfügbarkeitsprüfung, zu Kommissionierwellen und zum Handling Unit Management

Spezielle Symbole im Buch

Um Ihnen die Arbeit mit diesem Buch zu erleichtern, habe ich besondere Informationen mit speziellen Symbolen hervorgehoben:

[!] Achtung
Kästen, die mit diesem Icon gekennzeichnet sind, bieten Ihnen besonders wichtige Hinweise zu dem besprochenen Thema. Außerdem warne ich Sie hier vor möglichen Fehlerquellen oder Stolpersteinen.

[+] Tipp
In diesem Buch gebe ich Ihnen Tipps und Empfehlungen, die sich in der Praxis bewährt haben. Sie finden sie in den Kästen, die mit diesem Icon versehen sind.

[zB] Beispiel
Anhand von Beispielen aus meiner Beratungspraxis wird das besprochene Thema erläutert und vertieft. Sie erkennen sie an den entsprechenden Icons, die auf diese Beispiele hinweisen.

Danksagung

Ich danke an erster Stelle dem Verlag Galileo Press für das Verständnis dafür, dass ich den abgesprochenen Abgabetermin nicht einhalten konnte. Aber wie so oft, wenn ein Berater eine Zeitschätzung abgibt und einen Endtermin nennt, kommen unvorhergesehene Probleme dazwischen, die das Endziel scheinbar in unvorstellbare Ferne rücken.

Mein Dank gebührt aber vor allem auch meiner Familie: meiner Frau Petra Maria und meinen Kindern Marina, Tabea, Moritz und Virginia, die wieder einmal zu kurz gekommen sind. Denn dieses Buch ist neben meiner normalen Tätigkeit entstanden, quasi in freiwillig geleisteten Überstunden.

Ein weiterer Dank gilt dem Deutschen SAP Arbeitskreis (*www.DSAK.info*). Dieser Arbeitskreis gehört zum Berufsverband selbständiger Informatiker e.V. und betreibt ein SAP-System ausschließlich zur Fortbildung.

Othmar Gau

Mit den Organisationsstrukturen des SAP-Systems bilden Sie die
Organisation Ihres Unternehmens ab. In diesem Kapitel erfahren Sie,
welche Strukturen Sie für die Abbildung der Geschäftsprozesse im
Bereich Versand und Transport benötigen. Des Weiteren lernen Sie
hier noch weitere Strukturen kennen, die Ihnen das Verständnis der
vor- und nachgelagerten Prozessschritte erleichtern.

2 Organisationsstrukturen in der Logistik

Betriebswirtschaftliche Anwendungsprogramme, unabhängig davon, ob sie von SAP oder anderen Softwareunternehmen entwickelt wurden, müssen die Prozesse in Ihrem Unternehmen abbilden können. Ihr Unternehmen teilt sich in Strukturen auf, die Sie in der eingesetzten Software wiederfinden können müssen. Oft laufen sogar gleichartige Prozesse (z. B. der Versand), je nach ihrer Struktur, unterschiedlich ab. Zum Beispiel ist der Versand an Großmärkte (Komplettladungen, Cross-Docking-Abwicklung usw.) anders strukturiert als der Versand an kleine Einzelhandelsunternehmen (viele kleine Liefermengen in einem Transport).

Diese Strukturen finden Sie in allen Bereichen Ihres Unternehmens. Jedoch gibt es Unterschiede – die Struktur in der Versandabteilung unterscheidet sich völlig von der in der Finanzbuchhaltung. Und doch muss sich der Versand auch in der Finanzbuchhaltung wiederfinden lassen, da es im Versand neben dem Mengen- auch einen Wertefluss gibt. Letztendlich müssen alle Strukturen Ihres Unternehmens aufeinander abgestimmt werden, damit die Prozesse vom Anfang bis zum Ende sauber ablaufen.

Ich stelle Ihnen in diesem Kapitel die Strukturen vor, die direkt und indirekt den Prozess im Versand- und Transportwesen beeinflussen. Es sind zum einen die logistischen Organisationsstrukturen und zum anderen die Struktur in Ihrer Verkaufsorganisation (vorgelagerte Prozesse) und in Ihrem Lager (zwischengelagerte Prozesse).

2.1   Logistische Organisationsstrukturen

Jedes Unternehmen besitzt spezifische Organisationsstrukturen. Diese müssen Sie, um die Geschäftsabläufe optimal gestalten zu können, in Ihrem SAP-System innerhalb eines *Mandanten* abbilden.

Die oberste Organisationseinheit ist das Unternehmen selbst. Als Faustregel gilt, dass Sie jede selbst bilanzierende Einheit als *Buchungskreis* abbilden. Die nächste Stufe unter dem Buchungskreis ist das *Werk*. Auf Werksebene führen Sie z. B. die Bestände und disponieren Ihre Waren. Werke können in verschiedenen Orten liegen. Es kann aber auch sinnvoll sein, an einem Standort mehrere Werke zu definieren, wenn Sie in diesen Werken unterschiedliche Waren produzieren und vertreiben. Innerhalb eines Werkes haben Sie meist mehrere *Lagerorte* (z. B. ein Rohstoff- und ein Versandlager).

Die folgenden Organisationseinheiten charakterisieren die räumlichen Strukturen in einem Unternehmen. Die *Transportdispostelle* ist die Abteilung im Unternehmen, die die Transporte disponiert und abrechnet. Eine Transportdispostelle kann mehrere *Versandstellen* bearbeiten. Die Versandstellen sind, wie der Name schon sagt, einzelne Orte, von denen der Versand erfolgt. Jede einzelne Versandstelle kann noch in *Ladestellen* unterteilt werden. So könnten Sie z. B. die Transportdispostelle Exportversand (hier würden alle Exporttransporte disponiert) mit zwei Versandstellen (Containerverladung und Lkw-Verladung) einrichten. Die Versandstelle Lkw-Verladung kann sich räumlich auf zwei Gebäude verteilen, nämlich auf die Ladestelle Geb. 1 und auf die Ladestelle Geb. 2. Die komplette logistische Struktur ist in Abbildung 2.1 dargestellt.

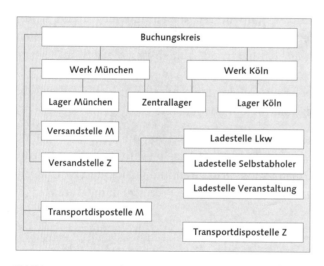

Abbildung 2.1 Logistische Organisationsstrukturen in der Übersicht

In den folgenden Abschnitten stelle ich Ihnen die Organisationsstrukturen im Detail vor.

2.1.1 Mandant

Der *Mandant* ist die höchste Hierarchieebene im SAP-System. Er umfasst die Geschäftsprozesse des gesamten Unternehmens. Einstellungen auf dieser Ebene wirken sich auf die Buchungskreise und Organisationsstrukturen aus. Der Mandant ist nicht als Organisationseinheit eines Unternehmens zu sehen, sondern eher in technischer Hinsicht als ein abgegrenzter Bereich innerhalb eines SAP-Systems.

Wenn Sie mit dem SAP-System arbeiten wollen, müssen Sie sich in einem bestimmten Mandanten anmelden. Hierzu ist es notwendig, neben dem Mandanten Ihren *Benutzernamen*, Ihr *Kennwort* und die *Sprache* einzugeben, in der Sie arbeiten möchten. Die Sprache, in der Sie sich anmelden, kann auch als Standardwert in Ihren eigenen Benutzervorgaben abgelegt werden.

Die Daten eines SAP-Systems, wie z. B. die Materialstammdatei, werden zwar mandantenübergreifend in einer Datenbank abgelegt. Zugriff haben Sie aber nur auf die Daten des Mandanten, in dem Sie sich angemeldet haben.

2.1.2 Buchungskreis

Ein selbstständig bilanzierendes Unternehmen wird innerhalb des SAP-Systems als *Buchungskreis* eingerichtet. Auf Buchungskreisebene wird der Monats- und Jahresabschluss durchgeführt.

In den einzelnen Funktionen des SAP-Systems müssen Sie in recht seltenen Fällen einen Buchungskreis vorgeben, wenn Sie z. B. einen Kundenauftrag, eine Lieferung oder einen Transport bearbeiten. Das hängt damit zusammen, dass Sie alle weiteren Organisationseinheiten sowohl direkt als auch indirekt einem Buchungskreis zuordnen. Das System ermittelt somit automatisch den richtigen Buchungskreis zum jeweiligen Geschäftsvorgang.

Grundsätzlich werden dem Buchungskreis folgende Werte fest zugeordnet (siehe Abbildung 2.2):

▶ **Adressdaten**
Da der Buchungskreis ein eigenständiges Unternehmen abbildet, geben Sie an dieser Stelle die Adresse des Unternehmens vor.

▸ **Währungsschlüssel**
Hier geben Sie die Landeswährung ein. Diese Währung wird auch innerhalb des SAP-Systems *Hauswährung* genannt.

▸ **Länderschlüssel**
Der Länderschlüssel definiert das Land, das in Bezug auf die Geschäftsabläufe als *Inland* bezeichnet wird. Alle Geschäfte mit einem anderen Länderschlüssel werden als Auslandsgeschäfte betrachtet.

▸ **Sprachenschlüssel**
In allen Belegen und Vorgängen werden Texte verwendet, die mehrsprachig angelegt werden können. Dieser Sprachenschlüssel hat die Funktion, den Text mit der richtigen Sprache (= Landessprache) zu ermitteln.

Abbildung 2.2 Definition eines Buchungskreises

Technische Informationen zum Buchungskreis

▸ Feldlänge: 4-stellig

▸ Menüpfad im Customizing: UNTERNEHMENSSTRUKTUR • DEFINITION • FINANZWESEN • BUCHUNGSKREIS BEARBEITEN, KOPIEREN, LÖSCHEN, PRÜFEN

▸ Eigene Transaktion: EC01 (nur zum Kopieren, Löschen und Prüfen), einfacher anzuwenden ist SM30, View V_T001.

▸ Tabelle: T001

2.1.3 Werk

Ein *Werk* ist definiert als Betriebsstätte oder Niederlassung innerhalb eines Unternehmens. Sie müssen das Werk einem Buchungskreis zuordnen. Eine Zuordnung zu mehreren Buchungskreisen ist nicht erlaubt. Mindestens ein

Werk muss den gleichen Länderschlüssel besitzen wie der Buchungskreis. SAP empfiehlt grundsätzlich, für jedes Werk mit einem anderen Länderschlüssel auch eigene Buchungskreise anzulegen.

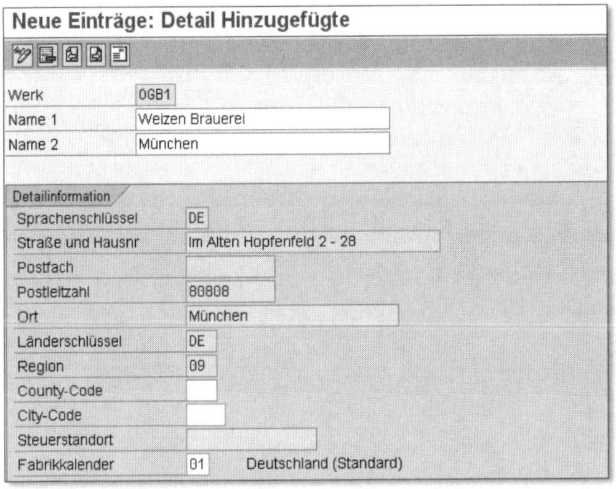

Abbildung 2.3 Definition eines Werkes

Das Werk zeichnet sich im SAP-System durch folgende Merkmale aus:

▸ mengenmäßige Bestandsführung mit Verteilung auf Lagerorte

▸ wertmäßige Bestandsführung, sofern das Werk als Ebene der Materialbewertung ausgewählt wurde

▸ Disposition der Bestände

▸ Zuordnung zu einem Buchungskreis (siehe Abbildung 2.4)

▸ Zuordnung der logistischen Organisationseinheiten

▸ Zuordnung einer Kunden- und Lieferantennummer, die Sie für werksübergreifende Umlagerungen benötigen (siehe auch Abschnitt 4.2.1, »Umlagerungsbestellung«)

Für das Werk müssen Sie, ähnlich wie beim Buchungskreis, folgende Werte pflegen (siehe Abbildung 2.3):

▸ **Adressdaten**
Die Adresse des Werkes

▸ **Sprachenschlüssel**
Der Sprachenschlüssel, den Sie dem Werk zuordnen

▸ **Länderschlüssel**
Der Länderschlüssel des Landes, in dem sich das Werk befindet

Technische Informationen zum Werk

▶ Feldlänge: 4-stellig

▶ Menüpfad im Customizing: Unternehmensstruktur • Definition • Logistik allgemein • Werk definieren, kopieren, löschen, prüfen

▶ Eigene Transaktion: EC02 (nur zum Kopieren, Löschen und Prüfen), einfacher anzuwenden ist SM30, View V_T001W.

▶ Tabelle: T001W

Technische Informationen zur Zuordnung eines Werkes zum Buchungskreis

▶ Menüpfad im Customizing: Unternehmensstruktur • Zuordnung • Logistik allgemein • Werk – Buchungskreis zuordnen

▶ Eigene Transaktion: OX18

▶ Tabelle: T001K

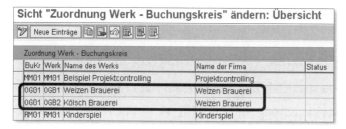

Abbildung 2.4 Zuordnung der Werke zu einem Buchungskreis

2.1.4 Lagerort

In einem *Lagerort* werden die Bestände physisch geführt. Sie ordnen dem Lagerort im System ein Werk zu. Ein Werk kann mehrere Lagerorte haben, die örtlich oder sachlich voneinander getrennt sind. So können Sie z. B. innerhalb eines Werkes ein Rohstoff-, ein Fertigungs-, ein Fertigwaren- und ein Auslieferungslager definieren (siehe Abbildung 2.5).

Abbildung 2.5 Definition eines Lagerortes

Der Lagerort zeichnet sich im SAP-System durch folgende Merkmale aus:

▸ Bestände werden mengenmäßig im Lagerort geführt.

▸ Es erfolgt keine Bestandsbewertung, diese findet auf Werksebene statt.

▸ Ist das *Warehouse-Management-System* (WM-System) im SAP-System aktiviert, können Sie den Lagerort als einen WM-geführten Lagerort definieren und ihm eine Lagernummer zuweisen.

▸ Inventuren werden im Lagerort durchgeführt und nicht auf Werksebene.

▸ Die Zuweisung einer Adresse ist möglich.

Die Zuordnung zum Werk erfolgt direkt bei der Definition des Lagerortes durch ein Popup, in dem das Werk abgefragt wird.

Technische Informationen zum Lagerort

▸ Feldlänge: 4-stellig

▸ Menüpfad im Customizing: Unternehmensstruktur • Definition • Materialwirtschaft • Lagerort pflegen

▸ Eigene Transaktion: OX09

▸ Tabelle: T001L

2.1.5 Versandstelle

Die *Versandstelle* ist eine logistische Organisationseinheit, über die das komplette Versandgeschäft abläuft. Lieferungen werden gleich bei der Anlage einer bestimmten Versandstelle zugeordnet. Somit können Sie alle Lieferungen, die für eine Versandstelle angelegt wurden, zusammenfassend disponieren. Versandstellen finden Sie in den meisten Unternehmen voneinander örtlich getrennt vor. Aber auch unterschiedliche Produktlinien (z. B. Auto- und Möbellacke) oder unterschiedliche Kundenarten (z. B. Belieferung von Bau- oder Fachmärkten) können über unterschiedliche Versandstellen abgewickelt werden.

Die Versandstelle wird normalerweise bei der Anlage des Kundenauftrags automatisch ermittelt. Sie können sie aber auch manuell im Kundenauftrag vorgeben. Zu jeder Versandstelle können Sie eigene Lade- und Richtzeiten anlegen, die bei der Versandterminierung berücksichtigt werden. Zur Druckerfindung für das Drucken von Versanddokumenten kann die Versandstelle berücksichtigt werden. Auswertungen, Statistiken oder Arbeitsvorräte werden mithilfe der Versandstelle selektiert. Sie können also z. B. Ihre Lieferungen, die zum Versand anstehen, über Ihre Versandstelle selektieren.

Wie Sie in Abbildung 2.6 erkennen können, gibt es im SAP-System weitere Einstellungen zu einer Versandstelle. Die genaue Beschreibung dieser Einstellungen finden Sie jeweils in den entsprechenden Abschnitten, in denen die dazugehörigen Prozesse detailliert dargestellt werden.

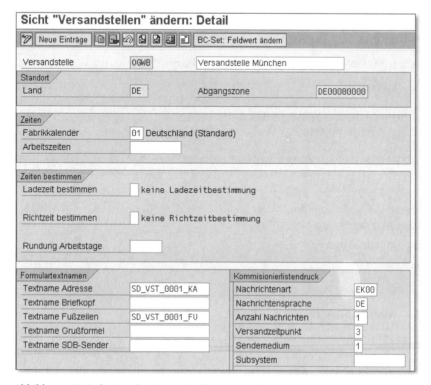

Abbildung 2.6 Definition der Versandstelle mit allen Steuerungsparametern

---

Technische Informationen zur Versandstelle

- ▶ Feldlänge: 4-stellig
- ▶ Menüpfad im Customizing: UNTERNEHMENSSTRUKTUR • DEFINITION • LOGISTICS EXECUTION • VERSANDSTELLE DEFINIEREN, KOPIEREN, LÖSCHEN, PRÜFEN
- ▶ Eigene Transaktion: EC07 (nur zum Kopieren, Löschen und Prüfen), einfacher anzuwenden ist SM30, View V_TVST.
- ▶ Tabellen: TVST und TVSTT (Kurzbezeichnungen)

Die Hierarchie nach unten verfolgend, haben Sie die Möglichkeit, die Versandstelle weiter in einzelne Ladestellen aufzuteilen. Nach oben hin müssen Sie die Verladestelle mindestens einem Werk zuordnen. Beispiele hierzu sehen Sie in Abbildung 2.7.

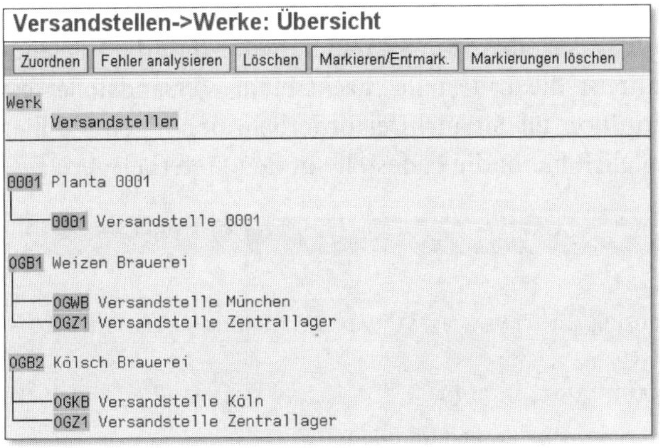

```
Versandstellen->Werke: Übersicht

 Zuordnen  Fehler analysieren  Löschen  Markieren/Entmark.  Markierungen löschen

Werk
       Versandstellen


0001 Planta 0001

         0001 Versandstelle 0001

0GB1 Weizen Brauerei

         0GWB Versandstelle München
         0GZ1 Versandstelle Zentrallager

0GB2 Kölsch Brauerei

         0GKB Versandstelle Köln
         0GZ1 Versandstelle Zentrallager
```

Abbildung 2.7 Zuordnung der Versandstellen zu den Werken

Technische Informationen zur Zuordnung der Versandstellen zu den Werken

▶ Menüpfad im Customizing: UNTERNEHMENSSTRUKTUR • ZUORDNUNG • LOGISTICS EXECUTION • VERSANDSTELLE – WERK ZUORDNEN

▶ Eigene Transaktion: OVXC

▶ Tabelle: TVSWZ

2.1.6   Ladestelle

Bei größeren Unternehmen, in denen sich die Versandstellen auf mehrere Gebäude verteilen, kann es sinnvoll sein, die Versandstellen weiter in *Ladestellen* zu unterteilen. So könnte z. B. eine Ladestelle nur für Selbstabholer vorgesehen sein und eine weitere für die normale Lkw-Verladung (siehe Abbildung 2.8). Die Ladestelle als solche hat innerhalb des SAP-Systems einen ausschließlich informellen Charakter, indem sie dem Spediteur zeigt, an welcher Stelle er seine Ware in Empfang nehmen kann.

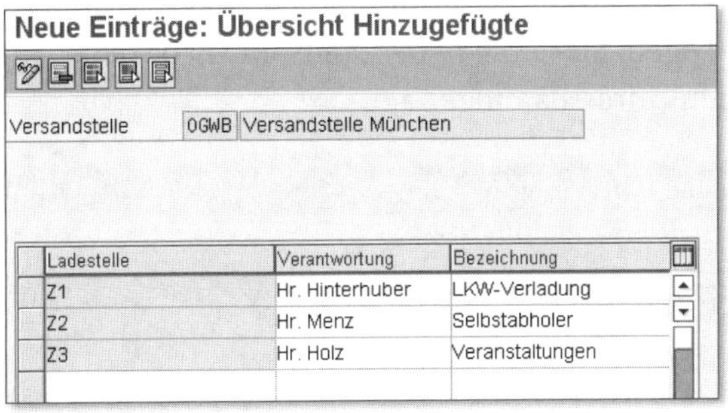

```
Neue Einträge: Übersicht Hinzugefügte

Versandstelle    0GWB Versandstelle München


 Ladestelle       Verantwortung    Bezeichnung
 Z1               Hr. Hinterhuber   LKW-Verladung
 Z2               Hr. Menz          Selbstabholer
 Z3               Hr. Holz          Veranstaltungen
```

Abbildung 2.8 Definition der Ladestellen

Ist die Definition von Ladestellen für Ihre Organisation notwendig, werden Sie vor der Eingabe Ihrer Ladestellen vom System aufgefordert, die Versandstelle einzugeben. Somit ist die Ladestelle direkt einer Versandstelle fest zugeordnet. Ist die Definition für Sie nicht erforderlich, benötigen Sie hier auch keine Einträge. Folglich bleibt die Ladestelle in den Lieferbelegen leer.

Technische Informationen zur Ladestelle

▸ Feldlänge: 2-stellig

▸ Menüpfad im Customizing: Unternehmensstruktur • Definition • Logistics Execution • Ladestelle pflegen

▸ Eigene Transaktion: SM30, View V_TVLA

▸ Tabellen: TVLA und TVLAT (Kurzbezeichnungen)

2.1.7 Transportdispostelle

Die *Transportdispostelle* bildet die Abteilung ab, die für die Versandplanung und -disposition innerhalb Ihres Unternehmens zuständig ist. Hier werden die Lieferungen zu Transporten zusammengefasst, disponiert und gegebenenfalls abgerechnet. Transporte werden generell einer Transportdispostelle zugeordnet.

Abbildung 2.9 Definition der Transportdispostellen

Die Transportdispostelle wird einem Buchungskreis zugeordnet (siehe Abbildung 2.9). Diese Zuordnung ist notwendig, wenn nach dem erfolgten Transport die Frachtkosten über das SAP-System ermittelt und an das Rechnungswesen übergeben werden. Legen Sie eine neue Transportdispostelle an, werden Sie zusätzlich nach den Adressdaten gefragt.

Technische Informationen zur Transportdispostelle

▸ Feldlänge: 4-stellig

▸ Menüpfad im Customizing: Unternehmensstruktur • Definition • Logistics Execution • Transportdispostelle pflegen

▸ Eigene Transaktion: SM30, View T_TTDS

▸ Tabellen: TTDS und TTDST (Kurzbezeichnungen)

2.2 Lagertechnische Organisationsstrukturen

Neben den für die Logistik wichtigen Strukturen gibt es weitere Organisationsstrukturen im Unternehmen, die nur indirekt mit den Aufgaben in den einzelnen Versandabteilungen zu tun haben. Aus meiner Praxis kenne ich jedoch niemanden, der in den Versandabteilungen nicht folgende Fragen beantworten muss: »Sind die Waren für die Lieferung XY bereits kommissioniert?« und »Steht die Ware noch im Lager?« Um diese Fragen schnell und verlässlich beantworten zu können, ist es für den Mitarbeiter von Vorteil, die Organisationsstruktur seines Lagers zu kennen.

Wird die SAP-Komponente *Warehouse Management* (WM) nicht eingesetzt, werden die hier beschriebenen Strukturen auch nicht benötigt.

WM ist ein *Warenwirtschaftssystem*, in dem die Bestände auf dem einzelnen Lagerplatz verwaltet werden. Wird in einem Lagerort WM eingesetzt, erhält dieser Lagerort eine entsprechende *Lagernummer*. Die Lagernummer entspricht einem oder mehreren Lagerorten. Innerhalb einer Lagernummer werden die *Lagertypen* verwaltet. Ein Lagertyp beschreibt einen räumlichen Bereich innerhalb eines Lagers. Sind diese Bereiche bezüglich der Lagerabläufe unterschiedlich organisiert, müssen Sie unterschiedliche Lagertypen definieren. So ist z. B. ein vollautomatisches Hochregallager anders strukturiert als ein reines Kommissionierlager, in dem die Plätze mit Gabelstaplern angefahren werden. Die komplette Lagerstruktur habe ich Ihnen als Übersicht in Abbildung 2.10 noch einmal dargestellt.

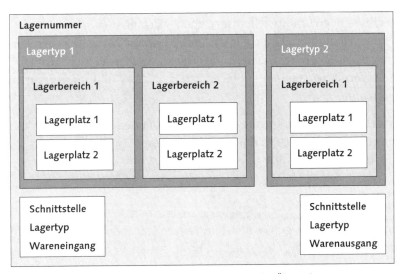

Abbildung 2.10 Organisationsstruktur eines Lagers in der Übersicht

Innerhalb eines Lagertyps können *Lagerbereiche* definiert werden. So können z. B. bauliche Unterschiede der *Lagerplätze* (hohe Lagerplätze, niedrige Lagerplätze im Regal) dazu führen, dass bestimmte Materialien nur auf bestimmten Plätzen eingelagert werden können (Lagerbereiche in Abhängigkeit der Palettenhöhe). Werden die Bestände weiter unterteilt und je Palette geführt, wird innerhalb von WM von *Lagereinheiten* gesprochen. Somit können Sie jederzeit erkennen, welche Materialien sich auf den einzelnen Lagereinheiten auf welchem Lagerplatz befinden.

2.2.1 Lagernummer

In WM definieren Sie für einen Lagerkomplex (Gebäude, Standort) eine *Lagernummer*. Hierzu können Sie durchaus mehrere Lagerorte und Werke im WM-System zu einer Lagernummer zusammenfassen. Die Bestände auf Ebene der Lagernummer werden nur mengenmäßig erfasst.

2.2.2 Lagertyp

Innerhalb eines Lagerkomplexes (= Lagernummer) finden Sie in den meisten Fällen unterschiedliche Lagerarten (Hochregallager, Blocklager, Versandbereitstellung, Kommissionierlager usw.), die in WM als *Lagertypen* bezeichnet werden. Aber auch gleiche Lagerarten, die sich nur in ihrer Organisation unterscheiden, müssen als eigene Lagertypen definiert sein (es gibt vielleicht im Kommissionierlager Regale, die eine Kapazitätsprüfung auf Lagerplatzebene benötigen, andere Regale brauchen keine Prüfung).

Daneben gibt es noch Schnittstellenlagertypen. Nach meiner Erfahrung werden diese nur schwer verstanden – insbesondere, wenn WM gerade erst eingeführt wurde. Bei den Schnittstellenlagertypen handelt es sich nicht um physische Lagerplätze, sondern um virtuelle Plätze. Hier sind sogar negative Bestände erlaubt.

Die Mitarbeiter in den Versandabteilungen haben in den meisten Fällen mit dem Schnittstellenlagertyp 916 zu tun. Über diesen Lagertyp werden im SAP-Standard die Warenausgänge gebucht.

2.2.3 Lagerbereich

Innerhalb eines Lagertyps gibt es meistens Lagerplätze mit unterschiedlichen Eigenschaften. Lagerplätze, die gleiche Eigenschaften besitzen, werden zu *Lagerbereichen* zusammengefasst.

So können Sie z. B. die Lagerplätze zusammenfassen, die eine bestimmte Kapazität (Volumen oder Gewicht) aufweisen. Sie können auch die Lagerbereiche nach der ABC-Klassifizierung der Materialien definieren. Somit kommen Sie schneller an die Schnelldreher (A-Materialien), während die Ladenhüter im hinteren Lagerbereich lagern. Weitere Kriterien zur Zusammenfassung wären z. B. auch die Gefahrstoffklassen oder Temperaturempfindlichkeiten.

2.2.4   Lagerplatz

Als *Lagerplatz* in WM wird zum einen der physische Lagerplatz im Lager bezeichnet. Zum anderen gibt es auf den Schnittstellenlagertypen auch die sogenannten *dynamischen Lagerplätze*.

Physische Lagerplätze werden nicht durch das Customizing angelegt, sondern manuell mit den entsprechenden WM-Transaktionen. Für die Bezeichnung des Lagerplatzes stehen Ihnen zehn Stellen zur Verfügung. Die dynamischen Lagerplätze werden bei den Wareneingangs- bzw. Warenausgangsbuchungen vom System automatisch angelegt.

> Sie möchten eine Lieferung mit der Liefernummer 7480003600 kommissionieren **[zB]**
> und ausbuchen. Nach abgeschlossener Kommissionierung liegen die Materialien
> im System auf dem Lagertyp 916, Lagerplatz 7480003600. Die Warenausgangsbu-
> chung entnimmt das Material wieder von diesem Lagerplatz, sodass der Platz leer
> und vom System gelöscht wird.

2.2.5   Lagereinheit

Verwalten Sie innerhalb des WM-Systems Ihre Bestände zusätzlich noch auf Paletten oder anderen Ladehilfsmitteln (Gitterboxen, Metallkästen usw.), müssen Sie für die entsprechenden Lagertypen *Lagereinheiten* einrichten. Der mengenmäßige Bestand wird dann zwar auf dem Lagerplatz, aber zusätzlich noch auf der Ebene von Lagereinheiten geführt.

Diese Paletten erhalten in WM eine Nummer, die *Lagereinheitennummer*. Sie ist mit zehn Stellen definiert. Um im System erkennen zu können, um was für eine Einheit es sich handelt, wird der Lagereinheitennummer noch zusätzlich ein *Lagereinheitentyp* mitgegeben. Der Lagereinheitentyp ist ein dreistelliger Schlüssel. Abbildung 2.11 zeigt die im SAP-Standard vordefinierten Lagereinheitentypen.

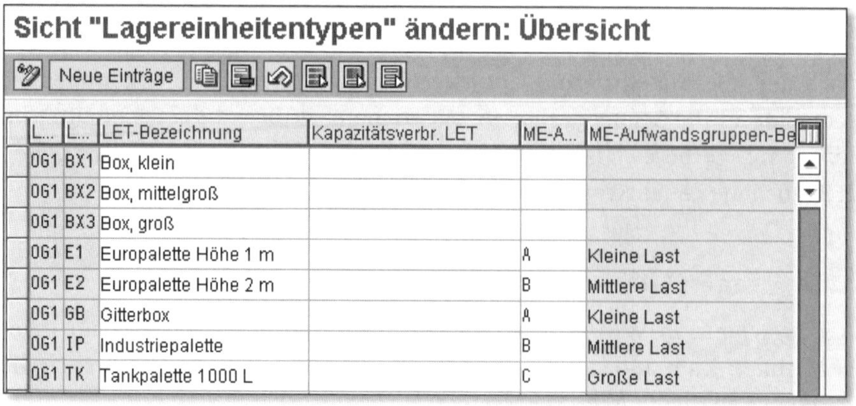

L...	L...	LET-Bezeichnung	Kapazitätsverbr. LET	ME-A...	ME-Aufwandsgruppen-Be
061	BX1	Box, klein			
061	BX2	Box, mittelgroß			
061	BX3	Box, groß			
061	E1	Europalette Höhe 1 m		A	Kleine Last
061	E2	Europalette Höhe 2 m		B	Mittlere Last
061	GB	Gitterbox		A	Kleine Last
061	IP	Industriepalette		B	Mittlere Last
061	TK	Tankpalette 1000 L		C	Große Last

Sicht "Lagereinheitentypen" ändern: Übersicht
🖉 Neue Einträge

Abbildung 2.11 Im SAP-Standard vorgegebene Lagereinheitentypen

2.3 Organisationsstrukturen im Vertrieb

Grundlage von Lieferungen innerhalb von SAP LES sind größtenteils Kundenaufträge oder Umlagerungsbestellungen aus der Einkaufsabteilung.

Abteilungen, in denen Kundenaufträge und Bestellungen bearbeitet werden, sind gegenüber der Versandabteilung im SAP-System unterschiedlich strukturiert. Diese Struktur finden Sie bei den Umlagerungsbestellungen in der Versandsicht und bei den Kundenaufträgen in den Kopfdaten wieder.

Die oberste Struktur ist die *Verkaufsorganisation* selbst. Ein Unternehmen vertreibt sehr oft unterschiedliche Waren, die auch über unterschiedliche Organisationen abgewickelt werden. Innerhalb dieser Organisation kann es mehrere *Vertriebswege* geben, die sich meistens an der Kundenstruktur (z. B. Auftragsabwicklung mit den Getränkegroßhändlern oder dem Gastronomiegewerbe direkt) ausrichten. Seitens der Materialstruktur kann die Verkaufsorganisation noch in mehrere *Sparten* aufgeteilt werden (z. B. alkoholische Getränke und Accessoires). Die Strukturen sind in Abbildung 2.12 dargestellt.

Sie haben aber auch die Möglichkeit, die Verkaufsabteilung oder Auftragsabwicklung räumlich bzw. örtlich im SAP-System zu strukturieren. So können Sie die *Verkaufsbüros* nutzen, um diese örtliche Trennung der Zuständigkeiten für Kundenaufträge darzustellen. Innerhalb eines Verkaufsbüros haben Sie zusätzlich die Möglichkeit, unterschiedliche *Verkäufergruppen* zu bilden.

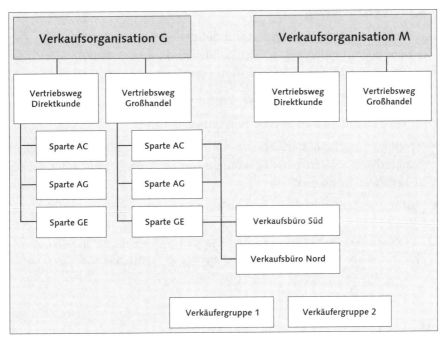

Abbildung 2.12 Verkaufsorganisation in der Übersicht

2.3.1 Verkaufsorganisation

Die *Verkaufsorganisation* ist eine organisatorische Einheit im Unternehmen, die für den Vertrieb bestimmter Waren verantwortlich ist. Die wichtigsten Eigenschaften einer Verkaufsorganisation sind:

▸ Sie erhält eigene Materialstamm- und Kundenstammdaten.

▸ Sie gehört zu einem Buchungskreis.

▸ Sie ist mindestens einem Werk zugeordnet.

▸ Ihr sind alle Positionen eines Vertriebsbelegs (auch eines Lieferbelegs) zugeordnet.

Auch wenn die Verkaufsorganisation selbst in den logistischen Vertriebsbelegen nicht im Vordergrund steht, ist es für den Anwender von Vorteil, von dieser organisatorischen Einheit zu wissen.

In der Getränkeindustrie könnte es zwei Verkaufsorganisationen geben: Eine ist **[zB]** verantwortlich für den Vertrieb der Getränke selbst und die zweite für den Vertrieb und die Unterhaltung von Werbe- und Gaststättenmaterialien (z. B. Gläser, Bierdeckel, Zapfanlagen sowie Reklameanlagen).

2.3.2 Vertriebsweg

Innerhalb einer Verkaufsorganisation definieren Sie die *Vertriebswege*. Der Vertriebsweg orientiert sich an der Kundenstruktur (z. B. Einzel- oder Großhandel). Die wichtigsten Eigenschaften eines Vertriebswegs sind:

▸ Er wird einer oder mehreren Verkaufsorganisationen zugeordnet.

▸ Er wird einem oder mehreren Werken zugeordnet.

▸ Er enthält eigene Materialstamm- und Kundenstammdaten. Bei gleichen Stammdaten je Vertriebsweg können Sie auch die Daten unter einem *Generalvertriebsweg* erfassen.

▸ Auf Ebene des Vertriebswegs kann eine eigene Preisfindung laufen.

[zB] In der Getränkeindustrie könnten Sie einen Vertriebsweg für die Belieferung an Großhändler und einen für die Direktbelieferung an Gaststätten und Hotels definieren.

2.3.3 Sparte

Die *Sparte* ist eine Organisationseinheit, die sich an der Materialstruktur in Ihrem Unternehmen orientiert. Mit der Sparte können Sie Materialien definieren, die die gleiche Vertriebsausrichtung haben. Darüber hinaus hat die Sparte im Materialstamm die Funktion, in Verbindung mit dem Werk die Geschäftsbereichskontierung für logistische Vorgänge in der Finanzbuchhaltung durchzuführen. Die wichtigsten Eigenschaften der Sparte sind:

▸ Sie wird einer oder mehreren Verkaufsorganisationen sowie einem oder mehreren Vertriebswegen zugeordnet (siehe Abbildung 2.13).

▸ Das Material wird immer einer Sparte zugeordnet.

▸ Sie enthält eigene Kundenstammdaten.

▸ Auf ihrer Ebene kann eine eigene Preisfindung laufen.

Sicht "Zuordnung Verkaufsorganisation - Vertriebsweg - Sparte" ändern:

Zuordnung Verkaufsorganisation - Vertriebsweg - Sparte

VkOrg	Bezeichnung	VW.	Bezeichnung	SP	Bezeichnung	Status
OGGE	Getränke	DI	Direktkunde	AG	Alkoh. Getränke	
OGGE	Getränke	DI	Direktkunde	GE	Getränke	
OGGE	Getränke	GH	Großhandel	AG	Alkoh. Getränke	
OGGE	Getränke	GH	Großhandel	GE	Getränke	

Abbildung 2.13 Zuordnung von Vertriebswegen und Sparten zu der Verkaufsorganisation

> Innerhalb der Verkaufsorganisation Getränke werden die zwei Sparten alkoholi- [zB]
> sche und nicht alkoholische Getränke geführt. Daraus ergeben sich mehrere Kon-
> stellationen. So kann z. B. die Sparte alkoholische Getränke über den Vertriebsweg
> Großhandel oder direkt an Gaststätten und Hotels abgewickelt werden.

2.3.4 Verkaufsbüro

Die organisatorischen Einheiten innerhalb des Unternehmens, die räumlich
oder fachlich getrennt betrachtet werden, richten Sie als *Verkaufsbüros* im
SAP-System ein. Die Einrichtung der Verkaufsbüros ist nicht zwingend erforderlich. Wenn Sie sie jedoch nutzen, müssen Sie jedes Verkaufsbüro einem
oder mehreren Verkaufsorganisationen, Vertriebswegen und Sparten zuordnen (siehe Abbildung 2.14).

Das Verkaufsbüro hat keine weitere Funktion im SAP-System, die den
Geschäftsablauf in irgendeiner Weise beeinflusst. Jedoch können Sie in den
Vertriebsbelegen ein Verkaufsbüro einpflegen. Sie erhalten damit die Mög-
lichkeit, Vertriebsbelege nach den Verkaufsbüros zu selektieren.

> Für den Vertrieb von Getränken richten Sie ein Verkaufsbüro für den nord- und [zB]
> mitteldeutschen Raum ein und ein zweites Verkaufsbüro nur für Süddeutschland.

Sicht "Zuordnung Verkaufsbüro - Vertriebsbereich" ändern: Übersicht

Neue Einträge

Zuordnung Verkaufsbüro - Vertriebsbereich

VkOrg	Bezeichnung	VW	Bezeichnung	SP	Bezeichnung	VkBür	Bezeichnung	Status
OGGE	Getränke	DI	Direktkunde	AG	Alkoh. Getränke	OGDN	VB Deutschland Nord	
OGGE	Getränke	DI	Direktkunde	AG	Alkoh. Getränke	OGDS	VB Deutschland Süd	
OGGE	Getränke	DI	Direktkunde	GE	Getränke	OGDS	VB Deutschland Süd	
OGGE	Getränke	GH	Großhandel	AG	Alkoh. Getränke	OGDN	VB Deutschland Nord	
OGGE	Getränke	GH	Großhandel	AG	Alkoh. Getränke	OGDS	VB Deutschland Süd	
OGGE	Getränke	GH	Großhandel	GE	Getränke	OGDS	VB Deutschland Süd	

Abbildung 2.14 Zuordnung der Verkaufsbüros zu den Verkaufsorganisationen/
Vertriebswegen/Sparten

2.3.5 Verkäufergruppe

Das Verkaufsbüro kann organisatorisch weiter in *Verkäufergruppen* unterteilt werden. Die Verkäufergruppen selbst haben innerhalb des SAP-Systems
die gleichen Merkmale wie die Verkaufsbüros. Sie sind für den Ablauf der
Geschäftsprozesse nicht zwingend erforderlich. Verkäufergruppen werden
den Verkaufsbüros zugeordnet.

[zB] Für das Verkaufsbüro, das für den süddeutschen Raum verantwortlich ist, werden drei Verkäufergruppen eingerichtet. Eine Verkäufergruppe ist nur für die Kunden der beiden Städte München und Stuttgart zuständig, eine zweite Verkäufergruppe betreut Kunden im süddeutschen Umland. Die dritte Gruppe ist verantwortlich für die Belieferung im Rahmen von besonderen Anlässen und Festen.

2.4 Zusammenfassung

Sie haben in diesem Kapitel einen Überblick über die logistischen Organisationseinheiten bekommen. Sie kennen nun die Bedeutung und die Aufgaben der einzelnen Einheiten sowie deren Zusammenhänge untereinander.

Ebenso haben Sie die Organisationsstrukturen kennengelernt, die zwar nicht direkt zum Versand- und Transportwesen, dafür aber zum einen zu den vorgelagerten Prozessen (Organisationsstruktur des Vertriebs) und zum anderen zu den Lagerprozessen (Organisationsstruktur eines Lagers in WM) gehören.

Im nächsten Kapitel stelle ich Ihnen die Stammdaten vor, die, wie die Organisationsstrukturen, ebenfalls als Grundlage der Prozesse im Versand und Transport dienen.

Basis für den sicheren und reibungslosen Ablauf der Prozesse in der Logistik und im Versand sind die Stammdaten. In diesem Kapitel erfahren Sie, welche grundlegenden Funktionen sich hinter den einzelnen Stammdaten verbergen.

3 Stammdaten

Um Geschäftsprozesse über eine Anwendungssoftware abzubilden, gibt es heute immer noch die klassische Unterscheidung zwischen Stammdaten und Bewegungsdaten. In diesem Kapitel stelle ich Ihnen die *Stammdaten* vor. Hierbei beschränke ich mich auf die Stammdaten, die für die Prozesse im Versand- und Transportwesen benötigt werden.

In den Stammdaten können Sie weiter unterscheiden, ob es sich um zwingend notwendige oder optionale Stammdaten handelt. Die zwingend notwendigen Stammdaten sind der Material- und der Kundenstamm. Optionale Stammdaten sind der Lieferantenstamm, der Gefahrgutstamm und der Chargenstamm. Den Lieferantenstamm benötigen Sie, wenn Sie Spediteure in Ihren Versand- und Transportbelegen nutzen und die Transporte abrechnen. Befördern Sie Gefahrgüter zum Kunden, benötigen Sie einen Gefahrgutstamm, da in diesem Fall besondere Anforderungen an Ihren Transport und an den Druck der Versanddokumente gestellt werden. Verwalten Sie Ihre Materialien über Chargen, werden Sie einen Chargenstamm benötigen.

3.1 Materialstammdaten

Alle Materialien, die in irgendeiner Form im Versand und Transport bearbeitet werden, müssen in der *Materialstammdatei* gepflegt sein. Dies sind in der Regel nicht nur die Materialien, die in Ihrem Unternehmen gefertigt oder eingekauft und zum Kunden transportiert werden müssen, sondern auch Materialien, die selbst zum Transport benötigt werden (Transportmaterialien wie z. B. Paletten oder Verpackungen wie z. B. Kartons). Je tiefer und genauer Sie die Prozesse in den logistischen Bereichen Ihres Unternehmens abbilden möchten, umso präziser müssen die Stammdaten gepflegt sein.

Ich erlebe es immer wieder, dass es bei bestimmten Aktivitäten innerhalb der Prozesskette zu Problemen und Fehlersituationen kommt, wenn die Stammdaten nicht sauber gepflegt sind – sehr oft sogar erst bei der Warenausgangsbuchung. Hier sind Korrekturen manchmal nur noch möglich, wenn der komplette Vorgang bis zum Kundenauftrag wieder zurückgedreht wird.

Wenn Sie sich den Materialstammsatz ansehen, werden Sie feststellen, dass Daten nicht nur für den Versand und Verkauf benötigt werden, sondern auch für die anderen Abteilungen Ihres Unternehmens. Diese einzelnen Abteilungen finden Sie in den entsprechenden *Sichten* wieder. Darüber hinaus müssen für bestimmte Sichten die Daten je Organisationsstruktur, wie z. B. für Werke, Lagerorte, Verkaufsorganisationen und Vertriebswege, angelegt werden. Diese Strukturen werden innerhalb der Materialstammdaten *Organisationsebenen* genannt. Daten, die für alle Organisationsebenen und Sichten gleich sind, werden *Grunddaten* genannt.

SAP-Menüpfad zur Materialstammpflege

LOGISTIK • LOGISTICS EXECUTION • STAMMDATEN • MATERIAL • MATERIAL. Hier haben Sie die Möglichkeit zu wählen, ob Sie das Material ANLEGEN, ÄNDERN oder ANZEIGEN möchten. Darüber hinaus stehen Ihnen hier weitere Funktionen zur Verfügung: ÄNDERUNGEN ANZEIGEN und ZUR LÖSCHUNG VORMERKEN.

Transaktionscodes

MM01:	Neue Materialstammdaten anlegen (hier können auch einzelne Sichten oder nur bestimmte Organisationsstrukturen ausgewählt werden)
MM02:	Bestehende Materialstammdaten ändern
MM03:	Bestehende Materialstammdaten zum aktuellen Zeitpunkt anzeigen
MM19:	Bestehende Materialstammdaten anzeigen, wie sie zu einem vorgegebenen Zeitpunkt gewesen sind
MM06:	Bestehende Materialstammdaten oder nur bestimmte Organisationsebenen zum Löschen vormerken

---

3.1.1 Grunddaten im Materialstamm

Als *Grunddaten* im Materialstamm werden die Daten bezeichnet, die über alle Organisationseinheiten hinweg gleich sind. Ich beschreibe hier jedoch nur die Daten, die für die Prozesse im Versand und Transport benötigt werden.

In unserem Basisbeispiel aus der Getränkeindustrie habe ich ein Material nachgestellt, das den meisten Lesern bekannt sein dürfte: eine Flasche dunkles Weizenbier, Standardgröße, Inhalt 0,5 Liter. Dieses Material eignet sich besonders gut zur Erläuterung der einzelnen Grunddaten, die meiner Erfahrung nach oft falsch verstanden werden.

Für jedes Material ist eine BASISMENGENEINHEIT zwingend notwendig. Alle im Materialstamm eingepflegten Werte beziehen sich immer auf die Basismengeneinheit. Wie in Abbildung 3.1 zu sehen, habe ich ST (= STÜCK) eingepflegt. Dies wird als Bezugseinheit verwendet, da im Unternehmen darüber hinaus sehr oft weitere Einheiten benötigt werden. Die Produktion und die Disposition arbeiten z. B. mit Hektolitern, und die Buchhaltung bewertet ihr Material auf Basis von Litern.

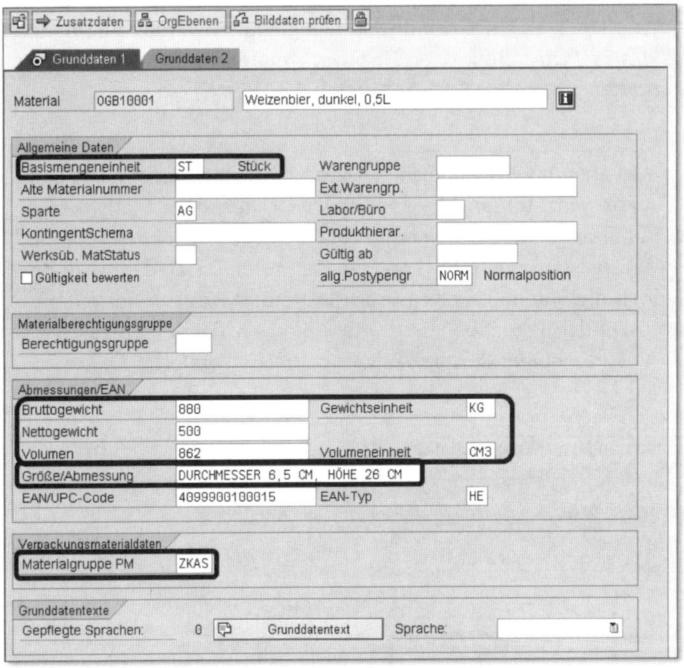

Abbildung 3.1 Grunddaten des Materialstamms

Um in unterschiedliche (auch alternative) Mengeneinheiten umrechnen zu können, pflegen Sie im Materialstamm zu jeder Mengeneinheit entsprechende Umrechnungsfaktoren ein. Die Pflege dieser Faktoren beschreibe ich im weiteren Verlauf dieses Kapitels.

Die Werte BRUTTOGEWICHT, NETTOGEWICHT und VOLUMEN sind für die Versand- und Transportabwicklung sehr wichtig, um z. B. das Gesamtgewicht einer Sendung an den Kunden exakt zu berechnen. Hierzu gehören auch die beiden Felder mit der entsprechenden GEWICHTSEINHEIT und VOLUMENEIN-

HEIT. Stimmen diese Werte nicht, kann sogar ein wirtschaftlicher Schaden entsteht, wenn der Transport mit zu hohen Gewichtsangaben mit dem Spediteur abgerechnet wird.

In meinem Beispiel habe ich realitätsnahe Werte eingepflegt. Der Inhalt einer Flasche Bier entspricht ziemlich genau 0,5 kg. Das ist real das Gewicht des Fertigmaterials. Die Flasche selbst wiegt ca. 0,380 kg, das ergibt ein Bruttogewicht von 0,880 kg. Als Volumen wird der Wert eingepflegt, den eine Einheit in der Basismengeneinheit einnimmt. Die Flasche hat einen Durchmesser von ca. 6,5 cm und eine Höhe von 26 cm. Das ergibt ein Volumen von ca. 862 cm³. Alle drei Werte beziehen sich in diesem Beispiel auf 1 ST.

[+]   Viele meiner Kunden pflegen als Volumen die Füllmenge des Gebindes ein (in meinem Beispiel wäre das 500 cm³). Benötigen Sie jedoch später eine Berechnung des Frachtvolumens, erhalten Sie in den Transporten falsche Werte.

[+]   In das Feld GRÖSSE/ABMESSUNG wird lediglich ein Text eingepflegt. Es ist nicht empfehlenswert, hier Werte einzutragen, die eventuell in Listen oder Statistiken zu Gewichts- und Volumenberechnungen herangezogen werden sollen. Hierfür sind andere Felder im Materialstamm eingerichtet, die Sie in den Zusatzdaten wiederfinden. Da hier jedoch die Standardmaße LÄNGE, BREITE und HÖHE in der entsprechenden ABMESSUNGSEINHEIT angegeben sind, muss hier ein wenig getrickst werden, wenn es sich, wie in meinem Beispiel, um eine Flasche handelt.

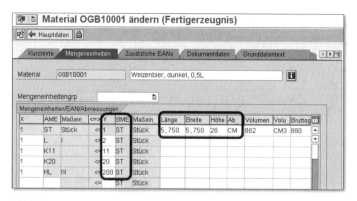

Abbildung 3.2 Maßeinheiten Länge, Breite und Höhe eines Materials

Zu den Zusatzdaten gelangen Sie aus jeder Sicht des Materialstamms heraus, wenn Sie auf den Button ⮕ Zusatzdaten klicken.

Es erscheint ein neues Bild mit mehreren Registerkarten. Klicken Sie hier auf die Registerkarte MENGENEINHEITEN, und Sie gelangen in die gewünschte

Sicht (siehe Abbildung 3.2). An dieser Stelle tragen Sie auch die Mengeneinheiten und deren Umrechnungsfaktoren zur Basismengeneinheit ein.

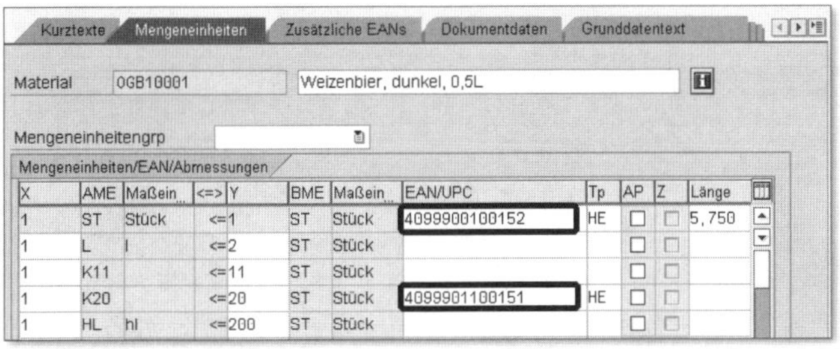

Abbildung 3.3 Alternative Mengeneinheiten zum Material

Bestellt ein Kunde z. B. grundsätzlich seine Getränke nicht in der Mengeneinheit ST, sondern in K20 (Kasten mit 20 Flaschen), kann der Kundenauftrag
auch mit der Mengeneinheit K20 erfasst werden. Das System weiß nun, dass
zu einem Kasten (K20) 20 Flaschen gehören. Ebenso tragen Sie hier die Beziehung zu den Mengeneinheiten ein, die zusätzlich in Ihrem Unternehmen eingesetzt werden. In meinem Beispiel wäre das hl (= Hektoliter) und l (= Liter).

An dieser Stelle geben Sie auch die europäische Artikelnummer (EAN) an,
die Sie für die jeweilige Mengeneinheit verwenden. So kann z. B. die Flasche
für sich einen anderen Barcode tragen als ein komplettes Gebinde (in diesem
Fall ein Kasten). Ich habe hier als Beispiel zwei 13-stellige EANs (EAN13)
jeweils einer Flasche (Mengeneinheit ST) und einer Kiste mit 20 Flaschen
(Mengeneinheit K20) zugeordnet (siehe Abbildung 3.3).

In den Grunddaten finden Sie ein weiteres Feld, das Sie füllen müssen, wenn
Sie Materialien in der Lieferung oder im Transport verpacken und dabei nur
bestimmte Verpackungen zulassen wollen. Das Feld heißt MATERIALGRUPPE
PM (= Materialgruppe Packmittel, siehe Abbildung 3.1). In meinem Beispiel
habe ich einen Kasten eingestellt und dabei offengelassen, ob es sich um einen
Kasten mit 11 oder 20 Flaschen handelt. Packen Sie Ihre Materialien direkt auf
Paletten, definieren Sie hier z. B. Ihre Materialgruppe PM, die Sie für Paletten
definiert haben. Das Thema Verpacken von Materialien in der Lieferung und
im Transport behandle ich ausführlich in Kapitel 8, »Verpacken«.

3.1.2 Vertriebsdaten

Die *Vertriebsdaten* Ihres Materials legen Sie für jeden Vertriebsbereich an.
Der Vertriebsbereich besteht aus der Kombination von der Verkaufsorganisation mit dem Vertriebsweg. Haben Sie in Ihrem Unternehmen mehrere

Vertriebswege und die Daten je Vertriebsweg unterscheiden sich nicht, können Sie auch im Customizing einen oder mehrere gemeinsame Vertriebswege definieren, unter denen Sie die Daten erfassen.

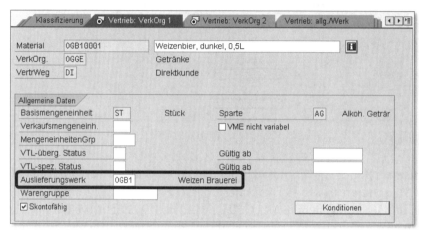

Abbildung 3.4 Vertriebsdaten im Materialstamm

Auf der Registerkarte VERTRIEB: VERKORG 1 gibt es jedoch nur ein Feld, das aus logistischer Sicht interessant ist: das AUSLIEFERUNGSWERK (siehe Abbildung 3.4). Bei der Anlage von Kundenaufträgen wird das Auslieferungswerk automatisch vorgeschlagen. Das ist sinnvoll, wenn Sie die Auslieferung Ihres Materials hauptsächlich von einem bestimmten Werk aus durchführen. Natürlich können Sie bei der Kundenauftragsanlage das Auslieferungswerk auch überschreiben.

Des Weiteren gibt es neben den vertriebsspezifischen Materialstammdaten auch die werksspezifischen Daten. Für jedes Werk müssen Sie Materialstammdaten anlegen. Auf der Registerkarte VERTRIEB: ALLG./WERK finden Sie mehrere Felder, die Sie für Ihre Versand- und Transportprozesse nutzen können (siehe Abbildung 3.5). Einige Felder wiederholen sich auf dieser Registerkarte, die Sie bereits unter GRUNDDATEN TEIL 1 eingepflegt haben.

Haben Sie Materialien, deren Transport besondere Anforderungen stellt (z. B. Thermotransporte) und die Sie in die automatische Routenfindung (siehe Abschnitt 5.6, »Routen«) einfließen lassen müssen, fassen Sie diese Materialien über die TRANSPORTGRUPPE zusammen. Über die LADEGRUPPE sortieren Sie Materialien, die dem gleichen Verladeprozess unterliegen. So gibt es z. B. Materialien, die immer mit einem Gabelstapler oder aufgrund des Gewichts mit einem Kran verladen werden müssen. Oder die Materialien werden immer von der gleichen Rampe aus verladen. Die LADEGRUPPE fließt auch in die Versandstellenfindung mit ein (siehe Abschnitt 5.5, »Versandstelle«).

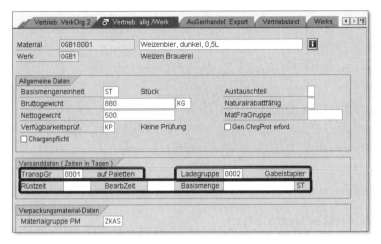

Abbildung 3.5 Werksdaten aus dem Materialstamm

Möchten Sie die Kapazitäten Ihres Lagers für die Verladung planen, können Sie folgende Zeiten einpflegen:

Die RÜSTZEIT gibt an, welche zeitliche Kapazität Sie benötigen, um für dieses Material den Arbeitsplatz oder die Flurförderfahrzeuge herzurichten. Die Zeit wird in Tagen eingepflegt.

Hier geben Sie zudem die Bearbeitungszeit (BEARBZEIT) an, die benötigt wird, um eine bestimmte Menge (in der Basismengeneinheit) zu verladen.

3.1.3 Werks- und Lagerortdaten

Für jedes einzelne Werk und dementsprechend auch für jeden einzelnen Lagerort müssen Sie eigene Materialstammdaten erfassen. Jedoch ist für die Abwicklung des Versands nur ein Feld relevant, das Sie auf der Registerkarte WERKSDATEN/LAGERUNG 1 finden. Da Ihre Bestände auf Lagerortebene mengenmäßig geführt werden, benötigen Sie für eine Lieferung an den Kunden den Lagerort, aus dem die Materialien für die Lieferung entnommen werden sollen. Für die automatische Lagerortfindung wird das Feld RAUMBEDINGUNGEN benötigt (siehe Abbildung 3.6).

Ich gehe auf die Bedeutung und die möglichen Inhalte des Feldes im Materialstamm noch detaillierter in Abschnitt 7.1.2. ein, wenn ich Ihnen die Lagerortfindung vorstelle.

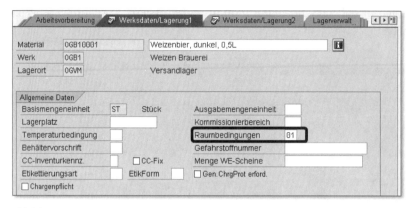

Abbildung 3.6 Materialstammdaten auf Werks- und Lagerortebene

3.2 Kundenstammdaten

Auch der *Kundenstamm* nimmt innerhalb der Prozesse im Transportwesen und Versand einen großen Stellenwert ein. Die Daten, die im Kundenstamm gepflegt werden, sind somit Voraussetzung für einen reibungslosen Ablauf. So werden im Kundenstamm alle Informationen abgelegt, die für die Transportdisposition bzw. Versandplanung und -durchführung benötigt oder bereits bei der Kundenauftragserfassung ermittelt werden.

Wie bei den Materialstammdaten gibt es auch beim Kundenstamm verschiedene Ebenen und Sichten (oder Registerkarten), die ich Ihnen hier im allgemeinen Überblick vorstelle:

▶ **Allgemeine Daten**
Diese Daten sind allgemeingültig für alle Ebenen. Die Adresse z. B. ist immer dieselbe, auch wenn dem Kunden mehrere Verkaufsorganisationen zugeordnet werden.

▶ **Buchungskreisdaten**
In den Buchungskreisdaten pflegen Sie hauptsächlich die Daten ein, die Sie für die finanzielle Abwicklung von Geschäften benötigen.

▶ **Vertriebsbereichsdaten**
Diese Daten sind abhängig von der Verkaufsorganisation, dem Vertriebsweg und der Sparte. Wie beim Materialstamm können auch hier die Vertriebsbereichsdaten unter einem gemeinsamen Vertriebsweg oder einer gemeinsamen Sparte geführt werden, wenn sich die Daten je Vertriebsweg und Sparte nicht unterscheiden.

▸ **Zusatzdaten**

SAP hat innerhalb der Pflegetransaktionen bestimmte Daten nicht den vorher beschriebenen Ebenen zugeordnet, sondern ihnen eigene Menüpfade zugewiesen.

Menüpfad zur Kundenstammpflege

LOGISTIK · LOGISTICS EXECUTION · STAMMDATEN · PARTNER · KUNDE. Hier haben Sie die Möglichkeit zu wählen, ob Sie den Kunden ANLEGEN, ÄNDERN oder ANZEIGEN möchten.

Transaktionscodes

VD01:	Anlegen der Vertriebsbereichsdaten für einen Kunden
XD01:	Anlegen aller Daten für einen neuen Kunden
VD02:	Ändern der Vertriebsbereichsdaten für einen bestehenden Kunden
XD02:	Ändern aller Daten für einen bestehenden Kunden
VD03:	Anzeigen der Vertriebsbereichsdaten für einen bestehenden Kunden
XD03:	Anzeigen aller Daten für einen bestehenden Kunden
VD04:	Alle durchgeführten Änderungen der Vertriebsbereichsdaten eines bestehenden Kunden auflisten lassen
XD04:	Alle durchgeführten Änderungen aller Daten eines bestehenden Kunden auflisten lassen
VD05:	Den kompletten Kundenstamm oder nur bestimmte Vertriebsbereiche eines Kunden für eine Belieferung sperren
VD06:	Einen Kunden zur Löschung vormerken; die Löschung selbst erfolgt nicht über eine eigene Transaktion, sondern über einen Reorganisationslauf, der in aller Regel in bestimmten Zeitintervallen eingeplant wird.

Zu der organisatorischen Struktur (Ebenen und Sichten) in der Kundenstammdatei kommt eine weitere Struktur hinzu: die *Partnerrolle*. Der Kunde, für den Sie die Stammdaten eingepflegt haben, übernimmt innerhalb Ihrer Geschäfte eine bestimmte Rolle. Innerhalb des SAP-Systems wurden hierzu bereits drei Standard-Partnerrollen angelegt: AUFTRAGGEBER, WARENEMPFÄNGER und RECHNUNGSEMPFÄNGER.

Die Zweigniederlassung eines Münchener Getränkekonzerns in Augsburg bestellt bei Ihnen 36 Paletten Mineralwasser mit dem Hinweis, diese direkt an ein Einkaufszentrum in Königsbrunn zu liefern. Mit der Zweigniederlassung ist vereinbart, dass alle Rechnungen an die Zentrale in München gehen. **[zB]**

Für diesen Vorgang benötigen Sie insgesamt drei Adressen, die im Kundenstamm eingepflegt sein müssen (siehe Abbildung 3.7). Die erste Adresse aus Augsburg übernimmt die Funktion des Auftraggebers, die zweite aus Königsbrunn die des Warenempfängers und die dritte, die Zentrale, die des Rechnungsempfängers.

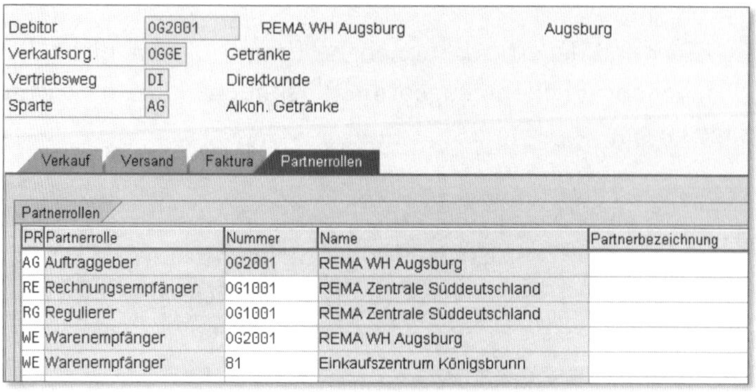

Debitor	0G2001	REMA WH Augsburg	Augsburg
Verkaufsorg.	0GGE	Getränke	
Vertriebsweg	DI	Direktkunde	
Sparte	AG	Alkoh. Getränke	

Verkauf | Versand | Faktura | **Partnerrollen**

Partnerrollen

PR	Partnerrolle	Nummer	Name	Partnerbezeichnung
AG	Auftraggeber	0G2001	REMA WH Augsburg	
RE	Rechnungsempfänger	0G1001	REMA Zentrale Süddeutschland	
RG	Regulierer	0G1001	REMA Zentrale Süddeutschland	
WE	Warenempfänger	0G2001	REMA WH Augsburg	
WE	Warenempfänger	81	Einkaufszentrum Königsbrunn	

Abbildung 3.7 Partnerrollen in der Kundenstammdatei

Je nach Partnerrolle pflegen Sie nur bestimmte Sichten und Ebenen. Zum Beispiel benötigen Sie für einen Warenempfänger keine Daten für die Bank- und Zahlungsabwicklung und für einen Rechnungsempfänger keine Versanddaten und Anlieferungszeiten. Es ist weiterhin möglich, dass ein Kunde mehrere Partnerrollen übernimmt. Ist z. B. der Auftraggeber in Augsburg auch selbst der Warenempfänger, übernimmt dieser Kunde gleich zwei Rollen: die des Auftraggebers und des Warenempfängers.

Sie haben die Möglichkeit, im SAP-System weitere Partnerrollen zu aktivieren. So sind bereits im SAP-System viele Rollen vordefiniert, z. B. Ansprechpartner, Regulierer, Spediteur sowie Vertriebsbeauftragter. Die Partnerrollen werden mit einem zweistelligen Schlüssel identifiziert (z. B. AG für Auftraggeber, WE für Warenempfänger). Darüber hinaus können Sie über das Customizing eigene Partnerrollen definieren, deren Schlüssel mit einem Y oder Z beginnen sollten. So können Sie als Anwender erkennen, ob es sich um eine Standard-Partnerrolle oder um eine SAP-Erweiterung handelt.

Partnerrollen müssen im Kundenstamm den einzelnen Kunden zugeordnet werden. Der Auftraggeber hat in der Regel einen Rechnungsempfänger und einen oder mehrere Warenempfänger. Der Warenempfänger hat wiederum einen oder mehrere Spediteure. In Abschnitt 6.3, »Partnerfindung«, gehe ich im Detail auf die Partnerrollen und deren Zusammenhang und Findung ein.

3.2.1 Allgemeine Daten

Als ALLGEMEINE DATEN werden die Daten im Kundenstamm bezeichnet, die über alle Organisationsebenen und -strukturen hinweg gleich sind. In diesem Abschnitt beschreibe ich Ihnen jedoch nur die Daten, die Sie für Ihre Prozesse im Versand und Transport wirklich benötigen.

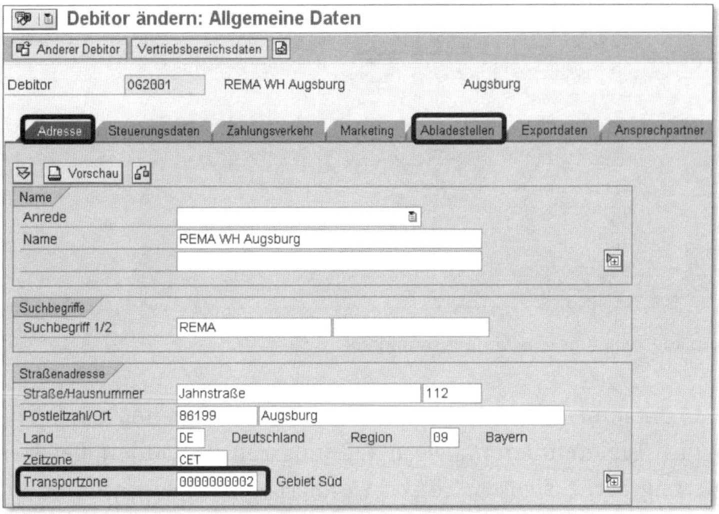

Abbildung 3.8 Allgemeine Daten in der Kundenstammdatei

Wie Sie in Abbildung 3.8 sehen, werden bei den allgemeinen Daten sieben weitere Registerkarten angeboten: ADRESSE, STEUERUNGSDATEN, ZAHLUNGS-VERKEHR, MARKETING, ABLADESTELLEN, EXPORTDATEN und ANSPRECHPARTNER. Aber lediglich die Registerkarten ADRESSE und ABLADESTELLEN enthalten Informationen, die für die logistischen Prozesse interessant sind.

Die Adresse selbst ist die wichtigste Information innerhalb der Kunden-stammdaten. Sie sollten in Ihrem Unternehmen bestrebt sein, die Adressda-ten so genau und einheitlich zu gestalten, wie es eben möglich ist.

In dieser Sicht finden Sie auch die TRANSPORTZONE. Mithilfe der Transport-zone wird im SAP-System einer Lieferung eine bestimmte Route zugeordnet. Über diese Routen können Sie Lieferungen selektieren, disponieren und zu Transporten zusammenfassen. Sie können also Ihre Kunden in regionale Zonen einteilen.

Auf der Registerkarte ABLADESTELLEN können Sie für Ihren Warenempfänger eine oder mehrere Warenannahmestellen sowie deren Warenannahmezei-ten einpflegen. Die Warenannahmestelle kann z. B. ein Tor, eine Rampe oder ein bestimmtes Gebäude sein. Sie können nun zu dieser Warenannahme-stelle (z. B. bei größeren Gebäuden) eine oder mehrere Empfangsstellen (z. B. Rampen oder Tore) und zu den einzelnen Empfangsstellen eine oder meh-rere Abteilungen definieren. Sie müssen in Ihrem Unternehmen prüfen, ob es sinnvoll ist, Ihren Warenempfänger so weit zu unterteilen, oder ob Sie es bei den üblichen Werten (z. B. Tor 1 oder Tor 2 als Warenannahmestelle) belassen. Ein einfaches Beispiel finden Sie in Abbildung 3.9.

Abbildung 3.9 Abladestellen in der Kundenstammdatei

Zu jeder Warenannahmestelle können Sie Warenannahmezeiten (also Öffnungszeiten) pro Tag definieren. Diese Öffnungszeiten werden bei der Frachtterminierung berücksichtigt. Setzen Sie diese genaue Frachtterminierung ein, müssen Sie den Warenannahmestellen einen Fabrikkalender zuordnen.

3.2.2 Vertriebsbereichsdaten

Daten, die je nach Verkaufsorganisation, Vertriebsweg und Sparte voneinander abweichen können, pflegen Sie in den VERTRIEBSBEREICHSDATEN. Für die Pflege der Vertriebsbereichsdaten stehen Ihnen vier Registerkarten zur Verfügung: VERKAUF, VERSAND, FAKTURA und PARTNERROLLEN (siehe Abbildung 3.10).

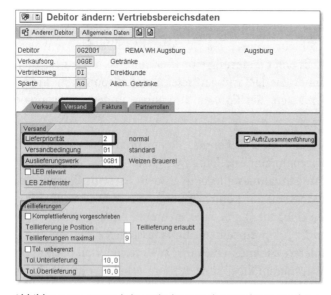

Abbildung 3.10 Vertriebsbereichsdaten in der Kundenstammdatei

Auf der Registerkarte VERSAND pflegen Sie die Daten ein, die Sie zur Erstellung von Lieferungen an diesen Kunden oder Warenempfänger benötigen. Sie legen über die LIEFERPRIORITÄT fest, ob dieser Kunde bevorzugt behandelt werden soll. Über das Kennzeichen AUFTRZUSAMMENFÜHRUNG steuern Sie, ob Sie eine Gesamtlieferung erstellen dürfen, wenn mehrere Kundenaufträge vorliegen. Wünschen Sie eine bevorzugte Belieferung aus einem bestimmten Werk, können Sie ein AUSLIEFERUNGSWERK einpflegen. Zur Steuerung, ob bzw. wie viele Teillieferungen maximal erlaubt sind und ob Sie über- oder unterliefern dürfen, können Sie die Felder unter TEILLIEFERUNGEN einsetzen.

Unter den Vertriebsbereichsdaten finden Sie auch die Registerkarte PARTNER-ROLLEN. Wie bereits zuvor in diesem Abschnitt beschrieben, pflegen Sie an dieser Stelle alle möglichen Partnerrollen und deren Kundennummern ein, die Sie diesem Kunden zuordnen (siehe hierzu als Beispiel Abbildung 3.7).

3.2.3 Zusatzdaten

Daten, die sich nicht sinnvoll in die Sichten der allgemeinen Daten, der Buchungskreisdaten und der Vertriebsbereichsdaten einordnen lassen, finden Sie im SAP-System unter den ZUSATZDATEN. Sie gelangen zu den Zusatzdaten, indem Sie in der obersten Bildschirmleiste auf ZUSÄTZE klicken und den gleichnamigen Menübaum öffnen. Hier können Sie dann einen der folgenden Einträge auswählen: VERWALTUNGSDATEN, SPERRDATEN, LÖSCHVORMERKUNGEN, ÄNDERUNGSBESTÄTIGUNG, KLASSIFIZIERUNG, TEXTE, DOKUMENTE, ZUSATZDATEN, PARTNERROLLEN DES DEBITORS, KONTOGRUPPENINFO und VERTRIEBSBEREICHE. Für den Bereich Versand und Transport sind an dieser Stelle vor allem die Texte interessant.

Sie haben die Möglichkeit, für die einzelnen Prozessschritte Texte zu hinterlegen. Diese Texte dienen dazu, Besonderheiten im Prozessablauf für den jeweiligen Kunden festzuhalten. Hierbei kann es sich um Texte handeln, die auf Versanddokumente oder Fakturen gedruckt werden, aber auch um Texte, die nur intern für Ihr Unternehmen bestimmt sind. Sie sehen in Abbildung 3.11 die vom SAP-System standardmäßig angebotenen Texte.

Speziell für die Prozesse im Versand und Transport wurden die Texte VERSANDVORSCHRIFT und MARKIERUNG FÜR VERSAND eingerichtet. Sie können aber im Customizing auch weitere Textarten nach Bedarf definieren.

Unter der Textart VERSANDVORSCHRIFT könnte z. B. stehen, dass der Kunde nur die Belieferung mit Lkws wünscht, die nicht höher als 2,80 m sind (wegen der Höhe der Toreinfahrt). **[zB]**

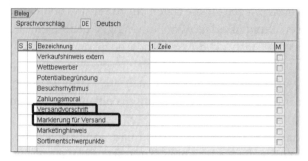

Abbildung 3.11 Texte in der Kundenstammdatei

3.3 Lieferantenstammdatei

Die *Lieferantenstammdatei* nimmt innerhalb der Versand- und Transportprozesse nur einen untergeordneten Stellenwert ein. Sobald Sie aber im SAP-System mit Spediteuren arbeiten, benötigen Sie hierzu einen Lieferantenstammsatz.

Der Spediteur ist ein Dienstleister und muss daher als Lieferant angelegt werden. Im SAP-Standardsystem wurde für den Spediteur eine eigene *Kontengruppe* (Kontengruppe 0005) erstellt, unter der Sie die Daten einpflegen können.

Es gibt wie bei der Kundenstammdatei auch bei der Lieferantenstammdatei vier Sichten, in denen Sie Daten einpflegen können: ALLGEMEINE DATEN, BUCHUNGSKREISDATEN, EINKAUFSORGANISATIONSDATEN und ZUSATZDATEN. Anders als in der Kundenstammpflege gelangen Sie zu diesen einzelnen Sichten jedoch nur über den Menübaum in der oberen Bildschirmleiste (siehe Abbildung 3.12). Da die Daten aus der Lieferantenstammdatei aber selbst keine Auswirkungen auf die Prozessabläufe innerhalb des Versands und des Transports ausüben, gehe ich in diesem Abschnitt auch nicht weiter auf diese Daten ein.

Menüpfad zur Lieferantenstammpflege

LOGISTIK • LOGISTICS EXECUTION • STAMMDATEN • PARTNER • LIEFERANT. Hier haben Sie die Möglichkeit zu wählen, ob Sie den Lieferanten ANLEGEN, ÄNDERN oder ANZEIGEN möchten.

Transaktionscodes

XK01:   Anlegen der Lieferantenstammdaten

XK02:   Ändern der Lieferantenstammdaten

XK03:   Anzeigen der Lieferantenstammdaten

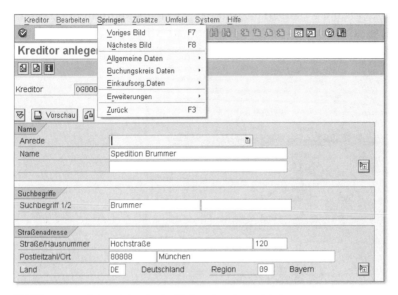

Abbildung 3.12 Adressdaten in der Lieferantenstammdatei

3.4   Chargenstammdaten

Je nach Branche oder Ausprägung Ihrer Materialien müssen Sie die *Chargen-verwaltung* aktivieren. Sie kennzeichnen durch die Chargenverwaltung Ihr Material mit einer Charge, die durchgängig durch alle Prozesse mitgeführt wird. Die Charge sagt aus, wann Ihr Material produziert wurde und wann es abgelaufen ist und nicht mehr verkauft werden darf (*Mindesthaltbarkeitsdatum*, auch mit MHD abgekürzt). Da auch die Bestände je Charge geführt werden, können Sie jede Bewegung Ihres Materials chargengenau verfolgen.

Auch wenn die Chargenverwaltung in die Prozesse im Versand und Transport nicht direkt eingreift, können die einzelnen Prozessschritte behindert werden, wenn die Chargendaten nicht ordnungsgemäß angelegt sind. Prüfen Sie in Ihrem Unternehmen, an welcher Stelle die Chargenfindung stattfindet. Wird die Charge direkt bei der Auftragserfassung vorgegeben, weil der Kunde eine bestimmte Charge wünscht, oder gibt es unter Umständen weniger Probleme, wenn die Chargenfindung erst bei der Lieferscheinerstellung stattfindet?

Der Chargenstamm ist nicht sehr umfangreich. Es stehen lediglich fünf Registerkarten zur Verfügung: Grunddaten 1, Grunddaten 2, Klassifizierung, Materialdaten und Änderungen (siehe Abbildung 3.13). Ausschlag-

gebend für die Mindesthaltbarkeit sind das Herstelldatum und die Gesamthaltbarkeit des Materials. Ist die Gesamthaltbarkeit im Materialstamm
vorgegeben, wird das MHD vom System vorgeschlagen.

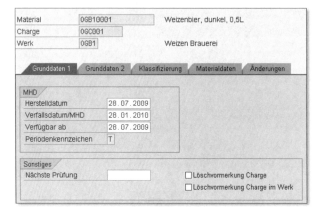

Abbildung 3.13 Grunddaten des Chargenstamms

Menüpfad zur Chargenstammpflege

LOGISTIK • MATERIALWIRTSCHAFT • MATERIALSTAMM • CHARGE. Hier haben Sie die Möglichkeit zu wählen, ob Sie die Charge ANLEGEN, ÄNDERN, ANZEIGEN oder ob Sie ÄNDE-
RUNGEN ANZEIGEN möchten.

Transaktionscodes

MSC1N: Anlegen der Charge

MSC2N: Ändern der Charge

MSC3N: Anzeigen der Charge

MSC4N: Anzeigen aller Änderungen im Chargenstamm

3.5 Gefahrgutstammdaten

Sind die Materialien, die Sie transportieren, *Gefahrgüter*, müssen die gesetz-
lichen Bestimmungen für den Transport von Gefahrgütern im Straßen-, Luft-
und Seeverkehr eingehalten werden. Hierzu stellt das SAP-System die
Gefahrgutabwicklung zur Verfügung, die Sie bei der Abwicklung von
Gefahrgütern unterstützt.

Grundlage dieser Gefahrgutabwicklung ist der *Gefahrgutstamm*. Sind alle
notwendigen Daten im Gefahrgutstamm eingepflegt, können Sie spezielle

Gefahrgutprüfungen definieren. Diese Prüfungen werden bei der Erstellung von Lieferungen und Transporten durchlaufen. Ebenso sind Sie verpflichtet, bei Gefahrgütern korrekte Gefahrgutangaben in allen Versanddokumenten (z. B. im Frachtbrief und Lieferschein) auszudrucken bzw. zusätzliche Papiere bereitzustellen (z. B. Sicherheitsdaten- und Unfallmerkblätter). Verschicken Sie Lieferdaten per EDI an Ihren Spediteur oder Kunden, gewährleistet auch hier die Gefahrgutabwicklung, dass die notwendigen Gefahrgutinformationen mit übertragen werden.

Wie Sie es bereits von den anderen Stammdaten her kennen, gibt es auch bei den Gefahrgutdaten allgemeingültige und individuelle Daten. Die individuellen Daten hängen in diesem Fall von der jeweiligen Vorschrift ab. Eine Vorschrift bestimmt die Abwicklung von Gefahrgütern für einen bestimmten Verkehrsträger. Die wichtigsten Vorschriften innerhalb der Europäischen Union sind z. B.:

- die Gefahrgutvorschrift Straße: ADR
- die Gefahrgutvorschrift Eisenbahn: RID
- die Gefahrgutvorschrift Luft (Cargomaschinen): IATA-C
- die Gefahrgutvorschrift Luft (Passagiermaschinen): IATA-P
- die Gefahrgutvorschrift See: IMDG

Sie müssen also für jedes Material und für alle Gefahrgutvorschriften einen Gefahrgutstammsatz anlegen.

Menüpfad zur Gefahrgutstammpflege

LOGISTIK • ENVIRONMENT, HEALTH AND SAFETY • GEFAHRGUTABWICKLUNG • GEFAHRGUTSTAMM. Hier haben Sie die Möglichkeit zu wählen, ob Sie den Gefahrgutstamm ANLEGEN, ÄNDERN, ANZEIGEN oder AUFLISTEN möchten.

Transaktionscodes

DGP1:	Anlegen des Gefahrgutstammsatzes
DGP2:	Ändern des Gefahrgutstammsatzes
DGP3:	Anzeigen des Gefahrgutstammsatzes
DGR1:	Auflisten aller Gefahrgutstammsätze

Die Gefahrgutstammdaten teilen sich auf neun Registerkarten auf (siehe Abbildung 3.14): KLASSIFIZIERUNG, STOFFEINSTUFUNG, STOFFEIGENSCHAFTEN, UMSCHLIESSUNG, BEZETTELUNG, AUSNAHMEN, PAPIERANDRUCKTEXTE, ZUSAMMENLADUNG und VERPACK.ANFORDERUNG.

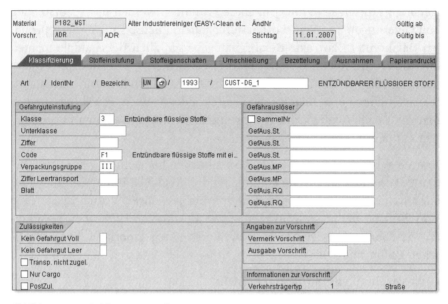

| Material | P182_WST | | Alter Industriereiniger (EASY-Clean et… | ÄndNr | | | Gültig ab | |
| Vorschr. | ADR | | ADR | | Stichtag | 11.01.2007 | Gültig bis | |

Klassifizierung / Stoffeinstufung / Stoffeigenschaften / Umschließung / Bezettelung / Ausnahmen / Papierandruckt

Art / IdentNr / Bezeichn. UN / 1993 / CUST-D6_1 ENTZÜNDBARER FLÜSSIGER STOFF

Gefahrguteinstufung

Klasse	3	Entzündbare flüssige Stoffe
Unterklasse		
Ziffer		
Code	F1	Entzündbare flüssige Stoffe mit ei…
Verpackungsgruppe	III	
Ziffer Leertransport		
Blatt		

Gefahrauslöser

☐ SammelNr
GefAus.St.
GefAus.St.
GefAus.St.
GefAus.MP
GefAus.MP
GefAus.RQ
GefAus.RQ

Zulässigkeiten

| Kein Gefahrgut Voll | |
| Kein Gefahrgut Leer | |
☐ Transp. nicht zugel.
☐ Nur Cargo
☐ PostZul.

Angaben zur Vorschrift

Vermerk Vorschrift
Ausgabe Vorschrift

Informationen zur Vorschrift

Verkehrsträgertyp 1 Straße

Abbildung 3.14 Gefahrgutstammdaten

Auf der Registerkarte KLASSIFIZIERUNG finden Sie die Gefahrguteinstufungen und Zulässigkeiten für die entsprechende Vorschrift. Lagerungsdaten (z. B. Wassergefährdungsklasse, Lagergefahrenklasse), Temperaturinformationen und Aggregatzustände finden Sie unter STOFFEINSTUFUNG. Die Stoffeigenschaften beschreiben in der Regel allgemeine Daten, z. B. den Siede- und Schmelzpunkt, Viskosität, Dichte, Flammpunkt und Wasserlöslichkeit. Verpackungsvorschriften und erlaubte Beförderungsarten finden Sie auf der Registerkarte UMSCHLIESSUNG. Höchstmenge, befreite Mengen und Ausnahmeregelungen stehen auf der Registerkarte AUSNAHMEN. Die Daten der letzten beiden Registerkarten haben einen direkten Einfluss auf die Prozesse im Versand und Transport. Bestimmte Texte und Phrasen pflegen Sie unter BEZETTELUNG und PAPIERANDRUCKTEXTE ein. Wichtig für den Transport sind noch die Informationen über die Regeln einer Zusammenverladung von verschiedenen Gefahrgütern. Versenden Sie in einem Transport Materialien unterschiedlicher Gefahrgutklassen, die bestimmte Reaktionen auslösen, wenn sie vermischt werden (z. B. im Falle eines Unfalls), müssen diese Regeln auf der Registerkarte ZUSAMMENLADUNG eingepflegt werden.

Es ist unmöglich, in einem Buch alle Gefahrgutregeln und alle Möglichkeiten der Gefahrgutabwicklung zu beschreiben. Mehr Informationen zu diesem Thema erhalten Sie in Kapitel 16, »Gefahrgutabwicklung«.

3.6 Zusammenfassung

Ich habe Ihnen in diesem Kapitel die Stammdaten und die Felder vorgestellt, die für die Versand- und Transportmitarbeiter wichtig sind, damit die Prozesse auf einer festen Grundlage stehen. Viele Fehler, die während des Prozessablaufs auftreten, ließen sich vermeiden, wenn mehr Energie und Disziplin in die Pflege von Stammdaten einfließen würde.

Sie haben hier die Grundkenntnisse über den Material- und Kundenstamm sowie über den Lieferanten-, Chargen- und Gefahrgutstamm kennengelernt. Im folgenden Kapitel gehe ich auf die Belege ein, auf die sich der Lieferbeleg bezieht.

Basis für Lieferungen und Transporte sind Kundenaufträge und Umlagerungsbestellungen. Ihren Aufbau lernen Sie in diesem Kapitel kennen. Ebenso erfahren Sie, wie Sie die logistisch relevanten Daten finden und wie der Beleg- und Materialfluss verschiedener Prozesse aussieht.

4   Belege

Sie haben in Kapitel 3, »Stammdaten«, erfahren, welche Stammdaten erforderlich sind, um die Prozesse im Versand- und Transportwesen abzubilden. Ich stelle Ihnen nun die *Bewegungsdaten* vor, mit denen Sie im Rahmen Ihrer Versand- und Transportaktivitäten zu tun haben werden.

In der klassischen IT-Terminologie werden unter Bewegungsdaten die Daten verstanden, die nur vorübergehend Gültigkeit haben und nach Erledigung nur noch einen statistischen Charakter aufweisen. Ein Beispiel ist der Lieferbeleg: Er wird erstellt, um die Daten für eine Lieferung aufzunehmen und den Warenfluss bis hin zum Kunden zu begleiten. Wenn die Lieferung erledigt ist, die Waren ausgebucht wurden und die Fakturierung erstellt ist, hat auch der Lieferbeleg im SAP-System keine Bedeutung mehr. Er wird lediglich in Statistiken und Auswertungen einfließen oder bei Rückfragen des Warenempfängers zur Recherche dienen.

Bei diesen Bewegungsdaten unterscheide ich zwischen denen, die für den eigentlichen Prozessablauf im Versand vorgesehen sind, und denen, die diesen Prozessen vorgelagert sind. Es leuchtet ein, dass für die Erstellung eines Lieferbelegs in der Regel ein Kundenauftrag existieren muss. Gibt es Probleme mit dem Lieferbeleg und seinen Funktionen, sind die Ursachen meist im Kundenauftrag zu suchen. Die Basisdaten eines Lieferbelegs werden bereits im Kundenauftrag ermittelt.

Neben den Kundenaufträgen gibt es aber auch Transporte, die zwischen Ihren Niederlassungen organisiert werden müssen. Hierzu hat SAP die Umlagerungsbestellung entwickelt. Sie wird zwar versandtechnisch genauso behandelt wie ein Kundenauftrag, der Unterschied liegt jedoch in der Verrechnung: Es wird keine Rechnung erstellt, sondern nur eine unternehmensinterne Verrechnung durchgeführt.

Beschäftigen wir uns nun zuerst einmal mit den Kundenaufträgen.

4.1 Kundenaufträge

In vielen Unternehmen sind die *Kundenaufträge* viel häufiger anzutreffen als die Umlagerungsbestellungen. Daher habe ich in Abbildung 4.1 den kompletten Prozess eines Kundenauftrags schematisch dargestellt.

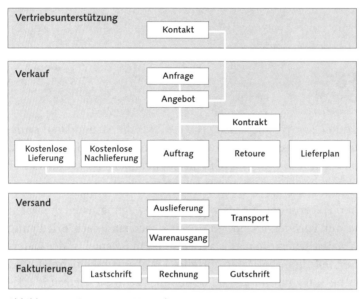

Abbildung 4.1 Prozesse im Vertrieb

Liegt eine Umlagerungsbestellung vor, entfallen der Kontrakt, die Anfrage und das Angebot. Anstelle des Auftrags tritt nun die Umlagerungsbestellung.

4.1.1 Aufbau eines Kundenauftrags

Sie erkennen, dass es innerhalb des Prozesses mehrere Teilschritte gibt, angefangen z. B. mit einer Anfrage vom Kunden über ein Angebot, den Kundenauftrag, die Lieferung, den Transport, die Warenausgangsbuchung bis hin zur Fakturierung. Jeder einzelne Schritt wird im SAP-System durch einen Beleg dargestellt, auch *Vertriebsbeleg* genannt. Diese Vertriebsbelege lassen sich eindeutig durch eine Belegnummer identifizieren.

Belegarten

Wie Sie ebenfalls Abbildung 4.1 entnehmen können, gibt es innerhalb der einzelnen Vertriebsbelege unterschiedliche Geschäftsvorgänge. Ein Kundenauftrag hat einen anderen Belegfluss als etwa eine kostenlose Lieferung, auch wenn es aus logistischer Sicht keinen Unterschied gibt. So ist eine kostenlose Lieferung in der Regel nicht fakturarelevant, d. h., der Belegfluss endet nach der Auslieferung bzw. Warenausgangsbuchung.

Um all diese Prozesse auch im SAP-System abzubilden und zu steuern, werden die jeweiligen Geschäftsarten durch *Belegarten* unterschieden. Die Belegart steuert also im SAP-System, welche Prozesse für diese Geschäftsart abzulaufen haben. So gibt es bei den Kundenaufträgen die entsprechenden Auftragsarten, bei den Auslieferungen die Lieferarten und bei der Fakturierung die Fakturaarten.

Status im Kundenauftrag

Jeder Vertriebsbeleg innerhalb des Prozesses besitzt einen bestimmten *Verarbeitungsstatus*. Dieser Status bezieht sich in der Regel auf die nachgelagerten Prozesse. So besitzt der Kundenauftrag z. B. einen Liefer- und einen Fakturastatus. Die Bedeutung der einzelnen Statuswerte können Sie Tabelle 4.1 entnehmen.

Status	Bedeutung
A	Noch nicht bearbeitet
B	Teilweise erledigt
C	Komplett erledigt
–	Nicht relevant

Tabelle 4.1 Definition des Belegstatus

Hat der Kundenauftrag den Lieferstatus »C« und den Fakturastatus »A«, heißt das, **[zB]** dass die Lieferung des Kundenauftrags bereits komplett abgeschlossen ist, aber noch keine Fakturierung erfolgt ist. Wäre der Fakturastatus »_« (statt »A«), wäre dieser Kundenauftrag nicht fakturarelevant. Es kann in diesem Fall keine Faktura erstellt werden.

Auf die einzelnen Status gehe ich detailliert in Kapitel 9, »Statusverfolgung«, ein.

Anwendungsbereiche einer Lieferung

Auch wenn sich in vielen Unternehmen die Versand- und Transportaktivitäten auf Kundenaufträge konzentrieren, gibt es noch einige andere Anwendungsbereiche, die den Versand und Transport von Waren verlangen. Die im SAP-System angebotenen Anwendungsbereiche sehen Sie in Abbildung 4.2.

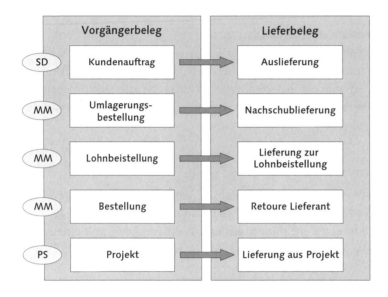

Abbildung 4.2 Weitere Anwendungsbereiche für Versand- und Transportaktivitäten

Müssen Sie Materialien von einem Werk in ein anderes umlagern und die Werke sind örtlich so weit voneinander entfernt, dass ein Transport geplant und durchgeführt werden muss, benötigen Sie hierfür eine *Umlagerungsbestellung* und keinen Kundenauftrag. Aus dieser Umlagerungsbestellung erstellen Sie im nächsten Schritt eine sogenannte *Nachschublieferung*. Den genauen Ablauf und seine Besonderheiten und Ausnahmen erkläre ich in Abschnitt 4.2.1, »Umlagerungsbestellung«.

Führen Sie in Ihrem Unternehmen zur Fertigung Ihrer Produkte Lohnbearbeitungen durch und müssen die Rohmaterialien oder Bauteile zu Ihrem Lohnbearbeiter transportieren, benötigen Sie für die Durchführung der Transporte eine *Lohnbeistellung* oder den daraus resultierenden Lieferbeleg.

Haben Sie die Komponente PS (Projektsystem) im Einsatz und arbeiten mit Projekten, können Sie aus dem Projekt heraus ebenfalls Lieferungen anstoßen. Diese Lieferscheinerstellung ist meist ereignisgesteuert. Wenn innerhalb eines Projekts bestimmte Bedingungen erfüllt sind (z. B. Produktion von bestimmten Teilen ist abgeschlossen), können solche Ereignisse eine Lieferung auslösen. Hierbei handelt es sich aber im Prinzip um Auslieferungen, die an einen Kunden gehen.

Kundenauftragskopf

Um Auslieferungen auf der Basis von Kundenaufträgen zu erstellen und im Problemfall zu bearbeiten oder zu korrigieren, ist es notwendig, sich mit dem Aufbau eines Kundenauftrags zu beschäftigen. Ein Kundenauftrag besteht aus einem Belegkopf und einer oder mehreren Positionen. Eine Position hat mindestens eine Einteilung (siehe Abbildung 4.3).

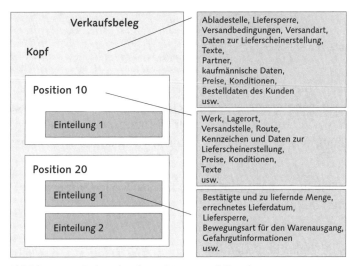

Abbildung 4.3 Auftragskopf, -positionen und Einteilungen

Im *Belegkopf* sind allgemeine Daten abgelegt, die für den kompletten Kundenauftrag gültig sind. Das sind z. B. die Adressdaten (Auftraggeber, Warenempfänger, Rechnungsempfänger), Konditionen (Rabatte, die für den gesamten Auftrag gelten), die Versandbedingungen (nicht mit den *Incoterms* verwechseln – im SAP-System sind hiermit die Versandstrategien gemeint) sowie die Versandart (z. B. Versand per Lkw, Bahn, Luftfracht).

Auftragsarten

Wie ich es bereits bei den Belegarten beschrieben habe, gibt es unterschiedliche Kundenauftragsprozesse, die sich innerhalb des gesamten Versandprozesses an irgendeiner Stelle unterscheiden. Um diese unterschiedlichen Prozesse zu steuern, ist es notwendig, dem Kundenauftrag eine *Auftragsart* mitzugeben.

Im SAP-Standard werden bereits Auftragsarten zur Verfügung gestellt, die Sie über das Customizing kopieren und den Gegebenheiten in Ihrem Unternehmen anpassen können. Die wichtigsten habe ich Ihnen in Tabelle 4.2 zusammengestellt.

Auftragsart	Bezeichnung
TA	Terminauftrag
SO	Sofortauftrag
BV	Barverkauf
KB	Konsignationsbeschickung
KL	Kostenlose Lieferung
KN	Kostenlose Nachlieferung

Tabelle 4.2 Auftragsarten im SAP-Standard

Schon beim Anlegen eines Kundenauftrags steuert die Auftragsart, welcher Lieferprozess (genau genommen, welche Lieferscheinart) diesem Auftrag folgt und ob die Auslieferung automatisch im Hintergrund erstellt wird. Auch die Errechnung des Wunschlieferdatums wird über die Auftragsart gesteuert.

Für den Versand (Erstellung der Auslieferung) können Sie je Auftragsart folgende Parameter fest definieren:

▶ **Lieferart**
Die Lieferart hat die gleiche Bedeutung wie die Auftragsart für den Kundenauftrag. Sie wird in Abschnitt 5.2, »Lieferscheinarten und Positionstypen«, näher erklärt.

▶ **Sofortlieferung**
Dieses Kennzeichen setzen Sie, wenn während der Auftragserfassung gleich im Anschluss automatisch die Auslieferung erstellt werden soll.

▶ **Liefersperre**
Möchten Sie bei der Erfassung des Kundenauftrags gleichzeitig eine Liefersperre setzen, geben Sie an dieser Stelle den Grund für diese Liefersperre ein.

▶ **Versandbedingungen**
Verknüpfen Sie mit der Auftragsart automatisch eine bestimmte Versandbedingung, pflegen Sie sie in dieses Feld ein. Die Versandbedingung wird für die Findung der Versandstelle benötigt. Sie wird näher in Abschnitt 5.5.1 erklärt.

▶ **Lieferdatum vorschlagen**
Wenn Sie dieses Kennzeichen setzen, schlägt das SAP-System bei der Auftragserfassung automatisch als Lieferdatum das aktuelle Tagesdatum vor. Sie haben jedoch die Möglichkeit, dieses Lieferdatum zu überschreiben.

Technische Informationen zur Auftragsart

▸ Feldlänge: 4-stellig

▸ Menüpfad im Customizing: Vertrieb • Verkauf • Verkaufsbelege • Verkaufsbeleg-kopf • Verkaufsbelegarten definieren

▸ Eigene Transaktion: VOV8

▸ Tabelle: TVAK und TVAKT (Kurzbezeichnungen)

Versandspezifische Daten im Kundenauftragskopf

Nur einige wenige Informationen im Kundenauftragskopf sind relevant für den Versand und Transport. Sehen wir uns einmal diese Daten anhand eines Terminauftrags an. Sie gelangen über die Transaktion VA03 direkt in das Übersichtsbild eines Kundenauftrags. Die versandspezifischen Daten finden Sie auf der Registerkarte Versand. In Abbildung 4.4 habe ich für Sie verschiedene Blöcke markiert: das errechnete Gesamtgewicht und -volumen dieses Auftrags, den Gesamt- und den Lieferstatus (auf die verschiedenen Status gehe ich in Kapitel 9, »Statusverfolgung«, näher ein), die unterschiedlichen Termine zu einer bestellten Position (die Termine werden detailliert in Abschnitt 6.1 behandelt), das Werk, die Versandstelle sowie die Route zu jeder einzelnen Position.

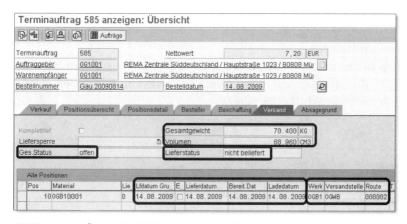

Abbildung 4.4 Übersichtsbild über die Versanddaten

Die Kopfdaten erreichen Sie über den Menüpfad Springen • Kopf • Versand. Sie können daraufhin folgende Daten sehen (siehe auch Abbildung 4.5):

▸ **Abladestelle**

Hier steht die Abladestelle, an der die Waren beim Warenempfänger anzuliefern sind. Die Abladestelle wird aus dem Kundenstamm des Warenempfängers vorgeschlagen oder kann manuell vorgegeben werden.

▶ **Empfangsstelle**

Die Abladestelle beim Warenempfänger kann noch weiter in Empfangsstellen unterteilt werden (z. B. »Warenannahmebüro 1«). Die Empfangsstelle dient auch dem Fahrer als Ansprechstelle zur Entladung.

▶ **Abteilung**

Die Empfangsstelle können Sie noch einer Abteilung beim Warenempfänger zuordnen.

▶ **Liefersperre**

Wenn Sie den Auftrag zur Lieferung sperren wollen, setzen Sie an dieser
Stelle ein Liefersperrkennzeichen.

▶ **Komplettlieferung**

Möchten Sie für diesen Terminauftrag eine Komplettlieferung erwirken,
müssen Sie an dieser Stelle ein Häkchen setzen. Handelt es sich um einen
Auftrag mit mehreren Positionen und auch nur eine Position ist nicht lie-
ferbar, wird der komplette Auftrag nicht ausgeliefert.

▶ **Versandbedingung**

Hier finden Sie die Versandbedingung, die zur Versandstellen- und Routenfindung benötigt wird.

▶ **Auftragszusammenführung**

Wenn Sie dieses Kennzeichen setzen, können Sie zu diesem Auftrag
zusätzlich weitere Aufträge in nur einer Lieferung zusammenfassen.

▶ **Transportmittelart**

Mit diesem Merkmal kennzeichnen Sie, mit welchem Medium Sie den
Transport durchführen möchten. Typische Transportmittelarten wären
zum Beispiel Lkw, Schiff oder Flugzeug.

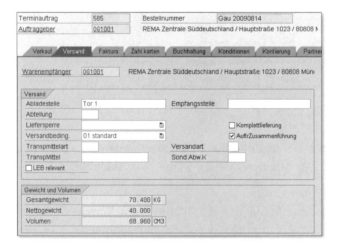

Abbildung 4.5 Kopfdaten auf der Registerkarte »Versand«

- **Transportmittel**
  Hat Ihr Transportmittel eine bestimmte Nummer (z. B. Containernummer), so können Sie diese bereits hier im Kundenauftrag vorgeben.

- **Versandart**
  Die Versandart sagt aus, wie dieser Auftrag beliefert werden soll, z. B. per Lkw, mit der Bahn, per Schiff oder Flugzeug. Die Versandart wird später bei der Transporterstellung und der Streckenermittlung benötigt.

- **Sonderabwicklungskennzeichen**
  Dieses Kennzeichen bewirkt eine spezielle Behandlung des Auftrags bezüglich des Transports und der späteren Frachtkostenabrechnung.

- **LEB relevant**
  LEB steht für *Lieferantenempfangsbestätigung*. Wenn Sie dieses Kennzeichen setzen, muss der Empfang der Waren durch den Warenempfänger bestätigt werden. Bevor diese Bestätigung nicht erfolgt ist, kann der Terminauftrag nicht fakturiert werden. Diese Bestätigungen erfolgen in der Regel per EDI-Mitteilung.

Weitere für den Versand und Transport relevante Informationen finden Sie auf den Registerkarten PARTNER und TEXTE. Hinter der Registerkarte PARTNER verbergen sich hauptsächlich der Auftraggeber, der Warenempfänger und der Rechnungsempfänger. Haben Sie im Customizing weitere Partnerrollen vereinbart, werden auch diese hier angezeigt. Möchten Sie die Lieferbedingungen näher beschreiben oder den Mitarbeitern im Versand oder im Lager besondere Versandvorschriften mitteilen, geben Sie diese unter der Textart VERSANDVORSCHRIFT ein.

Kundenauftragsposition

Auf der *Belegposition* finden Sie die Materialien, die der Kunde bestellt hat. Das können Waren, aber auch Dienstleistungen, Stücklistenpositionen oder Versandhilfsmittel (z. B. Paletten) sein. Alle Daten, die zum Material gehören, also die Materialnummer, Materialbezeichnung, Preise und eventuelle Rabatte, das auszuliefernde Werk, der Lagerort (dieser muss manuell vorgegeben werden), die Versandstelle, Route usw., sind in dieser Position abgelegt.

Auftragspositionstypen

Während Sie über die Auftragsart einen großen Gestaltungsspielraum bezüglich Ihres Versandprozesses haben, sind die Möglichkeiten auf Positionsebene minimal, zumindest aus logistischer Sicht. Wie bei den Auftragsarten hält das SAP-System zahlreiche *Positionstypen* bereit, die Sie gegebenenfalls über das Customizing für Ihre Prozesse kopieren und verändern können. In Tabelle 4.3 finden Sie eine kleine Auswahl dieser voreingestellten Positionstypen.

Positionstyp	Bezeichnung
TAN	Normalposition
TAL	Leihgutposition
TATX	Textposition
TAX	Nichtlagerposition
KBN	Normalposition Konsignationsbeschickung
KLN	Kostenlose Position

Tabelle 4.3 Positionstypen im SAP-Standard

Im Hinblick auf Versand und Transport steuert der Positionstyp folgende Prozesse:

▸ **Lieferrelevanz**
Wenn Sie dieses Kennzeichen setzen, werden Wert- und Textpositionen aus dem Kundenauftrag in die Lieferung übernommen. Diese Positionen haben in der Auslieferung einen lediglich informellen Charakter.

▸ **Retoure**
Mit diesem Kennzeichen steuern Sie, ob es sich um eine Retoure handelt, die vom Kunden zurückkommt. Retouren werden ebenfalls über Auslieferungen abgebildet, obwohl diese im klassischen Sinne keine Auslieferungen sind.

▸ **Gewicht/Volumen relevant**
Dieses Kennzeichen müssen Sie setzen, wenn für diese Position eine Gewichts- und Volumenberechnung durchgeführt werden soll. Findet diese Berechnung nicht statt, wird diese Position auch nicht zur Berechnung des Gesamtgewichts bzw. Gesamtvolumens eines kompletten Transports berücksichtigt.

▸ **Automatische Chargenfindung**
Möchten Sie bereits bei der Kundenauftragserfassung die automatische Chargenfindung durchführen, müssen Sie dieses Kennzeichen setzen.

Technische Informationen zum Auftragspositionstyp

▸ Feldlänge: 4-stellig
▸ Menüpfad im Customizing: VERTRIEB • VERKAUF • VERKAUFSBELEGE • VERKAUFSBELEG-POSITION • POSITIONSTYPEN DEFINIEREN
▸ Eigene Transaktion: VOV7
▸ Tabelle: TVAP und TVAPT (Kurzbezeichnungen)

Der Positionstyp ist über das Customizing immer mit der Auftragsart verknüpft. Somit ist sichergestellt, dass Sie z. B. bei einer Konsignationsbeschickung nicht versehentlich den Positionstyp »TAN« vorgeben können.

Technische Informationen zur Verknüpfung des Positionstyps

- ▶ Feldlänge: 4-stellig
- ▶ Menüpfad im Customizing: Vertrieb • Verkauf • Verkaufsbelege • Verkaufsbelegposition • Positionstypen zuordnen
- ▶ Eigene Transaktion: SM30, View V_T184
- ▶ Tabelle: T184

Unterpositionen

Eine Sonderstellung innerhalb der Positionen bilden die *Unterpositionen*. Unterpositionen werden einer sogenannten *Überposition* im Kundenauftragsbeleg zugeordnet. Sie kommen dann zum Einsatz, wenn z. B. Naturalrabatte gewährt werden. Diese Naturalrabatte werden im Beleg als zusätzliche Position eingefügt und der Position, die den Naturalrabatt ausgelöst hat, zugeordnet. Eine weitere Einsatzmöglichkeit von Unterpositionen sind Packmaterialien, die durch die Verpackungsfunktion generiert werden können, oder auch Chargenpositionen, die während der Chargenfindung erzeugt werden.

Die Positionstypen, ihre Zuordnung zu der Auftragsart und die jeweilige Prozesssteuerung der Unterpositionen selbst werden über das Customizing in der gleichen Tabelle gepflegt wie die anderen Positionstypen.

Versandspezifische Daten in der Auftragsposition

Nicht nur im Auftragskopf stehen versandrelevante Informationen, auch in der Position selbst. Sehen Sie sich die Position aus dem Beispielauftrag an (siehe Abbildung 4.6). Sie finden teilweise die gleichen Informationen auf der Positionsebene wieder, die ich Ihnen bereits auf Kopfebene vorgestellt habe.

Die Positionsdaten erreichen Sie, indem Sie die gewünschte Position markieren und über den Menüpfad die Funktion Springen • Position • Versand auswählen. Folgende Daten finden Sie u. a. auf Abbildung 4.6:

- ▶ **Abladestelle, Empfangsstelle und Abteilung**
  Sie können auf Positionsebene, abweichend von den Kopfdaten, eigene Informationen zu der Anlieferadresse beim Warenempfänger vorgeben.

- ▶ **Lieferpriorität**
  Die Lieferpriorität wird im Kundenstamm bzw. Kunden-Material-Infosatz

vorgegeben und in den Terminauftrag kopiert. Sollten mehrere Kunden gleichzeitig den gleichen Artikel bestellen und die Verfügbarkeit reichte in diesem Fall nicht aus, um alle Kunden zu beliefern, können Sie über die Lieferpriorität steuern, welcher Kunde eine höhere Priorität zur Belieferung bekommt.

▶ **Werk**

Hier finden Sie das Auslieferungswerk wieder. Mehr Informationen zum Auslieferungswerk finden Sie in Abschnitt 5.5.3, »Lieferndes Werk, Auslieferungswerk«.

▶ **Lagerort**

Sie haben die Möglichkeit, bereits bei der Erfassung des Terminauftrags zu bestimmen, aus welchem Lagerort die bestellten Positionen kommissioniert und ausgeliefert werden sollen. Die eigentliche Lagerortfindung geschieht erst bei der Erstellung der Auslieferung.

▶ **Versandstelle**

Die Versandstelle gibt an, von welcher Stelle innerhalb Ihres Unternehmens der Versand erfolgen soll. Die Versandstellenfindung finden Sie in Abschnitt 5.5.

▶ **Route**

An dieser Stelle finden Sie die Route. Ausführliche Informationen finden Sie in Abschnitt 5.6.

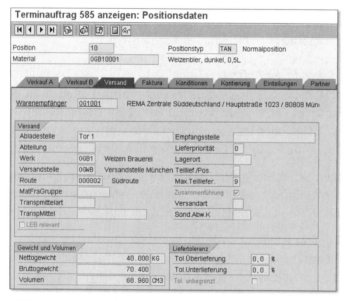

Abbildung 4.6 Versandrelevante Informationen auf Positionsebene

▶ **Teillieferung für die Position**
Möchten Sie, dass diese Position in einer Auslieferung komplett ausgeliefert werden soll, müssen Sie hier das entsprechende Kennzeichen setzen. Ansonsten splittet das SAP-System eventuell diese Position auf mehrere Auslieferungen. Diese Splittung ist abhängig von der Verfügbarkeit des Materials.

▶ **Max. Teillieferung**
Wenn Sie die Teillieferung für diese Position erlaubt haben, können Sie hier die maximale Anzahl der Teillieferungen vorgeben.

▶ **Versandart, Sonderabwicklungskennzeichen und LEB relevant**
Auch hier können Sie, abweichend von Ihren Vorgaben auf Kopfebene, eigene Informationen zur Versandabwicklung hinterlegen. Diese Informationen dienen aber dem gleichen Zweck wie die in den Kopfdaten.

▶ **Liefertoleranz**
Aufgrund von Verfügbarkeitsproblemen oder gesonderten Absprachen mit dem Kunden können Sie Liefertoleranzen vorgeben. Erlauben Sie keine Toleranz, muss die Liefermenge exakt mit der Auftragsmenge übereinstimmen. Erlauben Sie grundsätzlich Toleranzen, müssen Sie vorgeben, inwieweit sie nach oben oder unten abweichen dürfen.

Wie Sie es bereits von den Kopfdaten her kennen, gibt es auch auf Positionsebene die Registerkarten PARTNER und TEXTE. Sie können hier abweichende Partner vorgeben. Ob das allerdings in Ihrem Fall sinnvoll ist, müssen Sie mit Ihrer Organisation abstimmen. Sie erhalten hiermit Liefersplits, da je Warenempfänger eine eigene Lieferung angelegt wird.

Die Texte auf Positionsebene sind zwar vom systemseitigen Aufbau identisch mit den Texten auf Kopfebene, jedoch gibt es bei den Positionen andere Textarten. Im SAP-Standard stehen folgende Texte zur Verfügung: ein Verpackungshinweis (z. B. »Bitte diesen Artikel nur zweilagig auf die Palette packen«), der auf den Kommissionieranweisungen ausgedruckt werden kann, und ein Anliefertext (z. B. »Palette bitte bei Herrn Schmidt, Tel. 1234, abgeben«).

Einteilungen

Grundlage für die Erstellung von Auslieferungen sind aber die Einteilungen. Sie sind zwingend erforderlich, es muss also mindestens eine Einteilung in der Belegposition angelegt sein. Die Einteilung enthält die zu liefernde Menge mit einem Liefertermin, eventuelle Liefersperren, die Bewegungsart für die Warenausgangsbuchung, Gefahrgutinformationen usw.

Einteilungstypen

Für den Versandprozess sind die *Einteilungen* von gleicher Wichtigkeit wie die Positionen. Eine Position im Kundenauftrag muss mindestens eine Einteilung besitzen. Einteilungen enthalten die Informationen über die Bestandsführung und darüber, wann (Liefertermin) wie viel (Liefermenge) zu dem Liefertermin geliefert werden soll und wie der Bedarf an die Disposition übergeben wird. Diese Informationen sind Voraussetzung, um Auslieferungen zu erstellen.

Einteilungen werden durch *Einteilungstypen* unterschieden. Je Einteilungstyp legen Sie die Handhabung der zuvor genannten Informationen fest. Soll überhaupt ein physischer Warenausgang erfolgen, muss der jeweilige Einteilungstyp auf LIEFERRELEVANT eingestellt sein. Ist er lieferrelevant, müssen Sie im Einteilungstyp die dazu notwendige Bewegungsart festlegen. Über die Bewegungsart definieren Sie, wie Sie die mengen- und wertmäßige Warenausgangsbuchung steuern. Die meisten für die Warenausgangsbuchung voreingestellten Bewegungsarten liegen zwischen 601 und 699.

Im SAP-System sind bereits standardmäßig Einteilungstypen definiert. Diese Einteilungstypen sind zweistellig, die erste und die zweite Stelle haben eine feste Bedeutung. In Tabelle 4.4 finden Sie die Bedeutung der ersten Stelle des Einteilungstyps. Diese Stelle sagt aus, welcher Vertriebsprozess dieser Einteilung zugrunde liegt.

Erste Stelle Einteilungstyp	Bedeutung
A	Anfrage
B	Angebot
C	Auftrag
D	Retoure

Tabelle 4.4 Erste Stelle des Einteilungstyps im SAP-Standard

Aber auch die zweite Stelle hat ihre Bedeutung. Sie gibt Aufschluss über die Bedarfsübergabe und die Bestandsführung (siehe Tabelle 4.5).

Zweite Stelle Einteilungstyp	Bedeutung
T	Keine Bestandsführung
X	Keine Bestandsführung mit Warenausgang
N	Keine Disposition

Tabelle 4.5 Zweite Stelle des Einteilungstyps im SAP-Standard

Zweite Stelle Einteilungstyp	Bedeutung
V	Verbrauchsgesteuerte Disposition
P	Plangesteuerte Disposition

Tabelle 4.5 Zweite Stelle des Einteilungstyps im SAP-Standard (Forts.)

Im Hinblick auf Versand und Transport steuert der Einteilungstyp folgende Prozesse:

▶ **Liefersperre**
Grundsätzlich ist es möglich, bei der Anlage von Einteilungen eine Liefersperre zu setzen. Der Sinn dieser Liefersperre kann es sein, dass bestimmte Belege (z. B. kostenlose Lieferungen) erst geprüft und dann freigegeben werden sollen. Die Liefersperre wird vom SAP-System auch aus der Belegposition übernommen, wenn sie dort bereits gesetzt wurde.

▶ **Lieferrelevant**
Mit diesem Kennzeichen setzen Sie die Einteilung auf LIEFERRELEVANT. Einteilungen, die sich auf Anfragen oder Angebote beziehen, sollten keine Lieferrelevanz besitzen.

▶ **Bewegungsart**
Hier geben Sie die Bewegungsart für die Warenausgangsbuchung vor. Die Standardbewegungsart für eine Auslieferung ist 601.

▶ **Bestellart, Positionstyp und Kontierungstyp**
Soll über die Einteilung direkt eine Bestellanforderung generiert werden, werden über dieses Feld bereits die Bestellart, der Positionstyp und der Kontierungstyp für die Bestellung vorgegeben.

▶ **Verfügbarkeit**
Wenn Sie dieses Kennzeichen setzen, wird während der Anlage von Einteilungen eine Verfügbarkeitsprüfung durchgeführt.

Technische Informationen zum Einteilungstyp

▶ Feldlänge: 2-stellig
▶ Menüpfad im Customizing: VERTRIEB • VERKAUF • VERKAUFSBELEGE • EINTEILUNGEN • POSITIONSTYPEN DEFINIEREN
▶ Eigene Transaktion: VOV6
▶ Tabelle: TVEP und TVEPT (Kurzbezeichnungen)

Damit das SAP-System die richtigen Einteilungstypen findet, müssen Sie eine Zuordnung zum Positionstyp des jeweiligen Vertriebsbelegs definieren.

Diese Zuordnung hängt zusätzlich noch vom Dispositionsmerkmal aus dem Materialstamm ab. Erst beide Informationen lassen auf den richtigen Einteilungstyp schließen.

Technische Informationen zur Zuordnung des Einteilungstyps

▸ Menüpfad im Customizing: VERTRIEB • VERKAUF • VERKAUFSBELEGE • EINTEILUNGEN • POSITIONSTYPEN ZUORDNEN

▸ Eigene Transaktion: SM30, View V_TVEPZ

▸ Tabelle: TVEPZ

Versandspezifische Daten in der Einteilung

Eine sehr wichtige Registerkarte auf Positionsebene ist EINTEILUNGEN. Hier sehen Sie, wann die Position im Terminauftrag zur Lieferung fällig ist (siehe Abbildung 4.7). Je nach Ergebnis aus der Verfügbarkeitsprüfung kann der Liefertermin vom vorgegebenen Liefertermin abweichen (Termin, zu dem der Warenempfänger seine Ware haben möchte). Auf die Verfügbarkeitsprüfung gehe ich in Abschnitt 5.8 näher ein.

Da ich in diesem Beispiel keine Verfügbarkeitsprüfung eingestellt habe, entspricht das hier ausgewiesene Lieferdatum auch dem Wunschlieferdatum. Diese Übersicht der Einteilungen erhalten Sie auch direkt aus dem Übersichtsbild. Markieren Sie zu diesem Zweck die Position, zu der Sie die Einteilungen sehen möchten, und klicken Sie auf das Icon 🖳 (EINTEILUNGEN ZUR POSITION).

Abbildung 4.7 Einteilungen im Terminauftrag

4.1.2 Kundenauftragsarten

Nachdem Sie nun den grundlegenden Aufbau eines Kundenauftrags kennengelernt haben, stelle ich Ihnen im Folgenden die wichtigsten Arten von Kundenaufträgen vor, die sich in ihren einzelnen Prozessschritten unterscheiden.

Terminauftrag

Der *Terminauftrag* ist die Auftragsart, die Sie am häufigsten antreffen werden. Grundsätzlich lautet die Definition des Terminauftrags folgendermaßen: Ein Kunde bestellt eine bestimmte Menge von einem Material, das zu einem gewünschten Termin beim Warenempfänger eintreffen soll.

Prozessablauf des Terminauftrags

Den Prozessablauf habe ich Ihnen im Überblick in Abbildung 4.8 dargestellt. Der Kunde, im Folgenden immer *Auftraggeber* genannt, bestellt bei Ihnen Ware. Ist diese Ware in der gewünschten Menge im Lager verfügbar, können Sie mit den Arbeiten zur Auslieferung an den Warenempfänger beginnen. Ist die Ware nicht im Lager verfügbar, muss sie erst produziert oder bei einem Lieferanten beschafft werden. Nach erfolgter Auslieferung, die Sie mit der Buchung des Warenausgangs abschließen, erstellen Sie die Rechnung, die auf den Rechnungsempfänger ausgestellt wird.

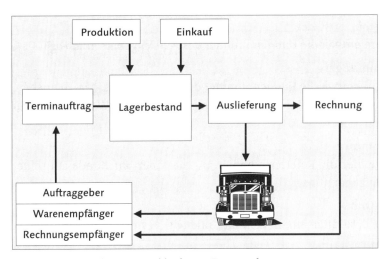

Abbildung 4.8 Grober Prozessablauf eines Terminauftrags

Beispiel zum Terminauftrag

Im SAP-System ist der Terminauftrag als Standardabwicklung über die Auftragsart »TA« bereits voreingestellt. Starten Sie die Transaktion VA01.

Geben Sie unter Auftragsart »TA« ein. An dieser Stelle müssen Sie bereits für Ihren Auftrag die Zuordnung zu einer Ihrer Organisationsstrukturen vorgeben. In meinem Beispiel ist es die Verkaufsorganisation »OGGE« für die Getränkeabwicklung, der Vertriebsweg »DI« für einen Direktkunden und die Sparte »AG« für alkoholische Getränke. Der Auftrag wird im Verkaufs-

BÜRO »OGDS« erfasst (siehe Abbildung 4.9). Die Felder VERKAUFSBÜRO und VERKÄUFERGRUPPE sind jedoch keine Pflichteingabefelder.

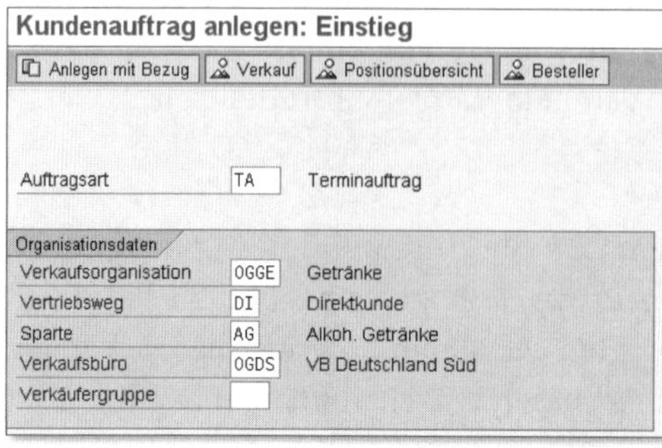

Abbildung 4.9 Startbild für einen Kundenauftrag

Drücken Sie nun die ⌜Enter⌟-Taste, und Sie gelangen zu dem Bild, in dem Sie alle notwendigen Daten eingeben können:

▸ **Auftraggeber**
Dieses Feld enthält die Kundennummer des Auftraggebers, hier »og1001«.

▸ **Warenempfänger**
Dieses Feld enthält die Kundennummer des Warenempfängers, hier ebenfalls »og1001«, da der Auftraggeber auch gleichzeitig der Warenempfänger ist.

▸ **Bestellnummer**
Geben Sie hier die Referenznummer an, die Ihnen Ihr Kunde auf seiner Bestellung genannt hat.

▸ **Bestelldatum**
Geben Sie das Datum ein, an dem Ihr Kunde die Bestellung aufgegeben hat.

▸ **Wunschlieferdatum**
Geben Sie an dieser Stelle das Datum ein, an dem Ihr Kunde die Waren erwartet.

▸ **Material**
Dieses Feld enthält die Artikelnummer der Ware, hier »ogb10001«.

▸ **Auftragsmenge**
Geben Sie hier die Menge ein, hier »800«.

▸ **ME**
Dieses Kürzel bedeutet *Mengeneinheit* und bezieht sich auf die Auftragsmenge, z. B. in diesem Fall »ST« für Stück.

In Abbildung 4.10 habe ich die entsprechenden Felder schwarz umrandet, damit Sie sie schneller finden.

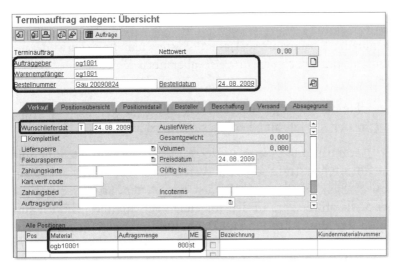

Abbildung 4.10 Erfassungsbild für einen Terminauftrag

Drücken Sie erneut die ⎡Enter⎤-Taste, und das SAP-System bestätigt nun Ihre Eingabe durch die Übernahme der entsprechenden Texte; anderenfalls erhalten Sie eine Fehlermeldung.

Nun werden der Name und die Anschrift des Auftraggebers sowie des Warenempfängers angezeigt (siehe Abbildung 4.11).

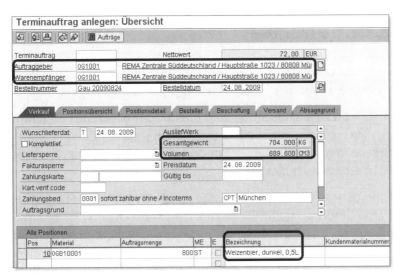

Abbildung 4.11 Terminauftrag nach erfolgreicher Eingabe

Das Gesamtgewicht der bestellten Ware und das gesamte Volumen wurden errechnet, jedoch ohne Verpackungs- und Transportmaterialien (Kartons, Kisten, Paletten usw.). Aus dem Materialstamm wurde der Artikelkurztext übernommen.

Sichern Sie nun den Terminauftrag. Das SAP-System teilt Ihnen entweder die Auftragsnummer mit oder gibt Hinweise über noch fehlende oder fehlerhafte Eingaben.

Das System sollte nun so eingestellt sein, dass alle wichtigen Informationen für die Planung der Auslieferung bereitgestellt werden.

Neben dem Terminauftrag gibt es Prozesse in der Verkaufsabteilung, die zwar letztendlich einen Transport von Waren zu einem Warenempfänger erforderlich machen, aber innerhalb des kompletten Prozessablaufs an irgendeiner Stelle abweichen. In den folgenden Abschnitten gehe ich ausschließlich auf die Abweichungen ein. Daten und Informationen, Registerkarten und Icons sind größtenteils identisch mit denen, die beim Terminauftrag relevant sind.

Streckenauftrag

Eine der Auftragsarten, die im Prozessablauf am meisten vom Terminauftrag abweichen, ist der *Streckenauftrag*. Beim Streckenauftrag wird der Versand bzw. Transport der Waren zum Warenempfänger durch einen Fremdlieferanten disponiert und durchgeführt. Für Ihr Unternehmen als verkaufendes Unternehmen ist daher keine Transportdurchführung erforderlich.

Prozessablauf des Streckenauftrags

Da ich Ihnen aber, wie gerade erwähnt, die wichtigsten Kundenauftragsarten, die innerhalb des Prozessablaufs von einem Terminauftrag abweichen, vorstellen möchte, erläutere ich Ihnen auch den Streckenauftrag.

Verkaufen Sie Materialien, die Sie nicht in Ihrem Lager bevorraten und nicht selbst herstellen, sondern durch einen Lieferanten fertigen lassen, bietet es sich an, diese Materialien über einen Streckenauftrag abzuwickeln. Ich habe diesen Ablauf schematisch in Abbildung 4.12 dargestellt.

Ihr Kunde bestellt bei Ihnen Ware, die Sie an seinen Warenempfänger liefern sollen. Sie beauftragen nun Ihren Lieferanten, der diese Ware bevorratet bzw. produziert, die Ware direkt an den Warenempfänger zu senden. Ihr Lieferant schickt Ihnen über diese Leistung eine Rechnung, und Sie wiederum berechnen die Leistung weiter an den Rechnungsempfänger Ihres Auftraggebers.

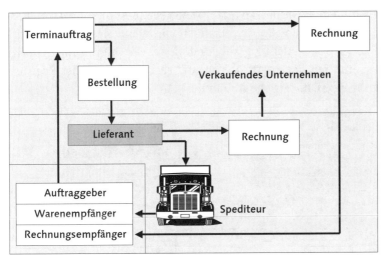

Abbildung 4.12 Prozessablauf eines Streckenauftrags

Positionstyp des Streckenauftrags

Da im SAP-System normalerweise eine Auslieferung die Grundlage einer Rechnung ist, Sie für diesen Vorgang jedoch keine Auslieferung und keinen Transport benötigen, ist die Streckenauftragsposition nicht liefer-, dafür allerdings fakturarelevant.

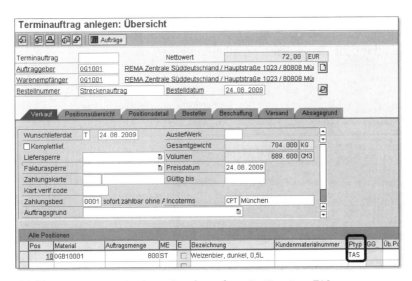

Abbildung 4.13 Unterschied zum Streckenauftrag: Positionstyp »TAS«

Zur Erfassung eines Streckenauftrags nutzen Sie als AUFTRAGSART »TA«, die Sie bereits beim Terminauftrag kennengelernt haben. Jedoch erfassen Sie die

Position hier mit dem Positionstyp (Ptyp) »TAS« (siehe Abbildung 4.13). Entweder geben Sie diesen Positionstyp manuell vor, wenn Sie dieses Material nur ab und zu als Streckenauftrag abwickeln, oder Sie pflegen Ihr Material im Materialstamm mit der Positionstypengruppe »BANS« auf der Registerkarte Vertrieb: VerkOrg 2 (siehe Abbildung 4.14).

Abbildung 4.14 Positionstypengruppe »BANS« für eine Streckenposition

Einteilungstyp des Streckenauftrags

Durch den Positionstyp »TAS« wird u.a. auch der Einteilungstyp »CS« gefunden. Der Einteilungstyp »CS« ist im SAP-Standard als Streckenabwicklung voreingestellt. Eine Verfügbarkeitsprüfung findet daher nicht statt. Dafür werden weitere Informationen über diesen Einteilungstyp zur Verfügung gestellt, die zur (automatischen) Erfassung einer Bestellanforderung bzw. einer Bestellung an Ihren Lieferanten benötigt werden.

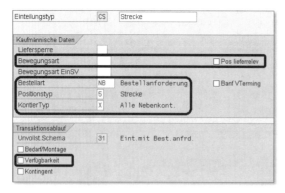

Abbildung 4.15 Einteilungstyp für eine Streckenauftragsposition

In Abbildung 4.15 habe ich Ihnen die Einstellung des Einteilungstyps dargestellt. Er ist nicht lieferrelevant, und eine Warenausgangsbuchung ist ebenfalls nicht möglich, da die Bewegungsart nicht vorgegeben ist.

Konsignationsabwicklung

Eine immer häufiger anzutreffende Auftragsart ist die *Konsignationsabwicklung*, auch kurz *Konsiabwicklung* genannt. Es handelt sich hierbei um die Einrichtung eines sogenannten *Konsignationslagers* (*Konsilagers*), das sich auf dem Gelände Ihres Kunden befindet. Richten Sie ein solches Lager ein, bleibt die Ware, die Sie in dieses Konsilager einlagern, bis zur endgültigen Entnahme durch Ihren Kunden Ihr Eigentum. In der Regel schließen Sie mit Ihrem Kunden einen entsprechenden Vertrag ab, der die Abwicklung mit diesem Konsilager regelt.

Prozessablauf der Konsibeschickung

Das SAP-System unterstützt die Konsiabwicklung gleich mit einer ganzen Reihe von Prozessen, die über die Auftragsart gesteuert werden. Zunächst einmal müssen Sie in Absprache mit Ihrem Kunden das Konsilager beschicken. Sie nutzen hierzu die Auftragsart »KB«. Obwohl die Bestände in diesem Lager in Ihrem Besitz bleiben, hat der Kunde ebenfalls einen genauen Überblick über diese Bestände und wird Ihnen in der Regel einen Auftrag zum Auffüllen des Konsilagers erteilen. Sie haben aber auch die Möglichkeit, den Nachschub selbst zu disponieren und durchzuführen.

Die *Konsibeschickung* wird über einen Lieferbeleg versendet, der dem eines Terminauftrags gleicht (zumindest aus logistischer Sicht). Es wird lediglich eine andere Bewegungsart für die Warenausgangsbuchung ermittelt, da der Bestand im Auslieferungswerk bleibt, jedoch auf einem *Sonderbestandskonto* gebucht wird. Die Bezeichnung dieses Sonderbestandskontos ist die entsprechende Kundennummer Ihres Konsipartners bzw. aus SAP-Sicht die Kundennummer des Warenempfängers.

Mit der Warenausgangsbuchung wird kein Buchhaltungsbeleg erzeugt, da der Bestand im Werk bleibt. Jedoch ist dieser Bestand aus Sicht der Disposition nicht mehr verfügbar. Darüber hinaus ist die Auftragsposition nicht preisfindungs- und fakturarelevant, da Sie zu diesem Zeitpunkt noch keine Rechnung an Ihren Kunden schicken. Abbildung 4.16 zeigt noch einmal die einzelnen Prozessschritte.

Befindet sich das Konsilager nicht in unmittelbarer Nähe Ihres Kunden oder wurde vereinbart, dass das Konsilager durch eine eigene Kundennummer gekennzeichnet wird (vielleicht wird das Konsilager durch einen externen Lagerhalter oder durch eine Spedition geführt), müssen Sie in den entsprechenden Konsiaufträgen diese Kundennummer als Sonderbestandsführer einpflegen. Wählen Sie hierzu den Menüpfad SPRINGEN • KOPF • PARTNER, und geben Sie dort unter der PARTNERROLLE »Sonderbestandsführer« die entsprechende Kundennummer ein (siehe auch Abbildung 4.20). Nach der Warenausgangsbuchung finden Sie den Bestand unter der Kunden- bzw. Kontonummer des Sonderbestandsführers.

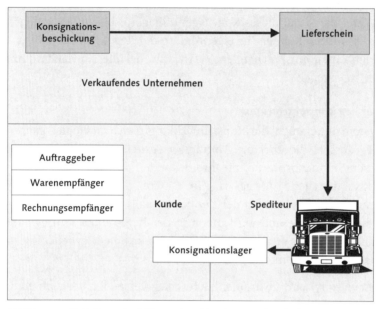

Abbildung 4.16 Auftragsabwicklung einer Konsignationsbeschickung

Prozessablauf der Konsientnahme

Plant nun Ihr Kunde, die Ware in Ihrem Konsilager weiterzuverkaufen oder zur eigenen Verwendung (z. B. als Roh- und Betriebsstoff für seine Produktion) zu entnehmen, teilt Ihnen Ihr Kunde in der Regel das entnommene Material inklusive der entnommenen Menge mit. Sie bilden daraufhin in Ihrem SAP-System eine *Konsientnahme* mit der Auftragsart »KE«. Für diese Konsientnahme ist in Ihrer Verantwortung keine Transportplanung und -durchführung erforderlich. Liegt das Konsilager direkt beim Kunden, fällt überhaupt keine Transportplanung an.

Für die Konsientnahme selbst müssen Sie jedoch einen Lieferbeleg erzeugen. Dieser Lieferbeleg ist jetzt mit der Bewegungsart ausgestattet, die den Bestand aus dem Sonderbestandskonto Ihres Konsilagers ausbucht. Nun ist auch die Lieferposition fakturarelevant, sodass Sie Ihrem Kunden die Entnahme berechnen können. Abbildung 4.17 zeigt die einzelnen Schritte.

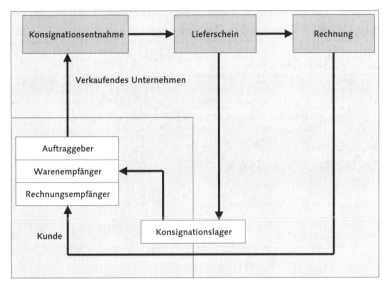

Abbildung 4.17 Auftragsabwicklung einer Konsignationsentnahme

Prozessablauf der Konsiabholung

Möchten Sie oder Ihr Kunde, dass Sie Waren aus dem Konsilager wieder in Ihr Unternehmen zurückführen, müssen Sie die Ware erneut aus dem Konsilager abholen. Für diesen Fall benötigen Sie den Prozess der *Konsiabholung* (Auftragsart »KA«).

Die Konsiabholung hat die entgegengesetzte Ausprägung einer Konsibeschickung. In welcher Verantwortung jetzt der Transport disponiert und durchgeführt wird, ist Sache der Absprache mit Ihrem Kunden. Da es sich hierbei jedoch um eine gesonderte Transportabwicklung handelt, läuft diese Auftragsart nicht in den klassischen Topf aller durchzuführenden Lieferungen und Transporte von Ihrer Versandstelle aus.

Für die Konsiabholung wird ebenfalls ein Lieferbeleg erzeugt, der die Storno-Bewegungsart zur Konsibeschickung besitzt. Damit wird der Wareneingang, sobald die Ware wieder in Ihrem eigenen Lager ankommt, mit Bezug auf diesen Lieferbeleg gebucht. Es handelt sich in Wirklichkeit jedoch um einen Warenausgang (da die Warenausgangsfunktion durchgeführt wird), nur mit umgedrehtem Vorzeichen.

Prozessablauf der Konsiretoure

Aus logistischer Sicht nicht relevant, aber der Vollständigkeit halber erwähnt, ist die *Konsiretoure*. Es handelt sich hierbei um eine Retoure Ihres

Kunden zurück in das Konsilager. Über diese Auftragsart wird die Bewegungsart ermittelt, die den Bestand in das Konsilager einbucht.

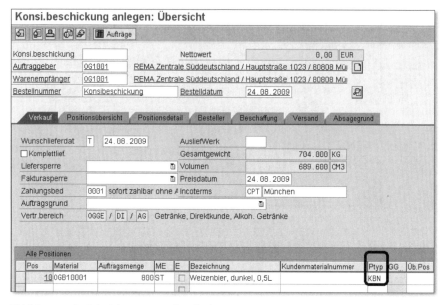

Abbildung 4.18 Beispiel einer Konsibeschickung

Beispiel zur Konsiabwicklung

Die Aufträge für die Konsiabwicklung erfassen Sie wie alle anderen Kundenaufträge mit der Transaktion VA01. Als AUFTRAGSART wählen Sie »KB«. Alle anderen Werte in der Startmaske haben die gleiche Bedeutung wie beim Terminauftrag. Drücken Sie die [Enter]-Taste, und Sie erhalten das Übersichtsbild, auf dem Sie wiederum die gleichen Informationen finden und eingeben, wie Sie sie bereits vom Terminauftrag her kennen. Die Positionsübersicht finden Sie in Abbildung 4.18.

Das SAP-System hat den AUFTRAGSPOSITIONSTYP »KBN« automatisch ermittelt. Wenn Sie die Auftragsposition markieren, die Ansicht der Einteilungen auswählen und dort die Registerkarte BESCHAFFUNG anklicken, sehen Sie, dass das SAP-System die BEWEGUNGSART »631« ermittelt hat. Ebenso wurde der EINTEILUNGSTYP »E1« (Umlagern in den Konsibestand mit Verfügbarkeitsprüfung) automatisch gefunden (siehe Abbildung 4.19).

Arbeiten Sie mit dem SONDERBESTANDSFÜHRER, geben Sie diesen auf der Registerkarte PARTNER der Kopfdaten ein (siehe Abbildung 4.20).

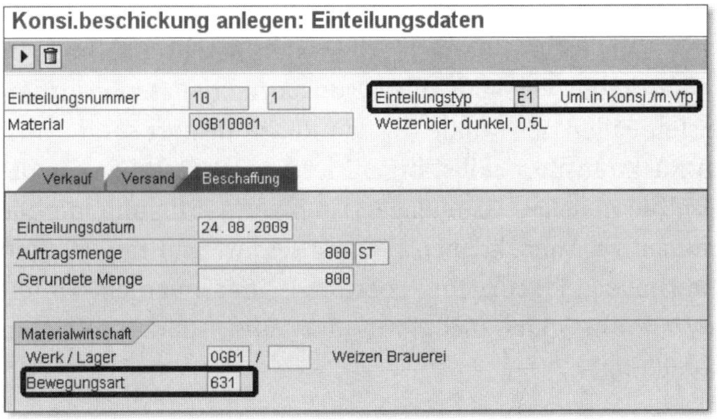

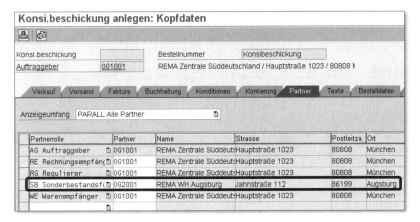

Abbildung 4.19 Einteilungstyp und Bewegungsart für die Konsibeschickung

Abbildung 4.20 Sonderbestandsführer in einer Konsibeschickung

Ähnlich wie die in diesem Beispiel gezeigte Konsibeschickung geben Sie auch die Konsiaufträge ein, wenn es sich um die Konsientnahmen, Konsiabholungen und Konsiretouren handelt. Hier ist lediglich bei der Eingabe eine andere Auftragsart erforderlich.

Retourenaufträge

Es gibt verschiedene Gründe dafür, Ware zurückzunehmen, die Sie bereits an Ihren Kunden versendet und fakturiert haben. Ein Grund könnte z. B. sein, dass die Ware beschädigt war, als sie vom Kunden in Empfang genommen wurde. Oder der Kunde hat die falsche Ware bestellt, oder Sie haben zu viel oder die falsche Ware geliefert. Aber auch Probleme in der Rechnungsstellung können dazu führen, dass Sie Ihre Ware wieder zurücknehmen müssen.

Als Grundlage eines Retourenprozesses dient der *Retourenauftrag*. Er wird mit der AUFTRAGSART »RE« erfasst. Betrachten wir den Retourenauftrag aus logistischer Sicht, sind keine Versand- oder Transportaktivitäten erforderlich, da in den meisten Fällen der Kunde für den Rücktransport sorgt. Müssen Sie jedoch den Rücktransport selbst organisieren, stehen Ihnen für die Transportdisposition die gleichen Grundlagendaten zur Verfügung, die Sie bereits vom Terminauftrag her kennen. Beim Retourenauftrag werden zudem eine Versandstelle und ein Werk bestimmt, nur mit dem Unterschied, dass der Warentransport nicht von dort aus, sondern dorthin geschieht (siehe Abbildung 4.21).

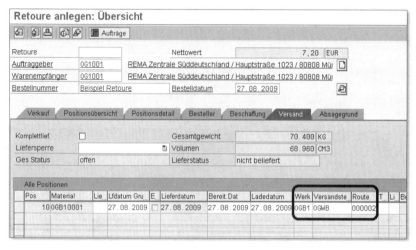

Abbildung 4.21 Versanddaten eines Retourenauftrags

Im nächsten Schritt erzeugen Sie einen Retourenlieferbeleg, auch *Retourenanlieferung* genannt, der dem Lieferbeleg beim Terminauftrag entspricht. Die Retourenanlieferung ist im SAP-Standard so voreingestellt, dass die Positionen nicht zur Kommissionierung bereitstehen, also nicht kommissionierrelevant sind.

Die Wareneingangsbuchung erfolgt, sobald die Ware von Ihnen oder von einer durch Sie autorisierten Person in Empfang genommen wurde. Im SAP-Standard ist diese Wareneingangsbuchung über den EINTEILUNGSTYP »DN« so voreingestellt, dass die Ware zunächst einmal in einen Retourensperrbestand innerhalb Ihres Werkes eingebucht wird (mit der BEWEGUNGSART »651«) und daher erst einmal geprüft werden muss (siehe Abbildung 4.22). Die spätere Umbuchung in den frei verfügbaren Bestand erfolgt in der Komponente MM mit der BEWEGUNGSART »453«.

Möchten Sie allerdings den Wareneingang der zurückgesendeten Ware direkt in den frei verfügbaren Bestand buchen, müssen Sie bei der Auftragserfassung unter den EINTEILUNGEN einen anderen Einteilungstyp erfassen. Diesen Einteilungstyp müssen Sie vorher im Customizing mit der BEWEGUNGSART »653« einstellen. Verwalten Sie Ihre Materialien zusätzlich noch über Chargen, müssen Sie in der Wareneingangsbuchung die Chargen eingeben.

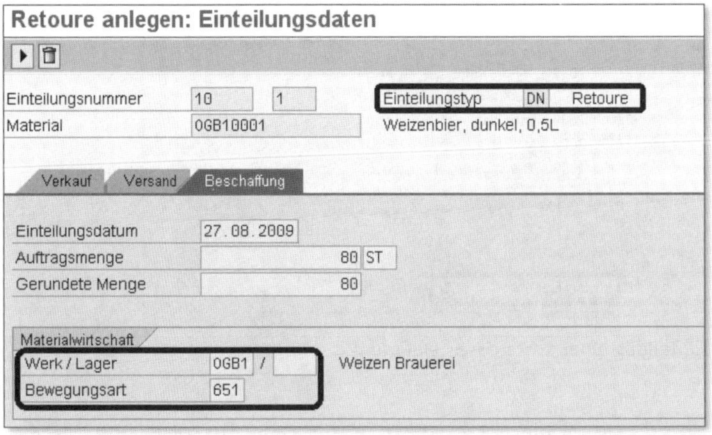

Abbildung 4.22 Einteilung bei einem Retourenauftrag

Ist der Wareneingang verbucht, können Sie dem Kunden mithilfe einer Retourengutschrift den Wert der zurückgesendeten Ware gutschreiben.

Prozessablauf der kostenlosen Lieferung und Nachlieferung

Schicken Sie Ihrem Kunden ein Muster oder Ihr Kunde reklamiert eine Lieferung und Sie müssen ihm Ware nachliefern, haben Sie im SAP-Standard die Möglichkeit, eine *kostenlose Lieferung* oder eine *kostenlose Nachlieferung* zu erstellen. Die kostenlose Lieferung wird mit der AUFTRAGSART »KL« erfasst, die Nachlieferung mit »KN«. Der Unterschied zwischen diesen beiden Auftragsarten liegt darin, dass Sie die kostenlose Nachlieferung dann wählen, wenn Sie sich auf einen bestehenden Auftrag, den Ihr Kunde reklamiert, oder auf eine Retoure beziehen. Die kostenlose Lieferung bezieht sich dagegen nicht aus einen bestehenden Auftrag, sie wird abgewickelt wie ein Terminauftrag, nur das die Positionen nicht fakturarelevant sind.

Das SAP-System schlägt in beiden Fällen den AUFTRAGSPOSITIONSTYP »KLN« vor, der nicht preis- und nicht fakturarelevant ist. Der Prozess hört also nach der Warenausgangsbuchung auf, eine Fakturierung erfolgt nicht. Für Ihre

Transportplanung gibt es jedoch keinen Unterschied, ob Sie einen normalen Terminauftrag oder eine kostenlose Lieferung versenden müssen.

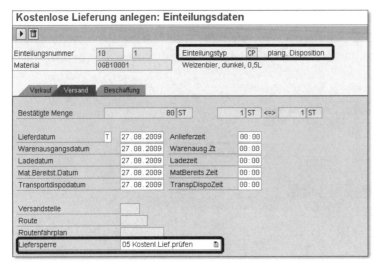

Abbildung 4.23 Einteilung einer kostenlosen Lieferung

[!] Wenn Sie in Ihrem Prozess diese Auftragsarten mit einer automatischen Liefersperre versehen haben, weil die kostenlosen Lieferungen zunächst einmal von einem Sachbearbeiter geprüft und freigegeben werden müssen, können Sie keine Lieferungen anlegen. Überprüfen Sie also bei erfolglosem Anlegen der Lieferbelege die Liefersperre in der Einteilung oder im Auftragskopf. Der Einteilungstyp ist »CP« (wie bei einem Terminauftrag). Achten Sie auch auf die Liefersperre, wie im Beispiel in Abbildung 4.23 zu sehen ist.

4.2 Bestellungen

Ich habe Ihnen in Abschnitt 4.1, »Kundenaufträge«, die Grundlagen für den Versand von Waren an Kunden mithilfe eines Kundenauftrags beschrieben. Wenn Sie jedoch innerhalb Ihres Unternehmens über mehrere Werke verfügen, diese Werke sich nicht an einem Ort befinden und Sie Ware zwischen den Werken transportieren müssen, benötigen Sie hierzu Umlagerungsbestellungen. Denkbar wäre z. B., dass Sie neben Ihrem Hauptwerk weitere Distributionswerke besitzen, die die Kunden regional mit Waren versorgen. Um diese regionale Versorgung aufrechtzuerhalten, sind Nachschublieferungen zu diesen Distributionswerken erforderlich. In diesem Fall spricht SAP nicht von Kundenaufträgen, sondern von *Umlagerungsbestellungen*.

Bei diesen Bestellungen muss allerdings zudem unterschieden werden, ob sich die Werke, also lieferndes und empfangendes Werk, im gleichen Unternehmen (also im gleichen Buchungskreis) befinden oder ob sie zwei unterschiedliche Unternehmen darstellen. Im Falle unterschiedlicher Buchungskreise muss der Nachschubprozess über eine normale Bestellung erfasst werden. Wir können also festhalten: Nachschublieferungen an Werke innerhalb des gleichen Buchungskreises werden über Umlagerungsbestellungen und an Werke in anderen Buchungskreisen über Normalbestellungen abgewickelt. Bevor ich Ihnen aber die beiden Prozesse näher erläutere, stelle ich Ihnen zunächst den grundsätzlichen Aufbau einer Bestellung vor.

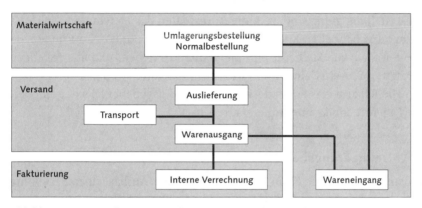

Abbildung 4.24 Belegfluss einer Umlagerung von Werk an Werk

Ich habe für Sie in Abbildung 4.24 den Belegfluss schematisch dargestellt. Die Grundlage für die Auslieferung bildet also hier die Bestellung. Die Auslieferung wird, ist sie einmal im SAP-System erstellt, so behandelt, als sei sie für einen Warentransport zum Kunden bestimmt. Sie können also die Auslieferung mithilfe der Transportdisposition bearbeiten. Nach erfolgter Verladung wird für die Auslieferung der Warenausgang gebucht. Die Ware verbleibt zwar jetzt bestandsmäßig im Lieferwerk, ist aber nicht mehr frei verfügbar und hat den Status »in Transit«. Erst wenn für die Ware im empfangenden Werk der Wareneingang gebucht wurde, wird der In-Transit-Bestand des Lieferwerks in den frei verfügbaren Bestand des empfangenden Werkes gebucht. Unabhängig von der Wareneingangsbuchung erfolgt die Fakturierung, die bei Umlagerungen meist als interne Verrechnung abgebildet ist.

Um Auslieferungen auf der Basis von Bestellungen zu erstellen und im Problemfall bearbeiten oder korrigieren zu können, ist es notwendig, sich näher mit dem Aufbau einer Bestellung zu beschäftigen. Bei den Bestellvorgängen gibt es, ähnlich wie bei den Vertriebsbelegen, unterschiedliche Geschäftsprozesse, die über die Belegarten gesteuert werden. Diese Belegart wird bei Bestellungen *Bestellart* genannt. Ich stelle Ihnen an dieser Stelle die Bestellart »UB« (Umlagerungsbestellung) vor.

Jede Umlagerungsbestellung innerhalb des Prozesses besitzt einen bestimmten *Verarbeitungsstatus*. Dieser Status bezieht sich in der Regel auf die nachgelagerten Prozesse. Abweichend vom Kundenauftrag wird jedoch in den einzelnen Bildern der Status im Klartext wiedergegeben, z. B. »nicht beliefert«.

Eine Bestellung besteht aus einem Bestellkopf und einer oder mehreren Positionen. Im Bestellkopf sind allgemeine Daten abgelegt, die für die komplette Bestellung gültig sind, z. B. die Adressdaten des Lieferanten sowie die mit ihm ausgehandelten Konditionen. Unter der Bestellposition finden Sie die Materialien, die Sie bei Ihrem Lieferanten bestellen, und alle zugehörigen Daten, z. B. Materialnummer, Materialbezeichnung, Einkaufspreise und eventuelle Rabatte, das empfangende Werk und gegebenenfalls der empfangende Lagerort sowie eine Anlieferadresse.

4.2.1 Umlagerungsbestellung

Nachdem ich in kurzer Form den grundlegenden Aufbau einer Bestellung dargestellt habe, beschreibe ich Ihnen nun die Besonderheiten einer Umlagerungsbestellung. Auch wenn Sie in der Versandabteilung selbst keine Umlagerungsbestellungen erstellen, wird es für Sie doch sehr hilfreich sein, wenn Sie sich mit dieser Bestellart auskennen und wissen, worauf Sie zu achten haben, wenn es im Versand zu Problemen kommt.

4.2.2 Einstellungen im Customizing

In den vorigen Abschnitten war nie die Rede von Kunden, Lieferwerk, Versandstellen, Versandbedingungen, Routen usw. – d. h. von Daten, die Sie zur Erstellung von Auslieferungen zwingend benötigen. Um diese Schnittstelle zwischen der Umlagerungsbestellung (SAP-technisch gehört die Umlagerungsbestellung zur Komponente MM) und der Auslieferung (gehört zur Komponente SD) zu schließen, sind vorab einige Einstellungen im Customizing notwendig. Zum besseren Verständnis dieser Einstellungen veranschauliche ich Ihnen den Zusammenhang in Abbildung 4.25.

Bestellen Sie bei einem Ihrer Lieferanten, sind Sie das empfangende Werk für die Waren, die Ihnen Ihr Lieferant schickt. Bei einer Umlagerungsbestellung bestellt aber in der Regel das empfangende Werk bei Ihrem Unternehmen, dem liefernden Werk. Betrachten wir nun die Auslieferung, ist der Warenempfänger das empfangende Werk und die Versandstelle Ihr Unternehmen, also das liefernde Werk. Es müssen nun also Zusammenhänge zwischen der Bestellung und der Auslieferung geknüpft werden, da diese versandorganisatorischen Daten zur Durchführung eines Transports in der klassischen Bestellung nicht vorhanden sind.

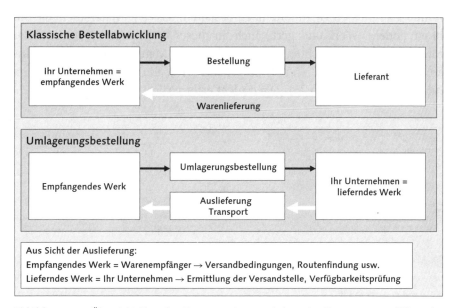

Abbildung 4.25 Übersicht über den Zusammenhang zwischen den Komponenten MM und SD bei Umlagerungsbestellungen

Für das empfangende Werk muss eine Kundennummer existieren. Diese wird im Customizing vorgegeben und dem Werk fest zugeordnet. Über diese Kundennummer werden aus der Kundenstammdatei alle notwendigen Informationen bezogen, die für die Auslieferung benötigt werden. Für das liefernde Werk müssen ebenfalls Einstellungen im Customizing vorgenommen werden. Hier werden dem liefernden Werk die Verkaufsorganisation, der Vertriebsweg und die Sparte zugewiesen.

Ich werde Ihnen diese Einstellung im Customizing kurz vorstellen. Hierzu nutze ich wieder das Beispiel aus der Getränkeindustrie. Das liefernde Werk ist die Weizen-Brauerei in München (Werk »OGB1«), und das empfangende Werk ist die Kölsch-Brauerei in Köln (Werk »OGB2«).

Da das empfangende Werk in der Auslieferung zum Warenempfänger wird, muss dieses Werk im Kundenstamm angelegt werden. Ich empfehle Ihnen, die Stammdaten unter der KONTOGRUPPE »0110« anzulegen. Pflegen Sie alle versandspezifischen Daten ein, als sei es ein normaler Kunde. In meinem Beispiel habe ich mich dazu entschieden, diesem Werk im Kundenstamm eine eigene Transportzone zu geben, damit ich später bei der Anlage der Auslieferungen und Transporte die Umlagerungsbestellungen über eine eigene Route selektieren kann. Abbildung 4.26 zeigt die eingegebenen Daten.

In den Stammdaten ist außerdem zu beachten, dass alle Materialien, die Sie in ein anderes Werk umlagern, auch für dieses Werk angelegt sind. Hierzu zählen vor allem die Sichten des Einkaufs, da das Material aus dem Blickwinkel des empfangenden Werkes eingekauft wird. Ein Lieferantenstammsatz für das liefernde Werk ist dagegen nicht erforderlich.

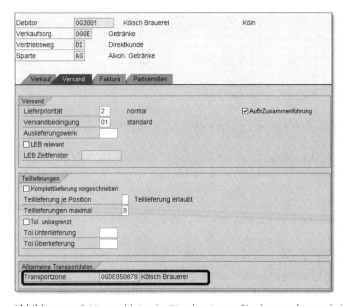

Abbildung 4.26 Versanddaten im Kundenstamm für das empfangende Werk

Sie müssen nun über das Customizing dem empfangenden Werk eine Kundennummer zuordnen. Geben Sie im entsprechenden Bild die Kundennummer des empfangenden Werkes ein. Das Pflegebild sehen Sie in Abbildung 4.27.

Technische Informationen zu den Umlagerungsbestellungen

▸ Menüpfad im Customizing: MATERIALWIRTSCHAFT • EINKAUF • BESTELLUNG • UMLAGERUNGSBESTELLUNG EINSTELLEN • VERSANDDATEN FÜR WERKE EINSTELLEN

▸ Eigene Transaktion: –

▸ Tabelle: T001W

Ebenso müssen Sie das liefernde Werk im Customizing einstellen. Über den gleichen Menüpfad und die gleiche Funktion wie beim empfangenden Werk ordnen Sie dem liefernden Werk die Organisationseinheiten zu.

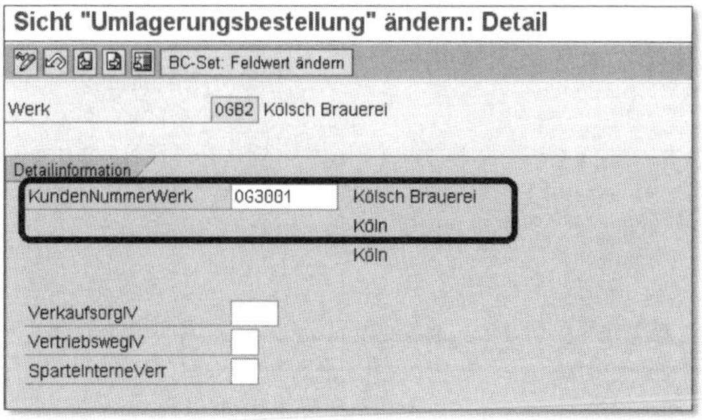

Abbildung 4.27 Zuordnung des Warenempfängers zum empfangenden Werk

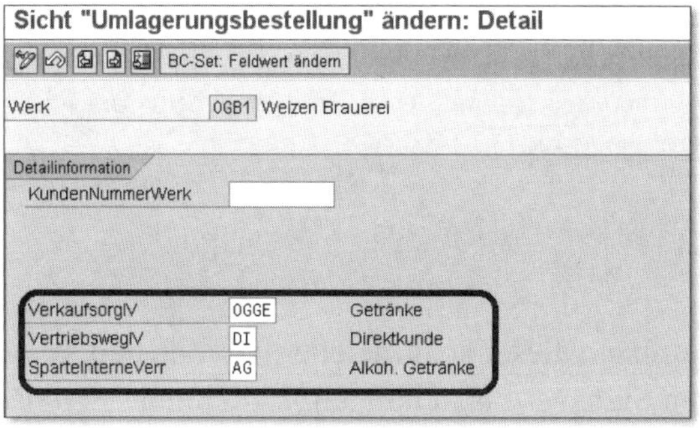

Abbildung 4.28 Zuordnung der Organisationseinheiten zum liefernden Werk

Diese Organisationseinheiten würde die Auslieferung im Falle eines Kundenauftrags aus dem Auftrag selbst erhalten; bei einer Bestellung jedoch werden sie aus dem Customizing des liefernden Werkes bezogen. In Abbildung 4.28 sehen Sie die Einstellung meines Beispiels.

Darüber hinaus bietet SAP an dieser Stelle einen User Exit an, um eine eigene Findung der Organisationseinheiten durchzuführen. Den User Exit erreichen Sie über die SAP-Erweiterung V02V0001. Sie gelangen hier zu dem Funktionsbaustein EXIT_SAPLV02V_001 mit der Bezeichnung »User Exit für Vertriebsbereichsfindung«. Entwickeln Sie Ihre eigene Vertriebsbereichsfindung in diesem Funktionsbaustein unter dem Include ZXVBFU01.

Im nächsten Schritt legen Sie fest, ob in der Umlagerungsbestellung bereits auf Verfügbarkeit des Materials im liefernden Werk geprüft werden soll.

Darüber hinaus können Sie bereits bei der Erfassung der Umlagerungsbestellung eine Lieferterminierung vornehmen, eine abweichende Lieferscheinart definieren, die bei der Erstellung der Auslieferung herangezogen werden soll, und angeben, dass bei der Routenfindung Routenfahrpläne berücksichtigt werden sollen. Das Pflegebild zu diesen Einstellungen sehen Sie in Abbildung 4.29.

Abbildung 4.29 Steuerung der Auslieferung und Regeln zur Verfügbarkeitsprüfung

---

Technische Informationen zu den Umlagerungsdaten (1. Teil)

▸ Menüpfad im Customizing: MATERIALWIRTSCHAFT • EINKAUF • BESTELLUNG • UMLAGE-RUNGSBESTELLUNG EINSTELLEN • LIEFERART UND PRÜFREGEL ZUORDNEN

▸ Eigene Transaktion: –

▸ Tabelle: T161V (Belegtyp »F«)

In der letzten Tabelle im Customizing dieser Schnittstelle zwischen den Komponenten MM und SD müssen Sie zwei Einstellungen vornehmen. Erstens legen Sie fest, ob das Endauslieferungskennzeichen bei Unterlieferung innerhalb der Toleranz in der Umlagerungsbestellung gesetzt werden soll. Zweitens geben Sie an, ob die Warenausgangsbuchung im liefernden Werk und die Wareneingangsbuchung im empfangenden Werk im Ein- oder Zweischrittverfahren durchgeführt werden sollen. Das Einschrittverfahren bedeutet, dass mit der Warenausgangsbuchung gleichzeitig die Wareneingangsbuchung durchgeführt wird. Das Pflegebild zu dieser Tabelle sehen Sie in Abbildung 4.30.

Technische Informationen zu den Umlagerungsdaten (2. Teil)

▸ Menüpfad im Customizing: MATERIALWIRTSCHAFT • EINKAUF • BESTELLUNG • UMLAGE-RUNGSBESTELLUNG EINSTELLEN • BELEGART, EINSCHRITTVERFAHREN, UNTERLIEFERUNGSTO-LERANZ ZUORDNEN

▸ Eigene Transaktion: –

▸ Tabelle: T161W

Sicht "Vorschlag Belegart für Umlagerungsbestellungen"
Neue Einträge
BC-Set: Feldwert ändern
Belegtyp
F
LWk
Werk
Art
Ei
Tol.
OGB1
OGB2
UB

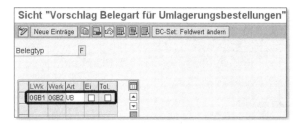

Abbildung 4.30 Weitere Einstellungen zur Umlagerungsbestellung

4.2.3 Beispiel zur Umlagerungsbestellung

Als Beispiel habe ich das empfangende Werk unter der Kundennummer »OG3001« eingepflegt. Als Transportzone (siehe Abbildung 4.26) habe ich diesem Werk »OGDE050678« zugewiesen, um bei der Routenfindung diesen Umlagerungsbestellungen eine eigene Route zuzuordnen. Die Einstellungen hierzu finden Sie in Abbildung 4.31. Geben Sie nun die Umlagerungsbestellung über die Transaktion ME21N ein. Sie erhalten ein leeres Bild, in dem Sie nun die Daten einpflegen, wie es in Abbildung 4.32 zu sehen ist.

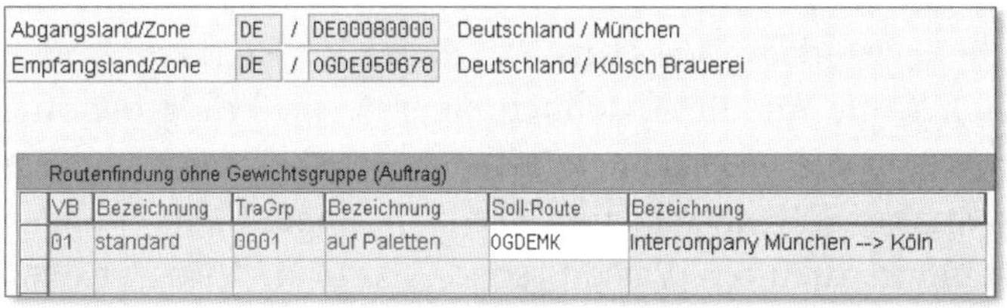
Abgangsland/Zone
DE / DE00080000
Deutschland / München
Empfangsland/Zone
DE / OGDE050678
Deutschland / Kölsch Brauerei
Routenfindung ohne Gewichtsgruppe (Auftrag)
VB
Bezeichnung
TraGrp
Bezeichnung
Soll-Route
Bezeichnung
01
standard
0001
auf Paletten
OGDEMK
Intercompany München --> Köln

Abbildung 4.31 Eigene Routenfindung für die Strecke vom liefernden Werk zum empfangenden Werk

Wählen Sie (oben in der linken Bildschirmecke) UMLAGERUNGSBESTELL. aus. In der Regel ist hier als Vorschlag NORMALBESTELLUNG voreingestellt.

Geben Sie unter LIEFERWERK das liefernde Werk »OGB1« (Weizen-Brauerei München) ein.

Pflegen Sie nun die Organisationseinheit Ihres Einkaufs ein. In den meisten Fällen werden für Umlagerungsbestellungen eigene Organisationsstrukturen für den Einkauf eingerichtet. In meinem Beispiel ist die EINKAUFSORG »OGIC« und die EINKÄUFERGRUPPE »OG1«. Der BUCHUNGSKREIS, auf den ich mich in diesem Beispiel beziehe, ist »OG01«. Beide Werke (lieferndes und empfangendes Werk) müssen in diesem Buchungskreis angelegt sein.

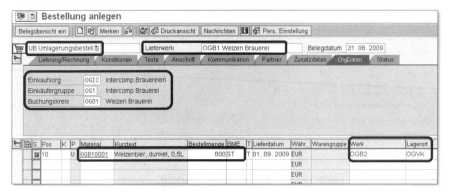

Abbildung 4.32 Eingabe einer Umlagerungsbestellung

In die BESTELLPOSITION tragen Sie nun das Material, die Bestellmenge, die Bestellmengeneinheit, das gewünschte Lieferdatum und die Währung ein. Außerdem geben Sie in das Feld WERK das empfangende Werk »OGB2« (Kölsch-Brauerei Köln) und in das Feld LAGERORT den zugeordneten Lagerort »OGVK« (Versandlager Kölsch-Brauerei) ein (siehe Abbildung 4.32).

Drücken Sie nun die ⌴Enter⌴-Taste, und beachten Sie gegebenenfalls die Warnungen. Sollten keine Fehler auftreten, erzeugt das SAP-System in der BESTELLPOSITION die Registerkarte VERSAND. Auf dieser Registerkarte finden Sie alle Informationen, die für die Erstellung einer Auslieferung benötigt werden. Hierzu gehören: die LIEFERART, mit der die Auslieferung angelegt wird, die VERSANDSTELLE, die zur Selektion der Lieferungen herangezogen wird, die Organisationsstrukturen VERKAUFSORGANISATION, VERTRIEBSWEG und SPARTE, die LIEFERPRIORITÄT, die VERSANDBEDINGUNG, die LADEGRUPPE und die TRANSPORTGRUPPE sowie die ROUTE, die zur zusammenfassenden Disposition des Versands herangezogen wird (siehe Abbildung 4.33).

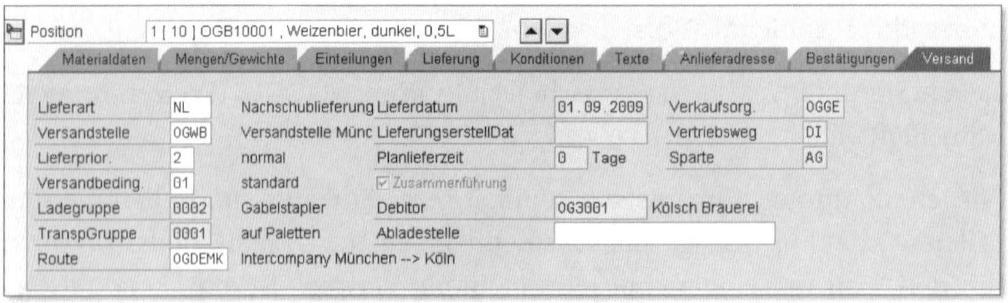

Abbildung 4.33 Registerkarte »Versand« nach Eingabe der Umlagerungsbestellung

Sichern Sie die Umlagerungsbestellung, wenn keine weiteren Fehlermeldungen mehr zu bearbeiten sind. Sie erhalten nach erfolgreicher Sicherung die

Nummer der Umlagerungsbestellung. Wie Sie zu dieser Umlagerungsbestellung die Auslieferung erstellen, erfahren Sie in Kapitel 5, »Lieferbelege«.

4.3 Zusammenfassung

Ich habe Ihnen hier die wichtigsten Belegvarianten vorgestellt, die Sie zur Erstellung von Lieferbelegen benötigen. Zudem habe ich den Aufbau eines Kundenauftrags und einer Umlagerungsbestellung dargestellt. Sie finden alle versand- und transportrelevanten Informationen auf Kopf- und Positionsebene.

Da jetzt also die Basis (Stammdaten und Belege) für die Erstellung von Lieferbelegen und für den Start des Versandprozesses gegeben ist, gehe ich im folgenden Kapitel auf den ersten Schritt des Versandprozesses ein: die Erstellung von Lieferbelegen.

In diesem Kapitel lernen Sie den Aufbau eines Lieferbelegs und die Möglichkeiten zu seiner Erstellung kennen. Zusätzlich stelle ich Ihnen hier die Informationsfindung (z. B. Versandstelle, Route, Auslieferungswerk) in den Belegen vor, die Grundlage des Lieferbelegs ist.

5 Lieferbelege

Sie haben in Kapitel 4, »Belege«, die wichtigsten Belege kennengelernt, die zur Erstellung von Lieferbelegen erforderlich sind. In diesem Kapitel stelle ich Ihnen nun den Aufbau und die Erstellung eines *Lieferbelegs* vor. Sie haben die Möglichkeit, einen einzelnen Lieferbeleg manuell, mehrere in einem Sammelgang oder über einen Batch-Job zu erstellen.

Daten, die bereits im Kundenauftrag oder in der Umlagerungsbestellung gepflegt wurden (z. B. Texte, Versandstelle oder Route), werden abhängig von der Konfiguration des SAP-Systems in den Lieferbeleg kopiert oder neu ermittelt (z. B. die Route). Dieses Kapitel stellt Ihnen diese Einstellungen zum Kopieren von Informationen in den Lieferbeleg im Einzelnen vor.

Versandrelevante Daten wie die Versandstelle, die Route und die Warenannahmezeiten werden zwar im Kundenauftrag ermittelt, Sie sollten aber trotzdem wissen, von welchen Kriterien die Findung dieser Daten abhängt. Ich stelle Ihnen in diesem Kapitel das Customizing zur Findung der Daten vor.

Ein großes Problem zum Zeitpunkt der Lieferbelegerstellung ist immer wieder die Verfügbarkeitsprüfung, gerade dann, wenn Sie die ATP-Prüfung aktiviert haben. Entweder passt in diesem Fall nicht der gewünschte Auslieferungstermin oder der Lieferbeleg lässt sich erst gar nicht anlegen. Ich stelle Ihnen hier die Arbeitsweise der Verfügbarkeitsprüfung vor, damit Sie diese bei Problemen während der Erstellung von Lieferbelegen besser nachvollziehen können.

Im letzten Teil zeige ich Ihnen die Möglichkeiten, die Sie haben, um mit den Kennzeichen für Lieferzusammenführung und Liefersplit die Erstellung der Lieferbelege zu beeinflussen.

5.1   Aufgabe und Struktur des Lieferbelegs

Der Lieferbeleg ist der erste Beleg, der im Laufe eines kompletten Versandprozesses erstellt wird. Er ist zugleich die Basis für die weiteren Aktivitäten
im Versand. In Abbildung 5.1 habe ich Ihnen den Versandprozess dargestellt.

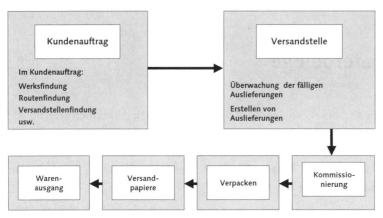

Abbildung 5.1 Abbildung eines Versandprozesses

Alle Kundenaufträge und Umlagerungsbestellungen, die zur Auslieferung
anstehen, werden über die *Versandstelle* selektiert. Die Lieferbelege können
nun manuell, im Sammelgang oder maschinell über einen Batch-Job erzeugt
werden. Nachdem sie erstellt wurden, kann mit der *Kommissionierung* der
Ware begonnen werden. Hierzu können Sie Kommissionierbelege oder
Transportaufträge (unter Einsatz von Warehouse Management, WM) anfer-
tigen. Nachdem die Ware kommissioniert wurde, können Sie mit dem *Verpacken* der Ware beginnen. Ist die Ware verpackt und zum Transport bereitgestellt, stehen Ihnen die Packdaten zur Erfassung in den Lieferbeleg zur
Verfügung. Sind alle notwendigen Daten erfasst, und der Spediteur wurde
für den Transport beauftragt, werden die *Versandpapiere* gedruckt. Ist der
Spediteur vorgefahren, und die Ware befindet sich auf dem Lkw, schließen
Sie den Versandprozess mit der *Warenausgangsbuchung* ab. Auch für diesen
letzten Prozess ist die Basis der Lieferbeleg.

Der Lieferbeleg selbst besteht, wie alle Vertriebsbelege, aus Kopfdaten, dem
sogenannten *Lieferkopf*, und aus Positionsdaten oder *Lieferpositionen*. Der
Lieferkopf enthält die Daten, die für die komplette Auslieferung und somit
für alle Auslieferpositionen identisch sind. Die wichtigsten Daten sind z. B.
der Warenempfänger, die Route und die Versandstelle. In den Lieferpositio-

nen finden Sie die Materialien mit der Liefermenge, den Gewichten und Volumen. Ebenso werden auf Positionsebene die Kommissioniermengen, die Bearbeitungsstatus und die Packmengen fortgeschrieben. In diesem Kapitel stelle ich Ihnen diese Daten nicht weiter vor, da sie im weiteren Verlauf des Buches noch ausführlich zur Sprache kommen werden.

Wenn Sie sich einen Lieferbeleg im SAP-System anzeigen lassen (Transaktion VL03N), erhalten Sie die Registerkarte POSITIONSÜBERSICHT, auf der die wichtigsten Kopf- und Positionsdaten zu sehen sind (siehe Abbildung 5.2).

Abbildung 5.2 Übersichtsbild »Lieferbeleg«

Klicken Sie auf die einzelnen Registerkarten KOMMISSIONIERUNG, LADEN, TRANSPORT, STATUSÜBERSICHT oder WARENBEWEGUNG, und Sie erhalten immer in Übersichtsform die zu dem Thema passenden Informationen. Wählen Sie z. B. die Registerkarte TRANSPORT (siehe Abbildung 5.3), sehen Sie als Kopfdaten das Belegdatum und den Warenempfänger, die Transportdispozeit, die Route oder den Routenfahrplan. Bei den Positionsdaten sehen Sie das Gesamtgewicht, das Volumen und die Liefermenge.

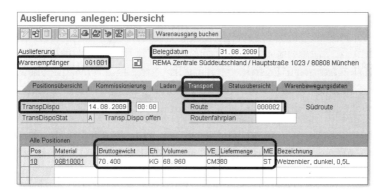

Abbildung 5.3 Übersicht über die transportrelevanten Daten

User Exit

Über einen User Exit können Sie die Übersichtsbilder mit eigenen Feldern und sogar eigenen Registerkarten erweitern. Hierzu steht Ihnen eine Reihe von Methoden zur Verfügung (Daten in die Felder übertragen, Daten aus den Feldern wieder in die Datenbank zurückübertragen, eigene Funktionscodes bearbeiten usw.). Sie finden diese Methode unter dem Business Add-In LE_SHP_TAB_CUST_OVER.

Möchten Sie alle Daten sehen, die sich auf Lieferkopfebene befinden, können Sie über den Menüpfad SPRINGEN • KOPF die einzelnen Registerkarten als Menüpunkte auswählen. In Abbildung 5.4 sehen Sie alle Menüpunkte von der Abwicklung bis zur Paketverfolgung. Haben Sie einmal einen Menüpunkt ausgewählt, erscheinen alle anderen Punkte wiederum als Registerkarte.

Abbildung 5.4 Mögliche Themen zum Lieferkopf

User Exit

Analog zur Übersicht können Sie auch auf Kopfebene eigene Felder und Registerkarten einbinden. Das Business Add-In LE_SHP_TAB_CUST_HEAD steht Ihnen für diese Zwecke zur Verfügung. Für neue Felder und Registerkarten auf der Positionsebene nutzen Sie LE_SHP_TAB_CUST_ITEM.

Über den Menüpfad SPRINGEN • ÜBERSICHT kommen Sie wieder zurück in das Übersichtsbild (Registerkarte POSITIONSÜBERSICHT). Eine andere Möglichkeit, aus dem Übersichtsbild in die Kopfdaten zu gelangen, besteht darin, auf das Icon 🔲 zu klicken oder direkt die F8 -Taste zu drücken.

Um unterschiedliche Ausprägungen und Prozessschritte im Lieferbeleg darzustellen, ist es notwendig, Lieferkopf und -position durch eine Kennung zu unterscheiden. Es handelt sich hierbei um die Lieferscheinart und den Lieferpositionstyp.

5.2 Lieferscheinarten und Positionstypen

Lieferscheine, auch *Lieferbelege* genannt, können mehrere Funktionen übernehmen (z. B. Lieferung an einen Warenempfänger, Retourenlieferschein, Lieferung an ein Konsignationslager). Ebenso kann die Position im Lieferbeleg unterschiedliche Aufgaben (z. B. Lieferposition, Textposition, Chargensplitposition) übernehmen. Um diese Funktionen abzubilden, werden die Lieferbelege nach Lieferarten und die Positionen nach Positionstypen unterschieden.

Die *Lieferscheinart* hat die Funktion, unterschiedliche Geschäftsprozesse innerhalb der Versandabwicklung abzubilden. Die wichtigsten Geschäftsprozesse sind in Abbildung 5.5 dargestellt.

Jeder Lieferbeleg wird im SAP-System über eine Belegnummer identifiziert. Diese Belegnummer kann maximal zehn Stellen lang sein. Der *Nummernkreis* dieser Belegnummer hängt von der Lieferscheinart ab. Somit wäre es möglich, jede Lieferscheinart durch einen eigenen Nummernkreis darzustellen, wobei sich die einzelnen Nummernkreise nicht überlappen dürfen. Darüber hinaus können Sie für jeden Nummernkreis festlegen, ob er von SAP selbst generiert (jede Belegnummer wird um 1 hochgezählt), also intern erzeugt, oder von außen durch den Anwender, also extern vergeben werden soll.

Partner, also z. B. Kunden, Lieferanten oder unternehmenseigene Personen, werden einem Lieferbeleg zugeordnet. Die Funktion dieser Partner (z. B. Warenempfänger, Spediteur, Sonderbestandsführer, zuständiger Key-Account-Manager) wird als *Partnerrolle* bezeichnet. Die Definition der Partnerrollen können Sie in Abschnitt 3.2, »Kundenstammdaten«, nachlesen. Diese Partnerrollen müssen Sie über das Customizing den Lieferscheinarten zuordnen. Zusätzlich geben Sie vor, welche Partnerrollen im Lieferbeleg obligatorisch sind und welche nicht.

Ebenso müssen Sie über das Customizing vorgeben, welche *Textarten* Sie für die einzelnen Lieferscheinarten zulassen. So wären z. B. Texte oder Hinweise für die Kommissionierung überflüssig, wenn es sich um eine Kundenrücksendung handelt.

Lieferbelege werden im Laufe des Versandprozesses zu *Transporten* zusammengefasst. Ob es für bestimmte Lieferscheinarten sinnvoll ist, in Transporten weiterverarbeitet zu werden, müssen Sie über die Lieferscheinart bestimmen. Die Konsientnahme wäre z. B. nicht transportrelevant.

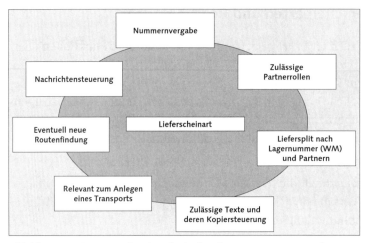

Abbildung 5.5 Prozesse, die über die Lieferscheinart gesteuert werden

Die Ausprägung einer Lieferscheinart wird über das Customizing eingestellt. Falls Sie eigene Lieferscheinarten definieren möchten, kopieren Sie eine bestehende Lieferscheinart aus dem SAP-Standard. SAP empfiehlt, dass selbst definierte Lieferscheinarten mit einem »Z« beginnen sollen. In Abbildung 5.6 sehen Sie die Funktionen, die Sie für jede einzelne Lieferscheinart pflegen können. Im weiteren Verlauf dieses Buches werde ich auf die Einstellungen noch im Detail eingehen.

Abbildung 5.6 Definition und Ausprägung einer Lieferscheinart

---

Technische Informationen zur Lieferscheinart

▸ Feldlänge: 4-stellig

▸ Menüpfad im Customizing: LOGISTICS EXECUTION • VERSAND • LIEFERUNGEN • LIEFER-ARTEN DEFINIEREN

▸ Eigene Transaktion: OVLK

▸ Tabellen: TVLK und TVLKT (wie auch im Folgenden: sprachenabhängige Bezeichnung)

Im SAP-Standard sind bereits Lieferscheinarten definiert, die Sie nutzen können. Die wichtigsten habe ich Ihnen in Tabelle 5.1 zusammengestellt. Da Sie sich in den meisten Fällen bei der Anlage eines Lieferbelegs entweder auf einen Kundenauftrag oder auf eine Umlagerungsbestellung beziehen, ist es von Ihrer Seite aus nicht erforderlich, die richtige Lieferscheinart vorzugeben.

Lieferant	Bezeichnung
LF	Lieferung
BV	Barverkauf
NK	Konsignationsbeschickung
NL	Lieferung zur Umlagerungsbestellung
LR	Retourenlieferung, Rückholung

Tabelle 5.1 Die wichtigsten Lieferscheinarten im SAP-Standard

Die Ermittlung der Lieferscheinart erfolgt über die Auftragsart. Hier wird im Customizing eingestellt, welche Lieferscheinart gezogen wird, wenn eine Auslieferung mit Bezug auf einen Kundenauftrag erstellt wird. Im Beispiel in Abbildung 5.7 sehen Sie, dass der VERKAUFSBELEGART »TA« (Terminauftrag) Lieferungen mit der LIEFERART »LF« zugeordnet sind.

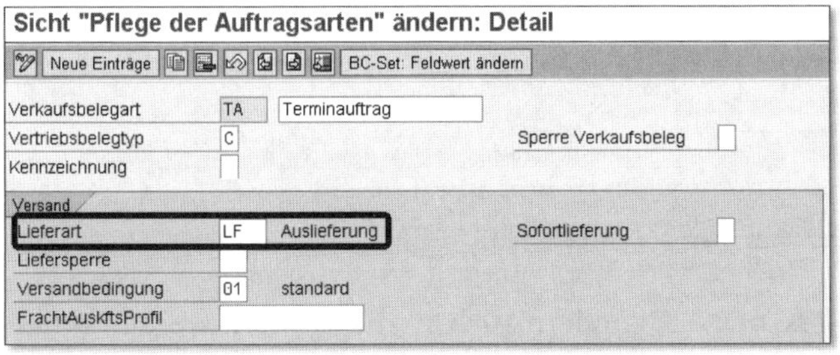

Abbildung 5.7 Ermittlung der Lieferscheinart über die Auftragsart

Sie finden diese Einstellung im Customizing über den Menüpfad VERTRIEB •
VERKAUF • VERKAUFSBELEGE • VERKAUFSBELEGKOPF • VERKAUFSBELEGARTEN
DEFINIEREN (siehe auch Abschnitt 4.1, »Kundenaufträge«).

Ähnlich ist die Findung der Lieferscheinart, wenn Sie sich auf eine Umlagerungsbestellung beziehen. Hierzu gibt es eigene Tabellen, die Sie über das
Customizing pflegen können (siehe Abbildung 5.8). Sie gelangen zu dieser
Tabelle über den Menüpfad MATERIALWIRTSCHAFT • EINKAUF • BESTELLUNG •
UMLAGERUNGSBESTELLUNG EINSTELLEN • LIEFERART UND PRÜFREGEL ZUORDNEN.
Näheres hierzu finden Sie in Abschnitt 4.2, »Bestellungen«.

Abbildung 5.8 Ermittlung der Lieferscheinart über die Bestellart

Legen Sie einen Lieferbeleg im SAP-System ohne Referenz auf einen Beleg
an, müssen Sie die Lieferscheinart in der Eingangsmaske manuell selbst vorgeben.

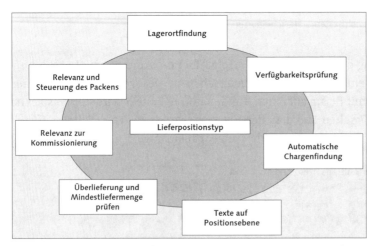

Abbildung 5.9 Prozesse, die über den Lieferpositionstyp gesteuert werden

Nicht nur an die Lieferscheinart, sondern auch an die Position werden unterschiedliche Versandprozesse geknüpft. Es ist z. B. sinnvoller, die Packrelevanz vom Lieferpositionstyp abhängig zu machen (z. B. Paletten- und Textpositionen müssen nicht verpackt werden). In Abbildung 5.9 habe ich Ihnen die wichtigsten Einstellungen dazu dargestellt.

Auf Positionsebene legen Sie fest, ob bei der Erstellung eines Lieferbelegs die *Lagerortfindung* durchgeführt werden soll. Im Lagerort verwalten Sie Ihre Bestände. Er dient als Grundlage für die Kommissionierung. Die Strategie der richtigen Lagerortfindung legen Sie bei der Lieferscheinart fest.

Sie haben die Möglichkeit, für einzelne Positionstypen die *Verfügbarkeitsprüfung* auszuschalten. Die Verfügbarkeitsprüfung findet dann zur Erstellung des Lieferbelegs nicht statt. Ebenso legen Sie auf Positionsebene fest, ob die Chargenfindung bei chargenpflichtigen Materialien durchgeführt werden soll. Ob das an dieser Stelle sinnvoll ist, müssen Sie aufgrund Ihres Geschäftsprozesses entscheiden. Sie können aber auch die Chargen durch die Kommissionierung in die Lieferposition pflegen, also erst zur Zeit der Quittierung des Kommissionier- bzw. Transportauftrags.

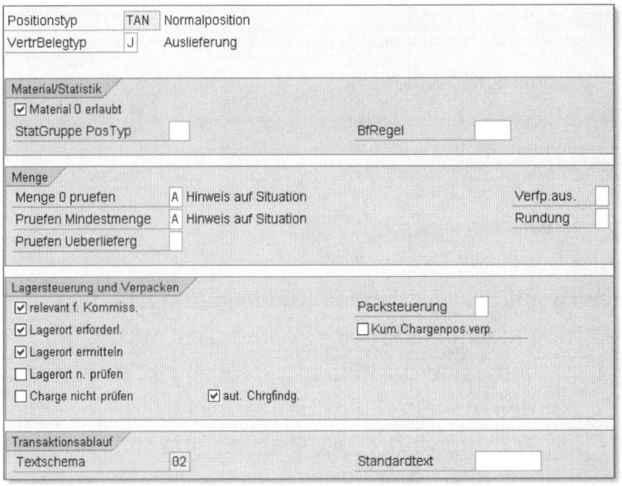

| Positionstyp | TAN | Normalposition |
| VertrBelegtyp | J | Auslieferung |

Material/Statistik
- ☑ Material 0 erlaubt
- StatGruppe PosTyp [ ]   BfRegel [ ]

Menge
Menge 0 pruefen	A Hinweis auf Situation	Verfp.aus. [ ]
Pruefen Mindestmenge	A Hinweis auf Situation	Rundung [ ]
Pruefen Ueberlieferg		

Lagersteuerung und Verpacken
- ☑ relevant f. Kommiss.   Packsteuerung [ ]
- ☑ Lagerort erforderl.   ☐ Kum.Chargenpos.verp.
- ☑ Lagerort ermitteln
- ☐ Lagerort n. prüfen
- ☐ Charge nicht prüfen   ☑ aut. Chrgfindg.

Transaktionsablauf
| Textschema | 02 | Standardtext [ ] |

Abbildung 5.10 Definition und Ausprägung eines Lieferpositionstyps

Je Positionstyp können Sie festlegen, ob diese Position verpackt werden darf, verpackt werden muss oder verboten ist. Ähnlich ist es mit der Kommissionierung. Ob das Material kommissioniert werden muss oder nicht, wird über den Positionstyp festgelegt.

Eine ganze Reihe von Einstellungen finden Sie, wenn es um Mindestmengen, Überlieferungstoleranzen und Nullmengen geht. Diese können Sie in Abhängigkeit vom Lieferpositionstyp einstellen.

Technische Informationen zum Lieferpositionstyp

- ▶ Feldlänge: 4-stellig
- ▶ Menüpfad im Customizing: LOGISTICS EXECUTION • VERSAND • LIEFERUNGEN • POSITIONSTYPEN LIEFERUNGEN DEFINIEREN
- ▶ Eigene Transaktion: 0VLP
- ▶ Tabelle: TVLP

Die Ausprägung Ihrer Positionen führen Sie, wie auch bei den Lieferscheinarten, im Customizing durch. Neue Lieferpositionstypen, die Sie anlegen, können Sie von bestehenden Einstellungen kopieren.

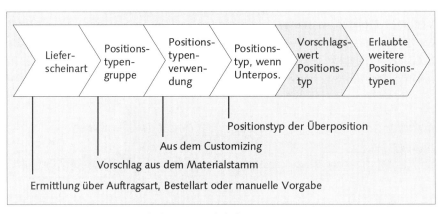

Abbildung 5.11 Positionstypenfindung im Lieferbeleg

Legen Sie einen Lieferbeleg mit Bezug auf einen Kundenauftrag an, wird der Positionstyp aus dem Auftrag in den Lieferbeleg kopiert. Der Auftragspositionstyp ist also identisch mit dem Lieferpositionstyp. Jedoch gibt es Prozesse innerhalb des Versands, bei denen weitere Positionen im Lieferbeleg angelegt werden (z. B. Pack- und Transportmittel wie Paletten und Industriecontainer, Chargensplitpositionen oder Beistellungen ohne Auftragsbezug). Hierzu ist eine Positionstypenfindung erforderlich. Diese Einstellungen benötigen Sie ebenfalls, wenn Sie Nachschublieferungen anlegen.

In Abbildung 5.11 habe ich Ihnen schematisch dargestellt, welche Parameter in die Positionstypenfindung einfließen. Der erste Parameter ist die *Lieferscheinart*. Der zweite Parameter ist die *Positionstypengruppe*. Mit diesem Parameter fassen Sie Materialien, die im Lieferbeleg einem gleichen Prozess unterliegen, zu einer Gruppe zusammen. In Tabelle 5.2 finden Sie die wichtigsten Gruppen.

Positionstypengruppe	Bezeichnung
BANS	Streckenposition
DIEN	Dienstleistungsposition
LEER	Leergut
LEIH	Leihgut
NORM	Normalposition
VERP	Verpackung

Tabelle 5.2 Die wichtigsten im SAP-Standard eingestellten Positionstypengruppen

Gepflegt wird dieser Wert im Materialstamm auf der Registerkarte VERTRIEB: VERKORG 2. Hier können Sie zwei Positionstypengruppen eingeben: die erste im Feld ALLG.POS.TYPENGRUPPE. Dieser Wert gilt für das Material, unabhängig von der Vertriebsorganisation. Die zweite steht im Feld POSITIONSTYPEN-GRUPPE und ist von der Verkaufsorganisation und vom Vertriebsweg abhängig. Bei der Typfindung versucht das SAP-System zunächst, mit der Positionstypgruppe den Positionstyp zu bestimmen. Ist dieser Wert im Materialstamm jedoch leer, führt das System mit der allgemeinen Positionstypengruppe die Typfindung durch. In Abbildung 5.12 sehen Sie die Felder in der Materialstammdatei. In diesem Beispiel wird das Material im Lieferbeleg eine normale Position sein.

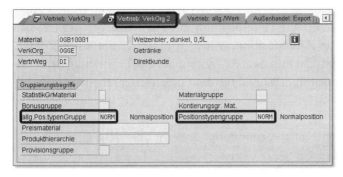

Abbildung 5.12 Positionstypengruppen

Technische Informationen zur Positionstypengruppe

▸ Feldlänge: 4-stellig

▸ Menüpfad im Customizing: VERTRIEB • VERKAUF • VERKAUFSBELEGE • VERKAUFSBELEG-POSITION • POSITIONSTYPENGRUPPE DEFINIEREN

▸ Eigene Transaktion: SM30, View V_TPTM

▸ Tabellen: TPTM und TPTMT (Bezeichnung)

Der dritte Parameter ist die *Positionstypenverwendung*. Dieses Kennzeichen gibt Auskunft über den Prozess, den Sie mit diesem Material vorhaben. Der Wert stammt direkt aus dem Prozess im SAP-System und ist nicht in den Stammdaten abgelegt. In Tabelle 5.3 finden Sie die wichtigsten Positionstypenverwendungen.

Positionstypenverwendung	Bezeichnung
CHSP	Chargensplit
PACK	Versandelement
TEXT	Textposition

Tabelle 5.3 Die wichtigsten im SAP-Standard eingestellten Positionstypenverwendungen

---

Technische Informationen zur Positionstypenverwendung

► Feldlänge: 4-stellig
► Menüpfad im Customizing: LOGISTICS EXECUTION • VERSAND • LIEFERUNGEN • POSITIONSTYPENVERWENDUNG FESTLEGEN
► Eigene Transaktion: SM30, View V_TPTM
► Tabellen: TVVW und TVVWT (Bezeichnung)

Der letzte Parameter ist der Positionstyp selbst. Hiermit ist der Positionstyp der Hauptposition gemeint. Wenn im Lieferbeleg eine Unterposition angelegt werden muss (z. B. eine Lieferposition mit einer Charge), bezieht sich diese immer auf eine Hauptposition. Mit dem in der Hauptposition eingestellten Positionstyp sucht nun das SAP-System bei der Typfindung den Positionstyp der Unterposition. Das Bild für das Customizing sehen Sie in Abbildung 5.13.

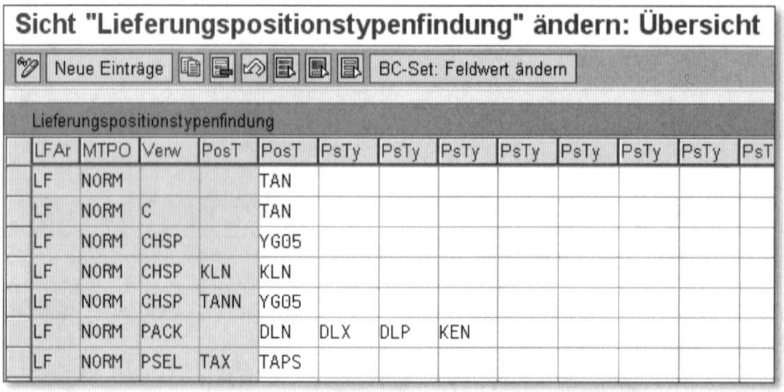

Sicht "Lieferungspositionstypenfindung" ändern: Übersicht

Neue Einträge   BC-Set: Feldwert ändern

Lieferungspositionstypenfindung

LFAr	MTPO	Verw	PosT	PosT	PsTy	PsTy	PsTy	PsTy	PsTy	PsTy	PsTy	PsT
LF	NORM			TAN								
LF	NORM	C		TAN								
LF	NORM	CHSP		YG05								
LF	NORM	CHSP	KLN	KLN								
LF	NORM	CHSP	TANN	YG05								
LF	NORM	PACK		DLN	DLX	DLP	KEN					
LF	NORM	PSEL	TAX	TAPS								

Abbildung 5.13 Positionstypenfindung

Technische Informationen zur Positionstypenfindung

▸ Menüpfad im Customizing: LOGISTICS EXECUTION • VERSAND • LIEFERUNGEN • POSITIONSTYPENFINDUNG IM LIEFERSCHEIN DEFINIEREN

▸ Eigene Transaktion: 0184

▸ Tabelle: T184L

Neben einer normalen Position im Lieferbeleg gibt es Prozesse, die im Lieferbeleg mit sogenannten *Unterpositionen* erfasst werden. Der klassische Fall von Unterpositionen sind z. B. die Chargensplits. Ist Ihr Material chargenpflichtig und die Chargenfindung bereits durchgeführt, kann es vorkommen, dass die Oberposition (Kunde bestellt 160 Stück von einem chargenpflichtigen Material) mehrere Unterpositionen bekommt (die 160 Stück teilen sich nun in Unterpositionen zu einer mit 40 Stück und einer zweiten mit 120 Stück auf).

Unterpositionen werden mit den gleichen Customizing-Pfaden definiert und gepflegt wie die Oberposition. Auf die Bildung der Unterpositionen werde ich im Laufe dieses Buches noch an mehreren Stellen mit Beispielen hinweisen.

Da Sie nun den grundsätzlichen Aufbau eines Lieferbelegs kennen und ich Ihnen die Bildung der Lieferscheinarten und der Positionstypen beschrieben habe, komme ich nun zu der eigentlichen Erstellung von Lieferbelegen.

5.3 Erstellung von Lieferungen

Der erste Schritt im Versandprozess (siehe auch Abbildung 5.1) ist das Erstellen der Lieferbelege. Zur Erstellung der Lieferbelege nehmen Sie in den überwiegenden Fällen Bezug auf einen Kundenauftrag oder eine Umlagerungsbestellung. Dieser Bezug muss bei der Erstellung berücksichtigt werden.

Des Weiteren bietet Ihnen das SAP-System drei Möglichkeiten, wie Sie Lieferbelege erstellen können:

▸ **Manuelle Erstellung eines Lieferbelegs**
Sie erstellen am Bildschirm pro Kundenauftrag eine Lieferung. Entgegen der SAP-Dokumentation können Sie, bevor Sie den Lieferbeleg gesichert haben, weitere Kundenaufträge hinzufügen. Diese Möglichkeit der manuellen Erstellung gibt es nicht für Umlagerungsbestellungen.

▸ **Manuelle Erstellung als Sammelgang**
Sie lassen sich auf dem Bildschirm einen Liefervorrat für einen bestimmten Zeitraum anzeigen, suchen sich die Kundenaufträge oder Umlage-

rungsbestellungen heraus, die Sie bearbeiten wollen, und erstellen im Sammelgang die Lieferbelege.

▶ **Erstellung von Lieferbelegen per Batch-Job**
Sie übergeben einem Batch-Job die Parameter zur Selektion aller fälligen Kundenaufträge oder Umlagerungsbestellungen und lassen sich die Lieferbelege von diesem Job im Hintergrund erstellen.

Beginnen werde ich mit der manuellen Erstellung eines Lieferbelegs, da diese Form trotz allen Automatismus immer wieder benötigt wird und daher beherrscht werden sollte.

5.3.1 Erstellung eines einzelnen Lieferbelegs

Zur Erstellung eines einzelnen Lieferbelegs starten Sie die Transaktion VL01N. In dem nun angezeigten Bild (siehe Abbildung 5.14) müssen Sie einige Parameter vorgeben:

▶ **Versandstelle**
Geben Sie die Versandstelle an, von der die Ware an den Warenempfänger geliefert werden soll. Die Versandstelle, die bereits im Kundenauftrag ermittelt wurde (siehe hierzu auch Abschnitt 5.5), muss mit der hier eingetragenen übereinstimmen. In diesem Beispiel erfolgt der Transport der Waren ab der Versandstelle »OGWB«.

▶ **Selektionsdatum**
Geben Sie hier das errechnete Datum ein, wann Sie mit der Bearbeitung dieser Lieferung frühestens starten können. In der Regel wird dieses Datum vom SAP-System bei der Auftragserfassung errechnet (Wunschlieferdatum, wann die Ware beim Kunden eintreffen soll, abzüglich der Transport-, Bereitstellungs-, Kommissionier- und Bearbeitungszeit), siehe hierzu auch Abschnitt 6.1, »Termine«. Das System schlägt hier automatisch das Tagesdatum vor.

▶ **Auftrag**
An dieser Stelle geben Sie die Kundenauftragsnummer ein, die Sie beliefern wollen, z. B. »585«.

▶ **Ab Position**
Hat Ihr Kundenauftrag mehrere Positionen und Sie wünschen eine Belieferung erst ab einer bestimmten Auftragsposition, haben Sie hier die Möglichkeit, diese Positionsnummer vorzugeben. Die in der Nummerierung davorliegenden Positionen werden nicht berücksichtigt. Geben Sie keinen Wert an, wird die Belieferung ab der ersten Position angenommen.

▸ **Bis Position**

Hat Ihr Kundenauftrag mehrere Positionen und Sie wünschen eine Belieferung bis zu einer bestimmten Auftragsposition, haben Sie hier die Möglichkeit, diese Positionsnummer vorzugeben. Die in der Nummerierung dahinterliegenden Positionen werden nicht berücksichtigt. Geben Sie keinen Wert ein, wird die Belieferung bis zur letzten Position angenommen.

▸ **Lieferart**

Hier geben Sie nur die Lieferart vor, wenn Sie einen Lieferbeleg ohne Bezug auf einen Kundenauftrag anlegen wollen.

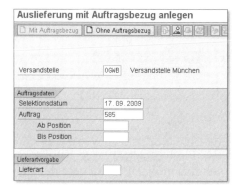

Abbildung 5.14 Starttransaktion VL01N zur Erstellung eines Lieferbelegs

Sehen wir uns, bevor ich in der Lieferanlage einen Schritt weitergehe, noch einmal kurz den Kundenauftrag »585« an und gehen dazu auf die Registerkarte Einteilungen. Das Datum wurde auf den 14.08.2009 errechnet (siehe Abbildung 5.15). Dieser Auftrag ist schon etwas älter und daher rückständig. Trotzdem kann der Lieferbeleg mit der Selektion auf den 17.09.2009 erstellt werden.

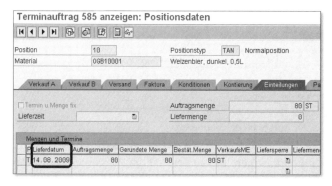

Abbildung 5.15 Lieferdatum aus der Einteilung im Kundenauftrag

Drücken Sie nun die [Enter]-Taste, und Sie kommen auf das Übersichtsbild Ihres erstellten Lieferbelegs (siehe Abbildung 5.16). Das SAP-System hat die Position aus dem Kundenauftrag übernommen. Sie haben hier die Möglichkeit, Änderungen am Lieferbeleg vorzunehmen, z.B. die Liefermenge zu reduzieren.

Abbildung 5.16 Übersicht über den erstellten Lieferbeleg

Im Normalfall sollten die ermittelten Daten in Ihrem Lieferbeleg richtig sein, sodass Sie keine Änderungen mehr vornehmen müssten. Sie sichern den Lieferbeleg mit einem Klick auf das Icon 🖫. Im Anschluss erhalten Sie vom SAP-System die Nummer dieses Belegs.

5.3.2 Fehlerprotokoll zur Lieferbelegerstellung

Achten Sie bei der Lieferanlage auf Informationen, die Ihnen am unteren Rand des Bildschirms angezeigt werden. Diese können durchaus Systemmeldungen sein, denen Sie nachgehen sollten. Als Beispiel sehen Sie hier die Systemmeldung »Beachten Sie die Hinweise im Protokoll« (siehe Abbildung 5.17).

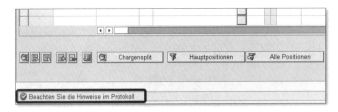

Abbildung 5.17 Hinweis bei der Anlage eines Lieferbelegs

Sie sollten sich das Protokoll ansehen, um sicherzugehen, dass nicht doch ein Hinweis vorliegt, der die weiteren Prozessschritte im Versand verhindert. Um auf das Protokoll zu kommen, nutzen Sie das Icon 🖫 (FEHLERPROTO-

KOLL) oder drücken direkt die F9-Taste. Sie erhalten nun das Fehlerprotokoll, das Sie in Abbildung 5.18 wiederfinden. In diesem Fall hat das SAP-System insgesamt drei Hinweise aufgelistet.

Werden Ihnen vom SAP-System ausführliche Informationen zu diesen Hinweisen oder Fehlern angeboten, erkennen Sie das an einem Fragezeichen in der letzten Spalte unter LANGTEXT (Langtext vorhanden). Klicken Sie auf dieses Fragezeichen, erhalten Sie eine ausführliche Fehlerbeschreibung. In der ersten Spalte (Spalte TYP) erkennen Sie anhand der farblichen Kennzeichnung die Schwere dieses Hinweises. Grün bedeutet, es handelt sich lediglich um einen Hinweis. Bei Gelb handelt es sich um eine Warnung. Hier ist genauer zu prüfen, ob diese Warnung Auswirkungen auf die weiteren Prozessschritte dieses Lieferbelegs haben wird. Rot heißt, der Lieferbeleg kann nicht angelegt werden, da der Fehler schwerwiegend ist.

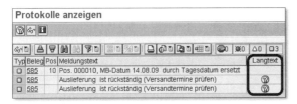

Abbildung 5.18 Protokoll zur Anlage eines Lieferbelegs

5.3.3 Weitere Positionen im Lieferbeleg aufnehmen

Möchten Sie diesem Lieferbeleg weitere Positionen aus anderen Kundenaufträgen hinzufügen, gehen Sie so vor, wie ich es Ihnen im Folgenden beschreibe. Ich habe hierzu den Kundenauftrag »594« vorbereitet (siehe Abbildung 5.19). Als Lieferdatum habe ich hier den »21.09.2009« vorgegeben, um Ihnen noch einmal den Zusammenhang mit dem Selektionsdatum zu verdeutlichen:

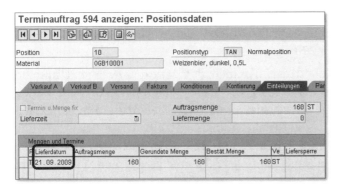

Abbildung 5.19 Ein zweiter Kundenauftrag mit dem Lieferdatum 21.09.2009

1. Wählen Sie aus dem Menübaum die Funktion AUSLIEFERUNG • AUFTRAG BELIEFERN. Sie erhalten ein Popup, wie es in Abbildung 5.20 dargestellt ist.

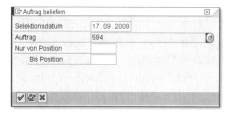

Abbildung 5.20 Neuen Auftrag beliefern

2. Geben Sie unter AUFTRAG den Kundenauftrag ein, den Sie zusätzlich beliefern wollen. Für die Felder NUR VON POSITION und BIS POSITION gilt das Gleiche, was zu Abbildung 5.14 beschrieben wurde. Drücken Sie die ⌈Enter⌉-Taste. Sie erhalten nun einen Fehlerhinweis, dass die Lieferposition nicht erstellt werden konnte (siehe Abbildung 5.21).

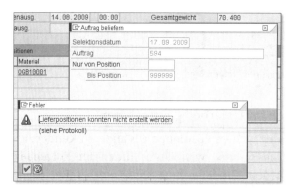

Abbildung 5.21 Fehlerhinweis zu dem gerade eingegebenen Kundenauftrag

3. Bestätigen Sie die Fehlermeldung, indem Sie die ⌈Enter⌉-Taste drücken. Sie kehren jetzt wieder zum Popup zurück, wie Sie es in Abbildung 5.20 sehen.

4. Klicken Sie auf das Icon 🔧 (PROTOKOLL). Sie erhalten nun das Protokoll, wie es Abbildung 5.22 zeigt.

5. Dem Fehlerprotokoll ist zu entnehmen, dass zum ausgewählten Datum (in diesem Fall war es der 17.09.2009, siehe Abbildung 5.20) keine Einteilung fällig ist. Das Fälligkeitsdatum (also das Lieferdatum) in der Einteilung war der 21.09.2009 (siehe Abbildung 5.19). Diese Fehlermeldung werden Sie häufig antreffen. Sehen Sie deshalb zuerst in den Einteilungen des entsprechenden Kundenauftrags nach, und vergleichen Sie das Datum in der Einteilung.

Abbildung 5.22 Fehlerprotokoll

6. Klicken Sie auf das Icon ⏴ (ZURÜCK), oder drücken Sie die F3 -Taste. Sie kehren daraufhin zurück zu dem Popup. Geben Sie nun das richtige Selektionsdatum ein: in diesem Fall den 21.09.2009 (siehe Abbildung 5.23). Sie erhalten nun das Übersichtsbild über den Lieferbeleg mit der Position aus dem zweiten Kundenauftrag (siehe Abbildung 5.24).

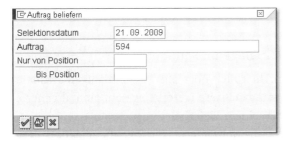

Abbildung 5.23 Zweiter Versuch, den Kundenauftrag »594« zu beliefern

Abbildung 5.24 Lieferbeleg mit zwei Positionen aus je einem Auftrag

7. Sichern Sie nun den Lieferbeleg mit einem Klick auf das Icon 🖫, und es wird Ihnen die Nummer dieses Belegs vom SAP-System mitgeteilt.

> **User Exit**
>
> Mit dem Include-Baustein MV50AFZ1 steht Ihnen ein User Exit zur Verfügung, mit dem Sie diverse Manipulationen an Ihrem Lieferbeleg zu unterschiedlichen Zeitpunkten durchführen können. In Abschnitt 5.4, »Kopiersteuerung«, ich Ihnen diesen User Exit näher vor.
>
> Weitaus umfangreicher ist das Business Add-In LE_SHP_DELIVERY_PROC. Hier stehen Ihnen mehr Methoden zur Verfügung, als der Include-Baustein MV50AFZ1 anbietet. Beide User Exits können dazu benutzt werden, Felder im Lieferbeleg mit eigenen Routinen bzw. Algorithmen zu füllen und eigene Einträge in User-Tabellen zu erstellen.

Ich habe Ihnen mit diesem Beispiel ausführlich gezeigt, wie Sie einen Lieferbeleg manuell über die Transaktion VL01N erstellen. Diese Funktion werden Sie trotz aller Automatismen, die ich Ihnen im Folgenden noch darstellen werde, immer wieder benötigen. Sie sollten sich daher mit dieser Funktion vertraut machen und sie in der Praxis umsetzen können.

5.3.4 Erstellung der Lieferbelege im Sammelgang

Möchten Sie einen gesamten Überblick über alle versandfälligen Auslieferungen haben und gegebenenfalls mehrere Lieferbelege auf einmal generieren oder bestimmte Aufträge zu einem Lieferbeleg zusammenfassen, benötigen Sie die Funktion zur Erstellung der Lieferbelege im Sammelgang.

Die Erstellung der Lieferbelege im Sammelgang sieht wie folgt aus: Zunächst einmal selektieren Sie aus einem gesamten Vorrat an versandfälligen Aufträgen die Aufträge, die Sie bearbeiten möchten. Sie können nun die gefundenen Aufträge einzeln oder gruppenweise markieren und die entsprechenden Lieferbelege erstellen lassen. Sie können auch über geschicktes Sortieren, Filtern und Summieren eine regelrechte Lieferdisposition durchführen. Als Letztes erstellen Sie die Lieferbelege aus den selektierten Auftragspositionen.

SAP stellt Ihnen hierzu drei Transaktionen bereit, die folgende Bedeutung haben:

- ▶ Selektion aller versandfälligen Kundenaufträge
- ▶ Selektion aller versandfälligen Umlagerungsbestellungen
- ▶ Selektion aller versandfälligen Kundenaufträge und Bestellungen in einer Übersicht

Zunächst stelle ich Ihnen die Selektion aller versandfälligen Kundenaufträge vor.

Selektion versandfälliger Kundenaufträge

Starten Sie die Transaktion VL10A, oder wählen Sie den Menüpfad LOGISTIK
• VERTRIEB • VERSAND UND TRANSPORT • AUSLIEFERUNG • ANLEGEN • SAMMEL-
VERARBEITUNG VERSANDFÄLLIGER BELEGE • KUNDENAUFTRÄGE. Sie können sich
leicht merken, dass das »A« in der Transaktion für *Aufträge* steht. Sie erhal-
ten eine Maske, auf der Sie umfangreiche Selektionsmöglichkeiten haben. In
Abbildung 5.25 sehen Sie die Selektionsmaske.

Pflichteingabe zur Selektion der Kundenaufträge ist die Versandstelle. Vom
SAP-Standard wird Ihnen zusätzlich zur Selektion über das Lieferdatum das
heutige und morgige Datum vorgeschlagen. Jedoch können Sie über das Feld
REGEL BER.VORS.LEDAT (Regel zur Berechnung des Vorschlagswerts Lieferer-
stelldatum) den Vorschlag des Datums variieren:

▶ »1« bedeutet: Selektion nur mit dem heutigen Datum

▶ »2« bedeutet: Selektion mit dem heutigen und morgigen Datum (siehe
   Abbildung 5.25)

▶ »3« bedeutet: alles bis zum Ende der nächsten Woche

▶ »4« bedeutet: alles bis morgen

▶ keine Eingabe bedeutet: alles bis zum Datum, das unter BIS eingetragen
   wurde

▶ »9« bedeutet: Das Datum wird über einen User Exit ermittelt.

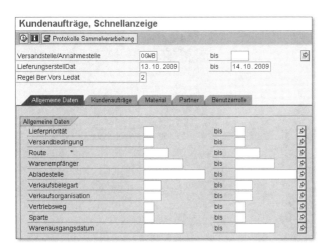

Abbildung 5.25 Selektionsmöglichkeiten auf der Registerkarte »Allgemeine Daten«

Zur Selektion haben Sie alle Möglichkeiten, die Ihnen der SAP-Standard bietet. Sie können nach mehreren Werten und Intervallen suchen, Sie können

maskiert suchen und bestimmte Werte bzw. Intervalle von der Selektion ausschließen. Hierzu müssen Sie ganz rechts neben den Eingabefeldern auf das Icon MEHRFACHSELEKTION ⇨ klicken.

Die wichtigsten Selektionskriterien, die ich bei den Anwendern immer wieder vorfinde, sind die Versandbedingungen, die Route, der Warenempfänger, die Verkaufsorganisation und der Vertriebsweg auf der Registerkarte ALLGEMEINE DATEN. Auf der Registerkarte KUNDENAUFTRÄGE können Sie auch direkt nach den Kundenauftragsnummern und dem Spediteur, dem Auftraggeber oder der Liefersperre suchen. Suchen Sie nach Aufträgen mit bestimmten Artikeln, Auslieferungswerken und Lagerorten, haben Sie die Möglichkeit, das über die Registerkarte MATERIAL einzustellen. Auf der Registerkarte PARTNER können Sie nach bestimmten Partnern mit einer Partneridentifikation suchen.

Da Sie in den meisten Fällen nach bestimmten Selektionen vorgehen, sollten Sie die einmalige Arbeit investieren und Ihre gängigen Selektionskriterien als Variante speichern, sodass Sie nicht bei jedem Start Ihre Daten erneut eingeben müssen. Zum Anlegen einer Variante gehen Sie wie folgt vor:

1. Geben Sie Ihre festen Parameter ein.

2. Verzweigen Sie in den Menübaum SPRINGEN · VARIANTEN · ALS VARIANTE SICHERN.

3. Sie erhalten ein Bild, wie es in Abbildung 5.26 dargestellt ist.

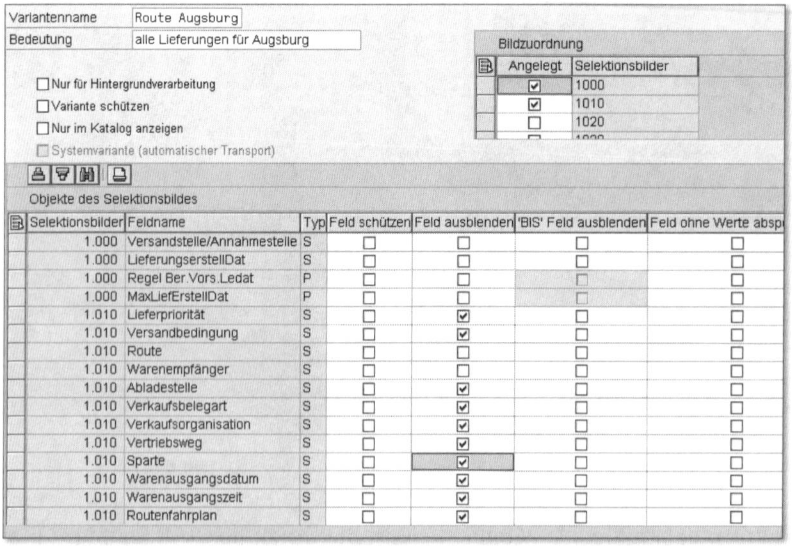

Abbildung 5.26 Pflege Ihrer Variante zur Selektion von versandfälligen Lieferbelegen

4. Sie können nun bestimmte Selektionsfelder ausblenden, Felder als Pflicht-eingabefelder definieren, über Benutzerparameter vorbesetzen lassen usw. (Aus Platzgründen ist es mir an dieser Stelle nicht möglich, Ihnen alle bestehenden Möglichkeiten zu erklären.)

5. Geben Sie dieser Variante einen Namen im Feld VARIANTENNAME, und beschreiben Sie die BEDEUTUNG dieser Variante, mit der Sie Ihre Einstel-lungen wiederfinden. Ich habe in diesem Beispiel diverse Felder auf der Registerkarte ALLGEMEINE DATEN ausgeblendet.

6. Sichern Sie diese Variante mit dem Icon 🔚.

7. Das System gibt Ihnen noch den Hinweis, dass die Variante gesichert wurde.

Zum Test rufe ich nun die Transaktion VL10A erneut auf und zeige Ihnen, wie Sie Ihre Variante wiederfinden:

1. Starten Sie die Transaktion VL10A.

2. Suchen Sie Ihre Variante über den Menübaum SPRINGEN • VARIANTEN • VARIANTE HOLEN, oder gehen Sie direkt über das Icon 🔖.

3. Markieren Sie die Variante, mit der Sie die Selektion starten wollen, und drücken Sie die [Enter]-Taste, oder doppelklicken Sie auf die entspre-chende Zeile in der Variantenübersicht.

4. Sie erhalten Ihre Variante als Selektionsbild (siehe Abbildung 5.27).

Abbildung 5.27 Ihre vorher definierte Variante zur Findung versandfälliger Kundenaufträge

5. Starten Sie nun das Programm mit der [F8]-Taste oder über das Icon 🔵. Sie erhalten alle Kundenaufträge, die Ihren Selektionskriterien entspre-chen (siehe Abbildung 5.28).

6. Markieren Sie nun die Aufträge (Sie finden sie in der Spalte VERURSACH.), die Sie beliefern wollen.

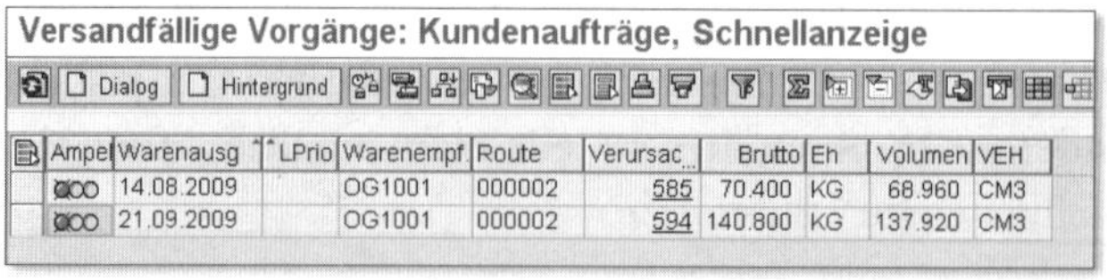
Versandfällige Vorgänge: Kundenaufträge, Schnellanzeige

Ampel	Warenausg	LPrio	Warenempf	Route	Verursac...	Brutto	Eh	Volumen	VEH
OOO	14.08.2009		OG1001	000002	585	70.400	KG	68.960	CM3
OOO	21.09.2009		OG1001	000002	594	140.800	KG	137.920	CM3

Abbildung 5.28 Alle gefundenen Kundenaufträge gemäß Ihrer Selektion

7. Wollen Sie alle Aufträge markieren, nutzen Sie dazu das Icon . Wenn Sie die Markierung zurücknehmen möchten, klicken Sie auf das Icon .
8. Klicken Sie jetzt auf den Button Hintergrund. Das System legt nun Lieferbelege an. Möchten Sie die Erstellung der Lieferbelege Auftrag für Auftrag im Dialog durchführen, klicken Sie auf den Button Dialog. Es wird Ihnen jetzt für jeden Auftrag ein Lieferbeleg angezeigt, den Sie noch verändern können, bevor Sie ihn sichern.
9. Sie erhalten ein Protokoll, wie es in Abbildung 5.29 zu sehen ist.

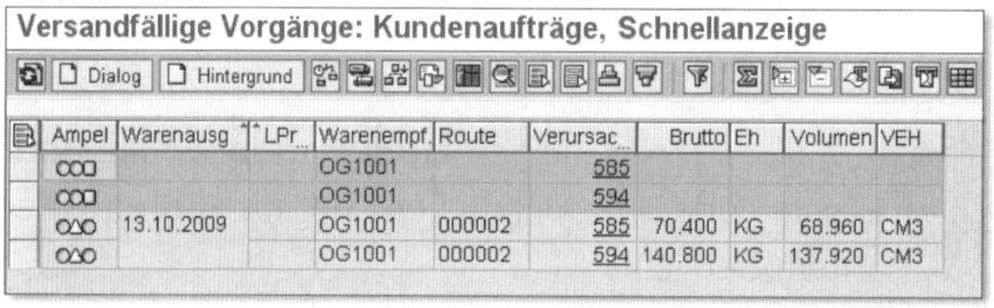
Versandfällige Vorgänge: Kundenaufträge, Schnellanzeige

Ampel	Warenausg	LPr...	Warenempf.	Route	Verursac...	Brutto	Eh	Volumen	VEH
OOO			OG1001		585				
OOO			OG1001		594				
OOO	13.10.2009		OG1001	000002	585	70.400	KG	68.960	CM3
OOO			OG1001	000002	594	140.800	KG	137.920	CM3

Abbildung 5.29 Protokoll über die Erstellung von Lieferbelegen im Sammelgang

[+] Ich muss jedoch an dieser Stelle erwähnen, dass dieses Protokoll nicht sehr aussagekräftig ist. Ich rate in diesem Fall immer dazu, sich die angelegten Lieferbelege über das Icon LIEFERUNGEN EIN-/AUSBLENDEN einblenden zu lassen. Sie erhalten dann das Bild, wie Sie es in Abbildung 5.30 sehen.

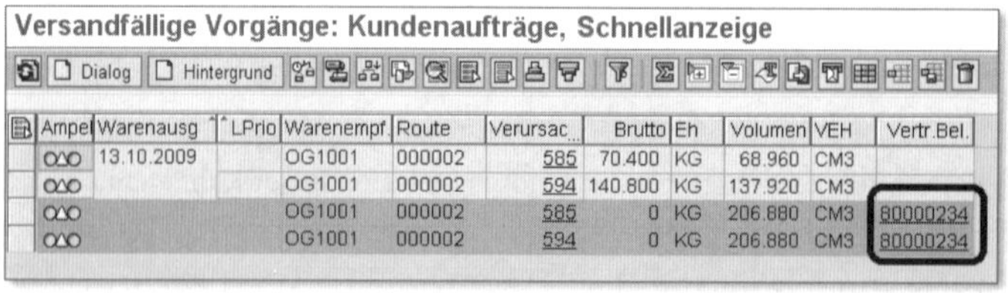
Versandfällige Vorgänge: Kundenaufträge, Schnellanzeige

Ampel	Warenausg	LPrio	Warenempf.	Route	Verursac...	Brutto	Eh	Volumen	VEH	Vertr.Bel.
OOO	13.10.2009		OG1001	000002	585	70.400	KG	68.960	CM3	
OOO			OG1001	000002	594	140.800	KG	137.920	CM3	
OOO			OG1001	000002	585	0	KG	206.880	CM3	80000234
OOO			OG1001	000002	594	0	KG	206.880	CM3	80000234

Abbildung 5.30 Protokoll wie in Abbildung 5.29, aber mit Anzeige der erstellten Lieferbelege

In der rechten Spalte mit der Überschrift BELEG stehen die angelegten Lieferbelege. Falls Ihnen Fehlermeldungen oder Hinweise angezeigt wurden, können Sie sie nun im Protokoll sichten. Um das Protokoll anzuzeigen, klicken

Sie auf das Icon ▦. Sie erhalten daraufhin das Bild, wie es Abbildung 5.31 zeigt.

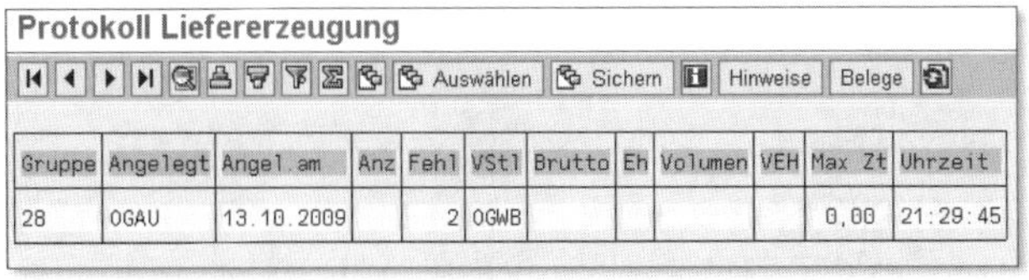

Gruppe	Angelegt	Angel. am	Anz	Fehl	VSt1	Brutto	Eh	Volumen	VEH	Max Zt	Uhrzeit
28	0GAU	13.10.2009	2		0GWB					0,00	21:29:45

Abbildung 5.31 Protokoll über die Erstellung der Lieferbelege im Hintergrund

Auch dieses Bild ist auf den ersten Blick undurchsichtig. Markieren Sie die GRUPPE, und klicken Sie auf den Button HINWEISE. Nach einem Klick auf den Button BELEGE werden Ihnen die erstellten Lieferbelege angezeigt.

Drücken Sie nun die F3-Taste, und Sie kommen wieder zurück zum Übersichtsbild (siehe Abbildung 5.30). Möchten Sie sich in diesem Bild den Lieferbeleg anzeigen lassen, klicken Sie auf die gewünschte Belegnummer. Sie können aus diesem Bild heraus den Lieferbeleg auch wieder löschen. Hierzu klicken Sie auf das Icon 🗑.

Bevor ich diesen Abschnitt abschließe, möchte ich noch auf die Übersicht zurückkommen, wie Sie sie in Abbildung 5.28 kennengelernt haben. Ich habe selten Disponenten in den Versandabteilungen gesehen, die mit dieser Übersicht arbeiten, da je nach Unternehmensbereich und -art Informationen fehlen, um versandfällige Aufträge zu disponieren. Aus diesem Grund hat SAP das List-Bild offengehalten. Sie haben hier die Möglichkeit, Ihr eigenes List-Bild zu kreieren. Da es dafür zahlreiche Möglichkeiten gibt, die ich Ihnen (aus Platzgründen) nicht alle vorstellen kann, empfehle ich Ihnen, damit einmal zu experimentieren. Ich zeige Ihnen im Folgenden anhand eines Beispiels, wie Sie eine einfache Layoutänderung vornehmen können.

Klicken Sie auf das Icon ▦ (LAYOUT ÄNDERN). Sie erhalten ein Auswahlbild, wie es Abbildung 5.32 zeigt.

Sie sehen auf der rechten Seite die zur Verfügung stehenden Informationsquellen (SPALTENVORRAT) und auf der linken Seite die aktuellen Informationen (ANGEZEIGTE SPALTEN). Wenn Sie im Spaltenvorrat durchscrollen, finden Sie eine große Anzahl an möglichen Informationsquellen. Sie wählen eine Informationsquelle aus dem Spaltenvorrat aus, indem Sie den Namen markieren. Ich habe in dieser Abbildung die »Verkaufsorganisation« markiert. Markieren Sie in den angezeigten Spalten die Information, vor der die Verkaufsorganisation angezeigt werden soll.

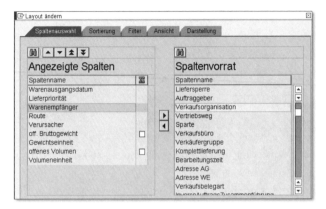

Abbildung 5.32 Popup zur Anpassung des Layouts an Ihre Anforderungen

Klicken Sie auf das Icon ◀ (SELEKTIERTE FELDER EINBLENDEN). Sie haben auch die Möglichkeit, eine Information in den angezeigten Spalten zu markieren und mit dem Icon ▶ (SELEKTIERTE FELDER AUSBLENDEN) aus der Übersicht zu entfernen. Das ausgeblendete Feld wird nach rechts in den Spaltenvorrat übernommen.

Nachdem Sie das selektierte Feld übernommen haben, ändert sich das Popup, wie Sie es in Abbildung 5.33 sehen.

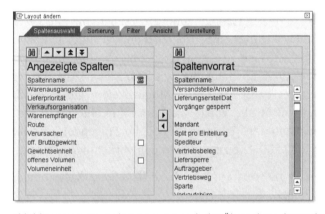

Abbildung 5.33 Verändertes Layout nach der Übernahme der Verkaufsorganisation

Klicken Sie auf das Icon 🖫 (LAYOUT SICHERN), oder drücken Sie die [F5]-Taste. Sie erhalten nun die Möglichkeit, in einem weiteren Popup (siehe Abbildung 5.34) den Namen Ihres erzeugten Layouts einzugeben, um es bei späteren Auswertungen wiederzufinden.

Geben Sie unter LAYOUT SICHERN einen kurzen Namen vor, unter dem Sie Ihr Layout wiederfinden möchten. Unter BEZEICHNUNG haben Sie die Möglichkeit, einen beschreibenden Text einzugeben. Markieren Sie das Kennzeichen BENUTZERSPEZIFISCH, wird dieses Layout nur Ihnen zugänglich gemacht. Anderen Anwendern wird dieses Layout nicht vorgeschlagen. Haben Sie Ihre Beschreibungen eingegeben, drücken Sie die Enter-Taste, oder klicken Sie auf das Icon ✔.

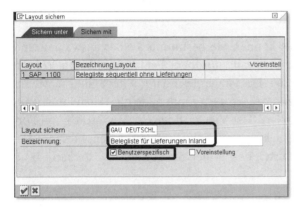

Abbildung 5.34 Popup zum Sichern Ihres eigenen Layouts

Sie bekommen den Hinweis, dass das Layout gesichert wurde. Gehen Sie wieder zurück in Ihre Übersicht der versandfälligen Aufträge. Hier müssen Sie nun Ihr Layout auswählen. Klicken Sie auf das Icon ▦ (LAYOUT AUSWÄHLEN). Sie erhalten ein Popup, wie es Abbildung 5.35 zeigt.

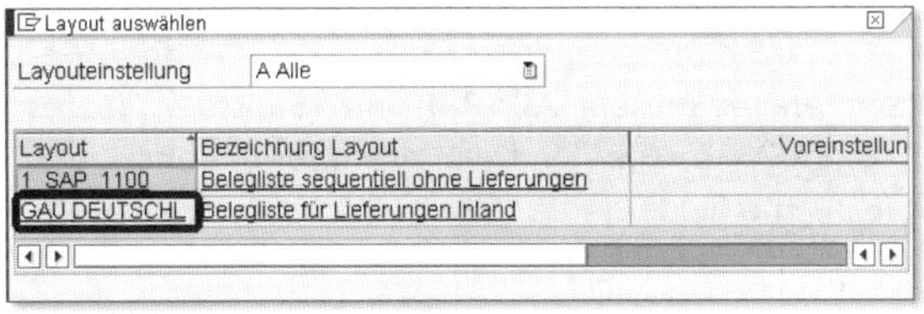

Abbildung 5.35 Popup, in dem Sie Ihr Layout auswählen können

Doppelklicken Sie auf Ihr Layout, in diesem Beispiel ist es »Gau Deutschl«. Sie erhalten nun Ihre Übersicht, wie Sie sie in Abbildung 5.36 sehen.

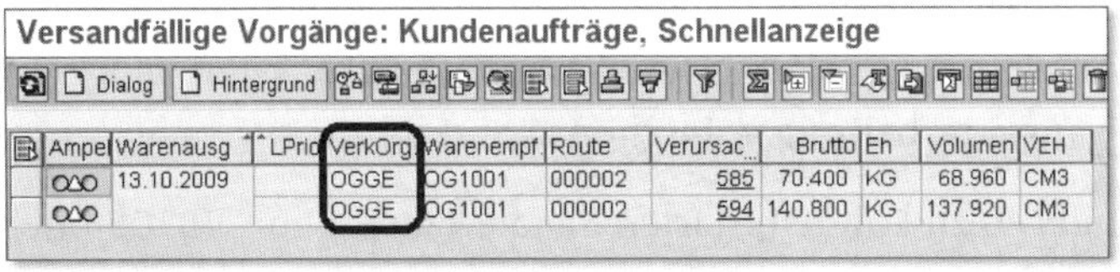

Abbildung 5.36 Übersichtsbild nach der Auswahl des eigenen Layouts

Sie haben in der Konfiguration Ihres Layouts über die verschiedenen Registerkarten weitere Bearbeitungsmöglichkeiten (siehe Abbildung 5.33). So können Sie z. B. über numerische Felder Summen bilden. Hierzu setzen Sie hinter dem entsprechenden numerischen Feld in der Spalte ▣ ein Häkchen. Benötigen Sie sogar Zwischensummen, wählen Sie die Registerkarte SORTIE-RUNG. Dort setzen Sie vor dem Feld, für das Sie Zwischensummen benötigen, in der Spalte ▣ ein Häkchen.

Auf der Registerkarte FILTER können Sie bestimmte Felder auswählen und ihnen einen Wert oder ein Intervall zuordnen. Felder, die diesen Werten entsprechen, werden angezeigt. Das ist vergleichbar mit dem Filter in Microsoft Excel. Über die Registerkarte ANSICHT können Sie die Darstellung wählen, entweder den SAP-Standard List Viewer oder ein Microsoft Excel-Format. Die Darstellung selbst, d. h., ob mit Spaltenüberschriften, horizontalen und vertikalen Trennlinien usw., bestimmen Sie auf der Registerkarte DAR-STELLUNG.

Ich habe Ihnen in diesem Abschnitt sehr ausführlich beschrieben, wie Sie Ihre Arbeit mit versandfälligen Aufträgen erleichtern können, wenn Sie alle Möglichkeiten kennen, die Ihnen der SAP-Standard an dieser Stelle bietet. Diese Beschreibung können Sie in gleicher Weise für die Übersichtsbilder nutzen, die ich Ihnen in den folgenden Abschnitten vorstellen werde.

User Exit

Fehlen Ihnen Informationen auf Ihrem Übersichtsbild, die Sie nicht aus dem SAP-Standard übernehmen können, haben Sie über den User Exit RVV50TOP die Möglichkeit, eigene Felder aufzunehmen. In diesem ABAP-Include-Baustein gibt es einen weiteren Include: V50R_USEREXITS. Hier sind weitere Informationen enthalten, die Ihnen zeigen, wie Sie eigene Felder in das Übersichtsbild aufnehmen.

Selektion versandfälliger Umlagerungsbestellungen

Mit dieser Funktion haben Sie die Möglichkeit, manuell Lieferbelege für Umlagerungsbestellungen anzulegen. Eine direkte Einzelbearbeitung wie bei den Kundenaufträgen (mit der Transaktion VL01N) gibt es bei den Umlagerungen nicht. Sie müssen sich also an dieser Stelle entscheiden, ob Sie einen Lieferbeleg nur für eine einzige Umlagerungsbestellung anlegen möchten oder eine Sammelgangverarbeitung wünschen.

Um Lieferbelege anlegen zu können, starten Sie die Transaktion VL10B oder wählen den Menüpfad LOGISTIK • VERTRIEB • VERSAND UND TRANSPORT • AUS-LIEFERUNG • ANLEGEN • SAMMELVERARBEITUNG VERSANDFÄLLIGER BELEGE •

BESTELLUNGEN. Das »B« in der Transaktion VL10B steht in diesem Fall für *Bestellungen*. Sie erhalten ein ähnliches Bild wie bei der Selektion versandfälliger Kundenaufträge (siehe Abbildung 5.37). Verglichen mit dem Selektionsbild für die Kundenaufträge fehlt die Registerkarte PARTNER. Die Registerkarte KUNDENAUFTRÄGE wurde ersetzt durch BESTELLUNGEN. Ansonsten können Sie teilweise die gleichen, teilweise zumindest ähnliche Selektionen vornehmen.

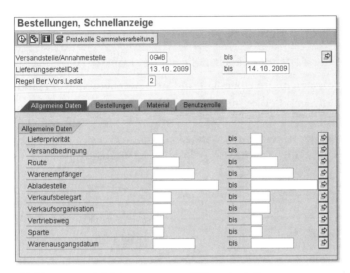

Abbildung 5.37 Selektion von versandfälligen Bestellungen

Sie können wie bei den Kundenaufträgen (dort mit der Transaktion VL10A) auch hier Varianten anlegen und abrufen. Damit haben Sie immer wiederkehrende Selektionen unter einer Variante abgespeichert und müssen nicht bei jedem Start der Transaktion die Selektionsparameter vorgeben.

Möchten Sie nur eine einzige Umlagerungsbestellung ausliefern, gehen Sie am besten folgendermaßen vor:

1. Starten Sie die Transaktion VL10B.

2. Geben Sie die VERSANDSTELLE/ANNAHMESTELLE vor, und entfernen Sie die Regel für die Selektion nach dem Lieferdatum (Feld REGEL BER.VORS. LEDAT). Drücken Sie einmal die ⟨Enter⟩-Taste, damit die Regel übernommen werden kann.

3. Wählen Sie die Registerkarte BESTELLUNGEN. Dort geben Sie die gewünschte Bestellnummer ein (siehe Abbildung 5.38).

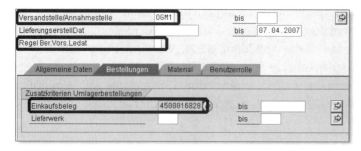

Abbildung 5.38 Selektion einer einzigen Umlagerungsbestellung

4. Drücken Sie die F8 -Taste, oder klicken Sie auf das Icon ⊕.

5. Sie erhalten nun die gewohnte Übersicht, die Sie bereits von den versand-fälligen Kundenaufträgen her kennen (siehe Abbildung 5.39).

Abbildung 5.39 Übersicht über die versandfälligen Umlagerungsbestellungen

6. An dieser Stelle können Sie nun wie bei den Kundenaufträgen Ihr eigenes Layout erstellen. Sie haben auch untereinander Zugriff auf die gleichen Layouts und können somit Layouts erstellen, die für alle Übersichten gleich sind.

7. Zum Erstellen der Lieferungen steht Ihnen hier keine Dialogverarbeitung zur Verfügung, sondern nur die Hintergrundverarbeitung. Markieren Sie deshalb die Bestellungen, die Sie beliefern wollen, und klicken Sie dann auf den Button ☐ Hintergrund (ANLEGEN LIEFERUNGEN IM HINTERGRUND).

Ab hier ist der Prozess im SAP-System der gleiche, wie ich ihn bereits bei der Bearbeitung der Kundenaufträge beschrieben habe. Aus diesem Grund gehe ich an dieser Stelle auch nicht weiter auf die einzelnen Prozessschritte ein, sondern verweise Sie dazu auf den Abschnitt 5.3.1, »Erstellung eines einzelnen Lieferbelegs«.

Selektion versandfälliger Aufträge und Bestellungen

Eine weitere Variante, um versandfällige Aufträge und Bestellungen zu selektieren und zu bearbeiten, ist die Transaktion VL10G. In dieser Transaktion werden beide Belegarten, Kundenaufträge und Umlagerungsbestellungen, zu einer Übersicht vereint. Inwieweit eine solche Gesamtübersicht (von diesem Begriff leitet sich das »G« in der Transaktion ab) für Ihre Belange im Unternehmen sinnvoll ist oder nicht, müssen Sie von Fall zu Fall selbst entscheiden. Verarbeiten Sie größere Mengen an Lieferbelegen pro Tag, kann diese Verarbeitungsform schnell unübersichtlich werden.

Starten Sie die Transaktion VL10G, oder wählen Sie die Funktion über das SAP-Menü LOGISTIK · VERTRIEB · VERSAND UND TRANSPORT · AUSLIEFERUNG · ANLEGEN · SAMMELVERARBEITUNG VERSANDFÄLLIGER BELEGE · KUNDENAUFTRÄGE U. BESTELLUNGEN. Sie erhalten das gewohnte Selektionsbild, mit dem einzigen Unterschied, dass hier die Registerkarten KUNDENAUFTRÄGE und BESTELLUNGEN nebeneinanderliegen.

Sie haben natürlich auch hier die Möglichkeit, eine Variante anzulegen und später in der Übersichtsliste ein eigenes Layout zu definieren. Alle anderen Funktionen, die ich Ihnen bereits vorgestellt habe, finden Sie auch hier.

Weitere Selektionsmöglichkeiten

Neben den vorgestellten Möglichkeiten, versandfällige Belege zu selektieren, zu markieren und Lieferbelege anzulegen, gibt es weitere Transaktionen, die sich ähneln, in der Selektion aber ein wenig unterscheiden. Ich stelle sie Ihnen hier kurz tabellarisch vor, da alle nach dem gleichen Muster aufgebaut sind.

▸ **Transaktion VL10C, versandfällige Kundenauftragsposition**
Über diese Transaktion werden Ihnen die Positionen zu den selektierten Kundenaufträgen gezeigt (siehe Abbildung 5.40). Sie haben hier sogar die Möglichkeit, direkt die Liefermenge zu ändern.

Abbildung 5.40 Übersicht über selektierte versandfällige Kundenauftragspositionen

▸ **Transaktion VL10E, versandfällige Kundenauftragseinteilungen**
Über diese Transaktion werden Ihnen die versandfälligen Einteilungen zu

den Kundenaufträgen zur Erstellung von Lieferbelegen angezeigt (siehe Abbildung 5.41). Ebenso wie bei der Transaktion VL10C haben Sie auch hier die Möglichkeit, die Liefermengen Ihren Wünschen anzupassen.

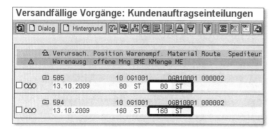

Abbildung 5.41 Übersicht über selektierte versandfällige Kundenauftragseinteilungen

▸ **Transaktionen VL10D und VL10H**
Äquivalent zur Transaktion VL10C werden Ihnen unter VL10D alle Positionen zu den versandfälligen Umlagerungsbestellungen und unter VL10H die Gesamtheit aller Positionen von versandfälligen Kundenaufträgen und Umlagerungsbestellungen angezeigt.

▸ **Transaktionen VL10F und VL10I**
Äquivalent zur Transaktion VL10E werden Ihnen unter VL10F alle Einteilungen zu den versandfälligen Umlagerungsbestellungen und unter VL10I die Gesamtheit aller Einteilungen von versandfälligen Kundenaufträgen und Umlagerungsbestellungen angezeigt.

5.3.5 Erstellung der Lieferbelege im Batch

Die dritte Variante, die ich Ihnen vorstellen möchte, ist die Erstellung der Lieferbelege im Batch-Betrieb. Der Batch-Betrieb zeichnet sich dadurch aus, dass ein Batch-Job im Hintergrund läuft und eingeplant werden kann. Sie können einen Batch-Job beispielsweise periodisch so einplanen, dass er zu bestimmten Uhrzeiten und an bestimmten Tagen automatisch startet.

Auch wenn in sehr vielen Unternehmen die Batch-Verarbeitung nicht durch die Fachabteilung selbst eingeplant wird, sondern durch die Systemverwaltung oder die IT-Abteilungen, stelle ich sie Ihnen trotzdem kurz vor. Denn verantwortlich für die richtige Selektion und Verarbeitung ist die Fachabteilung und nicht die IT-Abteilung.

Zudem werde ich nicht intensiv auf die List-Verarbeitung von Batch-Läufen eingehen. Ich setze hier voraus, dass Sie mit dem Spool des SAP-Systems ein wenig vertraut sind.

Sie starten die Selektion für die Erstellung der Lieferbelege mit der Transaktion VL10BATCH oder über das SAP-Menü unter dem Menüpfad LOGISTIK · VERTRIEB · VERSAND UND TRANSPORT · AUSLIEFERUNG · ANLEGEN · SAMMELVERARBEITUNG VERSANDFÄLLIGER BELEGE · EINPLANUNG HINTERGRUNDVERARBEITUNG. Sie erhalten nun eine Auswahl von bestehenden Varianten. Für Batch-Jobs müssen jedoch eigene Varianten angelegt werden. In meinem aktuellen Beispiel finden Sie lediglich die gerade angelegte Variante für die Bildschirmverarbeitung (siehe Abbildung 5.42).

Abbildung 5.42 Selektion der Varianten für die Batch-Verarbeitung zur Erstellung von Lieferbelegen

Ich zeige Ihnen nun erst einmal, wie Sie eine neue Batch-Variante anlegen.

1. Klicken Sie auf den Button ☐ Variante (VARIANTE ANLEGEN).

2. Sie werden in einem Popup dazu aufgefordert, einen Namen für diese Variante einzugeben. Ich wähle in meinem Beispiel »BATCH AUGSBURG«. Klicken Sie auf den Button ☐ Anlegen.

3. In einem weiteren Popup müssen Sie nun die einzelnen Registerkarten markieren, auf denen Sie Werte vorgeben möchten. Da an dieser Stelle die Registerkarten nicht mit Namen, sondern nur mit Bildnummern versehen sind, empfehle ich Ihnen hier, alle zu markieren. Wählen Sie daher den Punkt FÜR ALLE SELEKTIONSBILDER. Klicken Sie auf den Button ✔ Weiter.

4. Sie geben nun die Versandstelle ein. Die Registerkarte BENUTZERROLLE wird Ihnen ebenfalls angezeigt, Sie können sie jedoch an dieser Stelle vernachlässigen. Blättern Sie nun durch alle Bilder durch, indem Sie das Icon 🖾 für ein Bild vor oder das Icon 🖾 für ein Bild zurück wählen. In einem der letzten Bilder werden Sie aufgefordert, eine ROLLE vorzugeben (siehe Abbildung 5.43). Ich habe hier zuvor die SAP-Standardrolle »5001« nach »ZOG1« kopiert. In »ZOG1« habe ich anschließend das Feld FCODEPROFIL auf »5001« (Beliefern Versandfälligkeitsvorrat) geändert. Geben Sie »ZOG1« im Feld ROLLE ein, und drücken Sie einmal die ⎡Enter⎤-Taste, damit das System die Daten aus der Rolle »ZOG1« übernehmen kann.

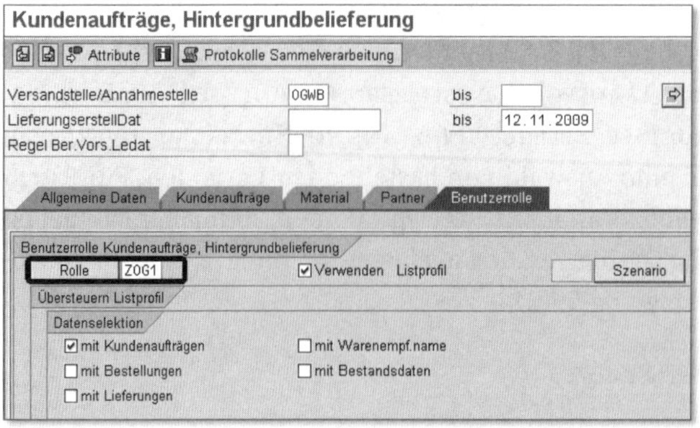

Abbildung 5.43 Zuordnung einer Rolle zur Verarbeitung im Batch-Job

5. Haben Sie alle Daten eingegeben, klicken Sie auf den Button [Attribute].

Geben Sie nun noch eine Kurzbeschreibung Ihrer Batch-Variante ein, und sichern Sie sie abschließend. Sie erhalten daraufhin einen Hinweis, dass die Variante gesichert wurde.

Nun haben Sie die Voraussetzung für das Starten eines Batch-Jobs geschaffen. Wenn Sie sich die Rollen einmal genau ansehen, werden Sie feststellen, dass viele Seiten benötigt werden, um alle Möglichkeiten zu erklären und mit Beispielen zu versehen. Nutzen Sie die Standardeinstellungen, oder kopieren Sie sie, wie ich es in meinem Beispiel vorgeschlagen habe.

Technische Informationen zum List-Profil

▸ Feldlänge: 4-stellig
▸ Menüpfad im Customizing: LOGISTICS EXECUTION • VERSAND • ARBEITSVORRÄTE • LIST-PROFIL KONFIGURIEREN
▸ Eigene Transaktion: SM30, View V_T186
▸ Tabelle: T186

---

1. Starten Sie nun die Transaktion VL10BATCH, um die Lieferbelege über einen Batch-Job im Hintergrund erstellen zu lassen.

2. Im ersten Popup werden Sie aufgefordert, die Batch-Job-Variante zu markieren und sich zu entscheiden, ob Sie den Batch-Job sofort starten oder einplanen möchten. Entscheiden Sie sich für einen Sofortstart, klicken Sie auf den Button [Sofortstart]. Soll der Job zu einem späteren Zeitpunkt automatisch gestartet oder sogar periodisch eingeplant werden, klicken Sie auf den Button [Einplanen]. Wir wählen zunächst einmal den Sofortstart.

3. Sie erhalten nun lediglich den Hinweis, dass der »Auftrag mit Variante BATCH AUGSBURG gestartet« wurde. Der Batch-Job ist damit gestartet.

4. Sehen Sie sich nun die Liste im Spool an, indem Sie die Transaktion SP01 starten. Wählen Sie Ihre Liste aus, und sehen Sie sich diese einmal genau an. Ich habe Ihnen das Bild in Abbildung 5.44 dargestellt. In diesem List-Bild ist nicht viel zu erkennen. Wäre es zu einem Fehler bei der Anlage des Lieferbelegs gekommen, fänden Sie in der Spalte FEHL einen Hinweis darauf.

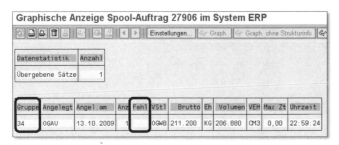

Abbildung 5.44 List-Bild über die erstellten Lieferbelege

5. Möchten Sie wissen, welche Lieferbelege angelegt worden sind, müssen Sie sich das Protokoll dazu ansehen. Starten Sie hierzu die Transaktion V_SA. Sie erhalten ein Selektionsbild wie in Abbildung 5.45. Geben Sie dort die Gruppennummer aus dem Spool-Protokoll, in diesem Fall »34«, in das Feld NUMMER DES SAMMELLAUFES ein. Starten Sie nun mit der F8-Taste oder dem Icon ⊕. Sollte Ihnen kein List-Bild aus dem Spool-Protokoll zur Verfügung stehen (weil dieses vielleicht schon gedruckt oder sogar gelöscht wurde), können Sie auch die Transaktion V_SA ohne Eingabe einer Gruppennummer starten. Es wird Ihnen in diesem Fall eine Auswahl aller vorhandenen Protokolle angezeigt, die gemäß Ihren Parametern selektiert wurden.

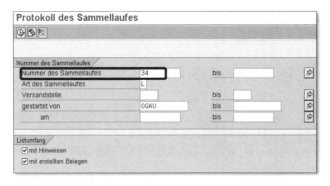

Abbildung 5.45 Selektionsbild zum Protokoll des Sammellaufs

6. Es werden Ihnen nun die Gruppe oder Gruppen, wenn Sie mehrere selektiert haben, des Sammellaufs angezeigt. Markieren Sie die gewünschte Gruppe, und klicken Sie auf den Button [Belege] (siehe Abbildung 5.46). Sie erhalten ein Popup mit der Belegnummer des Lieferbelegs. Markieren Sie nun die Lieferbelegnummer, und klicken Sie auf den Button [&#0; Beleg anz.]. Sie verzweigen damit direkt in die SAP-Standardanzeige eines Lieferbelegs. Ebenso haben Sie die Möglichkeit, sich über den Button [Belegfluß] den Belegfluss des Lieferbelegs anzusehen.

Abbildung 5.46 Protokoll der erstellten Lieferbelege (sortiert nach Gruppen)

Sie haben nun Lieferbelege im Hintergrund über einen Batch-Job erstellt, der sofort gestartet ist. Möchten Sie diesen Batch-Job zur Verarbeitung einplanen, markieren Sie im Einstiegsbild der Transaktion VL10BATCH wieder die gewünschte Batch-Variante und klicken auf den Button [Einplanen]. Sie erhalten ein Popup, in dem Sie sich entscheiden müssen, ob der Job einmalig oder periodisch eingeplant werden soll. Geben Sie noch das Datum und die Uhrzeit vor, für wann der Job einmalig eingeplant werden soll. Entscheiden Sie sich für die periodische Einplanung, müssen Sie in einem Popup die Wiederholungszeiträume einpflegen (siehe Abbildung 5.47).

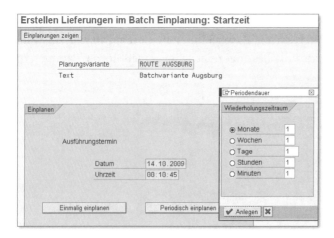

Abbildung 5.47 Auswahlmöglichkeiten, einen Batch-Job periodisch einzuplanen

Sie haben nun mit ausführlichen Ablaufbeschreibungen und anhand von Beispielen alle Möglichkeiten zur Erstellung von Lieferbelegen kennengelernt.

Um das Anlegen reibungslos im System abbilden zu können, sind jedoch einige Einstellungen und Daten nötig, die ich in den folgenden Kapiteln vorstellen werde.

5.3.6 Liefersperren

Ein häufiger Knackpunkt bei der Lieferscheinerstellung sind die Liefersperren. Wie oft schon bin ich von verzweifelten Anwendern angerufen worden, die mir mitteilten, dass sich ein Lieferbeleg nicht anlegen ließe und sie nicht wüssten, warum. Mein erster Blick in diesem Fall ist immer auf die Liefersperre.

Eine Liefersperre befindet sich entweder im Auftragskopf oder in einer einzelnen Einteilung. Mit diesem Kennzeichen kann in bestimmten Situationen verhindert werden, dass ein Lieferbeleg angelegt wird. Hierzu können mehrere Gründe vorliegen.

Liefersperre über den Kundenstamm

Möchten Sie z. B. einen bestimmten Kunden nur noch in Ausnahmefällen beliefern, können Sie im Kundenstamm ein Kennzeichen setzen, dass zumindest eine automatische Lieferbeleganlage fehlschlägt und Sie manuell die Liefersperre entfernen müssen, um diesen Kunden zu beliefern. Sie können aber auch Artikel sperren, aus welchen Gründen auch immer (z. B. Auslaufartikel oder Artikel fehlerhaft), sodass die entsprechende Liefersperre bei Auftragserfassung in die Einteilung übernommen wird.

Es gibt also prinzipiell zwei Möglichkeiten, eine Sperre zu setzen, die das Anlegen eines Lieferbelegs verhindert:

▸ Die Liefersperre auf Kopfebene (befindet sich im Kundenauftragskopf) und

▸ die Liefersperre in der Einteilung eines Kundenauftrags.

Technische Informationen zu den Liefersperren
▸ Feldlänge: 2-stellig
▸ Menüpfad im Customizing: Logistics Execution • Versand • Lieferungen • Sperrgründe im Versand definieren
▸ Programmmenü: Lieferungen: Sperrgründe/-Umfang
▸ Eigene Transaktion: SM30, View V_TVLS
▸ Tabellen: TVLS und TVLST (Bezeichnung)

Im Customizing müssen Sie die Liefersperren zunächst einmal definieren (siehe Abbildung 5.48). Im gleichen Bild geben Sie aber auch direkt das Systemverhalten einer solchen Sperre vor. Es gibt insgesamt sechs definierte Vorgänge, die das Setzen der Liefersperre beeinflussen: die Übernahme der Liefersperre aus dem Kundenstamm, das Aussetzen der Verfügbarkeitsprüfung, das Unterdrücken der Nachrichtenfindung, die Übernahme des Kundenauftrags in den Liefervorrat, das Blockieren der Kommissionierung und das Blockieren des Warenausgangs.

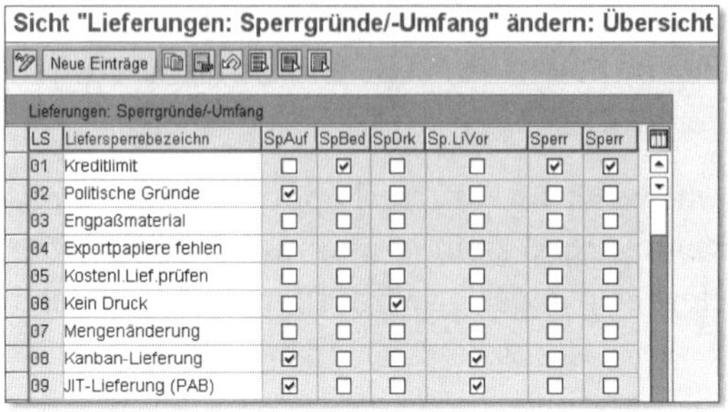

Sicht "Lieferungen: Sperrgründe/-Umfang" ändern: Übersicht

Neue Einträge

Lieferungen: Sperrgründe/-Umfang

LS	Liefersperrebezeichn	SpAuf	SpBed	SpDrk	Sp.LiVor	Sperr	Sperr
01	Kreditlimit	☐	☑	☐	☐	☑	☑
02	Politische Gründe	☑	☐	☐	☐	☐	☐
03	Engpaßmaterial	☐	☐	☐	☐	☐	☐
04	Exportpapiere fehlen	☐	☐	☐	☐	☐	☐
05	Kostenl.Lief.prüfen	☐	☐	☐	☐	☐	☐
06	Kein Druck	☐	☐	☑	☐	☐	☐
07	Mengenänderung	☐	☐	☐	☐	☐	☐
08	Kanban-Lieferung	☑	☐	☐	☑	☐	☐
09	JIT-Lieferung (PAB)	☑	☐	☐	☑	☐	☐

Abbildung 5.48 Definition der Sperrgründe und deren Systemverhalten

In der Spalte SPAUF können Sie ein Kennzeichen setzen, wenn Sie eine Liefersperre aus dem Kundenstamm in den Auftrag übernehmen möchten. Hierbei handelt es sich aber lediglich um das Sichtbarwerden der Liefersperre im Kundenauftrag (siehe Abbildung 5.49). Setzen Sie bei den Sperrgründen das Häkchen nicht und haben trotzdem im Kundenstamm eine Liefersperre definiert, erhalten Sie während der Erfassung des Kundenauftrags einen Hinweis, den Sie zwar übergehen können, das Anlegen eines Lieferbelegs aber wird Ihnen dennoch verwehrt bleiben. Im Kundenauftrag selbst bleibt das Feld LIEFERSPERRE allerdings frei.

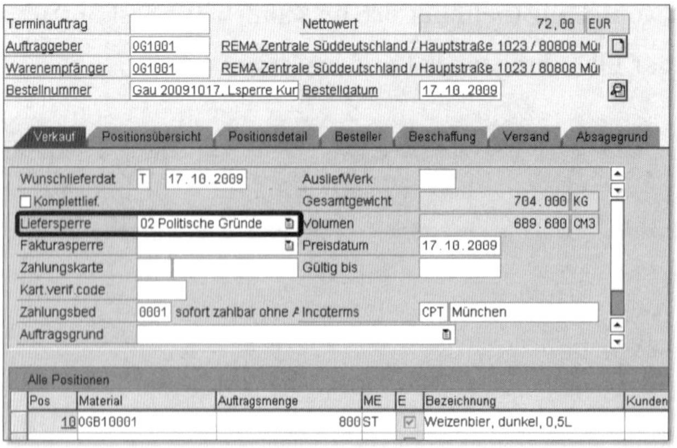

Abbildung 5.49 Liefersperre im Kundenauftrag

Im Kundenstamm selbst ist die Stelle, an der Sie die Liefersperre setzen, ein wenig versteckt. Rufen Sie die Transaktion zum Ändern des Kundenstamms auf, und folgen Sie dem Menü ZUSÄTZE • SPERRDATEN. Dort können Sie die Liefersperre auf zwei Ebenen einpflegen: entweder für sämtliche, für diesen Kunden gepflegte Verkaufsorganisationen (Liefersperre aller Vertriebsbereiche) oder nur für die ausgewählte Verkaufsorganisation (muss dem System beim Aufruf der Transaktion mitgegeben werden).

Mit dem zweiten Kennzeichen SPBED verhält es sich ähnlich wie mit der Liefersperre. Hier wird zusätzlich die Verfügbarkeitsprüfung ausgesetzt Das hat den Sinn, dass das Material in der Verfügbarkeitsprüfung weiterhin frei verfügbar bleibt und die angeforderte Menge nicht blockiert wird, solange die Liefersperre nicht geklärt ist. Setzen Sie das dritte Kennzeichen SPDRK, kann die Verarbeitung von Nachrichten unterdrückt werden. Mit Nachrichten werden auch die Drucke gesteuert, z. B. die Auftragsbestätigung. Das vierte Kennzeichen, SP.LIVOR, steuert, ob der Kundenauftrag mit einer Liefersperre in den Liefervorrat übernommen werden soll oder nicht. Mit dem Liefervorrat werden Lieferbelege im Sammelgang erstellt (siehe Abschnitt 5.3.4). Setzen Sie also dieses Kennzeichen, wenn der gesperrte Kundenauftrag im Liefervorrat nicht angezeigt werden soll.

Abbildung 5.50 Liefersperre im Lieferbeleg

Sollte es Gründe geben, den Lieferbeleg zwar zu erstellen, jedoch die Kommissionierung oder den Warenausgang zu verhindern, können Sie das über die letzten zwei Kennzeichen steuern. Hier müssen Sie jedoch den Lieferbeleg selbst sperren (also nicht über den Kundenstamm, da Sie mit der Sperre aus dem Kundenstamm die Anlage des Lieferbelegs generell verhindern). Rufen Sie hierzu den Lieferbeleg zur Änderung auf (Transaktion VL02N), und verzweigen Sie mittels der Menüleiste SPRINGEN • KOPF • VERWALTUNG. Dort finden Sie die Liefersperre (siehe Abbildung 5.50).

Um aber überhaupt Liefersperren verarbeiten zu können, ist im Customizing ein zweiter Schritt erforderlich: Sie müssen die Liefersperren generell für die gewünschten Lieferarten zulassen (siehe Abbildung 5.51). Dies geschieht über den gleichen Menüpfad, in dem Sie die Liefersperren definiert haben, Sie rufen nun aber das Programmmenü LIEFERUNGEN: SPERREN auf.

Technische Informationen zu den Liefersperren

▸ Menüpfad im Customizing: LOGISTICS EXECUTION • VERSAND • LIEFERUNGEN • SPERR-GRÜNDE IM VERSAND DEFINIEREN

▸ Programmmenü: LIEFERUNGEN: SPERREN

▸ Eigene Transaktion: SM30, View V_TVLSP

▸ Tabelle: TVLSP

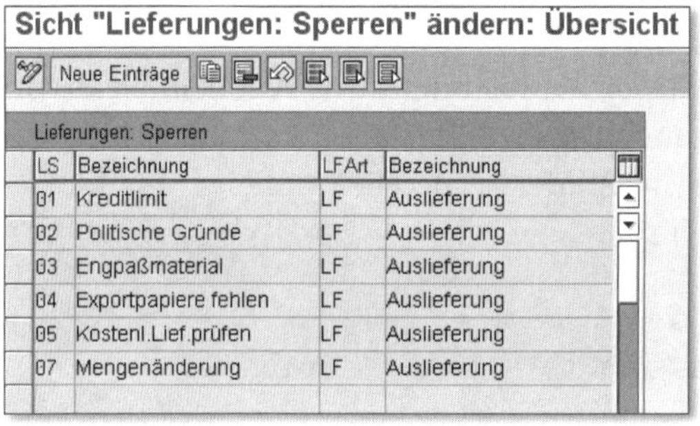

Sicht "Lieferungen: Sperren" ändern: Übersicht

Lieferungen: Sperren

LS	Bezeichnung	LFArt	Bezeichnung
01	Kreditlimit	LF	Auslieferung
02	Politische Gründe	LF	Auslieferung
03	Engpaßmaterial	LF	Auslieferung
04	Exportpapiere fehlen	LF	Auslieferung
05	Kostenl.Lief.prüfen	LF	Auslieferung
07	Mengenänderung	LF	Auslieferung

Abbildung 5.51 Zuordnung der Liefersperren zu Lieferarten

Liefersperren über den Materialstamm

Eine weitere Möglichkeit, eine Liefersperre zu erwirken, ergibt sich über den Materialstamm. Hier wird jedoch ein anderer Weg eingeschlagen, als Sie ihn bereits über den Kundenstamm kennengelernt haben. Im Materialstamm wird zunächst einmal ein Vertriebsstatus gepflegt. Über diesen Status kann entweder das Anlegen von bestimmten Vertriebsbelegen direkt verhindert werden, oder es wird eine Liefersperre erwirkt.

[+]   Sie dürfen den Begriff *Status* nicht mit dem Verarbeitungsstatus im Lieferbeleg verwechseln. Der hier beschriebene Status beschreibt den Status eines Materials, über den Sie die logistische Abwicklung steuern können (z. B. den Status *Auslaufartikel*: damit könnten Sie einen neuen Kundenauftrag verhindern, aber noch bestehende Kundenaufträge ausliefern).

Sehen wir uns zunächst den Status einmal näher an.

> **Technische Informationen zum Vertriebsstatus**
>
> ▶ Feldlänge: 2-stellig
>
> ▶ Menüpfad im Customizing: LOGISTICS ALLGEMEIN • MATERIALSTAMM • EINSTELLUNGEN ZU ZENTRALEN FELDERN • VERTRIEBSRELEVANTE DATEN • VERTRIEBSSTATUS DEFINIEREN
>
> ▶ Eigene Transaktion: SM30, View V_TVMS
>
> ▶ Tabellen: TVMS und TVMST (Bezeichnung)

Starten Sie das Customizing. Hier erhalten Sie zunächst eine Übersicht über alle bereits bestehenden Status und deren Kurzbeschreibung (siehe Abbildung 5.52).

Abbildung 5.52 Übersicht über alle bereits angelegten Vertriebsstatus

Markieren Sie nun einen Eintrag, und klicken Sie auf das Icon ▧. Sie erhalten ein neues Bild (siehe Abbildung 5.53). Hier nehmen Sie auf die Erstellung der unterschiedlichen Vertriebsbelege Einfluss.

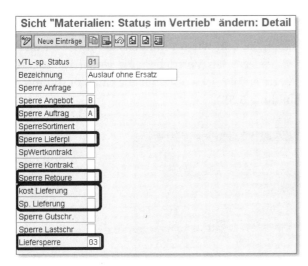

Abbildung 5.53 Sperrmöglichkeiten über den Vertriebsstatus

Es gibt zum einen die Möglichkeit, das Anlegen von bestimmten Vertriebs-belegen zu steuern. Es handelt sich hierbei um die Belege Kundenauftrag, Lieferplan, Retoure, kostenlose Lieferung und Lieferung. Möchten Sie, dass beim Anlegen eines solchen Vertriebsbelegs die Warnung ausgegeben wird, dass für dieses Material ein bestimmter Status vorliegt, pflegen Sie in das ent-sprechende Feld ein »A« ein. Möchten Sie erreichen, dass die Position mit diesem Material bzw. der Vertriebsbeleg selbst nicht angelegt werden kann, geben Sie ein »B« ein. Soll nichts dergleichen geschehen, bleibt das Feld leer.

Parallel dazu können Sie dem Vertriebsstatus eine Liefersperre zuordnen. Diese verhält sich nun genauso, als hätten Sie diese Liefersperre über den Kundenstamm eingepflegt. Jedoch wird diese Liefersperre nicht in den Kun-denauftragskopf, sondern in die Einteilung des entsprechenden Materials übernommen (siehe Abbildung 5.54).

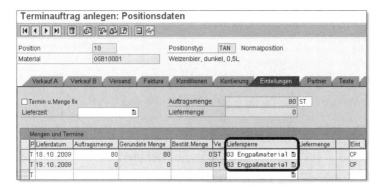

Abbildung 5.54 Liefersperre in der Einteilung eines Kundenauftrags

Im Materialstamm selbst haben Sie nun wie im Kundenstamm wieder zwei Möglichkeiten: Entweder Sie setzen den Vertriebsstatus global für alle zu dem Material gehörenden Vertriebsbereiche oder nur für einen bestimmten Vertriebsbereich (siehe Abbildung 5.55).

Abbildung 5.55 Vertriebsstatus im Materialstamm

Zusätzlich haben Sie hier aber die Möglichkeit, ein Datum einzugeben, ab wann dieser Vertriebsstatus gültig sein soll. Sehr oft wissen Sie bereits schon Wochen oder Monate vorher, wann ein Artikel ausläuft und durch einen weiteren ersetzt werden soll. So pflegen Sie bereits im Voraus den Status »Auslaufmaterial«, der aber erst in Zukunft wirkt. So können Sie das Anlegen neuer Kundenaufträge ab einem bestimmten Zeitpunkt vermeiden, bestehende Aufträge aber noch ausliefern.

Liefersperren aus sonstigen Quellen

Sie haben des Weiteren die Option, in einem Einteilungstyp direkt eine Liefersperre vorzugeben (siehe auch Abbildung 4.15). Inwieweit das in Ihrer Versandabwicklung sinnvoll ist, ist natürlich gründlich abzuwägen.

Manuell können Sie selbstverständlich zu jeder Zeit eine Liefersperre im Kundenauftrag oder im Lieferbeleg vorgeben. Diese wird im SAP-System genau so behandelt, als wäre diese Sperre aus dem Kunden- oder Materialstamm ermittelt worden. Auf dem gleichen Weg entfernen Sie die Liefersperre auch wieder, entweder aus dem Kundenauftrag, aus der Einteilung oder aus dem Lieferbeleg, wenn Sie trotz aller Blockaden die Ware ausliefern müssen. Für Ihr Unternehmen wird es für diese Aktion sicherlich organisatorische Vorgaben geben, wie mit den einzelnen Liefersperren umgegangen werden muss. Die Entscheidung, eine Sperre wegen des Überschreitens des Kreditlimits zu entfernen, kann sicherlich nicht der Versanddisponent übernehmen.

5.4 Kopiersteuerung

Während der Erstellung von Lieferbelegen werden Daten kopiert, die zuvor im Kundenauftrag oder in der Umlagerungsbestellung ermittelt wurden. Zudem sind Regeln vereinbart, welche Lieferart aus welcher Kundenauftragsart entstehen kann (z. B. darf die Erstellung der Lieferart »LF«, normale Lieferung, niemals auf einen Retourenauftrag referieren). Und zu guter Letzt muss noch festgelegt werden, wann überhaupt, getrennt nach Kopf- und Positionsebene, kopiert werden darf (z. B. wenn das Kreditlimit überzogen ist oder die Liefersperre gesetzt ist). In Abbildung 5.56 ist die Kopiersteuerung dargestellt.

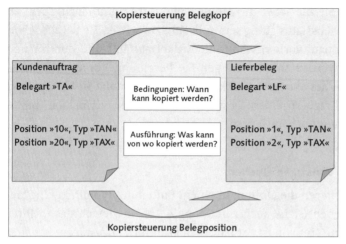

Abbildung 5.56 Kopiersteuerung für die Erstellung von Lieferbelegen

Sehen wir uns als Erstes an, was überhaupt kopiert werden darf. Hierzu gibt es im SAP-System eine Tabelle, die entweder über das Customizing oder über die Transaktion VTLA gepflegt werden kann. Um die Steuerung einzusehen oder zu pflegen, müssen Sie zunächst die Ziellieferart und die Vertriebsbelegart vorgeben. Über den Button [Positionieren...] können Sie auch nur die Ziellieferart vorgeben und die Vertriebsbelegart freilassen. Dann werden Ihnen die eingestellten möglichen Quellvertriebsbelegarten zur Ziellieferart angezeigt. Markieren Sie den gewünschten Eintrag, und klicken Sie auf das Icon [🔍]. Wie Sie in Abbildung 5.57 sehen, werden zunächst die Bedingungen zum Kopieren und die Steuerung der Datenübernahme auf Kopfebene beschrieben.

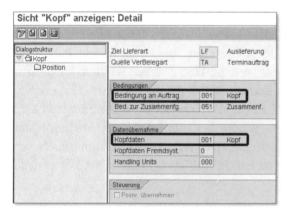

Abbildung 5.57 Kopierbedingungen auf Kopfebene zwischen Vertriebsbelegart und Lieferart

Im Feld BEDINGUNG AN AUFTRAG werden Werte eingetragen, die sich auf einen Programmnamen beziehen. Die dort eingetragene Nummer ist Bestandteil des Programmnamens, in diesem Fall LV45Cnnn. Steht hier »001«, lautet das entsprechende Programm LV45C001. In diesen Programmen wird geprüft, wann ein Auftrag beliefert werden darf. Es werden z. B. diverse Status dahingehend abgefragt, ob der Kundenauftrag ein gültiger Vertriebsbeleg ist, ob das Kreditlimit überschritten ist oder ob eine generelle Liefersperre vorliegt.

Technische Informationen zu den Kopierbedingungen

▶ Feldlänge: 3-stellig

▶ Menüpfad im Customizing: LOGISTICS EXECUTION • VERSAND • KOPIERSTEUERUNG • KOPIERBEDINGUNGEN DEFINIEREN

▶ Eigene Transaktion: VOFM, anschließend über das Programmmenü KOPIERBEDINGUNGEN • AUFTRÄGE

▶ Tabellen: TFRM und TFRMT (Bezeichnung), Gruppen »ABED« (Bedingungen), »ADAT« (Datenübernahme)

Auf das Feld BED. ZUR ZUSAMMENFG. werde ich in Abschnitt 5.9, »Lieferzusammenführung, Liefersplit«, näher eingehen.

Die Übernahme der Daten vom Kundenauftrag in die Lieferung wird im Feld KOPFDATEN festgelegt. Die Übernahme führt ein Programm aus, dessen Name von dem Wert abhängt, der in den Kopfdaten eingegeben ist. Das Programm zur Datenübernahme heißt dementsprechend FV45C001.

Abbildung 5.58 Definition der Routinen für die Datenübernahme von Aufträgen in Lieferbelege

In Abbildung 5.58 sehen Sie das Pflegebild für die Datenübernahme. Wenn Sie die **[!]** Transaktion zur Pflege dieser Tabelle oder die Funktion über den Customizing-Pfad aufrufen, müssen Sie in der obersten Programmleiste DATENÜBERNAHME bzw. KOPIERBEDINGUNGEN aufklappen. Von dort verzweigen Sie dann in AUFTRÄGE.

Möchten Sie das Coding der Datenübernahme sehen, markieren Sie die gewünschte Form-Routine und klicken dann auf das Icon ▦.

Sie haben nun die Kopierbedingungen und die Datenübernahme auf Kopfebene kennengelernt. Sehen wir uns noch einmal das Bild in Abbildung 5.57 an: Klappen Sie die Position (auf der linken Bildschirmhälfte) mit einem Doppelklick auf, und Sie erhalten alle möglichen Kopiersteuerungen für die Position, bezogen auf die Kopfdaten. Hier finden Sie die gleichen Felder mit der gleichen Bedeutung, hier allerdings auf Positionsebene (siehe Abbildung 5.59). So werden auch hier Daten abgefragt, um zu prüfen, ob die Anlage einer Position im Lieferbeleg erlaubt ist. Geprüft werden z. B. die Lieferrelevanz und das Unvollständigkeitskennzeichen. Der eingetragene Wert im Feld BEDINGUNG AN AUFTRAG ist »101«, somit heißt das Kopierprogramm, in dem diese Bedingungen abgefragt werden, LV45C101.

Abbildung 5.59 Steuerung der Datenübernahme aus dem Auftrag in den Lieferbeleg auf Positionsebene

Das gleiche Verfahren zur Datenübernahme auf Kopfebene wird auch auf Positionsebene angewendet. Das Feld POSITIONSDATEN enthält das Suffix der entsprechenden Routine. Im SAP-Standard steht dieser Wert (vom Terminauftrag zur Lieferung) auf »101«. Das entsprechende Programm hierzu lautet FV45C101.

Technische Informationen zur Datenübernahme
▸ Menüpfad im Customizing: LOGISTICS EXECUTION • VERSAND • KOPIERSTEUERUNG • KOPIERSTEUERUNG FÜR LIEFERUNGEN FESTLEGEN ▸ Eigene Transaktion: VTLA ▸ Tabelle: TVCPL

Im Normalfall reichen die Regeln im SAP-Standard aus, um die Erstellung von Lieferbelegen zu steuern. Besitzen Sie jedoch Modifikationen in den Satzbetten des Lieferbelegs oder müssen Sie bestimmte Felder aus anderen Quellen als aus dem Kundenauftrag versorgen, müssen Sie hierzu die Regel festlegen und das entsprechende Coding im Programm vornehmen. Kopieren Sie hierzu eine bestehende Bedingung oder Datenübernahme, und nummerieren Sie die neue Bedingung mit 9 beginnend neu. Schließlich entwickeln Sie den entsprechenden ABAP-Code dazu (ebenfalls durch Kopieren, Anlegen und anschließendes Modifizieren).

User Exit

Im Include-Baustein MV50AFZ1 steht Ihnen ein User Exit zur Verfügung, in dem Sie zu bestimmten Zeitpunkten eigene und SAP-Standardfelder im Lieferbeleg durch eigene Lösungen kopieren oder ermitteln können. Kopffelder werden in der Form-Routine USEREXIT_MOVE_FIELD_TO_LIKP gefüllt, Felder in der Lieferposition in der Form-Routine USEREXIT_MOVE_FIELD_TO_LIPS. Bei SAP-Standardfeldern ist jedoch Vorsicht geboten. Hängen diese Felder von weiteren Prozessen im Lieferbeleg ab (z. B. von der Lagerortfindung), muss sichergestellt sein, dass die durchgeführte Änderung oder Ermittlung des Feldes auch den Programmprozess durchläuft, der auch durchlaufen würde, wenn Sie dieses Feld manuell im Lieferbeleg eingeben würden.

Die letzte Möglichkeit der Feldermanipulation bietet sich Ihnen in den beiden Form-Routinen USEREXIT_SAVE_DOCUMENT_PREPARE und USEREXIT_SAVE_DOCUMENT. Es handelt sich hierbei um User Exits, die bereits viele Releasewechsel überlebt haben. Neueste User Exits finden Sie unter dem Business Add-In LE_SHP_DELIVERY_PROC.

5.5   Versandstelle

Die Versandstelle ist, wie Sie bereits in Abschnitt 2.1.5 erfahren haben, eine Organisationseinheit, über die das komplette Versandgeschäft abläuft. Zu diesem Versandgeschäft gehören die Erstellung von Auslieferungsbelegen, die Überwachung, die Disposition und Zusammenfassung von verschiedenen Auslieferungen zu Transporten sowie als Abschluss die ordnungsgemäße Durchführung der Warenausgangsbuchung.

Ein Auslieferungsbeleg ist genau einer Versandstelle zugeordnet. Diese Versandstelle wird bereits bei der Auftragseingabe für jede Position automatisch ermittelt. Damit ist die Grundlage geschaffen, alle zur Auslieferung anstehenden Aufträge für eine bestimmte Versandstelle zu selektieren. Hierbei ist zu beachten, dass die Versandstelle im Kundenauftrag auf Positionsebene steht, im Lieferbeleg aber auf Kopfebene. Erfassen Sie einen Kundenauftrag mit mehreren Positionen, die von unterschiedlichen Versandstellen ausgeliefert werden, erfolgt ein Split, d.h., es werden genau so viele Lieferbelege erzeugt, wie sich unterschiedliche Versandstellen im Kundenauftrag befinden.

[zB] Um die Versandstellenermittlung Schritt für Schritt zu erklären, nutze ich wieder das Beispiel aus der Getränkeindustrie (siehe Abbildung 5.60). Im Buchungskreis »OG01« (Weizen-Brauerei in München) sind zwei Werke definiert: »OGB1« (die Weizen-Brauerei selbst in München) und »OGBA« (Accessoires, Souvenirs, Bekleidung usw.). Die Weizen-Brauerei hat insgesamt zwei Lagerorte: »OGRM« (das Rohstofflager für die Produktion) und »OGVM« (das Versandlager für das gebraute Bier). Die Accessoires befinden sich im Versandlagerort »OGVA«.

Insgesamt gibt es in diesem Beispiel drei Versandstellen: In der Versandstelle »OGWB« werden die Getränke-Lkws mit Gabelstaplern beladen. Für größere Feste (z.B. Oktoberfest) wird das Bier in einem Tank (Fassungsvermögen: ca. 120.000 Liter) abgefüllt, der fest auf dem Lkw befestigt ist. Hierbei handelt es sich um eine Abfüllanlage (auch *Bier-Drive* genannt), definiert als Versandstelle »OGBD«. Alle Accessoires werden von der Versandstelle »OGAC« geliefert.

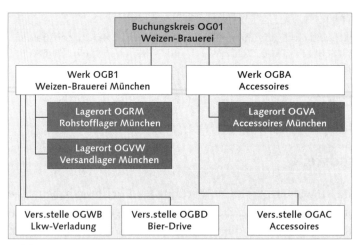

Abbildung 5.60 Beispiel für die Versandstellenfindung

Die automatische Versandstellenfindung hängt von vier Kriterien ab:

- der Versandbedingung
- der Ladegruppe
- dem Lieferwerk
- dem dazugehörigen Lagerort (jedoch mit Einschränkungen)

Abbildung 5.61 veranschaulicht noch einmal visuell die Abhängigkeiten der einzelnen Kriterien. Voraussetzung für die Versandstellenfindung ist, dass Sie die Versandstellen den Werken zugeordnet haben, die Sie hier kombinieren möchten (siehe Abschnitt 2.1.5.) In den folgenden Abschnitten stelle ich Ihnen die einzelnen Kriterien detailliert im Einzelnen vor.

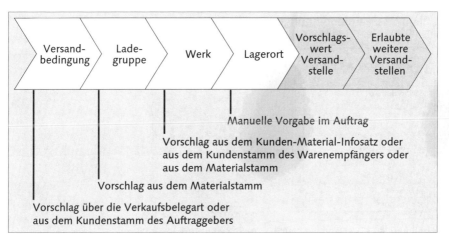

Abbildung 5.61 Automatische Versandstellenfindung

5.5.1 Versandbedingungen

Wenn Sie den Begriff *Versandbedingung* hören, denken Sie im ersten Moment an die bekannten *Incoterms* (FOB, CIF usw.). Im SAP-System haben aber die Versandbedingungen eine andere Bedeutung. SAP spricht in diesem Fall von besonderen Anforderungen, die an den Versand von Waren gestellt werden, z. B. ob die Waren mit einem Thermowagen verschickt werden müssen, da sie entweder kälte- oder wärmeempfindlich sind, oder ob die Waren schnell den Kunden erreichen müssen (Expressversand).

In Abbildung 5.62 bekommen Sie einen Überblick über die von SAP angebotenen Versandbedingungen, die Sie für Ihr Unternehmen übernehmen können. Sollten diese nicht ausreichen, haben Sie die Möglichkeit, über das Customizing Ihre eigenen Versandbedingungen zu definieren.

Die Versandbedingung selbst pflegen Sie in die Vertriebsbereichsdaten des Auftraggebers (Kundenstammdaten) auf der Registerkarte VERSAND ein. Von dort wird diese Information in die Kopfdaten des Kundenauftrags übernommen. Sie können zudem die Versandbedingung der Verkaufsbelegart zuordnen. Diese Zuordnung kann aber nur wieder über das Customizing erfolgen. Wurde die Versandbedingung an beiden Stellen eingepflegt, hat die aus der

Zuordnung zur Verkaufsbelegart die höchste Priorität. Die Vorgabe einer Versandbedingung über die Verkaufsbelegart kann z. B. dann sinnvoll sein, wenn Sie für Ihre Retourenaufträge die Rücktransporte selbst disponieren müssen. Diese könnten Sie dann über eine eigene Versandstelle wieder auffinden.

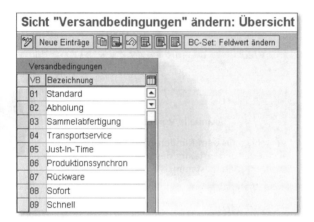

Abbildung 5.62 Versandbedingungen im SAP-Standard

Ist die Versandbedingung in Ihrem SAP-System nicht eingepflegt, kann auch keine Versandstellenfindung stattfinden. Die Versandstelle ist aber Voraussetzung für die Erstellung von Auslieferungen. Sie müssen sich in diesem Fall auf den Kompromiss einlassen, z. B. immer nur die Versandbedingung »01« zu nutzen.

Technische Informationen zur Versandbedingung

- ▸ Feldlänge: 2-stellig
- ▸ Menüpfad im Customizing: LOGISTICS EXECUTION • VERSAND • GRUNDLAGEN • VERSAND-/WARENANNAHMESTELLENFINDUNG • VERSANDBEDINGUNGEN DEFINIEREN
- ▸ Eigene Transaktion: SM30, View V_TVSB
- ▸ Tabellen: TVSB und TVSBT (Bezeichnung)

Technische Informationen zur Versandbedingung je Verkaufsbelegart

- ▸ Menüpfad im Customizing: LOGISTICS EXECUTION • VERSAND • GRUNDLAGEN • VERSAND-/WARENANNAHMESTELLENFINDUNG • VERSANDBEDINGUNG JE VERKAUFSBELEGART DEFINIEREN
- ▸ Eigene Transaktion: SM30, View V_TVAK_VB
- ▸ Tabelle: TVAK (abgespeichert im Feld VSBED)

5.5.2 Ladegruppen

Mit dem Begriff der Ladegruppe wird im SAP-System die Art und Weise bezeichnet, wie der Verladeprozess in Ihrem Unternehmen im Zusammenhang mit den Ladehilfsmitteln abzuwickeln ist. Die von SAP voreingestellten Werte veranschaulichen den Sinn dieser Information (siehe Abbildung 5.63). Über das Customizing haben Sie die Möglichkeit, weitere Ladegruppen anzulegen.

Abbildung 5.63 Ladegruppen im SAP-Standard

Auch hier gilt, wie Sie bereits bei den Versandbedingungen erfahren haben, dass ohne die Ladegruppe die Versandstellenfindung nicht stattfinden kann. Wenn Sie also dieses Feld nicht benötigen, sollten Sie sich einen der fünf voreingestellten Werte aussuchen und ihn als Standardwert verwenden.

Die Ladegruppe wird im Materialstamm auf der Registerkarte VERTRIEB: ALLG./WERK eingepflegt. Jedes Material hat also pro Werk eine bestimmte Ladegruppe. Diese Information wird aus dem Materialstamm in die Position des Kundenauftrags übernommen.

Technische Informationen zur Ladegruppe
▸ Feldlänge: 4-stellig
▸ Menüpfad im Customizing: LOGISTICS EXECUTION • VERSAND • GRUNDLAGEN • VERSAND-/WARENANNAHMESTELLENFINDUNG • LADEGRUPPEN DEFINIEREN
▸ Eigene Transaktion: SM30, View V_TLGR
▸ Tabellen: TLGR und TLGRT (Bezeichnung)

5.5.3 Lieferndes Werk, Auslieferungswerk

Da die Versandstelle direkt einem oder mehreren Werken zugeordnet ist, muss auch das Werk zur Versandstellenfindung herangezogen werden. Es handelt sich in diesem Fall um das liefernde Werk, auch Auslieferungswerk genannt. Beide Begriffe sind in der SAP-Welt zu finden. Die Definition des Werkes können Sie in Abschnitt 2.1.3 nachlesen.

Das Auslieferungswerk wird während der Erfassung der Kundenauftragspositionen ermittelt und in die Position übernommen. Sie können es an drei Stellen einpflegen:

- im Kunden-Material-Infosatz
- im Kundenstammsatz des Warenempfängers
- im Materialstammsatz

Sie haben im SAP-System die Möglichkeit, einen Kunden-Material-Infosatz anzulegen. In diesem Infosatz finden Sie Daten, die Sie spezifisch nur für diesen einen Kunden und das eine Material anlegen. In Abbildung 5.64 sehen Sie die Felder, die Ihnen zur Verfügung stehen.

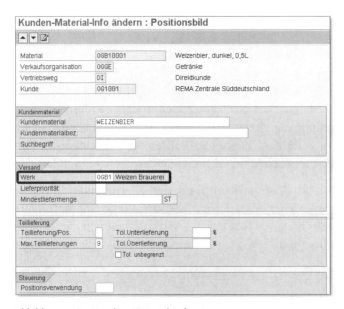

Abbildung 5.64 Kunden-Material-Infosatz

Der Kunden-Material-Infosatz wird hauptsächlich dazu genutzt, die Materialnummer des Kunden abzuspeichern, die dann in den Dokumenten (z. B. Auftragsbestätigungen, Lieferscheine, Packlisten) zusätzlich angedruckt werden kann. An dieser Stelle beschränke ich mich allerdings auf das Auslieferungswerk.

Menüpfad zur Pflege der Kunden-Material-Infosätze

LOGISTIK • VERTRIEB • STAMMDATEN • ABSPRACHEN • KUNDEN-MATERIAL-INFO. Hier haben Sie die Möglichkeit zu wählen, ob Sie den Infosatz ANLEGEN, ÄNDERN oder ANZEIGEN möchten.

Transaktionscodes Kunden-Material-Infosatz	
VD51:	Einen neuen Kunden-Material-Infosatz hinzufügen
VD52:	Einen Kunden-Material-Infosatz ändern
VD53:	Einen Kunden-Material-Infosatz anzeigen
VD54:	Kunden-Material-Infosätze über die Materialnummer suchen

Die zweite Stelle, an der Sie das Auslieferungswerk vorgeben können, ist in den Vertriebsbereichsdaten auf der Registerkarte VERSAND im Kundenstammsatz des Warenempfängers zu finden. Die dritte Stelle befindet sich im Materialstamm auf der Registerkarte VERTRIEB: VERKORG. 1.

Zur Findung des Auslieferungswerks geht das SAP-System in der dargestellten Reihenfolge vor: Ist das Auslieferungswerk im Kunden-Material-Infosatz abgespeichert, wird es in die Auftragsposition übernommen. Ist in dem Infosatz nichts abgespeichert oder existiert der Infosatz nicht, wird im Kundenstamm des Warenempfängers nachgesehen. Findet das SAP-System auch an dieser Stelle keinen Eintrag, wird das Feld aus dem Materialstammsatz gezogen. Haben Sie hier ebenfalls keinen Eintrag vorgenommen, zeigt das SAP-System eine Fehlermeldung an.

5.5.4 Lagerort

Das vierte Kriterium, das zur Versandstellenfindung herangezogen wird, ist der Lagerort. Diese Möglichkeit gibt es allerdings nicht in den früheren Releaseständen. Es gibt jedoch eine Besonderheit oder Einschränkung: Ob Sie den Lagerort zur Versandstellenfindung mit einbeziehen wollen oder nicht, müssen Sie je Lieferscheinart vorher entscheiden. Diese Entscheidung legen Sie im Customizing fest.

Technische Informationen zur Regel der Versandstellenfindung
▶ Menüpfad im Customizing: LOGISTICS EXECUTION • VERSAND • GRUNDLAGEN • VERSAND-/WARENANNAHMESTELLENFINDUNG • LAGERORTABHÄNGIGE VERSANDSTELLENFINDUNG EINSTELLEN • REGEL FÜR DIE VERSANDSTELLENFINDUNG FESTLEGEN
▶ Eigene Transaktion: OVL2
▶ Tabelle: TVLK (abgespeichert im Feld SPOFI – Blank = werksabhängige, L = lagerortabhängige Versandstellenfindung)

5.5.5 Beispiel zur Versandstellenfindung

Ich zeige Ihnen nun die Einstellungen für die Versandstellenfindung. Hierbei handelt es sich um eine rein werksabhängige Versandstellenfindung.

1. Starten Sie die Versandstellenfindung über das Customizing. Sie erhalten daraufhin das Bild, wie es in Abbildung 5.65 gezeigt wird.

Abbildung 5.65 Übersichtsbild zur Versandstellenfindung

2. Klicken Sie nun auf den Button NEUE EINTRÄGE. Sie erhalten das gleiche Bild, jedoch nur mit leeren eingabebereiten Feldern. Pflegen Sie jetzt die gewünschten Einträge ein. Drücken Sie dann die [Enter]-Taste.

3. Sie erhalten daraufhin das Bild, wie Sie es in Abbildung 5.66 sehen. Eingekreist sind noch einmal die einzelnen Werte.

Abbildung 5.66 Versandstellenfindung laut Beispiel

4. Sichern Sie diese Einstellungen.

Technische Informationen zur Versandstellenzuordnung

▸ Menüpfad im Customizing: LOGISTICS EXECUTION • VERSAND • GRUNDLAGEN • VERSAND-/WARENANNAHMESTELLENFINDUNG • VERSANDSTELLEN ZUORDNEN

▸ Eigene Transaktion: SM30, View V_TVSTZ

▸ Tabelle: TVSTZ

Möchten Sie bei bestimmten Lieferscheinarten die lagerortabhängige Versandstellenfindung einstellen, pflegen Sie die Werte über den Menüpfad LOGISTICS EXECUTION • VERSAND • GRUNDLAGEN • VERSAND-/WARENANNAHMESTELLENFINDUNG • LAGERORTABHÄNGIGE VERSANDSTELLENFINDUNG EINSTELLEN • VERSANDSTELLEN LAGERORTABHÄNGIG ZUORDNEN.

Das Bild verändert sich dahingehend, dass jetzt im Vergleich zu Abbildung 5.66 noch die Spalte LAGERORT hinzukommt.

5.5.6 Weitere erlaubte Versandstellen

Sie haben natürlich die Möglichkeit, in der Kundenauftragsposition die Versandstelle manuell abzuändern. Damit das System Ihre neue Versandstelle auf Richtigkeit überprüfen kann, müssen Sie im Customizing für die Kombination aus Versandbedingung, Ladegruppe und Auslieferungswerk jede weitere erlaubte Versandstelle einpflegen. In der Abbildung 5.66 habe ich für das Werk »OGAC« (Abwicklung der Accessoires der Weizen-Brauerei) die Versandstelle »OGWB« zusätzlich zugelassen, damit die Getränke zusammen mit den Accessoires verladen werden können.

Wenn Sie sich Abbildung 5.66 noch einmal ansehen, bedeutet das, dass die zuerst genannte Versandstelle diejenige ist, die das SAP automatisch ermittelt und vorschlägt, und alle anderen Versandstellen zwar erlaubt sind, aber manuell in die Kundenauftragsposition eingepflegt werden müssen.

5.6 Routen

Eine weitere Basis zur Selektion von anstehenden Auslieferungen sowie der Disposition von Transporten im SAP-System ist die Route. Über eine Route bestimmen Sie, auf welchem Transportweg (Strecke), mit welchem Transportmittel (z. B. Lkw, Bahn, Flugzeug, Schiff) und über welche Zwischenstationen Sie Ihre Ware transportieren. Die Route kann einen festen Abgangsort (in der Regel die Versandstelle) und einen Empfangsort (Warenempfänger, Verteilstationen, Häfen usw.) haben. Über die Route haben Sie auch die Möglichkeit, eine Transportterminierung durchzuführen, die besagt, wann der Lkw spätestens die Versandstelle verlassen muss, um rechtzeitig beim Kunden zu sein.

Zur Routenfindung werden folgende Kriterien herangezogen:

▸ das Land und die Transportzone der Versandstelle

▸ das Land und die Transportzone des Warenempfängers

▸ die Versandbedingung

▸ die Transportgruppe

▸ die Gewichtsgruppe (wenn die Routenfindung auf Lieferscheinebene erneut durchgeführt werden soll)

Zur Identifikation der Route stehen Ihnen sechs Stellen zur Verfügung. Die Route ist mit diversen Kennzeichen und Informationen versehen, die in den nachgelagerten Prozessen immer wieder benötigt werden.

Darüber hinaus können Sie eine Route in Abschnitte einteilen. Ein Abschnitt hat immer ein Start- und ein Endziel. Diese einzelnen Ziele innerhalb einer Route werden im SAP-System *Verkehrsknoten* genannt. Ein Verkehrsknoten kann eine Bahnstation, ein Hafen, ein Umschlagplatz, ein Kunde, ein Lieferant, eine andere Versandstelle oder auch ein anderes Werk sein.

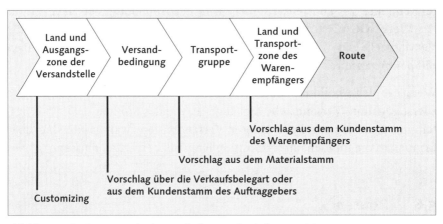

Abbildung 5.67 Automatische Routenfindung in der Auftragsposition

Die Routenfindung selbst findet zunächst auf Positionsebene des Kundenauftrags oder der Umlagerungsbestellung statt (siehe Abbildung 5.67). Bei der Erstellung der Auslieferung wird die Route in den Lieferkopf übernommen. Voraussetzung hierfür ist allerdings, dass Sie bei der Erstellung der Auslieferung keine neue Routenfindung durchführen. Sie können eine erneute Routenfindung im Customizing je Lieferart aktivieren. In diesem Fall können Sie die Routenfindung auch vom Gesamtgewicht der Lieferung abhängig machen, indem Sie zusätzliche Gewichtsgruppen definieren.

Bevor ich auf die Routendefinition eingehen werde, erläutere ich Ihnen die Routenfindung und die dazu erforderlichen Daten.

5.6.1 Transportzonen

Bevor Sie im SAP-System die Routenfindung einstellen, müssen Sie die Standorte Ihrer Kunden in Zonen (im SAP-System *Transportzonen* genannt) einteilen. Das können z. B. Tarifzonen, die Sie aus Speditionsabrechnungen kennen, oder Postleitzahlgebiete sein. Denkbar ist aber auch jede andere

Einteilung. So könnte in meinem Beispiel die Weizen-Brauerei München eine Transportzone bilden. Städte wie Augsburg, Ingolstadt, Rosenheim sowie Orte, die an diesen Strecken liegen, haben wiederum eigene Transportzonen. Plant der Disponent im Versand nun alle Auslieferungen, die z. B. in Richtung Augsburg gehen, kann er alle Kundenauftragspositionen über diese Route selektieren und bearbeiten.

Den Transportzonen wird zusätzlich das Land vorgestellt. Es ist also immer nur die Kombination aus dem Land und der zugeordneten Zone zulässig.

Technische Informationen zur Transportzone

▸ Feldlänge: 10-stellig

▸ Menüpfad im Customizing: LOGISTICS EXECUTION • VERSAND • GRUNDLAGEN • ROUTEN • ROUTENFINDUNG • TRANSPORTZONEN DEFINIEREN

▸ SAP-Standard-Menüpfad: LOGISTIK • LOGISTICS EXECUTION • STAMMDATEN • TRANSPORT • ROUTEN • ROUTENFINDUNG • TRANSPORTZONEN DEFINIEREN

▸ Eigene Transaktion: OVR1

▸ Tabellen: TZONE und TZONT (Bezeichnung)

Für mein Beispiel aus der Getränkeindustrie habe ich folgende Transportzonen definiert (siehe Abbildung 5.68): **[zB]**

▸ »OGDE000010« für München und Umgebung

▸ »OGDE000020« für Orte zwischen München und Augsburg

▸ »OGDE000030« für Orte zwischen München und Ingolstadt

▸ »OGAT000010« für Salzburg und Umgebung

▸ »OGAT000020« für Orte im restlichen Österreich

Abbildung 5.68 Definition der Transportzonen

Da die Routenfindung von der Transportzone der Versandstelle abhängt, müssen Sie Ihrer Versandstelle die richtige Transportzone zuordnen. Die Zuordnung erstellen Sie im laufenden SAP-System mit der Transaktion OVL7 oder im Customizing über den Menüpfad LOGISTICS EXECUTION • VERSAND •

GRUNDLAGEN · ROUTEN · ROUTENFINDUNG · LAND UND TRANSPORTZONE FÜR VERSANDSTELLE PFLEGEN. Mein Beispiel finden Sie in Abbildung 5.69 wieder.

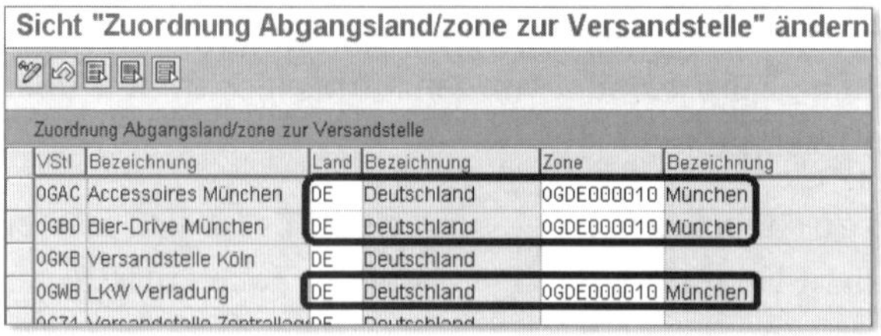

Abbildung 5.69 Zuordnung der Transportzone zur Versandstelle

5.6.2 Transportgruppe

Ein weiteres Kriterium zur Routenfindung ist die *Transportgruppe*. Alle Materialien, die hinsichtlich des Transports zum Warenempfänger dieselben Anforderungen besitzen, werden über die Transportgruppen qualifiziert. Die Transportgruppen, die von SAP in der Standardauslieferung angeboten werden, finden Sie in Abbildung 5.70.

Für mein Beispiel aus der Getränkeindustrie benötigen wir die Transportgruppen »0001« (alle im Handel erhältlichen Getränke werden auf Paletten transportiert) und »0002« (Bier-Drive, siehe hierzu auch die Beispiele in Abschnitt 5.5, »Versandstelle«).

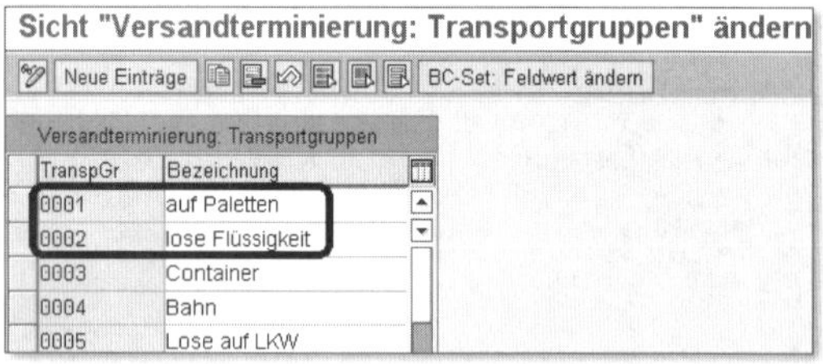

Abbildung 5.70 Transportgruppen in der SAP-Standardauslieferung

Technische Informationen zur Transportgruppe

▸ Feldlänge: 4-stellig

▸ Menüpfad im Customizing: LOGISTICS EXECUTION · VERSAND · GRUNDLAGEN · ROUTEN · ROUTENFINDUNG · TRANSPORTGRUPPE DEFINIEREN

▸ SAP-Standard-Menüpfad: LOGISTIK · LOGISTICS EXECUTION · STAMMDATEN · TRANSPORT · ROUTEN · ROUTENFINDUNG · TRANSPORTGRUPPE DEFINIEREN

▸ Eigene Transaktion: OVSY

▸ Tabellen: TTGR und TTGRT (Bezeichnung)

5.6.3 Gewichtsgruppe

Die Routenfindung wird generell bei der Erfassung des Kundenauftrags bzw. der Umlagerungsbestellung durchlaufen. Möchten Sie aber bei der Erstellung der Auslieferung eine erneute Routenfindung durchführen, wird das Gewicht der Lieferung zusätzlich berücksichtigt. Diese Option müssen Sie in der Lieferart (siehe Abbildung 5.6) im Feld ROUTENFINDUNG mit einem »A« oder »B« freischalten.

Nun müssen Sie die Gewichte in Staffeln einteilen. Jede Staffel erhält eine Nummer, die die *Gewichtsgruppe* repräsentiert. Die Staffel ist im SAP-System als Bis-Staffel angelegt. Auch dies wird für Sie deutlicher, wenn ich Ihnen die Einstellung aus der SAP-Standardauslieferung zeige (siehe Abbildung 5.71).

> Hier lauert allerdings eine kleine Falle: Das System liest zuerst die Staffel und ermittelt die Gewichtsgruppe. Mit dieser Gewichtsgruppe geht es in die Routenfindung. Wurde aber diese Gewichtsgruppe in der Routenfindung nicht angegeben, wird die Route aus dem Kundenauftrag übernommen und nicht neu ermittelt. **[!]**

Abbildung 5.71 Im SAP-Standard definierte Gewichtsgruppen

Technische Informationen zur Gewichtsgruppe

- Feldlänge: 4-stellig
- Menüpfad im Customizing: LOGISTICS EXECUTION • VERSAND • GRUNDLAGEN • ROUTEN • ROUTENFINDUNG • GEWICHTSGRUPPE DEFINIEREN
- SAP-Standard-Menüpfad: LOGISTIK • LOGISTICS EXECUTION • STAMMDATEN • TRANSPORT • ROUTEN • ROUTENFINDUNG • GEWICHTSGRUPPE DEFINIEREN
- Eigene Transaktion: OVS8
- Tabellen: TVLGZ und TVLGT (Bezeichnung)

Wenn Sie neue Gewichtsgruppen anlegen möchten, müssen Sie diese im ersten Schritt definieren. Um aber die Gewichtsgruppen des SAP-Standards nicht ändern zu müssen, sollten Sie Ihre eigenen Gruppen im Intervall zwischen »9000« und »9999« erfassen. Geben Sie dieser Gewichtsgruppe noch eine erklärende Bezeichnung, z. B. »bis 20 kg«.

Im zweiten Schritt ordnen Sie nun die Gewichtswerte dieser Gewichtsgruppe zu (wie Sie es in Abbildung 5.71 sehen).

5.6.4 Routendefinition

Bevor ich Ihnen die Routenfindung beschreibe, muss die Route selbst im System definiert werden. Versuchen Sie den Namen der Route so sprechend wie möglich zu wählen, umso einfacher fällt es dem Transportdisponenten, eine Beziehung zu der Route zu bekommen. Nach diesen Kriterien werden auch oft die Lieferbelege ausgewählt und zu einer, wie der Transportdisponent sagt, Relation zusammengestellt.

In der Route haben Sie zahlreiche Informationen, die, wenn Sie sie an dieser Stelle einpflegen, in Ihren Lieferbeleg oder später in den Transportbeleg übernommen werden. So können Sie hier u.a. die Versandart vorgeben. Später im Transportbeleg haben Sie die Möglichkeit, Abschnitte zu ermitteln, die unterschiedliche Ausprägungen besitzen können. Diese Ausprägungen sind: Vorlauf, Hauptlauf, Nachlauf, Direktlauf. Über die Route können Sie nun die einzelnen Versandarten für die einzelnen Abschnitte definieren, z. B. als Versandart »Bahn« für den Vorlauf, »Seefracht« für den Hauptlauf und »Lkw« für den Nachlauf.

Soll die definierte Route nur von einem bestimmten Spediteur gefahren werden, ordnen Sie der Route die Lieferantennummer des Transportdienstleisters zu. Dieser Spediteur wird im Transportbeleg übernommen. Sie können weiterhin die Transportdispovorlaufzeit, die Transportzeit, die reine Fahrzeit und eine Entfernung vorgeben. Auch können Sie hier bereits Routenabschnitte festlegen. Manchmal gehen Transporte auch nicht direkt zum Warenempfänger, sondern erst an eine Cross-Docking-Station. Auch diese können Sie hier als einen Verkehrsknoten vorgeben.

Auf die einzelnen Werte und Möglichkeiten werde ich in den folgenden Kapiteln noch im Einzelnen detailliert eingehen.

[zB] In meinem Beispiel aus der Münchener Brauerei hatte ich zuvor die Routen für München selbst, für Augsburg, Ingolstadt, Salzburg und den restlichen Teil von Österreich vorbereitet. Diese werden jetzt folgendermaßen definiert:

- »OGDE01« für München und Umgebung

- »OGDE02« für die Route München – Augsburg

- »OGDE03« für die Route München – Ingolstadt

- »OGAT01« für die Route München – Salzburg

- »OGAT02« für die Route München – Österreich

Zur Neuanlage bzw. Pflege von Routen führen Sie folgende Schritte aus:

1. Starten Sie zur Pflege dieser Routen die Transaktion 0VTC, oder wählen Sie im SAP-Menü den Menüpfad LOGISTIK • LOGISTICS EXECUTION • STAMM-DATEN • TRANSPORT • ROUTEN • ROUTENDEFINITION • ROUTEN UND ABSCHNITTE DEFINIEREN. Sie erhalten das Bild, wie es in Abbildung 5.72 dargestellt ist.

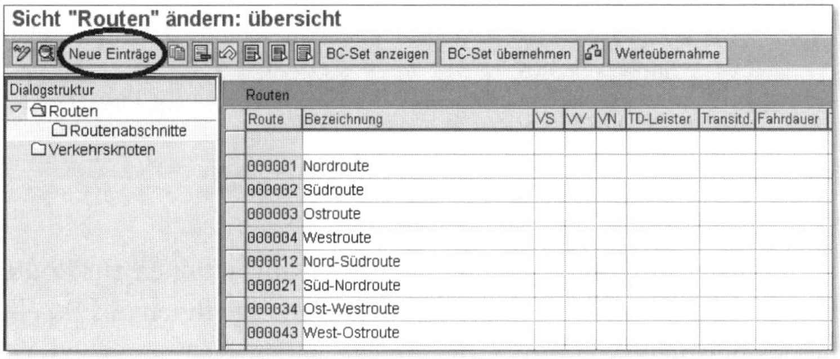

Abbildung 5.72 Pflegebild für die Route

2. Klicken Sie nun auf den Button NEUE EINTRÄGE. Pflegen Sie dort die neuen Routen ein. Das Beispiel für München und Umgebung können Sie in Abbildung 5.73 sehen.

3. Nachdem Sie für eine Route alle Daten eingepflegt haben, sichern Sie Ihre Eingaben.

Technische Informationen zur Route

- Feldlänge: 6-stellig

- Menüpfad im Customizing: LOGISTICS EXECUTION • VERSAND • GRUNDLAGEN • ROUTEN • ROUTENDEFINITION • ROUTEN UND ABSCHNITTE DEFINIEREN

- SAP-Standard-Menüpfad: LOGISTIK • LOGISTICS EXECUTION • STAMMDATEN • TRANS-PORT • ROUTEN • ROUTENDEFINITION • ROUTEN UND ABSCHNITTE DEFINIEREN

- Eigene Transaktion: 0VTC

- Tabellen: TVRO und TVROT (Bezeichnung)

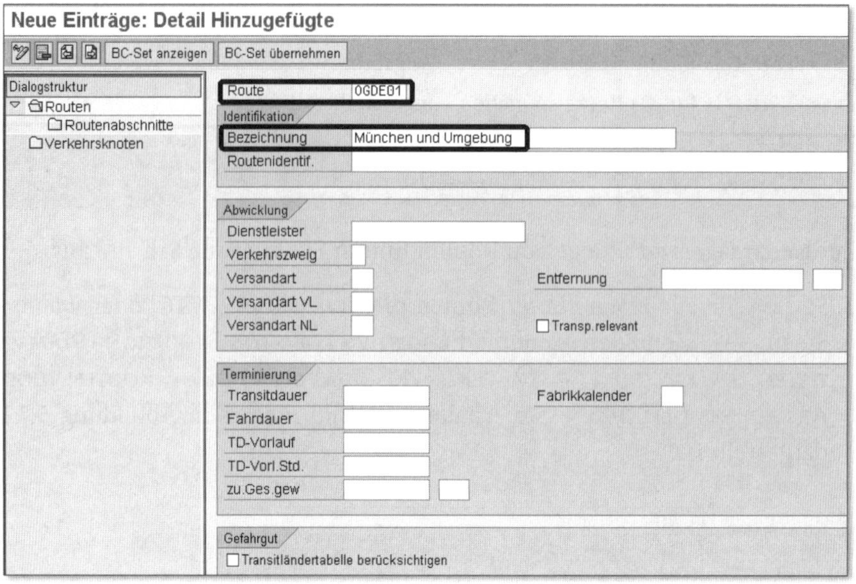

Neue Einträge: Detail Hinzugefügte

`⚙️ 🗋 🗎 🗎` BC-Set anzeigen │ BC-Set übernehmen

Dialogstruktur	Route	0GDE01
▽ 📁 Routen	*Identifikation*	
└ 📁 Routenabschnitte	Bezeichnung	München und Umgebung
└ 📁 Verkehrsknoten	Routenidentif.	

Abwicklung
Dienstleister
Verkehrszweig
Versandart   Entfernung
Versandart VL
Versandart NL   ☐ Transp.relevant

Terminierung
Transitdauer   Fabrikkalender
Fahrdauer
TD-Vorlauf
TD-Vorl.Std.
zu.Ges.gew

Gefahrgut
☐ Transitländertabelle berücksichtigen

Abbildung 5.73 Eingabebild für die Pflege der Daten einer Route

5.6.5 Routenfindung

Ich habe Ihnen jetzt alle notwendigen Schritte und Informationen zur Route beschrieben. Nun komme ich zur Routenfindung und zeige Ihnen das Ergebnis anhand eines Beispiels.

Technische Informationen zur Routenfindung

▸ Menüpfad im Customizing: LOGISTICS EXECUTION • VERSAND • GRUNDLAGEN • ROUTEN • ROUTENFINDUNG • ROUTENFINDUNG PFLEGEN

▸ SAP-Standard-Menüpfad: LOGISTIK • LOGISTICS EXECUTION • STAMMDATEN • TRANSPORT • ROUTEN • ROUTENFINDUNG • ROUTENFINDUNG PFLEGEN

▸ Eigene Transaktion: 0VRF

▸ Tabellen: TROLZ und TROIZ

Führen Sie folgende Schritte aus, wenn Sie die Routenfindung einstellen möchten:

1. Rufen Sie die Transaktion 0VRF auf, oder wählen Sie den Weg über den Menüpfad. Sie erhalten das Übersichtsbild für die bereits eingestellten Routen.

2. Wählen Sie zur Neueingabe den Button NEUE EINTRÄGE (siehe Abbildung 5.74).

Sicht "Abgangsland/-zone und Empfangsland/-zone" ändern: übersicht						

Neue Einträge ⊡⊡⬙⬙⬙⬙

Dialogstruktur	Abgangsland/-zone und Empfangsland/-zone						
▽ 🗀 Abgangsland/-zone und Empfangsland/-zone	ALnd	Bezeichnung	AZone	Bezeichnung	ELnd	Bezeichnung	EZone
🗀 Routenfindung ohne Gewichtsgruppe (Auftrag)	AT	Österreich	0000000001	Gebiet Ost	AT	Österreich	00000
🗀 Routenfindung mit Gewichtsgruppe (Lieferung)	AT	Österreich	0000000001	Gebiet Ost	AT	Österreich	00000
	AT	Österreich	0000000002	Gebiet West	AT	Österreich	00000
	AT	Österreich	0000000002	Gebiet West	AT	Österreich	00000
	AU	Australien	0000000001	Gebiet Ost	AU	Australien	00000

Abbildung 5.74 Auszug aus dem Übersichtsbild zur Routenfindung

3. Pflegen Sie das Land und die Transportzone ein, die den Ausgangspunkt Ihres Warenversands bilden. Das sind in diesem Fall das unserer Versandstelle zugeordnete Land und die zugeordnete Transportzone. Kombinieren Sie diese Ausgangskoordinaten für jede mögliche Transportzone Ihrer Warenempfänger (siehe Abbildung 5.75).

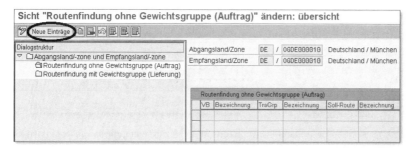

Abbildung 5.75 Eingepflegte Ausgangstransportzonen in Kombination mit allen Transportzonen Ihrer Warenempfänger

4. Markieren Sie nun nacheinander jede Zeile, und öffnen Sie auf der linken Bildschirmhälfte per Doppelklick den Ordner Routenfindung ohne Gewichtsgruppe (Auftrag) (siehe Abbildung 5.76).

Sicht "Routenfindung ohne Gewichtsgruppe (Auftrag)" ändern: übersicht				

Neue Einträge ⊡⊡⬙⬙⬙

Dialogstruktur				
▽ 🗀 Abgangsland/-zone und Empfangsland/-zone	Abgangsland/Zone	DE	/ 0GDE000010	Deutschland / München
🗀 Routenfindung ohne Gewichtsgruppe (Auftrag)	Empfangsland/Zone	DE	/ 0GDE000010	Deutschland / München
🗀 Routenfindung mit Gewichtsgruppe (Lieferung)				

	Routenfindung ohne Gewichtsgruppe (Auftrag)				
	VB	Bezeichnung	TraGrp	Bezeichnung	Soll-Route	Bezeichnung

Abbildung 5.76 Routenfindung ohne Gewichtsgruppe

5. Sie erhalten ein neues leeres Bild mit dem Hinweis »Es wurden keine Einträge gemäß Selektion gefunden« (Nachricht »SV 004«). Wählen Sie wiederum die Funktion Neue Einträge, und geben Sie nun Ihre Versandbe-

dingungen und Transportgruppen sowie die entsprechende Route ein (siehe Abbildung 5.77).

6. Sichern Sie Ihre Einträge.

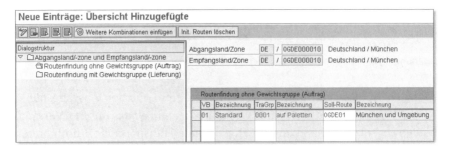

Abbildung 5.77 Beispiel zur Routenfindung für die Route München – Augsburg

[zB] Sehen wir uns nun das Ergebnis anhand eines Kundenauftrags an. Zunächst pflegen wir im Kundenstamm des entsprechenden Warenempfängers die Transportzone und die Versandbedingung ein: die Transportzone bei den allgemeinen Daten (Registerkarte ADRESSE) und die Versandbedingung bei den Vertriebsbereichsdaten (Registerkarte VERSAND). Beide Sichten sind in Abbildung 5.78 dargestellt.

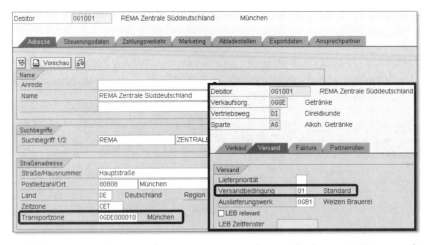

Abbildung 5.78 Kundenstammdatei Transportzone und Versandbedingung im Warenempfänger

Ich gebe nun den Kundenauftrag ein. Im Übersichtsbild (siehe Abbildung 5.79) ist bereits das Ergebnis sichtbar: Der Versandstelle »OGWB« hatten wir zuvor die Transportzone »OGDE000010« zugeordnet, dem Warenempfänger ebenfalls die Zone »OGDE000010«. Die Versandbedingung hatten wir im Kundenstamm auf »01« (Standardauslieferung) gesetzt. Die Transport-gruppe im Materialstamm steht auf »0001« (Paletten); hierzu wird keine eigene Abbildung gezeigt. Gemäß unserer Vorgabe ergibt das nun die Route »OGDE01«.

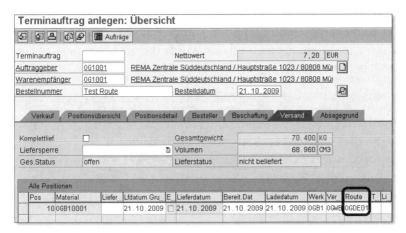

Abbildung 5.79 Beispiel der zuvor eingestellten Routenfindung für die Route München – München

Sie können in der Kundenauftragsposition die Routen jederzeit manuell ver-ändern. Im Lieferbeleg haben Sie allerdings die Möglichkeit, Ihre Änderung vom System als zulässig prüfen zu lassen. Ich komme noch einmal auf Abbil-dung 5.6 zurück. Dort können Sie, wie bereits erwähnt, je Lieferart festle-gen, wie mit einer Routenänderung umgegangen werden soll. Tragen Sie in das Feld ROUTENFINDUNG ein »A« ein, wird jede Änderung der Route im Lie-ferbeleg ohne Prüfung erlaubt. Tragen Sie jedoch in dieses Feld ein »B« ein, wird die neue Route dahingehend geprüft, ob sie erlaubt ist.

Diese Prüfung wird auch hier über eine eigene Customizing-Tabelle gesteu-ert. In dieser Tabelle tragen Sie zu jeder automatisch ermittelten Route (Spalte S-ROUTE = Soll-Route) die erlaubten Alternativrouten (Spalte I-ROUTE = Ist-Route) ein (siehe Abbildung 5.80).

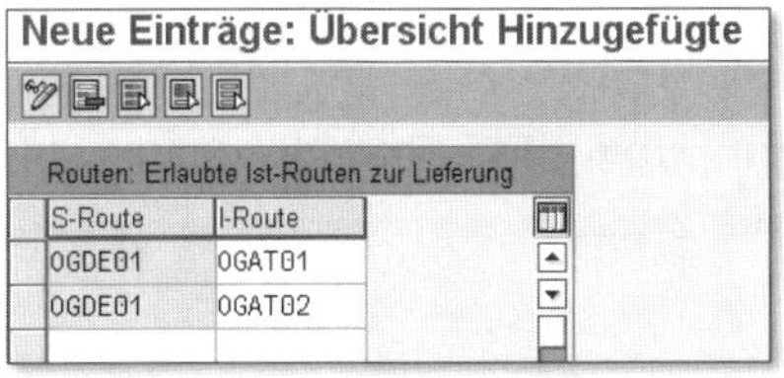

Abbildung 5.80 Erlaubte manuelle Route zur automatisch ermittelten Route

Möchten Sie mehrere Alternativrouten zulassen, tragen Sie diese untereinander ein (siehe Abbildung 5.80).

[ZB] Wurde im Lieferbeleg die Route »OGDE01« vorgeschlagen, dürfen Sie diese Route mit »OGAT01« oder »OGAT02« überschreiben. Geben Sie eine andere Route ein, erhalten Sie eine Fehlermeldung. Wurde im Lieferbeleg die Route »OGAT01« automatisch ermittelt, ist keine andere Route zulässig, da keine Alternativroute in Abbildung 5.80 erlaubt wurde (kein entsprechender Eintrag in der Tabelle vorhanden).

Technische Informationen zu den manuell erlaubten Routen

▸ Menüpfad im Customizing: Logistics Execution • Versand • Grundlagen • Routen • Routenfindung • Zulässige Ist-Route je Soll-Route definieren

▸ SAP-Standard-Menüpfad: Logistik • Logistics Execution • Stammdaten • Transport • Routen • Routenfindung • Zulässige Ist-Route je Soll-Route definieren

▸ Eigene Transaktion: OVLR

▸ Tabelle: TROAL

5.7 Warenannahmestellen

Sie werden sicherlich auch Kunden haben, die Ihnen bestimmte Anlieferzeiten nennen, zu denen die Lieferung eintreffen soll. Das können zum einen normale Öffnungszeiten, zum anderen aber auch nur bestimmte Annahmezeiten an bestimmten Wochentagen sein. Damit Sie die bestellten Materialien termingerecht beim Warenempfänger anliefern können, haben Sie die Möglichkeit, in der Kundenstammdatei Warenannahmezeiten zu hinterlegen.

Diese Warenannahmezeiten müssen Sie beim Warenempfänger einer Warenannahmestelle zuordnen, da es durchaus vorkommen kann, dass ein Warenempfänger unterschiedliche Warenannahmestellen mit unterschiedlichen Annahmezeiten besitzt (z. B. Anlieferung Tor 1 oder Tor 2). Die Zeiten sind unabhängig von der Verkaufsorganisation oder vom Buchungskreis, sie gelten also für alle Verkaufsorganisationseinheiten.

1. Rufen Sie zur Pflege der Warenannahmezeiten die Transaktion zur Kundenstammsatzpflege auf (Transaktion XD02).

2. Geben Sie die Kundennummer ein.

3. Klicken Sie auf die Registerkarte ABLADESTELLEN unter ALLGEMEINE DATEN.

4. Geben Sie unter ABLADESTELLE den Namen der Abladestelle ein, z. B. »Tor 1«, oder, falls der Kunde nur eine einzige Abladestelle hat, einen repräsentativen Dummy-Namen.

5. Ordnen Sie dieser Abladestelle einen Fabrikkalender zu, und klicken Sie auf den Button WARENANNAHMEZEITEN.

6. Geben Sie nun die Zeiten ein, zu denen Sie Ihre Waren anliefern können (siehe Abbildung 5.81).

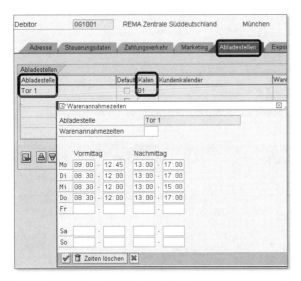

Abbildung 5.81 Übersicht über die Warenannahmezeiten für das Tor 1 beim Kunden »OG1001«

Haben Sie immer wiederkehrende gleiche Zeitschemata und wollen sich die manuelle Eingabe sparen, können Sie das entsprechende Schema im Feld WARENANNAHMEZEITEN eingeben. Drücken Sie die ⌜Enter⌝-Taste, und Sie erhalten die vorbesetzten Zeiten. Diese können Sie jetzt noch anpassen und überschreiben. Drücken Sie dann wiederum die ⌜Enter⌝-Taste, und sichern Sie den Kundenstamm.

Möchten Sie dieses Schema für die Warenannahmezeiten nutzen, starten Sie das Customizing. Geben Sie ein Schema vor, das mit 9 beginnt (z. B. »901«), und erfassen Sie die Warenannahmezeiten (siehe Abbildung 5.82).

Sichern Sie diese Zeiten. Wenn Sie nun im Kundenstamm die Warenannahmezeiten pflegen und sich dabei auf dieses Schema beziehen wollen, geben Sie im Feld WARENANNAHMEZEITEN die »901« vor, drücken einmal die ⌜Enter⌝-Taste, und das SAP-System übernimmt die vordefinierten Werte aus dem Customizing.

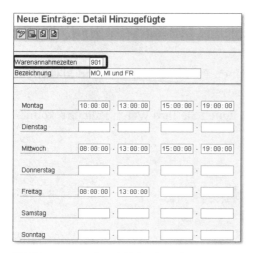

Abbildung 5.82 Pflegebild für das Schema von Warenannahmezeiten

Technische Informationen zu den Warenannahmezeiten

▶ Feldlänge: 3-stellig

▶ Menüpfad im Customizing: VERTRIEB • STAMMDATEN • GESCHÄFTSPARTNER • KUNDEN • VERSAND • WARENANNAHMEZEITEN DEFINIEREN

▶ Eigene Transaktion: OVSC

▶ Tabellen: TVWA und TVWAT (sprachenabhängige Beschreibung)

Haben Sie die Zeiten einmal im System eingepflegt und erfassen einen Kundenauftrag mit dem Wunschlieferdatum, das außerhalb der Warenannahmezeiten liegt, erhalten Sie einen Hinweis (siehe Abbildung 5.83).

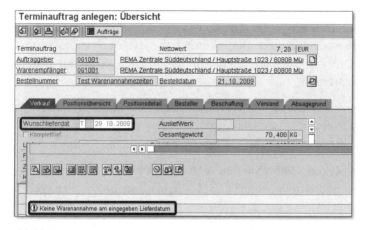

Abbildung 5.83 Warnung vom SAP-System, wenn der Liefertermin nicht mit einer gültigen Warenannahmezeit übereinstimmt

Sie müssen nun entscheiden, ob Sie den Kundenauftrag umterminieren oder trotz diesen Wertes sichern. Haben Sie einen Termin getroffen, der von den Warenannahmezeiten her passt, gibt Ihnen das System einen Hinweis über die eingepflegten Anlieferzeiten. Diese Zeiten werden anschließend in den Lieferbeleg übernommen und sind somit für Ihre Anlieferdisposition ersichtlich (siehe Abbildung 5.84). Sogar der anvisierte Liefertermin hat eine Uhrzeit erhalten (23.10.2009, 08.00 Uhr), ab der angeliefert werden kann.

Haben Sie mehrere Warenannahmestellen für Ihren Kunden definiert, z. B. zusätzlich Tor 2, fragt Sie das System während der Kundenauftragserfassung, welche Warenannahmestelle Sie wünschen. Doppelklicken Sie auf die gewünschte Stelle. Sie können sich auch eine Warenannahmestelle als eine »Default-Warenannahmestelle« aussuchen. Markieren Sie diese mit einem Häkchen im Feld DEFAULT. Erfassen Sie nun Ihren Kundenauftrag, erhalten Sie zwar wieder Ihre Auswahlmaske, aber Ihre Default-Warenannahmestelle ist jetzt farblich gekennzeichnet. In der Auswahlmaske selbst können Sie sich die Warenannahmezeiten ansehen und entsprechend entscheiden, welche Warenannahmestelle für Ihre Anlieferung am günstigsten erscheint.

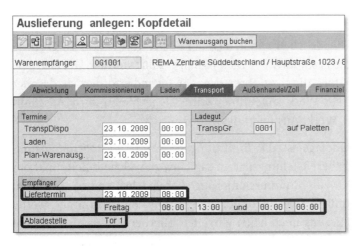

Abbildung 5.84 Anlieferzeiten im Lieferbeleg

5.8 Verfügbarkeitsprüfung

Ein Thema, das zwar direkt mit der Versand- und Transportabwicklung wenig zu tun hat, aber an dem die Erstellung der Lieferbelege sehr oft scheitert, ist die Prüfung auf die Verfügbarkeit der Materialien. Aus diesem Grund werde ich im Folgenden auf die Funktionen rund um die Verfügbarkeitsprüfung wenigstens kurz eingehen, zumindest aus Sicht der Mitarbeiter, die mit Lieferbelegen zu tun haben.

Die *Verfügbarkeitsprüfung* ist ein kompliziertes Thema, zumal es eigentlich in den Bereich der Materialdisposition und nicht zu LES gehört. Jedoch wird mit dieser Prüfung zumindest eine einzige Frage klar und deutlich beantwortet: Habe ich zum gewünschten Zeitpunkt für meinen Kundenauftrag genügend Material zur Verfügung, um liefern zu können?

Doch um diese Frage beantworten zu können, müssen erst einmal diverse Voraussetzungen und Nebenbedingungen geschaffen werden. Zunächst einmal müssen Sie entscheiden, ob Sie für Ihr Material überhaupt eine Verfügbarkeitsprüfung durchführen möchten, und wenn ja, welche. Haben Sie diese erste Frage beantwortet, müssen Sie Ihre Stammdaten und das Customizing einstellen. Die zweite Frage, die im Zusammenhang mit der Verfügbarkeitsprüfung steht, betrifft die *Bedarfsübergabe*. Ihr Kundenauftrag stellt einen Bedarf an die Materialdisposition dar. Wie soll dieser Bedarf übermittelt werden?

5.8.1 Grundlagen zur Verfügbarkeitsprüfung

In Abschnitt 2.1.3 habe ich erwähnt, dass auf Ebene des Werkes die Disposition erfolgt und die Bestände Ihrer Materialien geführt werden. Um also eine Verfügbarkeitsprüfung durchzuführen, ist es zwingend erforderlich, dass der Auftragsposition ein Werk zugeordnet wird (siehe hierzu auch Abschnitt 5.5.3, »Lieferndes Werk, Auslieferungswerk«).

Eine weitere Grundlage ist die Ermittlung des *Materialbereitstellungsdatums*. Das Materialbereitstellungsdatum sagt aus, zu welchem Zeitpunkt das bestellte Material zur Kommissionierung bereitstehen muss, um zum gewünschten Termin liefern zu können. In Abschnitt 6.1, »Termine«, werde ich auf die Terminierung noch näher eingehen. Hierbei geht das SAP-System vom Wunschlieferdatum des Kunden aus und rechnet aufgrund der Einstellungen im System (z. B. Transitzeit, Ladezeit, Kommissionierzeit) zurück zum Bereitstellungstermin. Zu diesem Zeitpunkt wird die Verfügbarkeit Ihrer Materialien geprüft. Ist die Verfügbarkeit nicht gegeben, wird ein neues Bereitstellungsdatum und über die Vorwärtsterminierung ein neues Wunschlieferdatum errechnet. Je nach Vereinbarung über Teillieferungen werden mehrere Einteilungen erstellt, sodass Sie zumindest eine Teillieferung wunschgemäß ausliefern können.

5.8.2 Arten der Verfügbarkeitsprüfung

Nun müssen Sie die Entscheidung treffen, für welches Material Sie welche Verfügbarkeitsprüfung durchführen möchten. Sie stellen die Verfügbarkeitsprüfung auf der Registerkarte VERTRIEB: ALLG./WERK im Feld VERFÜGBARKEITSPRÜF. ein (siehe Abbildung 5.85).

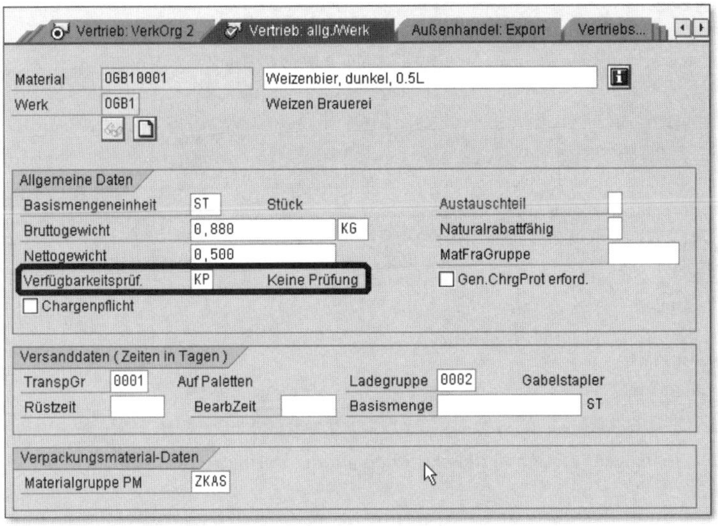

Abbildung 5.85 Festlegung der Verfügbarkeitsprüfung je Material

Möchten Sie keine Prüfung durchführen, tragen Sie »KP« in das Feld VERFÜGBARKEITSPRÜF. ein. Die Prüfung, die ich bislang am häufigsten angetroffen habe, ist die *ATP-Prüfung*. ATP steht für *Available To Promise*. Hinter diesem Kennzeichen im Materialstamm verbirgt sich ein umfangreiches Regelwerk, in dem festgelegt wird, welche Kriterien auf Ihre Verfügbarkeitsprüfung Einfluss nehmen sollen. In Abbildung 5.86 habe ich die Einflusskriterien grafisch dargestellt.

Ausgegangen wird von der aktuellen Bestandssituation Ihres Materials. Inwieweit ein Sicherheitsbestand, eventuell existierende Umlagerungsbestände sowie Ihre Qualitätsprüf- und Sperrbestände berücksichtigt werden sollen, entscheiden Sie in der Einstellung Ihrer Prüfregel. Nun werden Ihre geplanten Zugänge (Bestellanforderungen, Bestellungen, Plan- und Fertigungsaufträge) sowie Abgänge (aus Ihren Vertriebsbelegen und den bestehenden Reservierungen) zeitlich berücksichtigt. Auch für diese planbaren Zu- und Abgänge können Sie in Ihrer Prüfregel festlegen, ob sie berücksichtigt werden sollen oder nicht. Prüfregeln sind von SAP fest vorgegeben. Sie können keine eigenen Regeln anlegen. Jedoch können Sie Einfluss auf den Prüfumfang nehmen (siehe Abbildung 5.87).

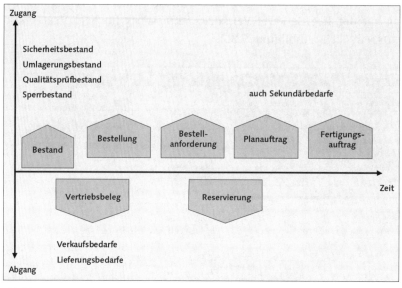

Abbildung 5.86 Abhängigkeiten und Einflusskriterien auf die Verfügbarkeitsprüfung

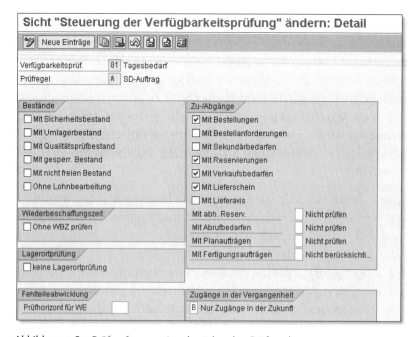

Abbildung 5.87 Prüfumfang zu einer bestehenden Prüfregel

Sollte Ihr System trotz aller weiteren geplanten Zu- und Abgänge für Ihr Material zu keiner Zeit die Verfügbarkeit errechnen, wird im nächsten Dispositionslauf eine weitere Bestellanforderung oder ein Planauftrag erstellt, um Ihren Kundenauftrag zu beliefern. Aufgrund einer eventuellen Kapazitätsprüfung in Ihrer Produktion und der im Materialstamm eingestellten Wiederbeschaffungszeiten kann vom SAP-System errechnet werden, wann das Material wieder verfügbar sein könnte. Die Wiederbeschaffungszeit errechnet sich bei Fertigungsmaterialien aus der Eigenfertigungszeit und der Wareneingangsbearbeitungszeit. Alternativ hierzu kann auch eine Gesamtwiederbeschaffungszeit vereinbart werden. Bei Handelsmaterialien wird die Wiederbeschaffungszeit aus der Bearbeitungszeit des Einkaufs, der Planlieferzeit und der Wareneingangsbearbeitungszeit errechnet. Aufgrund des nun errechneten Datums kann wiederum auf das gewünschte Bereitstellungsdatum für Ihr Material zurückgerechnet und ein wieder vorwärts errechnetes Wunschlieferdatum vorgeschlagen werden.

Der Kundeneinzelbestand hat keinen Einfluss auf die Verfügbarkeitsprüfung. Hierbei handelt es sich um einen Bestand, der nur für einen bestimmten Kundenauftrag reserviert ist. Er ist als Sonderbestand im SAP-System entsprechend gekennzeichnet. Kein anderer Kundenauftrag kann auf diesen Bestand zugreifen. Kundeneinzelbestände haben keinen Einfluss auf die Verfügbarkeitsprüfung. Ihre Bestellung oder Ihr Fertigungsauftrag ist ebenfalls als Kundeneinzelbestellung oder -fertigung gekennzeichnet. In Ihrem Kundenauftrag muss ebenfalls die Position gekennzeichnet sein, sodass das SAP-System erkennen kann, dass es sich um einen Auftrag mit Kundeneinzelbeständen handelt.

5.8.3 Zeitpunkt der Verfügbarkeitsprüfung

Die Verfügbarkeitsprüfung kann zu mehreren Zeitpunkten durchgeführt werden. Von der Vertriebsbelegkette aus gesehen können Sie die erste Prüfung im Kundenauftrag vornehmen. Zum Einteilungstyp (siehe Abschnitt 4.1, »Kundenaufträge«) haben Sie ein Kennzeichen, das Sie setzen können, wenn Sie hier bereits eine Verfügbarkeitsprüfung vornehmen möchten.

Der nächste Zeitpunkt ist der, der während der Lieferbelegerstellung besteht. Zum Lieferpositionstyp können Sie eine Checkbox setzen, wenn Sie keine Verfügbarkeitsprüfung durchführen möchten (Checkbox VERFP.AUS., siehe Abbildung 5.10).

Es gibt unter bestimmten Umständen sogar noch einen dritten Zeitpunkt, zu dem eine Verfügbarkeitsprüfung durchgeführt wird. Führen Sie chargenpflichtiges Material und geben die Chargennummer über die Kommissionierung in WM ein, kann zur Quittierung des Transportauftrags eine Verfügbarkeitsprüfung durchgeführt werden. Hierbei handelt es sich jedoch nicht mehr um eine sogenannte *ATP-Prüfung*, sondern hier wird festgestellt, ob zum aktuellen Zeitpunkt der Quittierung der Bestand auf Werksebene gegeben ist. Dabei ist zu berücksichtigen, dass unter Umständen in dem Lagertyp, aus dem kommissioniert wird, ein negativer Bestand erlaubt ist.

Die letzte Prüfung läuft letztendlich zum Zeitpunkt der Warenausgangsbuchung ab. Auch hier wird jedoch nur noch gegen den aktuellen Bestand auf Werksebene geprüft. Eine zeitliche Verfügbarkeitsprüfung in Abhängigkeit des Bereitstellungsdatums findet nicht statt, da die Warenausgangsbuchung zum aktuellen Zeitpunkt stattfindet, auch wenn Sie das Durchführungsdatum zur Warenausgangsbuchung in der Transaktion vorgeben können.

5.8.4 Bedarfsübergabe

Ein weiterer Punkt im Rahmen der Verfügbarkeitsprüfung ist die *Bedarfsübergabe*. Jede Position aus Ihrem Kundenauftrag bzw. dem Lieferbeleg stellt einen Bedarf an Ihrem Material dar. Letztendlich reduziert Ihr Bedarf den Bestand Ihres Materials, und zwar zumindest einmal den verfügbaren Bestand zum Zeitpunkt des Materialbereitstellungsdatums. Der »echte« Lagerbestand wird erst zur Warenausgangsbuchung reduziert.

Prinzipiell gibt es zwei Möglichkeiten, Bedarfe an die Disposition Ihrer Materialien zu übergeben: Entweder Sie übergeben jeden einzelnen Kundenauftrag, der bei Lieferung vom Lieferbeleg abgelöst wird, oder Sie sammeln alle Bedarfe kumuliert zu einer von Ihnen festzulegenden Zeitspanne. So könnten Sie z. B. wochenweise Ihre Bedarfe sammeln. Diese Bedarfe würden in der Bedarfsübersicht auch nur als eine Wochensumme erscheinen.

Sie können sich die komplette Bedarfsübersicht im SAP-System mit der Transaktion MD04 ansehen. In dieser Übersicht können Sie ebenfalls offene Bestellanforderungen bzw. Bestellungen oder bei Eigenfertigung Ihre Plan- und Fertigungsaufträge sehen. Das hängt natürlich auch davon ab, wie Sie Ihr System, auch in Bezug auf die Bedarfsübergabe, aus dem Einkauf und der Produktion eingestellt haben. Die Übersicht finden Sie in Abbildung 5.88.

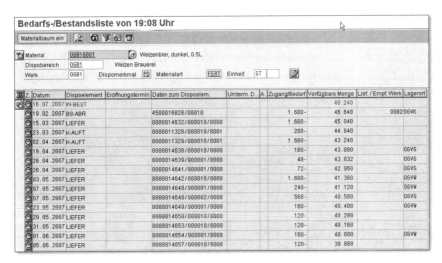

Abbildung 5.88 Bedarfs- und Bestandsübersicht (Transaktion MD04)

5.8.5 Fallbeispiele zur ATP-Verfügbarkeitsprüfung

Damit Sie den Ablauf der ATP-Verfügbarkeitsprüfung besser nachvollziehen können, zeige ich Ihnen vier Fallbeispiele aus den SAP-Schulungsunterlagen. Ich gehe von folgender Ausgangssituation aus (siehe Abbildung 5.89).

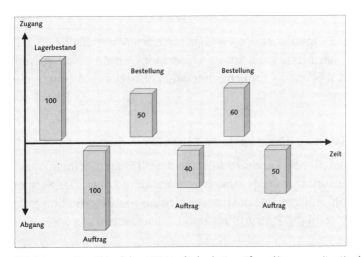

Abbildung 5.89 Ablauf der ATP-Verfügbarkeitsprüfung (Ausgangssituation)

Ich habe einen Bestand von 100 ME (Mengeneinheiten) sowie zwei offene Bestellungen, die erste über 50 ME und die zweite über 60 ME. Außerdem existieren drei Kundenaufträge im SAP-System: über 100 ME, über 40 ME und über 50 ME.

Beispiel 1: Material ist zum gewünschten Termin verfügbar

Im ersten Fallbeispiel bestellt Ihr Kunde 10 ME. Sie erfassen diesen Kundenauftrag mit dem entsprechenden Lieferdatum. Das System errechnet nun aufgrund Ihrer Einstellungen das Bereitstellungsdatum (Rückwärtsterminierung, siehe Abbildung 5.90) und führt zu diesem Zeitpunkt die Verfügbarkeitsprüfung durch.

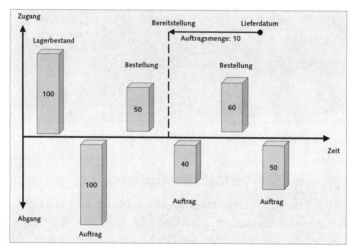

Abbildung 5.90 Fallbeispiel 1 zur Demonstration der ATP-Prüfung

Zum gewünschten Zeitpunkt ist die Verfügbarkeit des Materials für 10 ME gegeben. Der Kundenauftrag kann zum gewünschten Termin bestätigt werden, der Bedarf wird ebenfalls zum errechneten Bereitstellungsdatum in die Disposition gegeben.

Beispiel 2: Material ist zu einem späteren Zeitpunkt verfügbar

Im Fallbeispiel 2 bestellt Ihr Kunde 20 ME zu einem früheren Zeitpunkt. Sie geben den Kundenauftrag zum gewünschten Lieferdatum ein. Das System errechnet wiederum mit der Rückwärtsterminierung das Bereitstellungsdatum und führt die Verfügbarkeitsprüfung durch (siehe Abbildung 5.91).

Jedoch sind zum gewünschten Zeitpunkt die 20 ME nicht verfügbar, da Ihr Kunde eine Komplettlieferung verlangt. Nun wird der nächstmögliche Bereitstellungstermin ermittelt. Daraus ergibt sich ein neuer Liefertermin (Vorwärtsterminierung), den Sie bestätigen müssen. Es handelt sich hierbei um das Bestätigungsdatum bzw. das neue Lieferdatum, das Sie Ihrem Kunden in der Auftragsbestätigung mitteilen (siehe Abbildung 5.92).

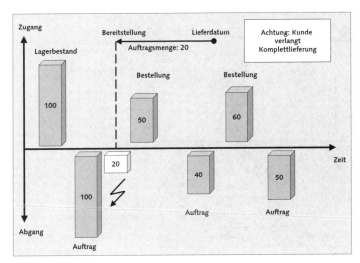

Abbildung 5.91 Fallbeispiel 2 zur Demonstration der ATP-Prüfung

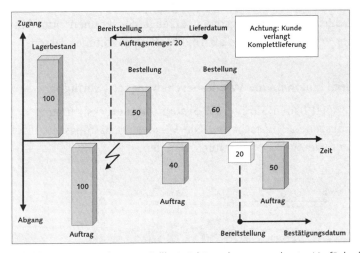

Abbildung 5.92 Ergebnis aus Fallbeispiel 2 nach neu errechneter Verfügbarkeit

Beispiel 3: Material ist später komplett lieferbar, Teillieferung vorab

Im Fallbeispiel 3 bestellt Ihr Kunde ebenfalls 20 ME, jedoch wünscht er schnellstmögliche Lieferung – Teillieferungen sind in diesem Fall erlaubt. Sie geben Ihren Kundenauftrag ein. Da es sich um die gleiche Ausgangssituation wie im Fallbeispiel 2 handelt, ist die Verfügbarkeit nicht zum gewünschten Termin gegeben. Das System errechnet nun die beste Möglichkeit in Abhängigkeit vom Teillieferungskennzeichen und der frühestmöglich verfügbaren Menge. Das Ergebnis ist in Abbildung 5.93 dokumentiert.

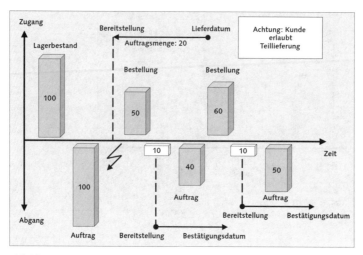

Abbildung 5.93 Ergebnis aus Fallbeispiel 3 nach neu errechneter Verfügbarkeit mit Teillieferung

Es werden zwei Einteilungen im Kundenauftrag mit jeweils zwei neu errechneten unterschiedlichen Bestätigungsdaten erzeugt. Sie können nun dem Kunden die früher verfügbare Menge als Teillieferung zukommen lassen.

Beispiel 4: Material innerhalb der Wiederbeschaffungszeit verfügbar

Im letzten Fallbeispiel haben Sie im SAP-System die Berücksichtigung der Wiederbeschaffungszeiten eingeschaltet. Die Wiederbeschaffungszeit Ihrer Materialien können Sie im Materialstamm einstellen.

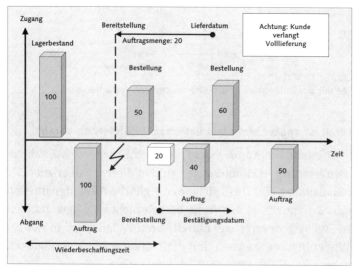

Abbildung 5.94 Fallbeispiel 4 unter Berücksichtigung der Wiederbeschaffungszeit

Sie hängt von verschiedenen Faktoren ab (siehe Abschnitt 5.8.2, »Arten der Verfügbarkeitsprüfung«). In Abbildung 5.94 habe ich das Ergebnis der Verfügbarkeitsprüfung unter Berücksichtigung der Wiederbeschaffungszeit dargestellt.

Die Verfügbarkeitsprüfung wird nun innerhalb der Wiederbeschaffungszeit durchgeführt. Innerhalb dieser Zeit haben Sie einen Bestand inklusive des Zugangs von insgesamt 150 ME. Dem steht lediglich ein Kundenauftrag mit 100 ME gegenüber. Innerhalb der Wiederbeschaffungszeit haben Sie also noch 50 ME verfügbar, da Sie zum Zeitpunkt des Wiederbeschaffungstermins bereits wieder neues Material zur Verfügung haben könnten (nachdem für das Material eine neue Disposition gelaufen ist).

5.9 Lieferzusammenführung, Liefersplit

Dieses umfangreiche Kapitel möchte ich mit einem kurzen sowie leicht verständlichen Abschnitt abschließen. Im Rahmen der Lieferbelegerstellung haben Sie es häufiger mit der Lieferbelegzusammenführung und dem Liefersplit zu tun. Beide Themen sind zwar unterschiedlich, hängen aber doch in gewisser Weise zusammen. Unter *Lieferzusammenführung* (wird im SAP-System auch *Auftragszusammenführung* genannt) versteht SAP die Zusammenfassung mehrerer Kundenaufträge oder Umlagerungsbestellungen zu einem Lieferbeleg. Die Umkehrung der Lieferzusammenführung ist der Liefersplit, der bewusst genutzt wird, um einen Kundenauftrag oder eine Umlagerungsbestellung auf mehrere Lieferbelege aufzuteilen. Wenn ich in den folgenden Abschnitten immer nur Kundenaufträge erwähne, sind damit auch Umlagerungsbestellungen gemeint.

5.9.1 Lieferzusammenführung

Unter der *Lieferzusammenführung* oder *Auftragszusammenführung* wird zunächst einmal verstanden, dass mehrere Kundenaufträge oder Umlagerungsbestellungen zu einem Lieferbeleg zusammengefasst werden. Grundsätzlich ist die Zusammenführung nur erlaubt, wenn bestimmte Kriterien zwischen den einzelnen Kundenaufträgen übereinstimmen, z. B. gleicher Warenempfänger, gleiche Route oder gleiche Versandstelle.

Diese Informationen befinden sich sehr oft auf Positionsebene eines Kundenauftrags und werden bei der Lieferbelegerstellung in den Lieferkopf übernommen. Daher ist es logisch, dass Kundenaufträge, die sich in dieser Hinsicht unterscheiden, nicht zusammengefasst werden können.

[zB] Ich habe zwei Kundenaufträge erfasst – gleiches Material, gleicher Kunde, gleicher Warenempfänger, gleiches Auslieferungswerk –, jedoch mit zwei unterschiedlichen Versandstellen. Ich erstelle den Lieferbeleg für den ersten Kundenauftrag und beliefere nun im gleichen Lieferbeleg den zweiten Kundenauftrag. Ich bekomme nun den Hinweis, ins Protokoll zu sehen. Ich wähle das Protokoll und erhalte den entsprechenden Fehlerhinweis (siehe Abbildung 5.95).

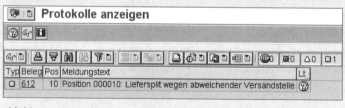

Abbildung 5.95 Fehlerprotokoll zur Lieferbelegzusammenführung

Die Fehlermeldung besagt, dass das System den Kundenauftrag »612« nicht beliefern kann und wegen der abweichenden Versandstelle einen Liefersplit vorschlägt. Eine Auftragszusammenführung zu einem Lieferbeleg ist hier nicht möglich.

Lassen Sie Ihre Lieferbelege im Hintergrund oder über einen Batch-Job erstellen, werden Ihnen diese Hinweise natürlich nicht angezeigt. Das System erstellt in einem solchen Fall direkt zwei Lieferbelege. Sie müssen sich zunächst einmal mit der Tatsache abfinden, dass das System Ihnen Lieferbelege erstellt und die Zusammenführung, zumindest nach Ihren Vorstellungen, nicht durchgeführt hat. Sind Sie der Meinung, dass bestimmte Kundenaufträge hätten zusammengefasst werden müssen, bleibt Ihnen kein anderer Weg, als die beiden Lieferbelege manuell zusammenzufassen (Lieferbeleg 2 löschen und den Kundenauftrag 2 mit Lieferbeleg 1 nachträglich beliefern). Hierdurch erhalten Sie auch das gewünschte Protokoll.

Den einzigen direkten Einfluss auf die Zusammenführung von Kundenaufträgen zu einem Lieferbeleg haben Sie in der Kundenstammdatei des Warenempfängers. Unter VERTRIEBSBEREICHSDATEN sehen Sie auf der Registerkarte VERSAND die Checkbox AUFTRZUSAMMENFÜHRUNG. Ist diese Checkbox gesetzt, ist die Zusammenführung von mehreren Kundenaufträgen für diesen Warenempfänger zu einem Lieferbeleg erlaubt (siehe Abbildung 5.96).

Sie haben ansonsten keine weiteren Möglichkeiten über das Customizing einzugreifen, wann und wie eine Zusammenführung von mehreren Kundenaufträgen zu einem Lieferbeleg erfolgen soll. Die einzige verbleibende Möglichkeit ist, eigene Zusammenführungskriterien festzulegen. Hierbei sollten

Sie aber beachten, dass Sie unsinnige Zusammenführungen nicht zulassen (wie z. B. in meinem Beispiel zwei Kundenaufträge mit unterschiedlichen Versandstellen in einen Lieferbeleg zu kombinieren). Ich komme zu diesem Zweck noch einmal auf die Kopiersteuerung zurück (siehe Abschnitt 5.4, Abbildung 5.57 und Abbildung 5.59).

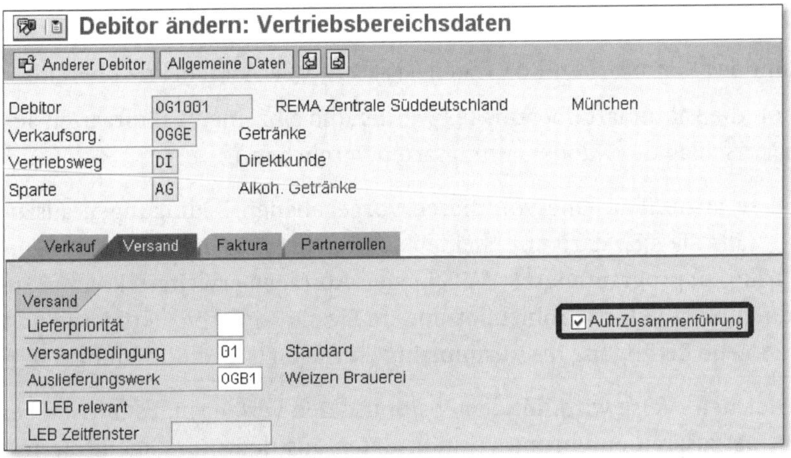

Abbildung 5.96 Kennzeichen zur Auftragszusammenführung zu einem Lieferbeleg je Warenempfänger

Auf Ebene des Lieferscheinkopfes gibt es das Feld BED. ZUR ZUSAMMENFG. In diesem Feld ist im SAP-Standard die »051« voreingestellt. Gehen Sie mit dem Cursor auf das Feld, und lassen Sie sich in einem Popup alle möglichen Einträge, die Sie hier tätigen können, anzeigen (siehe Abbildung 5.97). Markieren Sie die »051«, und klicken Sie auf das Icon 📋. Sie erhalten nun das Coding dieser Bedingung.

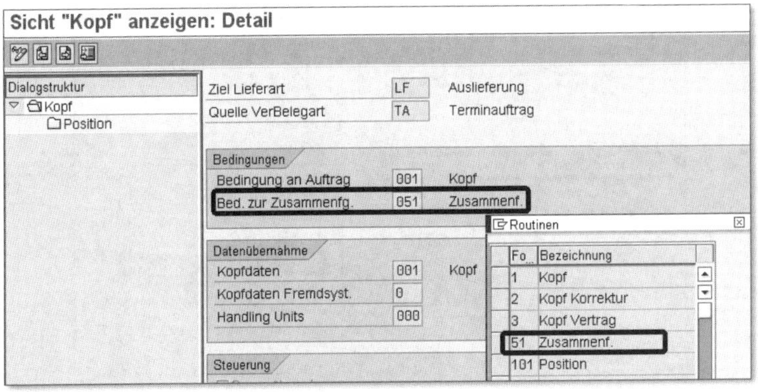

Abbildung 5.97 Bedingungen zur Lieferzusammenführung

Da sich das Coding mehr an Programmierer richtet, gehe ich an dieser Stelle nicht weiter darauf ein. In dieser Bedingung werden folgende Daten abgefragt:

- Ist die Auftragszusammenführung überhaupt aktiviert?
- Passt die Lieferart? Es wird die Lieferart des bestehenden Lieferbelegs mit dem Vorschlag aus der Kundenauftragsart verglichen.
- Passt die Verkaufsorganisation?
- Stimmt das Kennzeichen KOMPLETTLIEFERUNG VORGESCHRIEBEN überein?
- Stimmt die Fakturaart überein? (Es werden die einzelnen Fakturaarten aus dem Vorschlag der Kundenauftragsarten verglichen.)

Es ist nicht anzuraten, eine von diesen vorgegebenen Bedingungen auszuschalten, falls Sie sich dazu entscheiden sollten, eine eigene Auftragszusammenführung zu programmieren. Mit eigenen Abfragen erweitern können Sie die Bedingungen jedoch problemlos, indem Sie sie kopieren, aktivieren und die somit neue Bedingung ins Customizing eintragen (siehe Abbildung 5.97).

In der gleichen Weise wird mit den Positionsdaten verfahren. Es müssen bei der Auftragszusammenführung Positionsdaten aus dem Kundenauftrag mit den Kopfdaten aus dem Lieferbeleg verglichen werden. Zum Beispiel steht die Versandstelle in der Position des Kundenauftrags, aber später im Kopf des Lieferbelegs. Im SAP-Standard ist hier die Bedingung »101« eingetragen. Sie gelangen dorthin, indem Sie in der linken Bildschirmhälfte den Ordner POSITION öffnen. Dort suchen Sie sich den entsprechenden Positionstyp aus (in meinem Beispiel ist das der Positionstyp »TAN«, siehe Abbildung 5.98).

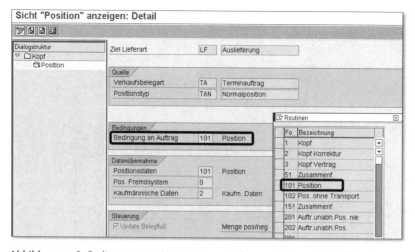

Abbildung 5.98 Bedingung zum Kopieren von Auftragspositionen je Positionstyp

Auch hier kommen Sie an das Coding heran, und zwar in der gleichen Art und Weise, wie ich es zuvor für die Kopfdaten beschrieben habe. Hier folgen einige Prüfungsfragen, die in der SAP-Standardbedingung beantwortet werden müssen:

- Sind die neu zu übernehmenden Positionen überhaupt lieferrelevant (wird im Auftragspositionstyp festgelegt)?
- Ist der Lieferbeleg »unvollständig« (siehe Abschnitt 6.2, »Unvollständigkeitsprüfung«)?
- Ist die Position bereits voll ausgeliefert?
- Ist die Position abgesagt?
- Stimmt die Versandstelle überein? (Die Versandstelle steht im Kundenauftrag in der Position.)
- Liegt eine Kreditsperre vor?
- Im Falle von Exportvorgängen: Sind die Exportdaten stimmig?

Auch hier können Sie weitere eigene Prüfroutinen einbauen, indem Sie die bestehende Bedingung kopieren und erweitern.

5.9.2 Liefersplit

Ein *Liefersplit* bedeutet, einen Kundenauftrag in mehrere Lieferbelege aufzuteilen. Hier geht es also um einen Kundenauftrag, während es sich bei der Auftragszusammenführung um mehrere Kundenaufträge handelt. Das SAP-System führt automatisch einen Split durch, wenn sich auf Positionsebene im Kundenauftrag Felder befinden, die in den Lieferkopf übernommen werden und zwischen den einzelnen Auftragspositionen unterschiedliche Werte annehmen.

> Ich habe einen Kundenauftrag mit zwei Positionen erfasst. Beide Positionen werden jeweils von einer unterschiedlichen Versandstelle geliefert. Ich erstelle nun einen Lieferbeleg. Hierzu muss ich die Versandstelle vorgeben. Ich gebe die aus der ersten Position vor. Das System schlägt mir nun eine Lieferposition vor und gibt mir den Hinweis, dass wegen einer abweichenden Versandstelle für die zweite Position ein zweiter Lieferbeleg erstellt werden muss. **[zB]**

Beim Liefersplit gibt es zwei Besonderheiten, auf die Sie über das Customizing Einfluss nehmen können: unterschiedliche WM-Lagernummern und unterschiedliche Spediteure auf Auftragspositionsebene. Hierfür stehen Ihnen je Lieferart zwei Checkboxen zur Verfügung (siehe Abbildung 5.99).

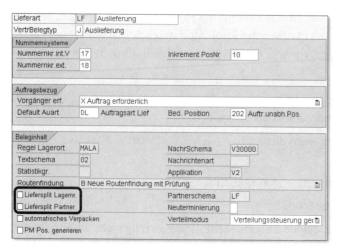

Abbildung 5.99 Liefersplitkriterien je Lieferart

Mit der Checkbox LIEFERSPLIT PARTNER legen Sie fest, ob ein Liefersplit erfolgen soll, wenn in einer Position im Kundenauftrag eine Partnerrolle existiert, die in den anderen Positionen nicht vorkommt. Setzen Sie das Kennzeichen nicht, wird die einzelne zusätzliche Partnerrolle im Lieferkopf übernommen und ist daher für alle Positionen gültig. Möchten Sie dieses Systemverhalten jedoch ausschließen, müssen Sie das Häkchen in diese Checkbox setzen. Ausgenommen hiervon ist jedoch der Spediteur als Partnerrolle in der einzelnen Position. Passen die eventuell eingesetzten Spediteure zwischen den einzelnen Positionen nicht überein, wird generell ein Liefersplit durchgeführt, unabhängig, ob hier ein Häkchen gesetzt ist oder nicht. Ebenso wird ein Liefersplit generell dann durchgeführt, wenn in den Auftragspositionen zwar die gleichen Partnerrollen, aber unterschiedliche Partner angegeben sind, auch wenn es sich um unterschiedliche manuelle Adressen handelt.

Möchten Sie lagernummernreine Lieferpositionen in einem Lieferbeleg, müssen Sie ein Häkchen in die Checkbox LIEFERSPLIT LAGERNR. setzen. Die Lagernummer identifiziert einen WM-geführten Lagerort (siehe auch die Organisationseinheiten in Abschnitt 2.2.1, »Lagernummer«). Wird dieses Lager durch ein dezentrales WM verwaltet, ist dieses Kennzeichen Pflicht.

Technische Informationen zum Liefersplit

▶ Menüpfad im Customizing: LOGISTICS EXECUTION • VERSAND • LIEFERUNGEN • SPLITKRITERIEN FÜR LIEFERUNGEN DEFINIEREN • LIEFERSPLIT NACH LAGERNUMMERN

▶ Eigene Transaktion: SM30, View V_T340DJ

▶ Tabelle: T340D (abgespeichert im Feld LISPL)

Zusätzlich müssen Sie bei der entsprechenden WM-Lagernummer den Liefersplit kennzeichnen (siehe Abbildung 5.100).

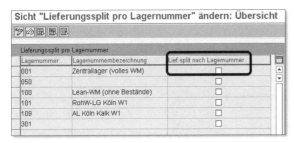

Abbildung 5.100 Liefersplit pro Lagernummer vorgeben

Im Zusammenhang mit dem Liefersplit wird sehr oft der sogenannte *nachträgliche Liefersplit* erwähnt. Dieser gehört jedoch nicht zur Lieferbelegerstellung, sondern wird erst angewendet, wenn nach der weiteren Bearbeitung des Lieferbelegs ein nachträglicher Liefersplit erforderlich wird, aus welchen Gründen auch immer (z. B. weil nicht die komplette Lieferung auf einen Lkw passt).

5.10 Zusammenfassung

Sie haben in diesem Kapitel den Aufbau des Lieferbelegs und die Möglichkeiten zur Erstellung von Lieferbelegen kennengelernt. Felder und Informationen, die für die Abwicklung einer Auslieferung benötigt werden, werden meistens schon auf Auftragsebene und eventuell erneut zur Lieferbelegerstellung ermittelt. Diese Felder sind entscheidend für die weitere Verarbeitung (Versandstelle, Route, Auslieferungswerk, Lagerort, Transportzonen usw.). Aber auch die Verfügbarkeitsprüfung und die Steuerung über Auftragszusammenführung sowie den Liefersplit habe ich Ihnen hier im Detail erläutert.

Jedoch gibt es noch eine Reihe weiterer Funktionen und Steuerungsmerkmale, die ich Ihnen nun in Kapitel 6, »Weitere Funktionen im Lieferbeleg«, vorstellen möchte.

Im Lieferbeleg gibt es eine Vielzahl von Informationen, die für die Prozessschritte in der Versandabwicklung notwendig sind. In diesem Kapitel stelle ich Ihnen diese Informationen vor: wie sie ermittelt werden, welche Funktion sie haben und wie Sie durch manuelle Änderungen in die Abwicklung eingreifen können.

6   Weitere Funktionen im Lieferbeleg

Im Lieferbeleg werden diverse Informationen verwaltet, die die Mitarbeiter in den Versandabteilungen und im Lagerwesen bei der Abwicklung der logistischen Aufgaben unterstützen. Hierzu zählt z. B. die Ermittlung von Terminen, zu denen ein Schritt für die unterschiedlichen Versandaktivitäten spätestens beginnen muss, um das Ziel, den Kunden wunschgemäß zu beliefern, zu erreichen.

Die einzelnen Prozessschritte sind von den Daten im Vorgängerbeleg abhängig. Fehlen wichtige Informationen, um einen Prozessschritt zu beginnen, wird der Anwender durch Unvollständigkeitsprüfungen auf diese fehlenden Daten hingewiesen. Diese Unvollständigkeitsprogramme prüfen bestimmte Felder auf ihren fehlenden Inhalt und lassen die Folgeprozesse nicht beginnen, indem sie Sperren setzen.

Im Lieferbeleg selbst sind Partner erforderlich. Um im Lieferbeleg die richtigen Partner zu finden, die am Versand und Transport in irgendeiner Form beteiligt werden, wurde die Partnerfindung in das SAP-System integriert.

Freie Texte, mit denen der Anwender den Kunden oder seine Kolleginnen und Kollegen über besondere Sachverhalte informieren möchte, werden über die Textverarbeitung mit dem Lieferbeleg verknüpft.

Tätigen Sie auch Exportgeschäfte, müssen Sie unter Umständen im Rahmen Ihrer Versand- und Transportprozesse einige Funktionen ausführen können, die nur für Exportgeschäfte benötigt werden. Reine Exportinformationen werden ebenfalls im Lieferbeleg verwaltet.

Ein umfangreiches Thema innerhalb der Versandaktivitäten ist die Chargenfindung. Führen Sie chargenpflichtiges Material, müssen Sie in Ihrem SAP-

System einstellen, an welcher Stelle in Ihrem Versandprozess Chargen gefunden werden sollen, in welchem Fall überhaupt eine Chargenfindung durchgeführt werden soll und vor allem, nach welchen Kriterien das SAP-System die richtigen Chargen finden soll.

Möchten Sie jedes einzelne Material (Fertigprodukt) eindeutig identifizieren und verfolgen, können Sie dazu die Serialnummern einsetzen (z. B. die Fahrgestellnummer eines Pkws).

Des Weiteren erläutere ich Ihnen die Funktionen, die Sie bei der Anmeldung und Verfolgung eines Lkws zur Abholung von Materialien durchführen können. Hierzu gehören das Anmelden des Fahrers am Eingangstor, die Übernahme von Daten aus Wiegeaktionen, der Druck von speziellen Fahrer- oder Fahrzeugidentifikationen usw.

Zuletzt gehe ich kurz auf die Nummernkreise von Lieferbelegen ein, wie sie ermittelt werden und wie Sie diese pflegen können.

6.1 Termine

Um die vom Kunden bei Ihnen bestellte Ware zu versenden, sind in Ihrem Unternehmen mehrere Arbeitsschritte erforderlich. Ein Arbeitsschritt ist z. B. die Kommissionierung der Ware. Nach der Kommissionierung wird die Ware verpackt und gegebenenfalls auf Paletten, Gitterboxen oder anderen Ladehilfsmitteln zum Versand bereitgestellt. Parallel wird der Transport beim Spediteur angewiesen, der zu einem bestimmten Zeitpunkt die Ware an Ihrer Versandstelle übernehmen soll. Ist der Spediteur vorgefahren, kann die Ware verladen werden, die Versandpapiere werden erstellt, und nachdem die Materialien Ihr Werk verlassen haben, wird der Warenausgang gebucht.

Diese einzelnen Arbeitsschritte können Sie in Ihrem Versandprozess terminieren. Diese Terminierung hat den Vorteil, dass Sie zum Zeitpunkt der Auftragsannahme dem Kunden mitteilen können, ob die Ware aufgrund dieser Arbeitsschritte bei ihm zum gewünschten Zeitpunkt eintreffen wird. Gibt die Terminierung Ihnen den Hinweis, dass die Ware nicht zu dem gewünschten Termin angeliefert werden kann, können Sie sich vom SAP-System ausrechnen lassen, welches der alternativ frühestmögliche Liefertermin wäre.

Ein weiterer Vorteil einer Terminierung ist, dass Sie im SAP-System zu jedem einzelnen Prozessschritt den Auslieferungsmonitor (Transaktion

VL06O, siehe Abschnitt 9.2, »Versandspezifische Status«) nutzen können. Mit dieser Funktion können Sie zu jedem Zwischenschritt alle fälligen Lieferbelege sichten. Wenn Sie z. B. in der Abteilung Verladung arbeiten und am Nachmittag bereits alle Lieferbelege sichten wollen, die am Folgetag zur Verladung anstehen, rufen Sie die entsprechende Funktion im Auslieferungsmonitor auf und wählen den folgenden Tag als Parameter. Sie erhalten dann einen Überblick über die einzelnen Arbeitsschritte und den Zeitpunkt, wann jeweils mit diesen Schritten spätestens begonnen werden muss. Eine Übersicht über diese Zeiten und Meilensteine finden Sie in Abbildung 6.1.

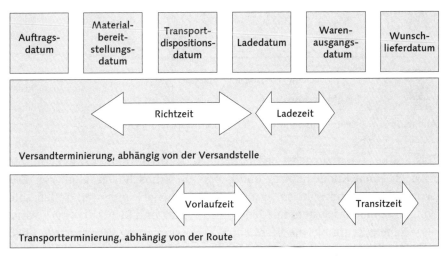

Abbildung 6.1 Überblick über die Termine und Zeiten im Versand- und Transportprozess

Indirekt wird die Terminberechnung von der Verfügbarkeitsprüfung beeinflusst. Ist das Material in ausreichender Menge verfügbar, beginnt die Terminierung mit der Auftragseingabe. Ist das gewünschte Material nicht verfügbar, wird aber in naher Zukunft durch einen Fremdlieferanten angeliefert oder im eigenen Unternehmen produziert, kann die Terminierung erst mit dem voraussichtlichen Zugang der Bestände starten.

Bevor ich Ihnen vorstelle, wie Sie die einzelnen Zeiten einpflegen und von welchen Kriterien sie abhängig sind, möchte ich Ihnen die Arbeitsweise der Terminierung kurz erläutern. Grundsätzlich wird zwischen einer Rückwärts- und einer Vorwärtsterminierung unterschieden. Zunächst gehe ich auf die Abläufe der Rückwärts- und Vorwärtsterminierung ein, wenn Sie beide Varianten gleichzeitig aktiviert haben (siehe Abbildung 6.2).

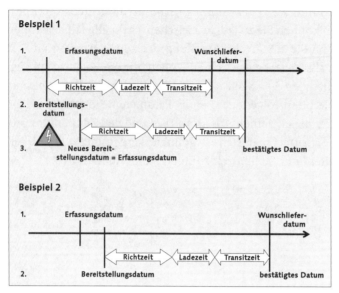

Abbildung 6.2 Arbeitsweise der Rückwärts- und Vorwärtsterminierung

Das System führt zunächst einmal eine Rückwärtsterminierung durch. Sie erfassen einen Kundenauftrag und geben ein Wunschlieferdatum vor. Das Wunschlieferdatum gibt an, wann die Ware beim Kunden eintreffen soll. Nun errechnet das System mit den Transit-, Lade- und Richtzeiten rückwärts, zu welchem Zeitpunkt die Ware zur Kommissionierung bereitzustehen hat. Ich habe an dieser Stelle die Transportdispozeit bewusst nicht berücksichtigt, obwohl auch sie auf die Terminierung Einfluss nehmen kann. Jedoch läuft diese parallel zur Richt- und Ladezeit ab und ist in der Regel kürzer. Ist die Transportdispozeit allerdings länger als die Richt- und Ladezeit zusammen, wird natürlich die Transportdispozeit berücksichtigt.

Liegt nun dieses errechnete Bereitstellungsdatum in der Vergangenheit, heißt das, dass die Ware nicht zum gewünschten Termin beim Kunden ankommen kann. Nun erfolgt eine Vorwärtsterminierung, d. h., es wird vom Zeitpunkt der Auftragserfassung (oder, wenn das Material noch nicht verfügbar ist, ab dem Zeitpunkt des vermutlichen Wareneingangs) gerechnet, wann die Ware den Kunden aufgrund der Richt-, Lade- (bzw. Transportdispozeit) und Transitzeit frühestens erreichen kann. Das so errechnete Datum wird in den Einteilungen des Kundenauftrags eingetragen.

Geben Sie ein Wunschlieferdatum so weit in die Zukunft vor, dass das rückwärts errechnete Bereitstellungsdatum ebenfalls in der Zukunft liegt bzw. auf den aktuellen Tag fällt, wird diese Terminierung übernommen, und es erfolgt keine erneute Vorwärtsterminierung.

Ob Sie die Rückwärts- und Vorwärtsterminierung durchführen wollen, entscheiden Sie auf Basis der Kundenauftragsart (siehe Abbildung 6.4). Hier gibt es die Checkbox Nur rückw. Wenn Sie dort ein Häkchen setzen, wird nur die Rückwärtsterminierung durchgeführt. Es entfällt somit also die Vorwärtsterminierung, und das kann zur Konsequenz haben, dass Sie aus der Vergangenheit heraus planen (siehe Abbildung 6.3). Sie bestätigen dem Kunden einen Termin, den Sie laut Planung nicht einhalten können, während Sie bei der zusätzlichen Vorwärtsterminierung dem Kunden einen Termin bestätigen, den Sie einhalten können, den der Kunde aber nicht gewünscht hat.

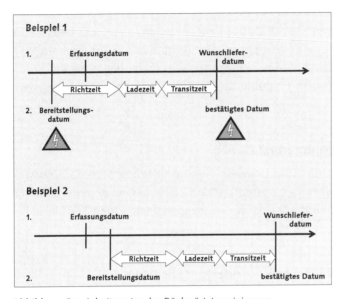

Abbildung 6.3 Arbeitsweise der Rückwärtsterminierung

Sie kennen nun den Ablauf einer Rückwärts- und Vorwärtsterminierung. Ich komme daher jetzt zu den entsprechenden Einstellungen, die Sie im System vornehmen müssen, um die Terminierung nach Ihren Vorstellungen einzusetzen. Grundsätzlich müssen Sie sich zunächst entscheiden, ob Sie eine Versand- und/oder Transportterminierung durchführen wollen. Diese Entscheidung treffen Sie im Kundenauftragsbeleg. Hier stellen Sie ein, ob Sie je Kundenauftragsart eine Versandterminierung (durch Setzen eines »X« in Spalte VersTerm) und unabhängig davon eine Transportterminierung (durch Setzen eines Häkchens in Spalte TranspTerm) durchführen wollen (siehe Abbildung 6.4). Bei der Versandterminierung können Sie hier noch die Ladezeit ausschließen, indem Sie in die Spalte VersTerm nicht ein »X«, sondern ein »A« eintragen. Lassen Sie jedoch die Spalte leer, wird keine Versandterminierung durchgeführt.

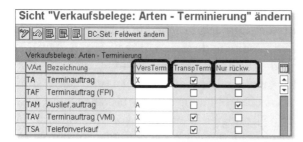

Abbildung 6.4 Einstellung zur Durchführung der Versand- und/oder Transportterminierung je Kundenauftragsart

Darüber hinaus haben Sie die Option, zur Erstellung des Lieferbelegs eine erneute Terminierung durchzuführen. Das ist sinnvoll, wenn Sie, aus welchen Gründen auch immer, den Lieferprozess verspätet beginnen und somit die bereits durchgeführte Terminierung im Kundenauftrag unsinnig geworden ist.

6.1.1 Versandterminierung

Der zeitliche Ablauf der Terminierung beginnt mit dem *Materialbereitstellungsdatum*. Dieses Datum repräsentiert den Zeitpunkt, an dem das Material im Lager verfügbar sein muss, um die Ware zum gewünschten Termin zu liefern.

Materialbereitstellungsdatum – Richtzeit – Ladedatum

Ist das Material im Lager verfügbar, starten die Kommissionierung und das Verpacken. Im SAP-System wird diese Zeit *Richtzeit* genannt. Die Richtzeit ist die Zeit zwischen dem Materialbereitstellungs- und dem Ladedatum. Die Ermittlung der Richtzeit wird auf Ebene der Versandstelle definiert. Je Versandstelle haben Sie im Feld RICHTZEIT BESTIMMEN die Möglichkeit, entweder keine Richtzeiten (keinen Eintrag vornehmen), die Richtzeit routenabhängig durch die Route und ein Gewichtsintervall (den Wert »A« eintragen), routenunabhängig nur durch Gewichtsintervalle (den Wert »B« eintragen) oder durch einen konstanten Wert je Versandstelle (den Wert »C« eintragen) zu bestimmen. Da zum Zeitpunkt der Auftragseingabe das exakte Liefergewicht noch nicht feststeht, wird bei der Auftragserfassung die Terminierung ohne Gewichtsintervalle durchgeführt.

Die Einstellungen werden im Customizing durchgeführt. Das Pflegebild ist in Abbildung 6.5 dargestellt.

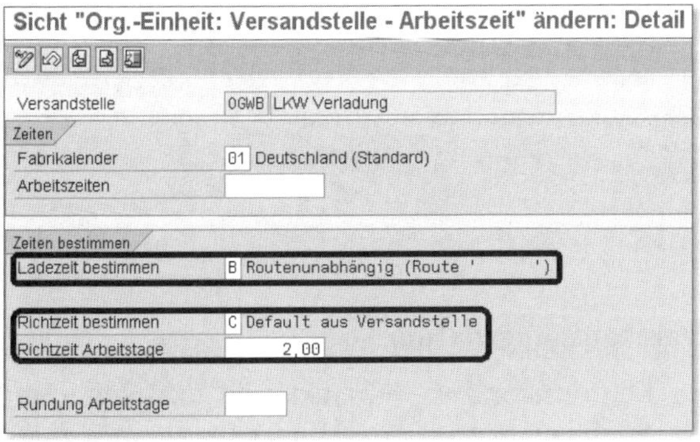

Abbildung 6.5 Bestimmung, wie die Lade- und Richtzeit von der Versandstelle zu berechnen ist

Technische Informationen zur Bestimmung der Versandzeiten

▸ Menüpfad im Customizing: Logistics Execution • Versand • Grundlagen • Termi-nierung • Versand- und Transportterminierung • Terminierung je Versandstelle

▸ Eigene Transaktion: OVLZ

▸ Tabelle: TVST

Haben Sie sich für eine Möglichkeit zur Ermittlung der Richtwerte entschieden, pflegen Sie im Customizing die Zeiten entsprechend im Feld Richtzeit Arbeitstage ein. In meinem Beispiel (siehe Abbildung 6.5) ermittle ich die Richtzeit routen- und gewichtsunabhängig, da der Getränkeversand innerhalb Deutschlands immer mit der gleichen Richtzeit von zwei Tagen (nur beispielhaft definiert, um die Terminierung dokumentieren zu können) durchgeführt wird. Müssen Sie aber z. B. Ihre Ware für die Überseefracht seetauglich verpacken, kann es zu größeren Richtzeiten kommen. Hier würde sich eine routenabhängige Richtzeitermittlung anbieten.

Entscheiden Sie sich für die Richtzeitermittlung je Versandstelle (Wert »C«), wird ein Feld geöffnet, in das Sie Ihre Richtzeit in Tagen eintragen können (siehe Abbildung 6.5). Entscheiden Sie sich für »A« (gewichts- und routenab-hängig) oder »B« (gewichtsabhängig, aber routenunabhängig), müssen Sie die Richtzeiten im entsprechenden Pflegebild (siehe Abbildung 6.6) anlegen.

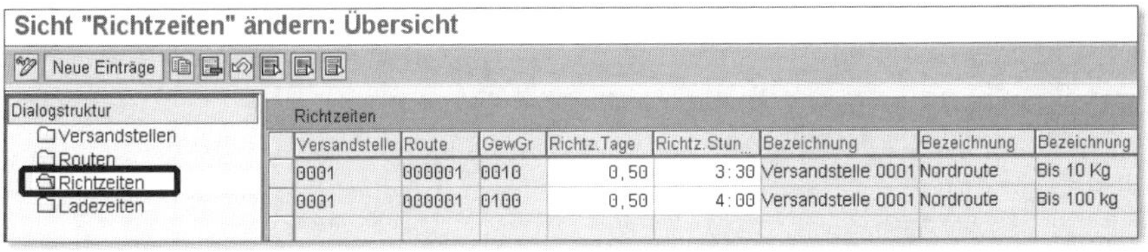

Abbildung 6.6 Pflegebild der Richtzeiten, abhängig von Route und Gewichtsgruppe

---

Technische Informationen zur Richtzeitermittlung

▸ Menüpfad im Customizing: LOGISTICS EXECUTION • VERSAND • GRUNDLAGEN • TERMI-
NIERUNG • VERSAND- UND TRANSPORTTERMINIERUNG • ZEITDAUERN PFLEGEN

▸ Eigene Transaktion: SM30, View V_T630R

▸ Tabelle: T630R

Ladedatum – Ladezeit – Warenausgangsdatum

Haben Sie alle Materialien kommissioniert, verpackt und zur Verladung bereitgestellt, haben Sie den Meilenstein *Ladedatum* erreicht. Nun kann mit der Verladung der Ware begonnen werden.

Die LADEZEIT ist die Zeit, die Sie für den Zeitraum vom Ladedatum bis zum Warenausgangsdatum benötigen, oder die Zeit, die Sie benötigen, um Ihre Ware z. B. aus der Bereitstellungszone auf den Lkw zu laden. Diese Zeit hängt von den Ladegruppen ab; eine Kranbeladung bei besonders schweren Teilen benötigt beispielsweise länger als die Beladung mit dem Gabelstapler. Dementsprechend haben Sie wiederum auf Ebene der Versandstelle die Möglichkeit, sich für verschiedene Ermittlungsarten der Ladezeit zu entscheiden. Wünschen Sie überhaupt keine Ladezeitermittlung, bleibt das Feld LADEZEIT leer. Ist die Ermittlung routenabhängig, pflegen Sie hier ein »A« ein. Die Ladezeit wird nun in Abhängigkeit von der Route und der Ladegruppe ermittelt. Möchten Sie hingegen routenunabhängig bleiben, aber die Ladegruppe berücksichtigen, wählen Sie ein »B« für routenunabhängige Ladezeitermittlung. Der Wert »C« bedeutet wie bei den Richtzeiten, dass es je Versandstelle nur einen Wert gibt.

In meinem Beispiel (siehe Abbildung 6.5) wähle ich die routenunabhängige Ladezeitermittlung und stelle für die Ladegruppe der Gabelstapler zwei Tage und für die Bierdrive-Abfüllung (= Tankwagen für Festbier) nur einen Tag ein, wie es in Abbildung 6.7 zu sehen ist. (Ich möchte nochmals darauf hinweisen, dass es sich hierbei nur um Beispiele handelt, die die Terminierung veranschaulichen sollen. Keine Brauerei kann es sich in der Realität erlauben, eine Ladezeit von zwei Tagen einzustellen!)

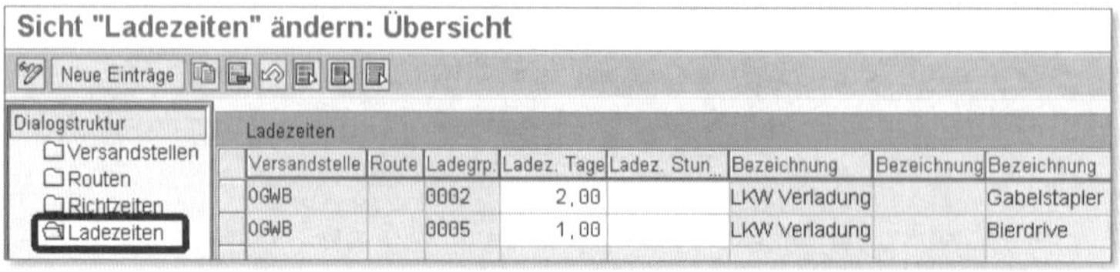

Abbildung 6.7 Pflegebild der Ladezeiten je Versandstelle, Route und Ladegruppe

Technische Informationen zur Ladezeitermittlung

- Menüpfad im Customizing: LOGISTICS EXECUTION • VERSAND • GRUNDLAGEN • TERMINIERUNG • VERSAND- UND TRANSPORTTERMINIERUNG • ZEITDAUERN PFLEGEN
- Eigene Transaktion: SM30, View V_T630L
- Tabelle: T630L

6.1.2 Transportterminierung

Nachdem ich Ihnen zuvor die Versandterminierung vorgestellt habe, erläutere ich Ihnen jetzt die Einstellungen zur Transportterminierung.

Die Einstellungen zur *Transportterminierung* sind einfacher zu handhaben als die der Versandterminierung. Hier werden zwei Zeiten unterschieden: die Transportdispovorlaufzeit und die Transitzeit. Beide Zeiten werden in der Route eingepflegt.

Transportdispodatum – Transportdispovorlaufzeit – Ladedatum

Die *Transportdispovorlaufzeit* ist die Zeit, die benötigt wird, um den Transport beim Spediteur anzumelden und zu organisieren. Als Zielmeilenstein ist das *Ladedatum* definiert, da zu diesem Zeitpunkt die Verladung beginnt. Mit der Transportplanung bzw. -anmeldung müssen Sie zum *Transportdispodatum* beginnen, um zum Ladedatum fertig zu sein. Die Zeit zwischen dem Transportdispodatum und dem Ladedatum wird Transportdispovorlaufzeit genannt. Diese Zeit kann unter Umständen, wenn es sich um Exportgeschäfte in entlegene Länder handelt, einige Tage in Anspruch nehmen (z. B. Bewilligung von Akkreditivgeschäften, Einholen von Zoll- und Ausfuhrpapieren).

[!] Die Transportdispovorlaufzeit nimmt nur dann Einfluss auf die Vorwärts- bzw. Rückwärtsterminierung, wenn diese Zeit insgesamt länger ist als die Richt- und Ladezeit zusammen. Hätten Sie also z. B. eine Transportdispovorlaufzeit von 20 Tagen, aber nur eine Ladezeit von zwei Tagen, könnte natürlich das Ladedatum erst in 20 Tagen sein. Das Bereitstellungsdatum wäre in diesem Fall in 18 Tagen.

Warenausgangsdatum – Transitzeit – Lieferdatum

Die *Transitzeit* ist die Zeit, die der Spediteur benötigt, um die Ware zum Kunden zu befördern. Sie startet mit dem Warenausgangsdatum, d. h. mit dem Datum, an dem die Ware Ihr Unternehmen verlässt, und endet mit dem Lieferdatum, das Sie Ihrem Kunden bestätigt haben. Die Transitzeiten können sehr unterschiedlich sein, wenn Sie beispielsweise einen Transport in die nähere Umgebung oder per Schiff etwa nach Australien planen. Daher ist es naheliegend, dass sich die Transitzeit an der Route orientiert.

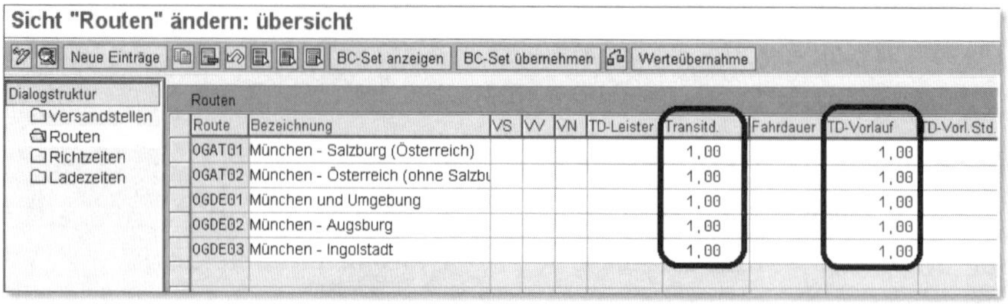

Abbildung 6.8 Einstellung der Transit- und Transportdispovorlaufzeit

Sie pflegen die einzelnen Zeiten in der Routendefinition. In Abbildung 6.8 habe ich als Beispiel für die Transportdispovorlaufzeit (Feld TD-VORLAUF) einen Tag und als Transitzeit (Feld TRANSITD.) ebenfalls einen Tag eingetragen.

Technische Informationen zur Transportterminierung

▶ Menüpfad im Customizing: LOGISTICS EXECUTION • VERSAND • GRUNDLAGEN • TERMINIERUNG • VERSAND- UND TRANSPORTTERMINIERUNG • ZEITDAUERN PFLEGEN

▶ Eigene Transaktion: SM30, View V_TVRO_COM

▶ Tabelle: TVRO

6.1.3 Beispiel

Sie erhalten einen Auftrag über eine Palette Münchener Weizenbier. Sie müssen für die Lieferung eine Zeit von fünf Tagen einplanen (zwei Tage Richtzeit, zwei Tage Ladezeit, einen Tag Transitzeit), beginnend mit der Kommissionierung bis zum Eintreffen beim Warenempfänger. Wünscht der Kunde bereits eine Anlieferung in zwei Tagen, zeigt das System einen Hinweis an, dass die Lieferung aufgrund der eingestellten Terminierung in zwei Tagen nicht möglich ist, und schlägt ein neues Lieferdatum vor.

In meinem Beispiel ist heute Montag, der 02.11.2009. Der Kunde möchte seine Ware am Mittwoch, dem 04.11.2009 bekommen. Ich erfasse den Kundenauftrag mit dem Wunschlieferdatum 04.11.2009 (siehe Abbildung 6.9, erste Zeile auf der Registerkarte EINTEILUNGEN).

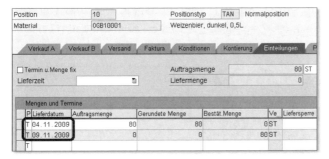

Abbildung 6.9 Beispiel einer Terminierung eines Kundenauftrags

Rückwärts terminiert würde das bedeuten: Wunschlieferdatum war Mittwoch, der 04.11.2009, die Transitzeit beträgt einen Tag; das ergibt als Warenausgangsdatum Dienstag, den 03.11.2009. Die Ladezeit beträgt zwei Tage; das ergibt als Ladedatum Freitag, den 30.10.2009. Die Richtzeit beträgt ebenfalls zwei Tage, also ergibt sich als Bereitstellungszeit Mittwoch, den 28.10.2009. Dieses Datum liegt vor dem Erfassungsdatum. Also terminiert das System nun vorwärts. Bestände sind vorhanden, also beginnt die Terminierung mit dem Erfassungsdatum Montag, dem 02.11.2009; zwei Tage Richtzeit – ergibt als Ladedatum Mittwoch, den 04.11.2009; zwei Tage Ladezeit – ergibt als Warenausgangsdatum Freitag, den 06.11.2009; ein Tag Transitzeit – ergibt als neu errechnetes Wunschlieferdatum Montag, den 09.11.2009.

Markieren Sie die zweite Zeile bei Einteilungen und klicken dann auf den Button [Versand], werden Ihnen alle Meilensteine angezeigt (siehe Abbildung 6.10).

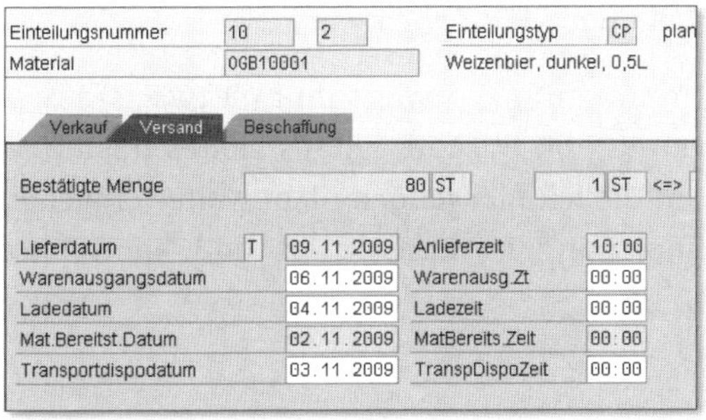

Einteilungsnummer	10	2	Einteilungstyp	CP	plan
Material	0GB10001		Weizenbier, dunkel, 0,5L		

Verkauf	Versand	Beschaffung

Bestätigte Menge		80	ST		1	ST	<=>

Lieferdatum	T	09.11.2009	Anlieferzeit	10:00
Warenausgangsdatum		06.11.2009	Warenausg.Zt	00:00
Ladedatum		04.11.2009	Ladezeit	00:00
Mat.Bereitst.Datum		02.11.2009	MatBereits.Zeit	00:00
Transportdispodatum		03.11.2009	TranspDispoZeit	00:00

Abbildung 6.10 Anzeige aller Meilensteine nach erneuter Terminierung des Auftrags

Da die Transportdispovorlaufzeit in der Route mit einem Tag definiert wurde, liegt das Transportdispodatum am 03.11.2009, also einen Tag später als das Materialbereitstellungsdatum. Dadurch wurde das Materialbereitstellungsdatum als Startdatum der Vorwärtsterminierung gewählt.

Hätte die Transportdispovorlaufzeit drei Tage betragen, wäre das Lieferdatum nicht mehr der 09.11.2009, sondern der 10.11.2009, also einen Tag später (da die Richtzeit zwei Tage beträgt, siehe auch Abbildung 6.11).

Abbildung 6.11 Terminierung mit Transportdispovorlaufzeit

Ein Beispiel: Heute ist Montag, der 02.11.2009. Die Transportdispovorlaufzeit beträgt drei Tage. Also ist das Ladedatum Donnerstag, der 05.11.2009. Zu diesem Zeitpunkt muss der Lkw vorfahren, um zu laden. Da die Richtzeit zwei Tage beträgt, wird diese vom Ladedatum aus zurückgerechnet, sodass sich ein Bereitstellungsdatum am Dienstag, dem 03.11.2009 ergibt. Die Ladezeit selbst beträgt wieder zwei Tage, also ist das Warenausgangsdatum erst am Montag, dem 09.11.2009. Zum Schluss kommt noch die Transitzeit von einem Tag dazu, also erhält der Kunde die Ware erst am Dienstag, dem 10.11.2009.

Sollte jetzt rein zufällig am errechneten Lieferdatum keine Warenannahme sein, würde der Liefertermin erneut verschoben, und zwar bis zu dem Tag, an dem die nächste Warenannahme wieder möglich wäre.

Ich habe Ihnen die taggenaue Terminierung (vorwärts und rückwärts) sowie die Einstellungsmöglichkeiten vorgestellt. Darüber hinaus gibt es noch eine minutengenaue Terminierung, auf die ich hier jedoch nicht weiter eingehen werde. Die minutengenaue Einplanung ist kompliziert und kann über Schichtpläne beeinflusst werden.

6.2 Unvollständigkeitsprüfung

Um einen reibungslosen Ablauf aller Schritte innerhalb des Versand- und Transportprozesses zu gewährleisten, müssen bestimmte Informationen in den Vertriebsbelegen vorhanden sein. Fehlen diese Informationen, können bestimmte Prozesse nicht anlaufen. Daher ist es vorteilhaft, die Mitarbeiter für die vorgelagerten Prozessschritte bereits bei der Erfassung auf fehlende Daten hinzuweisen. Hierbei muss unterschieden werden, ob die fehlenden Daten für alle Folgeprozesse oder nur für bestimmte Teilprozesse relevant sind. So sind z. B. fehlende Preise für die Erstellung der Lieferbelege nicht wichtig, jedoch kann die Fakturierung ohne Preise nicht durchgeführt werden.

Sie haben im SAP-System die Möglichkeit, für diesen Zweck die *Unvollständigkeitsprüfung* zu aktivieren. Hierzu bietet Ihnen das SAP-Standardsystem eine Reihe von voreingestellten Varianten, die Sie an die Anforderungen in Ihrem Unternehmen anpassen können. Das System prüft das Vorhandensein von bestimmten Informationen auf Kopf- und Positionsebene, die für die Folgeprozesse wichtig sind. Fehlen diese Informationen (ist also das Feld, das diese Informationen enthält, leer), wird der Status eines unvollständigen Belegs gesetzt.

Einen groben Überblick über die Funktionsweise der Unvollständigkeitsprüfung zeige ich Ihnen in Abbildung 6.12. Welche Felder Sie prüfen möchten und welche Auswirkung diese Prüfung in Ihrem System zeigen soll, definieren Sie in einem Unvollständigkeitsschema. Dieses Schema müssen Sie einer Gruppe zuordnen, die wiederum der Partnerrolle, dem Lieferkopf oder der Lieferposition fest zugeordnet ist. Weiterhin ordnen Sie dieses Unvollständigkeitsschema entsprechend einer Partnerrolle der Lieferart und dem Lieferpositionstyp zu.

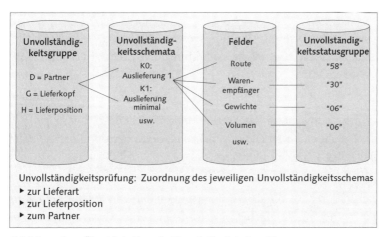

Abbildung 6.12 Überblick über die Unvollständigkeitsprüfung

Sie haben also die Möglichkeit, unterschiedliche Felder auf Vollständigkeit zu prüfen, je nachdem, mit welchem Partner, welcher Lieferart oder welchem Positionstyp Sie es zu tun haben.

6.2.1 Unvollständigkeitsstatusgruppe

Bei fehlenden Informationen erhält der Erfasser des Kundenauftrags einen Hinweis, dass der Beleg unvollständig ist. Er kann entscheiden, ob er den Beleg trotzdem sichern möchte oder ob er die fehlenden Daten nachpflegen will. Entscheidet er sich für das Sichern, werden in Abhängigkeit von der *Unvollständigkeitsstatusgruppe* bestimmte Folgeprozesse blockiert.

[!] Bei Lieferbelegen erhält der Erfasser beim Sichern keinen Hinweis, es wird jedoch für die Folgeprozesse eine Sperre gesetzt.

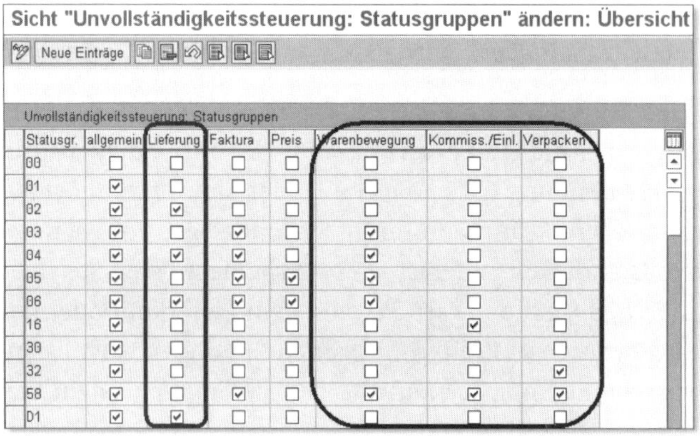

Abbildung 6.13 Statusgruppe für die Unvollständigkeitssteuerung

Die *Statusgruppe* gibt Auskunft darüber, welche Folgeprozesse für die Weiterbearbeitung blockiert sind (siehe Abbildung 6.13). Diese Folgeprozesse sind:

▸ **Allgemein**
Ist die Statusprüfung durch das Setzen eines Häkchens aktiviert, werden Felder aus den allgemeinen Daten geprüft. Ist eines der definierten Felder leer, ist der Beleg komplett blockiert.

▸ **Lieferung**
Dieser Status prüft im Falle der Aktivierung Felder, die für die Erstellung und Verarbeitung eines Lieferbelegs erforderlich sind. Ist eines der Felder leer, ist der Beleg für die Erstellung eines Lieferbelegs blockiert.

▸ **Faktura**
Ist dieser Status aktiviert, prüft er Felder, die für die Erstellung und Verarbeitung eines Fakturabelegs erforderlich sind. Ist eines der Felder leer, ist der Beleg für die Erstellung einer Rechnung blockiert.

▸ **Preis**
Fehlen Daten in der Preisfindung und dieser Status ist aktiviert, wird der Erfasser auf die fehlenden Daten in der Preisfindung hingewiesen.

▸ **Warenbewegung**
Ist diese Prüfung aktiviert, werden Felder geprüft, die für die Warenausgangsbuchung benötigt werden. Ist eines dieser definierten Felder leer, ist die Warenausgangsbuchung blockiert.

▸ **Kommiss./Einl.**
Möchten Sie, dass die Felder zur Kommissionierung geprüft werden, aktivieren Sie die Prüfung an dieser Stelle. Das Anlegen eines Transportauftrags ist dadurch blockiert.

▸ **Verpacken**
Erfassen Sie in Ihrem Lieferbeleg Packdaten und benötigen hierzu Informationen, aktivieren Sie an dieser Stelle die Unvollständigkeitsprüfung für die Packdaten. Die Packfunktion ist bei fehlenden Daten nicht ausführbar.

Das SAP-Standardsystem bietet Ihnen eine Reihe von Statusgruppen an, die Sie nutzen können. Sollten die angebotenen Optionen für Ihre Anforderung nicht ausreichen, können Sie im Customizing weitere Statusgruppen anlegen.

Technische Informationen zur Statusgruppe

▸ Feldlänge: 2-stellig
▸ Menüpfad im Customizing: Logistics Execution • Versand • Grundlagen • Unvollständigkeitssteuerung für Lieferungen • Statusgruppen definieren
▸ Eigene Transaktion: OVA0
▸ Tabelle: TVUVS

6.2.2 Unvollständigkeitsschema

Welche Felder nun auf fehlenden Inhalt geprüft werden und auf welcher Statusebene sich diese Felder befinden, wird in einem *Unvollständigkeitsschema* definiert. Diese Definition ist hierarchisch aufgebaut (siehe Abbildung 6.14).

Die oberste Hierarchie ist die Datenbasis, auch *Unvollständigkeitsgruppe* genannt, z. B. Verkauf-Kopf, Lieferung-Kopf, Lieferung-Position. Markieren Sie beispielsweise die Zeile Lieferung-Kopf, und klicken Sie auf die nächste Stufe, auf den Ordner Schemata (siehe linke Bildschirmhälfte). Hier können Sie mehrere *Unvollständigkeitsschemata* erfassen. Eigene Schemata sollten mit einem »Y« oder »Z« beginnen. Kopieren Sie einen bestehenden

Eintrag, falls Sie ein eigenes Schema definieren möchten. Markieren Sie anschließend dieses Schema, und klicken Sie auf die letzte Stufe, auf die Definition der einzelnen zu prüfenden FELDER. In die Felder TABELLE und FELDNAME tragen Sie die Datenbank und das Feld ein, das Sie prüfen möchten. Ordnen Sie diesem Feld einen zuvor definierten Status (siehe Abbildung 6.13) zu, der angibt, wie das System reagieren soll, wenn dieses Feld nicht gefüllt ist. Sie können zudem das Bild angeben, in dem das fehlende Feld nachgetragen werden kann, nachdem der Unvollständigkeitshinweis angezeigt wurde.

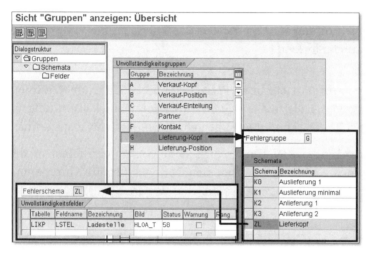

Abbildung 6.14 Unvollständigkeitsgruppe, -schema und -felder – drei hierarchisch aufgebaute Funktionen (hier in einem Bild zusammengefasst)

Technische Informationen zur Unvollständigkeitsgruppe

- ▶ Feldlänge: 1-stellig
- ▶ Menüpfad im Customizing: LOGISTICS EXECUTION • VERSAND • GRUNDLAGEN • UNVOLLSTÄNDIGKEITSSTEUERUNG FÜR LIEFERUNGEN • UNVOLLSTÄNDIGKEITSSCHEMATA DEFINIEREN
- ▶ Eigene Transaktion: SM30, View V_TVUVG
- ▶ Tabellen: TVUVG und TVUVO (sprachenabhängige Bezeichnung)

Technische Informationen zum Unvollständigkeitsschema und deren Feldern

- ▶ Feldlänge: 2-stellig
- ▶ Menüpfad im Customizing: LOGISTICS EXECUTION • VERSAND • GRUNDLAGEN • UNVOLLSTÄNDIGKEITSSTEUERUNG FÜR LIEFERUNGEN • UNVOLLSTÄNDIGKEITSSCHEMATA DEFINIEREN
- ▶ Eigene Transaktion: OVA2
- ▶ Tabellen: TVUV und TVUVT (sprachenabhängige Bezeichnung), TVUVF (zu prüfende Felder)

Haben Sie nun alle Definitionen vorgenommen, müssen Sie dieses Unvollständigkeitsschema abschließend einer Lieferart bzw. einem Lieferpositionstyp zuordnen. In Abbildung 6.15 habe ich Ihnen das Pflegebild für die Lieferart dargestellt.

Abbildung 6.15 Zuordnung des Unvollständigkeitsschemas zur Lieferart

---

Technische Informationen zur Zuordnung des Unvollständigkeitsschemas

▶ Menüpfad im Customizing: LOGISTICS EXECUTION • VERSAND • GRUNDLAGEN • UNVOLL-STÄNDIGKEITSSTEUERUNG FÜR LIEFERUNGEN • UNVOLLSTÄNDIGKEITSSCHEMATA ZUORDNEN

▶ Eigene Transaktion: VUA4 (für den Lieferkopf), VUP4 (für die Position)

▶ Tabellen: TVLK (für den Lieferkopf), TVLP (für die Position) (in beiden Tabellen abgespeichert im Feld FEHGR)

6.2.3 Eigene Unvollständigkeitsprüfungen

Im vorigen Abschnitt habe ich Ihnen bereits im Customizing gezeigt, wie Sie eigene *Unvollständigkeitsprüfungen* definieren können. In meinem Beispiel geht es darum, die Ladestelle dahingehend zu prüfen, ob sie im Lieferbeleg gefüllt wurde oder nicht. Daher habe ich das neue Unvollständigkeitssschema »ZL« definiert.

Im zweiten Schritt habe ich dem neuen Unvollständigkeitsschema das Feld LADEGRUPPE zugeordnet (siehe Abbildung 6.14). Sie müssen zu diesem Zweck den technischen Namen auf der Datenbank vorgeben. Die Ladestelle z. B. befindet sich im Lieferkopf, und den Lieferkopf finden Sie auf der Datenbank »LIKP«. Das Feld, in dem die Ladestelle abgespeichert wird, lautet LSTEL. Darüber hinaus geben Sie eine Bildbezeichnung vor, auf dem Sie dieses Feld im Lieferkopf wiederfinden. Auf diese Bildbezeichnung gehe ich im folgenden Abschnitt noch einmal kurz ein. Den entsprechenden Status, wie das System reagieren soll, wenn die Ladestelle nicht gefüllt ist, geben Sie in der Spalte STATUS vor. In meinem Beispiel habe ich mich für den Status »58« entschieden (die Einstellung zu diesem Status finden Sie auch in Abbildung 6.13). Da die Unvollständigkeitsprüfung für den Lieferbeleg nicht eingeschaltet ist, erhalte ich erst in den Folgeprozessen (Verpacken, Kommissionieren, Warenausgangsbuchung) einen Fehlerhinweis.

Abbildung 6.16 Lieferbeleg ohne Ladestelle

[ZB] Ich habe jetzt also einen Kundenauftrag erfasst. Zur Erstellung des Lieferbelegs lasse ich die Ladestelle frei (siehe Abbildung 6.16).

Dieser Lieferbeleg lässt sich nun problemlos sichern.

Im nächsten Schritt möchte ich die Lieferung kommissionieren. Hierzu gebe ich die kommissionierte Menge in die Position ein. Sofort nach der Eingabe erhalte ich aber auch schon die Fehlermeldung, dass das Kommissionieren nicht erlaubt ist, da die Lieferung noch unvollständige Daten aufweist (siehe Abbildung 6.17).

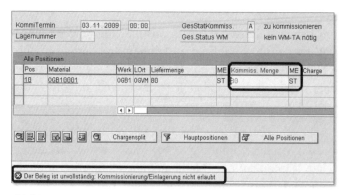

Abbildung 6.17 Fehlermeldung eines unvollständigen Lieferbelegs

6.2.4 Unvollständige Lieferbelege bearbeiten

Um festzustellen, warum der Lieferbeleg nicht verarbeitet werden kann, müssen Sie den durchgeführten Prozess zunächst einmal wieder rückgängig machen. In meinem kleinen Beispiel müssen Sie die Kommissioniermenge wieder auf »0« setzen. Springen Sie anschließend zurück in das Übersichtsbild, und wählen Sie in der Funktionsleiste den Menüpfad BEARBEITEN • UNVOLLSTÄNDIGKEIT, oder klicken Sie auf das Icon 🔳. Ihnen wird daraufhin ein Popup mit den Feldern angezeigt, die noch nicht gefüllt sind.

Sollten Sie an dieser Stelle ein leeres Bild erhalten, frischen Sie einfach die Funktion wieder auf, indem Sie auf das Icon 🔳 klicken. Nun erhalten Sie eine Übersicht über die Felder, die aufgrund des Unvollständigkeitsstatus gefüllt sein müssen (siehe Abbildung 6.18).

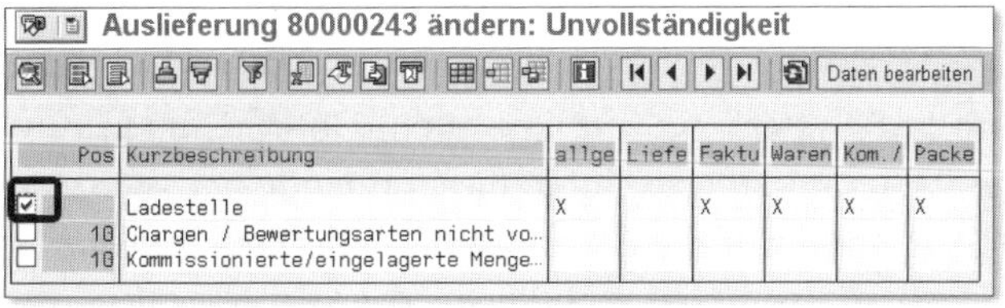

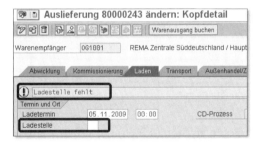

Abbildung 6.18 Popup mit den noch zu füllenden Feldern gemäß dem eingestellten Unvollständigkeitsschema

Wählen Sie die Position aus, indem Sie unter POS ein Häkchen setzen, und klicken Sie auf den Button ⌈Daten bearbeiten⌋. Sie erhalten nun das Bild (siehe Abbildung 6.19), das Sie im Customizing in die Spalte BILD aus Abbildung 6.14 eingetragen haben.

Tragen Sie nun die fehlende Ladestelle nach, und sichern Sie den Beleg. Danach ist der Lieferbeleg vollständig und kann kommissioniert werden.

Abbildung 6.19 Bild mit der fehlenden Ladestelle

Das Beispiel sollte lediglich zeigen, wie Sie selbst ein Unvollständigkeitsschema definieren und einer Lieferart zuordnen können. Einen Zusammenhang zwischen Ladestelle und dem Kommissioniervorgang wird es in der Realität nicht geben. Zudem empfiehlt SAP, Standardeinträge nicht zu ändern. Der richtige Weg wäre in diesem Fall, eine neue Lieferart zu erstellen (z. B. »ZLF«) und diese dann mit dem Unvollständigkeitsschema »ZL« zu verknüpfen.

> **User Exit**
>
> SAP bietet für die Unvollständigkeitsprüfung einen User Exit an: den Include-Baustein FV50UZXX. Hierin enthalten ist die Form-Routine V50UC_CHECK_SLLST. In dieser Form-Routine können Sie Ihre eigene Unvollständigkeitsprüfung durchführen. Die Dokumentation ist in dem Include-Baustein enthalten, ein Beispielcoding finden Sie in der Form-Routine V50UC_CHECK_EXAMPLE.

6.3 Partnerfindung

Als Partner werden im SAP-System alle die Personen, Unternehmen, Kunden, Dienstleister bzw. Lieferanten bezeichnet, die in irgendeiner Weise am Geschäftsprozess beteiligt sind. Im Falle der Versand- und Transportabwicklung ist das der Auftraggeber, der Warenempfänger, der Spediteur usw.

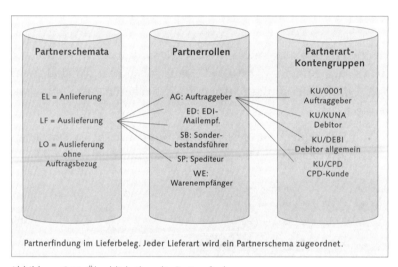

Abbildung 6.20 Überblick über die Partnerfindung

Die Daten der beteiligten Partner müssen als Stammdaten hinterlegt werden. Für einen Auftraggeber oder auch Warenempfänger müssen Sie die Daten in der Kundenstammdatei, für einen Spediteur in der Lieferantenstammdatei pflegen. Diese Partner nehmen innerhalb des Prozesses bestimmte Rollen (Warenempfänger, Spediteur usw.) ein. Diese Rollen werden mit einer Rollenidentifikation oder *Partneridentifikation* gekennzeichnet (z. B. »WE« für Warenempfänger).

Die *Partnerrollen* habe ich Ihnen ausführlich im Rahmen der Kundenstammdatei vorgestellt (siehe Abschnitt 3.2, »Kundenstammdaten«). In diesem

Abschnitt zeige ich Ihnen, wie Sie das SAP-System einstellen müssen, um für Ihre Prozesse die notwendigen Partner im Lieferbeleg zu ermitteln. Einen groben Überblick über den Zusammenhang der einzelnen Begriffe finden Sie in Abbildung 6.20.

Technische Informationen zur Partnerrolle

▶ Feldlänge: 2-stellig

▶ Menüpfad im Customizing: Logistics Execution • Versand • Grundlagen • Partner • Partnerfindung für Lieferungen einstellen

▶ Eigene Transaktion: VOPA, anschließend das Partnerobjekt Lieferung auswählen und abschließend auf den Button Partnerrollen klicken. Die Transaktion VOPA entspricht nicht der Transaktion, die über den Menüpfad angesteuert wird.

▶ Tabellen: TPAR und TPART (Sprachenabhängige Bezeichnungen)

6.3.1 Partnerrollen

Legen Sie zunächst einmal fest, welche *Partnerrollen* für Ihren Versandprozess infrage kommen und ob Sie mit den im SAP-Standard angebotenen Rollen auskommen. Müssen Sie neue Partnerrollen anlegen, wählen Sie eine Partnerrollenidentifikation aus, die mit einem »Z« beginnt. Nehmen Sie die Definition vor (siehe Abbildung 6.21), indem Sie dem System mitteilen, zu welcher Stammdatei Ihr Partner gehört. Tragen Sie hierzu in der Spalte Partnerart (das ist die rechte Spalte neben Bezeichnung) »KU« ein, wenn es sich um einen Kunden handelt. Ist Ihr Partner ein Spediteur oder Frachtführer, wird dieser im Lieferantenstamm gepflegt und erhält somit als Partnerart »LI«. Klappen Sie die möglichen Eingabewerte rechts vom Feld auf und wählen dort die entsprechende Partnerart aus.

Partn	Bezeichnung	Partn	Fehler	Üb.P.	Ei..	KH..
TF	Frachtführer	LI	08		☐	
TL	Lademeister	PE	09		☐	
TR	Reinigungsfirma Trp.	LI	08		☐	
TU	Umschlagsdienstl.	LI	08		☐	
TV	Versicherung (Trp.)	LI	08		☐	
TZ	Zollagent	LI	08		☐	
VA	Vertragsadresse	LI	08		☐	
VE	Vertriebsbeauftragt.	PE	09		☐	
VU	Verant. Benutzer	US			☐	
VW	Verantwortlicher	PE	09		☐	
WE	Warenempfänger	KU	07		☐	
WL	Warenlieferant	LI	08		☐	

Abbildung 6.21 Übersicht über die Partnerrollen

Diesem Partner ist auch ein Unvollständigkeitsschema zugeordnet, das in der Spalte FEHLERGRUPPE angezeigt wird. Die Fehlergruppe ist fest vorgegeben und wird seitens des SAP-Systems automatisch ermittelt. In dem Unvollständigkeitsschema stehen Felder, die in der jeweiligen Stammdatei gefüllt sein müssen, um z. B. den Kundenauftrag zu verarbeiten. In dieser Übersicht legen Sie außerdem fest, ob es zu dieser Partnerrolle eine hierarchisch übergeordnete Partnerrolle gibt (Spalte ÜB.PARTNERROLLE). Setzen Sie ein Häkchen in die Spalte EINDEUTIG, wenn diese Partnerrolle eindeutig ist. Der Auftraggeber ist z. B. eindeutig und darf auch nur einmal in den Vertriebsbelegen erscheinen, während der Kunde durchaus mehrere Warenempfänger haben kann. Der Warenempfänger wäre damit nicht mehr eindeutig.

In einem weiteren Schritt müssen Sie vorgeben, welche Kontogruppen Sie für diese Partnerart zulassen. Mit den Kontogruppen steuern Sie die unterschiedlichen Ausprägungen Ihrer Stammdaten. Zum Beispiel kann der Auftraggeber eine andere Kontogruppe als der Warenempfänger besitzen, da im Normalfall keine Buchhaltungsdaten für einen Warenempfänger gepflegt werden müssen. Ein CPD-Kunde (Conto-pro-diverse) hat ebenfalls eine andere Ausprägung im Kundenstamm als der Auftraggeber. Diese Kontogruppe finden Sie ebenfalls in der Lieferantenstammdatei (der Spediteur hat z. B. eine andere Kontogruppe als der Rohstofflieferant). Nun müssen über den Ordner KONTOGRUPPEN-ROLLENZUORDNUNG der Partnerart alle zugelassenen Kontogruppen zugeordnet werden.

Es gibt zusätzlich die Möglichkeit, die Partnerarten sprachenabhängig zu gestalten. Hierzu klicken Sie auf den Ordner PARTNERROLLENUMSCHLÜSSELUNG in der linken Bildschirmhälfte. An dieser Stelle geben Sie z. B. die englische Abkürzung »SH« für Ship-To für den Warenempfänger ein. Haben Sie sich in englischer Sprache am System angemeldet, wird Ihnen demzufolge stets die Partnerart »SH« anstatt »WE« angezeigt.

6.3.2 Partnerschema

Wenn Sie die Rollen festgelegt haben, die Sie benötigen, fassen Sie alle notwendigen Rollen zusammen und schnüren daraus ein Paket, das sogenannte *Partnerschema* (siehe Abbildung 6.16).

Technische Informationen zum Partnerschema

- ▸ Feldlänge: 4-stellig
- ▸ Menüpfad im Customizing: LOGISTICS EXECUTION • VERSAND • GRUNDLAGEN • PARTNER • PARTNERFINDUNG FÜR LIEFERUNGEN EINSTELLEN

- ▶ Eigene Transaktion: VOPA, anschließend das Partnerobjekt LIEFERUNG auswählen und abschließend auf den Button PARTNERSCHEMATA klicken. Die Transaktion VOPA entspricht nicht der Transaktion, die über den Menüpfad angesteuert wird.
- ▶ Tabelle: TVPG

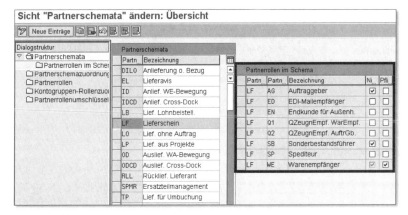

Abbildung 6.22 Dem Partnerschema zugeordnete Partnerrollen

Im ersten Schritt definieren Sie Ihr eigenes Partnerschema, indem Sie auf den Ordner PARTNERSCHEMATA klicken (in der linken Bildschirmhälfte). Eigene Partnerschemata sollten mit einem »Z« beginnen, damit sie von den SAP-Standardschemata unterschieden werden können. Erst im zweiten Schritt ordnen Sie jede einzelne Rolle dem Partnerschema zu. Zusätzlich müssen Sie festlegen, ob Sie Ihren Partner (z. B. der Warenempfänger) im Lieferbeleg noch ändern dürfen, nachdem der Beleg angelegt wurde. Setzen Sie ein Häkchen in die Spalte NICHT ÄNDERBAR, wenn der Partner im Lieferbeleg nicht mehr verändert werden darf. Ebenso müssen Sie bestimmen, ob es sich um einen Pflichtpartner handelt oder ob er auch weggelassen werden kann (ein Häkchen in der Spalte PFLICHTROLLE bedeutet in diesem Fall: Partner ist eine Pflichtangabe).

Technische Informationen zur Zuordnung der Partnerrollen

- ▶ zu einem Partnerschema
- ▶ Menüpfad im Customizing: LOGISTICS EXECUTION • VERSAND • GRUNDLAGEN • PARTNER • PARTNERFINDUNG FÜR LIEFERUNGEN EINSTELLEN
- ▶ Eigene Transaktion: VOPA, anschließend das Partnerobjekt LIEFERUNG auswählen und auf den Button PARTNERSCHEMATA klicken, ein Schema aussuchen und abschließend auf den Button ROLLEN IM SCHEMA klicken. Die Transaktion VOPA entspricht nicht der Transaktion, die über den Menüpfad angesteuert wird.
- ▶ Tabelle: TPAER

Dieses Partnerschema ordnen Sie zum Schluss dem Lieferbeleg (je Lieferart) zu (siehe Abbildung 6.23).

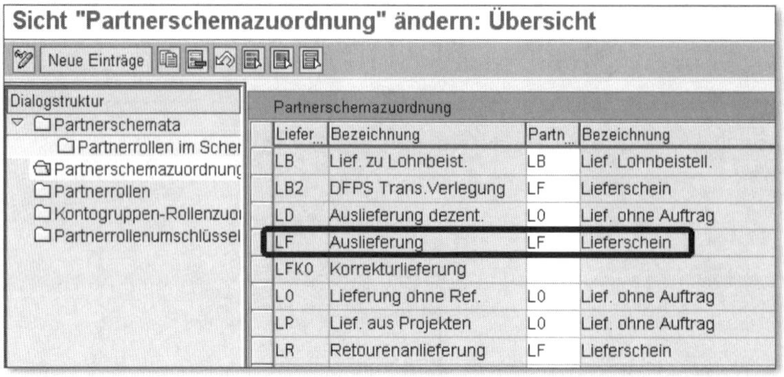

Abbildung 6.23 Zuordnung der Partnerrolle zu einer Lieferart

Technische Informationen zur Zuordnung der Partnerrollen zu einer Lieferart

▸ Menüpfad im Customizing: Logistics Execution • Versand • Grundlagen • Partner • Partnerfindung für Lieferungen einstellen

▸ Eigene Transaktion: VOPA, anschließend das Partnerobjekt Lieferung auswählen und auf den Button Partnerschemata klicken; ein Schema aussuchen und abschließend auf den Button Schemazuordnung klicken. Die Transaktion VOPA entspricht nicht der Transaktion, die über den Menüpfad angesteuert wird.

▸ Tabelle: TVLK

Sie erreichen die Einstellungen über das Customizing, können aber auch die Transaktion VOPA aus den vorigen Releaseständen nutzen. Allerdings weichen die Bildschirmbilder von den hier abgedruckten Abbildungen ab.

6.3.3 Partnerfindung

Die Partnerfindung ist ausnahmsweise recht einfach. Die Partner werden bei Ihrem Kunden in der Kundenstammdatei gepflegt. Dort geben Sie z. B. für Ihren Auftraggeber einen oder mehrere Warenempfänger sowie einen Rechnungsempfänger, vielleicht noch Hierarchien (z. B. die Zentrale des Auftraggebers) und eventuell einen Spediteur vor. Sie können auch Ihren Vertriebsbeauftragten dort einpflegen (der dann natürlich in der Personalstammdatei gepflegt sein muss). Zur Auftragserfassung werden die beim Auftraggeber eingepflegten Partner in den Kundenauftrag kopiert. Sollten mehrere Partner mit der gleichen Partnerart vorhanden sein, erhalten Sie ein Popup, auf dem Sie den entsprechenden Partner auswählen können.

6.4 Texte im Lieferbeleg

Neben den fest definierten Daten in den einzelnen Feldern im Lieferbeleg gibt es Informationen, die keiner Verschlüsselung oder Definition unterliegen. Hierzu zählen die Texte. In ihnen können Sie Informationen, Hinweise, Arbeitsanweisungen und vieles mehr unterbringen. Hierbei müssen Sie unterscheiden, ob es sich um Textinformationen handelt, die für den gesamten Lieferbeleg gültig sind (auch *Kopftexte* genannt) oder nur für eine bestimmte Position gelten (*Positionstexte* genannt).

Trotz aller Freiheit, was ihren Inhalt betrifft, sind die Texte größtenteils für einen bestimmten Personen- oder Arbeitskreis bestimmt. Es können Texte für den Kunden selbst sein, die auf die Lieferpapiere und eventuell auch auf die Rechnung gedruckt werden. Es können aber auch Hinweise für Ihre Mitarbeiter im Unternehmen sein.

> Texte für den Kunden: »Nach telefonischer Rücksprache überlasse ich Ihnen gratis **[zB]** ...« oder eine Information für Ihre Lagermitarbeiter: »Palettenhöhe von 1,20 m Maximum beachten« oder für die Mitarbeiter in der Verladung: »Paletten auf dem Lkw nicht stapeln!«.

6.4.1 Struktur von Texten

In Abbildung 6.24 habe ich Ihnen einen groben Überblick über die Struktur der Textermittlung dargestellt. In den nun folgenden Abschnitten werde ich auf die Details eingehen.

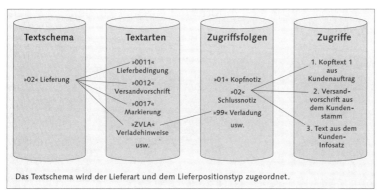

Abbildung 6.24 Übersicht über die Textermittlung

Es gibt Texte, die z. B. für Ihre Mitarbeiter intern vorgesehen sind und die nicht auf die Lieferpapiere gedruckt werden sollten, die Sie dem Spediteur aushändigen oder Ihrem Kunden zukommen lassen. Andererseits ist es für Ihre Lagermitarbeiter völlig uninteressant, was Sie Ihrem Kunden über einen zusätzlichen Text mitteilen. Um die Zielgruppe dieser Texte steuern zu können, müssen die Texte unterschieden werden, und zwar über die *Textart* (siehe die diversen Textarten im Lieferkopf in Abbildung 6.25). Jede Textart ist durch einen vierstelligen Schlüssel gekennzeichnet, die sogenannte *Text-ID*.

Sie kommen zu den Kopftexten, indem Sie aus der Übersicht des Lieferbelegs in der Menüleiste SPRINGEN • KOPF • TEXTE auswählen.

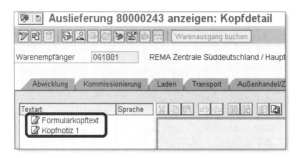

Abbildung 6.25 SAP-Standardtextarten im Lieferkopf

Im Lieferbeleg selbst sehen Sie jedoch nicht die vierstellige Identifikation der Textart, die sich hinter einem Text verbirgt, sondern lediglich die Beschreibung in der jeweiligen Sprache, in der Sie sich am System angemeldet haben. Um zur Identifikation der Textarten zu gelangen, müssen Sie in der Textübersicht auf das Icon 🔲 klicken. Das SAP-System zeigt Ihnen nun zusätzlich die jeweilige Text-ID sowie weitere Informationen zur Textfindung an (siehe Abbildung 6.26). Mehr über diese Informationen erfahren Sie in Abschnitt 6.4.7, »Textfindungsanalyse«.

Abbildung 6.26 Protokoll über die Textfindung

Möchten Sie alle möglichen Textarten sehen, die im SAP-System für Lieferbelege angelegt sind, starten Sie die Transaktion VOTXN (in älteren Releases teilweise noch VOTX). Wählen Sie nun unter dem Menüpunkt LIEFERUNG

entweder KOPF oder POSITION. Klicken Sie anschließend auf den Button
[Textarten]. Sie erhalten nun alle eingestellten Textarten im SAP-System für
das ausgewählte Objekt (Lieferkopf oder -position).

Da Sie für Ihre Anforderungen im Unternehmen nicht alle Textarten nutzen
werden oder vielleicht noch ein paar spezifische Textarten darüber hinaus
benötigen, die hier nicht angelegt sind, können Sie über das Customizing
weitere Texte definieren. Diese Text-IDs beginnen immer mit »Z«, sodass Sie
sofort erkennen können, ob es sich um eine SAP-Standardtextart oder um
eine speziell für Ihre Anforderungen angelegte Textart handelt.

Die Texte, die Sie für eine bestimmte Lieferart benötigen, werden zu einem
Textschema zusammengefasst. Dieses Schema bekommt wieder eine Nummer zur Identifikation. Diese Schemanummer wird wiederum einer Lieferart
bzw. einem Positionstyp zugeordnet. Hiermit ist festgelegt, welche Textarten
für welche Lieferart und welchen Positionstyp erlaubt sind.

In einem weiteren Schritt müssen Sie im SAP-System festlegen, von welcher
Quelle die unterschiedlichen Textarten übernommen werden. Hiermit ist
gemeint, dass z. B. der Sachbearbeiter bei der Kundenauftragsannahme in
seinem Kundenauftrag einen Hinweis für die Verladung eingibt und dieser
Hinweis nun automatisch in den Lieferbeleg übernommen werden muss.
Die Herkunft des Textes muss also geklärt werden.

Die Herkunft der einzelnen Textarten wird über eine Zugriffsfolge definiert.
In dieser Zugriffsfolge wird festgelegt, welcher Text von wo übernommen
wird. Hier können Regeln hinterlegt werden, welcher Text Vorrang hat, z. B.
Artikeltexte einmal aus den Verkaufstexten im Materialstamm und zum gleichen Artikel aus dem Kunden-Infosatz.

6.4.2 Textarten

Wenn Sie neue Textarten definieren müssen, sollte die Text-ID mit einem
»Z« beginnen. In meinem Beispiel lege ich einen Text für die Verladung an
und nenne die Text-ID »ZVLA«. Gehen Sie in das Customizing, oder starten
Sie direkt die Transaktion VOTXN. Ich entscheide mich für einen zusätzlichen Kopftext, daher wähle ich unter LIEFERUNG die Option KOPF. Drücken
Sie die [F2]-Taste, oder klicken Sie auf den Button [Textarten]. Markieren Sie
einen ähnlichen Text, z. B. die Text-ID »0012 Versandvorschriften«, und klicken Sie auf das Icon [], oder drücken Sie die [F6]-Taste. Überschreiben Sie
die TEXT-ID mit »ZVLA«, und geben Sie unter BEZEICHNUNG ID »Verladehinweise« ein (siehe Abbildung 6.27).

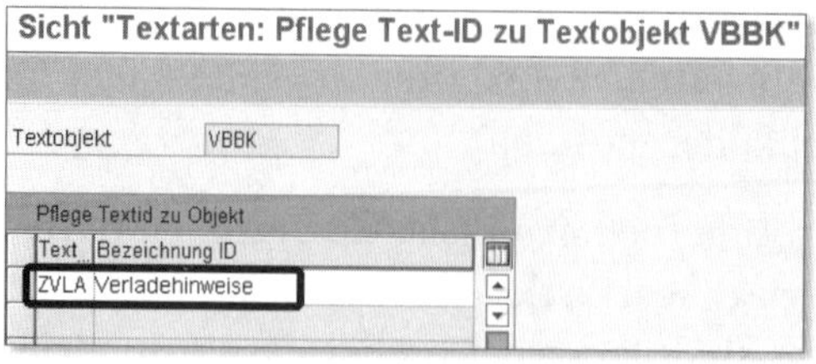

Sicht "Textarten: Pflege Text-ID zu Textobjekt VBBK"

Textobjekt   VBBK

Pflege Textid zu Objekt

Text	Bezeichnung ID
ZVLA	Verladehinweise

Abbildung 6.27 Definition einer neuen Text-ID bzw. Textart

Technische Informationen zur Textart

- ▸ Feldlänge: 4-stellig
- ▸ Menüpfad im Customizing: Logistics Execution • Versand • Grundlagen • Textsteuerung • Textarten definieren
- ▸ Eigene Transaktion: VOTXN
- ▸ Tabellen: TTXID und TTXIT (sprachenabhängige Bezeichnung); für beide Tabellen gilt: Textobjekt »VBBK« für Kopf- und »VBBP« für Positionstexte

---

[!] Sichern Sie diese neue Text-ID, indem Sie auf das Icon 🖫 klicken. Beachten Sie jedoch, dass diese Text-ID mandantenübergreifend verfügbar ist. Sie kann also von allen Mandanten genutzt werden, die auf Ihrem installierten SAP-System laufen. Eine Absprache ist erforderlich, da sonst unter Umständen ein Wildwuchs von Textarten entsteht.

6.4.3 Textschema

Sehen Sie nun nach, welches Textschema für die Lieferarten genutzt wird, für die Sie die Verladehinweise benötigen. Handelt es sich um ein SAP-Standardschema, überschreiben Sie dieses Schema und legen ein neues an, das mit einem »Z« beginnen sollte. Ist der Lieferart bereits ein kundenspezifisches Schema zugeordnet (fängt mit einem »Z« an), merken Sie sich einfach dieses Schema (siehe Abbildung 6.28). In diesem Beispiel ist noch das Standardschema »02« der Lieferart »LF« zugeordnet.

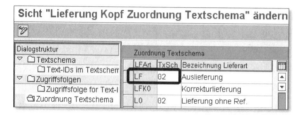

Abbildung 6.28 Zuordnung eines Textschemas zur Lieferart

Technische Informationen zum Textschema

▸ Feldlänge: 2-stellig

▸ Menüpfad im Customizing: Logistics Execution • Versand • Grundlagen • Text-steuerung • Textschemata definieren und zuordnen

▸ Eigene Transaktion: VOTXN

▸ Tabellen: TTXG und TTXGT (sprachenabhängige Bezeichnung); für beide Tabel-len gilt: Textobjekt »VBBK« für Kopf- und »VBBP« für Positionstexte

Klicken Sie nun auf Textschema in der linken Bildschirmhälfte. Markieren Sie anschließend das neue bzw. alte Textschema (in diesem Beispiel die »02«) und klicken auf das Icon 🖺, um es zu kopieren. Sie erhalten ein neues Bild, in dem Sie das neue Schema einpflegen. In diesem Beispiel nenne ich das neue Textschema »ZL«. Drücken Sie die ⌈Enter⌉-Taste, und Sie erhalten ein Popup (siehe Abbildung 6.29). Darin wählen Sie ALLE KOPIEREN.

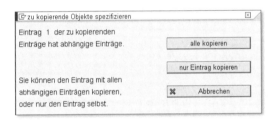

Abbildung 6.29 Popup zum Kopieren bestehender Textschemata

Sichern Sie anschließend Ihre Eingabe. Drücken Sie einmal die ⌈Back⌉-oder ⌈F3⌉-Taste, und Sie gelangen wieder in die Übersicht der Textschemata. Das Schema »ZL« müsste nun erscheinen (siehe Abbildung 6.30).

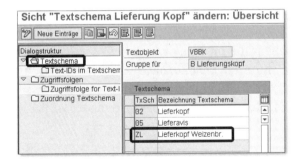

Abbildung 6.30 Textschemata für den Lieferkopf

Markieren Sie nun das Schema »ZL«, und doppelklicken Sie auf TEXT-IDs im TEXTSCHEMA. Dort finden Sie nun die vom Schema »02« kopierten Text-IDs (siehe Abbildung 6.31). Wir fügen die neue Text-ID »ZVLA« hinter der Kopfnotiz »1« mit der laufenden Nummer »30« ein. Klicken Sie auf den Button [Neue Einträge], und pflegen Sie nun unter Lfdnr die »30« und unter ID die »ZVLA« ein. Sichern Sie diese Eingaben.

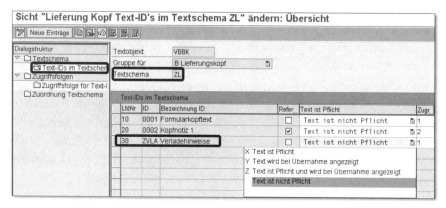

Abbildung 6.31 Übersicht über alle Text-IDs, die einem Textschema zugeordnet sind

Zu den einzelnen Text-IDs wird Folgendes festgelegt:

▶ Referenzieren/Duplizieren
Soll ein Text von einem Beleg in den nächsten dupliziert werden, setzen Sie das Häkchen in der Spalte Referenzieren/Duplizieren. Setzen Sie das Häkchen nicht, wird im Folgebeleg auf den Text referiert. Wird er im Kundenauftrag geändert, erscheint er auch geändert im Lieferbeleg. Ändern Sie hingegen den Text im Lieferbeleg, geht die Referenzierung verloren, und für den Lieferbeleg wird ein eigener Text angelegt. Wurde der Text dupliziert, existiert dieser Text real zweimal und ist nun unabhängig von den einzelnen Belegen.

▶ Text ist Pflicht
Soll die Text-ID als Pflichteingabe im Beleg erscheinen, setzen Sie das Merkmal Text ist Pflicht, ansonsten bleibt es auf Text ist nicht Pflicht. Möchten Sie, dass der Text bei der Übernahme als Popup angezeigt wird, setzen Sie die entsprechende Kombination (siehe Abbildung 6.31).

6.4.4 Zugriffsfolgen

In der Spalte Zugriffsfolgen geben Sie in verschlüsselter Form die Herkunft des Textes an. Doppelklicken Sie in der linken Bildschirmhälfte auf Zugriffs-

Folgen, und Sie erhalten alle möglichen Kombinationen (siehe Abbildung 6.32).

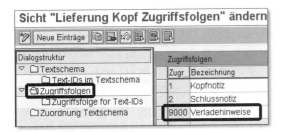

Abbildung 6.32 Zugriffsfolgen für die einzelnen Text-IDs

Technische Informationen zu den Zugriffsfolgen

▸ Feldlänge: 4-stellig

▸ Menüpfad im Customizing: Logistics Execution • Versand • Grundlagen • Textsteuerung • Zugriffsfolgen Textfindung definieren

▸ Eigene Transaktion: VOTXN

▸ Tabellen: TTXZ und TTXZT (sprachenabhängige Bezeichnung); für beide Tabellen gilt: Textobjekt »B« für Lieferkopf- und »E« für Lieferpositionen

Markieren Sie beispielsweise die Zugriffsfolge »9000«, und doppelklicken Sie auf den Ordner Zugriffsfolge for Text-IDs. In dieser Zugriffsfolge wird Folgendes definiert (siehe auch Abbildung 6.33):

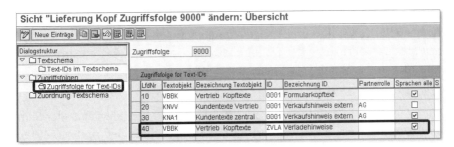

Abbildung 6.33 Zugriffsfolge innerhalb einer Text-ID (Bild 1 von 2)

Geben Sie unter Textobjekt »VBBK« für Vertriebsbelegkopf an. Unter ID geben Sie die Textart ein, die sich auf das Textobjekt beziehen muss, d. h., bei der laufenden Nummer »10« handelt es sich um den Formularkopftext (Text-ID »0001«) aus dem Kundenauftragskopf.

Texte sind sprachenabhängig. Einem Text wird immer ein Sprachenkennzeichen als Attribut mitgegeben (z. B. »DE« für Deutsch bzw. »EN« für Englisch). Setzen Sie das Häkchen in der Spalte SPRACHEN ALLE, werden aus dem Vorbeleg alle Texte kopiert, unabhängig davon, mit welchen Sprachattributen diese angelegt wurden (siehe Abbildung 6.34). Möchten Sie nur den Text in einer bestimmten Sprache kopieren, geben Sie in der Spalte SPRACHE das Sprachkennzeichen ein. Sie haben aber auch die Möglichkeit, nur die Sprache zuzulassen, mit der der Auftraggeber angelegt ist. Somit erreichen Sie eine durchgängig einheitliche Sprache in allen SAP-Verkaufsbelegen. Setzen Sie das Häkchen in der Spalte SPRACHE VK-ORG, wird die gewünschte Sprache von der Verkaufsorganisation ermittelt.

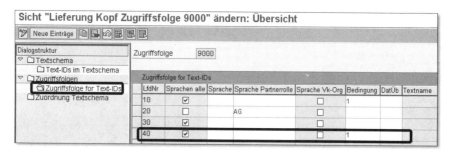

Abbildung 6.34 Zugriffsfolge innerhalb einer Text-ID (Bild 2 von 2)

Um die Texte von einem Beleg in den nächsten zu kopieren, können Sie eigene Bedingungen und Übernahmeregeln als Programm kodieren. Geben Sie in die Spalte BEDINGUNG eine dreistellige Nummer ein. Der Name des Programms, das die Bedingung prüfen soll, lautet »LV45Tnnn«. Das »nnn« ersetzen Sie durch Ihre dreistellige Nummer. Einen weiteren User Exit können Sie zur Übernahme der Daten kodieren. Geben Sie eine entsprechende Nummer in die Spalte DATÜB ein, um den Namen des Programms festzulegen (z. B. »LV45TEnn«).

Für unser Beispiel habe ich die Zugriffsfolge »9000« angelegt (aus der Standard-Zugriffsfolge »0001« kopiert) und die Übernahme der Textart »ZVLA« eingetragen. Anschließend habe ich die Zugriffsfolge »9000« noch in die Text-ID »ZVLA« eingetragen.

Technische Informationen zu den Details einer Zugriffsfolge

▶ Menüpfad im Customizing: LOGISTICS EXECUTION • VERSAND • GRUNDLAGEN • TEXTSTEUERUNG • ZUGRIFFSFOLGEN TEXTFINDUNG DEFINIEREN

▶ Eigene Transaktion: VOTXN

▶ Tabelle: TTXZI

6.4.5 Textschemaverwendung

Zum Schluss ordnen Sie dieses Schema noch Ihrer Lieferart zu. Klicken Sie im Übersichtsbild auf den Button TEXTSCHEMAVERWENDUNG. Pflegen Sie dort unter der gewünschten Lieferart das neue Textschema ein (siehe Abbildung 6.28). Überschreiben Sie in diesem Beispiel die »02« mit dem neuen Schema »ZL«.

Normalerweise müssen Sie, wenn Sie so vorgehen, wie ich es Ihnen beschrieben habe, vorher eine eigene Lieferart bzw. Auftragsart erstellen und diesen Belegarten das neue Textschema zuordnen. Es ist allerdings nicht empfehlenswert, Änderungen in den Einstellungen der SAP-Standardauslieferung vorzunehmen.

6.4.6 Beispiel für die Textverarbeitung

Ich erstelle einen Kundenauftrag mit der Transaktion VA01. Zuvor habe ich **[zB]** die Textart »ZVLA« genau wie die Lieferart »LF« der Auftragsart »TA« zugeordnet. Verzweige ich, bevor ich den Kundenauftrag sichere, auf die Kopftexte, finde ich unter TEXTART den Eintrag »Verladehinweise«. Hier habe ich ein Beispiel eingegeben (siehe Abbildung 6.35).

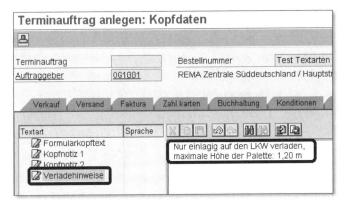

Abbildung 6.35 Neue Textart »Verladehinweise« im Auftragskopf

Ich sichere diesen Kundenauftrag und erstelle nun den Lieferbeleg. Ich starte hierzu die Transaktion VL01N. Anschließend verzweige ich direkt auf die Kopftexte und erhalte den kopierten Text aus dem Kundenauftrag (siehe Abbildung 6.36).

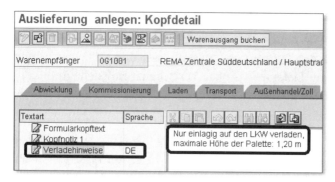

Abbildung 6.36 Verladehinweise im Lieferbeleg (aus dem Kundenauftrag übernommen)

Zur Neueingabe von Texten gehen Sie folgendermaßen vor:

1. Rufen Sie Ihren Lieferbeleg im Änderungsmodus auf (z. B. Transaktion VL02N).

2. Um einen Kopftext zu ändern, rufen Sie den Menüpfad SPRINGEN • KOPF • TEXTE aus der Funktionsleiste auf; zur Änderung eines Positionstextes markieren Sie die gewünschte Position und wählen den Menüpfad SPRINGEN • POSITION • TEXTE.

3. Doppelklicken Sie auf die Textart, unter der Sie einen Text eingeben möchten, oder markieren Sie die Textart, und klicken Sie dann auf das Icon 🗀.

4. Klicken Sie nun in das rechte freie Feld zur Eingabe eines Textes. Geben Sie dort Ihren Text ein.

5. Sichern Sie Ihre Eingabe, oder doppelklicken Sie auf eine weitere Textart. Der zuvor eingegebene Text wird nun übernommen. Als Hinweis erscheint das Sprachkennzeichen hinter der Textart. Daran können Sie erkennen, ob Texte zu einer bestimmten Textart eingepflegt wurden.

Mit einem Klick auf das Icon 📰 können Sie Texte von Ihrem Rechner hochladen, z. B. in Form einer Microsoft Word-Datei. Klicken Sie auf das Icon 🔍, gelangen Sie in die Textverarbeitung des SAP-Systems.

Möchten Sie bereits erfasste Texte noch einmal ändern oder sogar komplett löschen, führen Sie folgende Schritte durch:

1. Rufen Sie Ihren Lieferbeleg im Änderungsmodus auf (z. B. Transaktion VL02N).

2. Um einen Kopftext zu ändern oder zu löschen, rufen Sie den Menüpfad SPRINGEN • KOPF • TEXTE aus der Funktionsleiste auf. Zur Änderung eines

Positionstextes markieren Sie die gewünschte Position und wählen den Menüpfad SPRINGEN • POSITION • TEXTE.

3. Doppelklicken Sie auf die Textart, deren Text Sie ändern oder löschen möchten. Bereits existierende Texte erkennen Sie daran, dass hinter der Textart das Sprachkennzeichen erscheint.

4. Klicken Sie nun in den Text, und geben Sie Ihre Änderung ein. Zum Löschen klicken Sie auf das Icon 🗑.

5. Sichern Sie Ihre Eingabe, oder doppelklicken Sie auf eine weitere Textart. Der zuvor eingegebene Text wird nun übernommen oder gelöscht.

Sie haben vielfältige Möglichkeiten, mit Texten im Lieferbeleg zu arbeiten. Texte sind jedoch nicht dazu geeignet, Informationen abzuspeichern, die Sie für Auswertungen oder sogar als Steuerungsmerkmale benutzen. Hiervon kann ich generell nur abraten.

6.4.7 Textfindungsanalyse

Haben Sie nicht den gewünschten Erfolg mit Ihren Texten im Lieferbeleg (z. B. wird nicht der richtige Text kopiert) oder gibt es Probleme, die Sie sich auf den ersten Blick nicht erklären können, haben Sie die Möglichkeit, durch die Textfindungsanalyse ein Protokoll zu erhalten, aus dem Sie alle Aktivitäten des Systems entnehmen können. Sie müssen für diese Analyse auf die Sicht der Texte wechseln (siehe Abbildung 6.36). Klicken Sie nun auf das Icon 🗐 unterhalb der Textanzeige (dieses Icon sehen Sie nicht in Abbildung 6.36!), und Ihnen werden die Texte in einer Baumstruktur angezeigt (siehe Abbildung 6.37).

Abbildung 6.37 Textfindungsanalyse im Lieferbeleg

Sie erkennen vor der Textart ein »+«. Dieses Zeichen deutet darauf hin, dass es zu dieser Zeile weitere Informationen gibt. Möchten Sie die Analyse nur für eine bestimmte Textart durchführen, klicken Sie auf das +-Zeichen, ansonsten klicken Sie auf das Icon 🗐. Durch den Klick auf dieses Icon werden alle Textarten analysiert. Achten Sie jedoch darauf, dass der Cursor nicht auf einer bestimmten Textart positioniert ist, sondern setzen Sie ihn einfach in das Wort »Textschema«. Ich habe Ihnen in Abbildung 6.38 die Analyse für meine Verladehinweise dargestellt.

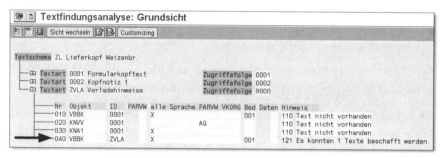

Abbildung 6.38 Weiter gehende Textfindungsanalyse

Dieses Bild erinnert Sie vielleicht an die Zugriffsfolgen (siehe Abbildung 6.33), denn genau diese werden Ihnen nun angezeigt. Hier können Sie nun in der letzten Spalte unter HINWEIS die notwendigen Informationen finden, die Sie vielleicht benötigen, um Ihr eventuelles Textproblem zu lösen. Für mein Beispiel sehen Sie bei den Verladehinweisen, dass ein Text beschafft werden konnte, während im Kundenauftrag weder ein Text mit der Text-ID »0001« noch Texte aus dem Kundenstamm gefunden wurden (Hinweis »Text nicht vorhanden«).

Möchten Sie nun noch sehen, auf welche Belege bzw. Stammdaten für die Textfindung referiert wurde, klicken Sie auf den Button Sicht wechseln . Sie erhalten nun für jede einzelne Textart eine weitere Zeile mit den Herkunftsinformationen (siehe Abbildung 6.39).

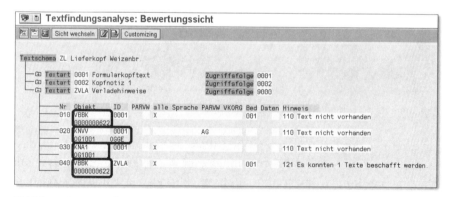

Abbildung 6.39 Detaillierte Textfindungsanalyse

Aus dem Beleg 622 (das ist in diesem Fall der Kundenauftrag aus meinem Beispiel in Abschnitt 6.4.6) wurden die Textarten »0001« (laufende Nr. »10«) und »ZVLA« (laufende Nr. »40«) gelesen. Zu der laufenden Nummer 10 wurde aber kein Text aus dem Kundenauftrag gefunden. Unter der laufenden Nr. »20« wurde der Text aus den Vertriebsbereichsdaten des Kundenstamms (Kundennummer »OG1001« mit der Verkaufsorganisation »OGGE«) gelesen, jedoch wurde auch hier kein Text gefunden. Schließlich gibt es noch die laufende Nr. »30«. Dort wurde versucht, den Text mit der Text-ID »0001« aus den allgemeinen Daten des Kundenstamms zu lesen (Bezug nur auf die Kundennummer »OG1001«, ohne Verkaufsorganisation).

Versuchen Sie, wenn Sie die Möglichkeit dazu haben, mit dieser Funktion ein wenig zu testen. Solange Sie sich nur im Anzeigemodus befinden, kann auch nichts passieren.

6.5 Exportdaten

Exporte unterliegen in der Wirtschaft zurzeit einem stetigen Wachstum. In vielen Unternehmen hat das Exportgeschäft bereits das Inlandsgeschäft überholt. Daher musste auch SAP diesen hohen Anforderungen an das System zu einer effizienten Exportunterstützung nachkommen und entsprechende Lösungen schaffen. Diese Lösungen gehen bereits weit über die Meldung einer Intrastat, das Drucken von Zolldokumenten u.Ä. hinaus.

In diesem Abschnitt ist es nicht möglich, auf die komplette Zollabwicklung einzugehen. Würde ich Ihnen allein die nötigen Einstellungen für eine Präferenzkalkulation und die Beachtung gesetzlicher Kontrollen für bestimmte Länder (z. B. Embargolisten) vorstellen und erläutern, wie sie bei jedem Artikel zu hinterlegen sind, würde daraus ein eigenes kleines Buch entstehen. In diesem Abschnitt kann ich auch nicht detailliert auf zolltechnische Begriffe eingehen. Zum größten Teil sind die Informationen, die ich Ihnen hier vorstelle, vom Gesetzgeber vorgegeben und dürfen nicht verändert werden. Daher beschränke ich mich auf den Teil der Daten, den Sie für die Abwicklung von Exportgeschäften aus Sicht des Versands tatsächlich benötigen.

Exportdaten finden Sie auf Lieferkopf- und Lieferpositionsebene wieder. Die Daten im Lieferkopf beschreiben die Exportdaten, die für alle Positionen in der Lieferung gelten. In der Lieferposition werden die zollspezifischen Informationen abgelegt, die zu dem Material gehören. Alle Daten, die Sie im Lieferbeleg sehen, werden bereits bei der Erfassung des Kundenauftrags bzw. der Umlagerungsbestellung ermittelt und werden aus den Stammdaten vorgeschlagen.

6.5.1 Exportdaten im Lieferkopf

Ich beginne zunächst mit den Exportdaten im Lieferkopf (siehe Abbildung 6.40). Sie gelangen in dieses Bild über den Menüpfad SPRINGEN • KOPF • AUSSENHANDEL/ZOLL. In diesem Bild haben Sie die Möglichkeit, die einzelnen Daten themenbezogen auf den einzelnen Registerkarten anzuwählen. Auf der Registerkarte BEFÖRDERUNG beschreiben Sie die Beförderung der Waren bis zur Zollstelle, an der die Materialien das Land verlassen. Hierbei wird unterschieden, wie die Materialien Ihr Werk verlassen haben (im Feld VERKEHRSZWEIG INLAND z. B. »3« für Lkw) und wie sie die Ausfuhrzollstelle passieren (im Feld VERKEHRSZWEIG GRENZE z. B. »2« für Eisenbahnverkehr). Hierzu tragen Sie noch weitere Informationen in die Felder BEFÖRDERUNG ABGANG und BEFÖRDERUNG GRENZE ein, wie z. B. das Auto- und das dazugehörige Länderkennzeichen des Fahrzeugs, mit dem die Ware befördert wurde. Auf der Registerkarte GEOGRAPHIE werden die Zollstellen eingetragen, an denen die Ware das Land verlässt (Felder AUSGANGSZOLLSTELLE und AUSFUHRZOLLSTELLE) und im Bestimmungsland eingeführt wird.

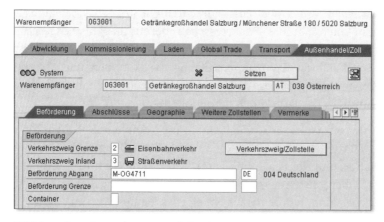

Abbildung 6.40 Exportdaten im Lieferkopf

Die Verschlüsselung der Daten ist vom Gesetzgeber vorgegeben und kann nicht verändert werden.

6.5.2 Exportdaten in der Lieferposition

Die Exportdaten auf Positionsebene betreffen größtenteils das Material. Markieren Sie eine Position, und wählen Sie den Menüpfad SPRINGEN • POSITION • AUSSENHANDEL/ZOLL. Auf der Registerkarte GESETZLICHE KATEGORISIERUNG wird Ihr Material gemäß den Verordnungen zu den Außenhandelsstatistiken in Kategorien eingeteilt (siehe Abbildung 6.41). Diese Kategorien sind vereinheitlicht und gesetzlich vorgegeben. Die wichtigste Information ist die *statistische Warennummer*, auch *Zolltarifnummer* genannt. Sie ist im Feld WARENNR/IMP.CODENR abgespeichert. Unterliegt dieses Material einer von den Außenhandelsbestimmungen vorgegebenen Maßeinheit, steht im Feld BESONDERE MASSEINHEIT die vorgeschriebene Maßeinheit (wird im Customizing zur statistischen Warennummer eingepflegt).

Abbildung 6.41 Exportdaten in der Lieferposition

Ursprungsdaten gemäß den Außenhandelsbestimmungen werden auf der Registerkarte URSPRUNG/BESTIMMUNG/GESCHÄFT abgelegt (siehe Abbildung 6.42). Dem Material, das Sie verschicken, müssen Sie Ursprungsdaten zuordnen, etwa in welchem Land und in welcher Region (z. B. »09« für Bayern) das Material ursprünglich produziert und zusammengestellt wurde. Wenn das produzierende Werk seinen Sitz in Deutschland hat, ist unter URSPRUNGSLAND ein »DE« und unter URSPRUNGSREGION das Bundesland einzutragen (siehe Abbildung 6.42). Diese Felder sagen aber nichts darüber aus, ob das Material auch wirklich als deutsch zu deklarieren ist. Hierüber muss die Präferenzsituation Auskunft geben. Ein Material gilt als präferenzberechtigt, sobald alle eingesetzten und verbauten Einzelteile zu einem bestimmten Prozentsatz deutschen Ursprungs sind. Das Verhältnis deutscher (bzw. aus der EG stammender) und nicht deutscher (d. h. aus Drittländern stammender) Einzelteile wird über den Wert der Einzelteile errechnet und hängt zusätzlich von dem Land ab, in das geliefert werden soll. Es gibt Länder, die einen geringeren prozentualen Anteil »Drittware« erlauben. Ob es berechtigt ist, das Material zu deklarieren, als sei es deutschen Ursprungs, wird über die Präferenzkalkulation ermittelt.

Im Feld VERSENDUNGSLAND wird das Land eingetragen, aus dem das Material verschickt wurde. Das ist prinzipiell das Land, in dem die Versandstelle ansässig ist. Die Felder EXPORTVERFAHREN und GESCHÄFTSART müssen ebenfalls gemäß den Außenhandelsbestimmungen gefüllt werden. Für einen normalen Verkauf wäre z. B. das Exportverfahren »10000« (Ausfuhr ohne vorangegangenes Verfahren) und die Art des Geschäfts »11« (Endgültiger Kauf/Verkauf).

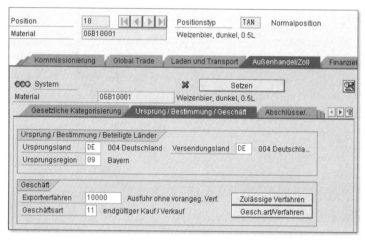

Abbildung 6.42 Ursprungsdaten zum bestellten Material

6.5.3 Verwendung von Exportdaten im Lieferbeleg

Die hier gültigen Werte sind den Außenhandelsbestimmungen zu entnehmen. Sie müssen entweder im Kundenauftrag bzw. in der Umlagerungsbestellung manuell erfasst oder durch einen Algorithmus vom System vorgeschlagen werden. Die Werte werden für die Außenhandelsmeldungen benötigt. Die wichtigsten Meldungen, die Sie monatlich dem Statistischen Bundesamt mitteilen müssen, sind die Intrastat (Meldung aller grenzüberschreitenden Warenbewegungen innerhalb der EG), die Extrastat (Meldung aller grenzüberschreitenden Warenbewegungen über die EG-Grenzen hinaus) und die KOBRA (Meldung über Waffen und Materialien, die zur Herstellung von Waffen genutzt werden können). Zusätzlich werden diese Informationen auf den Exportdokumenten abgedruckt, die dem Spediteur und den Zollstellen ausgehändigt werden. Auf die Rechnung kann z. B. gedruckt werden, ob ein Material präferenzberechtigt ist oder nicht. Davon hängen eventuell zu entrichtende Einfuhrzölle ab. Zusätzlich gibt es noch weitere Dokumente (Ursprungszeugnis, Ausfuhrerklärungen usw.), auf denen Außenhandelsdaten abgedruckt werden.

Die Daten, die dem Material zugeordnet werden können, werden im Materialstamm gepflegt. Führen Sie in Ihrem Unternehmen chargenpflichtige Materialien, müssen Sie diese Daten auch auf Chargenebene einpflegen. Somit halten Sie für jede Charge die Ursprungsdaten genau fest.

Zu den hier vorgestellten Daten zur Außenhandels- und Zollabwicklung gibt es weitere Prozesse, die in Ihrem Unternehmen durchgeführt werden können. Hierzu gehört z. B. die *gesetzliche Kontrolle*. Es gibt Materialien, die nicht in bestimmte Länder exportiert werden dürfen und auf entsprechenden Embargolisten oder Boykottlisten stehen. Diese Kontrolle wird entweder auf Material- oder Kundenebene durchgeführt. Sind diese Prüfungen aktiv, kann es bei entsprechenden Prüfungen passieren, dass ein Lieferbeleg nicht angelegt werden kann. Wenn Sie bei der Anlage von Lieferbelegen auf Fehlermeldungen stoßen, die den Status »FTCn« (»n« steht für eine Ziffer) besitzen und aus diesem Grund nicht verarbeitet werden können, bedeutet das, dass hier die *gesetzliche Kontrolle* eine weitere Verarbeitung nicht zulässt. Die ersten zwei Buchstaben »FT« im Status »FTCn« stehen für den Begriff »foreign trade«; er bedeutet, dass eine Außenhandelsprüfung durchgeführt wurde und das Ergebnis eine weitere Verarbeitung erst einmal nicht erlaubt.

Ich habe Ihnen hier nur einen kurzen Überblick über die Abwicklung mit Zoll- und Außenhandelsdaten geben können. Nähere Informationen zu den Inhalten der einzelnen Felder bekommen Sie auch auf den Internetseiten des Statistischen Bundesamts.

6.6 Chargen

Unterschiedliche Anforderungen in Ihrem Unternehmen können dazu führen, dass Sie für Ihre Materialien, die Sie verkaufen, Chargen verwalten müssen. Gründe hierfür können z. B. sein, dass Sie Ihre Mängel besser verfolgen wollen und unter Umständen Rückrufaktionen starten müssen, eine mengen- und wertmäßige Verfolgung aus den einzelnen Produktionsaufträgen durchführen möchten oder einfach die gesetzliche Notwendigkeit (z. B. Pharmaprodukte, Nahrungsmittel) zur Chargenführung und -verfolgung besteht.

6.6.1 Material- und Chargenstammdaten

Aktivieren Sie bei einem Material die Chargenverwaltung (Kennzeichen CHARGENPFLICHT im Materialstamm auf der Registerkarte VERTRIEB: ALLG./WERK), lässt sich das Material mit seiner Charge über alle Prozesse hinweg innerhalb des SAP-Systems verfolgen. Sie definieren Ihr eigenes Nummernsystem für Ihre Chargen und geben dieser Charge eigene Merkmale mit, die in vielen Bereichen die globalen Einstellungen aus dem Materialstamm übersteuern. Ebenfalls haben Sie eine eigene Chargenzustandsverwaltung, in der Sie eine Charge sperren oder freigeben können. Sie halten Informationen zu einer Charge fest, die Auskunft geben über das Produktionsdatum, die Mindesthaltbarkeit, den Ursprung aus Sicht des Außenhandels/Zolls usw.

Ich betrachte in diesem Abschnitt die Chargenverwaltung nur aus der Versandsicht. Die Chargen haben zwar auf die Transportdisposition keinen Einfluss, aber gerade bei der Chargenfindung und der dahinterstehenden Verfügbarkeitsprüfung gibt es im Prozessablauf immer wieder unerwartete Probleme.

6.6.2 Überblick über die Chargenfindung

Die Chargenfindung selbst ist innerhalb des SAP-Systems nicht einfach zu verstehen, da hier mehrere Einstellungen aufeinandertreffen, die ineinandergreifen müssen. Die einzelnen Schritte zur Chargenfindung können folgendermaßen beschrieben werden:

1. **In welchem Prozess findet die Chargenfindung statt?**
   Entscheiden Sie, an welcher Stelle die Chargenfindung stattfinden soll. Das kann während der Eingabe des Kundenauftrags, bei der Erstellung des Lieferbelegs oder während der Kommissionierung, wenn WM oder Lean-WM im Einsatz ist, geschehen. Bei der Kommissionierung erfolgt jedoch keine automatische Chargenfindung, vielmehr werden die gepickten Chargen mit der jeweiligen Menge bei der Quittierung in den Lieferbeleg zurückgeschrieben. Spätestens jedoch zur Warenausgangsbuchung muss die Charge bekannt sein.

2. **In welchem Fall soll die Chargenfindung ablaufen?**
   Haben Sie die Entscheidung getroffen, zu welchem Zeitpunkt die Charge gefunden werden soll, müssen Sie einstellen, in welchem Fall die automatische Chargenfindung stattzufinden hat. So gibt es vielleicht in Ihrem Unternehmen Fälle, in denen der Kunde bestimmt, welche Charge er haben möchte oder dass er nur von einer Charge beliefert werden möchte (also kein Chargensplit). Sie sagen in diesem Fall dem SAP-System, bei welchem Prozess, welchem Kunden und welchem Material sowie deren Kombination die automatische Chargenfindung überhaupt stattfinden soll.

3. **Welche Charge soll gefunden werden?**

   Als Letztes müssen Sie einstellen, welche Charge gefunden werden soll. Ist es immer die älteste Charge? Gibt es andere Findungsstrategien in Ihrem Unternehmen? Muss die Charge, die gefunden werden soll, bestimmte Kriterien erfüllen? Es handelt sich um Selektionskriterien, die in der Klassifizierung der Charge festgehalten werden.

4. **Konditionen zur Chargenfindung pflegen**

   Nachdem Sie im Customizing die Einstellungen und Kriterien festgelegt haben, müssen Sie die Chargenfindung über die Konditionstechnik aktivieren.

Alle vier Schritte, die ich Ihnen im Folgenden kurz beschreibe, werden unabhängig voneinander im SAP-System eingestellt.

6.6.3 Zeitpunkt der Chargenfindung

Die automatische Chargenfindung können Sie so einstellen, dass sie während der Eingabe des Kundenauftrags aktiv ist. Hierzu müssen Sie das entsprechende Häkchen beim Positionstyp des Kundenauftrags setzen. Wünschen Sie die Chargenfindung zum Zeitpunkt der Erstellung des Lieferbelegs, müssen Sie die Aktivierung auf den Positionstyp der Lieferung setzen. Ich verweise auf die Abbildung 5.10 in Abschnitt 5.2, »Lieferscheinarten und Positionstypen«.

Wird keine dieser Möglichkeiten gewählt, müssen Sie die Charge manuell erfassen. Setzen Sie die Komponente WM ein, wird die kommissionierte Charge mit der Menge zum Zeitpunkt der Quittierung automatisch in den Lieferbeleg übertragen. Setzen Sie kein WM ein, müssen Sie die kommissionierte Menge pro Charge manuell in den Lieferbeleg eintragen.

6.6.4 Ausführungskriterien zur automatischen Chargenfindung

Zur besseren Übersicht der *Chargensuchstrategie* habe ich in Abbildung 6.43 die nötigen Einstellungen im SAP-System dargestellt. Zunächst müssen Sie ermitteln, mit welchen Kriterien Sie eine automatische Chargenfindung durchführen möchten. Haben Sie die Kombination(en) dieser Kriterien gefunden, bilden Sie sie in einer *Konditionstabelle* ab. Diese Konditionstabellen (Kombinationen der Kriterien) bringen Sie in eine Reihenfolge, in der sie abgearbeitet werden sollen. Die Reihenfolge definieren Sie mit der *Zugriffsfolge*, die Sie wiederum einer *Strategieart* zuordnen, die ihrerseits (es können auch mehrere sein) zum Schluss einem *Strategieschema* zugeordnet wird.

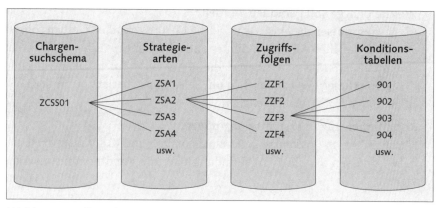

Abbildung 6.43 Übersicht über die Funktionsweise der Chargensuchstrategie

Konditionstabellen zur Chargenfindung

Sehen Sie sich im ersten Schritt die *Konditionstabellen* an. Mit diesen steuern Sie, mit welchen Informationen bzw. Kriterien Sie die Chargenfindung aktivieren möchten. Ein Hauptkriterium wird sicherlich Ihr Kunde bzw. Ihr Material sein, denn es kann durchaus sein, dass es Kunden gibt, für die Sie keine automatische Chargenfindung aktivieren möchten, oder auch bestimmte Materialien, die von der Chargenfindung ausgeschlossen werden sollen. Es können aber auch Kombinationen aus den Kriterien gebildet werden.

Technische Informationen zu den Konditionstabellen zur Chargenfindung

▶ Feldlänge: 3-stellig

▶ Menüpfad im Customizing: LOGISTIK ALLGEMEIN • CHARGENVERWALTUNG • CHARGEN-FINDUNG UND CHARGENPRÜFUNG • KONDITIONSTABELLEN • KONDITIONSTABELLEN VER-TRIEB DEFINIEREN

▶ Eigene Transaktionen: V/C7 (zum Anlegen), V/C8 (zum Ändern) und V/C9 (zum Anzeigen von Konditionstabellen)

▶ Tabelle: –

Im SAP-Standard sind zahlreiche Konditionstabellen vordefiniert, so z. B. das Material allein, die Kombination *Kunde und Material*, die Kombination *Kunde, Werk und Material*, aber auch solche Tabellen, die sich aus dem Empfangsland und der Warengruppe des Materials zusammensetzen. Sie können diese Kombinationen jederzeit mit eigenen Findungskriterien erweitern. Die entsprechenden Erweiterungsfunktionen finden Sie im Customizing.

Zugriffsfolge zur Chargenfindung

Mit der *Zugriffsfolge* legen Sie fest, in welcher Reihenfolge Sie die einzelnen Kriterien, die Sie über die Konditionstabellen definiert haben, abarbeiten möchten. Natürlich haben Sie auch hier die Möglichkeit, eigene Zugriffsfolgen zu definieren, falls Ihnen die von SAP vordefinierten nicht ausreichen.

> **Technische Informationen zur Zugriffsfolge zur Chargenfindung**
>
> ▸ Feldlänge: 4-stellig
>
> ▸ Menüpfad im Customizing: Logistik Allgemein • Chargenverwaltung • Chargenfindung und Chargenprüfung • Zugriffsfolgen • Zugriffsfolgen Vertrieb definieren
>
> ▸ Eigene Transaktion: V/C2
>
> ▸ Tabelle: T682 (Verwendung »H«, Applikation »V«)

Strategieart zur Chargenfindung

Im nächsten Schritt wende ich mich der *Strategieart* zu. Starten Sie das Customizing, und Sie erhalten das Pflegebild für die Strategieart (siehe Abbildung 6.44).

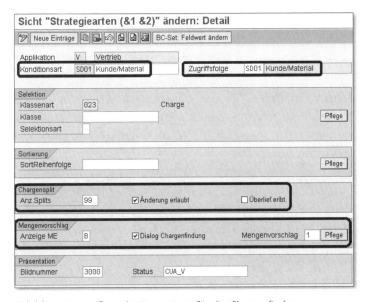

Abbildung 6.44 Pflege der Strategieart für die Chargenfindung

Über die Strategieart beschreiben Sie, wie die Chargenfindung erfolgen soll. An dieser Stelle finden Sie auch die Zugriffsfolge wieder, die der Strategieart zugeordnet wird. In Abbildung 6.44 habe ich Ihnen die Strategieart »SD01« dargestellt.

Die wichtigsten Parameter sind auf dem Teilbild CHARGENSPLIT und MENGEN-VORSCHLAG zu finden. Das System darf pro Lieferposition maximal 99 Unter-positionen mit unterschiedlichen Chargen anlegen. Eine manuelle Änderung der Chargen ist im Lieferbeleg erlaubt. Eine Überlieferung schließen Sie aus. Die Chargenmengen sollen in der gleichen Mengeneinheit wie die Lieferpo-sition angezeigt werden. Für die Chargenfindung selbst habe ich den Hellablauf gewählt. Das heißt, der Anwender bekommt während der Chargenfin-dung einen Dialog angeboten. Bei einem Dunkelablauf bekommt der Anwender keine Informationen angezeigt, die Chargenfindung läuft selbst-ständig im Hintergrund (»im Dunkeln«) ab. Die Bildnummer und der Status wurden vom SAP-System vorgeschlagen und werden nicht geändert.

Technische Informationen zur Strategieart »Chargenfindung«

▸ Feldlänge: 4-stellig

▸ Menüpfad im Customizing: LOGISTIK ALLGEMEIN • CHARGENVERWALTUNG • CHARGEN-FINDUNG UND CHARGENPRÜFUNG • STRATEGIEARTEN • STRATEGIEARTEN VERTRIEB DEFINIE-REN

▸ Eigene Transaktion: V/C1

▸ Tabelle: T685H (Applikation »V«)

Chargensuchschema

Im vorletzten Schritt definieren Sie das *Chargensuchschema*. In diesem Schema werden alle Strategiearten zusammengefasst, die Sie einsetzen möchten. Dieses Schema wird später einem Vertriebsbereich und einer Ver-kaufsbelegart zugeordnet.

Technische Informationen zum Chargensuchschema

▸ Feldlänge: 6-stellig

▸ Menüpfad im Customizing: LOGISTIK ALLGEMEIN • CHARGENVERWALTUNG • CHARGEN-FINDUNG UND CHARGENPRÜFUNG • DEFINIEREN DES CHARGENSUCHSCHEMAS • SUCH-SCHEMA VERTRIEB DEFINIEREN

▸ Eigene Transaktion: V/C3

▸ Tabellen: T683 (Verwendung »H«, Applikation »V«), T683U (sprachenabhängige Bezeichnung des Chargensuchschemas) und T683S (Zuordnung der Strategiear-ten zum Chargensuchschema)

Zum Schluss legen Sie noch fest, in welchen Fällen das neue Chargensuch-schema vom System gefunden werden soll. Starten Sie dazu das Customizing zur Ermittlung des Chargensuchschemas (siehe Abbildung 6.45), und klicken Sie auf den Button [Neue Einträge]. Legen Sie den Eintrag an, und sichern Sie Ihre Eingaben.

Die Bezeichnungen sind in den einzelnen Abbildungen teilweise nicht einheitlich gewählt: In einigen Bildschirmbildern wird von *Strategiearten*, in anderen von *Konditionsarten* gesprochen. Gemeint ist aber überall das Gleiche.	**[+]**

Sie haben nun festgelegt, zu welchen Kriterien eine Charge automatisch gefunden werden kann. Nun definieren Sie, welche Charge gefunden werden soll.

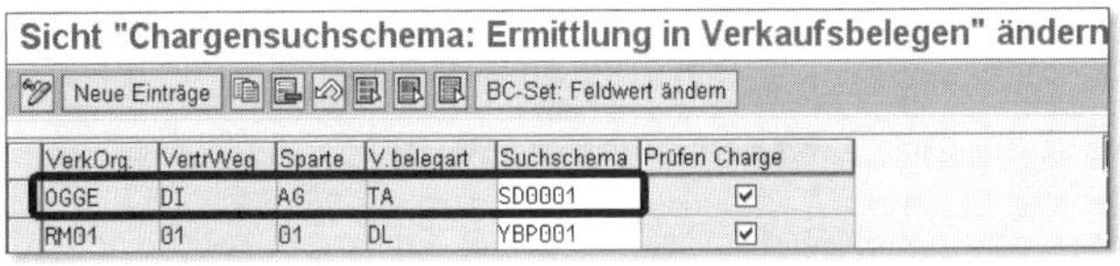

Sicht "Chargensuchschema: Ermittlung in Verkaufsbelegen" ändern

 Neue Einträge   BC-Set: Feldwert ändern

VerkOrg.	VertrWeg	Sparte	V.belegart	Suchschema	Prüfen Charge
OGGE	DI	AG	TA	SD0001	☑
RM01	01	01	DL	YBP001	☑

Abbildung 6.45 Ermittlung des Chargensuchschemas aktivieren

Technische Informationen zur Ermittlung des Chargensuchschemas

▸ Menüpfad im Customizing: LOGISTIK ALLGEMEIN • CHARGENVERWALTUNG • CHARGEN-FINDUNG UND CHARGENPRÜFUNG • ZUORDNEN DES CHARGENSUCHSCHEMAS UND AKTIVIEREN DER PRÜFUNG • SUCHSCHEMA VERTRIEB ZUORDNEN UND PRÜFUNG AKTIVIEREN

▸ Eigene Transaktion: V/C5

▸ Tabelle: T683C

6.6.5 Selektionskriterien Ihrer Chargen (Klassifizierung)

In der Regel befinden sich zu einem Material gleich mehrere Chargen in Ihrem Bestand. Unter Umständen sind aber nicht alle Chargen bereits für den Verkauf freigegeben bzw. haben noch nicht einen bestimmten Status erreicht, der die Charge zum Verkauf freigibt. Diese Merkmale – »Wann ist eine Charge für die Chargenfindung freigegeben?« – werden im Chargen-stamm über die *Klassifizierung* gesteuert.

Jede Charge hat eine bestimmte Klassifizierung. Zu dieser Klassifizierung sind Felder definiert, die bestimmte Werte annehmen müssen. Die Klassifizierung wird im Chargenstamm vorgenommen. Ich habe als Beispiel für die angelegte Charge die SAP-Standardklassifizierung »SHELF_LIFE_CPC« gewählt (siehe

Abbildung 6.46). Als Selektionsmerkmal ist im System das Mindesthaltbar-keitsdatum definiert. Dieses Datum errechnet sich aufgrund der MHD-Daten (Herstellungsdatum plus Mindesthaltbarkeit) bei der Eingabe von selbst.

Abbildung 6.46 Klassifizierung der Charge mit dem Merkmal »MHD«

Im Customizing tragen Sie bei der Strategieart ebenfalls im Feld KLASSE die Klassifizierung »SHELF_LIFE_CPC« ein (siehe Abbildung 6.47). Alle nun gül-tigen Chargen, die vom System selektiert wurden, werden daraufhin nach einem bestimmten Schema sortiert. Ich habe mich in diesem Beispiel für »LIFO« entschieden. Es werden also immer die neuesten Chargen selektiert, während die älteren im Lager verbleiben.

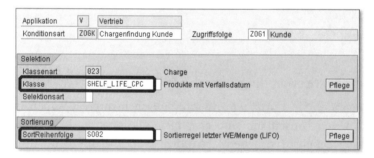

Abbildung 6.47 Selektionsklassen und Sortierreihenfolge zur Chargenfindung

Mit diesen Einstellungen habe ich also festgelegt, dass nach den Chargen gesucht werden soll, die gemäß meiner Selektion ein gültiges Mindesthalt-barkeitsdatum aufweisen. Alle auf diese Weise gefundenen Chargen werden nun nach Mindesthaltbarkeitsdatum absteigend sortiert. Die Charge, die nach der Sortierung an oberster Stelle steht, wird im Lieferbeleg vorgeschlagen.

6.6.6 Klassifizierung der Chargen

Sie müssen jetzt in Ihrem SAP-System den entsprechenden Eintrag zur Chargenfindung vornehmen. Im ersten Schritt klassifizieren Sie Ihre Charge. Diese Klassifizierung nehmen Sie entweder direkt bereits beim Anlegen der Charge (Transaktion MSC1N) oder später durch eine Änderung (Transaktion MSC2N) vor. Sie haben auch die Möglichkeit, diese Funktion über den Menüpfad LOGISTIK • MATERIALWIRTSCHAFT • MATERIALSTAMM • CHARGE anzuwählen. Geben Sie Ihr Material und die Chargennummer vor, und wählen Sie die Registerkarte KLASSIFIZIERUNG. Klicken Sie auf das Icon Neue Einträge , um die Chargenklassifizierung vorzugeben. Sichern Sie anschließend Ihre Eingaben.

6.6.7 Konditionspflege zur Chargenfindung

Im zweiten Schritt legen Sie einen Konditionssatz an. Dieser Konditionssatz dient der Vorgabe von Selektionsdaten. Sie haben die Möglichkeit, die Funktionen ANLEGEN, ÄNDERN und ANSEHEN über den Menüpfad LOGISTIK • LOGISTICS EXECUTION • STAMMDATEN • MATERIAL • CHARGENSUCHSTRATEGIE • LIEFERUNG anzuwählen. Die Transaktion zum Anlegen heißt VCH1, zum Ändern VCH2 und zum Ansehen VCH3.

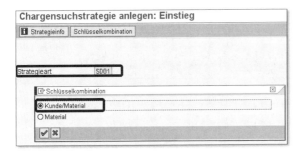

Abbildung 6.48 Zu einer Strategieart definierte Schlüsselkombinationen

Ich lege als Beispiel einen neuen Konditionssatz an. Starten Sie in diesem Fall die Transaktion VCH1, oder wählen Sie im Menübaum ANLEGEN. Geben Sie im Feld STRATEGIEART z. B. »SD01« ein. Drücken Sie anschließend die Enter - Taste.

Sie erhalten nun das Bild, wie ich es in Abbildung 6.49 dargestellt habe. Geben Sie in das Feld KUNDE Ihre Kundennummer und in die Spalte MATERIAL Ihre Materialnummer ein, für die Sie die automatische Chargenfindung aktivieren möchten. Nun gibt es eine Reihe weiterer Spalten, in denen Einträge vorgenommen werden müssen, so z. B. die Anzahl der erlaubten Chargensplits, wenn die bestellte Menge mit einer Charge aus dem Bestand nicht erreicht wird. Um hier nicht an ein Limit zu geraten, habe ich »99« vorgegeben. Sie können aber im Lieferbeleg die erlaubten Chargensplits auch manuell ändern, und zwar unter der Voraussetzung, dass Sie in der Checkbox ÄNDERN ERLAUBT aktiviert haben. Möchten Sie zur Zeit der Chargenfindung ein Popup erhalten, setzen Sie das Häkchen in die Spalte DIALOG CHARGENFINDUNG. Des Weiteren können Sie vorgeben, in welcher Mengeneinheit die gefundenen Chargen angezeigt werden sollen. Erlauben Sie generell eine Überlieferung, setzen Sie das Häkchen in der Spalte ÜBERLIEFERG. ERLAUBT. Das letzte zu pflegende Feld ist die Selektionsart (Spalte SELEKTIONSART). Haben Sie die Eingaben gemäß meinem Beispiel vorgenommen, drücken Sie einmal die ⌈Enter⌋-Taste und markieren die gerade eingegebene Zeile. Klicken Sie nun auf den Button ⌈Selektionskriterien⌋, und Sie erhalten ein neues Bild. Geben Sie hier das Mindesthaltbarkeitsdatum ein, nach dem Sie suchen. Dieses sollte großzügig angelegt werden, da Sie diese Selektion nicht jeden Tag ändern werden.

Abbildung 6.49 Pflegebild zur Chargenfindung auf Kunden- und Materialebene

Sichern Sie diesen Konditionssatz. Sie haben jetzt alle Voraussetzungen erfüllt, um die Charge während der Erstellung der Lieferbelege automatisch zu ermitteln.

6.6.8 Beispiel zur Chargenfindung

Ich lasse mir mit der Transaktion MMBE die Bestandssituation in meinem Beispiellager »OGVW« anzeigen: eine Anbruchpalette mit 240 Flaschen der neuen Charge »OGC003« und noch 16.000 Flaschen (bei 40 Trägern mit je 20 Flaschen pro Palette ergibt das 20 Paletten) von der älteren Charge »OGC001« (siehe Abbildung 6.50).

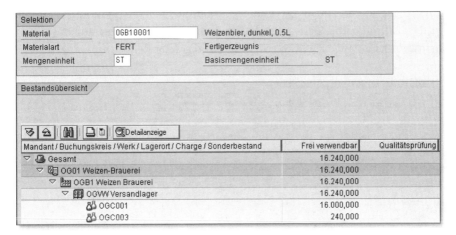

Abbildung 6.50 Aktuelle Bestandssituation für das Beispiel zur Chargenfindung

Ich erfasse nun einen Kundenauftrag (Transaktion VA01) für zwei komplette Paletten Weizenbier, umgerechnet 1.600 Flaschen (siehe Abbildung 6.51).

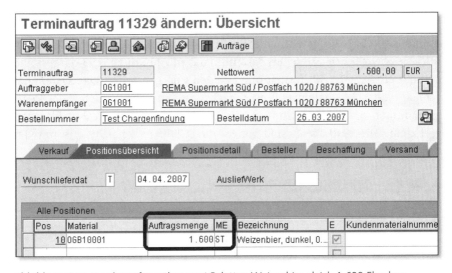

Abbildung 6.51 Kundenauftrag über zwei Paletten Weizenbier gleich 1.600 Flaschen

Im nächsten Schritt wird der Lieferbeleg erstellt. Hierzu starten Sie die Transaktion VL01N und geben den erfassten Kundenauftrag »11329« vor. Sie erhalten das Übersichtsbild gemäß Abbildung 6.52. An dem Zeichen 🖳 in der Spalte CHARGENSPLITKENNZEICHEN können Sie erkennen, dass das System eine Chargenfindung erfolgreich durchgeführt hat.

Klicken Sie auf das Icon ⬚, und Sie erhalten die vom System gebildeten Unterpositionen mit den gefundenen Chargen. Um wieder auf das Übersichtsbild zu gelangen, klicken Sie nun auf das Icon ⬚.

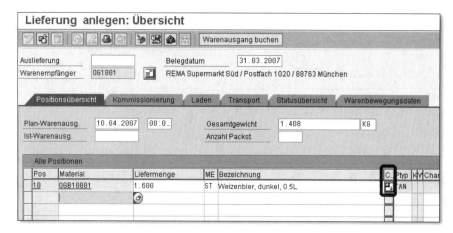

Abbildung 6.52 Übersicht über die Lieferbelegerstellung

Eine bessere Übersicht bekommen Sie, wenn Sie im Übersichtsbild (siehe Abbildung 6.52) die gewünschte Position markieren und auf den Button ⬚ Chargensplit klicken. Sie sehen daraufhin das in Abbildung 6.53 dargestellte Bild mit einigen Detailinformationen zu den Chargen selbst. Das System hat gemäß meiner Beispieleinstellung zunächst die jüngste Charge mit der Chargennummer »OGC003« gefunden. Hiervon waren nur noch 240 Flaschen verfügbar. Die restliche Bestellmenge von 1.360 Flaschen wurde mit der älteren Charge »OGC001« aufgefüllt.

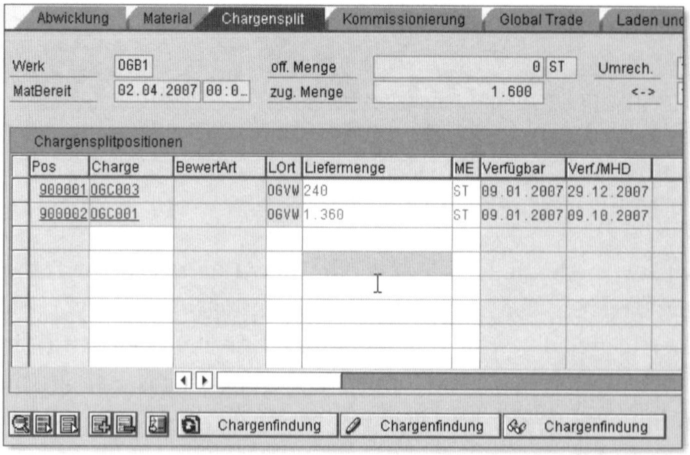

Abbildung 6.53 Übersicht über die gefundenen Chargen bei der Lieferbelegerstellung

6.6.9 Chargen im Lieferbeleg manuell vorgeben und bearbeiten

Darüber hinaus haben Sie jederzeit die Möglichkeit, die Chargenfindung des SAP-Systems zu verwerfen und manuell zum Zeitpunkt der Erstellung oder später durch eine Änderung eine eigene Charge einzugeben. In diesem Beispiel habe ich die Lieferung gesichert und rufe jetzt zur Änderung erneut den Lieferbeleg mit der Transaktion VL02N (Ändern Lieferung) auf.

In der Übersicht markieren Sie die Position und klicken dann auf den Button `Chargensplit`. Sie erhalten wieder die Übersicht, die Sie bereits aus Abbildung 6.53 kennen. Ändern Sie hier die Chargenmengen in den bestehenden Chargensplitpositionen ab, und geben Sie gegebenenfalls in den nächsten freien Zeilen neue Chargen ein. Haben Sie die Menge einer bestehenden Charge auf »0« gesetzt, markieren Sie anschließend noch einmal diese Zeile (siehe Abbildung 6.54) und löschen diese anschließend mit einem Klick auf das Icon 🗑. Sie werden zur Sicherheit über ein Popup gefragt, ob Sie die gewählte Position wirklich löschen möchten. Bestätigen Sie, und sichern Sie anschließend die Änderung.

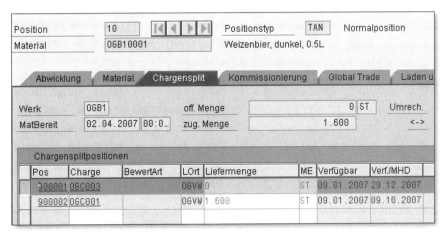

Abbildung 6.54 Nachträgliche Änderung der Chargensplitpositionen

6.6.10 Chargenfindung per User Exit

SAP bietet Ihnen im Rahmen der Chargenfindung im Lieferbeleg zwei User Exits an: die Include-Bausteine MV50AFZZ und MV50AFZ2.

Im ersten Baustein können Sie eine eigene Routine zur Chargenfindung entwickeln. Hierzu ist die Form-Routine USEREXIT_BATCH_DETERMINATION vorbereitet und sogar mit einem Beispiel versehen. Im zweiten Baustein, MV50AFZ2, ist die Form-Routine USEREXIT_BATCH_QUAN_ALLOCATION enthalten. In dieser Routine können Sie die Liefermenge auf die gefundenen Chargen verteilen.

Ich habe Ihnen sehr umfangreich anhand von Beispielen erklärt, wie Sie im Lieferbeleg mit der Chargenfindung und den gefundenen Chargensplitpositionen umgehen. Sie haben die Einstellungen kennengelernt, die Sie im System vornehmen müssen, um Chargen automatisch während der Erstellung von Lieferbelegen zu finden.

Im folgenden Abschnitt lernen Sie eine andere Art der Untergliederung von Materialien kennen, die aber weit einfacher zu handhaben ist als die Chargenverwaltung: die Serialnummernverwaltung.

6.7 Serialnummern

Neben der Chargenverwaltung haben Sie eine weitere Möglichkeit, Ihre Materialien zu differenzieren. Mit einer Charge wurde das Material in einer bestimmten Menge identifiziert, die z. B. aus einem bestimmten Produktionsauftrag entstanden ist. Fertigen Sie jedoch in Ihrem Unternehmen Einzelstücke, die sich jeweils identifizieren lassen müssen, bietet Ihnen das SAP-System dafür eine Lösung über *Serialnummern* an.

Die Serialnummernverwaltung wird hauptsächlich in Unternehmen eingesetzt, die ihre Materialien einzeln fertigen. Jedes Stück bekommt somit eine eigene Nummer. Das beste Beispiel hierfür stammt aus der Automobilindustrie: Jedes Fahrzeug, das das Werk verlässt, bekommt eine Fahrgestellnummer. Diese Fahrgestellnummer wird im SAP-System als Serialnummer abgespeichert.

Eine andere klassische Anwendung mit Serialnummernverwaltung ist die Abwicklung mit Leihcontainern. Jeder Container hat eine eigene Nummer. Führen Sie Bestände über Ihre Container, können Sie über die Serialnummer jeden einzelnen Container identifizieren und seinen aktuellen Standort bestimmen.

Wie bei der Chargenverwaltung müssen Sie, wenn Sie die Serialnummernverwaltung aktiviert haben, für das Material spätestens zur Warenausgangsbuchung eine Serialnummer vorgeben. Eine automatische Serialnummernvergabe bzw. -findung ist nicht vorgesehen. Aus diesem Grund sind nur einige wenige Einstellungen erforderlich, um die Serialnummernverwaltung zu aktivieren.

6.7.1 Serialnummern-Stammsatz

Jede Serialnummer muss über einen Serialnummern-Stammsatz angelegt sein. Dieser Stammsatz beschreibt kurz die Eigenschaften des gefertigten oder zugekauften Materials. Um für ein Material grundsätzlich die Serialnummernverwaltung zu aktivieren, müssen Sie dem Material im Materialstammsatz ein Serialnummernprofil zuordnen. Zunächst beschreibe ich Ihnen aber kurz die erforderlichen Customizing-Einstellungen.

Technische Informationen zum Serialnummernprofil

▸ Feldlänge: 4-stellig

▸ Menüpfad im Customizing: LOGISTICS EXECUTION • VERSAND • GRUNDLAGEN • SERIAL-NUMMERN • SERIALNUMMERNPROFILE ANLEGEN

▸ Eigene Transaktion: OIS2

▸ Tabellen: T377P, T377P_T und T377 (für die definierten Vorgänge)

Entweder nutzen Sie eine Einstellung, die vom SAP-Standard ausgeliefert wurde, oder Sie erstellen ein neues Profil. Starten Sie hierzu die Pflegefunktion für das Serialnummernprofil. Im ersten Ordner (Ordner SERIALNUMMERNPROFIL auf der linken Bildschirmhälfte) tragen Sie ein, ob ein Stammsatz zu einer bestimmten Serialnummer existieren muss, bevor Sie die Nummer das erste Mal verwenden. Tragen Sie ein »X« in die Spalte EXISTPFL. ein, wenn der Stammsatz vorhanden sein muss. Als Nächstes tragen Sie in die Spalte TYP einen Equipment-Typ ein. Dieser Equipment-Typ beschreibt die Typisierung des Materials, für das die Serialnummernverwaltung aktiviert wurde. Im letzten Parameter (Spalte BSTVP) legen Sie noch fest, wie das SAP-System reagieren soll, wenn für eine bestimmte Serialnummer der Bestand fehlt. Tragen Sie nichts ein, wenn der Bestand nicht geprüft werden soll. Möchten Sie jedoch bei fehlendem Bestand dieser Serialnummer eine Warnung erhalten, tragen Sie hier eine »1« ein; möchten Sie sogar eine Fehlermeldung erhalten, tragen Sie eine »2« ein.

Als Nächstes markieren Sie das Profil und doppelklicken auf den Ordner SERIALISIERUNGSVORGÄNGE. Hier geben Sie noch vor, ob die Eingabe der Serialnummer bei bestimmten Vorgängen (Vorgang zur Lieferbearbeitung lautet »SDLS«) zwingend erforderlich ist oder nicht. Ich habe für Sie beide Bildschirmmasken in Abbildung 6.55 zusammengelegt dargestellt.

Nun weisen Sie Ihrem Material im Materialstamm dieses Serialnummernprofil zu. Pflegen Sie es auf der Registerkarte VERTRIEB: ALLG./WERK im Feld SERIALNRPROFIL ein.

Anschließend legen Sie die Merkmale der entsprechenden Serialnummer an. Jede Serialnummer muss in einem Serialnummern-Stammsatz beschrieben sein.

Menüpfad zur Serialnummern-Stammsatzpflege

LOGISTIK • LOGISTICS EXECUTION • STAMMDATEN • MATERIAL • SERIALNUMMERN. Hier haben Sie die Möglichkeit zu wählen, ob Sie Serialnummern ANLEGEN, ÄNDERN oder ANZEIGEN möchten. Darüber hinaus steht Ihnen die Funktion zur Verfügung, Eingaben über eine LISTBEARBEITUNG durchzuführen.

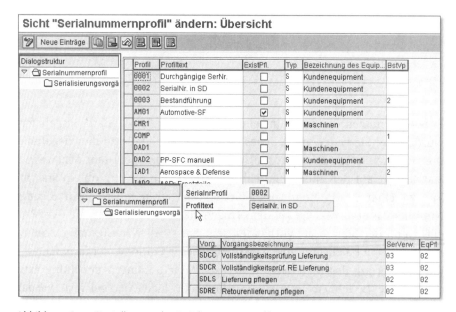

Abbildung 6.55 Einstellungen der Serialnummernprofile

Transaktionscodes

IQ01:   Neue Serialnummern-Stammdaten anlegen

IQ02:   Bestehende Serialnummern-Stammdaten ändern

IQ03:   Bestehende Serialnummern-Stammdaten anzeigen

IQ04:   Serialnummern in Form einer Liste eingeben

Zur Beschreibung Ihrer Serialnummer stehen Ihnen mehrere Registerkarten zur Verfügung. Auf der Registerkarte ALLGEMEIN (siehe Abbildung 6.56) tragen Sie z. B. die Maße, Gewichte und das Volumen ein, ebenso wie die Herstellerangaben (wann und von wem hergestellt) und die Bewertung. Ist das Material mit einer bestimmten Serialnummer einem Standort innerhalb

Ihres Unternehmens und/oder einer Organisationseinheit zugeordnet, tragen Sie diese Angabe auf den Registerkarten STANDORT und ORGANISATION ein. Auf der Registerkarte SER.DATEN finden Sie den aktuellen Lagerort, in dem sich der Artikel mit der bestimmten Serialnummer befindet.

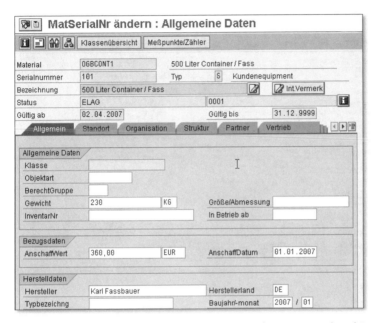

Abbildung 6.56 Allgemeine Daten, die Sie einer Serialnummer zuordnen können

6.7.2 Serialnummern im Lieferbeleg

Sie haben nun die Voraussetzung geschaffen, um die Serialnummernverwaltung im SAP-System zu nutzen. Anhand eines Beispiels zeige ich Ihnen jetzt, an welcher Stelle Sie die Serialnummern erfassen. Als Beispiel dient ein Fantasiefass mit einem Fassungsvermögen von 500 Litern.

Ich habe einen Kundenauftrag mit dem 500-Liter-Fass erfasst und hierzu mit der Transaktion VL01N einen Lieferbeleg erstellt. Pflegen Sie entweder an dieser Stelle oder später über die Änderungstransaktion VL02N die Serialnummer ein. Zur Pflege der Serialnummer gehen Sie wie folgt vor:

Markieren Sie die Position im Übersichtsbild, und wählen Sie in der Funktionsleiste den Menüpfad ZUSÄTZE · SERIALNUMMERN. Sie erhalten nun ein Popup, in dem Sie die Serialnummer einpflegen können (siehe Abbildung 6.57).

Ich habe als Beispiel im Feld SERIALNUMMER die zuvor erstellte Nummer »101« eingetragen. Setzen Sie zum Schluss noch ein Häkchen in das Feld vor der Serialnummer. Bestätigen Sie die Eingaben mit einem Klick auf das Icon ☑. Klicken Sie auf das Icon ☜, verzweigt das Programm in die Serialnummernanzeige (Transaktion IQ03). Sichern Sie abschließend den Lieferbeleg.

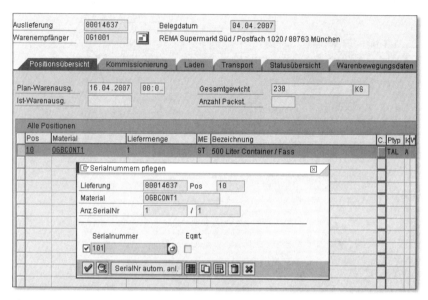

Abbildung 6.57 Einpflegen der Serialnummer in den Lieferbeleg

Mit dem gleichen Menüpfad können Sie sich die bereits eingepflegten Serialnummern anzeigen lassen. Sie haben vor der Warenausgangsbuchung noch die Möglichkeit, die Serialnummer zu ändern oder zu löschen. Sie löschen eine bereits erfasste Serialnummer dadurch, dass Sie den Eintrag im Feld SERIALNUMMER löschen. Bestätigen Sie wiederum mit einem Klick auf das Icon ☑, und Sie erhalten ein Popup mit der Frage, ob Sie die Serialnummer wirklich aus dem Lieferbeleg löschen möchten.

Die Eingabe der Serialnummer auf dem Lieferbeleg wird in der Historie der Serialnummer selbst festgehalten. Sie rufen die Historie wie folgt auf: Starten Sie die Transaktion IQ03, und geben Sie die gewünschte Material- und Serialnummer ein. Wählen Sie anschließend die Registerkarte SER.DATEN, und klicken Sie dort auf den Button 🖀 Historie . Es werden Ihnen nun die Historiendaten zu dieser Serialnummer angezeigt (siehe Abbildung 6.58).

In der Historie sehen Sie in der ersten Zeile, welche Serialnummer dem Lieferbeleg zugeordnet wurde. Haben Sie die Serialnummer nicht erfasst, erhalten Sie eine Fehlermeldung zur Warenausgangsbuchung.

Historie Serialnummer

| Beleg | Action-Log |

Material	OGBCONT1	Materialkurztext	500 Liter Container
Serialnummer	101		
Equipment	10006121	Bezeichnung Objekt	500 Liter Container

▽ 🗁 Serialnummernhistorie
   04.04.2007 80014637
   02.04.2007 4900034194

Abbildung 6.58 Historie zu den Serialnummern

6.8 Registrierung, Transportmittel und Personen

Die Fahrer der Spediteure, die Ihr Unternehmen anfahren, um Ware zu laden, melden sich in der Regel immer an den Eingangsstellen Ihres Unternehmens. Diese Eingangsstellen, oft auch Pforten oder Tore genannt, fährt der Fahrer an, lässt sich dort von Ihrem Pförtner registrieren, bekommt einen Passierschein und wird zum Laden an eine bestimmte Laderampe geschickt. Der Pförtner kann daraufhin zahlreiche Informationen zu diesem Fahrer und dem Lkw erfassen.

Technische Informationen zu den Pforten

▸ Feldlänge: 10-stellig
▸ Menüpfad im Customizing: Logistics Execution • Versand • Grundlagen • Registrierung von Transportmitteln und Personen • Pforten definieren
▸ Eigene Transaktion: CHKPT
▸ Tabelle: V_LECI_CHK_PT

Im Customizing haben Sie nur die Möglichkeit, Ihre Eingangsstellen oder Pforten sowie das Layout für einen eventuellen Passierschein zu definieren. Zu den Pforten selbst wird lediglich eine Beschreibung vorgegeben, weitere Informationen werden nicht benötigt (siehe Abbildung 6.59).

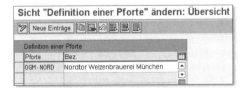

Sicht "Definition einer Pforte" ändern: Übersicht

| Neue Einträge |

Definition einer Pforte	
Pforte	Bez.
OGM-NORD	Nordtor Weizenbrauerei München

Abbildung 6.59 Definition der einzelnen Pforten oder Tore in Ihrem Unternehmen

Um Passierscheine drucken zu können, benötigen Sie ein Druckprogramm. Diese Druckprogramme sind als Smart-Forms-Programme anzulegen und in der entsprechenden Tabelle zu hinterlegen. Ich werde in meinem Beispiel die von SAP angebotenen Standarddruckprogramme nutzen.

Technische Informationen zum Passierscheindruck

- ▸ Feldlänge: 10-stellig
- ▸ Menüpfad im Customizing: LOGISTICS EXECUTION • VERSAND • GRUNDLAGEN • REGISTRIERUNG VON TRANSPORTMITTELN UND PERSONEN • FORMULARE UND DRUCKPROGRAMME DEFINIEREN
- ▸ Eigene Transaktion: LECIFORM
- ▸ Tabelle: LECI_FORMS

Um diese Funktion zu nutzen, starten Sie die Transaktion LECI. Über diese Transaktion bekommen Sie ein umfangreiches Erfassungs- und Kontrollbild. Ich zeige Ihnen zunächst nur die rechte Hälfte des Bildes (siehe Abbildung 6.60), in dem Sie unterschiedliche Informationen zu Lkw und Anhänger sowie zu Fahrer und Beifahrer hinterlegen können. Auf die einzelnen Informationen gehe ich nicht im Detail ein, da sie selbsterklärend sind.

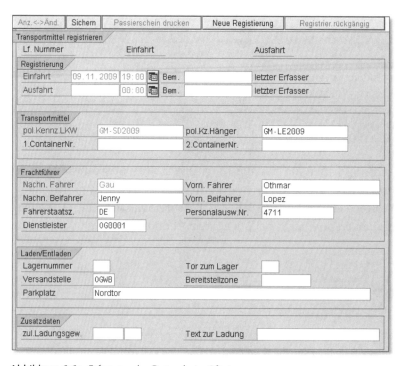

Abbildung 6.60 Erfassung der Daten beim Pförtner

Um diese Eingaben zu sichern, fordert Sie das System auf, die Nummer oder Bezeichnung der Pforte einzugeben. Die Pforte geben Sie am linken Bildschirmrand ein. Nach der Sicherung gibt Ihnen das System den Hinweis, dass der Fahrer registriert wurde.

Anschließend erscheint der Button PASSIERSCHEIN DRUCKEN. Klicken Sie darauf, wenn Sie einen solchen Passierschein benötigen. Abbildung 6.61 zeigt den Aufbau des von SAP im Standard ausgelieferten Passierscheins.

Passierschein

Ausstellungsinformationen

Nummer   1
Datum   09.11.2009
Uhrzeit   23:50:17 Uhr
Pforte   Nordtor Weizenbrauerei München
Aussteller Herr Gau

Personen

Dienstleister	Spedition Brummer		
Name des Fahrers	Othmar Gau	Nationalität d. Fahrers	DE
Personalausweisnr.	4711		
Name d. Beifahrers	Lopez Jenny		

Fahrzeug

Kennz.Zugmaschine	GM-SD2009	Containernummer 1	
Kennz.Anhänger	GM-LE2009	Containernummer 2	
Zul.Gesamtgewicht	0.000		
Text zur Ladung			

Einfahrt

Einfahrt	09.11.2009 / 19:00:00	Bemerkung	

Aufenthaltsort

Lagernummer		Tor zum Lager	
Bereitstellzone		Versandstelle	0GWB
Parkplatz	Nordtor		

Unterschrift des Fahrers   Unterschrift der Kontaktperson

Abbildung 6.61 Ausdruck eines Passierscheins aus dem SAP-Standard

An dieser Stelle wäre es auch denkbar, statt eines reinen Druckprogramms einen Magnetkartendrucker anzusteuern. Auf diesem wird für den Lkw-Fahrer eine maschinenlesbare Karte (ähnlich einem Parkticket) gedruckt. Mit dieser Karte kann er weitere Schranken passieren.

Verlässt der Fahrer das Betriebsgelände, werden das Datum und die Uhrzeit im Passierschein erfasst (siehe Abbildung 6.62). Damit ist der Vorgang abgeschlossen.

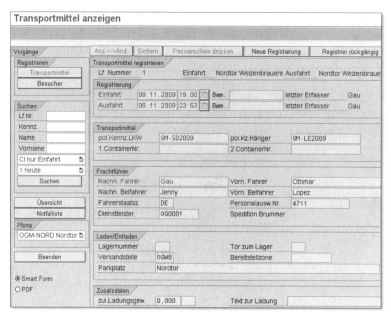

Abbildung 6.62 Registrierung von Datum und Uhrzeit zum Zeitpunkt der Ausfahrt

Auf der linken Bildschirmhälfte sehen Sie, dass Sie nach bestimmten Passier-
scheinen suchen können, und zwar nach Kennzeichen, Namen und Vornamen
oder auch nach der Passierscheinnummer (siehe Abbildung 6.62). In Abbildung 6.63 habe ich nur nach Vorgängen gesucht, die zur Einfahrt, aber noch
nicht zur Ausfahrt registriert wurden. Stellen Sie in diesem Feld den Wert auf
EIN-/AUSFAHRT, können Sie auch die abgeschlossenen Vorgänge aufrufen.

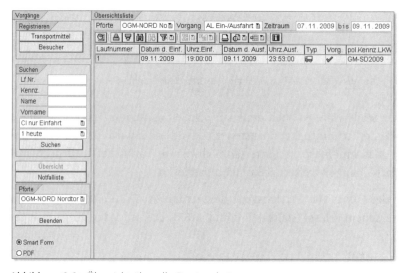

Abbildung 6.63 Übersicht über alle Passierscheine

Klicken Sie auf den Button [Übersicht], erhalten Sie eine Übersicht über alle Passierscheine (siehe Abbildung 6.63). Hierzu können Sie in der obersten Zeile der Übersichtsliste ebenfalls ein paar Selektionskriterien eingeben.

Die Transaktion LECI innerhalb des Versandvorgangs hat nur die Funktion, beim Pförtner einen Passierschein für den Fahrer zu drucken und die Daten des Lkws bzw. des Fahrers (Ein- und Ausfahrzeiten, Name des Fahrers, Ausweisnummer, Nationalität usw.) zu registrieren. Eine Verknüpfung mit dem Lieferbeleg oder Transport findet nicht statt.

6.9   Nummernkreise

Jeder Lieferbeleg wird im SAP-System durch eine Nummer identifiziert, die *Lieferbelegnummer* oder auch nur kurz *Liefernummer*. Diese Liefernummer wird ermittelt, sobald Sie den gerade erstellten Lieferbeleg sichern, bzw. Sie geben die Liefernummer während der Erfassung der Daten vor. In den meisten Fällen haben sich in den Unternehmen, in denen ich gewesen bin, sprechende Nummern eingebürgert. Das heißt, der Anwender erkennt an der Nummer sofort, ob es sich um eine Auslieferung, Anlieferung oder Retoure bzw. um eine Inland-, Exportlieferung oder Umlagerung handelt.

Um diese Unterscheidung treffen zu können, definieren Sie im System zunächst einen Nummernkreis. Sie legen fest, ob die Nummer vom System nach der Sicherung automatisch vergeben werden soll (aus Sicht des SAP-Systems: interne Nummernvergabe) oder ob Sie die Nummer vorgeben möchten (externe Nummernvergabe). Diesem Nummernkreis geben Sie eine zweistellige Kennung, und diese Kennung ordnen Sie der Lieferart zu.

Technische Informationen zum Nummernkreis
▸ Feldlänge: 2-stellig
▸ Menüpfad im Customizing: Logistics Execution · Versand · Lieferungen · Nummernkreise Lieferungen definieren
▸ Eigene Transaktion: VN01
▸ Tabelle: NRIV (Object RV_BELEG)

Wenn Sie das Customizing zur Nummernkreispflege starten, erhalten Sie zunächst eine Auswahl von drei Funktionen (siehe Abbildung 6.64):

▸ Anzeigen der Intervalle

▸ Ändern des aktuellen Stands eines Nummernkreisintervalls

▸ Pflegen bzw. Definieren eines Nummernkreisintervalls

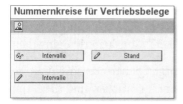

Abbildung 6.64 Pflegemenü zu den Nummernkreisen

Sehen wir uns erst einmal ein solches Nummernkreisintervall an. Klicken Sie dazu auf den Button ✍ Intervalle . Sie erhalten eine Übersicht über alle angelegten Nummernkreisintervalle (siehe Abbildung 6.65). Jedes Nummernkreisintervall ist durch eine Unter- und Obergrenze definiert. Wählen Sie die interne Nummernvergabe (kein Häkchen in der Spalte EXT), wird das System innerhalb dieses Nummernkreisintervalls die nächste Liefernummer vergeben und diese in der Spalte NUMMERNSTAND ablegen.

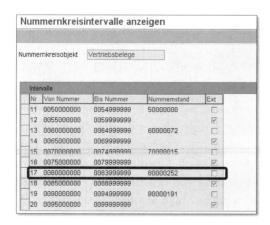

Abbildung 6.65 Nummernkreisintervalle für Vertriebsbelege

Sie finden also unter NUMMERNSTAND immer den aktuellen Stand, welche Liefernummer das System für dieses Nummernkreisintervall vergeben hat. Haben Sie dagegen die externe Nummernvergabe gewählt, können Sie Ihre Liefernummern innerhalb des definierten Intervalls frei auswählen. Natürlich können Sie eine vergebene Liefernummer nicht noch einmal wählen. Eine Doppelbelegung einer Nummer ist daher ausgeschlossen. Dadurch dass Sie sich bei der externen Nummernvergabe nicht an eine aufsteigende Reihenfolge Ihrer Nummern halten müssen, sondern diese frei und ohne numerische Abfolge vergeben können, ist es auch nicht sinnvoll, in diesem Fall den aktuellen Nummernstand festzuhalten.

Natürlich müssen Sie früh genug darauf achten, dass Ihnen der Nummernkreis nicht »überläuft«. Wenn Sie nämlich an der Obergrenze angelangt sind, können Sie keinen Lieferbeleg mehr erfassen.

Wenn Sie auf den Button [🖉 Intervalle] klicken, kommen Sie in das Pflegebild für die Nummernkreisintervalle (siehe Abbildung 6.66). An dieser Stelle sind die Felder zur Pflege eingabebereit, und Sie erhalten zusätzlich zwei Icons, mit denen Sie ein neues Intervall einpflegen (Icon [🖺 Intervall]) und ein bestehendes Intervall wieder löschen können (Icon 🖺).

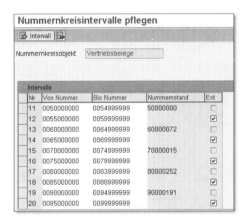

Abbildung 6.66 Pflegebild der Nummernkreisintervalle

Richten Sie ein neues Intervall ein, müssen Sie darauf achten, dass dieses Intervall sich nicht mit den Grenzen der bereits bestehenden Intervalle überschneidet. Ansonsten bekommen Sie eine Fehlermeldung. Das trifft auch für die externe Nummernvergabe zu. Ist ein Nummernkreis »übergelaufen«, d. h., die Obergrenze wurde erreicht bzw. wird bald erreicht sein, müssen Sie an dieser Stelle die Obergrenze erhöhen.

Müssen Sie, aus welchen Gründen auch immer, den aktuellen Nummernstand ändern, klicken Sie im Menü auf den Button [🖉 Stand]. Es wird Ihnen nun ein ähnliches Bild, wie es in Abbildung 6.65 gezeigt ist, dargestellt, jedoch ist in diesem Fall nur die Spalte NUMMERNSTAND für die interne Nummernvergabe eingabebereit. Überschreiben Sie einfach den aktuellen Stand mit dem neuen Nummernstand, und sichern Sie anschließend die Änderung.

Die Nummernkreisintervalle werden je Lieferart definiert (siehe Abbildung 6.67). Sie haben also die Möglichkeit, rein theoretisch für jede Lieferart einen eigenen Nummernkreis zu bilden. Die Praxis hat aber gezeigt, dass es sinnvollere Verteilungen von Nummernkreisen gibt, so z. B. die Unterscheidung zwischen einer Aus- und Anlieferung oder die Unterscheidung zwischen Inland- oder Exportlieferungen (falls beide Auslieferungen über die Lieferart unterschieden werden).

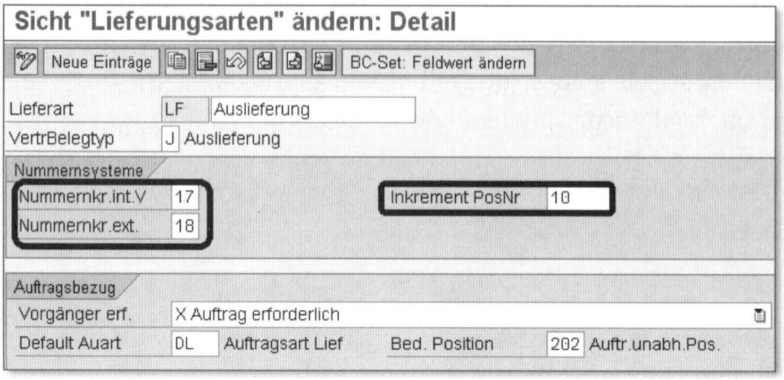

Sicht "Lieferungsarten" ändern: Detail

| Lieferart | LF | Auslieferung |
| VertrBelegtyp | J | Auslieferung |

Nummernsysteme
Nummernkr.int.V 17   Inkrement PosNr 10
Nummernkr.ext. 18

Auftragsbezug
Vorgänger erf.   X Auftrag erforderlich
Default Auart DL Auftragsart Lief   Bed. Position 202 Auftr.unabh.Pos.

Abbildung 6.67 Nummernkreisintervalle je Lieferart

Sie können jeweils zwei Nummernkreise je Lieferart definieren: ein internes und ein externes Intervall. Es ist Ihnen also freigestellt, direkt bei der Erfassung eines Lieferbelegs manuell eine eigene Nummer zu vergeben.

Was nicht direkt zu den Nummernkreisen passt, aber doch kurz erwähnt werden sollte, ist das Feld INKREMENT POSNR. Hier wird festgelegt, mit welchen Sprüngen die Positionsnummern vergeben werden. Haben Sie z. B. als Inkrement »10« gewählt, werden die einzelnen Positionen im Lieferbeleg mit den Positionsnummern »10«, »20«, »30« usw. angelegt.

Es gibt zum Zeitpunkt der Erstellung eines Lieferbelegs auch einen User Exit, der im Rahmen der Nummernvergabe angesprungen wird. Hier können Sie eigene Routinen programmieren, um ein Nummernkreisintervall zu finden (z. B. je Verkaufsorganisation oder je Werk). Es handelt sich um die Ansprungstelle USEREXIT_NUMBER_RANGE im Include-Baustein MV50AFZ1. Dort finden Sie auch ein kleines Beispielcoding.

6.10 Zusammenfassung

Ich habe Ihnen in diesem Kapitel weitere Funktionen vorgestellt, die den Lieferbeleg zur Grundlage haben, z. B. die Terminierung, die Unvollständigkeitsprüfung, die Partnerfindung und die Bearbeitung von Texten. Sie haben hier aber auch Prozesse (z. B. Exportdaten und Chargenfindung) kennengelernt, die zwar mit dem Lieferbeleg und dem Versandprozess direkt nichts zu tun haben, die aber im Laufe der Versandabwicklung zu Problemen führen können. Daher ist es vorteilhaft, auch über diese Einstellungen und Abläufe in SAP informiert zu sein.

Der Lieferbeleg ist nun mit allen erforderlichen Informationen erstellt, die für die nun folgenden Schritte seiner Abarbeitung benötigt werden. Damit wurde die Voraussetzung geschaffen, weitere Prozesse zu starten, die zur Auslieferung der Ware führen. Diese Prozesse, wie z. B. die Kommissionierung und das Verpacken, beschreibe ich Ihnen in den nun folgenden Kapiteln.

Nachdem Sie den Lieferbeleg erstellt haben, müssen die bestellten Materialien im Lager zur Auslieferung zusammengestellt werden. Dieser Vorgang nennt sich Kommissionierung. In diesem Kapitel stelle ich Ihnen die unterschiedlichen Prozesse des Kommissionierens und ihre verschiedenen Einstellungsmöglichkeiten vor.

7   Kommissionierung

Um die Kommissionierung der bestellten Materialien in Ihrem Lager abbilden zu können, müssen Sie im SAP-System Lagerorte und -plätze definieren, auf denen sich die Materialien befinden. Außerdem müssen Sie Regeln definieren, wie die Materialien gefunden und ob und wie sie in Kommissionierlisten gedruckt werden sollen. Nachdem Sie die Materialien von den Lagerplätzen entnommen haben, werden sie entweder in Bereitstellungszonen und/oder an Toren zur Verladung bereitgestellt oder direkt auf den Lkw verladen. Die kommissionierte Menge wird vom Lagermitarbeiter quittiert und die quittierte Menge in den Lieferbeleg fortgeschrieben. In der Praxis kommt es allerdings auch vor, dass die gewünschte Liefermenge nicht in vollem Umfang kommissioniert wird. In diesem Fall müssen Sie definieren, wie mit Differenzen im SAP-System umzugehen ist.

Führen Sie im SAP-System Ihres Unternehmens das Versandlager als chaotisches Lager, können Sie das Lager nur mit dem Einsatz von *Warehouse Management* (WM) verwalten. Wie die Kommissionierung in WM eingestellt werden muss und wie dieser Prozess im Lager abläuft, ist nicht Gegenstand dieses Buches. Es handelt sich hierbei um Prozesse innerhalb von WM und nicht von LES.

7.1   Kommissionierung der Ware

Die Kommissionierung der Ware ist der nächste Schritt nach der Erstellung des Lieferbelegs. Im SAP-System bedeutet *Kommissionierung* die »termingerechte Bereitstellung der Ware in richtiger Menge und Qualität für den Versand zum Kunden« (Zitat aus den Schulungsunterlagen von SAP).

Es gibt vier Möglichkeiten, die Kommissionierung im SAP-System abzubilden:

▶ Kommissionierung mit WM

▶ Kommissionierung mit Lean-WM

▶ Kommissionierung mit einem von SAP ausgelagerten System

▶ Kommissionierung nur mit LES

Um jedoch die Kommissionierung im SAP-System abbilden zu können, sind zunächst einige generelle Entscheidungen zu treffen und dementsprechende Einstellungen im Customizing vorzunehmen.

7.1.1 Strategieregel zur Lagerortfindung

Damit Sie die zu kommissionierenden Materialien in Ihrem Lager finden, müssen Sie Ihre Bestände im SAP-System verwalten. Bestände werden auf Lagerortebene geführt. Auf welchen Lagerplätzen im Lager selbst die Materialien zu finden sind, bleibt zu diesem Zeitpunkt zunächst einmal unberücksichtigt. Während der Erstellung des Lieferbelegs führt das SAP-System automatisch eine *Kommissionierlagerortfindung* (auch kurz *Lagerortfindung* genannt) durch – es sei denn, der Lagerort wurde bereits im Vorbeleg, also im Kundenauftrag oder in der Umlagerungsbestellung, vorgegeben.

Das SAP-System gibt Ihnen insgesamt vier Strategien an die Hand, mit denen Sie den Lagerort ermitteln können. Die am meisten genutzte Strategie heißt »MALA«. Die Lagerortermittlung hängt hierbei von den Parametern Versandstelle, Werk und Raumbedingung ab. Die zweite Strategie »RETA« wird im SAP-Retail verwendet. Hier wird zusätzlich zur Strategie MALA eine spezielle Versandsituation berücksichtigt. Diese Situation wird vom SAP-System vorgegeben und kann nicht beeinflusst werden. Eine Kombination aus beiden Strategien wird »MARE« genannt. Das System versucht zuerst, nach der Strategie »MALA« den Lagerort zu finden. War die Lagerortfindung erfolglos, wird noch ein weiterer Versuch mit »RETA« gestartet.

Die vierte Strategieart »Ynnn – ZZZZ« ist die Lagerortfindung mithilfe eines User Exits. Hierzu aber mehr in Abschnitt 7.1.4, »User Exit zur Lagerortfindung«.

In Abbildung 7.1 habe ich Ihnen die Kriterien zur Kommissionierlagerortfindung zusammengestellt.

Um die Lagerortfindung im SAP-System zu aktivieren, ist Folgendes erforderlich: Legen Sie zunächst einmal die Regel fest, mit der Sie die Lagerortfindung durchführen wollen. Sie müssen sich pro Lieferart für eine Regel entscheiden. In der SAP-Standardauslieferung ist der Lieferart »LF« die Regel »MALA« zugeordnet.

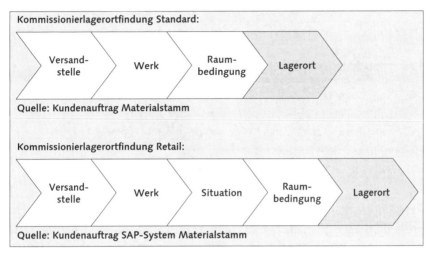

Abbildung 7.1 Kriterien zur Lagerortfindung

Technische Informationen zur Zuordnung der Regel zur Lieferart

▸ Menüpfad im Customizing: Logistics Execution • Versand • Kommissionierung • Kommissionierlagerortfindung • Regeln zur Kommilagerortfindung definieren

▸ Eigene Transaktion: OVLQ

▸ Tabelle: TVLK (abgespeichert im Feld REGLG)

7.1.2 Raumbedingung

Definieren Sie nun die *Raumbedingungen*. Nur über die Raumbedingung haben Sie die Möglichkeit, pro Material auf die Lagerortfindung Einfluss zu nehmen. Die klassische oder ursprüngliche Definition der Raumbedingung war, dass Sie Materialien bezüglich ihrer Beschaffenheit einer besonderen Lagerhaltung unterziehen müssen.

In der Getränkeindustrie müssen z. B. Säfte und Biere bei einer bestimmten Temperatur lagern, sonst verderben sie. Die dazugehörigen Accessoires (Bierdeckel, Gläser usw.) sind hingegen temperaturunabhängig. Die im SAP-Standard ausgelieferten und vordefinierten Raumbedingungen können Sie Abbildung 7.2 entnehmen.

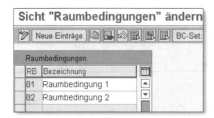

Abbildung 7.2 Definition der Raumbedingungen

Technische Informationen zur Raumbedingung

▸ Feldlänge: 2-stellig

▸ Menüpfad im Customizing: LOGISTICS EXECUTION • VERSAND • KOMMISSIONIERUNG • KOMMISSIONIERLAGERORTFINDUNG • RAUMBEDINGUNGEN DEFINIEREN

▸ Eigene Transaktion: OMS6

▸ Tabelle: T142 und T142T (sprachenabhängige Bezeichnung)

Haben Sie die Raumbedingungen definiert, müssen Sie sie dem Material zuordnen. Hierzu pflegen Sie die Raumbedingung auf der Registerkarte WERKSDATEN/LAGERUNG1 im Feld RAUMBEDINGUNGEN ein (siehe Abbildung 7.3).

Abbildung 7.3 Pflege der Raumbedingung im Materialstamm

7.1.3 Lagerortfindung

Fügen Sie nun die drei Kriterien Versandstelle, Werk und Raumbedingung zur *Kommissionierlagerortfindung* zusammen.

Technische Informationen zur Kommissionierlagerortfindung

▸ Menüpfad im Customizing: Logistics Execution • Versand • Kommissionierung •
Kommissionierlagerortfindung • Kommissionierlagerorte zuordnen

▸ Eigene Transaktion: –

▸ Tabelle: TVKOL

In Abbildung 7.4 habe ich die Einstellungen dargestellt, die ich sowohl für
die Beispiele in den Abschnitten zuvor als auch für die zukünftigen Beispiele
nutzen werde.

Abbildung 7.4 Zusammenspiel aller Kriterien zur Lagerortfindung

Da ich das SAP-Retail in diesem Buch nicht vorstellen werde, verzichte ich
auf die detaillierte Darstellung der situationsabhängigen Lagerortfindung.
Die entsprechenden Menüpfade im Customizing lauten Logistics Execution
• Versand • Kommissionierung • Kommissionierlagerortfindung • Situa-
tionen definieren und Logistics Execution • Versand • Kommissionierung
• Kommissionierlagerortfindung • Lagerortfindung mit Situation.

7.1.4 User Exit zur Lagerortfindung

Neben den fest definierten Regeln im SAP-Standard zur Lagerortfindung gibt
es einen User Exit zur Definition einer eigenen Findungsstrategie. Ich habe
viele Situationen im Laufe meiner Beratertätigkeit kennengelernt, bei denen
entweder die Kriterien Versandstelle, Werk und Raumbedingung nicht ausreichen oder diese Kriterien aufgrund der organisatorischen Struktur des
Unternehmens unrealistisch waren.

Es steht Ihnen für die eigene Lagerortfindung der Funktionsbaustein EXIT_
SAPLV02V_002 zur Verfügung. In diesem Funktionsbaustein befindet sich
die Datenstruktur IF_LAGOF. In dieser Struktur finden Sie die wichtigsten
Felder aus dem Lieferbeleg bzw. aus der Lieferposition. Sollten diese nicht
ausreichen, um Ihre eigene Strategie abzubilden, können Sie problemlos
weitere Daten aus dem Materialstamm oder aus dem Vorgängerbeleg (z. B.

Kundenauftrag, Umlagerungsbestellung) lesen, da diese Querverweise in der Struktur vorhanden sind.

Im Feld IF_LAGOF_REGLG befindet sich die Regel, die Sie im Customizing (siehe Abbildung 7.5) eingetragen haben. So können Sie je Lieferart eigene Strategien festlegen und diese im User Exit abfragen.

Abbildung 7.5 Regeln zur Lagerortfindung

Ein kleines Beispiel zeigt, dass es relativ einfach ist, einen solchen User Exit zu aktivieren und eine eigene Findung zu programmieren. Rufen Sie den Funktionsbaustein EXIT_SAPLV02V_002 mit der Transaktion SE37 auf, und doppelklicken Sie auf den Include-Baustein ZXLOFU01. Existiert dieser bereits, kommen Sie direkt in diesen Include-Baustein hinein. Ansonsten erhalten Sie ein Popup mit der Frage, ob der Include angelegt werden soll. Bestätigen Sie diese Frage. Das System legt daraufhin diesen Include-Baustein an. Anschließend programmieren Sie dort Ihre eigene Lagerortfindung ein (siehe Abbildung 7.6).

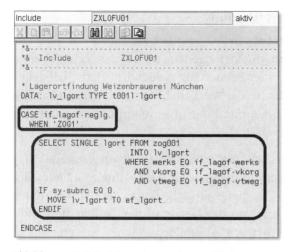

Abbildung 7.6 Beispiel zur eigenen Lagerortfindung

Ich lese in dem Beispiel die eigene Tabelle »ZOG001« (wenn die Regel »ZOG1« vorliegt), mit der ich den Lagerort über das Lieferwerk, die Verkaufsorganisation und den Vertriebsweg ermittle. Alle drei Felder befinden sich in der Struktur IF_LAGOF. Nach erfolgreicher Ermittlung muss der gefundene Lagerort in das Feld EF_LGORT übertragen werden. Mit diesem Parameter wird der Lagerort an die SAP-Standardabwicklung übergeben.

Beachten Sie dabei, dass der Funktionsbaustein vorher über die Erweiterung V02V0002 aktiviert werden muss. Ansonsten wird dieser Include-Baustein aus dem SAP-Standard nicht ausgeführt. Jetzt müssen Sie nur noch die Tabelle ZOG001 pflegen, damit das System den Lagerort finden kann (siehe Abbildung 7.7).

Abbildung 7.7 Beispiel für das eigene Customizing der Lagerortfindung

Ich habe Ihnen an dieser Stelle einen User Exit etwas detaillierter beschrieben. Die meisten User Exits laufen nach genau diesem Prinzip ab. Ich werde daher bei den anderen User Exits nur noch die Eckdaten nennen und dort immer wieder auf diesen Abschnitt verweisen.

7.1.5 Kommissionierrelevanz

Neben der Regel zur Lagerortfindung müssen Sie weitere Einstellungen vornehmen, um den Kommissioniervorgang starten zu können. Um überhaupt für eine Position im Lieferbeleg die Lagerortfindung durchzuführen, muss die Lieferposition als *kommissionierrelevant* gekennzeichnet sein. Dienstleistungen oder Textpositionen können beispielsweise nicht kommissioniert werden.

In Abbildung 7.8 habe ich die von SAP standardmäßig ausgelieferten Einstellungen für die wichtigsten Positionstypen dargestellt. Hier sehen Sie, dass eine normale Position (Positionstyp »TAN«) kommissionierrelevant ist, wohingegen das bei Textposition (»TATX«) und Wertposition (»TAW«) nicht der Fall ist.

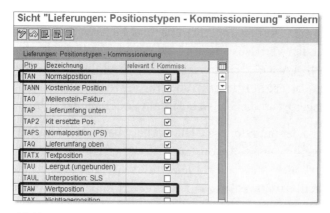

Abbildung 7.8 Kommissionierrelevanz auf Ebene von Lieferpositionen

---

Technische Informationen zur Kommissionierrelevanz

▸ Menüpfad im Customizing: Logistics Execution • Versand • Kommissionierung • Relevante Positionstypen festlegen

▸ Eigene Transaktion: –

▸ Tabelle: TVLP (abgespeichert im Feld KOMRL)

7.1.6 Quittierungsrelevanz, -pflicht

Haben Sie eine Position als kommissionierrelevant gekennzeichnet und kommissionieren über WM, benötigen Sie für das Kommissionieren selbst in WM einen Transportauftrag. In diesem Transportauftrag befinden sich die Materialien aus dem Lieferbeleg mit den Informationen darüber, welche Menge von welchem Lagerplatz entnommen werden soll. Der Lagermitarbeiter steuert nun diesen Lagerplatz an und entnimmt das Material. Nach der Entnahme muss der Mitarbeiter im SAP-System seine Entnahme quittieren. Diese Quittierung sagt aus, ob der Lagermitarbeiter die volle Menge oder aufgrund von Lagerdifferenzen oder Materialbeschädigungen eine Mindermenge kommissioniert hat. Während der Quittierung des Transportauftrags überträgt das SAP-System die kommissionierte Menge in den Lieferbeleg und quittiert sie dort auch.

Arbeiten Sie nicht mit Transportaufträgen in WM, entfällt normalerweise die Quittierung. Möchten Sie jedoch auch ohne WM eine Quittierung der entnommenen Mengen erreichen, müssen Sie eine weitere Einstellung vornehmen: die *Quittierungspflicht* ohne WM. Diese Quittierungspflicht ordnen Sie einer Versandstelle zu (siehe Abbildung 7.9).

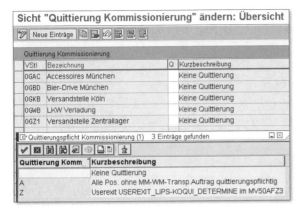

Abbildung 7.9 Quittierungsrelevanz je Versandstelle

Möchten Sie keine Quittierung, lassen Sie das Feld leer. Soll die SAP-Standardquittierung aktiviert werden, tragen Sie in das Feld ein »A« ein. Die Quittierung im Lieferbeleg erfolgt nun entweder manuell oder über EDI-Nachrichten von einem externen Lagerhalter. Sie können die Quittierungspflicht aber auch über einen User Exit steuern. Tragen Sie in diesem Fall ein »Z« als Quittierungsrelevanz in das entsprechende Feld ein. Hierzu wird im Include-Baustein MV50AFZ3 das Unterprogramm USEREXIT_LIPS-KOQUI_DETERMINE aufgerufen. In dieses müssen Sie Ihr Coding einbauen. Es handelt sich hier nicht um einen Funktionsbaustein oder um eine Erweiterung, sondern um einen einfachen Include-Baustein, den Sie direkt erweitern und aktivieren können, ohne übergeordnete Funktionsbausteine und Erweiterungen aktivieren zu müssen.

Technische Informationen zur Quittierungspflicht

- ▶ Menüpfad im Customizing: LOGISTICS EXECUTION • VERSAND • KOMMISSIONIERUNG • QUITTIERUNGSPFLICHT FESTLEGEN

- ▶ Eigene Transaktion: VSTK

- ▶ Tabelle: TVST (abgespeichert im Feld KOQUI)

7.1.7 Bedingung zur Durchführung der Kommissionierung

Vor der Kommissionierung müssen Sie die *Bedingung* definieren, die festlegt, wann der Lieferbeleg zur Kommissionierung freigegeben werden kann. Diese Definition müssen Sie selbst vornehmen.

Im SAP-Standard steht hierzu die Bedingung 111 zur Verfügung. Diese Bedingung ist so eingestellt, dass die Kommissionierung nicht erfolgen kann, wenn die Lieferung mit einer Kreditlimitsperre gekennzeichnet ist. Das Coding für die Bedingung 111 ist in Listing 7.1 abgebildet.

```
*        FORM BEDINGUNG_PRUEFEN_111
*        User checks for subsequent functions from a delivery        *
*                                                                     *
*        Picking                                                      *
FORM BEDINGUNG_PRUEFEN_111.
* Picking is not allowed if a credit block exists
*  IF statement deleted                                "n_566523
*    document header
  IF VBUK-CMGST CA 'B'.
*Read the subsequent function information for the message
    PERFORM FOFUN_TEXT_READ USING    GL_FOFUN
                            CHANGING FOFUN_TEXT.
    MESSAGE ID 'V1' TYPE 'E' NUMBER '849'
            WITH FOFUN_TEXT
            RAISING ERROR.
  ENDIF.
ENDFORM.
```

Listing 7.1 Programmcode zur Bedingung 111

Ist der Status des Kreditlimits auf »B«, wird die Fehlermeldung »849« aus der Message-ID »V1« angezeigt. Es handelt sich hierbei um den Text »Folgefunktion '&' wegen Kreditsperre nicht möglich«. Das Coding selbst ist im ABAP LV07A111 abgelegt.

Technische Informationen zur Bedingung für die Kommissionierung

▸ Feldlänge: 3-stellig

▸ Menüpfad im Customizing: LOGISTICS EXECUTION • VERSAND • KOMMISSIONIERUNG • BEDINGUNGEN FÜR DIE KOMMISSIONIERUNG DEFINIEREN

▸ Eigene Transaktion: OVB6 oder VOFM, Menü: BEDINGUNGEN • FOLGEFUNKTIONEN • KOMMISSIONIERUNG

▸ Tabelle: TVFO (Folgefunktion »11«, Gruppenkennzeichen »FOFU«)

Sie können auch eigene Bedingungen definieren. Nutzen Sie hierzu die Nummern 500 bis 999. Hier gibt es drei Wege, wie Sie zur Pflege der Bedingung kommen. Entweder über die Transaktion VOFM. Hier verzweigen Sie weiter über das Menü auf BEDINGUNGEN • FOLGEFUNKTIONEN • KOMMISSIONIERUNG. Oder Sie gelangen direkt über die Transaktion OVB6 dorthin bzw. wählen als dritte Möglichkeit den Weg über das Customizing. Über alle drei Wege gelangen Sie letztendlich zum gleichen Pflegebild (siehe Abbildung 7.10).

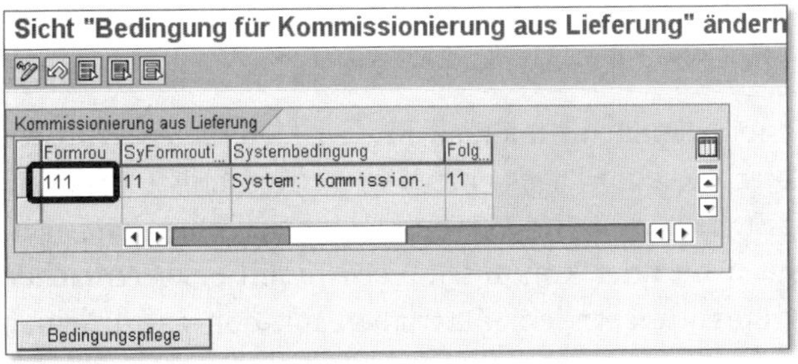

Abbildung 7.10 Bedingungspflege für das Kommissionieren

Klicken Sie auf den Button [Bedingungspflege], und es werden Ihnen alle Bedingungen angezeigt, auch die, die nichts mit dem Kommissionieren zu tun haben. Positionieren Sie nun den Cursor auf die entsprechende Bedingung für das Kommissionieren, und klicken Sie auf das Icon [圖]. Hier wird Ihnen das Coding angezeigt, das ich Ihnen bereits in Listing 7.1 gezeigt habe.

Die Bedingungen selbst stehen in einem Include-Baustein, die Standardbedingung 111 steht z. B. in LV07A111. Ihre eigenen Bedingungen befinden sich dann entsprechend in dem Baustein LV07A500 bis LV07A999.

Nach der Erfassung einer Bedingung generiert das SAP-System einen Muster-ABAP mit den entsprechenden Namen LV07A500 bis LV07A999, den Sie anschließend mit Ihren speziellen Abfragen programmieren können.

7.1.8 Erfassung von Kommissioniermengen

Die einzelnen Schritte der Kommissionierung werden über einen Status im Lieferbeleg festgehalten. Der *Kommissionierstatus* wird in einem Feld in der Lieferposition und als Gesamtstatus im Lieferkopf geführt. Ist eine Position komplett kommissioniert, erhält die Position den Kommissionierstatus »C«. Ist sie teilweise kommissioniert, bekommt sie den Status »B«. Wurde noch keine Kommissionieraktivität gestartet, steht der Status auf »A«. Bei nicht kommissionierrelevanten Lieferpositionen bleibt der Status leer. Im Rahmen einer Toleranzgrenze für Unterlieferungen kann der Status bereits auf »C« gesetzt werden, auch wenn die gesamte Menge noch nicht kommissioniert wurde.

Im engen Zusammenhang mit dem Status steht die *kommissionierte Menge*. Diese Menge wird entweder vom SAP-System fortgeschrieben, wenn Sie WM oder Lean-WM im Einsatz haben, oder Sie müssen, wenn keines der beiden Systeme im Einsatz ist, die Menge manuell vorgeben.

Haben Sie sich dazu entschieden, die Kommissionierung im Lieferbeleg manuell zu erfassen, gehen Sie folgendermaßen vor:

Bevor Sie die Kommissioniermengen manuell in den Lieferbeleg erfassen, können Sie für den Mitarbeiter im Lager eine Kommissionierliste drucken. Da Sie jedoch an dieser Stelle keinen Hinweis auf den entsprechenden Lagerplatz haben, müssen Sie sich in der Kommissionierliste mit einer einfachen Auflistung aller zu kommissionierenden Materialien mit den gewünschten Mengen zufriedengeben. Wie Sie den Druck dieser Liste ansteuern, können Sie in Kapitel 13, »Versandpapiere und -dokumente«, nachlesen. Sie müssen sich nur eine entsprechend passende Nachrichtenart heraussuchen oder ein List-Programm für Ihre eigenen Belange programmieren und dieses über eine neue Nachrichtenart ansteuern.

Auf dieser Kommissionierliste kann der Lagermitarbeiter die einzelnen Positionen, die er entnommen hat, abhaken. Eventuelle Differenzen muss er in der Liste eintragen, sodass zu einem späteren Zeitpunkt die kommissionierten Mengen in den Lieferbeleg übertragen werden können. Starten Sie hierzu die Transaktion VL02N zur Änderung des Lieferbelegs, oder wählen Sie aus dem SAP-Menü den Menüpfad LOGISTIK • VERTRIEB • VERSAND UND TRANSPORT • AUSLIEFERUNG • ÄNDERN • EINZELBELEG. Sie erhalten daraufhin das Übersichtsbild zum Ändern des Lieferbelegs.

Wählen Sie die Registerkarte KOMMISSIONIERUNG. Sie erhalten eine Übersicht über die einzelnen Positionen aus Sicht des Kommissionierers. Tragen Sie nun die Mengen in die Spalte KOMMISS. MENGE ein (siehe Abbildung 7.11).

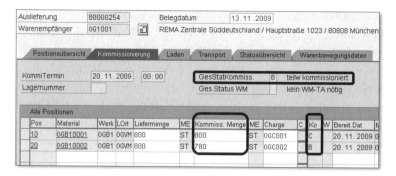

Abbildung 7.11 Eingabe der kommissionierten Menge in den Lieferbeleg

Drücken Sie einmal die [Enter]-Taste. Sie werden feststellen, dass der Kommissionierstatus auf »C« (also Kommissionierung vollständig erledigt) wechselt, wenn die kommissionierte Menge die Liefermenge erfüllt. Der Status wechselt auf »B«, wenn die kommissionierte Menge von der gewünschten Liefermenge abweicht. Sichern Sie nun den Lieferbeleg.

Ist die Abweichung sachlich richtig, müssen Sie in einem zweiten Schritt die Liefermenge an die Kommissioniermenge anpassen. Entweder gleichen Sie hierzu die Liefermenge im Lieferbeleg manuell an die kommissionierte Menge an, oder Sie wählen in der Menüleiste die Funktion BEARBEITEN • KOMMI.MENGEN ALS LIEF.MENGEN ÜBERNEHMEN. Mit dieser Funktion übernimmt das SAP-System für alle Positionen im Lieferbeleg die kommissionierte Menge und stellt diese in die Liefermenge ein. Beide Mengen sind somit einander angeglichen, und der Kommissionierstatus aller Positionen wechselt auf »C«.

Haben Sie chargenpflichtiges Material, und die Chargenfindung erfolgt erst zur Kommissionierung, müssen Sie die kommissionierte Menge pro Charge erfassen. Haben Sie nur eine Charge pro Lieferposition kommissioniert, reicht es aus, auf der Position neben der Kommissioniermenge die Chargennummer einzutragen. Wurden jedoch mehrere Chargen kommissioniert, müssen Sie zuerst die Chargensplitpositionen bilden (siehe hierzu auch Abschnitt 6.6, »Chargen«). Sie erfassen für jede Charge die gewünschte Liefermenge und die kommissionierte Menge, die in diesem Fall gleich sind. Jede einzelne Charge erhält somit einen eigenen Kommissionierstatus.

Gibt es eine Differenz zwischen der gewünschten Liefermenge und der Summe der kommissionierten Chargenmengen, steht zwar die Chargenposition auf dem Status »C« (vollständig kommissioniert), aber auf der Überposition bleibt der Status auf »A« (da die Restmenge noch nicht kommissioniert ist). Ich habe diese Situation in Abbildung 7.12 dargestellt. Die Funktion KOMMI.MENGEN ALS LIEF.MENGEN ÜBERNEHMEN korrigiert wiederum diese Situation.

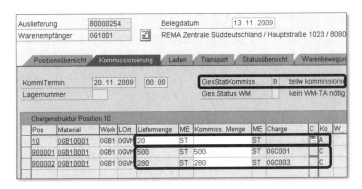

Abbildung 7.12 Darstellung von Differenzen zwischen Liefer- und Kommissioniermenge

Haben Sie sich für die manuelle Quittierung der kommissionierten Mengen im Lieferbeleg entschieden, müssen Sie die eingegebenen Mengen zusätzlich quittieren. Sie wählen die Quittierung über die Funktion aus der Menüleiste BEARBEITEN • KOMMISSIONIERAUFTRAG QUITTIEREN • ALLE POSITIONEN ODER MARKIERTE POSITIONEN.

Sie haben nun die grundsätzlichen Einstellungen für das Kommissionieren kennengelernt. Ich habe Ihnen zudem die manuelle Eingabe der kommissionierten Mengen in den Lieferbeleg vorgestellt. In den folgenden Abschnitten werden Sie noch weitere Funktionalitäten rund um das Kommissionieren kennenlernen.

7.2 Tor und Bereitstellungszone, Ladestelle

Bei einem hohen Umschlagvolumen im Lager und einer komplexen Lagerstruktur ist es unter Umständen erforderlich, die Materialien nach der Kommissionierung zu sammeln und für die Verladung bereitzustellen. Hierbei ist es sinnvoll, Materialien, die zusammen auf einen Transport (Lkw, Container, Ladebrücke usw.) gehören, auch zusammen auf einer Bereitstellungsfläche im Lager zu sammeln. Diese Bereitstellungsflächen werden im SAP-System *Bereitstellungszonen* genannt.

In der Regel haben Sie in diesen großen Lagerkomplexen mehrere Ladebühnen oder *Tore*. Diese Tore bilden die logistische Schnittstelle zwischen der Bereitstellung der Materialien und dem eigentlichen Transportmittel (z. B. Lkw). Sie können die Lkws bei der Einfahrt auf Ihr Betriebsgelände gleich einem bestimmten Tor zuweisen, an dem die Ware in Empfang genommen werden kann.

Eigentlich sind Bereitstellungszonen und Tore organisatorische Einheiten aus WM. Sie können jedoch während der Erstellung der Lieferbelege vom SAP-System ermittelt werden, Sie können diese Informationen aber auch manuell in den Lieferbeleg einpflegen. Den organisatorischen Zusammenhang zwischen dem Lager und der Transportlogistik habe ich Ihnen in Abbildung 7.13 dargestellt.

Tore und Bereitstellungszonen können nur eingesetzt werden, wenn Sie im Kommissionierlagerort WM oder zumindest Lean-WM einsetzen. Ansonsten ergeben diese Felder keinen Sinn. Beide Organisationseinheiten werden in den Kommissionierauftrag und, wenn Sie WM im Einsatz haben, in den Transportauftrag übertragen. Setzen Sie zusätzlich das Staplerleitsystem von

SAP (RF-Funktionalität im Lager) ein, wird dem Lagermitarbeiter die Bereitstellungszone oder das Tor auf dem RF-Terminal angezeigt. Somit weiß er, an welchen Ort er die kommissionierte Ware bringen und wo er sie genau deponieren soll.

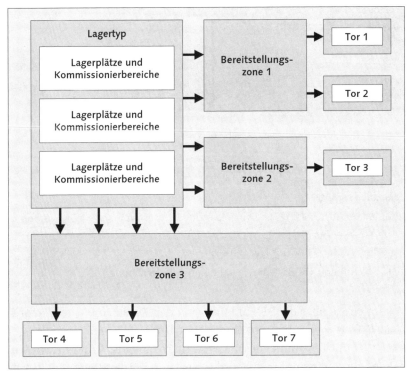

Abbildung 7.13 Einbettung von Toren und Bereitstellungszonen in den Versand- und Lagerprozess

Setzen Sie WM nicht ein, können Sie noch die *Ladestelle* im Lieferbeleg vorgeben. Hierbei handelt es sich um eine reine LES-Organisationseinheit.

7.2.1 Tore

Bevor Sie *Tore* in Ihrem Kommissionierprozess einsetzen, müssen Sie die notwendigen Einträge im Customizing vornehmen. Zunächst müssen die Tore definiert werden. Dabei haben Sie die Möglichkeit, dem Tor eine bestimmte Bereitstellungszone zuzuordnen. Aktivieren Sie das Tor für den Warenausgangsprozess, indem Sie ein Häkchen in das Feld WA-K setzen. Da sich die Tore auch für den Wareneingangsprozess einsetzen lassen, können Sie das Tor auch hierfür aktivieren. Sie haben weitere Möglichkeiten, Ihre Tore etwa für den Cross-Docking-Prozess und für den Flow-Through-Prozess zuzulassen. Das Pflegebild für die Definition der Tore sehen Sie in Abbildung 7.14.

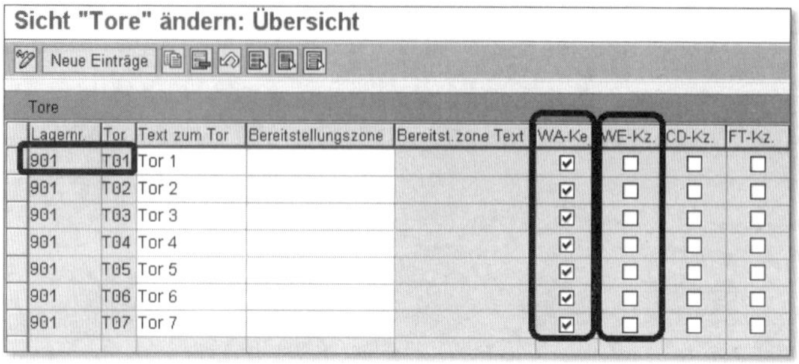

Sicht "Tore" ändern: Übersicht									
Lagernr.	Tor	Text zum Tor	Bereitstellungszone	Bereitst. zone Text	WA-Ke	WE-Kz.	CD-Kz.	FT-Kz.	
901	T01	Tor 1			☑	☐	☐	☐	
901	T02	Tor 2			☑	☐	☐	☐	
901	T03	Tor 3			☑	☐	☐	☐	
901	T04	Tor 4			☑	☐	☐	☐	
901	T05	Tor 5			☑	☐	☐	☐	
901	T06	Tor 6			☑	☐	☐	☐	
901	T07	Tor 7			☑	☐	☐	☐	

Abbildung 7.14 Definition der Tore innerhalb von WM

Technische Informationen zu den Toren

- Feldlänge: 3-stellig
- Menüpfad im Customizing: LOGISTICS EXECUTION • VERSAND • KOMMISSIONIERUNG • LEAN-WM • TORE DEFINIEREN
- Eigene Transaktion: SM30, View V_T30B
- Tabellen: T30B und T30BT (sprachenabhängige Bezeichnung)

In WM können Sie über die RF-Funktionalität den Toren eine Queue zuordnen. Diese Queue wiederum wird einem Mitarbeiter im Kommissionierlager zugewiesen. Somit bekommt dieser Lagermitarbeiter nur Fahraufträge von Materialien, die zu einem ihm zugeordneten Tor befördert werden müssen.

Haben Sie die Tore definiert, müssen Sie festlegen, wie die Tore ermittelt werden sollen. Hierzu gibt Ihnen das SAP-System drei Möglichkeiten:

- Findung über den Warenempfänger: Geben Sie »CUST« als Regel vor.
- Findung über einen Routenfahrplan: Geben Sie »ROUT« als Regel vor.
- Findung über einen eigenen User Exit: Geben Sie eine Regel vor, die mit einem »Y« oder »Z« beginnt.

Diese Findungsregel hängt von der Lieferart ab. Je Lieferart tragen Sie in das Feld REGEL TOR/BER.ZONE eine der gerade genannten Regeln ein (siehe Abbildung 7.15). Eine Kombination von beiden Regeln gibt es jedoch nicht. In den meisten Fällen ist es sinnvoll, die Findung über den Warenempfänger einzustellen, vor allem dann, wenn Sie täglich mehrere Kunden beliefern. Großen Kunden können Sie auf diese Weise feste Bereitstellungszonen und Tore zuordnen. Haben Sie täglich kleine Mengen zu versenden, ist es unter

Umständen sinnvoll, die Materialien nach Routenfahrplänen auf die Tore zu verteilen. Das setzt jedoch voraus, dass eine genaue Routenermittlung aktiviert ist.

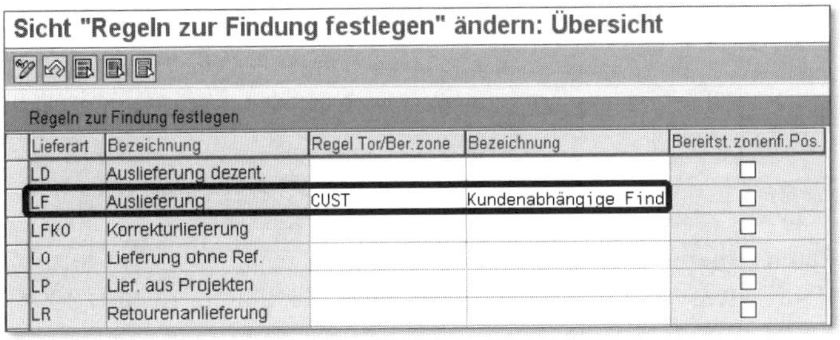

Lieferart	Bezeichnung	Regel Tor/Ber.zone	Bezeichnung	Bereitst.zonenfi.Pos.
LD	Auslieferung dezent.			☐
LF	Auslieferung	CUST	Kundenabhängige Find	☐
LFKO	Korrekturlieferung			☐
LO	Lieferung ohne Ref.			☐
LP	Lief. aus Projekten			☐
LR	Retourenanlieferung			☐

Sicht "Regeln zur Findung festlegen" ändern: Übersicht
Regeln zur Findung festlegen

Abbildung 7.15 Festlegen der Findungsregel für Tore und Bereitstellungszone

---

Technische Informationen zu den Regeln für Tor- und Bereitstellungszonenfindung

▸ Menüpfad im Customizing: LOGISTICS EXECUTION • VERSAND • KOMMISSIONIERUNG • TOR- UND BEREITSTELLUNGSZONENFINDUNG • REGELN ZUR FINDUNG FESTLEGEN

▸ Eigene Transaktion: SM30, View V_TVLK_W

▸ Tabelle: TVLK (abgespeichert im Feld REGTB)

Je nachdem, ob Sie sich für die Findung über den Warenempfänger oder über den Routenfahrplan entschieden haben, müssen Sie nun die Findungskriterien definieren.

Haben Sie sich für die Findung über den Warenempfänger entschieden, tragen Sie je Lagernummer (WM-geführtes Lager, siehe auch Abschnitt 2.2.1, »Lagernummer«) und Warenempfänger das Tor und, falls gewünscht, auch die Bereitstellungszone ein.

Technische Informationen zur Tor- und Bereitstellungszonenfindung

▸ über Warenempfänger

▸ Menüpfad im Customizing: LOGISTICS EXECUTION • VERSAND • KOMMISSIONIERUNG • TOR- UND BEREITSTELLUNGSZONENFINDUNG • FINDUNG ÜBER WARENEMPFÄNGER

▸ Eigene Transaktion: SM30, View V_TCTBF

▸ Tabelle: TCTBF

Möchten Sie jedoch die Findung der Tore über den Routenfahrplan aktivieren, wählen Sie die zweite Funktion und geben hier je Lagernummer und Routenfahrplan die entsprechenden Einträge ein.

Technische Informationen zur Tor- und Bereitstellungszonenfindung über Routenfahrpläne

- Menüpfad im Customizing: Logistics Execution • Versand • Kommissionierung • Tor- und Bereitstellungszonenfindung • Findung über Routenfahrplan
- Eigene Transaktion: SM30, View V_TRTBF
- Tabelle: TRTBF

User Exit

Das Tor und die Bereitstellungszone können Sie auch über einen User Exit ermitteln. Dafür hat SAP die Erweiterung V02V0003 für den Lieferkopf und V02V0004 für die Lieferposition entwickelt. Hierin enthalten sind die jeweiligen Funktionsbausteine EXIT_SAPLV02V_003 bzw. EXIT_SAPLV02V_004 mit den Includes ZXTBFU01 und ZXTBFU02. In diesen Includes können Sie Ihre eigene Torfindung bzw. Bereitstellungszone unterbringen.

Wie mit diesen User Exits umzugehen ist, können Sie Abschnitt 7.1.4, »User Exit zur Lagerortfindung«, entnehmen. Achten Sie dabei auf die Strukturen bzw. Daten, die den einzelnen Funktionsbausteinen als Parameter mitgegeben werden. Sie weichen in der Regel voneinander ab.

Sie haben mit dieser Einstellung die Grundlage für den logistischen Warenfluss in Ihrem Lager zwischen der Kommissionierung und den Toren gelegt.

7.2.2 Bereitstellungszonen

In vielen Fällen fahren Sie Ihre kommissionierten Materialien nicht direkt an die Tore, sondern haben einen Zwischenbereich im Lager definiert, auf dem Sie zunächst einmal die Ware für eine bestimmte Lieferung oder einen Transport sammeln. Ist die Kommissionierung abgeschlossen, stehen die Materialien komplett zusammen in diesem Zwischenbereich und können, sobald der Lkw das Tor angefahren hat, verladen werden. Diesen Zwischenbereich nennen wir *Bereitstellungszone*. In Abbildung 7.13 sehen Sie den Zusammenhang zwischen dem Lager, den Bereitstellungszonen und den Toren.

Um im Customizing die Bereitstellungszonen zu aktivieren und einzustellen, gehen Sie ähnlich vor wie bei den Toren. Zunächst müssen Sie die Bereitstellungszonen definieren. Sie haben im Customizing die Möglichkeit, einer Bereitstellungszone auch gleich ein festes Tor zuzuordnen. Ebenfalls müssen Sie, wie bei den Toren, in dem Feld WA-K ein Häkchen setzen, um die Bereitstellungszone für den Warenausgangsprozess zur Verfügung zu stellen. Alle weiteren Einträge entsprechen denen, die auch zu den Toren vorgenommen wurden.

Technische Informationen zu den Bereitstellungszonen

- Feldlänge: 10-stellig
- Menüpfad im Customizing: LOGISTICS EXECUTION • VERSAND • KOMMISSIONIERUNG • LEAN-WM • BEREITSTELLUNGSZONEN DEFINIEREN
- Eigene Transaktion: SM30, View V_T30C
- Tabellen: T30C und T30CT (sprachenabhängige Bezeichnung)

Im zweiten Schritt zur Aktivierung der Bereitstellungszonen werden die Findungsregel und die Kriterien zur Findung selbst festgelegt. Da Bereitstellungszonen und Tore zusammenhängen, werden Regel und Findung mit den gleichen Funktionen eingestellt, die Sie auch für die Tore aufgerufen haben. Ich verweise daher auf die bereits angeführten Regeln und Findungskriterien für die Tore.

Die Bereitstellungszonen können Sie zusätzlich auf Positionsebene, praktisch für jedes Material separat, angeben. In diesem Fall wird die Raumbedingung, die im Materialstamm hinterlegt ist, als weiteres Kriterium zur Findung herangezogen. Beachten Sie dabei jedoch, dass die Raumbedingung auch zur Kommissionierlagerortfindung benötigt wird. Ob es also für Ihr Unternehmen sinnvoll ist, auf Materialebene unterschiedliche Bereitstellungszonen anzusteuern, sollten Sie über Ihre Prozessabläufe im Lager prüfen.

Sie müssen für die Findung auf Positionsebene separate Customizing-Pfade ansteuern: den für die Findung über Warenempfänger und Raumbedingung und den über Routenfahrplan und Raumbedingung.

Technische Informationen zur Bereitstellungszonenfindung auf Positionsebene je Warenempfänger

- Menüpfad im Customizing: LOGISTICS EXECUTION • VERSAND • KOMMISSIONIERUNG • TOR- UND BEREITSTELLUNGSZONENFINDUNG • BEREITSTELLUNGSZONE AUF LIEFERPOSITIONSEBENE FINDEN • FINDUNG ÜBER WARENEMPFÄNGER/RAUMBEDINGUNG
- Eigene Transaktion: SM30, View V_TCRBF
- Tabelle: TCRBF

Technische Informationen zur Bereitstellungszonenfindung auf Positionsebene je Routenfahrplan

- Menüpfad im Customizing: LOGISTICS EXECUTION • VERSAND • KOMMISSIONIERUNG • TOR- UND BEREITSTELLUNGSZONENFINDUNG • BEREITSTELLUNGSZONE AUF LIEFERPOSITIONSEBENE FINDEN • FINDUNG ÜBER ROUTENFAHRPLAN/RAUMBEDINGUNG
- Eigene Transaktion: SM30, View V_TRRBF
- Tabelle: TRRBF

[zB] Um diesen Zusammenhang mit einem kleinen Beispiel zu veranschaulichen, entscheide ich mich für die Tor- und Bereitstellungszonenfindung je Warenempfänger und trage im Customizing für meinen Kunden das »Tor 1« und die »Bereitstellungszone 1« ein (siehe Abbildung 7.16).

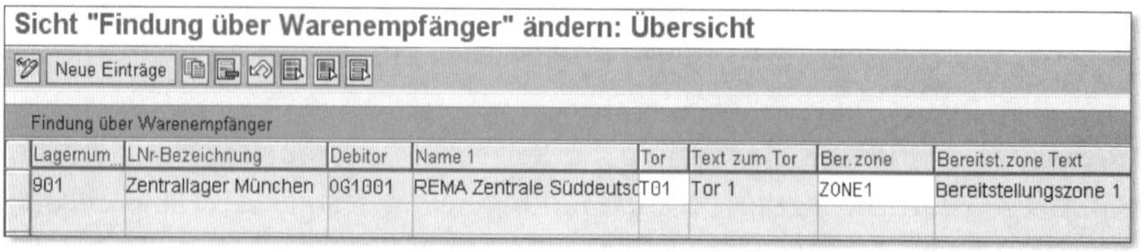

Sicht "Findung über Warenempfänger" ändern: Übersicht

Neue Einträge

Findung über Warenempfänger

Lagernum	LNr-Bezeichnung	Debitor	Name 1	Tor	Text zum Tor	Ber.zone	Bereitst.zone Text
901	Zentrallager München	0G1001	REMA Zentrale Süddeutsc	T01	Tor 1	ZONE1	Bereitstellungszone 1

Abbildung 7.16 Tor- und Bereitstellungszonenfindung über Warenempfänger

Ich erfasse nun einen Kundenauftrag und erstelle die Lieferung manuell. Im Lieferbeleg werden anschließend auf der Registerkarte LADEN das Tor und die Bereitstellungszonen gemäß der Findungsregel eingestellt (siehe Abbildung 7.17).

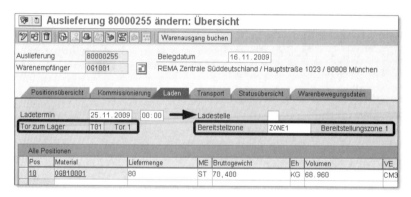

Abbildung 7.17 Tor und Bereitstellungszone im Lieferbeleg

Wie die Bereitstellungszonen und Tore im Lagerprozess eingebettet sind, an welcher Stelle sie im Transportauftrag bzw. beim Staplerfahrer oder Kommissionierer auf den RF-Terminals (Handhelds) erscheinen und wie Sie diese organisatorischen Einheiten über die Queue-Verwaltung auf Ihre Mitarbeiter verteilen, ist in WM einzustellen und wird in diesem Buch nicht weiter beschrieben.

7.2.3 Ladestellen

Tore und Bereitstellungszonen können im SAP-System nur genutzt werden, wenn Sie WM oder Lean-WM im Einsatz haben. Stehen Ihnen beide Systeme nicht zur Verfügung, Sie möchten aber trotzdem Ihren Lieferungen einzelne Tore zuweisen, können Sie die *Ladestellen* im Lieferbeleg nutzen. Die Definition der Ladestelle habe ich Ihnen bereits in Abschnitt 2.1.6 vorgestellt.

Die Ladestelle muss manuell im Lieferbeleg vorgegeben werden. Natürlich haben Sie auch die Möglichkeit, über einen User Exit zur Lieferbelegerstellung die Ladestelle über ein eigenes Tabellenwerk zu finden. Die Ladestelle selbst geben Sie im Lieferbeleg auf der Registerkarte LADEN vor (siehe Abbildung 7.17).

Sie wissen nun, wie Sie im Rahmen des Versandprozesses auf den Warenfluss im Lager, speziell auf die Kommissionierung und Versandbereitstellung, Einfluss nehmen können. Wenn Sie diese Funktionalität nicht nutzen wollen, bleiben die Felder im Lieferbeleg leer und haben somit auf den gesamten Prozess keinerlei Einfluss.

7.3 Über- und Unterlieferung

In der Regel ist Ihr Unternehmen immer bestrebt, die vom Kunden bestellte Menge korrekt zu kommissionieren und zu liefern. In bestimmten Ausnahmefällen kommt es jedoch zu Abweichungen. Hierbei handelt es sich dann um eine Über- oder Unterlieferung. Abweichungen bedürfen meist einer Absprache mit dem Kunden dahingehend, ob er sie akzeptiert und, wenn ja, in welchem Umfang und in welchen Toleranzgrenzen.

Eine *Überlieferung* liegt vor, wenn die Liefermenge über der vom Kunden bestellten Menge liegt. Dazu ein Beispiel aus der Getränkeindustrie: Eine komplette Palette mit Weizenbier beinhaltet 160 Flaschen. Bestellt Ihr Kunde einen Kasten weniger, müssten Sie die Ladungssicherung dieser Palette entfernen, einen Kasten entnehmen und die Palette erneut für den Transport sichern. Akzeptiert Ihr Kunde nun eine Überlieferung, sparen Sie sich diese Arbeit und liefern direkt eine volle Palette. Die kommissionierte Menge ist daher um 16 Flaschen höher. Die Übernahme der kommissionierten Menge in die Liefermenge kann nun problemlos erfolgen, soweit die Toleranzgrenzen zur Überlieferung eingehalten werden.

Äquivalent zur Überlieferung verhält es sich mit der *Unterlieferung*. Es gibt jedoch mehr Gründe für eine Unterlieferung (z. B. nicht genügend Lagerbestand aufgrund von Bestandsdifferenzen, kommissionierte Ware ist nicht in Ordnung oder beschädigt). Liegt die Unterlieferung innerhalb der mit dem Kunden vereinbarten Toleranzgrenze, wird es bei der Anpassung der Liefermenge keine Probleme geben.

Customizing-Einstellungen sind nur bedingt für die Steuerung der Über- und Unterlieferung notwendig. Über- und Unterlieferungen bedürfen einer individuellen oder generellen Vereinbarung mit Ihrem Kunden. Bei individuellen Absprachen würden Sie im Kundenstamm keine Vereinbarungen zur Handhabung von Über- und Unterlieferungen hinterlegen, sondern die individuelle Vereinbarung im Kundenauftrag erfassen. Haben Sie eine generelle Absprache mit dem Kunden, pflegen Sie sie im Kundenstamm ein.

Im Lieferbeleg können die vereinbarten Werte nicht verändert werden. Um sie nachträglich zu ändern, bleibt Ihnen nur der umständliche Weg, die Positionen aus der Lieferung zu löschen, die Änderung der Über- oder Unterlieferung im Kundenauftrag einzupflegen und anschließend die Positionen neu zu beliefern.

[zB]　Die Pflege im Kundenstamm nehmen Sie auf Ebene der Vertriebsbereichsdaten vor. Wählen Sie die Registerkarte VERSAND. Hier gibt es die Felder TOL. UNBEGRENZT, TOL.ÜBERLIEFERUNG und TOL.UNTERLIEFERUNG (siehe Abbildung 7.18).

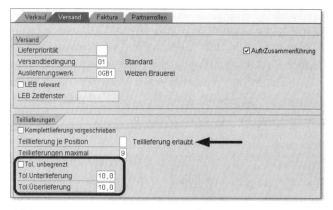

Abbildung 7.18　Toleranzgrenzen für die Über- und Unterlieferungen im Kundenstamm

Erlaubt der Kunde eine unbegrenzte Überlieferung, setzen Sie ein Häkchen in die Checkbox TOL. UNBEGRENZT. In die anderen beiden Felder geben Sie den geduldeten prozentualen Anteil einer Über- bzw. Unterlieferung ein. »100 %« ist in beiden Fällen die Bestellmenge. Haben Sie eine Toleranzgrenze zur Überlieferung definiert und zusätzlich das Kennzeichen gesetzt, das beliebig viele Nachlieferungen erlaubt (»D« im Feld TEILLIEFERUNG JE POSITION), hat dieses Kennzeichen Priorität gegenüber der Toleranzgrenze, sodass der prozentuale Wert in diesem Fall unsinnig ist.

Erfasse ich nun einen Kundenauftrag, werden die Vereinbarungen aus dem Kundenstamm in die Kundenauftragsposition übernommen. Zur Anzeige oder Änderung im Kundenauftrag (Transaktionen VA01, VA02 oder VA03) markieren Sie eine Position und wählen in der Menüleiste SPRINGEN • POSITION • VERSAND. Hier können Sie individuelle Vereinbarungen eintragen (siehe Abbildung 7.19).

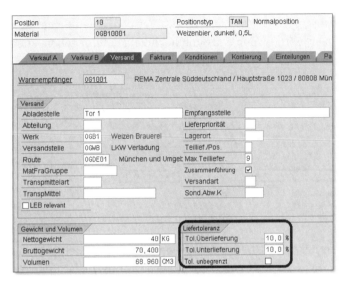

Abbildung 7.19 Toleranzen im Kundenauftrag für Über- und Unterlieferung

Erstelle ich nun den Lieferbeleg, werden diese Vereinbarungen aus der Kundenauftragsposition übernommen. Kommissioniere ich eine Untermenge und übertrage die Kommissioniermenge in die Liefermenge, erhalte ich den Hinweis, dass die Toleranzgrenze unterschritten wurde (siehe Abbildung 7.20).

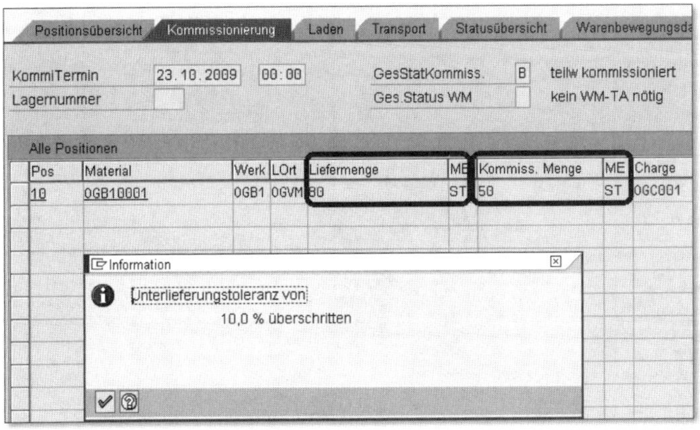

Abbildung 7.20 Fehlermeldung bei Überschreitung der Toleranzwerte

Sie haben bei der Unterlieferung noch eine generelle Einstellungsmöglichkeit, wie diese Meldung vom System generiert werden soll. Sie können diese Fehlermeldung als Warnung oder Fehler ausgeben bzw. sie komplett unterdrücken. Über die Transaktion OVM1 (siehe Abbildung 7.21) geben Sie das Systemverhalten bei dieser Fehlermeldung vor: Typ »I« und »W« bedeuten, dass eine Warnung ausgegeben wird, der Typ »E« weist auf einen Fehler hin. Lassen Sie den Typ leer, wird weder Warnung noch Fehler ausgegeben, auch wenn Sie die Toleranzgrenze unterschreiten.

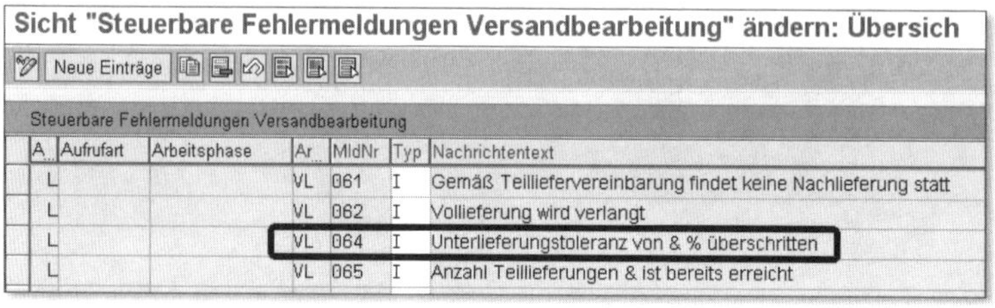

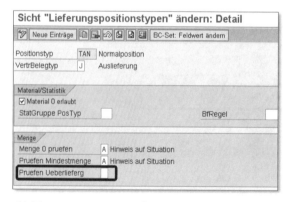

	A	Aufrufart	Arbeitsphase	Ar	MldNr	Typ	Nachrichtentext
	L			VL	061	I	Gemäß Teillieferervereinbarung findet keine Nachlieferung statt
	L			VL	062	I	Vollieferung wird verlangt
	L			VL	064	I	Unterlieferungstoleranz von & % überschritten
	L			VL	065	I	Anzahl Teillieferungen & ist bereits erreicht

Abbildung 7.21 Steuerung von Systemmeldungen

Das Systemverhalten bei einer Überlieferung legen Sie in der Lieferposition fest. Hierzu müssen Sie in das Customizing je Lieferpositionstyp das Kennzeichen PRUEFEN UEBERLIEFERG (siehe Abbildung 7.22) setzen. Ist das Kennzeichen leer, erfolgt kein Hinweis bei der Überlieferung, unabhängig davon, welche Toleranzgrenze Sie vorgegeben haben. Sie dürfen in diesem Fall unbegrenzt überliefern. Möchten Sie eine Warnung bei der Überlieferung außerhalb der Toleranzgrenze erhalten, tragen Sie in dieses Feld ein »A« ein. Möchten Sie gar eine Fehlermeldung bekommen, tragen Sie ein »B« ein. Sie müssen also bei der Überlieferung zusätzlich auf den Positionstyp achten.

Abbildung 7.22 Prüfung der Überlieferung je Positionstyp festlegen

Sie haben in diesem Abschnitt die Wirkungsweise der Toleranzeinstellungen für die Über- und Unterlieferung kennengelernt. Ist die Systemmeldung als Fehlermeldung eingestellt und die Unter- bzw. Überlieferung real, bleibt Ihnen nichts anderes übrig, als die Lieferposition zu löschen, die Auftragsmenge anzupassen und die Position wieder in den Lieferbeleg zu kopieren. Diese Aktion ist natürlich unpraktikabel, wenn Sie WM oder eventuell ein dezentrales WM-System im Einsatz haben. Hier ist der Aufwand einer Mengenkorrektur ungleich höher.

7.4 Lean-WM

In den vorigen Abschnitten haben Sie die grundsätzlichen Einstellungen im SAP-System kennengelernt, die notwendig sind, um die Kommissionierung zu aktivieren. Jedoch bin ich auf das Kommissionieren selbst bislang noch nicht eingegangen.

Nun ist die systemseitige Unterstützung des Kommissionierens nur sinnvoll, wenn das System auch weiß, an welchem Lagerplatz welche Materialien lagern. Ich zitiere an dieser Stelle noch einmal den Satz aus den SAP-Schulungsunterlagen: Im SAP-System bedeutet *Kommissionierung* die »termingerechte Bereitstellung der Ware in richtiger Menge und Qualität für den Versand zum Kunden«. Ich muss also mit der Kommissionierung erreichen, dass Lagermitarbeiter zu den richtigen Lagerplätzen gehen, dort die richtige Ware in der vorgegebenen Menge entnehmen, sie mit weiteren Positionen aus der Lieferung zusammenstellen und sie zur Verladung bringen.

Daraus folgt, dass dem SAP-System bekannt sein muss, wo welcher Artikel zu finden ist. Um diese Forderung zu erfüllen, muss WM zur Verfügung stehen und aktiviert sein. Damit haben Sie allerdings die Kommissionierung aus der Komponente LES herausgelöst und an WM übertragen. Eine detaillierte Beschreibung der Kommissionierung in WM finden Sie im Buch *Warehouse Management mit SAP ERP* (Hoppe, Käber, Galileo Press: 2009).

Haben Sie WM nicht im Einsatz und führen Ihren Lagerbestand nicht über ein externes Lagerverwaltungssystem, haben Sie nur noch die Möglichkeit, über Lean-WM zu kommissionieren. Möchten Sie nun von einem SD- oder LES-Berater eine Auskunft zu Lean-WM, wird es Ihnen oft passieren, dass man Ihnen zur Antwort gibt, doch Ihren WM-Berater aufzusuchen. Fragen Sie nun wiederum Ihren WM-Berater, wird er Ihnen unter Umständen antworten, dass Lean-WM in LES angesiedelt ist. In der Tat nehmen Sie Customizing-Einstellungen zu Lean-WM in LES vor, die Anwender führen allerdings Funktionen aus, die zu WM gehören. Ich möchte Ihnen Lean-WM jedoch nicht komplett vorenthalten und zumindest ansatzweise beschreiben.

In Lean-WM ist es nicht möglich, eine chaotische Lagerhaltung zu organisieren. Es ist darauf ausgelegt, dass Sie Ihren Materialien einen Festplatz in Ihrem Lager zuordnen. Dieser Festplatz wird im Materialstamm gespeichert. Komplexe Lagerstrukturen sind daher in Lean-WM nicht abzubilden.

Es gibt aber noch weitere, wesentliche Unterschiede zwischen Lean-WM und einem Lagerverwaltungssystem. Bestände werden in Lean-WM nicht auf Ebene der Lagerplätze geführt, sondern der Lagerort ist die unterste organisatorische Stufe, auf der der Bestand geführt wird. Nur WM oder ein externes Lagerverwaltungssystem kennt die Bestände pro Lagerplatz in Ihrem Lager.

Der Vorteil von Lean-WM besteht darin, dass Sie im Gegensatz zu WM keine Ein- und Auslagerungsstrategien pflegen müssen, keine Palettenbestände führen können, die Inventur im SAP-System nicht auf Ebene des Lagerplatzes durchführen müssen usw. Es gibt aber auch Prozesse, die Sie in beiden Komponenten (LES und WM) gleichermaßen durchführen können bzw. müssen: das Anlegen von Transportaufträgen, daraus resultiert das Andrucken der Kommissionierlisten, und das Quittieren der Transportaufträge sowie ein automatisches Fortschreiben der Kommissioniermenge im Lieferbeleg.

7.4.1 Organisatorische Struktur von Lean-WM

Ich werde Ihnen in diesem Abschnitt die einzelnen Schritte vorstellen, die Sie benötigen, um Lean-WM einzurichten.

Lagernummer

Zuallererst müssen Sie, wie in WM, eine *Lagernummer* vergeben. Diese Lagernummer wird in einem späteren Schritt einem Lagerort zugeordnet. Der Lagerort wird mit dieser Zuordnung zu einem Lean-WM-Lagerort.

Als Beispiel habe ich für die Weizen-Brauerei in München einen neuen Lagerort eingerichtet: Zentrallager München. Gemäß den Ausführungen in Abschnitt 2.2.1 habe ich die Lagernummer »901« mit der Bezeichnung »Zentrallager München« angelegt.

Technische Informationen zur Lagernummer

▸ Feldlänge: 3-stellig

▸ Menüpfad im Customizing: Logistics Execution • Versand • Kommissionierung • Lean-WM • Steuerungsparameter und Nummernkreise zur Lagernummer definieren

▸ Eigene Transaktion: SM30, View V_T3002

▸ Tabelle: T340D

Sie müssen nun im Customizing diese Lagernummer als Lean-WM markieren. Rufen Sie das Customizing auf, markieren Sie die zuvor angelegte Lagernummer, und klicken Sie auf das Icon 🔍. Sie erhalten nun ein neues Bild (siehe Abbildung 7.23), in dem Sie folgende Einträge vornehmen:

1. Aktivieren Sie Lean-WM im Feld Lean-WM aktiv.

2. Geben Sie den Transportaufträgen (oder auch Kommissionieraufträgen) einen Nummernkreis.

3. Sichern Sie Ihre Eingaben mit einem Klick auf das Icon 💾.

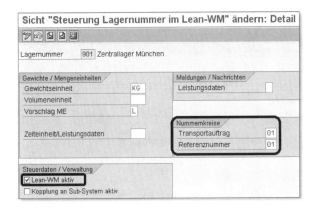

Abbildung 7.23 Definition eines mit Lean-WM geführten Lagers

Lagertypen in Lean-WM

Haben Sie die Lagernummer eingerichtet, müssen Sie im nächsten Schritt mindestens einen *Lagertyp* für Ihre Lagerplätze anlegen. Die Definition des Lagertyps habe ich Ihnen bereits in Abschnitt 2.2.2 vorgestellt.

Außerdem gibt es auch in Lean-WM einige Lagertypen, die als Schnittstellenlagertypen bezeichnet werden. Der im SAP-Standard definierte Schnittstellenlagertyp für Auslagerungen (also für unseren Versandprozess) ist die »916«.

Für Lean-WM müssen Sie Ihre Festplätze mindestens einem Lagertyp zuordnen. Diesen Lagertyp pflegen Sie im Customizing, gegenüber WM jedoch mit minimalen Kriterien: Sie müssen lediglich entscheiden, ob nach der Ein- oder Auslagerung der Transportauftrag quittiert werden soll oder nicht. Die Quittierung bewirkt, dass der Lagermitarbeiter im Transportauftrag bestätigen muss, dass er die Materialien in der richtigen Menge an den richtigen Lagerplatz gebracht bzw. vom richtigen Lagerplatz entnommen hat. Wenn Sie sich für das Kommissionieren mit Lean-WM entschieden haben, ist die Quittierungspflicht zu empfehlen, da erst nach der Quittierung die Materialien als versandfertig gelten. Während der Quittierung haben Sie die Möglichkeit, direkt im Transportauftrag eine Differenz zur geplanten Ein- oder Auslagerungsmenge zu erfassen.

Sind Ihre Festplätze auf mehrere Gebäude oder Bereiche verteilt, und möchten Sie, dass für die einzelnen Gebäude oder Bereiche unterschiedliche Prozesse eingerichtet werden, können Sie für jedes Gebäude einen eigenen Lagertyp anlegen. Sie haben damit auch die Möglichkeit, die Transportaufträge zu splitten und auf unterschiedlichen Druckern auszugeben.

In meinem Beispiel habe ich den Lagertyp »KR1« (Kühlregal 1) angelegt.

Technische Informationen zum Lagertyp

- ▶ Feldlänge: 3-stellig
- ▶ Menüpfad im Customizing: Logistics Execution • Versand • Kommissionierung • Lean-WM • Lagertyp definieren
- ▶ Eigene Transaktion: SM30, View V_T3012
- ▶ Tabellen: T331 und T331T (sprachenabhängige Bezeichnung)

Kommissionierbereich in Lean-WM

Eine andere Möglichkeit, den Druck von Kommissionierlisten zu verteilen, besteht darin, den Lagertyp selbst nach einzelnen Kommissionierbereichen zu unterteilen, anstatt verschiedene Lagertypen zu definieren.

Technische Informationen zum Kommissionierbereich

- ▶ Feldlänge: 3-stellig
- ▶ Menüpfad im Customizing: Logistics Execution • Versand • Kommissionierung • Lean-WM • Kommissionierbereiche definieren
- ▶ Eigene Transaktion: SM30, View V_T30A2
- ▶ Tabelle: T30A und T30AT (sprachenabhängige Bezeichnung)

Benötigen Sie keine Kommissionierbereiche in Lean-WM, müssen Sie auch keine anlegen. In meinem Beispiel habe ich mich dafür entschieden, zwei Kommissionierbereiche anzulegen: einen für die rechte und einen für die linke Gasse innerhalb der Kühlregale (siehe Abbildung 7.24).

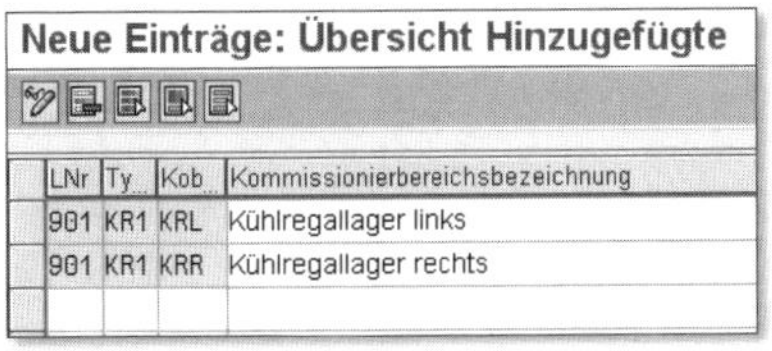

LNr	Ty	Kob	Kommissionierbereichsbezeichnung
901	KR1	KRL	Kühlregallager links
901	KR1	KRR	Kühlregallager rechts

Neue Einträge: Übersicht Hinzugefügte

Abbildung 7.24 Definition der Kommissionierbereiche je Lagertyp in Lean-WM

Transportarten in Lean-WM

In einem weiteren Schritt müssen Sie dem SAP-System vorgeben, welche *Transportarten* in Lean-WM zulässig sind. Hier können Sie sich lediglich für die Aus- oder die Einlagerung (Kennzeichen »A« bzw. »E«) entscheiden. Alle anderen Einträge sind für Lean-WM unsinnig (z. B. Kennzeichen »U« für eine Umlagerung).

Technische Informationen zu den Transportarten

▸ Feldlänge: 1-stellig

▸ Menüpfad im Customizing: LOGISTICS EXECUTION • VERSAND • KOMMISSIONIERUNG • LEAN-WM • TRANSPORTARTEN DEFINIEREN

▸ Eigene Transaktion: SM30, View V_T333A2

▸ Tabelle: T333A

Bewegungsarten in Lean-WM

Ein größerer Schritt ist die Definition der *Bewegungsarten*. Eine Einlagerung in Lean-WM unterscheidet sich in der Handhabung im Lager z. B. von der Auslagerung. Um diese Unterschiede im System zu berücksichtigen, müssen Sie diesen Prozess in einer Bewegungsart abbilden. In einem normalen WM stehen Ihnen viele Bewegungsarten zur Verfügung, während Sie in Lean-WM mit den Standardbewegungsarten auskommen müssen.

Unter den SAP-Standardbewegungsarten beschreibt z. B. die »601« den Prozess des Kommissionierens und die »101« den Prozess eines Wareneingangs. So können Sie zu jeder Bewegungsart spezifische Parameter voreinstellen. In meinem Beispiel habe ich die Bewegungsart »601« so voreingestellt, dass jeder Transportauftrag zum Kommissionieren aus dem Kühlregal 1 entnommen und auf den Schnittstellenlagertyp »916« (für den Warenausgang) gebucht wird (siehe Abbildung 7.25).

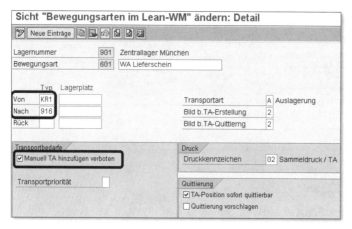

Abbildung 7.25 Parameter abhängig von den Bewegungsarten

Darüber hinaus können Sie über die Bewegungsart festlegen, ob ein Transportauftrag mit dieser Bewegungsart manuell erstellt werden darf oder nicht. Das manuelle Erstellen von Transportaufträgen mit der Bewegungsart »601« ist generell nicht erlaubt, da die Daten, die für diesen Transportauftrag benötigt werden, aus einem Lieferbeleg entnommen werden müssen. Sie können hier nur den Transportauftrag vom Lieferbeleg aus erstellen. Diesen Vorgang werde ich Ihnen im weiteren Verlauf noch genauer erläutern.

Technische Informationen zu den Bewegungsarten

▶ Feldlänge: 3-stellig

▶ Menüpfad im Customizing: LOGISTICS EXECUTION • VERSAND • KOMMISSIONIERUNG • LEAN-WM • BEWEGUNGSARTEN DEFINIEREN

▶ Eigene Transaktion: OMLJ

▶ Tabellen: T333 und T333T (sprachenabhängige Bezeichnung)

Alle anderen Parameter sind lediglich Kriterien, welche Bildschirmmasken zur Transportauftragserstellung angetriggert werden sollen. Wichtig ist auch das Druckkennzeichen, das ich später kurz erklären werde. Ich habe für mein Beispiel die Bewegungsarten »101«, »255« und »601« von der SAP-Standardeinstellung auf meine Lagernummer »901« kopiert.

Im Falle von Differenzen, die während der Kommissionierung der einzelnen Positionen auftreten können (es konnte z. B. wegen Bestandsdifferenzen dem Lagerplatz nur eine geringere Menge entnommen werden, als vom Kunden im Kundenauftrag gewünscht war), muss der Lagermitarbeiter einen Grund für diese Differenz eingeben. Hierbei werden mehrere Gründe mit einem *Differenzenkennzeichen* umschrieben.

Sie können zwar im Customizing angeben, wohin bzw. woher die Differenz gebucht werden soll, in Lean-WM dürfen Sie jedoch immer nur auf den Platz buchen, von dem kommissioniert wurde. Daher müssen Sie das Häkchen in der Spalte Von-Platz setzen.

Technische Informationen zu den Differenzenkennzeichen

- Feldlänge: 2-stellig
- Menüpfad im Customizing: Logistics Execution • Versand • Kommissionierung • Lean-WM • Differenzenkennzeichen definieren
- Eigene Transaktion: SM30, View V_T3362
- Tabellen: T336 und T336T (sprachenabhängige Bezeichnung)

Ich habe für mein Beispiel die drei Differenzenkennzeichen meiner Lagernummer »OGS« zugeordnet: »1« bedeutet, es liegt kein Bestand vor, »2« heißt, dass die zu kommissionierende Ware verdorben ist, und »_« deutet auf allgemeine kleine Differenzen hin (siehe Abbildung 7.26).

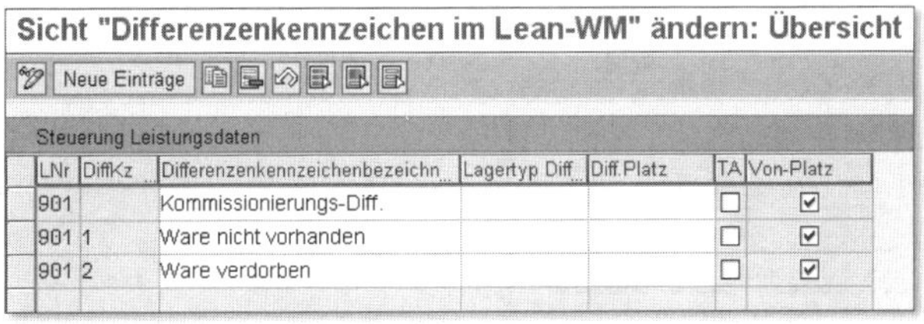
Sicht "Differenzenkennzeichen im Lean-WM" ändern: Übersicht

Neue Einträge

Steuerung Leistungsdaten

LNr	DiffKz	Differenzenkennzeichenbezeichn.	Lagertyp Diff	Diff.Platz	TA	Von-Platz
901		Kommissionierungs-Diff.			☐	☑
901	1	Ware nicht vorhanden			☐	☑
901	2	Ware verdorben			☐	☑

Abbildung 7.26 Kennzeichen, die bei Differenzen im Transportauftrag angegeben werden müssen

7.4.2 Kommissionierlisten

In den meisten Fällen, in denen Lean-WM zum Kommissionieren eingesetzt wird, wird für jeden Lieferbeleg ein Transportauftrag angelegt, der als *Kommissionierliste* gedruckt wird. Diese Kommissionierliste wird dem Lagermitarbeiter mitgegeben. Er arbeitet diese Liste ab, vermerkt eventuelle Differenzen oder markiert die korrekte Entnahme vom Lagerplatz. Anschließend wird die Entnahme der Materialien im Transportauftrag quittiert, entweder mit der gewünschten und korrekten Menge oder in Ausnahmefällen mit einer abweichenden Menge.

In vielen Unternehmen hat bereits RF Einzug gehalten. RF steht für *Radio Frequency* und bedeutet, dass die Lagermitarbeiter entweder über Handhelds oder kleinere PCs auf den Staplern per Funk mit dem SAP-System arbeiten. Sie können direkt am Lagerplatz die jeweils entnommenen Positionen quittieren. Dennoch erhält der Mitarbeiter immer noch häufig die Kommissionierliste als Arbeitsgrundlage, da er auf der Liste einen Gesamtüberblick über die komplette Lieferung hat; auf dem Handheld hingegen steht ihm nur ein Bruchteil der Informationen zu einer Position zur Verfügung.

Das Drucken der Kommissionierlisten ist in WM angesiedelt und nicht in LES. Daher werden die Kommissionierlisten auch nicht über die Nachrichtenarten gesteuert. Alle übrigen Dokumente, die zu einem Lieferbeleg zu drucken sind, werden hingegen normalerweise über die Nachrichtenarten angesteuert (siehe hierzu Kapitel 13, »Versandpapiere und -dokumente«).

Um den Druck der Kommissionierlisten zu steuern, sind einige Einstellungen erforderlich. Die einzelnen Schritte hierzu habe ich Ihnen in Abbildung 7.27 dargestellt. Da es sich hierbei auch um Systemeinstellungen handelt, werde ich an dieser Stelle nicht ins Detail gehen. Sollten Sie für Ihr Unternehmen Einstellungen für Ihre Kommissionierlisten vornehmen müssen, führen Sie die Einstellungen am besten mit Ihren Systemadministratoren gemeinsam durch.

Drucksteuerung Lagerverwaltung

Bitte Objekte in angegebener Reihenfolge bearbeiten

Definitionen	Spoolkennzeichen
Definitionen	Druckerpool/Etiketten
Definitionen	Sortierprofil/Sammelgang
Definitionen	Druckkennzeichen

Zuordnungen

Drucker	Lagerbewegung
Drucker	Kommissionierbereich
Drucker	Lagertyp
Druckkennzeichen	Bewegungsart
Druckprogramm	Lagernummer
Drucksteuerung	Sammelgang
Drucksteuertabellen	Analysieren

Abbildung 7.27 Übersicht über die einzustellenden Parameter für den Druck der Kommissionierlisten

Hier finden Sie die wichtigsten Einstellungen in Kürze:

Über den Button SPOOLKENNZEICHEN definieren Sie, ob Sie Ihre Listen sofort ausgeben möchten, in den List-Spool stellen wollen, nach dem Druck im List-Spool löschen möchten und wie viele Kopien automatisch gedruckt werden sollen. Diese Informationen pflegen Sie pro Lagernummer ein. Sie können mehrere Kombinationen erfassen und diese anhand einer *Spoolnummer* unterscheiden.

Die Drucker, die in Ihrem Lager zur Verfügung stehen, werden über den Button DRUCKERPOOL/ETIKETTEN eingepflegt.

Möchten Sie Ihre Positionen auf der Kommissionierliste nach bestimmten Kriterien sortieren und eventuell nach einem Wechsel dieser Kriterien eine neue Seite beginnen, erstellen Sie mit der Funktion SORTIERPROFIL/SAMMEL-GANG ein sogenanntes *Sortierprofil*.

Über den Button DRUCKKENNZEICHEN pflegen Sie die Druckprogramme – entweder vom SAP-Standard angebotene oder Ihre selbst entwickelten. Jedem Programm wird hier ein Druckkennzeichen zugeordnet. Diese Druckkennzeichen legen Sie pro Lagernummer fest. Zu den SAP-Standardprogrammen pflegen Sie an dieser Stelle auch Ihr Sortierprofil ein. Sie legen außerdem fest, zu welchem Zeitpunkt das Druckprogramm aufgerufen werden soll: vor dem Verbuchen, direkt nach dem Verbuchen oder zu einem selbst definierten Zeitpunkt, indem Sie es manuell aufrufen.

Technische Informationen zu den Druckerdefinitionen (Teil 1)

▸ Menüpfad im Customizing: LOGISTICS EXECUTION • VERSAND • KOMMISSIONIERUNG • LEAN-WM • DRUCKSTEUERUNG DEFINIEREN

▸ Eigene Transaktion: OMLV

▸ Tabellen: T329P (Spoolkennzeichen), T329A (Druckerpool/Etiketten). T312S (Sortierprofil/Sammelgang, Sortierpool RLDRI), T329F (Druckkennzeichen)

Mit diesen vier Funktionen schaffen Sie die technischen Voraussetzungen für den Druck der Transportaufträge. Nun erfolgt die Zuordnung, wann und wo gedruckt werden soll und mit welchen Parametern.

Der erste Parameter hängt vom Lagertyp ab. In der Regel nimmt ein Lagertyp einen räumlichen Bereich im Lager ein. So wäre es denkbar, dass es auch einen Drucker gibt, der in diesem Bereich steht und zum Drucken genutzt wird, wenn Transportaufträge für diesen Lagertyp anfallen. Über den Button

LAGERBEWEGUNG wird also ein Drucker einem Nach-Lagertyp oder auch einem Von-Lagertyp zugeordnet.

Über den Button KOMMISSIONIERBEREICH können Sie einen bestimmten Drucker einem Kommissionierbereich zuordnen. Entsprechend treffen Sie die Zuordnung pro Lagertyp mit einem Klick auf den Button LAGERTYP.

Die Drucker sind nun zugeordnet; jetzt fehlt noch die Zuordnung, welcher Druck erfolgen soll. Diese Zuordnung nehmen Sie in Abhängigkeit von der Bewegungsart vor.

Zum Schluss teilen Sie dem SAP-System noch mit, welches Programm pro Lagernummer angesteuert werden soll. Im SAP-Standard wird das Programm RLVSDR40 angeboten. Klicken Sie für diese Funktion auf den Button LAGERNUMMER.

Technische Informationen zu den Druckerdefinitionen (Teil 2)

▸ Menüpfad im Customizing: LOGISTICS EXECUTION • VERSAND • KOMMISSIONIERUNG • LEAN-WM • DRUCKSTEUERUNG DEFINIEREN

▸ Eigene Transaktion: OMLV

▸ Tabellen: T329D (Druckparameter je Lagerbewegung), T30A (Druckparameter je Kommissionierbereich), T331 (Druckparameter je Lagertyp), T333 (Druckkennzeichen je Bewegungsart), T340D (Druckprogramm je Lagernummer)

Jetzt haben Sie fast alle Einstellungen vorgenommen, um mit Lean-WM arbeiten zu können. Jedoch fehlt noch die wichtigste Verbindung zwischen Ihren Lagerorten und Lean-WM. Diese Lücke schließen Sie mit zwei Customizing-Einträgen.

7.4.3 Aktivierung von Lean-WM

Zum einen müssen Sie eine Zuordnung zwischen Ihrem Werk und Lagerort und Lean-WM herstellen (siehe Abbildung 7.28).

Abbildung 7.28 Zuordnung eines Lean-WM zu Werk und Lagerort

> **Technische Informationen zur Zuordnung Werk/Lagerort zur Lagernummer**
>
> ▸ Menüpfad im Customizing: UNTERNEHMENSSTRUKTUR • ZUORDNUNG • LOGISTICS EXE-CUTION • LAGERNUMMER ZU WERK/LAGERORT ZUORDNEN
>
> ▸ Eigene Transaktion: SM30, View V_T320
>
> ▸ Tabelle: T320

Zum anderen müssen Sie noch den Lagertyp angeben, aus dem kommissioniert werden soll, sowie den Aktivierungsgrad. Ich habe mich für den Aktivierungsgrad 3 (Lean-WM in Verbindung mit Lieferungen nur beim Auslagern) entschieden (siehe Abbildung 7.29). In diesem Fall dient Lean-WM nur für Auslagerungen.

Abbildung 7.29 Aktivierung von Lean-WM und Zuordnung eines Kommissionierlagertyps

7.4.4 Materialstammdaten zu Lean-WM

Auf der Registerkarte WERKSDATEN/LAGERUNG1 tragen Sie in das Feld LAGERPLATZ die Platzbezeichnung des Festlagertyps »KR1« ein. Im Feld KOMMISSIONIERBEREICH wird Ihr bereits vorher definierter Kommissionierbereich eingetragen. In meinem Beispiel habe ich mich für den LAGERPLATZ »01 – 01« und den KOMMISSIONIERBEREICH »KRL« entschieden (siehe Abbildung 7.30).

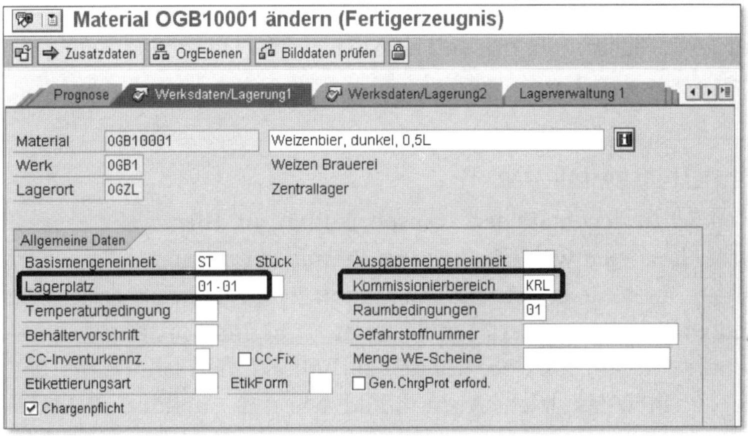

Abbildung 7.30 Materialstammdatenpflege für Lean-WM

[zB] Ich habe zu Demonstrationszwecken durch eine Umbuchung den notwendigen Bestand auf dem Lagerort »OGZL« aufgebaut.

Ich habe einen Kundenauftrag erstellt und hierbei direkt den Lagerort »OGZL« vorgegeben. Dies ist notwendig, da ansonsten die Kommissionierlagerortfindung einen anderen Lagerort auswählen würde.

7.4.5 Kommissionier- und WM-Status im Lieferbeleg

Ich erzeuge über die manuelle Lieferbelegerstellung (Transaktion VL01N) den Lieferbeleg. Schon bei der Anlage sehen Sie die beiden Status: *Kommissionierstatus* und *WM-Status* (der in diesem Fall eigentlich Lean-WM-Status heißen müsste; SAP unterscheidet an dieser Stelle jedoch nicht zwischen WM und Lean-WM). Der Lieferbeleg ist in Abbildung 7.31 zu sehen.

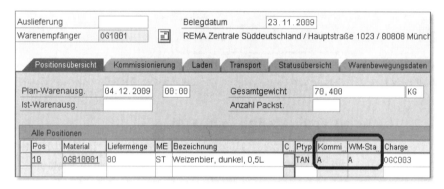

Abbildung 7.31 Anlage eines Lieferbelegs in einem Lean-WM-verwalteten Lagerort

Der Kommissionierstatus »A« sagt aus, dass mit der Kommissionierung noch nicht begonnen wurde. Ebenso wurde noch kein Transportauftrag angelegt (WM-Status »A«). Sichern Sie diesen Lieferbeleg, und Sie erhalten eine Liefernummer.

Anlegen eines Transportauftrags

Im folgenden Schritt legen Sie den Transportauftrag an. Hierzu gibt es mehrere Möglichkeiten – ich wähle in meinem Beispiel die manuelle Transportauftragsanlage. Rufen Sie hierzu die Transaktion VL03N (Anzeigen Lieferbeleg) auf, und wählen Sie aus der Menüleiste die Funktion FOLGEFUNKTIONEN • TRANSPORTAUFTRAG ANLEGEN. Sie können auch direkt die Transaktion LT03 aufrufen. Sie erhalten das gleiche Auswahlbild, wie es in Abbildung 7.32 dargestellt ist.

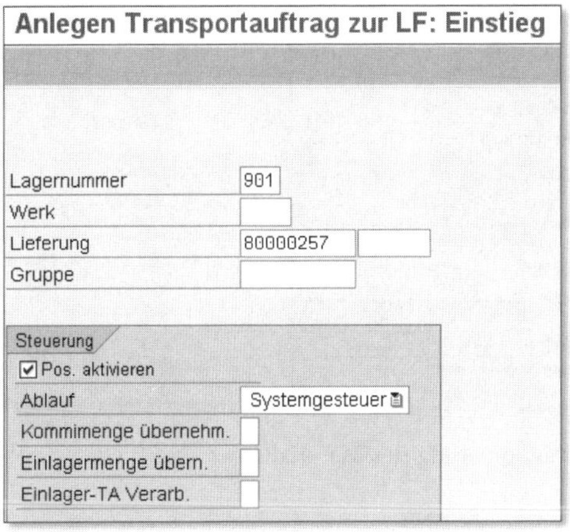

Anlegen Transportauftrag zur LF: Einstieg

Lagernummer	901
Werk	
Lieferung	80000257
Gruppe	

Steuerung
☑ Pos. aktivieren
Ablauf	Systemgesteuer
Kommimenge übernehm.	
Einlagermenge übern.	
Einlager-TA Verarb.	

Abbildung 7.32 Anlage eines Transportauftrags zu einer Auslieferung

Drücken Sie die [Enter]-Taste. Sie erhalten nun eine Übersicht über die zu kommissionierenden Positionen aus dem Lieferbeleg (siehe Abbildung 7.33).

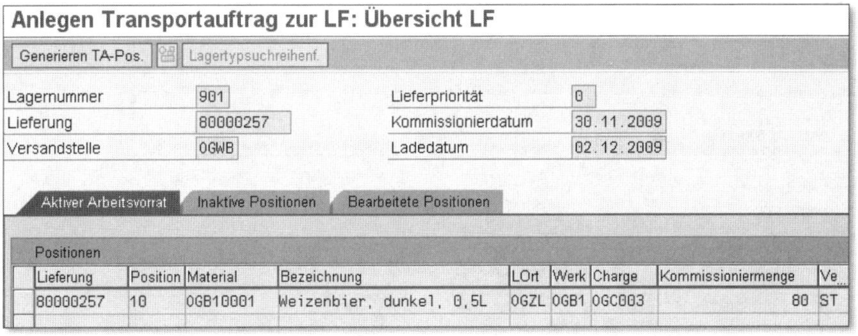

Anlegen Transportauftrag zur LF: Übersicht LF

Generieren TA-Pos. | Lagertypsuchreihenf.

Lagernummer	901		Lieferpriorität	0
Lieferung	80000257		Kommissionierdatum	30.11.2009
Versandstelle	0GWB		Ladedatum	02.12.2009

Aktiver Arbeitsvorrat | Inaktive Positionen | Bearbeitete Positionen

Positionen

Lieferung	Position	Material	Bezeichnung	LOrt	Werk	Charge	Kommissioniermenge	Ve
80000257	10	0GB10001	Weizenbier, dunkel, 0,5L	0GZL	0GB1	0GC003	80	ST

Abbildung 7.33 Übersicht über die zu kommissionierenden Positionen

Sichern Sie nun diesen Transportauftrag, indem Sie auf das Icon 🖫 oder auf den Button Generieren TA-Pos. klicken. Nach der Generierung werden die Positionen als bearbeitete Positionen markiert; klicken Sie nun auf das Icon 🖫. Nach erfolgreicher Sicherung erhalten Sie die Transportauftragsnummer.

Sehen Sie sich den Transportauftrag einmal genauer an: Das dunkle Weizenbier (Material »0GB10001«) ist vom Lagerplatz »01 – 01« zu entnehmen. Dieser Lagerplatz gehört zum Kommissionierbereich »KRL«. Das Zeichen 🖫 bedeutet, dass der Transportauftrag noch nicht quittiert wurde (siehe Abbildung 7.34).

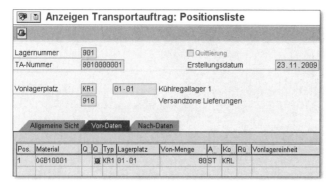

Abbildung 7.34 Transportauftrag zur Kommissionierung der Materialien

Zur Kontrolle zeige ich Ihnen den jetzigen Stand im Lieferbeleg (siehe Abbildung 7.35): Der Kommissionierstatus steht zwar bereits auf »C« (voll kommissioniert), aber dieser Status ist im Zusammenhang mit dem WM-Status zu sehen. Dieser steht noch auf »B«, d. h., der Transportauftrag ist noch nicht quittiert.

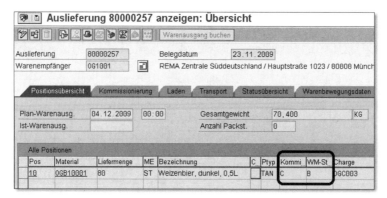

Abbildung 7.35 Status im Lieferbeleg nach Erstellung des Transportauftrags

7.4.6 Transportaufträge im Sammelgang anlegen

Sie können Transportaufträge nicht nur manuell mit der Transaktion LT03 anlegen bzw. direkt aus dem Lieferbeleg heraus anstoßen, sondern Sie können auch die Transportaufträge im Hintergrund durch einen Batch-Job anlegen lassen. Hierzu müssen Sie jedoch zuerst die Lieferbelege über den Auslieferungsmonitor gruppieren, bevor Sie über diese Gruppe die Transportaufträge erstellen. Das können Sie, indem Sie eine Gruppe anlegen oder einfach die gewünschten Lieferbelege markieren und über diese die Transportaufträge erstellen. Auf diese Möglichkeiten gehe ich allerdings im Abschnitt 7.5.1 ein.

7.4.7 Druckausgabe der Kommissionierliste

Da ich in meinem Beispiel den Druck des Transportauftrags automatisch nach der Sicherung anstoße und nicht direkt auf einen Drucker ausgebe, muss ich mir die Druckausgabe im Spool ansehen. Eine Übersicht über alle Listen in der Spool-Datei bekommen Sie mit der Transaktion SP01. Selektieren Sie in dieser Transaktion so eng wie möglich. Starten Sie mit der Selektion, und Sie erhalten z. B. eine Übersicht über die Spool-Aufträge (siehe Abbildung 7.36).

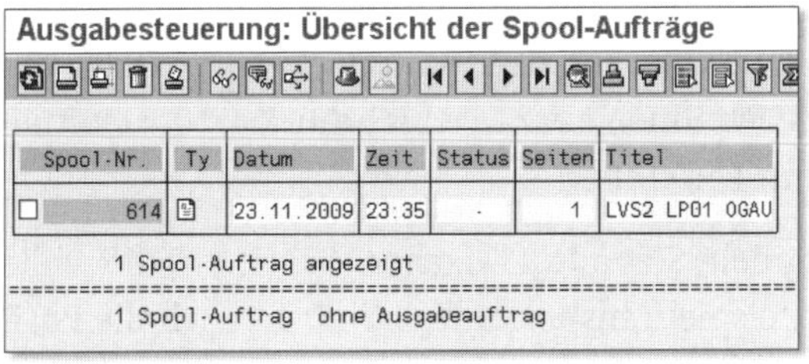

Abbildung 7.36 Übersicht über die Spool-Aufträge

Den Titel Ihrer Kommissionierlisten vergeben Sie im Customizing über den Button SPOOLKENNZEICHEN (siehe Abbildung 7.27). Hinter dem Button DRUCKKENNZEICHEN verbirgt sich auch der Programmname, mit dem der Druck aufbereitet wird. Ich habe mich hier für das Druckkennzeichen »02« entschieden. Der Output ist in Abbildung 7.37 zu sehen.

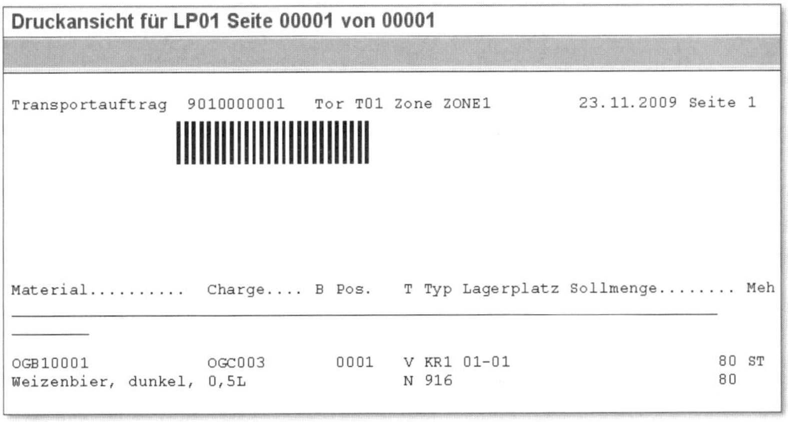

Abbildung 7.37 List-Bild für eine Sammelliste

Es steht Ihnen eine Reihe von List-Bildern (also Druckkennzeichen) zur Verfügung, die Sie für Ihre Zwecke im Unternehmen selektieren können.

7.4.8 Quittierung des Transportauftrags

Nachdem Sie alle Materialien kommissioniert und zur Verladung gebracht haben, wird jede einzelne Position vom Lagermitarbeiter quittiert. Hierbei hat er die Möglichkeit, entweder voll oder mit Differenz zu quittieren.

Die Quittierung erfolgt mit der Transaktion LT12 (Quittierung des kompletten Transportauftrags, wobei die Mengen jeder einzelnen Position geändert werden können) oder LT13 (Quittierung einzelner Positionen auf dem Transportauftrag). Sie haben, nachdem Sie die Quittierung aufgerufen haben, verschiedene Wege, die Quittierung durchzuführen. Quittieren Sie die volle Menge, empfehle ich Ihnen, auf den Button Standard zu klicken. Einen weiteren Weg beschreibe ich Ihnen kurz in Abschnitt 7.4.10, »Quittierung eines Transportauftrags mit Differenz«.

Mit dem Standardprozess können Sie mit einfachen Schritten die volle Menge quittieren. In meinem Beispieltransportauftrag quittiere ich die Position voll mit 80 Stück (siehe Abbildung 7.38).

Abbildung 7.38 Quittierung eines Transportauftrags mit voller Menge

Sichern Sie einfach die Quittierung, indem Sie auf das Icon 🖫 klicken. Damit werden die quittierten Mengen in den Lieferbeleg übertragen.

7.4.9 Chargenerfassung im Transportauftrag

Zusätzlich können Sie über den Transportauftrag die entnommene Charge erfassen, solange sie nicht bereits durch die Chargenfindung im Lieferbeleg oder manuell durch den Mitarbeiter angelegt wurde (siehe Abbildung 7.39).

Klicken Sie hierzu, während Sie die Quittierung starten, auf den Button Erfassungsliste . Geben Sie hier die Charge mit der entsprechenden Menge vor.

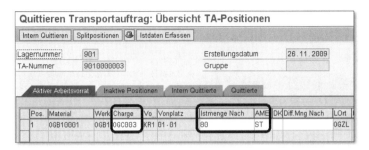

Abbildung 7.39 Erfassung einer Charge im Transportauftrag

Kommissionieren Sie mehr als eine Charge, müssen Sie die einzelnen Positionen des Transportauftrags markieren und dann auf den Button [Splitpositionen] klicken. Sie erhalten nun eine Erfassungsmaske, in der Sie die Chargennummern und die dazugehörige kommissionierte Menge eintragen können. Sichern Sie diese Eingaben. Ein anschließender Blick in den Lieferbeleg zeigt, dass nun auch hier ein Chargensplit erfolgt ist (siehe Abbildung 7.40).

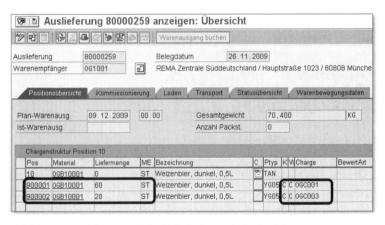

Abbildung 7.40 Chargensplit im Lieferbeleg nach der Quittierung

7.4.10 Quittierung eines Transportauftrags mit Differenz

Müssen Sie eine Position im Transportauftrag nicht mit der vollen Menge quittieren, wählen Sie die Quittierung mit Differenz. Hierzu erfassen Sie die kommissionierte Menge und die Differenzmenge. Zusätzlich müssen Sie einen Grund für die Differenz vorgeben, indem Sie ein entsprechendes Differenzenkennzeichen setzen. In meinem Beispiel habe ich mich für das Kennzeichen »2« entschlossen (Ware ist verdorben, siehe Abbildung 7.41). Die ursprüngliche Menge von 80 Stück teilt sich nun auf in 60 Stück kommissionierte Ware und 20 Stück als Differenzmenge.

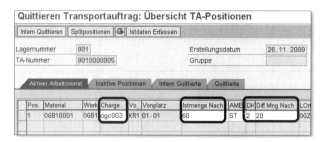

Abbildung 7.41 Quittierung mit Differenzmenge

Sichern Sie diese Quittierung. Sie werden unmittelbar nach dem Sichern noch einmal über ein Popup gefragt, ob Sie die Differenz mit dem Differenzenkennzeichen akzeptieren. Sehen Sie sich den Transportauftrag nach dem Sichern noch einmal genau an (siehe Abbildung 7.42).

Abbildung 7.42 Anzeigen des Transportauftrags mit Differenz

Das Icon ⊞ in der Position besagt, dass diese Position mit einer Differenz quittiert wurde. Auf der Registerkarte NACH-DATEN im Transportauftrag sehen Sie die Soll-Menge oder auch Nach-Menge (die Menge, die zum Lagertyp »916« [Warenausgangsschnittstelle] transportiert werden soll), die tatsächlich transportierte Menge (Ist-Menge) und die Differenzmenge.

In der Lieferung steht die Position auf »noch nicht erledigt« (siehe Abbildung 7.43). Markieren Sie diese Position, und klicken Sie auf das Icon ⊡. Daraufhin wird Ihnen der Chargensplit angezeigt. Ich habe das Bild des Chargensplits in Abbildung 7.43 integriert.

Sie haben nun die Möglichkeit, einen neuen Transportauftrag über die Differenzmenge von 20 Stück anzulegen. Alternativ lassen Sie es auf der Menge von 60 Stück beruhen und entscheiden, dass der Kunde die 60 Stück bekommt und die restlichen 20 Stück nachgeliefert werden. Eine weitere Alternative wäre: Die Lieferposition wird als erledigt gekennzeichnet.

Abbildung 7.43 Lieferbeleg nach der Quittierung mit Differenz

In meinem Beispiel sollen die kommissionierten 60 Stück in den Lieferbeleg übernommen werden (aus der Menüleiste KOMMI.MENGEN ALS LIEF.MENGEN ÜBERNEHMEN). Anschließend stehen der Kommissionierstatus der Position und der Gesamtkommissionierstatus auf »C« (siehe Abbildung 7.38).

Abbildung 7.44 Mengen und Status nach der Übernahme der Kommissioniermengen in den Lieferbeleg

Nach dem Sichern ist der Kommissioniervorgang in Lean-WM beendet.

User Exit

Da es, je nach Umrechnungsfaktoren im Materialstamm, zwischen der Liefer- und der Kommissioniermenge Rundungsdifferenzen geben kann, wechselt der WM-Status nicht auf »C«. Um diese Rundungsdifferenzen zu umgehen, gibt es die SAP-Erweiterung V50PSTAT. Im Funktionsbaustein EXIT_SAPLV50P_001 gibt es den Include ZXV50U07. In diesem Include können Sie den Kommissionierstatus in Abhängigkeit der Differenzhöhe zwischen Liefer- und Kommissioniermenge auf »C« setzen.

7.5   Kommissionierwellen

Haben Sie in Ihrem Unternehmen täglich eine größere Anzahl von Lieferbelegen zu bearbeiten und müssen hierzu die Kommissionierlisten erstellen, ist das manuelle Erstellen der Transportaufträge aus zeitlichen Gründen nicht mehr tragbar. Aus diesem Grund hat SAP eine Art Massenanlage von Kommissionieraufträgen zur Verfügung gestellt.

Ein weiterer Aspekt dieser Erstellungsform von Transportaufträgen ist die Kostenreduzierung im Lager. Setzen Sie Lean-WM ein (diese Funktion gibt es auch für das normale WM) und haben Lieferbelege mit einem hohen Kommissionieraufwand, müssen Sie zum einen versuchen, die Kommissionierwege für Ihre Schnelldreher oder A-Artikel so kurz wie möglich zu halten, und zum anderen in der Lage sein, mit einer Entnahme vom Lagerplatz gleich mehrere Lieferungen zu bedienen. Damit verhindern Sie, dass der Lagermitarbeiter mehrmals am Tag den gleichen Lagerplatz aufsucht und das gleiche Material entnimmt.

Den Effekt, die gesamten Kommissionierpositionen nach Materialien zu kumulieren und den Lagermitarbeiter nicht mit jeder einzelnen Position des gleichen Materials an den Lagerplatz zu schicken, erreichen Sie, wenn Sie Ihre Lieferbelege zusammenfassen. Diese Zusammenfassung wird im SAP-System als *Kommissionierwelle* bezeichnet.

Eine Kommissionierwelle ist im SAP-System ein Bündel an Lieferbelegen, die zu kommissionieren sind. Diese Bündel können mehrmals am Tag erstellt werden und sollten aus zeitlichen Gründen zusammenpassen. So können Sie alle Lieferbelege, die für den Vormittag zu kommissionieren sind, bereits am Abend des Vortags zu einer Kommissionierwelle zusammenfassen. Am nächsten Morgen fassen Sie dann alle Lieferbelege zusammen, die am Nachmittag zu kommissionieren sind.

Die Kommissionierwellen im SAP-System können Sie manuell oder maschinell erstellen. Bei der maschinellen Erstellung geben Sie entsprechende Zeitraster vor. Zusätzlich haben Sie die Möglichkeit, Kapazitätsgrenzen vorzugeben und die zu kommissionierende Menge nach oben hin zu begrenzen.

Wenn Sie die Kommissionierwellen nach Zeitkriterien bilden möchten, benötigen Sie entweder

▸ die minutengenaue Terminierung im Lieferbeleg oder

▸ den Einsatz von Routenfahrplänen und eines Warenausgangszeitpunkts.

Ob es wirklich sinnvoll ist, eine minutengenaue Terminierung im Lieferbeleg durchzuführen, müssen Sie für Ihr Unternehmen genau prüfen. Ich habe bisher noch keinen Kunden kennengelernt, der diese Terminierung durchführt, da alle Prozesse im Versand und im Lager sehr dynamisch sind und sich nicht minutiös planen lassen.

Die Kommissionierwelle selbst erhält vom SAP-System zur späteren Identifikation eine Nummer. Über diese Kommissionierwellennummer haben Sie die Möglichkeit, Ihre Folgeprozesse zu steuern. Sie können z. B. alle Transportaufträge drucken, die zu einer Kommissionierwelle gehören (es sei denn, Ihr Druck wird automatisch angetriggert). Über die Kommissionierwellen können Sie außerdem die zweistufige Kommissionierung anstoßen (Voraussetzung hierfür ist aber das volle WM), alle dazugehörigen Transportaufträge quittieren, Transporte erstellen, den Druck von Lieferdokumenten anstoßen und den Warenausgang buchen.

Der Prozess setzt sich also aus folgenden Einzelschritten zusammen:

1. Bildung einer Kommissionierwelle, auch *Gruppe* genannt; die Gruppe bekommt zur Identifikation eine Nummer

2. Anlegen der Transportaufträge (Kommissionierlisten) aller Lieferbelege in dieser Gruppe, entweder als Einzel- (für jeden Lieferbeleg ein Transportauftrag) oder als Gesamtkommissionierliste

3. Quittieren aller Transportaufträge dieser Gruppe nach erfolgter Kommissionierung

7.5.1 Liefergruppe

Eine Gruppe von Lieferbelegen ist, wie der Name bereits aussagt, eine Gruppierung von Lieferbelegen, die gemeinsam zu einem bestimmten Zweck oder Ziel gruppiert verarbeitet werden. Um diese Ziele zu erfüllen, werden die Gruppen zu einer Gruppenart angelegt. Schon allein die Bearbeitung der Lieferbelege im Auslieferungsmonitor führt im Hintergrund zu einer Gruppenbildung der zu verarbeitenden Lieferbelege (Gruppenart »L«). Ein anderes Beispiel ist die Gruppenart »M«, sie dient der Gruppierung von Lieferbelegen für das Bearbeiten bzw. Drucken von Ladelisten. In den folgenden Abschnitten beschäftige ich mich jedoch mit der Gruppierung für den Kommissionierwellenmonitor. Eine Übersicht über die einzelnen Gruppenarten finden Sie im Customizing (siehe Abbildung 7.45), wobei in dieser Übersicht die zwei Gruppenarten »L« und »M« fehlen, da sie in eigenen Customizing-Pfaden untergebracht sind.

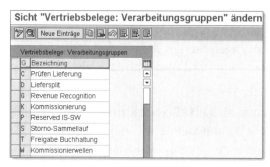

Abbildung 7.45 Übersicht über die einzelnen Gruppenarten

Sie müssen zu jeder Gruppenart definieren, welche Vertriebsbelegart Sie mit dieser Gruppe verarbeiten dürfen. Zu den Lieferbelegen gibt es drei Belegtypen: Der Belegtyp »J« steht für die Auslieferung, »T« für eine Kundenretoure und »7« für die Anlieferung (Grundlage der Anlieferung ist in den meisten Fällen eine Bestellung bzw. Umlagerungsbestellung). Für die Kommissionierwellen im Warenausgang sind sicherlich nur die Auslieferungen interessant, daher ist der Gruppenart »W« nur die Belegart »J« zugeordnet (siehe Abbildung 7.46).

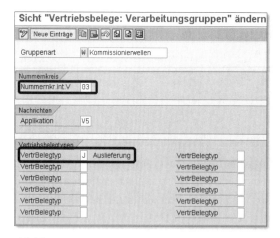

Abbildung 7.46 Steuerung einer Gruppenart

Technische Informationen zur Gruppenart

▸ Feldlänge: 1-stellig

▸ Menüpfad im Customizing: LOGISTICS EXECUTION • VERSAND • GRUPPE VON LIEFERUN-GEN • GRUPPE VON LIEFERUNGEN DEFINIEREN ODER GRUPPE FÜR LADELISTEN DEFINIEREN ODER SONSTIGE GRUPPEN DEFINIEREN

▶ Eigene Transaktionen: OVV5 (Gruppe von Lieferungen definieren), OVVM (Gruppe von Ladelisten definieren) und VOGL (Sonstige Gruppen definieren)

▶ Tabellen: TVSA und TVSAT (sprachenabhängige Beschreibung der Gruppenart)

An dieser Stelle geben Sie auch den Nummernkreis vor, den Sie dieser Gruppenart zuweisen. Jedoch können Sie in diesem Fall nur einen internen Nummernkreis vorgeben, eine externe Nummernvergabe ist bei Gruppen nicht vorgesehen.

Technische Informationen zum Nummernkreis einer Gruppe

▶ Menüpfad im Customizing: LOGISTICS EXECUTION • VERSAND • GRUPPE VON LIEFERUNGEN • NUMMERNKREISE FÜR GRUPPEN VON LIEFERUNGEN DEFINIEREN

▶ Eigene Transaktion: VSAN

▶ Tabelle: NRIV (Object RV_SAMMG)

Die Gruppenbildung selbst kann über zwei Wege erfolgen: entweder über eine Einzelerfassung, die nur in Ausnahmefällen zu empfehlen ist, oder über den Auslieferungsmonitor.

Menüpfad zur Gruppenbildung über die Einzelerfassung

LOGISTIK • VERTRIEB • VERSAND UND TRANSPORT • AUSLIEFERUNG • GRUPPE AUSLIEFERUNGEN. Hier haben Sie die Möglichkeit zu wählen, ob Sie eine Gruppe ANLEGEN, ÄNDERN, ANZEIGEN oder LÖSCHEN möchten.

Transaktionscodes

VG01: Eine Gruppe anlegen

VG02: Eine bestehende Gruppe ändern

VG03: Eine bestehende Gruppe anzeigen

VASK: Eine bestehende Gruppe löschen

Auch wenn die Einzelerfassung aufwändig ist, kann es aus Ihrem Prozess heraus manchmal Sinn ergeben, schnell eine Gruppe manuell zu erfassen. Daher beschreibe ich Ihnen hier die Einzelerfassung, die Sie mit folgenden Schritte durchführen:

1. Starten Sie die Transaktion VG01 zum Anlegen einer Gruppe.

2. Wählen Sie auf dem folgenden Bild als GRUPPENART »W« (für Kommissionierwelle), und drücken Sie die Enter-Taste.

3. Sie gelangen zum Erfassungsbild. Geben Sie an dieser Stelle Ihre Lagernummer, hier »901«, und Ihre Lieferbelege (Spalte VERTRIEBSBELEGE) ein, die Sie zu einer Kommissionierwelle zusammenfassen möchten (siehe Abbildung 7.47).

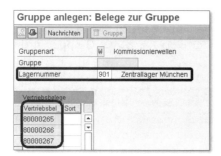

Abbildung 7.47 Erfassungsbild der Lieferbelege zur Bildung einer Gruppe

4. Sichern Sie Ihre Eingabe mit einem Klick auf das Icon 🖫 . Sie erhalten daraufhin eine Gruppennummer.

Mit dieser Gruppennummer können Sie die weiteren Kommissionierprozesse anstoßen und verfolgen. Die Erfassung jedes einzelnen Lieferbelegs ist sehr mühselig, zumal Sie ja auch zuerst die Lieferbelegnummern ermitteln müssen, bevor Sie sie in der Transaktion zur Gruppenbildung eingeben. Hier bietet sich der Auslieferungsmonitor an.

1. Starten Sie die Transaktion VL06P, oder wählen Sie die Funktion über den Menüpfad LOGISTIK • VERTRIEB • VERSAND UND TRANSPORT • KOMMISSIONIERUNG • KOMMISSIONIERWELLEN • ANLEGEN • VL06P – ÜBER AUSLIEFERUNGSMONITOR.

2. Sie erhalten nun ein Selektionsbild. Wenn Sie sich über das Icon 🖫 weitere Selektionskriterien anzeigen lassen, stehen Ihnen fast vier komplette Bildschirmseiten an Selektionsparametern zur Verfügung (siehe Abbildung 7.48).

3. Da sich in den meisten Fällen für Ihr Einsatzgebiet immer die gleichen Selektionen ergeben, empfehle ich Ihnen, Ihre Selektionsfelder und Inhalte in einer Variante abzuspeichern. Die Erstellung und Pflege von Varianten habe ich Ihnen bereits in Abschnitt 5.3.4, »Erstellung der Lieferbelege im Sammelgang«, vorgestellt. Geben Sie also Ihre Variante vor, und korrigieren Sie gegebenenfalls Ihre Selektionsparameter, oder pflegen Sie sie manuell auf dieser Bildschirmmaske ein. Starten Sie den Monitor, und Sie erhalten das Ergebnis Ihrer Selektion in Form einer Bildschirmliste

(siehe Abbildung 7.49). Diese Liste können Sie über eine entsprechende Änderung des Layouts für Ihre Belange verändern. Wie Sie bei einer Layoutänderung vorgehen, können Sie ebenfalls in Abschnitt 5.3.4 nachlesen.

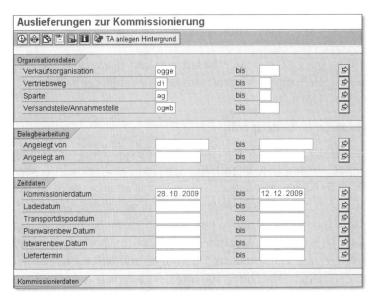

Abbildung 7.48 Selektionsbild im Auslieferungsmonitor für die Bildung von Gruppen

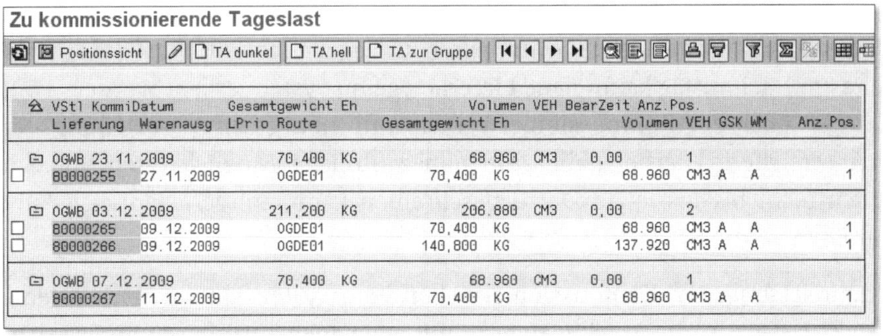

Abbildung 7.49 Ergebnis Ihrer Selektion der zu kommissionierenden Lieferbelege zur Gruppenbildung

4. Markieren Sie nun in der Checkbox am Anfang jeder Zeile die zu kommissionierenden Lieferbelege. Haben Sie alle Belege markiert, wählen Sie aus der Menüleiste die Funktion FOLGEFUNKTIONEN • GRUPPE • KOMMISSIONIER-WELLE.

5. Sie erhalten ein Popup, in dem Sie eine BEZEICHNUNG und die LAGERNUM-MER vorgeben müssen (siehe Abbildung 7.50).

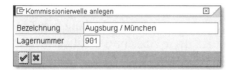

Abbildung 7.50 Popup zur Bildung einer Kommissionierwelle (also einer Gruppe)

6. Drücken Sie die `Enter`-Taste. Sie erhalten nun den Hinweis, unter welcher Nummer Sie die Gruppe (Kommissionierwelle) angelegt haben.

7.5.2 Kommissionierwellenprofil

Ich habe Ihnen zwar ausführlich den Sinn und Zweck der Liefergruppe
erklärt und immer wieder den Begriff *Kommissionierwelle* genannt, aber
solange Sie die Lieferbelege manuell zu Gruppen zusammenfassen, ist der
Prozess zur Bildung von Kommissionierwellen nicht vollständig aufgeklärt.
Wenn Sie am Ufer eines Meeres stehen und die Wellen beobachten, wissen
Sie, dass in relativ regelmäßigen Abständen (ungefähr in Abständen von 10
Sekunden) die Wellen ans Ufer brechen. Übertragen auf das Lager bedeutet
das, dass Sie in definierten Abständen alle offenen Lieferbelege zusammen-
fassen und diese zur Bearbeitung an das Lager übergeben. Es kommt also ein
Schwung von Arbeit auf die Mitarbeiter im Lager zu, wenn eine Kommissio-
nierwelle erstellt wurde.

Um aber am Vormittag die Mitarbeiter im Lager nicht zu überlasten, während am Nachmittag kaum neue Lieferbelege im System erfasst werden, können Sie über ein Kommissionierwellenprofil eine gewisse Verteilung der
Last erreichen. Hierbei haben Sie nun zahlreiche Möglichkeiten, die ich
Ihnen nicht bis ins letzte Detail beschreiben kann, sondern lediglich kurz
anreißen werde.

Voraussetzung, um Kommissionierwellen vom System automatisch errechnen zu lassen, ist die Angabe einer minutengenauen Terminierung. Es reicht
jedoch aus, wenn Sie erreichen, dass z. B. der geplante Warenausgang minutengenau angegeben wird. Denn Sie müssen Ihren Tag jetzt in Zeitscheiben
zerlegen und jeder Zeitscheibe ein Kommissionierwellenprofil zuordnen.
Und je nachdem, welchen Zeitpunkt Sie für die Bestimmung der Zeitscheiben wählen, muss dieser im Lieferbeleg minutengenau vorgegeben werden,
damit das System die Lieferbelege einer Zeitscheibe zuordnen kann.

Es stehen Ihnen insgesamt drei Zeitpunkte zur Verfügung, die Sie für die
Zuordnung Ihrer Lieferbelege zu einer Zeitscheibe nutzen können (siehe

Abbildung 7.51). Sie können zwischen dem Kommissionierzeitpunkt, dem Ladezeitpunkt und dem Warenausgangszeitpunkt wählen. In meinem Beispiel habe ich die »1« für den Kommissionierzeitpunkt vorgegeben.

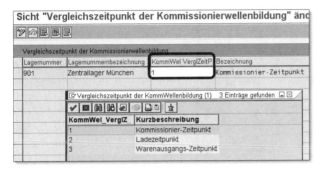

Abbildung 7.51 Vergleichszeitpunkt für die Zeitscheiben

Haben Sie die minutengenaue Terminierung aktiviert, werden Ihnen die Lieferbelege automatisch so angelegt, dass ein entsprechender Wert in den Uhrzeiten der einzelnen Zeitpunkte eingetragen wird. Ansonsten bleibt Ihnen nur die manuelle Vorgabe einer Uhrzeit.

Technische Informationen zum Vergleichszeitpunkt

► Menüpfad im Customizing: LOGISTICS EXECUTION • VERSAND • KOMMISSIONIERUNG • KOMMISSIONIERWELLEN • VERGLEICHSZEITPUNKT DER KOMMISSIONIERWELLENBILDUNG PFLEGEN

► Eigene Transaktion: SM30, View V_T340D_W

► Tabelle: T340D (abgespeichert im Feld KWVZP)

In einem weiteren Schritt legen Sie nun ein Kommissionierwellenprofil an (siehe Abbildung 7.52). Sie haben die Möglichkeit, die Kapazität einer Kommissionierwelle zu begrenzen. Hierzu stehen Ihnen gleich mehrere Möglichkeiten zur Verfügung.

Tragen Sie einen Wert in das Feld MAXANZKOMMPOSITIONEN ein, wird die Kommissionierwelle auf die Anzahl der zu kommissionierenden Lieferpositionen begrenzt.

Technische Informationen zum Kommissionierwellenprofil

► Feldlänge: 6-stellig

► Menüpfad im Customizing: LOGISTICS EXECUTION • VERSAND • KOMMISSIONIERUNG • KOMMISSIONIERWELLEN • KOMMISSIONIERWELLENPROFIL PFLEGEN

▶ Eigene Transaktion: SM30, View V_T318

▶ Tabellen: T318 und T318T (sprachenabhängige Beschreibung)

Abbildung 7.52 Kommissionierwellenprofil

Komplizierter wird es, wenn Sie die Kapazität auf eine maximale Anzahl von Greifvorgängen beschränken. Hierzu müssen Sie definieren, was Sie unter einem Greifvorgang verstehen. Grundsätzlich wird hier die zu kommissionierende Menge gezählt, allerdings muss diese bewertet werden. Eine 20er-Kiste mit Weizenbier zu kommissionieren wird in etwa den gleichen Aufwand haben, wie eine komplette Palette aus dem Lager zu holen. Definieren Sie zu diesem Zweck zuerst eine Mengeneinheitenaufwandsgruppe.

Technische Informationen zur Mengeneinheitenaufwandsgruppe

▶ Feldlänge: 1-stellig

▶ Menüpfad im Customizing: LOGISTICS EXECUTION • VERSAND • KOMMISSIONIERUNG • KOMMISSIONIERWELLEN • ARBEITSLASTBERECHNUNG • PFLEGE DER MENGENEINHEITEN-AUFWANDSGRUPPE

▶ Eigene Transaktion: SM30, View V_TMET

▶ Tabellen: TMET und TMETT (sprachenabhängige Beschreibung)

Danach ordnen Sie die Mengeneinheiten dieser Mengeneinheitenaufwands-gruppe zu (siehe Abbildung 7.53). Nach diesen Kriterien wird jetzt die Summe zur Kapazitätsprüfung gebildet, d. h., ein Lieferbeleg mit zwölf Kisten Weizenbier und zwei Paletten Bockbier würde die Wertigkeit 14 bekommen.

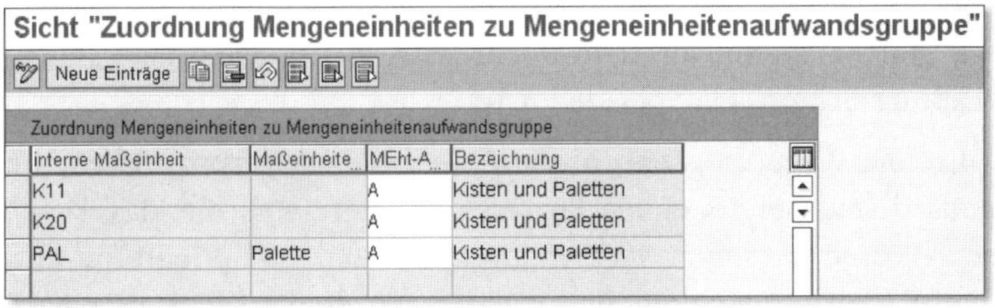

Sicht "Zuordnung Mengeneinheiten zu Mengeneinheitenaufwandsgruppe"				
Neue Einträge				
Zuordnung Mengeneinheiten zu Mengeneinheitenaufwandsgruppe				
interne Maßeinheit	Maßeinheite	MEht-A	Bezeichnung	
K11		A	Kisten und Paletten	
K20		A	Kisten und Paletten	
PAL	Palette	A	Kisten und Paletten	

Abbildung 7.53 Zuordnung von Mengeneinheiten zu einer Aufwandsgruppe

---

Technische Informationen zur Zuordnung der Mengeneinheiten zu einer Mengeneinheitenaufwandsgruppe

▸ Menüpfad im Customizing: LOGISTICS EXECUTION • VERSAND • KOMMISSIONIERUNG • KOMMISSIONIERWELLEN • ARBEITSLASTBERECHNUNG • ZUORDNUNG MENGENEINHEITEN ZU MENGENEINHEITENAUFWANDSGRUPPE

▸ Eigene Transaktion: SM30, View V_TL006

▸ Tabelle: TL006

Möchten Sie nur die Packmittel zur Kapazitätsberechnung heranziehen, setzen Sie in das Feld MAX ANZ PACKM. die gewünschte Kapazitätsgrenze. Hierzu ist allerdings anzumerken, dass Sie ohne selbst zu programmieren dieses Feld nicht nutzen können. SAP hat hierzu die Erweiterung V53C0002 vorgesehen. Mehr Informationen dazu finden Sie im Funktionsbaustein EXIT_SAPLV53C_002, der dieser Erweiterung zugeordnet ist.

Die Nutzung der Kapazitätsschranken nach dem Gewicht der kommissionierrelevanten Positionen bzw. nach dem Volumen sind selbsterklärend. Beachten Sie dabei aber, dass Sie hier nur die Werte einpflegen. Die dazugehörigen Einheiten befinden sich im Customizing unter LOGISTICS EXECUTION • VERSAND • KOMMISSIONIERUNG • KOMMISSIONIERWELLEN • STEUERUNG LASTFORTSCHREIBUNG.

Komplizierter wird es dann wieder bei der Kapazitätsschranke je Bearbeitungszeit. Hierzu muss eine Arbeitslastberechnung durchgeführt werden. Dazu sind folgende Schritte erforderlich:

1. Definieren Sie logistische Aufwandsgruppen. Mit diesem Kennzeichen gruppieren Sie Materialien mit gleichen Handhabungskriterien (z. B. besonders sperrige Materialien, giftige Materialien). Das Kennzeichen müssen Sie anschließend im Materialstammsatz in der Lagerortsicht einpflegen.

2. Definieren Sie die einzelnen Lagervorgänge, die Sie in Ihrem Lager ausführen. Dazu zählen: Paletten aus dem Hochregallager herausfahren, Paletten für die Ladung sichern, Lkw beladen usw.

3. Diese einzelnen Lagervorgänge ordnen Sie einem Lagerprozess zu. Im SAP-Standard sind bereits einige Prozesse definiert, z. B. die klassischen Prozesse »Wareneingang«, »Warenausgang« und »Kundenretouren«. Durch diese Zuordnung haben Sie für jeden Prozess im Lager die einzelnen Schritte bzw. Lagervorgänge beschrieben.

4. Weiterhin müssen Sie die Mengeneinheitenaufwandsgruppen pflegen, da zum Schluss die Arbeitslast für jede einzelne Einheit aus der Mengeneinheitenaufwandsgruppe berechnet wird.

5. Zum Schluss fassen Sie diese Parameter für jeden Lagertyp in Ihrem Lean-WM zusammen. Diese Parameter sind noch einmal in Abbildung 7.54 zusammengefasst dargestellt.

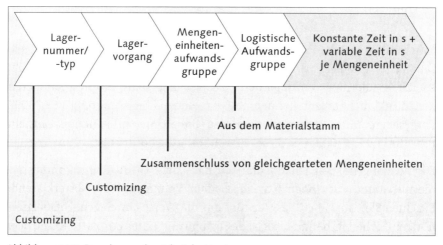

Abbildung 7.54 Berechnung der Arbeitslast im Lager

Es würde den Rahmen dieses Buches sprengen, wenn ich hierzu detaillierte Beispiele anführen würde. Möchten Sie mehr über die Nutzung des Kommissionierwellenprofils wissen, finden Sie weiterführende Informationen in der Dokumentation im Customizing.

7.5.3 Kommissionierwellenraster

Sie haben nun die Kommissionierwellenprofile definiert. Jetzt ist der Folgeschritt notwendig, den ich zu Beginn von Abschnitt 7.5.2 bereits erwähnt habe: Sie müssen Ihren Arbeitstag in einzelne Zeitscheiben einteilen. Diese

Zeitscheiben sind mit einer festen Uhrzeit begrenzt und einem Kommissionierwellenprofil zugeordnet. So könnten Sie z. B. den Vormittag von 6.00 bis 10.59 Uhr für die Arbeiten vorsehen, die aus den Lieferbelegen resultieren, die nachts per EDI in Ihr System gespielt worden sind. Die nächste Scheibe legen Sie von 11.00 bis 14.59 Uhr fest. Da hier eventuell ein Schichtwechsel und die Mittagspause einzurechnen sind, wird dazu ein Profil mit einer geringeren Kapazität, als es das Kommissionierwellenprofil vom Vormittag darstellt, benötigt. Die dritte Zeitscheibe könnte von 15.00 bis 21.59 Uhr reichen und würde die Arbeiten für die Spätschicht umfassen.

Auf die Zeitscheiben und das Kommissionierwellenraster können Sie auch verzichten. Sie haben die Möglichkeit, Ihre Kommissionierwellen auch über die Transportbelege direkt anzulegen. In diesem Fall muss ich hier bereits auf Kapitel 10, »Transporte«, vorgreifen: Lieferbelege, die auf einem Transportmittel (z. B. Lkw) gemeinsam verschickt werden, werden in einem Transportbeleg zusammengefasst. Starten Sie zur Bildung der Kommissionierwelle die Transaktion VL35_S. Auch hier können Sie Vergleichszeitpunkte setzen. Pflegen Sie in Ihrem Transportbeleg entweder den Status VERLADEN BEGINN oder VERLADEN ENDE (siehe Abbildung 7.55).

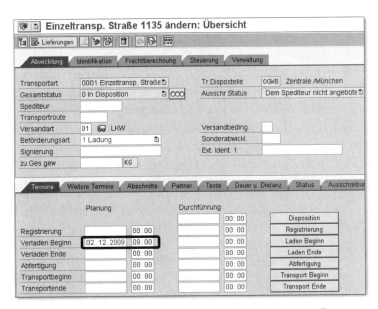

Abbildung 7.55 Transportbeleg zur Bildung von Kommissionierwellen

Ich habe im Customizing die bereits definierten Zeitscheiben gebildet: Zeitscheibe 1 von 6.00 bis 10.59 Uhr, Zeitscheibe 2 von 11.00 bis 14.59 Uhr und von 15.00 bis 21.59 Uhr die Zeitscheibe 3. Wenn Sie nun die Transaktion

VL35_ST starten, um Kommissionierwellen aus Transportbelegen unter Berücksichtigung eines Vergleichzeitpunkts zu erhalten, bekommen Sie eine Selektion, wie sie in Abbildung 7.56 dargestellt ist.

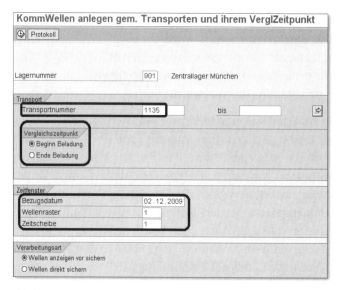

Abbildung 7.56 Selektionsbild Kommissionierwellen

Kennen Sie die Transportnummern, geben Sie diese direkt ein, wie ich es auch in meinem Beispiel getan habe. Legen Sie nun fest, an welcher Stelle Sie Ihren Vergleichzeitpunkt eingepflegt haben, bei BEGINN BELADUNG oder ENDE BELADUNG. Anschließend selektieren Sie das Bezugsdatum sowie die Zeitscheibe zu dem dazugehörigen Wellenraster. Starten Sie die Funktion. Ihnen wird daraufhin ein Ergebnis angezeigt, wenn Sie als Verarbeitungsart WELLEN ANZEIGEN VOR SICHERN ausgewählt haben (siehe Abbildung 7.57).

Sie können nun noch bestimmte Lieferbelege ausschließen, indem Sie das Häkchen hinter den Lieferbelegnummern entfernen. Wenn Sie anschließend auf das Icon 🖫 klicken, werden die markierten Lieferbelege zu einer Kommissionierwelle angelegt.

Ähnlich verhält sich das System, wenn Sie die Kommissionierwellen aus dem Auslieferungsmonitor (Transaktion VL06P) anlegen. Hier stehen Ihnen mehr Parameter zur Verfügung, die Sie zur Selektion Ihrer Lieferbelege nutzen können.

Die weitere Bearbeitung der Kommissionierwellen bewerkstelligen Sie am besten mit dem Kommissionierwellenmonitor.

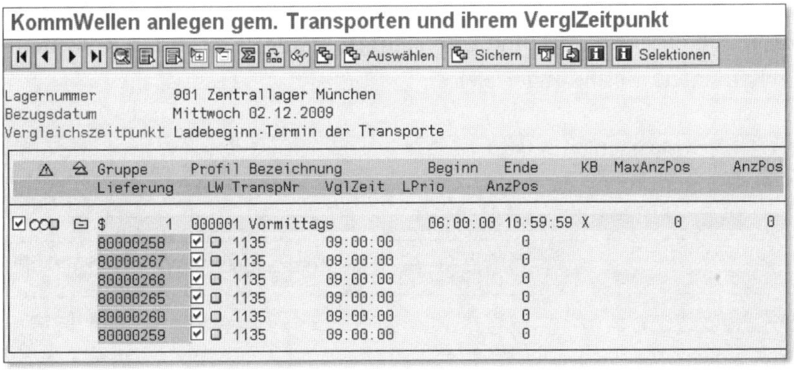

Abbildung 7.57 Anzeige Kommissionierwellen anlegen

7.5.4 Kommissionierwellenmonitor

Um einen kompletten Überblick über alle Kommissionierwellen und ihren Bearbeitungszustand zu bekommen, können Sie den *Kommissionierwellenmonitor* aktivieren. Sie starten diesen Monitor über die Transaktion VL37 oder über den Menüpfad LOGISTIK • VERTRIEB • VERSAND UND TRANSPORT • KOMMISSIONIERUNG • KOMMISSIONIERWELLEN • MONITOR.

Sie erhalten ein Selektionsbild (siehe Abbildung 7.58). Für dieses Selektionsbild können Sie eine Variante anlegen, die Sie im Selektionsbild im Feld ANZEIGEVARIANTE eingeben.

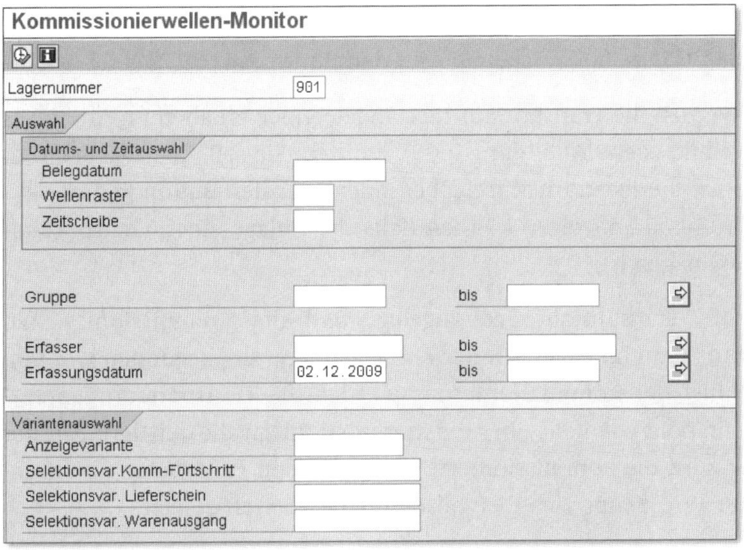

Abbildung 7.58 Selektionsbild für den Kommissionierwellenmonitor

Starten Sie den Monitor, indem Sie die ⌐F8⌐-Taste drücken oder auf das Icon ⊕ klicken. Sie erhalten nun eine Übersicht über alle selektierten Kommissionierwellen (siehe Abbildung 7.59).

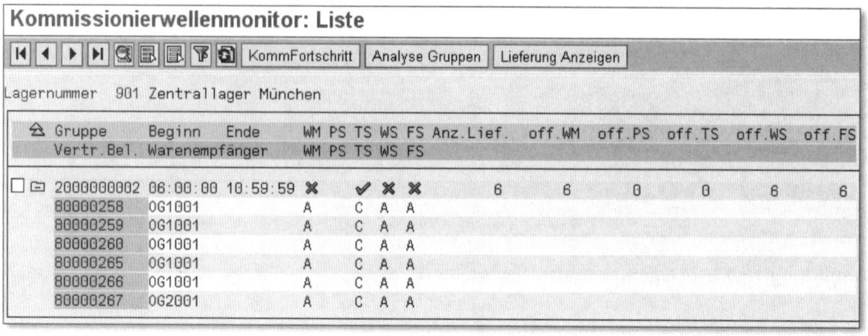

Abbildung 7.59 Übersicht über alle selektierten Kommissionierwellen und ihren Status

Zu jeder Kommissionierwelle können Sie sich mit einem Klick auf das Icon ⊞ die dazugehörigen Lieferbelege anzeigen lassen. Mit einem Klick auf das Icon ⊟ (siehe Abbildung 7.59) können Sie die Lieferbelege wieder ausblenden.

Legen Sie nun den Transportauftrag an, um die Kommissionierliste zu drucken. Markieren Sie hierzu die Kommissionierwellen, die Sie bearbeiten möchten, und wählen Sie aus der Menüleiste den Menüpfad FOLGEVERARBEITUNG • TRANSPORTAUFTRAG. Sie verzweigen jetzt automatisch in die Transaktion LT42 (Anlegen Transportauftrag zu einer Gruppe). Übernehmen Sie die vorgegebenen Daten, und klicken Sie auf den Button ⌐Sammelgang starten⌐.

Daraufhin werden die Transportaufträge angelegt. Sie erhalten im Anschluss ein Protokollbild (siehe Abbildung 7.60), auf dem Sie z. B. über das Icon 🖪 den Kommissionierlistendruck freigeben oder über den Button ⌐🔍 Detailinfo⌐ ein Detailprotokoll anfordern können (falls die Anlage eines Transportauftrags fehlgeschlagen ist).

Nachdem die Transportaufträge angelegt und die Kommissionierlisten gedruckt sind, kann im Lager mit der Kommissionierung begonnen werden. Nach Abschluss der Kommissionierung werden die Transportaufträge entweder einzeln oder ebenfalls über die Kommissionierwelle quittiert. Mit der Quittierung wird die kommissionierte Menge in den Lieferbeleg übernommen und der WM-Status auf »C« (vollständig bearbeitet) gesetzt.

Abbildung 7.60 Protokollbild nach der Anlage der Transportaufträge

Mit dem Kommissionierwellenmonitor stehen Ihnen zusätzlich folgende Funktionen zur Verfügung, die Sie, immer Bezug nehmend auf eine Gruppe, ausführen können:

▸ die Nachschubplanung für Ihre Festplätze anstoßen, falls Sie das volle WM einsetzen

▸ die zweistufige Kommissionierung anstoßen, falls Sie das volle WM einsetzen

▸ die Transportaufträge drucken

▸ die Transportaufträge quittieren

▸ Transportbelege erstellen bzw. verfolgen (letztendlich eine Verzweigung in die Transaktionen zur Transporterstellung und -listung)

▸ den Druck von Lieferpapieren und Ladelisten starten

▸ die Warenausgänge buchen bzw. stornieren

▸ Fakturen erstellen

Sie haben also mit dem Kommissionierwellenmonitor vielfältige Möglichkeiten, Funktionen für alle Lieferungen, die zu einer Gruppe zusammengefasst sind, auszulösen.

7.5.5 Kommissionierwellen über User Exits bilden

SAP bietet insgesamt drei User Exits für die Bearbeitung von Kommissionierwellen an. Alle sind unter der SAP-Erweiterung V53W0001 zu finden. Es handelt sich hierbei um die Funktionsbausteine EXIT_SAPMV53W_001, EXIT_SAPMV53W_002 und EXIT_SAPMV53W_003.

EXIT_SAPMV53W_001 bezieht sich in seinem Include-Baustein ZXKWLU01 auf die Bildung von Kommissionierwellen. Der User Exit EXIT_SAPMV53W_002 sortiert die Lieferbelege für die Kommissionierwellen (Include-Baustein ZXKWLU02), und der User Exit EXIT_SAPMV53W_003 dient zum Ergänzen und Verändern von Feldern in der Kommissionierwelle und im Lieferbeleg. Hierzu wird der Include-Baustein ZXKWLU03 genutzt.

7.6   Zusammenfassung

In diesem Kapitel habe ich Ihnen die Abwicklung der Kommissionierung eingehend beschrieben. Sie kennen nun die wichtigsten Einstellungsmöglichkeiten, die Ihnen das SAP-System bietet, und können im System die Kommissionierung abbilden und ausführen. Die Unterschiede in der Kommissionierung mit WM gegenüber Lean-WM haben Sie ebenfalls kennengelernt.

Eine weitere Funktion, die Sie innerhalb Ihrer Versandprozesse einsetzen können, ist das Verpacken. Im folgenden Kapitel stelle ich Ihnen die Möglichkeiten vor, wie Sie Packdaten erfassen und verarbeiten können.

Um Ihre Materialien sicher zu transportieren, müssen Sie sie verpacken oder auf Ladehilfsmitteln, z. B. Paletten, bewegen. Ich stelle Ihnen in diesem Kapitel vor, welche Möglichkeiten Ihnen das SAP-System zum Verpacken Ihrer Materialien bietet und welchen Nutzen Sie daraus ziehen können.

8 Verpacken

Die Funktion *Verpacken* wird im SAP-System im Rahmen der Versand- und Transportprozesse immer häufiger angewendet. Das hat vor allem den Grund, dass an den Datenaustausch zwischen dem Lieferanten und dem Warenempfänger immer neue Anforderungen gestellt werden. Der Warenempfänger ist bestrebt, seine Wareneingänge zu optimieren. Er erhält eine EDI-Nachricht mit den Paletteninformationen und kann somit die eingehende Ware direkt beim Empfang scannen und vereinnahmen.

EDI-Nachrichten werden aber auch mit den Spediteuren ausgetauscht. Melden Sie einen Transport beim Spediteur an, können Sie diesen Arbeitsschritt bereits als EDI-Nachricht an den Spediteur verschicken. Damit der Spediteur diesen Transport planen kann, benötigt er Informationen über die Anzahl der Ladungsträger und die Gewichte.

Mit der Funktion *Verpacken* können Sie aber nicht nur Ihre Positionen im Lieferbeleg einem Packstück zuordnen, Sie haben auch die Möglichkeit, Packlisten zu erstellen. Druckfunktionen stehen Ihnen seitens des SAP-Standards für Packlisten und Palettenetiketten zur Verfügung.

Führen Sie über Ihre Packmittel Bestände im Lager, können Sie nach der Erfassung der Packmittel Packpositionen in den Lieferbeleg generieren lassen. Diese Packmittel werden zur Warenausgangsbuchung aus Ihrem Bestand ausgebucht. Die so verwendeten Packmittel können Sie zusätzlich Ihrem Warenempfänger in Rechnung stellen.

8.1   Voraussetzungen für das Verpacken

Bevor ich Ihnen die Voraussetzungen vorstelle, die Sie schaffen müssen, um die Verpackungsfunktion nutzen zu können, werde ich Sie mit einigen Begriffen im SAP-System vertraut machen.

8.1.1   Funktionsübersicht und Begriffsdefinition

Unter dem Begriff *Packmittel* werden die Ladehilfsmittel verstanden, die zum Transport bewegt werden. Das können z.B. Kartons, Gitterboxen, alle möglichen Größen und Arten von Paletten, Kisten und Container sein. Für jedes dieser Packmittel müssen Sie Materialstammdaten der Materialart »VERP« anlegen.

Die konkrete Form eines Packmittels wird auch *Handling Unit* (HU) genannt. Daher werde ich hauptsächlich diesen Begriff verwenden. Handling Units bekommen eine Nummer, mit der sie identifiziert werden. Sie können hierzu SAP-interne oder eigene, international anerkannte Nummernkreise (z.B. die *SSCC-Nummer*) einsetzen. Ihnen steht für die Handling Units ein umfangreiches Recherchetool zur Verfügung, das Sie über die Transaktion HUMO aufrufen können. In Handling Units werden zahlreiche Informationen erfasst, die weit über Gewichts- und Mengenangaben hinausgehen.

Der Verpackungsprozess selbst besteht aus mehreren Schritten und kann in mehreren Varianten eingesetzt werden. Generell nutzen Sie die Verpackungsfunktion im Lieferbeleg oder im Transport. Sie können im Lieferbeleg manuell Handling Units anlegen, füllen, entleeren und auch wieder löschen. Sie haben auch die Möglichkeit, mehrstufig zu verpacken, z.B. erst die einzelnen Liefereinheiten in Kartons, die Kartons auf eine Palette und die Palette in einen Container.

Im Lieferpositionstyp legen Sie fest, ob Sie überhaupt verpacken möchten oder müssen. Sie können das System so einstellen, dass Ihnen das System bereits bei der Auftragserfassung einen Packvorschlag erstellt, der in den Folgeschritten in den Lieferbeleg übernommen wird.

8.1.2   Packrelevanz

Als Voraussetzungen für den Einsatz der Verpackungsfunktionalität im Lieferbeleg ist zum einen das richtige Customizing durchzuführen, und zum anderen müssen die Stammdaten für das Verpackungsmaterial angelegt werden. Zum Customizing gehört in diesem Fall, dass Sie im Lieferpositionstyp festlegen, ob die Position verpackungsrelevant ist. Falls Sie es wünschen, wird außerdem eine Plausibilitätsprüfung durchgeführt, ob das Material für bestimmte Verpackungen und Ladehilfsmittel zulässig ist.

Im ersten Schritt müssen Sie festlegen, ob für Sie die Verpackungsfunktionalität infrage kommt. Wenn ja, bestimmen Sie die Lieferpositionstypen, bei denen Sie das Verpacken durchführen wollen. Sie haben drei Möglichkeiten, je Lieferpositionstyp das Verpacken zu steuern: Lassen Sie das Verpacken generell zu, bleibt die Spalte PACKSTEUERUNG leer (siehe Abbildung 8.1).

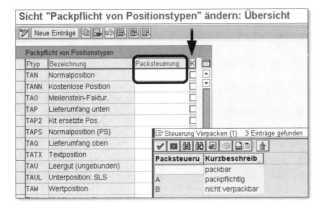

Abbildung 8.1 Einzustellende Packrelevanz je Lieferpositionstyp

Tragen Sie das Kennzeichen »A« in die Spalte ein, müssen Sie die Position verpacken, da sonst die Warenausgangsbuchung nicht durchgeführt werden kann. Als dritte Möglichkeit geben Sie mit dem Kennzeichen »B« an, dass das Material mit diesem Lieferpositionstyp nicht verpackt werden darf.

Eine Besonderheit gibt es bei chargenpflichtigen Materialien. Die letzte Spalte K gibt an, ob Sie die Chargenpositionen oder die Hauptposition verpacken möchten. Setzen Sie ein Häkchen in diese Spalte, wird die Hauptposition (Position über die komplette Menge ohne Angabe der Charge) verpackt.

Technische Informationen zur Packrelevanz je Lieferpositionstyp

▸ Menüpfad im Customizing: LOGISTICS EXECUTION • VERSAND • VERPACKEN • PACK-STEUERUNG PRO POSITIONSTYP

▸ Eigene Transaktion: VLPP

▸ Tabelle: TVLP (abgespeichert im Feld PCKPF)

8.1.3 Bedingungen zum Verpacken

Haben Sie die Packrelevanz festgelegt, können Sie über einen User Exit zusätzlich steuern, ob bestimmte *Bedingungen* erfüllt sein müssen, um überhaupt verpacken zu dürfen. Im SAP-Standard ist z. B. die Bedingung eingestellt, dass die Kreditlimitsperre nicht gesetzt sein darf.

Technische Informationen zur Einstellung des User Exits für Packbedingungen

▸ Feldlänge: 3-stellig

▸ Menüpfad im Customizing: LOGISTICS EXECUTION • VERSAND • VERPACKEN • BEDINGUNGEN FÜR DAS VERPACKEN IN DER LIEFERUNG DEFINIEREN

▸ Eigene Transaktion: VPBD

▸ Tabelle: TVFO (Folgefunktion »12«, Gruppenkennzeichen Kopiersteuerung = »FOFU«)

[!] Die Bedingungen werden über einen dreistelligen numerischen Bedingungsschlüssel identifiziert. Eigene Bedingungen sollten im Nummernkreis zwischen 900 und 999 liegen und nicht gemäß SAP-Dokumentation zwischen 610 und 699. Rufen Sie das Customizing auf, sind die Folgefunktion und das Gruppenkennzeichen »Kopiersteuerung« (auf dem Pflegebild nicht abgebildet) bereits fest eingestellt (siehe Abbildung 8.2).

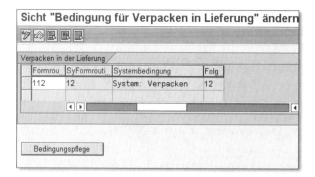

Abbildung 8.2 Anlegen eigener Bedingungen, die für das Verpacken erfüllt sein müssen

Klicken Sie auf den Button [Bedingungspflege], und Sie erhalten eine Übersicht über alle angelegten Bedingungen und Routinen. Geben Sie in die nächste freie Zeile Ihren Bedingungsschlüssel ein. Das System verzweigt automatisch in den ABAP/4-Editor. Programmieren Sie nun Ihre Bedingung ein. Auf die ABAP/4-Programmierung werde ich hier jedoch nicht weiter eingehen. Zur Kontrolle können Sie aus dem Übersichtsbild heraus auch auf das Icon ▦ klicken und erhalten daraufhin das entsprechende Coding für die Bedingung.

Bedingungen sind User Exits und werden in ABAP/4 programmiert. Sie können eigene Bedingungen auch über die Transaktion VOFM oder über das Customizing-Menü LOGISTICS EXECUTION • VERSAND • SYSTEMANPASSUNGEN • ROUTINEN • KOPIERBEDINGUNGEN DEFINIEREN einstellen. Haben Sie die Funktion aufgerufen, erhalten Sie zunächst ein leeres Bild. Wählen Sie daher aus der Menüleiste den Menüpfad BEDINGUNGEN • FOLGEFUNKTIONEN • VERPACKEN.

Listing 8.1 zeigt das Beispielcoding aus der von SAP voreingestellten Packbedingung »112«.

```
*       FORM BEDINGUNG_PRUEFEN_112
*       User checks for subsequent functions from a delivery
*       Packing

FORM BEDINGUNG_PRUEFEN_112.
* Packing is not allowed if a credit block exists
  IF VBUK-CMGST CA 'B'.
* Read the subsequent function information for the message
    PERFORM FOFUN_TEXT_READ USING    GL_FOFUN
                            CHANGING FOFUN_TEXT.
    MESSAGE ID 'V1' TYPE 'E' NUMBER '849'
            WITH FOFUN_TEXT
            RAISING ERROR.
  ENDIF.
ENDFORM.
*eject
```

Listing 8.1 Programmcode für die Packbedingung »112«

Eigene Bedingungen für das Verpacken sind jedoch die Ausnahme.

8.1.4 Packmittelarten, erlaubte Packmittelarten

Die folgenden Einstellungen habe ich bei meinen Kunden relativ häufig vorgefunden, allerdings trifft sie bei vielen Anwendern auf Unverständnis. Ich weiß nicht, wie oft ich den Anwendern und selbst den Entwicklern und Beratern diese Einstellungen bereits erklärt habe. Es geht hier um die Plausibilitätsprüfung während des Verpackens, d. h. darum, ob das zu verpackende Material zum Packmaterial passt.

[zB] Sie können z. B. festlegen, dass alle Biersorten in Bierkästen (oder besser: Trägern) auf Europaletten verpackt (oder vielmehr versendet) werden. Sie vertreiben aber auch die Accessoires (Bierdeckel, -gläser, Zapfanlagen, Bekleidung mit Werbeaufdrucken usw.), die in Kartons verpackt werden. Da die Kartons und die Europaletten im Materialstamm als Verpackungsmaterial definiert sein müssen, stellen Sie mit den erlaubten Packmittelarten sicher, dass Sie Ihre Bierkästen nicht versehentlich in Kartons verpacken und die Biergläser nicht direkt auf die Europaletten packen.

In Abbildung 8.3 habe ich Ihnen den Zusammenhang dargestellt. Gruppieren Sie zunächst Ihre Packmaterialien (Kartons, Paletten, Gitterboxen usw.) über die *Packmittelart*. Die Packmittelart müssen Sie im Customizing definieren.

Technische Informationen zur Packmittelart

▸ Feldlänge: 4-stellig

▸ Menüpfad im Customizing: Logistics Execution • Versand • Verpacken • Packmittelarten definieren

▸ Eigene Transaktion: VHAR

▸ Tabellen: TVTY und TVTYT (sprachenabhängige Bezeichnung)

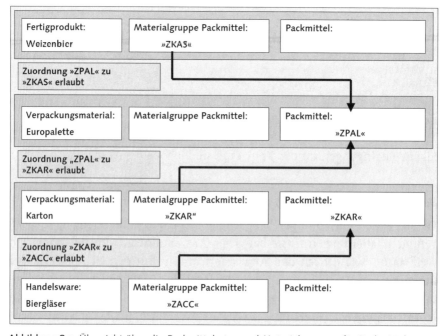

Abbildung 8.3 Übersicht über die Packmittelarten und Materialgruppen für Packmittel

Starten Sie das Customizing zur Definition der Packmittelarten. Sie gelangen zunächst auf ein Übersichtsbild. Möchten Sie neue Packmittelarten anlegen, klicken Sie auf den Button Neue Einträge . Zum Ändern markieren Sie eine bestehende Packmittelart und klicken auf das Icon . Sie gelangen nun zu einer Bildschirmmaske, in der Sie diverse Parameter zu dieser Packmittelart vorgeben können (siehe Abbildung 8.4).

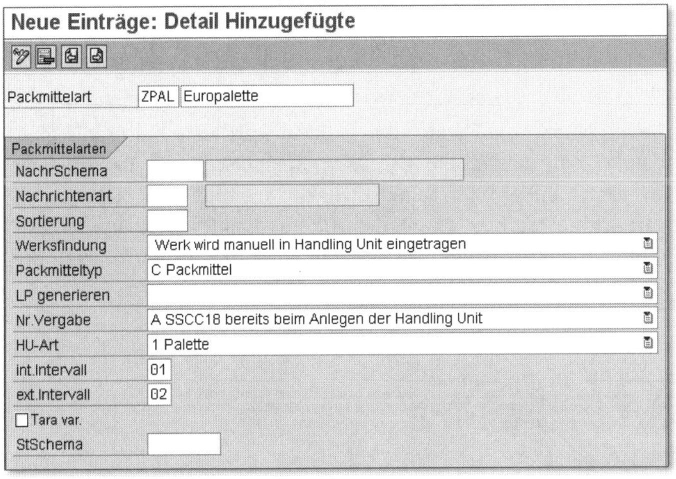

Neue Einträge: Detail Hinzugefügte

Packmittelart	ZPAL	Europalette

Packmittelarten

NachrSchema		
Nachrichtenart		
Sortierung		
Werksfindung	Werk wird manuell in Handling Unit eingetragen	
Packmitteltyp	C Packmittel	
LP generieren		
Nr.Vergabe	A SSCC18 bereits beim Anlegen der Handling Unit	
HU-Art	1 Palette	
int.Intervall	01	
ext.Intervall	02	
☐ Tara var.		
StSchema		

Abbildung 8.4 Parameter für die Packmittel

Zu jedem Packmittel, für das Sie ein Etikett drucken möchten, werden die Parameter für NACHRSCHEMA und NACHRICHTENART gesetzt. Auf diese Felder komme ich in Kapitel 13, »Versandpapiere und -dokumente«, noch eingehend zurück. Die Felder WERKSFINDUNG und LP GENERIEREN erkläre ich Ihnen in Abschnitt 8.3, »Bestandsgeführte Verpackungen«.

Ein wichtiges Feld ist die Nummernvergabe. Hier legen Sie fest, ob Sie Ihre Packmittel als Handling Unit unter einer bestimmten Nummer identifizieren möchten. Wenn es sich um Packmittel wie z. B. Europaletten handelt, empfehle ich, die international vereinbarte *SSCC-Nummer* auszuwählen. SSCC steht für *Serial Shipping Container Code*. Der Aufbau des SSCC-Codes ist fest vorgegeben. Darin enthalten sind u.a. die siebenstellige ILN-Nummer (internationale Lokationsnummer), eine neunstellige fortlaufende Nummer, die das Packmittel eindeutig identifiziert, und abschließend eine einstellige Prüfziffer.

Als HU-ART legen Sie in diesem Fall »Palette« fest. Geben Sie die Nummernkreise für eine interne oder externe Nummernvergabe vor. Im Rahmen der

SSCC-Nummer handelt es sich hier um den Nummernkreis der neunstelligen fortlaufenden Nummer.

Für die Kartons (Packmittelart »ZKAR«) pflegen Sie im Feld NR.VERGABE »Nummernkreisintervall ,HU-VEKP« und als HU-ART »freie Verwendung« ein.

In einem zweiten Schritt gruppieren Sie nun Ihre Materialien über die *Materialgruppe für Packmittel*, die in der ersten Instanz auf die gleichen Packmittel (z. B. Kartonagen, Paletten, Gitterboxen) ver- oder gepackt werden.

[zB] Alle Materialien, die direkt auf eine Europalette gepackt werden, erhalten die gleiche Packmittelart. Alle Materialien, die zuerst in Kartonagen mit bestimmten Maßen verpackt werden, bekommen eine eigene Packmittelart, auch wenn anschließend die verpackten Materialien wieder auf eine Palette gepackt werden. In diesem Fall bekommt der Karton selbst eine Materialgruppe für Packmittel, die wiederum einer Palette zugeordnet ist.

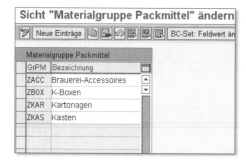

Abbildung 8.5 Pflege der Materialgruppen für Packmittel

Starten Sie das Customizing, und pflegen Sie Ihre Materialgruppen für Packmittel ein. Eigene Materialgruppen sollten mit einem »Z« beginnen. Ich habe als Beispiel die in Abbildung 8.3 vorgestellten Materialgruppen eingepflegt (siehe Abbildung 8.5).

Technische Informationen zur Materialgruppe für Packmittel

- Feldlänge: 4-stellig
- Menüpfad im Customizing: LOGISTICS EXECUTION • VERSAND • VERPACKEN • MATERIALGRUPPE PACKMITTEL DEFINIEREN
- Eigene Transaktion: VEGR
- Tabellen: TVEGR und TVEGRT (sprachenabhängige Bezeichnung)

Zu den Materialgruppen für Packmittel werden keine weiteren Informationen angelegt. Im letzten Schritt müssen Sie jetzt beide Informationen zusammenbringen und die erlaubten Kombinationen zwischen *Packmittelart* und *Materialgruppe für Packmittel* im Customizing definieren.

Technische Informationen zu den erlaubten Packmitteln je

▸ Materialgruppe für Packmittel

▸ Menüpfad im Customizing: Logistics Execution • Versand • Verpacken • Erlaubte Packmittel festlegen

▸ Eigene Transaktion: VHZU

▸ Tabelle: TERVH

Für unser Beispiel aus Abbildung 8.3 sehen die erlaubten Kombinationen wie folgt aus: Alle Materialien mit der Materialgruppe für Packmittel »ZKAS« dürfen nur auf Paletten gepackt werden (Packmittelart »ZPAL«). Alle »ZACC«-Materialien dürfen nur in Kartons verpackt werden (Packmittelart »ZKAR«), und die Kartons selbst (Materialgruppe für Packmittel »ZKAR«) dürfen ihrerseits wieder auf Paletten gepackt werden (Packmittelart »ZPAL«). Im Customizing sieht die Eingabe wie in Abbildung 8.6 dargestellt aus.

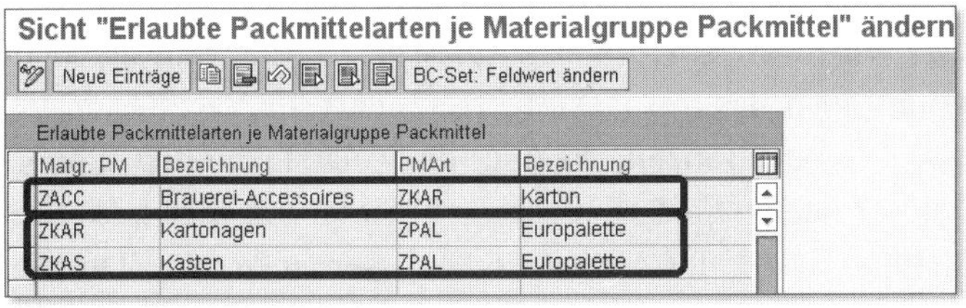

Abbildung 8.6 Einstellungen, welche Packmittelart je Materialgruppe für Packmittel erlaubt sind

8.1.5 Stammdaten

Sie haben im Customizing die notwendigen Voraussetzungen geschaffen und müssen nun die einzelnen Packmittel im Materialstamm einpflegen. Pflegen Sie die Packmittel mit der Materialart »VERP« ein. Einen Überblick über die Materialstammpflege erhalten Sie in Abschnitt 3.1, »Materialstammdaten«. Ich stelle Ihnen hier lediglich vor, welche Felder Sie für den Verpackungsprozess im Materialstamm benötigen.

Ich beginne mit den Packmitteln selbst. Mit der Materialart »VERP« werden Ihnen einige neue Felder angeboten, die Sie bei Handels- und Verkaufswaren bisher nicht gesehen haben. Wichtig zur späteren Berechnung der Frachtvolumen und -kosten sind die richtigen Maße und Gewichte der Packmittel. Auf der Registerkarte VERTRIEB: ALLG./WERK finden Sie die spezifischen Daten für die Packmittel (siehe Abbildung 8.7).

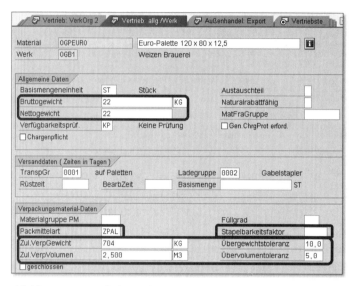

Abbildung 8.7 Spezifische Packmitteldaten in der Materialstammdatei

Hier legen Sie fest, wie hoch sowohl das zulässige Verpackungsgewicht (ZUL.VERPGEWICHT) als auch das Verpackungsvolumen (ZUL.VERPVOLUMEN) sein dürfen. Gewisse Toleranzgrenzen, die über der Zulässigkeit liegen, werden ebenfalls auf dieser Registerkarte eingetragen. Sie geben hier auch den STAPELBARKEITSFAKTOR an. Das heißt, Sie setzen an dieser Stelle den Wert ein, der definiert, wie viele Paletten übereinandergestapelt werden dürfen. Im Feld PACKMITTELART wird »ZPAL« (siehe auch Abbildung 8.3) eingetragen.

In Abbildung 8.8 habe ich Ihnen die Einstellungen für einen Karton dargestellt. Über das Feld MATERIALGRUPPE PM (PM steht für *Packmittel*) erlauben Sie, dass Sie diese Kartons einer Palette zuweisen dürfen.

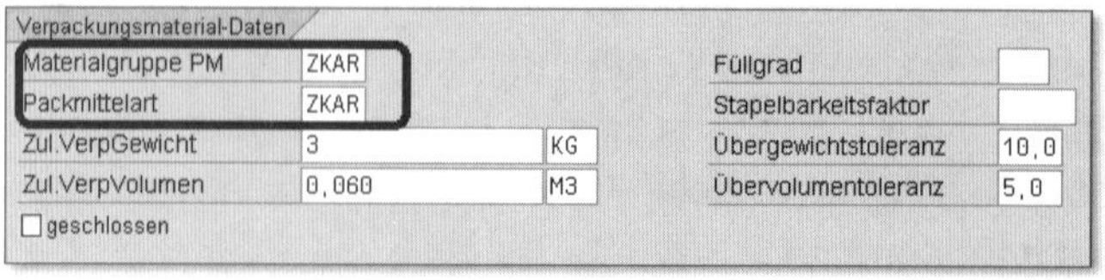

Abbildung 8.8 »Packmittelart« und »Materialgruppe PM« für einen Karton

Im letzten Vorbereitungsschritt gruppieren Sie Ihre Verkaufsmaterialien. In meinem Beispiel habe ich als Materialgruppe für Packmittel »ZKAS« ausgewählt. Ich habe somit alle Getränke, die in einem Kasten geliefert werden, mit einem ZKAS qualifiziert. Die Getränke, die »in einem Kasten« (die Getränkeindustrie sagt hierzu *Träger*) geliefert werden, werden über dieses Merkmal gruppiert und nur für den Palettenversand zugelassen (siehe Abbildung 8.9).

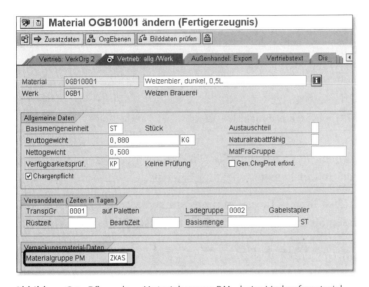

Abbildung 8.9 Pflege der »Materialgruppe PM« beim Verkaufsmaterial

8.1.6 Nummernkreise für Packmittel

Leider sind die Nummernkreise für Handling Units nicht ganz so einfach zu verstehen, da Sie es in den meisten Fällen hierbei mit zwei Nummern zu tun haben. Zunächst einmal bekommt jede Handling Unit im System eine zehnstellige Nummer, mit der sie identifiziert wird. Diese Nummer ist auch gleichzeitig der Schlüsselbegriff in den Datenbanken.

Sehr oft werden aber darüber hinaus auch international anerkannte Nummernkreise verwendet. Der mir bekannteste ist die SSCC-Nummer. Sehen wir uns einmal den Aufbau einer SSCC-Nummer (Serial Shipping Container Code) an. Sie besteht aus mehreren Komponenten: der *GLN* (Global Location Number), auch *ILN* (International Location Number) genannt, einer zur Identifizierung der Handling Unit fortlaufenden Nummerierung und einer Prüfziffer. Und für diese fortlaufende Nummerierung wird ebenfalls ein Nummernkreis benötigt.

Ich stelle Ihnen zunächst einmal den allgemeinen Nummernkreis vor, mit dem die Handling Unit auf der Datenbank identifiziert wird. Das Nummernkreisintervall selbst ordnen Sie dem Packmitteltyp zu (siehe Abbildung 8.4). Es gibt jeweils zwei Nummernkreisintervalle, einen für die automatische Nummernvergabe durch das SAP-System (interne Nummernvergabe) und einen, den Sie beim Anlegen einer Handling Unit selbst vorgeben müssen (externer Nummernkreisintervall).

Technische Informationen zu den Nummernkreisen

- Feldlänge: 2-stellig
- Menüpfad im Customizing: LOGISTICS EXECUTION • VERSAND • VERPACKEN • NUMMERNKREISE HANDLING UNITS DEFINIEREN
- Eigene Transaktion: VNKP
- Tabelle: NRIV (Nummernkreisobjekt RV_VEKP)

Diese Nummer finden Sie, nach dem Sie Handling Units in den Lieferbeleg hinzugefügt haben, in der Belegentwicklung wieder.

Möchten Sie darüber hinaus Ihre Handling Units z. B. mit dem SSCC auszeichnen, so müssen Sie weitere Definitionen im Customizing vornehmen.

Technische Informationen zu den SSCC-Nummern

- Menüpfad im Customizing: LOGISTIK ALLGEMEIN • HANDLING UNIT MANAGEMENT • EXTERNE IDENTIFIKATION • SSCC-NUMMERNVERGABE NACH EAN128 • SSCC-GENERIERUNG PRO WERK/LAGERORT PFLEGEN oder SSCC-GENERIERUNG PRO LAGERNUMMER PFLEGEN
- Eigene Transaktionen: S_P99_41000252 (je Werk/Lagerort) oder S_P99_41000260 (je Lagernummer)
- Tabellen: T313Y (je Werk/Lagerort) und T313Z (je Lagernummer)

Starten Sie die Customizing-Funktion, und wählen Sie, ob Sie die Definition Ihres SSCC-Nummernkreises zu den Kombinationen je Werk/Lagerort oder je Lagernummer wünschen. Sie erhalten daraufhin ein Übersichtsbild (in meinem Beispiel habe ich mich für die Kombination Werk/Lagerort entschieden, siehe Abbildung 8.10). Um einen neuen Nummernkreis anzulegen, klicken Sie auf den Button Neue Einträge. Sie erhalten nun ein Eingabebild für die benötigten Parameter. Setzen Sie in das Feld ILN BASISNUMMER die Ihrem Unternehmen zugewiesene internationale Lokationsnummer ein. Für die laufende Nummerierung innerhalb der SSCC-Nummer benötigen Sie ein Nummernkreisobjekt und die dazugehörigen Nummernkreisintervalle.

Wählen Sie hier entweder den von SAP vorgegebenen Nummernkreis »LE_SSCC«, oder definieren Sie einen neuen. Setzen Sie diesen Nummernkreis in das Feld NrKrObjekt ein. Auch hier können Sie wieder zwischen einer internen und einer externen Nummernvergabe wählen.

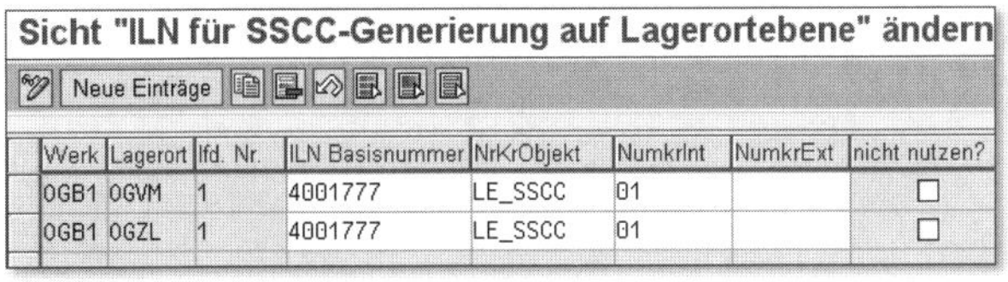

Werk	Lagerort	lfd. Nr.	ILN Basisnummer	NrKrObjekt	NumkrInt	NumkrExt	nicht nutzen?
0GB1	0GVM	1	4001777	LE_SSCC	01		☐
0GB1	0GZL	1	4001777	LE_SSCC	01		☐

Sicht "ILN für SSCC-Generierung auf Lagerortebene" ändern
Neue Einträge

Abbildung 8.10 SSCC-Nummernvergabe und -zusammenstellung

Ich habe mich in meinem Beispiel für das interne Nummernkreisintervall »01« entschieden. Diesen Nummernkreis wiederum müssen Sie einmalig anlegen.

Technische Informationen zu den Nummernkreisen innerhalb von SSCC

▸ Feldlänge: 2-stellig
▸ Menüpfad im Customizing: Logistik Allgemein • Handling Unit Management • Externe Identifikation • Nummernkreisobjekt für SSCC pflegen
▸ Eigene Transaktion: SNRO oder SNUM
▸ Tabelle: NRIV (Nummernkreisobjekt z. B. LE_SSCC)

Sie kennen jetzt also die nötigen Einstellungen für das Verpacken im Lieferbeleg. Im folgenden Abschnitt stelle ich Ihnen zuerst einmal das manuelle Verpacken vor.

8.2 Manuelles Verpacken

Die beste Möglichkeit, die unterschiedlichen Schritte des Verpackungsprozesses im SAP-System zu beschreiben, ist anhand eines Beispiels mit einem Lieferbeleg. Ich beginne mit dem einstufigen Verpacken und zeige Ihnen im Anschluss die mehrstufige Verpackung sowie das Leeren oder auch Löschen von Verpackungen.

8.2.1 Einstufiges Verpacken

Sie rufen die Funktion des Verpackens aus dem Änderungsbild des Lieferbelegs auf. Starten Sie hierzu die Transaktion VL02N. Sie erhalten die Übersicht über den Lieferbeleg. Klicken Sie auf das Icon 🖼, oder wählen Sie in der

Menüleiste BEARBEITEN • VERPACKEN. Sie erhalten eine Packübersicht, wie sie in Abbildung 8.11 dargestellt ist.

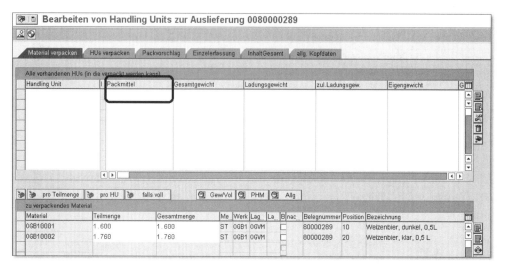

Abbildung 8.11 Gesamtübersicht über die Verpackungsfunktion

Sie sehen mehrere Registerkarten. Ich empfehle Ihnen, mit der Registerkarte MATERIAL VERPACKEN zu arbeiten. Sie haben nun drei Möglichkeiten: Verpacken je Handling Unit, Teilmengen auf Handling Units verteilen und Gesamtmenge auf volle Handling Units verteilen.

1. Ausgehend von dem Übersichtsbild in Abbildung 8.11: Geben Sie in der Spalte PACKMITTEL die Materialnummer Ihrer Handling Unit ein, z. B. »OGPEURO« für Europalette. Drücken Sie einmal die [Enter]-Taste, und das SAP-System erzeugt zum einen eine leere Handling Unit und vergibt zum anderen eine SSCC-Nummer (siehe Abbildung 8.12). Zusätzlich werden die eingepflegten Materialstammdaten dieser Handling Unit übernommen: Das zulässige Ladungsgewicht beträgt 704 kg, das Eigengewicht der Palette 22 kg.

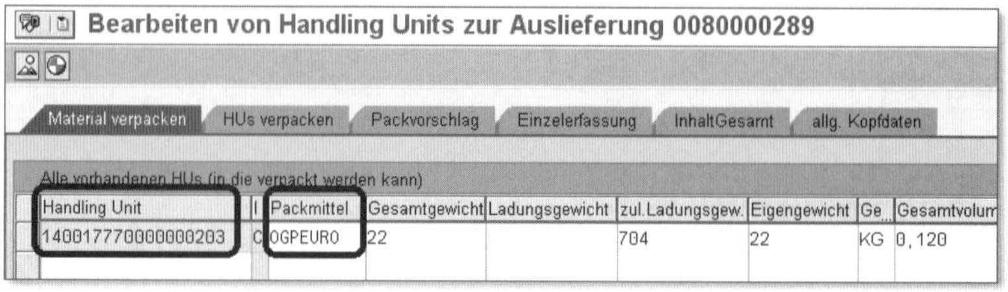

Abbildung 8.12 Anlegen einer leeren Handling Unit

2. Da es sich noch um eine Palette ohne Inhalt handelt, beträgt auch das Gesamtgewicht nach wie vor 22 kg. Markieren Sie nun eine Position in der unteren Bildschirmhälfte, und geben Sie in der Spalte Teilmenge (siehe Abbildung 8.13) die maximal zulässige Menge für eine Handling Unit ein, z. B. 800 Stück (20 Flaschen pro Kasten, acht Kästen pro Lage, fünf Lagen auf jeder Palette, das ergibt 800 Flaschen pro Palette). Markieren Sie nun die soeben erzeugte leere Handling Unit. Beide Zeilen müssten jetzt markiert sein.

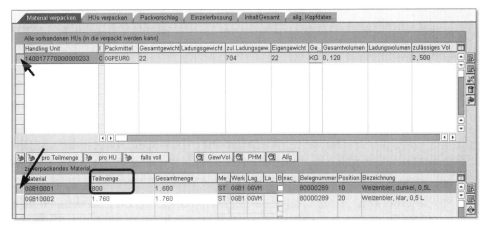

Abbildung 8.13 Verpacken einer bestimmten Menge aus einer Position in eine Handling Unit

3. Klicken Sie nun auf das Icon. Die markierte Menge aus der unteren Bildschirmhälfte wird in die Handling Unit übernommen. Das Gewicht der Handling Unit und die verbleibende zu verpackende Restmenge werden angepasst (siehe Abbildung 8.14).

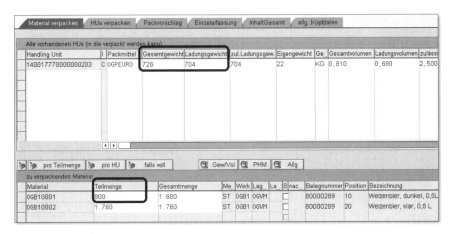

Abbildung 8.14 Übersicht nach dem Verpacken in eine Handling Unit

4. Eine bessere Übersicht bietet die Registerkarte INHALTGESAMT. Hier sehen Sie, welche Mengen und Gewichte in der Handling Unit zu finden sind (siehe Abbildung 8.15). Sie sehen auf dieser Registerkarte die verpackte Menge mit der Artikel- und Chargennummer sowie das Gesamtgewicht sowohl der einzelnen Positionen als auch der Handling Unit.

Material verpacken	HUs verpacken	Packvorschlag	Einzelerfassung	InhaltGesamt	allg. Kopfdaten			

Gesamtübersicht über sämtliche HUs mit Hierarchiestufen

Hierarc	Identifikation der Zeile	Material/Packmittel	verpackte Menge	Ve	B	Charge	Bezeichnung	Bruttogewicht
0	140017770000000203	OGPEURO			☐		Euro-Palette 120 x 80 x 12,5	726
1	0080000289 000010	OGB10001	800	ST	☐	OGC001	Weizenbier, dunkel, 0,5L	704

Abbildung 8.15 Inhaltsangabe einer gefüllten Handling Unit

5. Verfahren Sie auf die beschriebene Weise (siehe Punkte 1–3) mit den restlichen Mengen. Wählen Sie hierzu erneut die Registerkarte MATERIAL VERPACKEN.

6. Erzeugen Sie eine weitere leere Handling Unit, markieren Sie die restliche Menge der ersten Position, ohne die Teilmenge zu verändern, und markieren die leere Handling Unit. Klicken Sie wiederum auf das Icon 🖼.

7. Hierbei können Sie problemlos mehrere Positionen und Teilmengen markieren, die Sie in eine Handling Unit packen wollen. Alles, was Sie in der unteren Bildschirmhälfte an Teilmengen vorgeben und markieren, wird in die in der oberen Bildschirmhälfte markierte Handling Unit verpackt. Haben Sie alle Positionen verpackt, ist die untere Bildschirmhälfte leer (siehe Abbildung 8.16).

Material verpacken	HUs verpacken	Packvorschlag	Einzelerfassung	InhaltGesamt	allg. Kopfdaten			

Alle vorhandenen HUs (in die verpackt werden kann)

Handling Unit	I	Packmittel	Gesamtgewicht	Ladungsgewicht	zul.Ladungsgew.	Eigengewicht	Ge	Gesamtvolumen	Ladungsvolu
140017770000000203	C	OGPEURO	726	704	704	22	KG	0,810	0,690
140017770000000210	C	OGPEURO	726	704	704	22	KG	0,810	0,690
140017770000000227	C	OGPEURO	726	704	704	22	KG	0,810	0,690
140017770000000234	C	OGPEURO	726	704	704	22	KG	0,810	0,690
140017770000000241	C	OGPEURO	162,800	140,800	704	22	KG	0,258	0,138

🖼 🖼 pro Teilmenge 🖼 pro HU 🖼 falls voll	🔍 Gew/Vol	🔍 PHM	🔍 Allg

zu verpackendes Material

Material	Teilmenge	Gesamtmenge	Me	Werk	Lag	La	B	nac	Belegnummer	Position	Bezeichnung

Abbildung 8.16 Übersicht nach dem Verpacken aller Positionen

8. Sichern Sie die Packdaten, indem Sie auf das Icon 🖫 klicken.

Folgende Varianten zu dieser Erfassung sind möglich: Sie müssen nicht zuerst eine leere Handling Unit erzeugen. Sie können auch direkt in der oberen Bildschirmhälfte die Materialnummer Ihrer Palette vorgeben, und anstatt die ⌷Enter⌷-Taste zu drücken, markieren Sie die Zeile direkt.

Wählen Sie die folgende Vorgehensweise, wenn Sie Ihre Materialnummer der Palette nicht kennen: Markieren Sie in diesem Fall nur die Teilmengen und Positionen in der unteren Bildschirmhälfte, und klicken Sie direkt auf das Icon 🖼. Sie erhalten nun ein Popup mit der Frage, ob die erlaubten Packmittel gesucht werden sollen. Klicken Sie auf den Button JA. Das System schlägt Ihnen nun die möglichen Materialnummern aufgrund der Customizing-Einstellungen und der Pflege der Materialstammdaten vor (siehe Abbildung 8.17). Diese Einstellungen sind im Einzelnen folgende:

1. das Feld MATERIALGRUPPE PACKMITTEL DES ZU VERPACKENDEN MATERIALS, hier »OGB10001« (siehe auch Abbildung 8.9)

2. die Zuordnung der Materialgruppe für Packmittel zum Packmitteltyp (siehe Abbildung 8.6)

3. die Packmaterialien, die den entsprechenden Packmitteltyp besitzen (siehe Abbildung 8.7)

Markieren Sie nun eine dieser Materialnummern, und drücken Sie die ⌷Enter⌷-Taste.

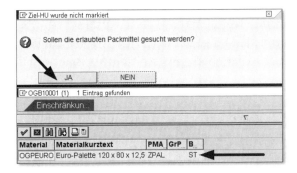

Abbildung 8.17 Popup und Selektionsbild für die erlaubten Packmittel

Die markierten Teilmengen und Positionen werden daraufhin umgehend in die neue Handling Unit eingestellt.

Damit Sie bei größeren Mengen nicht jede Handling Unit einzeln anlegen müssen, können Sie gleiche Teilmengen auf mehrere Handling Units verteilen. Gehen Sie hierzu wie folgt vor:

1. Tragen Sie in der unteren Bildschirmhälfte in einer Position eine Teilmenge ein (z. B. wieder »800«).

2. Markieren Sie diese Position.

3. Geben Sie in die Spalte PACKMITTEL wieder die Materialnummer der Palette ein.

4. Markieren Sie direkt diese Zeile in der oberen Bildschirmhälfte.

5. Klicken Sie auf den Button [🐾 pro Teilmenge]. Das System verteilt nun je 800 Flaschen auf insgesamt zwei Paletten.

6. Fahren Sie mit der zweiten Position genauso fort, erstellt das System drei Handling Units, zwei mit je 800 Flaschen und eine mit der Restmenge von 160 Flaschen.

Sie haben hiermit die Möglichkeit, die Erfassung ein wenig zu vereinfachen und zu verkürzen. Eine ähnliche Variante können Sie nutzen, wenn Sie die exakte Menge für eine volle Palette nicht kennen oder die Palette mit mehreren Positionen mischen möchten, aber nicht wissen, wann die maximale Gewichtsgrenze erreicht ist. Hierzu klicken Sie auf den Button [🐾 falls voll]. Um Ihnen den Prozess zu veranschaulichen, verpacke ich in meinem Beispiel zuerst die zweite Position, sodass ich eine Anbruchpalette mit 160 Flaschen erhalte (siehe Abbildung 8.18).

Springen Sie jetzt wieder auf die Registerkarte MATERIAL VERPACKEN. Dort markieren Sie sowohl die komplette Menge der noch zu verpackenden Position als auch die Anbruchpalette in der oberen Bildschirmhälfte (siehe Abbildung 8.19).

| Material verpacken | HUs verpacken | Packvorschlag | Einzelerfassung | InhaltGesamt | allg. Kopfdaten |

Gesamtübersicht über sämtliche HUs mit Hierachiestufen

Hierarc	Identifikation der Zeile	Material/Packmittel	verpackte Menge	Ve	B	Charge	Bezeichnung	Bruttogewi
0	140017770000000265	OGPEURO					Euro-Palette 120 x 80 x 12,5	726
1	0080000289 000020	OGB10002	800	ST		OGC002	Weizenbier, klar, 0,5 L	704
0	140017770000000272	OGPEURO					Euro-Palette 120 x 80 x 12,5	726
1	0080000289 000020	OGB10002	800	ST		OGC002	Weizenbier, klar, 0,5 L	704
0	140017770000000289	OGPEURO					Euro-Palette 120 x 80 x 12,5	162,800
1	0080000289 000020	OGB10002	160	ST		OGC002	Weizenbier, klar, 0,5 L	140,800

Abbildung 8.18 Zwei volle und eine Anbruchpalette mit 160 Flaschen

Material verpacken
HUs verpacken
Packvorschlag
Einzelerfassung
InhaltGesamt
allg. Kopfdaten
Alle vorhandenen HUs (in die verpackt werden kann)
Handling Unit
Packmittel
Gesamtgewicht
Ladungsgewicht
zul.Ladungsgew.
Eigengewicht
Ge
Gesamtvolumen
Ladungsvo
140017770000000265 C OGPEURO 726 704 704 22 KG 0,810 0,690
140017770000000272 C OGPEURO 726 704 704 22 KG 0,810 0,690
140017770000000289 C OGPEURO 162,800 140,800 704 22 KG 0,258 0,138
pro Teilmenge
pro HU
falls voll
Gew/Vol
PHM
Allg
zu verpackendes Material
Teilmenge
Gesamtmenge
Me
Werk
Lag
La
B
nac
Belegnummer
Position
Bezeichnung
OGB10001 1.600 1.600 ST OGB1 OGVM 80000289 10 Weizenbier, dunkel, 0,5L

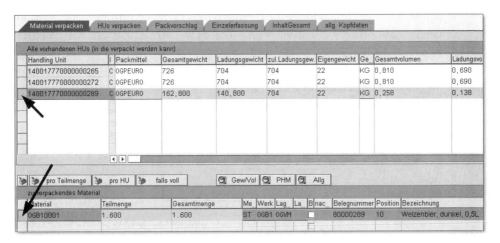

Abbildung 8.19 Volle Handling Units erstellen

Klicken Sie nun auf den Button [falls voll]. Das System füllt die Anbruchpalette bis zu ihrer maximalen Kapazitätsgrenze und fährt anschließend in der gleichen Weise mit der restlichen Menge fort. Die Kapazitätsgrenze ist erreicht, wenn entweder das maximal zulässige Gesamtgewicht oder -volumen erreicht ist (siehe das Ergebnis in Abbildung 8.20).

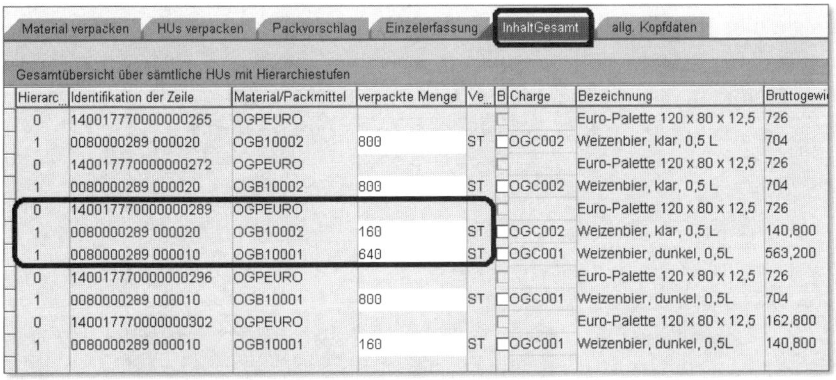

Material verpacken
HUs verpacken
Packvorschlag
Einzelerfassung
InhaltGesamt
allg. Kopfdaten
Gesamtübersicht über sämtliche HUs mit Hierarchiestufen
Hierarc
Identifikation der Zeile
Material/Packmittel
verpackte Menge
Ve
B
Charge
Bezeichnung
Bruttogewi
0 140017770000000265 OGPEURO Euro-Palette 120 x 80 x 12,5 726
1 0080000289 000020 OGB10002 800 ST OGC002 Weizenbier, klar, 0,5 L 704
0 140017770000000272 OGPEURO Euro-Palette 120 x 80 x 12,5 726
1 0080000289 000020 OGB10002 800 ST OGC002 Weizenbier, klar, 0,5 L 704
0 140017770000000289 OGPEURO Euro-Palette 120 x 80 x 12,5 726
1 0080000289 000020 OGB10002 160 ST OGC002 Weizenbier, klar, 0,5 L 140,800
1 0080000289 000010 OGB10001 640 ST OGC001 Weizenbier, dunkel, 0,5L 563,200
0 140017770000000296 OGPEURO Euro-Palette 120 x 80 x 12,5 726
1 0080000289 000010 OGB10001 800 ST OGC001 Weizenbier, dunkel, 0,5L 704
0 140017770000000302 OGPEURO Euro-Palette 120 x 80 x 12,5 162,800
1 0080000289 000010 OGB10001 160 ST OGC001 Weizenbier, dunkel, 0,5L 140,800

Abbildung 8.20 Übersicht über alle vollgepackten Paletten

Das System hat nun zuerst die Anbruchpalette mit weiteren 640 Flaschen befüllt, sodass nun dort zusammengerechnet 800 Flaschen auf der Palette stehen. Die zweite Palette ist mit 800 Flaschen voll, und für die dritte verbleiben in diesem Fall wieder 160 Flaschen. Dieses Beispiel ergibt natürlich in der Realität keinen Sinn, da niemand im Lager auf diese Weise umpacken würde.

Sehen wir uns zum Schluss noch einmal den Lieferkopf in der Übersicht an (siehe Abbildung 8.21). Hier wurde das Feld ANZAHL PACKST. fortgeschrieben.

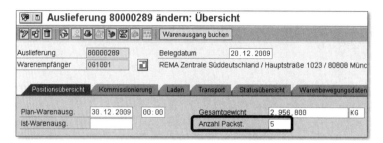

Abbildung 8.21 Lieferkopf im Übersichtsbild nach erfolgter Verpackung

Ich habe in dem Beispiel insgesamt fünf Paletten gebildet und bepackt. Im Feld ANZAHL PACKST. finden Sie diesen Wert. Im Feld GESAMTGEWICHT finden Sie das Bruttogewicht aller Positionen ohne die Paletten.

Eine alternative Darstellung von unverpackten Materialien und Handling Units ergibt sich, wenn Sie im Übersichtsbild (siehe Abbildung 8.11) das Icon anklicken. In Abbildung 8.22 sehen Sie die gleichen Informationen, die ich Ihnen bereits im Prozessablauf gegeben habe, mit dem Unterschied, dass sie hier in einer Baumstruktur dargestellt sind.

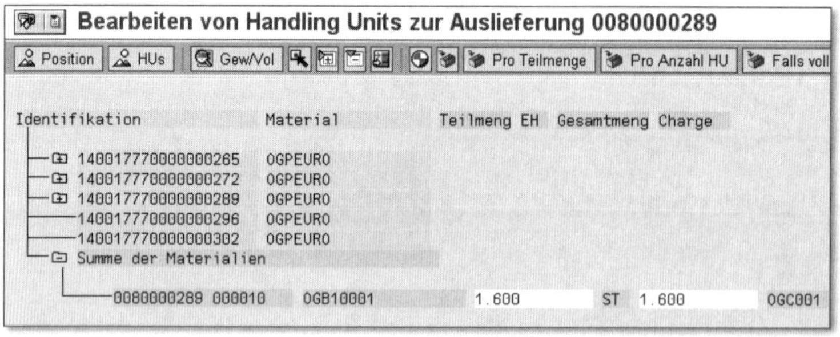

Abbildung 8.22 Darstellung der Verpackungsinformationen in Form einer Baumstruktur

Ihnen stehen die gleichen Informationen und Funktionen zur Verfügung, die ich Ihnen bereits zuvor vorgestellt habe. Sie sehen im oberen Teil der Baumstruktur drei gefüllte Handling Units und im unteren Teil die noch nicht verpackten Lieferpositionen. Wenn Sie auf das Icon klicken, wird Ihnen der Inhalt dieser Handling Unit angezeigt. Um wieder auf das Ausgangsbild zurückzukehren, klicken Sie auf das Icon HUs .

8.2.2 Mehrstufiges Verpacken

Bis jetzt habe ich mich auf das einstufige Verpacken beschränkt. Aber vielerorts sind weitere Verpackungseinheiten vor- und nachgelagert, sodass ich Ihnen jetzt die mehrstufige Verpackung erläutern möchte. In Abbildung 8.23 habe ich Ihnen den Unterschied zwischen dem einstufigen und mehrstufigen Verpacken veranschaulicht.

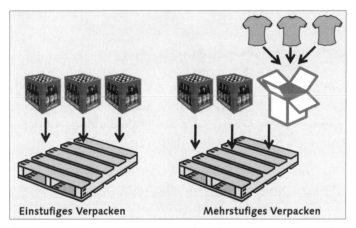

Abbildung 8.23 Unterschied zwischen einstufigem und mehrstufigem Verpacken

Die entsprechenden Einstellungen im Customizing sowie in den Materialstammdaten habe ich Ihnen bereits in den vorigen Abschnitten beschrieben. Daher gehe ich jetzt direkt zu einem Beispiel, das Ihnen zeigt, wie Sie das mehrstufige Verpacken im System durchführen.

Für den manuellen Prozess einer *mehrstufigen Verpackung* benötigen Sie ähnliche Schritte wie bei der Verpackung direkt auf eine Palette. In meinem Beispiel habe ich zudem noch 60 T-Shirts mit einer Werbeaufschrift auf den Lieferbeleg gesetzt. Je 20 T-Shirts passen in einen Karton.

Ändern Sie zum Material »OGB20001« den Wert in der Spalte TEILMENGE auf »20«, und markieren Sie diese Position. Geben Sie in die Spalte PACKMITTEL die Materialnummer des Kartons ein, in meinem Beispiel »OGPKARTON«. Klicken Sie auf den Button [pro Teilmenge]. Sie erhalten nun insgesamt drei Kartons vom System, jeder gefüllt mit je 20 T-Shirts. Springen Sie zur besseren Übersicht in die Baumfunktion (siehe Abbildung 8.24). Die Kartons besitzen einen anderen Nummernkreis als die Paletten, da für die Kartons keine SSCC-Nummern benötigt werden. Als Beispiel habe ich den Karton mit der Nummer »1000000066« weiter aufgeklappt, damit Sie den Inhalt der 20 Stück des Materials »OGB20001« sehen können.

Abbildung 8.24 Übersicht über die Paletten und Kartons

Um nun die Kartons auf die Paletten zu packen und zu verteilen, haben Sie drei Möglichkeiten: jeden Karton einzeln auf die entsprechende Palette zu setzen, immer die gleiche Anzahl Kartons auf neue Paletten zu packen oder über die Baumfunktion die Kartons auf die Paletten zu verteilen.

Um die Kartons nun einzeln auf die Paletten zu verteilen, können Sie in der Baumstruktur bleiben. Doppelklicken Sie auf einen Karton, und markieren Sie eine Palette, auf die Sie den Karton packen wollen. Klicken Sie auf den Button ⏷. Wiederholen Sie diesen Vorgang, bis alle Kartons auf den Paletten verteilt sind. Fehlen Ihnen Paletten, legen Sie diese über das Icon ▢ an. Im angezeigten Popup (siehe Abbildung 8.25) geben Sie die Materialnummer der Palette in das Feld PACKMITTEL und die Anzahl der gewünschten Paletten in das Feld ANZAHL HUs ein.

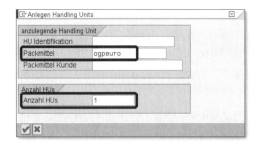

Abbildung 8.25 Popup beim Anlegen einer neuen Handling Unit aus der Baumstruktur

Dieser Vorgang ist bei der entsprechenden Menge an Kartons recht mühselig und zeitaufwendig. Ich erhöhe die Menge der T-Shirts von 60 auf 240 Stück. Ich gehe wieder davon aus, dass 20 T-Shirts in einen Karton passen. Ich nehme zudem an, dass fünf Kartons auf eine Palette passen müssten. Als Ergebnis würden also zwei Paletten mit je fünf und eine Anbruchpalette mit je zwei Kartons erzielt.

Setzen Sie den Cursor auf den ersten Karton mit der Nummer »1000000090«. Wählen Sie aus der Menüleiste BEARBEITEN • BAUMFUNKTION • BLOCK MARKIEREN. Der Karton erhält nun einen andersfarbigen Hintergrund.

Markieren Sie nun den letzten Karton, in diesem Fall die Nummer »1000000101«, und wählen Sie erneut aus der Menüleiste die Funktion BEARBEITEN • BAUMFUNKTION • BLOCK MARKIEREN. Es erscheinen nun alle zwölf Kartons in einer anderen Hintergrundfarbe (siehe Abbildung 8.26).

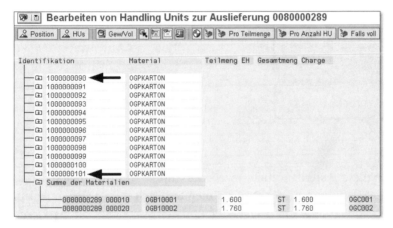

Abbildung 8.26 Block markieren zum Verpacken

Klicken Sie nun auf den Button [Pro Anzahl HU]. Sie erhalten daraufhin ein Popup (siehe Abbildung 8.27). Geben Sie in das Feld PACKMITTEL FÜR NEUE HU die Materialnummer der Handling Unit ein, auf die Sie die markierten Kartons packen wollen. In diesem Fall ist das wieder unsere Palette mit der Nummer »OGPEURO«. Die Materialnummer im Feld PACKMITTEL DER HUs ist bereits vorbelegt. Geben Sie nun noch in das Feld ANZAHL ZU VERP. HUs PRO HU den Wert »5« ein. Das heißt, je fünf Kartons passen auf jeweils eine Palette.

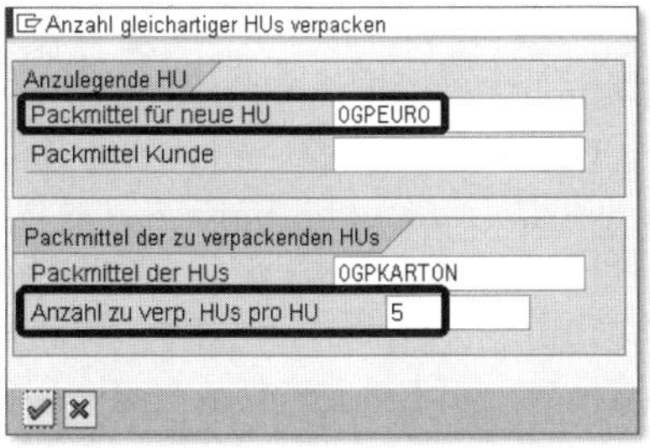

Abbildung 8.27 Popup zum Verteilen der Kartons auf die Paletten

Drücken Sie die ⸢Enter⸥-Taste. In der Baumstruktur erscheinen nun drei neue Paletten, und die Kartons werden nicht mehr angezeigt. In Abbildung 8.28 habe ich die drei neuen Paletten und einen Karton aufgeklappt.

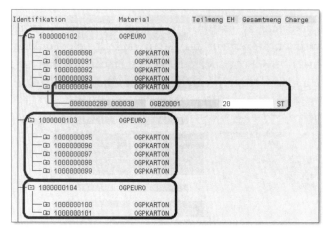

Abbildung 8.28 Baumstruktur nach dem Verpacken der Kartons auf Paletten

Nutzen Sie diese Funktion nicht, weil Sie Ihre Kartons individuell auf Anbruchpaletten verteilen möchten, können Sie nach dem gleichen Ablauf auch Ihre Kartons markieren. (Den ersten und den letzten Karton markieren Sie über die Funktion aus der Menüleiste, wie ich es Ihnen bereits beschrieben habe). Anschließend markieren Sie in diesem Fall allerdings die Handling Unit, auf die Sie die markierten Kartons packen möchten, und klicken auf das Icon 🠒.

8.2.3 Handling Units leeren und löschen

Am Ende dieses Abschnitts möchte ich Ihnen noch zeigen, wie Sie Handling Units leeren und löschen können. Müssen Sie eine Handling Unit leeren, kann das entweder für die komplette Handling Unit oder nur für eine Teilmenge erfolgen. Auch hier gibt es wieder mehrere Vorgehensweisen.

Befinden Sie sich in der Baumstruktur und möchten die komplette Handling Unit leeren, markieren Sie diese Handling Unit und klicken dann auf das Icon 🠒. Teilmengen können Sie in der Baumstruktur nicht entnehmen. Es ist lediglich möglich, Handling Units aus anderen Handling Units zu entnehmen (in meinem Beispiel können Sie z. B. eine bestimmte Anzahl an Kartons wieder von einer Palette herunternehmen). Klappen Sie hierfür den Inhalt der Palette auf, markieren Sie den zu entnehmenden Karton, und klicken Sie anschließend auf das Icon 🠒.

Möchten Sie Teilmengen entnehmen, wählen Sie aus dem Übersichtsbild die Registerkarte INHALTGESAMT (siehe Abbildung 8.20). Übertippen Sie den Wert mit der Menge, die in der Handling Unit verbleiben soll. Ein Beispiel dazu wäre: 800 Flaschen befinden sich auf der Palette. Möchten Sie 24 Flaschen entnehmen, übertippen Sie die »800« mit »776«.

Handling Units lassen sich sehr einfach löschen. Entweder in der Baumstruktur oder auf der Registerkarte MATERIAL VERPACKEN im Übersichtsbild markieren Sie die zu löschende(n) Handling Unit(s) und klicken dann auf das Icon 🗑. Sie erhalten zur Sicherheit noch einmal ein Popup mit der Frage, ob Sie die markierten Handling Units wirklich löschen möchten.

Sie haben nun alle Möglichkeiten kennengelernt, einen Lieferbeleg manuell zu verpacken und die Handling Units sowohl zu entleeren als auch gegebenenfalls zu löschen.

8.3 Bestandsgeführte Verpackungen

Führen Sie Bestände über Ihre Verpackungsmaterialien, ist es sinnvoll, in jeder Lieferung, die Sie verpacken, eine Position für das Verpackungsmaterial zu generieren. Das manuelle Buchen, vor allem im Rahmen der Warenausgangsbuchung, entfällt in diesem Fall, da das Verpackungsmaterial als Position im Lieferbeleg vorhanden und somit in alle Folgeprozesse integriert ist.

8.3.1 Einstellungen im Customizing

Um diese Positionen automatisch zu generieren, müssen Sie im Customizing ein paar Einstellungen vornehmen. Zunächst müssen Sie das Generieren von Verpackungsmaterialpositionen im Lieferbeleg erlauben. Aktivieren Sie das Generieren zur Lieferart (siehe Abbildung 8.29), indem Sie ein Häkchen in die Checkbox PM POS. GENERIEREN setzen. Die Pflege der Lieferart über das Customizing wird in Abschnitt 5.2, »Lieferscheinarten und Positionstypen«, genau beschrieben.

Im zweiten Schritt müssen Sie in der Packmittelart ein Kennzeichen setzen, das definiert, dass für Verpackungsmaterialien mit dieser Packmittelart Positionen im Lieferbeleg erzeugt werden sollen. Setzen Sie im Feld LP GENERIEREN das Kennzeichen »Positionsgenerierung in erste verpackte Lieferung« (siehe Abbildung 8.30).

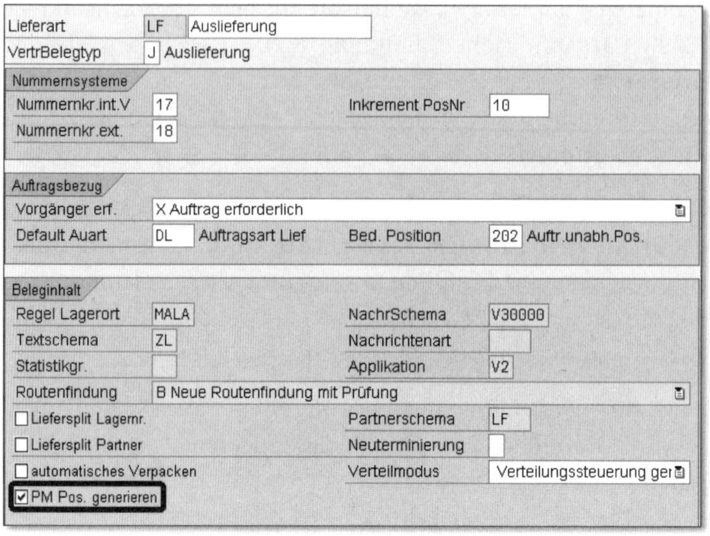

Lieferart	LF	Auslieferung
VertrBelegtyp	J	Auslieferung

Nummernsysteme

Nummernkr.int.V	17	Inkrement PosNr	10
Nummernkr.ext.	18		

Auftragsbezug

Vorgänger erf.	X Auftrag erforderlich			
Default Auart	DL	Auftragsart Lief	Bed. Position	202 Auftr.unabh.Pos.

Beleginhalt

Regel Lagerort	MALA	NachrSchema	V30000
Textschema	ZL	Nachrichtenart	
Statistikgr.		Applikation	V2
Routenfindung	B Neue Routenfindung mit Prüfung		
☐ Liefersplit Lagernr.		Partnerschema	LF
☐ Liefersplit Partner		Neuterminierung	
☐ automatisches Verpacken		Verteilmodus	Verteilungssteuerung ger
☑ PM Pos. generieren			

Abbildung 8.29 Generierung von Verpackungspositionen im Lieferbeleg aktivieren

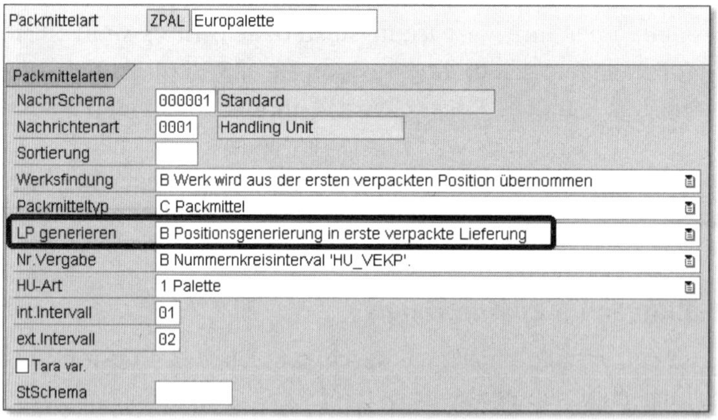

Packmittelart	ZPAL	Europalette

Packmittelarten

NachrSchema	000001	Standard
Nachrichtenart	0001	Handling Unit
Sortierung		
Werksfindung	B Werk wird aus der ersten verpackten Position übernommen	
Packmitteltyp	C Packmittel	
LP generieren	B Positionsgenerierung in erste verpackte Lieferung	
Nr.Vergabe	B Nummernkreisinterval 'HU_VEKP'.	
HU-Art	1 Palette	
int.Intervall	01	
ext.Intervall	02	
☐ Tara var.		
StSchema		

Abbildung 8.30 Generierung von Positionen im Lieferbeleg je Packmittelart aktivieren

Überprüfen Sie nun, ob der Positionstyp für das Verpackungsmaterial gefunden wird. Sie finden dort den entsprechenden Eintrag, indem Sie nach der Lieferart (in der Spalte LFAR), der Materialpositionsverwendung (d. h. in der Spalte MTPO nach »VERP«, wird im Materialstamm der Verpackung gepflegt) und der Verwendung (d. h. in der Spalte VERW nach »PACK«, »PACK« ist von SAP fest vorgegeben) suchen. In Abbildung 8.31 wird der Positionstyp »DLN« vorgeschlagen. Dieser Positionstyp muss natürlich entsprechend eingestellt sein (siehe auch Abschnitt 5.2, »Lieferscheinarten und Positionstypen«).

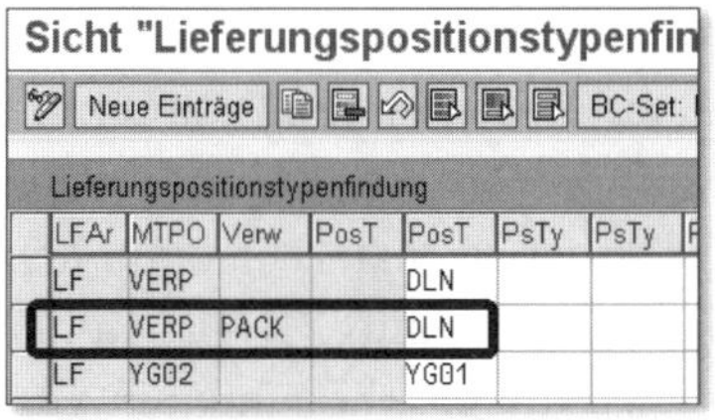

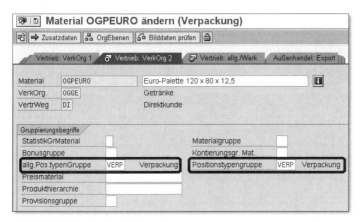

Abbildung 8.31 Positionstypenfindung für die Paletten

8.3.2 Materialstammdaten zur Positionsgenerierung

Im Materialstamm muss nun noch hinterlegt werden, ob eine Position generell für ein bestimmtes Verpackungsmaterial oder nur bei bestimmten Verkaufsorganisationen und Vertriebswegen generiert werden soll. Es gibt hierfür zwei spezielle Felder auf der Registerkarte VERTRIEB: VERKORG 2. Das erste Feld ALLG.POS.TYPENGRUPPE ist ein generelles Feld (siehe Abbildung 8.32) und ist unabhängig von jeglichen Organisationsstrukturen.

Abbildung 8.32 Pflege der Positionstypengruppen für die Erstellung von Positionen im Lieferbeleg bei Verpackungsmaterialien

Tragen Sie an dieser Stelle »VERP« ein, wird für dieses Verpackungsmaterial in allen Fällen eine Position generiert. Das zweite Feld POSITIONSTYPEN-GRUPPE steht auf der Ebene der Verkaufsorganisation. Tragen Sie hier den Wert »VERP« ein, wird die Position nur bei dieser Verkaufsorganisation und diesem Vertriebsweg im Lieferbeleg generiert. Sie können damit unterschiedliche Positionstypen ansteuern, die verschiedene Ausprägungen besitzen. Vielleicht sind für bestimmte Verkaufsorganisationen die Paletten faktu-rarelevant, ansonsten aber sollen die Paletten nur zur Information mitgeführt werden.

8.3.3 Beispiel

[zB] Ich befinde mich wieder im Übersichtsbild, markiere zuerst die Position mit den 1.600 Flaschen, klicke dann auf den Button 🐝 falls voll und wähle anschließend aus dem Popup eines der vorgeschlagenen Materialien mit den erlaubten Packmitteln zur Packgruppe »PM« (siehe Abschnitt 7.1.4). Mit der folgenden Position über 1.760 Flaschen führe ich die gleiche Funktion aus. In beiden Fällen habe ich im Popup mit JA geantwortet, um mir vom System die Verpackungsmaterialien vorschlagen zu lassen. Im Anschluss hat mir das System insgesamt fünf Handling Units generiert – vier HUs mit je 800 Flaschen und eine Anbruchpalette mit 160 Flaschen (siehe Abbildung 8.33).

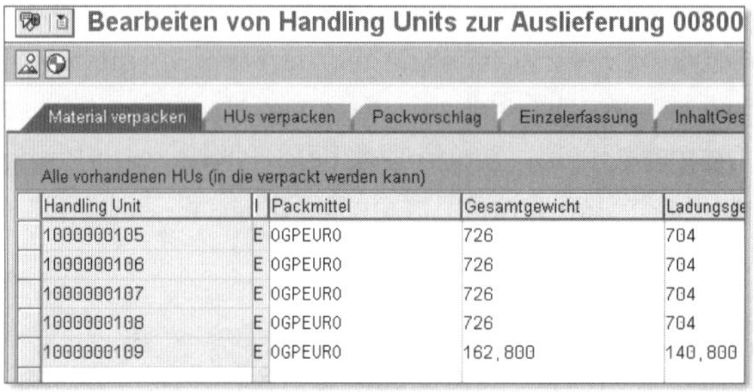

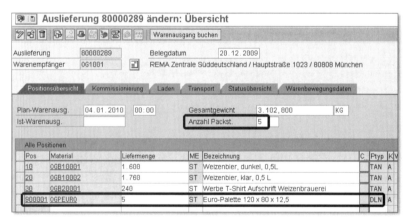

Abbildung 8.33 Übersicht nach dem Verpacken der Materialien auf drei Paletten

Im Lieferbeleg selbst wurde nun eine neue Position mit insgesamt fünf Paletten angelegt (siehe Abbildung 8.34).

Abbildung 8.34 Das System hat fünf Paletten mit der Materialnummer »OGPEURO« erzeugt.

Auch wenn es sich hier um eine Art Unterposition handelt, da die Numme-rierung ein wenig aus dem üblichen Rahmen herausfällt, müssen Sie für diese Position die gleichen Funktionen planen (Werks- und Lagerortfindung, Relevanz für den Warenausgang und die Fakturierung usw.), so als sei es eine normale Position, die Sie an Ihren Kunden schicken.

8.4 Verpackungsvorschlag

Sie haben jetzt die manuelle Verpackung im Lieferbeleg kennengelernt. Darüber hinaus gibt es aber auch die Möglichkeit, Packvorschriften im SAP-System anzulegen. In den Packvorschriften legen Sie fest, wie ein bestimmtes Material verpackt wird. Das muss nicht nur vom Material, sondern kann beispielsweise auch vom Kunden abhängen. So haben Sie vielleicht Kunden, die ihre Materialien in Gitterboxen geliefert bekommen, während Sie normalerweise auf Europaletten ausliefern.

Diese Regeln können Sie über die Packvorschriften im SAP-System hinterlegen. Das SAP-System kann aber keine Packvorschläge ausarbeiten, wenn Sie immer nur kleine Mengen kommissionieren und Sie damit Mischpaletten zum Versand bringen. Bei Kleinmengen hängt das Verpacken davon ab, was auf der untersten Ebene auf der Palette stehen darf, welche Materialien überhaupt stapelbar sind, wie die einzelnen Materialien oder Kartons überhaupt zusammenpassen usw.

Ein sehr häufiger Hinderungsgrund für eine automatische Verpackung bei Kleinmengen ist auch die Reihenfolge der Kommissionierung. Um einen Verpackungsvorschlag zu unterbreiten, müssen die Auslagerungsstrategien und Wegeoptimierungen im Kommissionierlager berücksichtigt werden.

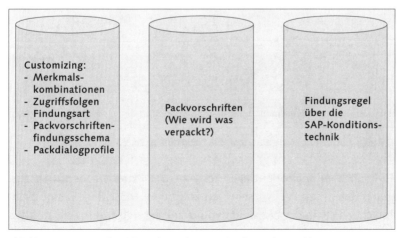

Abbildung 8.35 Durchzuführende Funktionen für die Packvorschläge

Inwieweit also in Ihrem Unternehmen Packvorschriften anzuwenden sind, müssen Sie von Ihrem Geschäftsprozess abhängig machen. Versenden Sie in der Überzahl vollständige Ladungsträger, könnte es schon sinnvoll sein, Packvorschläge im SAP-System abzubilden.

Hierzu sind folgende Schritte erforderlich, die ich Ihnen in Abbildung 8.35 als drei Säulen dargestellt habe:

1. die notwendigen Einstellungen im Customizing durchführen

2. die Packvorschriften im SAP-System erfassen

3. die Findungsregeln über die Konditionstechnik erfassen

8.4.1 Findung von Packvorschriften

Ich beginne mit den Customizing-Einstellungen. Diese erstrecken sich über mehrere Schritte, wobei sie prinzipiell auf der Konditionstechnik basieren, die Sie immer wieder in Ihrem SAP-System vorfinden (z. B. bei der Nachrichtensteuerung oder in der Chargensuchstrategie). In Abbildung 8.36 finden Sie dazu eine grobe Übersicht. Die einzelnen Schritte, die Sie durchführen müssen, um eventuell eigene Packvorschriften zu erstellen, beginnen jedoch in der letzten Säule, also bei den Merkmalskombinationen.

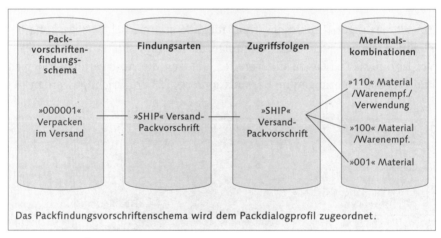

Abbildung 8.36 Übersicht über die automatische Packfindung

Diese Merkmalskombinationen legen fest, welche Kriterien Sie im System hinterlegen müssen, um Packvorschriften zu finden. Diese Regeln sind prinzipiell einfach, da sie in der Mehrzahl vom Material selbst und vom Kunden abhängen. Die Kriterien werden über einen Schlüssel zusammengefasst, die sogenannten *Merkmalskombinationen*.

Technische Informationen zu den Merkmalskombinationen

▶ Feldlänge: 3-stellig

▶ Menüpfad im Customizing: LOGISTIK ALLGEMEIN • HANDLING UNIT MANAGEMENT • AUTOMATISCHES VERPACKEN • PACKVORSCHRIFTENFINDUNG • SCHLÜSSEL FÜR PACKVOR-SCHRIFTENFINDUNG DEFINIEREN

▶ Eigene Transaktionen: OFP5 (Merkmalskombinationen anlegen), OFP6 (Merkmalskombinationen ändern), OFP7 (Merkmalskombinationen anzeigen), OFP8 (mögliche nutzbare Felder)

▶ Tabelle für den Feldkatalog: T681F (für die Merkmalskombinationen) (Verwendung »P«, Applikation »PO«)

Das SAP-System selbst verfügt bereits über einige Merkmalskombinationen, die in der Regel ausreichen. Sie können aber auch eigene Kombinationen definieren. Abbildung 8.37 zeigt die möglichen Kombinationen im SAP-Standard.

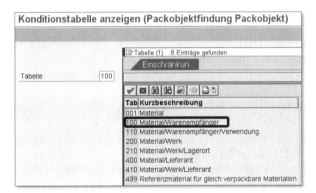

Abbildung 8.37 Die von SAP ausgelieferten Merkmalskombinationen zur Findung von Packvorschriften

Sie wundern sich vielleicht, dass Sie in den Bildern nicht den Begriff *Merkmalskombination*, sondern *Konditionstabelle* vorfinden. Das liegt daran, dass SAP zur Findung der Packvorschrift die Konditionstechnik anwendet, bei der immer von Tabellen die Rede ist. Wählen Sie z. B. die Kombination (= Tabelle) »100« aus, sehen Sie im angezeigten Pflegebild auf der linken Bildschirmhälfte die Merkmalskombination, während auf der rechten Hälfte ein Fundus an weiteren Kriterien zu finden ist (siehe Abbildung

8.38). Legen Sie neue Kombinationen an, können Sie von der rechten Hälfte die entsprechenden Merkmale oder Kriterien auswählen und sie in die linke Hälfte überführen.

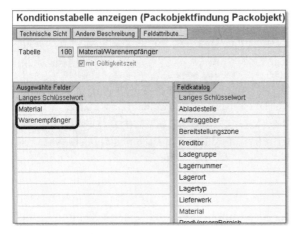

Abbildung 8.38 Übersicht über die Merkmalskombination »100« mit »Material« und »Warenempfänger«

Haben Sie nun Ihre Merkmale definiert und im System hinterlegt oder möchten Sie die Standardeinstellungen nutzen, müssen Sie im nächsten Schritt die Reihenfolge festlegen, mit der die einzelnen Kombinationen abgefragt werden sollen. Diese Reihenfolge wird auch *Zugriffsfolge* genannt.

Technische Informationen zu den Zugriffsfolgen

▸ Feldlänge: 4-stellig

▸ Menüpfad im Customizing: LOGISTIK ALLGEMEIN • HANDLING UNIT MANAGEMENT • AUTOMATISCHES VERPACKEN • PACKVORSCHRIFTENFINDUNG • ZUGRIFFSFOLGEN FÜR PACKVORSCHRIFTENFINDUNG DEFINIEREN

▸ Eigene Transaktion: OFP2

▸ Tabellen: T682 (Verwendung »P«, Applikation »PO«) und T682I (gleiche Verwendung und Applikation)

Starten Sie jetzt das Customizing, erhalten Sie zunächst eine Übersicht über die bereits generierten Zugriffsfolgen. Für den Packvorschlag im Lieferbeleg ist bereits die Zugriffsfolge »SHIP« angelegt. Markieren Sie diese Zugriffsfolge, und öffnen Sie den Ordner ZUGRIFFE in der linken Bildschirmhälfte. Sie erhalten nun die Reihenfolge der Merkmale, anhand derer die Packvorschrift gefunden wird (siehe Abbildung 8.39). Das System versucht zuerst, mit den Merkmalen »Material«, »Warenempfänger« und »Verwendung«

(Tabelle »110«) eine Packvorschrift zu finden. Wird keine gefunden, wird über das Material und den Warenempfänger (Tabelle »100«) gesucht. Führt auch diese Suche nicht zum gewünschten Ergebnis, verbleibt als letzte Kombination allein die Tabelle »1« mit der Materialnummer als Merkmal.

Abbildung 8.39 Zugriffsfolge »SHIP« mit den einzelnen Merkmalskombinationen

Sie können zu dieser Zugriffsfolge noch eine Bedingung programmieren und diese hier in den Prozess einbinden. Diese Bedingung legt fest, ob die Merkmalskombination innerhalb dieser Zugriffsfolge berücksichtigt werden soll oder nicht. Trifft die Bedingung zu, wird die Merkmalskombination berücksichtigt und die entsprechende Packvorschrift gelesen.

Im nächsten Schritt definieren Sie die *Findungsart*. Sie ist etwa gleichzusetzen mit der Nachrichtenart oder Konditionsart. In der Regel kommen Sie aber mit einer Findungsart aus.

Technische Informationen zur Findungsart

- Feldlänge: 4-stellig
- Menüpfad im Customizing: Logistik Allgemein • Handling Unit Management • Automatisches Verpacken • Packvorschriftenfindung • Findungsart für Packvorschriften definieren
- Eigene Transaktion: OFP3
- Tabellen: T685 (Verwendung »P«, Applikation »PO«) und T685T (sprachenabhängige Bezeichnung)

Dieser Findungsart ordnen Sie eine Zugriffsfolge zu. Des Weiteren haben Sie die Möglichkeit, für die Findungsart einen Gültigkeitszeitraum vorzugeben. Dieser Gültigkeitszeitraum ist quasi eine zeitliche Bedingung, unter der diese Findungsart berücksichtigt wird. Abbildung 8.40 zeigt die im SAP-Standard definierten einzelnen Findungsarten und die ihnen zugeordnete Zugriffsfolge.

Sicht "Konditionen: Arten" ändern: Übersicht

| Neue Einträge | BC-Set: Feldwert ändern |

Übersicht Konditionsarten

KArt	Bezeichnung	ZuFg	Bezeichnung	Gültig ab	Gültig bis
RCPT	Anliefer-Packvorschr.	RCPT	Findung Anliefer-Packvorschr.		
RMA2	Mat./Link zu RMATP	RMA2	Beispiel 2: Referenzmaterial		
RMA3	1.MATNR, 2.RMATP	RMA3	Beispiel 3: Referenzmaterial		
RMAT	RMATP	RMAT	Beispiel 1: Referenzmaterial		
SHIP	Versand-Packvorschr.	SHIP	Findung Versand-Packvorschrift		
STOC	Lager-Packvorschrift	STOC	Findung Lager-Packvorschrift		
VASP		VASP			

Abbildung 8.40 Findungsarten und die ihnen zugeordnete Zugriffsfolge

Wie bei allen Konditionstechniken werden nun die Findungsarten einem Schema, dem *Packvorschriftenfindungsschema*, zugeordnet. Definieren Sie zunächst das Schema, oder nutzen Sie ein von SAP bereits ausgeliefertes Schema, und ordnen Sie Ihre Findungsarten diesem Schema zu.

Technische Informationen zu den Schemata zur Packvorschriftenfindung

- Feldlänge: 6-stellig
- Menüpfad im Customizing: LOGISTIK ALLGEMEIN • HANDLING UNIT MANAGEMENT • AUTOMATISCHES VERPACKEN • PACKVORSCHRIFTENFINDUNG • SCHEMA FÜR PACKVORSCHRIFTENFINDUNG DEFINIEREN
- Eigene Transaktion: OFP4
- Tabellen: T683 (Verwendung »P«, Applikation »PO«), T683T (sprachenabhängige Bezeichnung) und T683S (gleiche Verwendung und Applikation)

Starten Sie jetzt das Customizing. Sie erhalten umgehend eine Übersicht über alle bereits definierten Schemata. Markieren Sie ein Schema, und wählen Sie auf der linken Bildschirmhälfte den Ordner STEUERUNG. Es werden Ihnen nun alle diesem Schema zugeordneten Findungsarten angezeigt (siehe Abbildung 8.41).

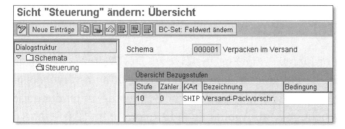

Abbildung 8.41 Die dem Schema »000001« zugeordnete Findungsart

Auch hier können Sie Bedingungen programmieren und sie in das Findungsschema einbinden. Ist diese Bedingung erfüllt, wird die Findungsart (bzw. im Pflegebild KONDITIONSART) ausgeführt.

Nachdem Sie die Packfindungsregeln im Customizing festgelegt haben, fehlt nur noch die Information, welches Schema in den Lieferbelegen anzuwenden ist. Das legen Sie im *Packdialogprofil* fest. Diese Packdialogprofile sind vom SAP-System fest vorgegeben. Für Auslieferungen ist das Profil »0002« vorgesehen.

Technische Informationen zu den Schemata zum Packdialogprofil

▸ Feldlänge: 4-stellig

▸ Menüpfad im Customizing: LOGISTIK ALLGEMEIN • HANDLING UNIT MANAGEMENT • AUTOMATISCHES VERPACKEN • PACKDIALOGPROFIL PFLEGEN

▸ Eigene Transaktion: OVHU2

▸ Tabelle: CHUPDPARA

Starten Sie jetzt das Customizing. Es werden Ihnen alle Packdialogprofile angezeigt. Markieren Sie das Profil »0002«, und klicken Sie auf das Icon . In dem nun angezeigten Bild mit Steuerungsmerkmalen (siehe Abbildung 8.38) finden Sie das PACKVORSCHRIFTENFINDUNGSSCHEMA. Die meisten Checkboxen sind selbsterklärend. Weil dies den Rahmen dieses Buches sprengen würde, kann ich hier nicht auf alle Möglichkeiten eingehen.

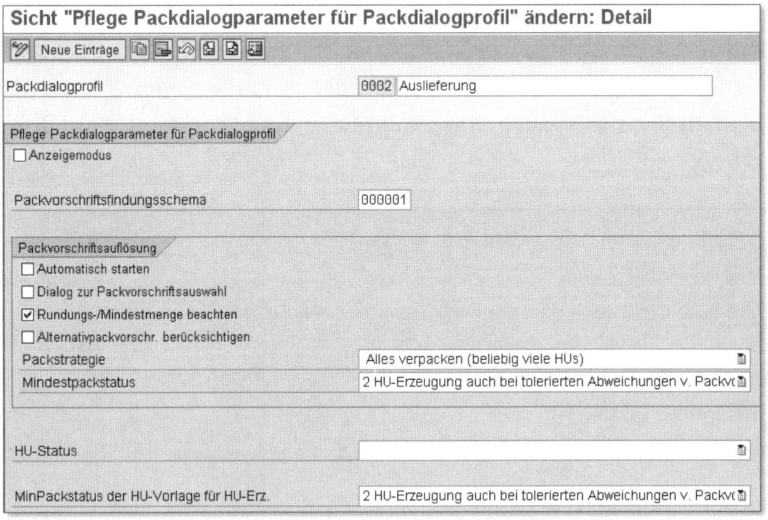

Abbildung 8.42 Übersicht über die Steuerungsmerkmale eines Packdialogprofils

Sie haben jetzt im Customizing alle Voraussetzungen geschaffen, sodass Sie mit dem zweiten Schritt fortfahren können.

8.4.2 Packvorschriften erfassen

Wenn Sie die Packvorschriften nutzen wollen, müssen Sie für jeden einzelnen Artikel festlegen, wie dieser verpackt werden soll. Die Transaktionen sind POP1 zum Anlegen, POP2 zum Ändern, POP3 zum Anzeigen und POP4 zum Aufheben der Löschvormerkung einer Packvorschrift.

Menüpfad zur Pflege der Packvorschriften
LOGISTIK • ZENTRALE FUNKTIONEN • HANDLING UNIT MANAGEMENT • STAMMDATEN • PACKVORSCHRIFTEN. Hier haben Sie die Möglichkeit zu wählen, ob Sie die Packvorschrift ANLEGEN, ÄNDERN, ANZEIGEN oder die LÖSCHVORMERKUNG LÖSCHEN möchten.

Transaktionscodes	
POP1:	Neue Packvorschriften anlegen
POP2:	Bestehende Packvorschriften ändern bzw. Löschvormerkung setzen
POP3:	Bestehende Packvorschriften anzeigen
POP4:	Bestehende Löschvormerkung in einer Packvorschrift entfernen

Jede Packvorschrift wird durch eine eindeutige Nummer identifiziert. Diese Nummerierung wird über einen eigenen Nummernkreis gesteuert. Auch hier können Sie interne oder externe Nummernkreise anlegen. Legen Sie z. B. eine neue Packvorschrift an, können Sie im ersten Bild eine Packvorschriftennummer vorgeben (= externe Nummernvergabe), oder Sie starten die Pflege, ohne dass Sie vorab eine Nummer definieren (= interne Nummernvergabe).

Technische Informationen zum Nummernkreis
▸ Feldlänge: 2-stellig
▸ Menüpfad im Customizing: LOGISTIK ALLGEMEIN • HANDLING UNIT MANAGEMENT • AUTOMATISCHES VERPACKEN • PACKVORSCHRIFTENFINDUNG • NUMMERNKREISE FÜR PACKVORSCHRIFTENFINDUNGSSÄTZE FESTLEGEN
▸ Eigene Transaktion: OVHU3
▸ Tabelle: NRIV (Object KONP)

Im nächsten Bild wird Ihnen bereits die Nummer der Packvorschrift angezeigt. Des Weiteren sehen Sie zunächst die Registerkarte KOMPONENTEN (siehe Abbildung 8.43). Die oberste Zeile stellt den Ladungsträger dar (z. B. Palette). In der nächsten Zeile wird das Material als Komponente eingepflegt – mit den Mengen, die sich auf einem vollen Ladungsträger befinden, und der Minimalmenge. Die Rundungsmenge gibt Auskunft darüber, welche Mengen sich in einer Lage befinden. Das hat den Vorteil, dass die Paletten immer mit einer vollen Lage abschließen und dadurch stapelbar werden.

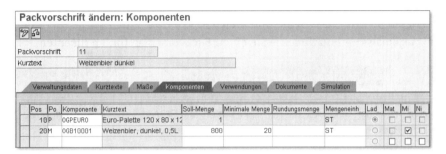

Abbildung 8.43 Komponenten einer Packvorschrift

Es befinden sich 20 Flaschen in einem Kasten, die Palette besteht aus fünf Lagen **[zB]** mit je acht Kästen. Daraus ergibt sich: Es befinden sich 160 Flaschen in einer Lage. Geben Sie nun 160 Flaschen als Rundungsmenge ein. Bestellt Ihr Kunde nun 400 Flaschen, wird eine Palette mit 320 Flaschen vorgeschlagen und eine Palette mit den restlichen 80 Flaschen. Damit haben Sie für die erste Palette eine volle Lage erreicht. Sie können nun problemlos auf diese Palette eine weitere stapeln.

Hinter einer Packvorschrift verbergen sich viele weitere Registerkarten. Auf der Registerkarte VERWALTUNGSDATEN finden Sie Informationen darüber, von wem und wann diese Packvorschrift erfasst wurde. Des Weiteren legen Sie hier das Prüfprofil fest, das aussagt, wie die Packvorschrift zu handhaben ist. Zu jeder Packvorschrift können Sie auf der Registerkarte KURZTEXTE sprachenabhängig Kurztexte hinterlegen. Auf der Registerkarte MASSE legen Sie die Abmessungen und Gewichte einer kompletten Palette fest.

An dieser Stelle ist zu berücksichtigen, dass die Packvorschriften nicht nur von der Logistik genutzt werden, sondern auch von der Produktion. Daher finden Sie hier auch eine Reihe von Informationen, die nicht zur Verarbeitung in Liefer- und Transportbelegen gehören. Sie haben vielleicht bemerkt, dass die Customizing-Einstellungen und die Pflegetransaktionen nicht unter LOGISTICS EXECUTION, sondern unter ZENTRALE FUNKTIONEN zu finden sind.

In den Packvorschriften haben Sie auch die Möglichkeit, eine mehrfache Verpackung vorzugeben (Materialien im Karton und Karton auf Palette). Ob das jedoch sinnvoll ist, müssen Sie im Rahmen Ihres Geschäftsprozesses entscheiden.

Sichern Sie diese Packvorschrift. Sie bekommen hierzu eine entsprechende Packvorschriftennummer.

8.4.3 Findungsregeln erfassen

Im letzten Schritt erfassen Sie, mit welchen Kriterien – den vorher definierten Merkmalskombinationen – Sie einen Packvorschlag finden möchten.

Menüpfad zur Pflege der Findungsregel

LOGISTIK • ZENTRALE FUNKTIONEN • HANDLING UNIT MANAGEMENT • STAMMDATEN • FINDUNGSSÄTZE FÜR PACKVORSCHRIFTEN. Hier haben Sie die Möglichkeit zu wählen, ob Sie die Packvorschrift ANLEGEN, ÄNDERN oder ANZEIGEN möchten.

Transaktionscodes

POF1:	Neue Findungsregel anlegen
POF2:	Bestehende Findungsregel ändern
POF3:	Bestehende Findungsregel anzeigen

Die Pflegeprogramme sind an die Konditionstechnik angelehnt und ähnlich aufgebaut (siehe auch Kapitel 13, »Versandpapiere und -dokumente«). Rufen Sie zur Pflege der Findungsregel die entsprechende Transaktion auf, und geben Sie die Findungsart im ersten Bild ein. Die Findungsarten müssen in dem zuvor definierten Schema vorhanden sein. Drücken Sie die [Enter]-Taste, und es erscheinen die möglichen Kombinationen (Merkmalskombinationen), die Sie über die Zugriffsfolge Ihrer Findungsart zugewiesen haben (siehe Abbildung 8.44).

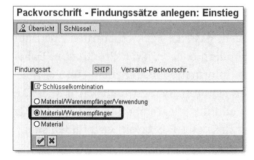

Abbildung 8.44 Merkmalskombinationen (Schlüsselkombinationen) zur Findungsart

Wählen Sie Ihre Kombination aus. Haben Sie eigene Packvorschriften, die von Ihrem Warenempfänger abhängen, wählen Sie die Kombination MATE-RIAL/WARENEMPFÄNGER. Drücken Sie erneut die [Enter]-Taste. In dem nun angezeigten Erfassungsbild tragen Sie Ihre Kombination und die dazugehörige Packvorschrift ein (siehe Abbildung 8.45).

Abbildung 8.45 Eingabebild für die Merkmalskombination und die dazugehörige Packvorschrift

Haben Sie für jedes Material eine Packvorschrift, müssen Sie jetzt die richtige Vorschrift heraussuchen. Setzen Sie dazu den Cursor in das Feld PACKVOR-SCHRIFT, und wählen Sie die Suchfunktion, indem Sie direkt rechts neben dem Feld auf das Icon 🔍 klicken. Hier können Sie Ihre Materialnummer eingeben und die entsprechenden Packvorschriften zu diesem Material suchen. Pflegen Sie diese in die Spalte PACKVORSCHRIFT ein. Sichern Sie diese Regel mit einem Klick auf das Icon 🖫.

Eine Gesamtübersicht über alle bereits erfassten Findungsregeln bekommen Sie, wenn Sie zu Beginn der Transaktionen auf den Button 👤 Übersicht klicken. Sie werden anschließend in einem Popup aufgefordert, Selektionskriterien einzugeben, damit die Übersicht nicht zu lang wird. Drücken Sie nun die [F8]-Taste, oder klicken Sie auf das Icon 🔄.

8.4.4 Packvorschrift im Lieferbeleg aufrufen

Sehen wir uns nun anhand eines Beispiels in einem Lieferbeleg an, wie Sie sich die Verpackung aufgrund der Packvorschriften vorschlagen lassen können. Starten Sie die Transaktion VL02N, um einen Lieferbeleg zu ändern. Wählen Sie das Icon 📦 zum Verpacken und anschließend die Registerkarte PACKVORSCHRIFT. Es wird Ihnen nun einen Vorschlag angezeigt, wie er sich aus Ihrer Packvorschrift ergibt (siehe Abbildung 8.46).

Sie können nun entweder diesen Vorschlag akzeptieren (dazu klicken Sie auf den Button ⊕ Erzeugen HUs), oder Sie verwerfen diesen Vorschlag bzw. ändern ihn entsprechend manuell ab. Haben Sie Änderungen vorgenommen, können Sie die Gewichte und Volumen neu berechnen lassen. Hierbei werden die in den Packvorschriften vorgegebenen Maximalwerte berücksichtigt. Werden diese überschritten, erhalten Sie entsprechende Hinweise.

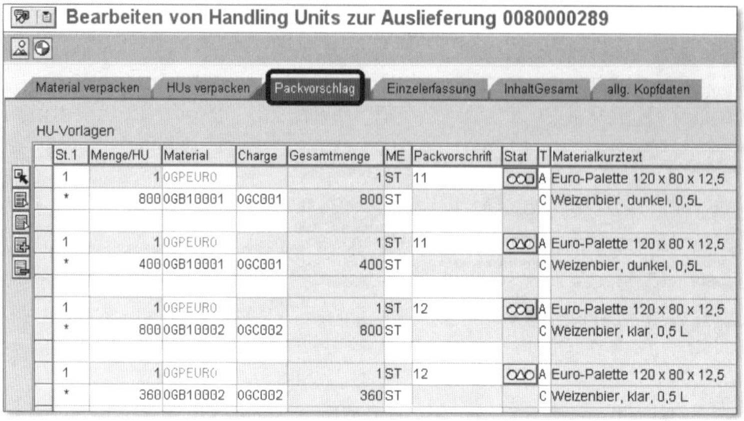

Abbildung 8.46 Vorschlag zum Verpacken aus den Packvorschriften

Sie können die Packvorschriften auch bereits aus dem Kundenauftrag aufrufen. Wählen Sie dafür aus der Menüleiste des Kundenauftrags die Funktion ZUSÄTZE • VERPACKUNGSVORSCHLAG. Dies ist manchmal sehr hilfreich, um festzustellen, ob mit der angeforderten Menge ein Lkw bereits komplett beladen ist oder ob noch Ladefläche freibleibt. Voraussetzung ist, dass Sie wissen, wie viele Paletten auf einen Lkw passen. Das kann vorteilhaft sein, wenn Sie in der Auftragsannahme volle Lkws planen und sehen möchten, ob Sie diese Anforderung bereits erfüllen und den Auftrag zur Belieferung freigeben können.

Möchten Sie eine automatische Verpackung anstoßen, sobald Sie den Lieferbeleg erstellt haben, müssen Sie das auf der Ebene der Lieferart über die Checkbox AUTO. VERPACKEN kennzeichnen. Prüfen Sie Ihren Geschäftsprozess dahingehend, ob Sie diese Funktion nutzen können. Achten Sie auch auf Ihre Chargen, falls Sie die Chargenverwaltung aktiviert haben.

8.5   Handling Unit Management

Bis jetzt habe ich Ihnen das Verpacken in Handling Units vorgestellt. Ihre so erzeugten Handling Units dienen lediglich der Information, in welchen Ladehilfsmitteln Sie Ihre Ware zum Kunden bringen. Diese Information kann an

Ihren Warenempfänger, Ihren Spediteur oder Lagerhalter per EDI oder in Papierform weitergegeben werden.

Haben Sie das Handling Unit Management (kurz HUM) für Ihren Lagerort aktiviert, sieht der Prozess rund um das Kommissionieren und Verpacken ein wenig anders aus. Das Handling Unit Management kann ich Ihnen natürlich nicht in einem einzigen Abschnitt vollständig vorstellen (es würde ein eigenes kleines Buch füllen), aber einen kleinen Einblick möchte ich Ihnen dennoch kurz vermitteln.

Mit HUM gibt es in Ihrem Lagerort keine Bestände ohne Handling Units. Das heißt, alle Wareneingänge, Warenbewegungen im Lager und letztendlich der Warenausgang geschehen nur über Handling Units. Arbeiten Sie also in Ihrem Unternehmen hauptsächlich mit vollen Ladehilfsmitteln, können Sie überlegen, HUM zu aktivieren, denn Sie bewegen immer nur Ihre Handling Units. Keine Materialbewegung ohne Handling Unit!

Ein großer Vorteil ist, wenn Sie die Kombination aus HUM und WM (Warehouse Management) gleichzeitig aktivieren. Denn das WM-System bietet Ihnen zahlreiche Funktionen (auch als reine Scan-Funktion über eine Funkverbindung zu Ihrem WM-System), mit deren Hilfe Ihnen das Arbeiten mit den Ladehilfsmitteln erleichtert wird.

8.5.1 Überblick

Haben Sie sich für die Aktivierung von HUM entschieden, müssen Sie Ihren Lagerort entsprechend über das Customizing kennzeichnen. Damit gibt es in diesem Lagerort nur noch Bestände auf Handling Units. Parallel dazu benötigen Sie einen Partnerlagerort. Dieser Partnerlagerort darf nicht HU-verwaltet sein. Er wird benötigt, um Materialien auf diesen Lagerort zu buchen, wenn Sie eine Handling Unit auflösen bzw. umpacken müssen.

Für jede Einlagerung, die Sie in einem HU-verwalteten Lagerort vornehmen, wird eine Anlieferung angelegt. Die Anlieferung habe ich Ihnen noch nicht vorgestellt. Sie unterscheidet sich aber nur sehr gering von der Auslieferung, nur besitzt sie eine andere Bewegungsart, benötigt keine Route usw. Buchen Sie also z. B. 1.600 Flaschen Weizenbier in Ihr HU-verwaltetes Lager ein (auf Basis einer Bestellung, eines Produktionsauftrags o.Ä.), legt das System im Hintergrund eine Anlieferung an. Diese müssen Sie nun verpacken, auf die gleiche Art und Weise, wie ich es Ihnen bereits für die Auslieferungen erklärt habe. Die beiden Paletten mit jeweils 800 Flaschen sehen Sie in Abbildung 8.47.

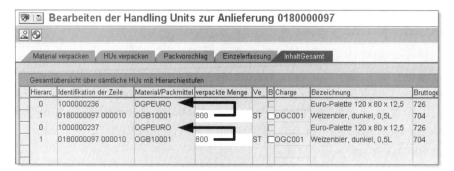

Abbildung 8.47 Anlieferung auf Paletten verpacken

Speichern Sie diese Verpackung in Ihrer Anlieferung, und buchen Sie anschließend den Wareneingang. Ein Blick in den Bestand zeigt zunächst einmal nur den Gesamtbestand von 1.600 Flaschen (siehe Abbildung 8.48).

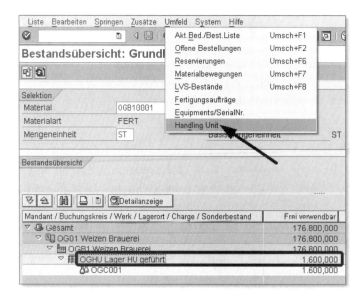

Abbildung 8.48 Bestandsübersicht in einem HU-geführten Lager (Teil 1)

Markieren Sie Ihren Lagerort, und lassen Sie sich nun die Handling Units zu diesem Gesamtbestand anzeigen (siehe Abbildung 8.49).

Hier finden Sie Ihre aus der Anlieferung erzeugten Handling Units (siehe Abbildung 8.47) mit den Materialnummern »1000000236« und »1000000237« wieder.

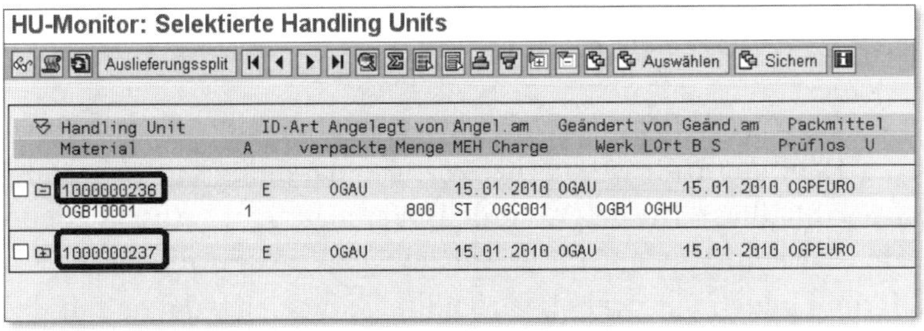

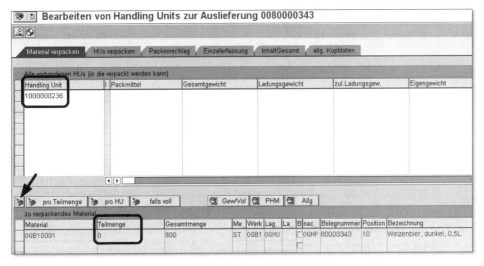

Abbildung 8.49 Bestandsübersicht in einem HU-geführten Lager (Teil 2)

Bestellt nun ein Kunde genau eine oder mehrere Paletten, geben Sie in Ihrem Verpackungsbild nicht die Materialnummer Ihrer Palette ein, sondern die Handling-Unit-Nummer (siehe Abbildung 8.50). Sie haben auch gar keine andere Möglichkeit, da die Zeile mit Ihrer Materialnummer nicht eingabebereit ist und die Teilmenge auf »0« steht.

Abbildung 8.50 Verpacken von Auslieferungen von einem HU-verwalteten Lagerort

Markieren Sie jetzt nur noch die gewünschte Handling Unit, und klicken Sie dann auf das Icon 🔧. Die Materialzeile verschwindet, und die eingetragene Handling Unit (das ist ja eine im System bereits existierende HU gewesen) ist somit mit diesem Lieferbeleg verknüpft.

Wichtig ist, dass eine bestehende Handling Unit mit der Lieferposition verknüpft wird. Das bedeutet: Bestellt Ihr Kunde keine volle Palette, müssen Sie in Ihrem Lager umpacken. Das heißt für Sie, dass Sie die existierende Palette auflösen müssen, indem Sie das Material auf dieser Palette komplett auf Ihren Partnerlagerort buchen und von dort wieder zurückbuchen.

Die Schritte im Einzelnen: Bei der Ausbuchung entsteht eine Auslieferung, die Sie mit der Handling Unit verknüpfen, die Sie daraufhin auflösen müssen. Buchen Sie für diese Auslieferung den Warenausgang. Anschließend buchen Sie den Bestand wieder ein. Es entsteht eine neue Anlieferung. In dieser Anlieferung bilden Sie zwei neue Handling Units, eine davon mit der exakten Menge, die Ihr Kunde wünscht.

Für einen möglichst einfachen Ablauf dieses Prozesses gibt es die Transaktion VLMOVE, mit der Sie diese Umbuchungen relativ einfach vornehmen können. Diese Umbuchungen werden in der Regel von Ihren Lagermitarbeitern übernommen, da sie meist vor Ort im Lager auch die physische Umlagerung (oder hier besser die Kommissionierung) vornehmen. Haben Sie WM in Ihrem Lagerort aktiviert, ist diese Umlagerung noch einfacher. Sie bekommen von den internen Umbuchungen nichts mit, da sie im Hintergrund automatisch durch das System ausgeführt werden.

8.5.2 Packtischfunktion

Eine Funktion, die auch außerhalb des Handling Unit Managements genutzt werden kann, ist die *Packtischfunktion*. Mit dieser Funktion können Sie Ihre Lieferpositionen einfacher verpacken, da Sie mit ihrer Hilfe die meisten Daten einscannen können.

Haben Sie z. B. ein vollautomatisches Hochregallager im Einsatz, wird in der Regel eine komplette Palette zu einem Kommissionierplatz gefahren, und dort wird die gewünschte Menge entnommen. Anschließend wird die Restpalette wieder ins Hochregallager gefahren. Am Kommissionierplatz werden daraufhin die entnommenen Artikel im Lieferbeleg verpackt.

Eine andere Möglichkeit ist, dass am Kommissionierplatz für den vorliegenden Lieferbeleg lediglich die gewünschten Mengen von der Palette entnommen und diese anschließend über eine Förderstrecke zu einer Stelle befördert werden, an der die Kartons für den Versand vorbereitet werden. Die Kartons werden hier transportsicher verschlossen und erhalten abschließend ein Etikett. Mit diesem Etikett wird in der Regel die Auslieferung mit den Kartons verknüpft.

[zB] Ein kleines Beispiel soll die Funktionalität dieser Packtischfunktion demonstrieren, wobei diese Funktion noch mehr Möglichkeiten bereithält, die aber hier nicht weiter beschrieben werden können, da sie den Rahmen dieses Buches sprengen würden.

Die Packtischfunktion starten Sie mit der Transaktion HUPAST.

Zu Beginn müssen Sie zunächst einmal ein Packtischprofil auswählen. In diesem Packtischprofil sind einige Parameter eingestellt. Insgesamt gibt es zwei grundlegende Profile, eines ist für das Verpacken in Handling Units zu Lieferbelegen vorgesehen und das zweite für Umlagerungen bzw. Umbuchungen innerhalb von Handling Units. Wählen Sie Ihr Profil für das Verpacken in Handling Units. Sie erhalten im ersten Schritt ein leeres Bild (siehe Abbildung 8.51).

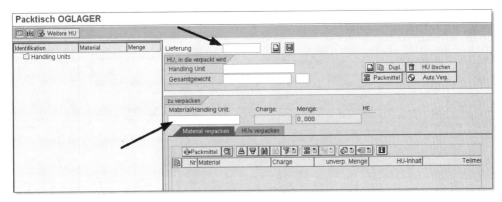

Abbildung 8.51 Packtischfunktion – leeres Bild

Scannen Sie in das Feld LIEFERUNG Ihre Lieferbelegnummer ein. In der unteren Bildschirmhälfte erscheinen nun alle zu verpackenden Positionen. Falls bereits Handling Units in diesem Lieferbeleg erfasst sind, erscheinen diese in der linken Bildschirmhälfte (siehe Abbildung 8.52).

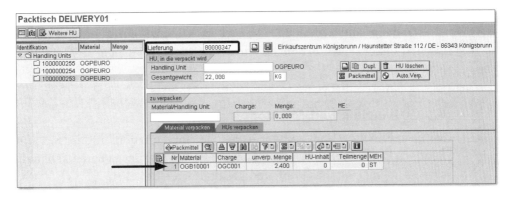

Abbildung 8.52 Packtischfunktion nach dem Einscannen eines Lieferbelegs

Sie erstellen eine Handling Unit, indem Sie in das Feld HANDLING UNIT die Materialnummer des Verpackungsmaterials eingeben (für die Europalette z. B. »OGPEURO«). Mit einem Klick auf den Button [🖹 Dupl.] erstellen Sie weitere, mit einem Klick auf [🗑 HU löschen] löschen Sie bestehende Handling Units. Sie verpacken, indem Sie in das Feld HANDLING UNIT die Handling Unit scannen, die Sie nun vor sich haben, z. B. »1000000253«. Scannen Sie nun noch das Material, das sich auf der Handling Unit befindet, und geben Sie die dazugehörige Menge ein (siehe Abbildung 8.53).

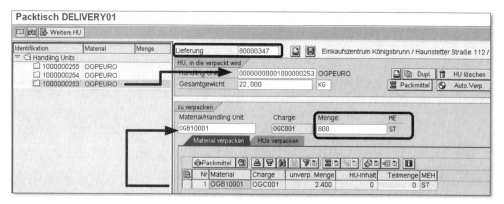

Abbildung 8.53 Packtischfunktion – Verpacken von Materialien

Drücken Sie zur Prüfung die [Enter]-Taste. Das Material mit der eingegebenen Menge wird in die Handling Unit übernommen, die unverpackte Menge des Materials wird reduziert. Sichern Sie anschließend Ihre Eingaben. Auf diese Art und Weise wird Handling Unit für Handling Unit verpackt, die daraufhin alle Ihren Packtisch erreichen.

Es reicht sogar aus, wenn Sie nur die Handling Unit einscannen. Achten Sie aber darauf, dass das Feld LIEFERUNG leer ist. Haben Sie zwischenzeitlich andere Paletten und Kartons für den Versand fertiggestellt und scannen nun die Handling Unit »1000000254« ein, erscheint automatisch der aktuelle Zustand dieser Lieferung. Sie erhalten eine Übersicht, die der in Abbildung 8.53 entspricht.

8.5.3 Handling Unit Monitor

Mit dem Handling Unit Monitor haben Sie eine Funktion, mit der Sie Ihre Handling Units direkt bearbeiten können. Hierzu ist kurz zu bemerken, dass auch Handling Units aus Kopf- und Positionsdaten bestehen.

In den Kopfdaten befinden sich Informationen, die für die komplette Handling Unit gelten. Haben Sie das Handling Unit Management aktiviert, finden Sie das Werk und den Lagerort, auf dem sich diese Handling Unit befindet. Sie erkennen anhand der Kopfdaten zudem die Identifikationsnummer, die Materialnummer, das Gesamtgewicht und das Volumen sowie einen Anwender- und einen Systemstatus.

Als Positionsdaten liegen in der Handling Unit das verpackte Material mit Menge, eine Bestandsqualifikation, das Werk und der Lagerort des Materials, die Charge und Bewertungsart des Materials und teilweise sogar weitere Handling Units (beliebig verschachtelbar) vor.

Sie starten den Handling Unit Monitor mit der Transaktion HUMO. Sie erhalten ein umfangreiches Selektionsbild. In den meisten Fällen geben Sie die Nummer Ihrer Handling Unit ein. Sie können aber auch die Objekte zur Selektion vorgeben. Ein Objekt ist in diesem Fall ein Vertriebsbeleg, dem die Handling Unit zugeordnet ist, z. B. ein Lieferbeleg oder Transportbeleg. Geben Sie die Nummer des Vertriebsbelegs ein, werden Ihnen alle Handling Units angezeigt, die zu diesem Vertriebsbeleg gehören (siehe Abbildung 8.54).

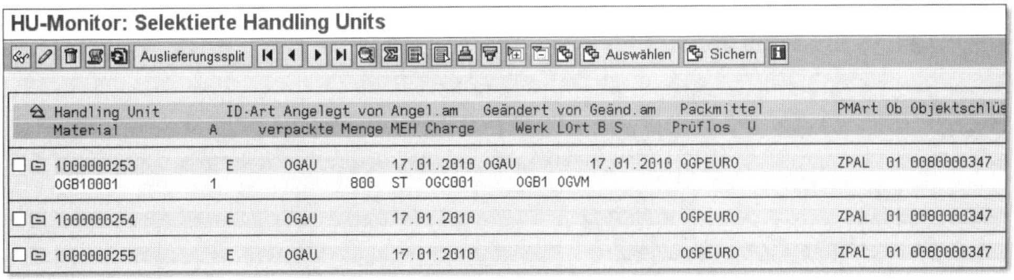

Abbildung 8.54 Übersicht über alle HUs zu einem Lieferbeleg

Markieren Sie eine bestimmte Handling Unit, und Sie können sich die Kopf- und Positionsdaten hierzu ansehen (Icon 🔍), sie ändern (Icon ✏️) oder sogar löschen (Icon 🗑️). In bestimmten Fällen wird Ihnen jedoch zuerst der Vertriebsbeleg angezeigt. Gehen Sie von dort in die Verpackungsfunktion, und führen Sie einen Doppelklick auf die Handling Unit durch. Somit gelangen Sie in das Änderungsbild Ihrer Handling Unit (siehe Abbildung 8.55).

Sie können auch direkt aus dem Monitor einen Doppelklick auf die Handling-Unit-Nummer ausführen. Sie kommen in diesem Fall allerdings nur in die Anzeigefunktion.

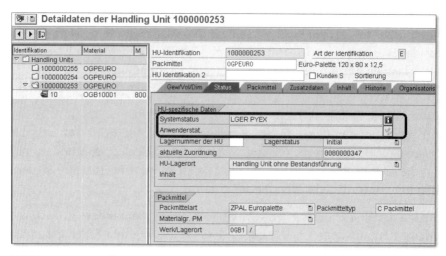

Abbildung 8.55 Handling-Unit-Informationen – Status

Sie sehen in der Anzeige mehrere Registerkarten. Auf der Registerkarte STA-TUS finden Sie die Statusinformationen. Klicken Sie, um genauere Informationen über die jeweiligen Status zu erhalten, auf das Icon ⓘ. Sie erhalten nun eine Übersicht über die gesetzten Status (siehe Abbildung 8.56).

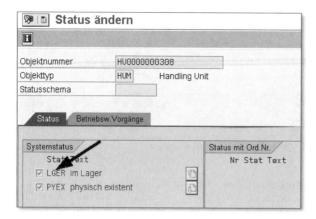

Abbildung 8.56 Übersicht über die gesetzten Status in der Handling Unit

Setzen Sie nun den Cursor auf einen Status, z. B. LGER, drücken Sie die [F1]-Taste, und Sie erhalten die Erklärung für diesen Status.

Sie können über diese Transaktion fast alle Informationen einer Handling Unit ändern. Sie sollten dabei jedoch bedenken, dass Sie damit auch in dem entsprechenden Objekt, auf das sich die Handling Unit bezieht, Änderungen vornehmen. Ist das Objekt ein Lieferbeleg und wurde für diesen bereits der Warenausgang gebucht, sind Änderungen in der Handling Unit nur noch sehr beschränkt möglich.

Der Umgang mit Handling Units, vor allem mit dem Handling Unit Management, ist sehr umfangreich, zumal Sie unter Umständen auch das Warehouse Management aktiviert haben. Alle Customizing-Einstellungen und Prozesse mit dem Handling Unit Management in der Fertigung, im Wareneingang, im Lager und im Warenausgang umfassend zu beschreiben würde über den Rahmen dieses Buches hinausgehen. Korrekturen in der Prozesskette, z. B. mit dem Handling Unit Management einen Warenausgang zu stornieren, sind mit einem größeren Aufwand verbunden, als dies ohne HUM der Fall wäre. Daher soll es an dieser Stelle auch nur bei einem kurzen Einblick in HUM bleiben.

8.6 Zusammenfassung

In diesem Kapitel haben Sie die komplette Bandbreite des Verpackens kennengelernt: das manuelle Verpacken (einfaches/mehrdimensionales Verpacken), die Plausibilitätsprüfung für das Verpacken, das automatische Verpacken und die Recherchefunktionen über den Handling Unit Monitor. Sie wissen, wie Sie Handling Units mit einer SSCC-Nummer versehen, sie wieder leeren, löschen oder umpacken. Es ist nun Ihrem Geschick überlassen, wie Sie die Einstellungen im System vornehmen, um die Verpackungsfunktion für Ihren Geschäftsprozess optimal zu nutzen.

Der Fortschritt der einzelnen Prozesse (z. B. die Kommissionierung und das Verpacken) wird über einen Status festgehalten. Welche Status es gibt, wo Sie diese finden (in den Kopf- oder Positionsinformationen) und was sie bedeuten, beschreibe ich Ihnen im folgenden Kapitel.

Für jeden einzelnen Schritt im Versandprozess wird im Lieferbeleg ein Status geführt, an dem Sie erkennen können, in welcher Phase sich dieser Teilprozess gerade befindet. Ich stelle Ihnen die einzelnen Status vor und zeige Ihnen, wie Sie Ihre Teilprozesse über den Auslieferungsmonitor überwachen können.

9 Statusverfolgung

Auf Grundlage des Lieferbelegs gibt es im Rahmen der Versandbearbeitung einige Prozesse (z. B. Kommissionierung und Verpacken), die im Lieferbeleg einen Status erhalten, an dem Sie erkennen können, ob dieser Prozess bereits begonnen wurde oder schon beendet ist.

Ich beschreibe in diesem Kapitel, welche Teilprozesse Sie über einen Status verfolgen können und welche Werte der entsprechende Status annehmen kann. Des Weiteren stelle ich Ihnen den Auslieferungsmonitor vor, mit dem Sie einen Arbeitsvorrat für einen bestimmten Teilprozess ermitteln und Ihre Prozesse auf den zeitlichen Fortschritt hin überwachen können.

9.1 Beschreibung der Status

In Kapitel 5, »Lieferbelege«, habe ich Ihnen eine Abbildung gezeigt, die ich Ihnen an dieser Stelle erneut vorstelle (siehe Abbildung 9.1). Sie sehen hier die vom SAP-System unterstützten Teilprozesse.

Der Status zu einem Teilprozess im Versand sagt zunächst einmal aus, ob dieser Teilprozess überhaupt durchgeführt werden soll oder nicht. Wird er durchgeführt, wird unterschieden, ob der Prozess bereits begonnen wurde oder noch nicht. Wurde er begonnen, wird weiter unterschieden, ob der Prozess teilweise oder komplett erledigt ist. Ein Status kann für die Position, aber auch für den gesamten Lieferbeleg gelten.

Es gibt also einen Zusammenhang zwischen den einzelnen Status eines Prozesses in den Lieferpositionen und dem Gesamtstatus im Lieferkopf. Der Status selbst wird durch ein Kennzeichen dargestellt. Ist kein Kennzeichen gesetzt, ist der Vorgang, den der Status repräsentiert, nicht relevant. Das Kennzeichen »A« sagt aus, dass der entsprechende Teilprozess noch nicht begonnen wurde. Ist der Vorgang teilweise erledigt, wird das Kennzeichen »B« gesetzt. Erst wenn der Vorgang komplett abgeschlossen wurde, wechselt das Kennzeichen auf »C«.

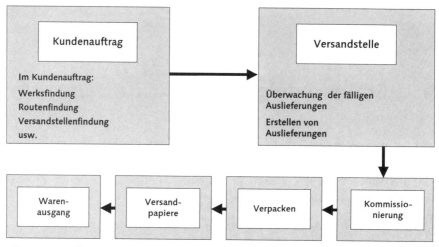

Abbildung 9.1 Übersicht über die Teilprozesse im Versand

[zB]   Ein Lieferbeleg hat zwei Positionen: Position 1 ist komplett kommissioniert, Position 2 erst teilweise. Der gesamte Kommissionierstatus (im Lieferkopf) ist demzufolge auch erst »teilweise bearbeitet«.

Um das Zusammenwirken zwischen den einzelnen Status in der Position und dem Gesamtstatus im Kopf zu erklären, bediene ich mich einer Tabelle. Generell kann festgehalten werden:

▸ Wurde der Teilprozess je Position noch nicht begonnen, wurde auch der Gesamtprozess auf Kopfebene noch nicht begonnen.

▸ Sind die Teilprozesse für alle Positionen komplett erledigt, ist auch der Gesamtprozess auf Kopfebene komplett erledigt.

▸ Berücksichtigt werden nur Positionen, die für diesen Teilprozess relevant sind.

▸ Jede andere Kombination innerhalb der einzelnen Positionen bedeutet, dass der Gesamtprozess teilweise erledigt ist.

In Tabelle 9.1 finden Sie eine Übersicht über die Kombinationen.

	Var. 1	Var. 2	Var. 3	Var. 4	Var. 5	Var. 6	Var. 7	Var. 8
Kopfstatus	A	B	B	C	A	B	C	Leer
Status Position 1	A	A	C	C	Leer	Leer	Leer	Leer
Status Position 2	A	A	B	C	A	C	C	Leer
Status Position 3	A	C	C	C	A	A	C	Leer

Tabelle 9.1 Übersicht über das Zusammenwirken der Status auf Kopf- und Positionsebene

Des Weiteren gibt es Status, die für den Versand weniger interessant sind, z. B. der Fakturastatus oder der Status der Kreditprüfung. Dazu gehören auch solche, die nur im Lieferkopf und nicht in der Position existieren, z. B. der Transportdispostatus.

Im Lieferbeleg selbst gibt es verschiedene Bilder, um den Status einzusehen. Einen Überblick über alle Status erhalten Sie im Übersichtsbild auf der Registerkarte STATUSÜBERSICHT (siehe Abbildung 9.2).

Abbildung 9.2 Übersicht über alle Status im Lieferbeleg

Um zum Detailbild im Lieferkopf zu kommen, wählen Sie aus der Menüleiste den Menüpfad SPRINGEN • KOPF • ABWICKLUNG oder klicken auf das Icon . In diesem Bild werden Ihnen nochmals alle Status im Lieferkopf mit einer kurzen Erklärung angezeigt (siehe Abbildung 9.3).

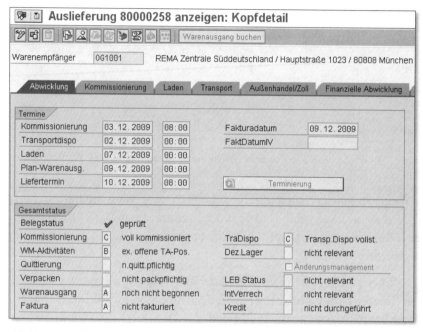

Abbildung 9.3 Übersicht über alle Status im Lieferkopf

Äquivalent zum Übersichtsbild für den Lieferkopf gibt es auch die Statusübersicht pro Position. Aus dem Übersichtsbild gelangen Sie zu den Status,
indem Sie die gewünschte Position markieren und über die Menüleiste den
Menüpfad SPRINGEN • POSITION • ABWICKLUNG wählen. Sie kommen nun zu
dem Bild, wie es in Abbildung 9.4 dargestellt ist.

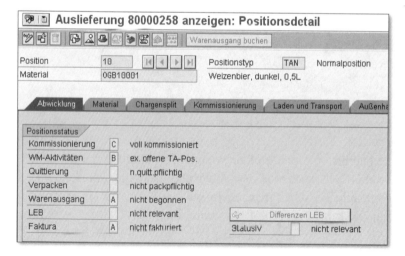

Abbildung 9.4 Übersicht über alle Status in der Lieferposition

9.2 Versandspezifische Status

Die versandspezifischen Status beschreiben den entsprechenden Teilprozess, der direkt zu den Versandaktivitäten gezählt werden kann. Ich stelle Ihnen diese Status in der häufig anzutreffenden Reihenfolge der einzelnen Teilprozesse vor.

9.2.1 Kommissionierstatus

Der *Kommissionierstatus* drückt den Stand der Verarbeitung der Kommissionierung aus. Der Status ist gültig in der Position und als Gesamtstatus im Lieferkopf. Grundsätzlich kann der Status die Werte annehmen, die in Tabelle 9.2 aufgeführt sind.

Status	Bedeutung
Leer	Nicht lieferrelevant (z. B. Textposition)
A	Noch nicht kommissioniert
B	Kommissionierung begonnen, aber noch nicht beendet
C	Voll kommissioniert

Tabelle 9.2 Werte des Kommissionierstatus

Hier muss unterschieden werden, ob im Lager mit WM bzw. Lean-WM oder ohne gearbeitet wird. Arbeiten Sie mit WM oder Lean-WM, nimmt der Kommissionierstatus nach der Erstellung eines Transportauftrags den Wert »C« an. An diese Stelle tritt nun der WM-Status, der zeigt, wie weit die Kommissionierung fortgeschritten ist. Arbeiten Sie dagegen mit einem dezentralen WM, bleibt der Kommissionierstatus über den kompletten Prozess leer.

Unmittelbar nachdem eine Kommissioniermenge in der Position eingegeben wurde, wechselt der Status auf »B« bzw. auf »C«, wenn die Kommissioniermenge der gewünschten Liefermenge entspricht. Bleibt er auf »B« stehen und die Kommissionierung wurde aufgrund fehlender Bestände oder aus anderen Gründen mit einer Untermenge abgeschlossen, muss die Liefermenge der Kommissioniermenge angepasst werden, damit der Status auf »C« wechseln kann (siehe Abschnitt 7.4, »Lean-WM«).

Aufgrund von Rundungsdifferenzen zwischen der Liefermengeneinheit und der WM-Mengeneinheit kann es passieren, dass die Kommissioniermenge und die Liefermenge in der Anzeige übereinstimmen und der Kommissionierstatus trotzdem auf »B« hängen bleibt. Auch hier können Sie das Problem meist beheben, indem Sie die einzelne Position markieren und aus der Menüleiste den Menüpfad BEARBEITEN • KOMMI.MENGEN ALS LIEF.MENGEN ÜBERNEHMEN wählen. Hier ist jedoch erhöhte Vorsicht geboten, damit Sie nicht korrekte Teilkommissionierungen abschließen.

User Exit

Haben Sie dieses Problem häufiger, müssen Sie die SAP-Erweiterung V50PSTAT aktivieren. Näheres zu diesem User Exit finden Sie in Abschnitt 7.4.10, »Quittierung eines Transportauftrags mit Differenz«. Mit dieser Erweiterung können Sie bei Rundungsdifferenzen beide Mengen einander angleichen.

[!] Arbeiten Sie im Lieferbeleg mit Chargensplitpositionen, ist die Hauptposition nicht mehr kommissionierrelevant. Dafür übernehmen nun die Chargensplitpositionen die Verfolgung des Kommissionierstatus (siehe Abbildung 9.5).

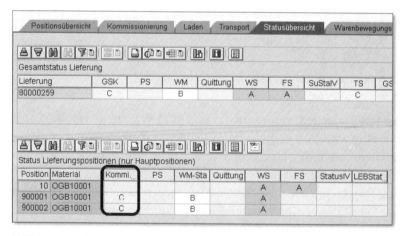

Abbildung 9.5 Kommissionierstatus bei Unterpositionen

9.2.2 WM-Status

Setzen Sie im Rahmen eines Lagerverwaltungssystems WM ein oder nutzen für Ihre Kommissionierung Lean-WM, tritt der *WM-Status* an die Stelle des Kommissionierstatus. Sie finden den Kommissionierstatus auf Positionsebene also auch im Lieferkopf. Sobald Sie einen Transportauftrag erstellt haben, wechselt der Kommissionierstatus von »A« auf »C« und der WM-Status von »A« auf »B«. Wird der Transportauftrag voll quittiert, wechselt schließlich der WM-Status auf »C«.

Wurde jedoch der Transportauftrag mit einer Differenz quittiert, d. h., die angeforderte Menge konnte nicht kommissioniert werden, wechselt der Kommissionierstatus von »C« auf »B« und der WM-Status von »B« auf »C« (die Kommissionierung in WM, also der Transportauftrag, ist ja komplett erledigt, wenn auch mit einer Differenz). Zusammenfassend kommt es also zu den Konstellationen, wie sie in Tabelle 9.3 dargestellt sind (den Einsatz von WM oder Lean-WM vorausgesetzt).

Kommissio- nierstatus	WM-Status	Bedeutung
Leer	Leer	Nicht liefer- und WM-relevant (z. B. Textposition)
A	A	Kein aktueller Transportauftrag angelegt
C	B	Transportauftrag ist angelegt, aber noch nicht quittiert
C	C	Transportauftrag wurde voll quittiert.
B	C	Transportauftrag wurde mit einer Differenz quittiert.

Tabelle 9.3 Werte des WM-Status in Kombination mit dem Kommissionierstatus

9.2.3 Verteilungsstatus dezentrales WM

Kommt in Ihrem Unternehmen ein dezentrales SAP-Lagerverwaltungssystem zum Einsatz, wird von einem *dezentralen WM* gesprochen. Der *Verteilungsstatus dezentrales WM* gibt in diesem Fall Auskunft über den Stand der Übertragung (SAP spricht in diesem Fall von der Verteilung) der Lieferdaten an das dezentrale WM, aber nicht den eigentlichen Bearbeitungsstand des Transportauftrags.

Lieferbelege, die in einem dezentralen WM kommissioniert werden, müssen über die IDoc-Schnittstelle mit dem externen System verknüpft werden. Ist der Status leer, ist der Lieferbeleg nicht zur Übertragung an das dezentrale WM vorgesehen. Ist der Status »A«, ist zwar der Lieferbeleg für die Übertragung vorgesehen, wurde aber noch nicht übertragen, aus welchen Gründen auch immer. Erst wenn der Lieferbeleg mittels IDocs an das dezentrale WM übertragen wurde, wechselt der Status auf den Wert »B«. Nach der Rückmeldung (das ist in der Regel die Warenausgangsbuchung im dezentralen WM) wechselt der Status auf den endgültigen Wert »C«.

Der Status kann weitere Werte annehmen: Finden Sie im Lieferbeleg den Status »D« vor, wird die Verteilung nicht direkt nach dem Sichern des Lieferbelegs durchgeführt, sondern muss manuell über den Auslieferungsmonitor erfolgen. Wurde der Lieferbeleg durch die Rückmeldung durch das dezentrale WM gesplittet, erhält dieser Lieferbeleg den Status »E«. Der Status »F« bezieht sich auf den Änderungsanzeiger. Änderungen im Lieferbeleg können ebenfalls an das dezentrale WM gemeldet werden. Mit dem Status »F« kann aber der Änderungsmodus ausgeschaltet werden, sodass keine Änderung im Lieferbeleg möglich ist.

Der *Verteilungsstatus dezentrales WM* befindet sich nur im Lieferkopf. Er kommt auf Positionsebene nicht vor.

9.2.4 Quittierungsstatus Kommissionierung

Der *Quittierungsstatus* gibt Auskunft über den Stand der Quittierung von Kommissioniermengen. Im Normalfall wird dieser Status nur dann eingesetzt, wenn Sie weder mit WM noch mit Lean-WM kommissionieren. Sie haben die Möglichkeit, je Versandstelle eine Quittierungspflicht auf die Kommissionierung zu legen. In diesem Fall müssen Sie Ihre Waren, die Sie kommissionieren, über den Lieferbeleg quittieren.

Status	Bedeutung
Leer	Nicht quittierungspflichtig
A	Kommissionierung noch nicht quittiert
B	Kommissionierung teilweise quittiert
C	Kommissionierung voll quittiert

Tabelle 9.4 Werte des Quittierungsstatus »Kommissionierung«

Die Ausnahme ist jedoch, dass auch der Quittierungsstatus auf »C« gestellt wird, nachdem Sie einen Transportauftrag aus WM oder Lean-WM quittiert haben. Die Werte, die der Quittierungsstatus annehmen kann, sind in Tabelle 9.4 dargestellt. Der Quittierungsstatus ist leer, wenn Sie das dezentrale WM einsetzen.

9.2.5 Packstatus

Nutzen Sie das Verpacken über das SAP-System, können Sie den Prozess des Verpackens ebenfalls über den *Packstatus* verfolgen. Der Packstatus wird sowohl in der Lieferposition als auch im Lieferkopf eingesetzt. Ich habe die entsprechenden Status und die dazugehörigen Erläuterungen für Sie in Tabelle 9.5 zusammengestellt.

Status	Bedeutung
Leer	Noch nicht verpackt, Verpackung ist jedoch nicht Pflicht.
A	In der Position bzw. Lieferung besteht Packpflicht; Verpacken wurde aber noch nicht begonnen.
B	Positionen teilweise verpackt
C	Positionen komplett verpackt
D	Gibt es nur auf Kopfebene: Es wurden eine oder mehrere leere Handling Units angelegt, aber noch nicht verpackt.

Tabelle 9.5 Werte des Packstatus

Beim *Packstatus* gibt es auf Kopfebene einen Statuswert mehr als auf Positionsebene, und zwar den Packstatus »D«. Wurden im Lieferbeleg bereits die benötigten Handling Units angelegt und es wurde noch nichts verpackt, steht der Status auf Kopfebene auf »D«.

9.2.6 Transportdispostatus

Nutzen Sie die Transportdisposition im Rahmen Ihres Versandablaufs (siehe Kapitel 10, »Transporte«), erkennen Sie über den *Transportdispostatus* den Stand der Transporterstellung. Dieser Status kommt nur auf Kopfebene des Lieferbelegs vor. Die Werte, die dieser Status annehmen kann, können Sie Tabelle 9.6 entnehmen.

Status	Bedeutung
Leer	Lieferbeleg ist nicht für die Transportdisposition vorgesehen.
A	Lieferbeleg ist für die Transportdisposition relevant, aber noch nicht in einem Transportbeleg aufgenommen worden.
B	Noch nicht alle Transporte für diesen Lieferbeleg wurden erstellt (kommt nur bei einer Transportkette – Vorlauf, Hauptlauf usw. – vor).
C	Lieferbeleg wurde in einem Transportbeleg aufgenommen. Im Falle einer Transportkette: alle Transportbelege wurden erstellt.

Tabelle 9.6 Werte des Transportdispostatus

Der Transportdispostatus sagt nichts über den Stand des Transportbelegs aus, sondern lediglich darüber, ob der Lieferbeleg in einem Transportbeleg eingebunden ist oder nicht. Daher kommen normalerweise nur die Status »A« (Lieferbeleg ist noch nicht in einem Transportbeleg aufgenommen worden) und »C« (Lieferbeleg wurde in einem Transportbeleg aufgenommen) vor. Der Status »B« kommt nur dann zum Tragen, wenn für den Lieferbeleg eine Transportkette vorgesehen ist, d. h., es müssen zum Transport der Waren zum Endkunden mehrere Transportbelege erstellt werden, z. B. einen Vorlauf zum Seehafen und einen Hauptlauf zum Hafen des Warenempfängers. Erst wenn alle Transportbelege erstellt wurden, wird der Status auf »C« wechseln. Wurden aber noch nicht alle Transportbelege erstellt und es existiert mindestens einer, steht der Status auf »B«. Wurden im Falle einer Transportkette noch keine Transportbelege erstellt, steht der Status ebenfalls auf »A«.

9.2.7 Warenausgangsstatus

Die letzte Funktion im Versandprozess ist die Warenausgangsbuchung (siehe Kapitel 15, »Warenausgang«). Der *Warenausgangsstatus* gibt Auskunft darüber, ob die Materialien bereits das Werk verlassen haben und der Warenausgang gebucht wurde. Der Warenausgang wird für den kompletten Lieferbeleg gebucht, sodass der in der SAP-Dokumentation vorkommende Status »B« quasi nicht mehr vorkommt. Dieser Status wird auf Kopf- und Positionsebene geführt. Tabelle 9.7 gibt die Bedeutungen der einzelnen Statuswerte wieder.

Status	Bedeutung
Leer	Lieferbeleg (z. B. reine Dienstleistung) oder -position ist nicht relevant für die Warenausgangsbuchung (z. B. Textposition).
A	Relevant für die Warenausgangsbuchung, aber noch nicht durchgeführt
B	Warenausgangsbuchung teilweise durchgeführt
C	Warenausgangsbuchung ist komplett erledigt.

Tabelle 9.7 Werte des Warenausgangsstatus

9.3 Nicht versandspezifische Status

Es gibt noch einige Status, die nicht versandspezifisch sind, allerdings auf die Bearbeitung der einzelnen Prozesse Einfluss nehmen können.

9.3.1 Gesamtstatus der Kreditprüfungen

Auf Lieferkopfebene gibt der *Gesamtstatus der Kreditprüfungen* Auskunft über die Kreditprüfung. Voraussetzung ist, dass Sie dafür das Credit Management im SAP-System nutzen. Hat die Kreditprüfung ergeben, dass ein bestimmter Kreditrahmen, der mit dem Kunden vereinbart ist, überschritten wurde, wird dieser Status gesetzt und verhindert somit die weitere Verarbeitung des Lieferbelegs.

9.3.2 Fakturastatus

Nach der Warenausgangsbuchung (wenn die Warenausgangsrelevanz besteht und, falls LEB-relevant, der LEB-Status auf »C« gesetzt wurde – siehe Abschnitt 9.3.4, »LEB-Status«) wird in der Regel der nun belieferte Kundenauftrag fakturiert. An dem Fakturastatus können Sie erkennen, ob bereits eine Faktura erstellt wurde. Müssen Sie eventuell Belege und Vorgänge im Versandprozess korrigieren (zu spät festgestellte Fehler in der Versand- und Transportabwicklung), sind diese Korrekturen nur noch mit einem hohen Aufwand möglich, nachdem die Faktura erstellt wurde.

9.3.3 Fakturastatus interne Verrechnung

Handelt es sich nicht um eine Warenlieferung an einen Kunden, sondern um eine Nachschublieferung an eines Ihrer Außenläger oder um eine Umbuchung in ein anderes Werk (Umlagerungsbestellung), können diese Werte zwischen den Werken über eine interne Verrechnung fakturiert werden. Der Fakturastatus wird dann durch den *Fakturastatus interne Verrechnung* ersetzt.

9.3.4 LEB-Status

Der letzte Status, den ich Ihnen vorstellen möchte, ist der *LEB-Status*. LEB steht für *Lieferempfangsbestätigung*. Sie können mit Ihren Außenlägern oder auch mit Ihren Kunden vereinbaren, dass der Empfang der versendeten Materialien von Ihrem Warenempfänger (Kunde oder eigenes Werk) quittiert werden muss. Wurde der Empfang mit der korrekten Menge aller Materialien quittiert, wird der LEB-Status gesetzt. Erst nach gesetztem LEB-Status können Sie fakturieren. Im Kundenstamm aktivieren Sie die LEB-Abwicklung.

9.4 Benutzerspezifische Status

Neben den hier beschriebenen Status im SAP-Standard gibt es auf Kopf- und Positionsebene je fünf weitere Statusfelder, die Sie für sich nutzen können. Um diese Statusfelder zu setzen, hat SAP zwei User Exits entwickelt.

Mit dem Include-Baustein LV50PFZA können Sie die fünf Statusfelder UVP01 bis UVP05 setzen. Ein Beispiel ist in der Form-Routine USEREXIT_ SET_STATUS_VBUP beschrieben. Überschreiben Sie an dieser Stelle das Beispiel mit Ihrer eigenen Lösung.

Der Include-Baustein RV45PFZA ist für die Statusfelder UVK01 bis UVK05 auf Lieferkopfebene zuständig. Nutzen Sie die Form-Routine USEREXIT_ SET_STATUS_VBUK.

Da diese Status die SAP-Standardabläufe nicht beeinflussen, können Sie die entsprechenden Felder UVP01 bis UVP05 bzw. UVK01 bis UVK05 von anderen Programmen direkt aktualisieren. Wenn Sie z. B. das Erstellen eines Transportauftrags für WM erst erlauben, wenn im Transportbeleg ein entsprechender Verarbeitungsstand erreicht ist, setzen Sie eines von diesen Kennzeichen auf »A«, wenn Sie den Lieferbeleg gerade erstellt haben. In der Bedingung für das Verpacken (es handelt sich um die Standardbedingung 112) programmieren Sie nun die Abfrage dieses Statusfeldes. Steht es auf »C«, erlauben Sie die Verpackungsfunktion.

Den Status »C« setzen Sie über einen entsprechenden User Exit in der Transportverarbeitung. Achten Sie jedoch bei solchen Abläufen darauf, dass Sie nicht in eine Sperrproblematik kommen, da die Lieferbelege zum Zeitpunkt der Transportverarbeitung gesperrt sind.

9.5 Auslieferungsmonitor

Um zum einen den kompletten Versandprozess zu überwachen oder Rückstände und im Prozess hängen gebliebene Lieferbelege aufzuspüren und zum anderen einen Überblick über das Gesamtvolumen der letzten Tage zu bekommen, können Sie den *Auslieferungsmonitor* einsetzen. Sie starten ihn über die Transaktion VL06O oder über das SAP-Menü mit dem Menüpfad LOGISTIK • LOGISTICS EXECUTION • INFOSYSTEM • VERSAND • LISTEN ZUR AUSLIEFERUNG • AUSLIEFERUNGSMONITOR. Sie erhalten, wie in Abbildung 9.6 dargestellt, ein Auswahlbild, in dem Sie zwischen mehreren Listen auswählen können.

Bezogen auf unsere Status werden Ihnen folgende Lieferbelege angezeigt:

▶ **Zur Verteilung**
Ihnen werden alle Lieferbelege aufgelistet, die durch ein dezentrales WM-System kommissioniert werden sollen. Das dezentrale WM-System ist ein

unter SAP verwaltetes Lagerverwaltungssystem, das jedoch nicht im laufenden SAP-System integriert ist, sondern autonom läuft.

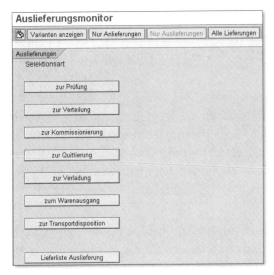

Abbildung 9.6 Listen- und Selektionsmöglichkeiten im Auslieferungsmonitor

▶ **Zur Kommissionierung**
Ihnen werden alle kommissionierrelevanten Lieferbelege aufgelistet, die zur Kommissionierung anstehen. Die Selektion wurde von SAP auf den Kommissionierstatus »A« oder »B« festgelegt. Lieferbelege, für die bereits der komplette Warenausgang gebucht wurde (WA-Status »C«), werden nicht selektiert.

▶ **Zur Quittierung**
Ihnen werden alle quittierungspflichtigen Lieferbelege aufgelistet, die aber noch nicht quittiert worden sind. Die Selektion wurde von SAP auf den Quittierungsstatus »A« oder »B« festgelegt. Lieferbelege, für die bereits der komplette Warenausgang gebucht wurde (WA-Status »C«), werden nicht selektiert.

▶ **Zur Verladung**
Ihnen werden alle Lieferbelege aufgelistet, für die der Warenausgang noch nicht gebucht wurde, also der WA-Status ungleich »C« ist.

▶ **Zum Warenausgang**
Ihnen werden alle Lieferbelege aufgelistet, für die der Warenausgang noch nicht gebucht wurde, also der WA-Status ungleich »C« ist. Allerdings müssen zur Selektion folgende Voraussetzungen erfüllt sein: Der Kommis-

sionierstatus muss entweder leer (nicht kommissionierrelevant) sein oder auf »C« (komplett kommissioniert) stehen, der Quittierungsstatus muss entweder leer (nicht quittierungspflichtig) oder auf »C« (komplett quittiert) stehen, und der WM-Status muss leer (keine WM-Relevanz) sein oder auf »C« (in WM oder Lean-WM voll kommissioniert) stehen. Es müssen also alle Vorgänge, die zeitlich vor der Warenausgangsbuchung liegen, bereits abgeschlossen sein.

▸ **Zur Transportdisposition**
Ihnen werden alle transportrelevanten Lieferbelege aufgelistet, die den Transportdispostatus »A« oder »B« besitzen. Lieferbelege, für die bereits der komplette Warenausgang gebucht wurde (WA-Status »C«), werden nicht selektiert. Hier kann die Selektion auf den Status manuell noch verändert werden.

▸ **Lieferliste Auslieferung**
Ihnen werden alle Lieferbelege aufgelistet, unabhängig davon, welchen Status sie besitzen. Diese Lieferliste bietet sich für Auswertungen an (z. B. welche Mengen am vorigen Tag verladen wurden).

Beachten Sie bei all den Möglichkeiten stets die oberste Zeile. Hier können Sie wählen, ob Sie nur Auslieferungen oder auch Anlieferungen aus einer Bestellung oder aber beides zusammen selektieren möchten. Ich habe mich in meinem kleinen Beispiel auf Auslieferungen beschränkt.

Wenn Sie z. B. die Lieferliste Auslieferung wählen, erhalten Sie ein Selektionsbild (siehe Abbildung 9.7), das für jede Funktion ähnlich aussieht.

Geben Sie nun Ihre Selektion ein. In meinem Beispiel lasse ich mir alle Lieferbelege von der Versandstelle »OGWB« anzeigen, deren Warenausgang zwischen dem 01.11.2009 und 13.12.2009 geplant war.

Sie haben in diesem Programm wieder die Möglichkeit, Ihre immer wiederkehrenden Selektionskriterien in einer Variante festzuhalten. Wie Sie Varianten anlegen, verwalten und zur Selektion heranziehen, können Sie in Abschnitt 5.3.4, »Erstellung der Lieferbelege im Sammelgang«, nachlesen.

Klicken Sie im Einstiegsbild (siehe Abbildung 9.6) auf den Button `Varianten anzeigen`, wird rechts neben den Funktionen die SAP-Standardvariante angezeigt. Diese kann jedoch nicht für Ihre Belange geändert werden.

Wenn Sie Ihre Selektionskriterien vorgegeben haben, starten Sie den Auslieferungsmonitor. Nach der Selektion der Lieferbelege erhalten Sie ein Übersichtsbild (siehe Abbildung 9.8).

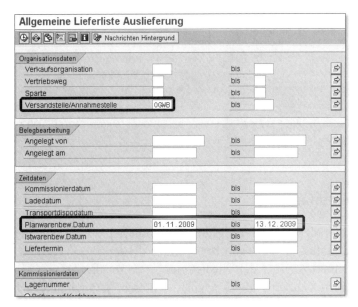

Abbildung 9.7 Selektionsbild für den Auslieferungsmonitor

Lieferung	Warenempf.	Name des Warenempfängers	KommiDatum	TranspDisp	Warenausg	LiefDat
80000243	OG1001	REMA Zentrale Süddeutschland	03.11.2009	02.11.2009	09.11.2009	10.11.2009
80000245	OG1001	REMA Zentrale Süddeutschland	11.11.2009	10.11.2009	17.11.2009	18.11.2009
80000246	OG1001	REMA Zentrale Süddeutschland	11.11.2009	10.11.2009	17.11.2009	18.11.2009
80000247	OG1001	REMA Zentrale Süddeutschland	11.11.2009	10.11.2009	17.11.2009	18.11.2009
80000248	OG1001	REMA Zentrale Süddeutschland	11.11.2009	10.11.2009	17.11.2009	18.11.2009
80000253	OG1001	REMA Zentrale Süddeutschland	19.11.2009	18.11.2009	25.11.2009	26.11.2009
80000254	OG1001	REMA Zentrale Süddeutschland	20.11.2009	19.11.2009	26.11.2009	27.11.2009
80000255	OG1001	REMA Zentrale Süddeutschland	23.11.2009	20.11.2009	27.11.2009	30.11.2009
80000257	OG1001	REMA Zentrale Süddeutschland	30.11.2009	27.11.2009	04.12.2009	07.12.2009
80000258	OG1001	REMA Zentrale Süddeutschland	03.12.2009	02.12.2009	09.12.2009	10.12.2009
80000259	OG1001	REMA Zentrale Süddeutschland	03.12.2009	02.12.2009	09.12.2009	10.12.2009
80000260	OG1001	REMA Zentrale Süddeutschland	03.12.2009	02.12.2009	09.12.2009	10.12.2009
80000265	OG1001	REMA Zentrale Süddeutschland	03.12.2009	02.12.2009	09.12.2009	10.12.2009
80000266	OG1001	REMA Zentrale Süddeutschland	03.12.2009	02.12.2009	09.12.2009	10.12.2009
80000267	OG2001	REMA WH Augsburg	03.12.2009	09.12.2009	11.12.2009	11.12.2009
80000269	OG1001	REMA Zentrale Süddeutschland	03.12.2009	02.12.2009	09.12.2009	10.12.2009

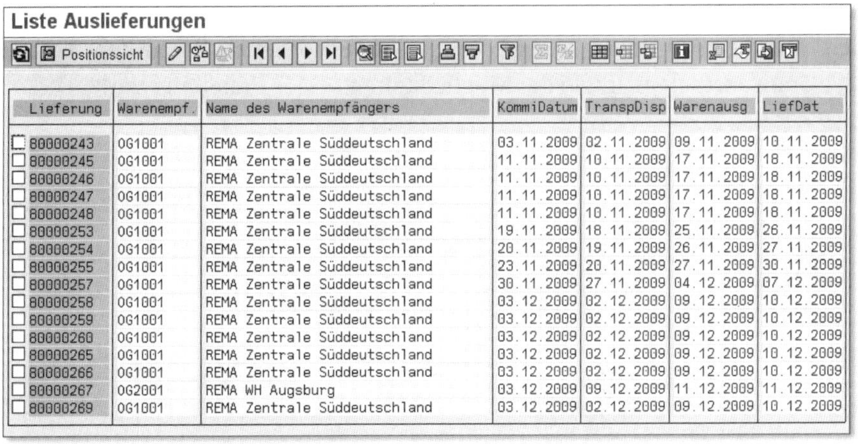

Abbildung 9.8 Liste aller selektierten Auslieferungen

In den seltensten Fällen reichen die Informationen aus, die SAP in seinem Standard-Auslieferungsmonitor zusammengestellt hat. Sie können sich aber auch Ihr eigenes Layout definieren, sichern und es bei jeder neuen Liste wieder abrufen. Wie Sie List-Layouts erstellen und bestehende modifizieren, können Sie ebenfalls in Abschnitt 5.3.4, »Erstellung der Lieferbelege im Sammelgang«, nachlesen.

User Exit

Im Zusammenhang mit dem Auslieferungsmonitor bietet SAP zwei Funktionsbausteine aus der Erweiterung V50Q0001 an. Bei dem ersten Funktionsbaustein EXIT_SAPLV50Q_001 handelt es sich um einen User Exit, den Sie nutzen können, um eigene Felder in der Anzeige zu füllen. Nutzen Sie hierzu den bereits angelegten Include ZXV50QU01.

Der zweite Funktionsbaustein EXIT_SAPLV50Q_002 mit dem Include ZXV50QU02 legt zusätzliche Nachrichtenarten an.

9.6 Zusammenfassung

Ich habe Ihnen hier den Auslieferungsmonitor vorgestellt. Aufgrund der unterschiedlichen Status, die ein Teilprozess innerhalb der Versandaktivitäten einnimmt, können Sie über den Auslieferungsmonitor den kompletten Versandprozess verfolgen und überwachen. In diesem Kapitel habe ich Ihnen außerdem die Werte erklärt, die die unterschiedlichen Status im Lieferbeleg annehmen können.

Ich verlasse nun den Lieferbeleg und komme zu einem neuen Vertriebsbeleg: dem Transportbeleg. Im nächsten Kapitel stelle ich Ihnen den Aufbau des Transportbelegs sowie die Möglichkeiten seiner Erstellung vor.

Mit dem Transportbeleg wird im SAP-System die Beförderung der Ware zum Warenempfänger abgebildet. Ich stelle Ihnen den Aufbau und die Erstellung der Transportbelege sowie die Grundlagen diverser Funktionen (z. B. Partnerfindung, Texte, Routen) vor.

10 Transporte

Transportbelege sind Vertriebsbelege, die die Beförderung der Materialien zu einem oder mehreren Warenempfängern abbilden. Bisher wurde nur der Lieferbeleg vorgestellt, als Grundlage bestimmter Aktivitäten, die zur Verladung der bestellten Materialien führen. Jedoch entspricht ein Lieferbeleg nicht immer auch einem physischen Transport – sehr oft werden mehrere Lieferbelege in einem Transport abgewickelt.

Ich stelle Ihnen im ersten Teil den Aufbau eines Transportbelegs vor und zeige Ihnen, welche Möglichkeiten zur Erstellung Ihnen das SAP-System bietet. Sie lernen die unterschiedlichen Transportarten (Vor-, Haupt-, Nach-, Direktlauf, Seefracht, Luftfracht usw.) kennen und erfahren, wie Sie diese in Ihrem System abbilden können.

Auch in einem Transportbeleg werden Termine gepflegt und verfolgt. Dieses Kapitel stellt die einzelnen Termine und ihre Ermittlung vor. Wie im Lieferbeleg können Sie auch Partner und Texte eingeben. Wie das funktioniert und welche Customizing-Einträge Sie dabei vornehmen müssen, lernen Sie ebenfalls in diesem Kapitel.

Zum Schluss gehe ich auf den Einfluss der Routen auf die Erstellung und Durchführung von Transporten ein und stelle Ihnen die Schnittstelle vor, die Sie benötigen, wenn Sie mit einem externen Transportplanungssystem arbeiten.

10.1 Transportbelege

Um transportspezifische Informationen festzuhalten sowie Transporte zu planen und zu überwachen, gibt es den Transportbeleg, im SAP-System auch nur *Transport* genannt. Diesem Transport werden ein oder mehrere Lieferbelege zugeordnet.

[+] Beachten Sie an dieser Stelle bitte die Begriffe: *Transporte* dienen zum Warentransport von Ihrem Unternehmen oder Lager zum Warenempfänger, während *Transportaufträge* (aus WM oder Lean-WM) zum Transport innerhalb eines Lagers genutzt werden. Ich empfehle Ihnen, sich diesen Sprachgebrauch anzueignen. Im Transportbeleg wird der Transport abgebildet. Ich habe hierfür des Öfteren auch den Ausdruck *Speditionsanweisung* oder *Speditionsauftrag* gehört. Damit ist ebenfalls der Transportbeleg gemeint. Trennen Sie also stets genau zwischen dem Transport und dem Transportauftrag.

10.1.1   Aufgaben des Transportbelegs

Sehr oft und vor allem auch in größeren Unternehmungen sind die Abteilungen, die Lieferbelege und Transportbelege bearbeiten, voneinander unabhängig. In Abbildung 10.1 habe ich die typischen Aufgaben dargestellt, die erfüllt werden müssen, um Transporte durchzuführen.

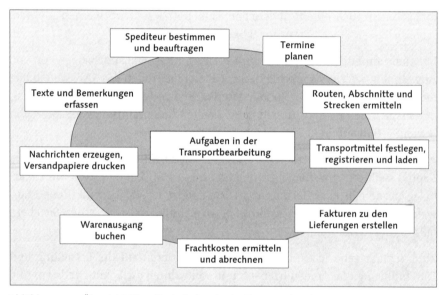

Abbildung 10.1 Übersicht über die Aufgaben in der Transportbearbeitung

Steht z. B. der Spediteur noch nicht fest (weil der Kunde keinen bestimmten Spediteur vorschreibt), muss der Disponent einen geeigneten Spediteur finden. Dazu sollte er vorab wissen, zu welchem Zeitpunkt die Ware abgeholt und verschickt werden muss und um welche Versandmenge es sich handelt. Die Speditionen rechnen meistens nach Lademetern oder Gewichten, in seltenen Fällen auch nach Volumen ab (meist bei Luftfrachten, wenn das Volumen im Verhältnis zum Gewicht überwiegt). Die Termine dürfen dabei nicht außer Acht gelassen werden, vor allem nicht der Termin, an dem die Materialien beim Warenempfänger eintreffen müssen.

Sehr oft handeln Unternehmen Rahmenverträge mit ihren Speditionen aus. Anstehende Transporte werden immer mehr per EDI an die Spedition gesendet. In dieser EDI-Nachricht sind alle Informationen enthalten, die die Spedition benötigt, um den Transport termingerecht durchzuführen und eventuell bei Gefahrgütern bereits die Markierungen für den Lkw oder Container vorzubereiten.

Es gibt Transporte, die nicht direkt an den Warenempfänger gehen, sondern etwa zuerst über einen Umschlagspunkt oder eine Cross-Docking-Station. Hierzu müssen unter Umständen die Routen angepasst und Strecken ermittelt werden. Komplizierter wird die Disposition und Durchführung eines Transports, wenn die Materialien per See- oder Luftfracht verschickt werden. Zollstationen, Abgangshäfen (See- oder Flughafen) und Zielhäfen müssen in der Strecke berücksichtigt werden.

Es werden Texte und Hinweise in den Transport eingetragen, die für die Abwicklung erforderlich sind. Steht der Lkw am Tor und muss beladen werden, werden meist zuallererst die Fahrzeug- und Fahrerdaten aufgenommen und in den Transport eingetragen. Die Versandpapiere werden daraufhin entweder ausgedruckt oder liegen schon bereit und werden dem Fahrer mitgegeben. In einigen Fällen wird sogar die Warenausgangsbuchung, nachdem die Materialien die Versandstelle verlassen haben, durch die Mitarbeiter in der Transportbearbeitung durchgeführt.

Ist der Transport endgültig erledigt, und die Materialien haben Ihr Unternehmen verlassen, haben Sie noch die Möglichkeit, die Frachtkosten zu berechnen. Die errechneten Frachtkosten können an Ihre Finanzbuchhaltung übergeleitet werden. Falls Sie mit Ihrem Spediteur für die Abrechnung der Frachten das Gutschriftsverfahren vereinbart haben, können Sie die entsprechenden Gutschriften erstellen. Sie haben aber auch die Möglichkeit, die Frachten Ihrem Kunden in Rechnung zu stellen.

Wenn Sie sich die einzelnen Aufgaben vergegenwärtigen, die mit dem Lieferbeleg verbunden sind (z.B. Kommissionieren, Chargen erfassen, Liefer-Ist-Mengen übernehmen und abstimmen, Packdaten erfassen), und diese mit dem Transportbeleg vergleichen, erkennen Sie einen großen Unterschied zwischen dem Liefer- und dem Transportbeleg.

10.1.2 Struktur des Transportbelegs

Für die Aufgaben, die zur Durchführung des Transports erledigt werden müssen, gibt es häufig eine separate Abteilung, die eine eigene organisatorische Struktur in Ihrem Unternehmen bildet. Es handelt sich hierbei um die *Transportdispostelle*. In Abschnitt 2.1.7 finden Sie die Definition dieser Einheit und die notwendigen Informationen zur Erstellung eigener Transportdispostellen.

Die Transportdispostelle ist einem Buchungskreis zugeordnet. Diese Zuordnung ist erforderlich, falls Sie Ihre Frachtkosten über das SAP-System errechnen und an die Finanzbuchhaltung überleiten. Des Weiteren hat die Transportdispostelle eine eigene Adresse. Weitere Merkmale werden für die Transportdispostelle nicht erfasst. Jeder Transportbeleg ist einer Transportdispostelle zugeordnet.

Basis zur Bildung von Transporten sind die Lieferbelege. Da die Lieferbelege selbst aus verschiedenen Quellen stammen (z. B. Kundenaufträge, Umlagerungsbestellungen, Projektlieferungen, Lohnbearbeiterbeistellungen), können Sie letztendlich auch zu jedem Quellbeleg Transporte abbilden. Sie können mehrere Lieferbelege in einem Transport bündeln, wobei es an dieser Stelle nur dann sinnvoll ist, wenn es sich um Lieferbelege handelt, die auch logistisch zusammenpassen (z. B. gleiche Route, gleiche Warenempfänger). Aus diesen Informationen lässt sich sehr leicht der Aufbau eines Transportbelegs im SAP-System herleiten.

Wie alle Belege hat auch der Transportbeleg Kopfdaten, die Sie im *Transportkopf* wiederfinden (siehe Abbildung 10.2). Im Transportkopf liegen die allgemeingültigen Informationen vor, die für den kompletten Transport unabhängig von den Lieferbelegen gelten. Das sind z. B. Termine zur Verfolgung der einzelnen Aktivitäten, Dauer und Entfernungen des kompletten Transports, der Spediteur (hier gibt es jedoch auch Ausnahmen, wenn bei mehrstufigen Transporten unterschiedliche Spediteure eingesetzt werden) sowie kumulierte Gewichte und Volumen.

Transportpositionen im eigentlichen Sinne gibt es bei diesem Beleg nicht, sondern die Lieferbelege selbst übernehmen hier die Aufgabe einer Position. Jeder Lieferbeleg, der in einem Transport abgebildet ist, stellt eine Transportposition dar.

Eine weitere Sonderfunktion im Transportbeleg nimmt der *Abschnitt* ein. Abschnitte bilden eine Strecke von einem Ausgangspunkt zu einem Endpunkt. Bei einem Einzeltransport, ausgehend von einer Versandstelle und endend beim Warenempfänger, würde im Transport ein Abschnitt gebildet. Der Startpunkt wäre die Versandstelle und der Endpunkt der Warenempfänger. Bündeln Sie mehrere Lieferbelege zusammen, würde jeder Warenempfänger einen neuen Endpunkt darstellen, wobei der Startpunkt eines Abschnitts aus dem Endpunkt des vorigen Abschnitts abzuleiten ist.

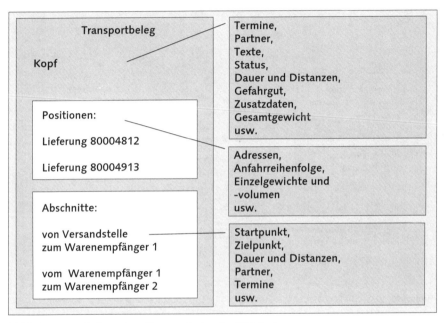

Abbildung 10.2 Aufbau eines Transportbelegs im SAP-System

Werden diese fünf Lieferbelege über einen Transport abgewickelt, wird ein Transportkopf gebildet. Der Transport hat fünf Positionen (da insgesamt fünf Lieferbelege vorliegen) und drei Abschnitte: Abschnitt 1 von der Versandstelle zu E. Winzig in München, Abschnitt 2 von E. Winzig in München zu A. Klein in Augsburg und Abschnitt 3 von A. Klein in Augsburg zu F. Groß in Ingolstadt. **[zB]**

Lieferbeleg-Nummer	Warenempfänger
80014649	A. Klein, Augsburg
80014652	F. Groß, Ingolstadt
80014653	A. Klein, Augsburg
80014655	E. Winzig, München
80014664	A. Klein, Augsburg

Die Prozesse (siehe Abbildung 10.1), die in einer Transportdispostelle ablaufen, müssen sich im Transportbeleg wiederfinden. Da es sich allerdings um unterschiedliche Prozesse handelt (z. B. Inlandstransport, Seefracht), werden diese über die Transportart gesteuert. Die Aufgaben, die über die *Transportart* gesteuert werden, sind in Abbildung 10.3 dargestellt.

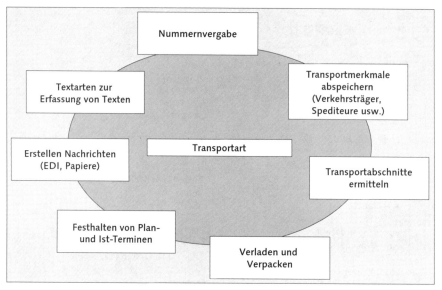

Abbildung 10.3 Übersicht über die Funktionen je Transportart

User Exit

Ihnen wird ein User Exit zur Verfügung gestellt, mit dem Sie die Feldattribute im Transportbeleg ändern können. Felder, die Sie beispielsweise nicht benötigen, können Sie somit ausblenden oder auf »nicht eingabebereit« bzw. bestimmte Felder auf »eingabepflichtig« setzen. Es handelt sich hierbei um die SAP-Erweiterung V56BMOD mit dem Funktionsbaustein EXIT_SAPLV56B_001 und dem Include ZXV56U34.

10.1.3 Transportarten

Bevor ich Ihnen aber die einzelnen Aufgaben je Transportart vorstellen werde, beschreibe ich Ihnen erst einmal die von SAP unterstützten Transportszenarien. Der einfachste Fall ist der *Einzeltransport*. Bei einem Einzeltransport gibt es genau einen Abgangsort und einen Empfangsort. In der Regel ist der Abgangsort die Versandstelle und der Empfangsort der Warenempfänger. Der Transport selbst kann aus mehreren Lieferbelegen bestehen, jedoch mit dem gleichen Warenempfänger. Zu einem Lieferbeleg kann nur

ein Transportbeleg generiert werden, der über einen bestimmten Verkehrsträger und einen Spediteur ausgeführt wird.

Die von SAP vordefinierte Transportart ist die »0001« (siehe Abbildung
10.4). Als ABFERTIGUNGSART wurde eine »1« (Beladener Ausgangstransport)
eingetragen. In der ABWICKLUNGSSTEUERUNG steht ebenfalls eine »1« (Einzeltransport mit einem Verkehrsträger). Der Einzeltransport ist in diesem Fall
ein Direktlauf (mit dem LAUFKENNZEICHEN »4«).

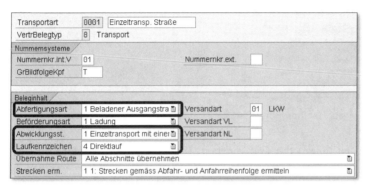

Abbildung 10.4 Merkmale eines Einzeltransports

Technische Informationen zur Transportart

▸ Feldlänge: 4-stellig

▸ Menüpfad im Customizing: LOGISTICS EXECUTION • TRANSPORT • TRANSPORTE •
TRANSPORTARTEN DEFINIEREN

▸ Eigene Transaktion: 0VTK

▸ Tabellen: TVTK und TVTKT (sprachenabhängige Bezeichnung)

In einigen Fällen, so z. B. bei den Transportarten, wird die Transportart selbst nicht   **[+]**
angezeigt, wenn Sie das Feld mit seinen gültigen Werten aufklappen. Sie sehen
lediglich die Beschreibung. Um das Problem zu umgehen, setzen Sie entweder vor
die jeweilige Bezeichnung die vierstellige Transportart, wie im Beispiel »0001 Einzeltransport« aus Abbildung 10.5. Eine andere Möglichkeit besteht darin, über das
Icon 🖼️, den Menüpfad OPTIONEN und die Registerkarte EXPERTE die Checkbox
SCHLÜSSEL IN ALLEN DROPDOWN-LISTEN ANZEIGEN zu setzen, um sich die IDs zusätzlich
anzeigen zu lassen.

Eine ebenfalls häufig anzutreffende Variante ist der *Sammeltransport*. Der
Sammeltransport hat einen oder mehrere Abgangsorte und einen oder mehrere Empfangsorte. Sind mehrere Empfangsorte beteiligt, handelt es sich um
einen Transportbeleg mit mehreren Lieferbelegen mit unterschiedlichen

Warenempfängern. Liegen mehrere Abgangsorte vor, wird z. B. die Verladung von unterschiedlichen Versandstellen stattfinden. In der Regel ist ein Spediteur beteiligt.

Abbildung 10.5 Eingabe der Transportart bei der Erfassung eines Transportbelegs

Im SAP-System ist hierzu die Transportart »0002« vordefiniert. Der im Customizing zunächst einzige Unterschied ist in der ABWICKLUNGSSTEUERUNG zu finden. Hier steht eine »3« (Sammeltransport aus einem Verkehrsträger).

Komplizierter ist der Prozess bei einer *Transportkette*. Die Transportkette ist dadurch gekennzeichnet, dass mehrere Transporte unter Umständen sogar mit unterschiedlichen Spediteuren beteiligt sind. Das sind in der Regel See- und Luftfrachten, wie ich sie in Abbildung 10.6 dargestellt habe.

Der *Vorlauf* hat als LAUFKENNZEICHEN eine »1« (Vorlauf). Im SAP-Standard finden Sie hierzu die Transportart »0004« (Vorlauf Straße). Der Vorlauf ist dadurch gekennzeichnet, dass mehrere Lieferungen vorab an einem bestimmten Punkt (in meinem Beispiel der Hamburger Hafen) gesammelt werden, um von dort aus zusammen weitertransportiert zu werden.

Dieser gemeinsame Folgetransport wird *Hauptlauf* genannt, der das LAUFKENNZEICHEN »2« (Hauptlauf) hat. Auch hier hat das SAP-System bereits vordefinierte Transportarten, abhängig vom Verkehrsträger, z. B. »0005« (Hauptlauf See). Gemeinsam werden in diesem Fall die Lieferungen z. B. vom Hamburger Hafen per Schiff zum Hafen in Sydney (Australien) befördert.

Vom Empfangshafen werden die Lieferungen letztendlich zum Warenempfänger transportiert. Diese Transportart wird *Nachlauf* genannt. Sie erfassen an dieser Stelle logistisch sinnvoll die Transporte gemäß den Warenempfängern. Der Nachlauf hat das LAUFKENNZEICHEN »3« (Nachlauf). Vonseiten SAP wurde hierfür die Transportart »0006« eingerichtet.

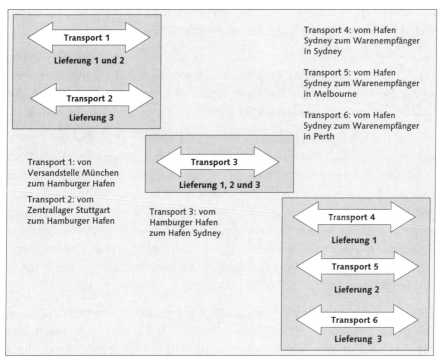

Abbildung 10.6 Darstellung einer Transportkette aus Vor-, Haupt- und Nachlauf

Es gibt noch ein weiteres Transportszenario, das ich erwähnen möchte: der leere Rücktransport ins Werk. Dieser Prozess kann ebenfalls mit einer eigenen Transportart abgewickelt werden. In der Abfertigungsart ist hier einzutragen, dass es sich um einen »leeren Ausgangstransport« handelt.

Werden anstatt normaler Lieferbelege Rückholungen zu einem Transport erfasst, drehen sich die Abgangs- und Empfangsorte im Transport. Er beginnt somit beim Warenempfänger und endet in der Regel an der Versandstelle, die in der Rückholung eingetragen ist. Auch die Abschnitte, auf die ich später noch eingehen werde, werden gedreht. Theoretisch können Sie auch »normale« Lieferbelege mit Rückholungen (in beiden Fällen handelt es sich um den gleichen Kunden) kombinieren. Logistisch gesehen, und so wird es auch in der Abschnittsbildung berücksichtigt, beginnen Sie in diesem Fall den Transport an Ihrer Versandstelle. Der erste Abschnitt endet dann bei Ihrem Warenempfänger. Der zweite Transportabschnitt geht jetzt vom gleichen Warenempfänger wieder zurück zur Versandstelle aus der Rückholung.

Jeder Transportbeleg ist durch eine Nummer identifiziert. Diese *Belegnummer* wird entweder intern (also nach dem Anlegen vom SAP-System) oder extern (durch manuelle Vorgabe) errechnet bzw. vorgegeben. Näheres hierzu finden Sie in Abschnitt 10.1.4, »Nummernkreise«.

Die *Abfertigungsart* sagt lediglich aus, ob es sich um einen vollen oder leeren Transport handelt. Dieses Problem tritt meistens nur dann auf, wenn Sie eigene Fahrzeuge im Unternehmen nutzen. Nachdem die Materialien beim Kunden eingetroffen sind, fährt Ihr Fahrzeug sehr oft leer wieder zurück.

Weiterführende Informationen zur *Streckenermittlung* finden Sie in Abschnitt 11.2, »Abschnitte«. Das *Laufkennzeichen* habe ich bereits erwähnt. Es legt lediglich fest, ob es sich um einen Vor-, Haupt-, Nach- oder Direktlauf handelt. Sie steuern aber auch Prozesse, die Sie bereits von den Lieferbelegen her kennen: Transportbelege haben ebenfalls freie *Texte*. Sie können einem Transport *Nachrichtenarten* zuordnen. Die *Partnerfindung* muss je Transportart eingestellt werden. Sie haben die Möglichkeit, dieser Transportart eine feste *Versandart* vorzugeben. All diese Funktionen werde ich in den folgenden Abschnitten näher erläutern.

Eingangs habe ich erwähnt, dass Lieferbelege selektiert und zu Transporten gebündelt werden. Es gibt sicherlich Prozesse in Ihrem Unternehmen, für die keine Transporte gebildet werden. In diesem Fall ist es sinnvoll, diese Lieferbelege nicht für die Transporterstellung zuzulassen. Sie sind nicht transportrelevant.

Diese Transportrelevanz ist von drei verschiedenen Objekten abhängig: der Lieferart, dem Lieferpositionstyp (mindestens ein Positionstyp muss transportrelevant sein) und der Route. Alle drei Objekte müssen transportrelevant sein. Ist auch nur einer nicht relevant, kann der Transport für diesen Lieferbeleg nicht erstellt werden. Die Transportrelevanz wird im Customizing eingestellt. In Abbildung 10.7 habe ich Ihnen das Bild zur Transportrelevanz je Route dargestellt. Die Bilder je Lieferart und Lieferpositionstyp sind jeweils gleich.

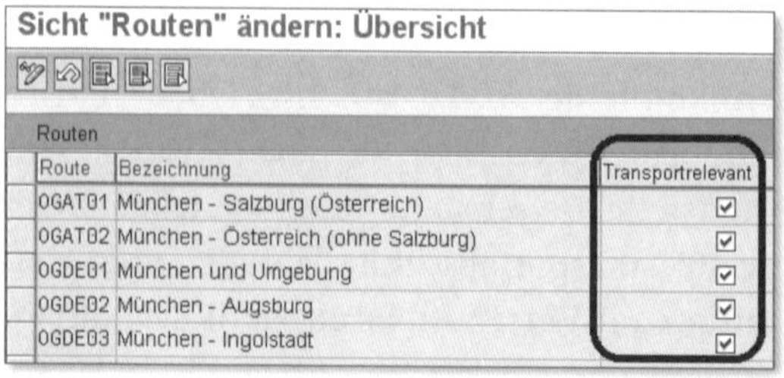

Sicht "Routen" ändern: Übersicht

Routen

Route	Bezeichnung	Transportrelevant
0GAT01	München - Salzburg (Österreich)	☑
0GAT02	München - Österreich (ohne Salzburg)	☑
0GDE01	München und Umgebung	☑
0GDE02	München - Augsburg	☑
0GDE03	München - Ingolstadt	☑

Abbildung 10.7 Einstellung der Transportrelevanz je Route

Setzen Sie das Häkchen in der Spalte TRANSPORTRELEVANT, wenn Sie die entsprechende Route, Lieferart oder den Lieferpositionstyp für die Bildung von Transportbelegen zulassen wollen. Liegt keine Transportrelevanz vor, bleibt der *Transportdispostatus* im Lieferbeleg leer. Ist das Häkchen gesetzt, wird nach Anlage des Lieferbelegs der Transportdispostatus auf »A« gesetzt.

Technische Informationen zur Transportrelevanz

▶ Menüpfad im Customizing: LOGISTICS EXECUTION • TRANSPORT • TRANSPORTE • TRANSPORTRELEVANZ FESTLEGEN

▶ Eigene Transaktionen: OVTR (je Lieferart), SM30, View V_TVLP_TL (je Lieferpositionstyp), SM30, View V_TVRO (je Route)

▶ Tabellen: TVLK (je Lieferart, abgespeichert im Feld TDIIX), TVLP (je Lieferpositionstyp, abgespeichert im Feld TPREL) und TVRO (je Route, abgespeichert im Feld TDIIX)

Im Folgenden gehe ich noch kurz auf die Nummernkreise des Transportbelegs ein.

10.1.4 Nummernkreise

Je Transportart legen Sie fest, über welchen Nummernkreis Sie die Transportbelegnummern vergeben. Jeder Transportbeleg erhält zur eindeutigen Identifikation und zur Wiederfindung im System eine Nummer, so wie generell jeder Beleg im SAP-System. Es gibt interne Nummern, die vom SAP-System automatisch vergeben werden, und externe Nummern, die vom Anwender manuell vorgegeben werden müssen.

Technische Informationen zu den Nummernkreisen

▶ Menüpfad im Customizing: LOGISTICS EXECUTION • TRANSPORT • TRANSPORTE • NUMMERNKREISE FÜR TRANSPORTE DEFINIEREN

▶ Eigene Transaktion: VN07

▶ Tabelle: NRIV (Object RV_TRANSPO)

Da die Pflege der Nummernkreise für Transportbelege ähnlich strukturiert ist wie die der Lieferbelege, verweise ich an dieser Stelle auf Abschnitt 6.9, »Nummernkreise«. Lediglich der User Exit ist ein anderer, mit dem Sie selbst Einfluss auf die Nummernkreisvergabe nehmen können.

Beim User Exit für die Transportbelege handelt es sich um die Erweiterung V56UNUMB. In dieser Erweiterung finden Sie den Funktionsbaustein EXIT_SAPLV56U_003 und in diesem Funktionsbaustein wiederum den Include ZXV56U12. Leider werden Ihnen in diesem Funktionsbaustein nur die Daten aus dem Transportkopf zur Verfügung gestellt, sodass es schwierig wird, wenn Sie für die eigene Nummernkreisfindung Daten benötigen, die sich nicht im Transportkopf befinden.

10.2 Erstellung von Transporten

Sie kennen nun die Grundeinstellungen, die Sie zur Erstellung eines Transportbelegs benötigen: die Transportdispostelle und die Transportart. Ich gehe nun ausführlich auf die einzelnen Möglichkeiten zur Erstellung der Transportbelege ein.

10.2.1 Transportbelege einzeln manuell erstellen

Zunächst haben Sie die Möglichkeit, einen Transportbeleg komplett manuell zu erstellen. Hierzu rufen Sie die Transaktion VT01N auf oder wählen im Menüpfad die Funktion LOGISTIK • LOGISTICS EXECUTION • TRANSPORT • TRANSPORTDISPOSITION • ANLEGEN • EINZELBELEG. Sie erhalten ein Startbild (siehe Abbildung 10.8), in dem Sie die TRANSPORTDISPOSTELLE und die TRANSPORTART vorgeben müssen.

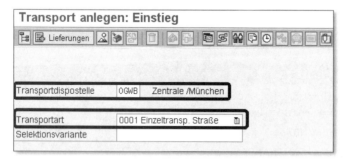

Abbildung 10.8 Startbild zur Erfassung eines einzelnen Transportbelegs

Im zweiten Schritt müssen Sie nun Ihre Lieferbelege selektieren, die Sie in diesen Transport übernehmen möchten. Klicken Sie hierzu auf den Button ![Lieferungen], und Sie erhalten ein umfangreiches Selektionsbild (siehe Abbildung 10.9).

☞ Ausgehende Lieferungen selektieren				
Abgangsort				
Versandstelle/Annahmestelle		bis		⇨
Ladestelle		bis		⇨
Lagernummer		bis		⇨
Tor zur Lagernummer		bis		⇨
Zielort				
Warenempfänger		bis		⇨
Land des Zielortes		bis		⇨
Postleitzahl		bis		⇨
Ort		bis		⇨
Ortsteil		bis		⇨
Fälligkeit				
Transportdispodatum		bis		⇨
Kommissionierdatum		bis		⇨
Ladedatum		bis		⇨
Lieferpriorität		bis		⇨
Warenausgangsdatum		bis		⇨
Routenfahrplan		bis		⇨
Liefertermin		bis		⇨
Zeit d. Anlieferung	00:00:00	bis	00:00:00	⇨

Abbildung 10.9 Umfangreiches Bild zur Selektion transportfälliger Lieferbelege

Wie Sie nun dieses Selektionsbild füllen, die ausschließliche Anzeige der für Sie relevanten Felder und deren Inhalte über eine Variante bewirken und wie Sie diese Variante Ihrem Benutzerstamm zuordnen, stelle ich Ihnen in Abschnitt 10.3, »Transportdisposition«, vor. Haben Sie einen oder mehrere Lieferbelege selektiert, erhalten Sie eine neue Übersicht (siehe Abbildung 10.10).

Einzeltransp. Straße $0001 anlegen: Transporte und Lieferungen

Transporte und Lieferungen	Ges.	Tr...	TD-Leister	Trsp.Route	Versandst	EmpfangAdr	Ges.Gew./KG	zu.Ges.gew/K	Gewicht/KG
▽ 🚛 $0001	∞∞	O...					475,200	0	475,200
🚚 0080000259				OGDE01	OGWB	DE 80808 München	70,400		70,400
🚚 0080000260				OGDE01	OGWB	DE 80808 München	52,800		52,800
🚚 0080000265				OGDE01	OGWB	DE 80808 München	70,400		70,400
🚚 0080000266				OGDE01	OGWB	DE 80808 München	140,800		140,800
🚚 0080000269				OGDE01	OGWB	DE 80808 München	70,400		70,400
🚚 0080000258				OGDE01	OGWB	DE 80808 München	70,400		70,400

Nicht zugeordnete Lieferungen	Trsp...	Ver...	EmpfangAdr	Ges.Gew./KG	Gewicht/KG	Volumen/CDM	LiefTermin	Uh
Σ Summe nicht zugeordneter Lieferungen								00

Abbildung 10.10 Übersicht über die selektierten Lieferbelege

Auf den ersten Blick sieht dieses Bild ein wenig unübersichtlich aus. Wie Sie die selektierten Lieferbelege übernehmen, wieder entfernen, andere hinzufügen und unter Umständen Lieferbelege aus anderen Transporten umschichten, stelle ich Ihnen genauer in Abschnitt 10.3 vor.

Um auf die Normalsicht des Transportbelegs zu kommen, klicken Sie auf das Icon ![] (siehe Abbildung 10.11).

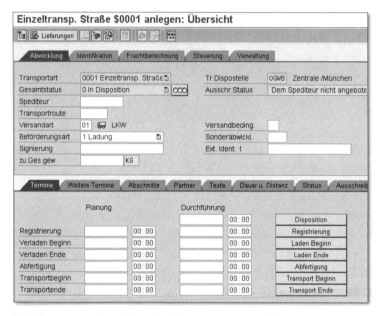

Abbildung 10.11 Normalübersicht über einen Transportbeleg

In der oberen Bildschirmhälfte sehen Sie insgesamt fünf Registerkarten:

▸ **Abwicklung**
Diese Registerkarte zeigt Ihnen die wichtigsten Informationen aus dem Transportkopf und den Status des Transportbelegs.

▸ **Identifikation**
Hier sehen Sie die Transportnummer, wenn sie bereits vergeben wurde, sowie weitere externe Identifikationen und die Transportroute.

▸ **Frachtberechnung**
Auf dieser Registerkarte befinden sich Steuerungsinformationen, die für die Frachtabrechnung benötigt werden.

▸ **Steuerung**
Die wichtigsten Merkmale, die zur Transportart über das Customizing definiert wurden, können Sie auf dieser Registerkarte einsehen.

▸ **Verwaltung**

Hier finden Sie einen kleinen Überblick darüber, wer diesen Transportbeleg wann erstellt und zuletzt geändert hat.

Darüber hinaus finden Sie in der unteren Bildschirmhälfte weitere Registerkarten, die ich Ihnen in den folgenden Abschnitten im Detail vorstellen werde.

Sichern Sie diesen Transportbeleg mit einem Klick auf das Icon 🖫. Sie erhalten vom SAP-System die Nummer des gesicherten Transportbelegs.

User Exit

Zum Zeitpunkt der Verarbeitung und des Sicherns werden zwei Funktionsbausteine durchlaufen, die Sie nutzen können, um eigene Tabelle fortzuschreiben. Es handelt sich zum einen um die SAP-Erweiterung V56USVDO. Der dort enthaltene Funktionsbaustein EXIT_SAPLV56U_005 mit dem Include ZXV56U10 wird während der Transportbelegverarbeitung aufgerufen, um eigene Tabellen zur Fortschreibung vorzubereiten oder direkt zu sichern.

Zum anderen können Sie die SAP-Erweiterung V56USVDP mit dem Funktionsbaustein EXIT_SAPLV56U_004 und dem Include ZXV56U11 nutzen. Dieser Funktionsbaustein wird aufgerufen, wenn die SAP-Standardtabellen zum Sichern vorbereitet sind. Sie können jetzt entweder Ihre eigenen Tabellen fortschreiben und sichern oder noch Änderungen im Transportbeleg vornehmen. Vorsicht ist jedoch geboten, da die Änderungen im Transportbeleg nicht mehr auf Plausibilität geprüft werden.

10.2.2 Transportbelege im Sammellauf über den Arbeitsvorrat anlegen

Möchten Sie die Transportbelege im Sammellauf anlegen, starten Sie die Transaktion VT04 oder wählen im Menüpfad die Funktion LOGISTIK · LOGISTICS EXECUTION · TRANSPORT · TRANSPORTDISPOSITION · ANLEGEN · SAMMELVERARBEITUNG. Sie erhalten nun ein Selektionsbild (siehe Abbildung 10.12). Klicken Sie auf den Radiobutton AUSGEHENDE TRANSPORTE ERZEUGEN.

An diesem Bild können Sie erkennen, dass zunächst einmal einige Bearbeitungsregeln festgelegt werden müssen. Die erste Regel betrifft die Selektion. Um die Lieferbelege zu selektieren, die Sie bearbeiten möchten, müssen Sie eine Variante mit Ihren Selektionskriterien anlegen. Existiert eine solche Variante bereits, können Sie diese unter SELEKTIONSVARIANTE eingeben. Existiert noch keine, geben Sie den Namen Ihrer zukünftigen Selektionsvariante ein und klicken dann auf den dahinterliegenden Button [🗂 Pflegen]. Geben

Sie Ihre Selektionskriterien ein, und sichern Sie anschließend Ihre Variante. Weiterführende Informationen zur Variantenpflege finden Sie in Abschnitt 5.3.4, »Erstellung der Lieferbelege im Sammelgang«.

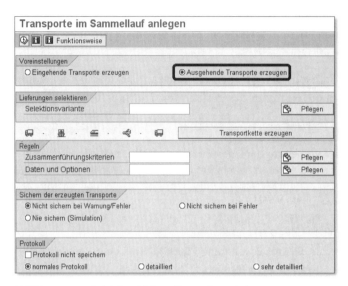

Abbildung 10.12 Selektionsbild zur Sammelverarbeitung

Die zweite Regel besagt, welche Lieferbelege zusammen zu einem Transportbeleg gebündelt werden dürfen. Es handelt sich hierbei um die Zusammenführungskriterien. Auch hierzu wird eine Variante angelegt. Geben Sie dieser Variante einen Namen (z. B. »Augsburg«), und klicken Sie auf den dahinterliegenden Button [🗗 Pflegen]. Sie erhalten daraufhin ein ausführliches Pflegebild für Ihre Zusammenführungskriterien (siehe Abbildung 10.13).

Ich beginne in meiner weiteren Ausführung bei den Zusammenführungskriterien. Ihnen werden hier bereits fünf Felder angezeigt: VERSAND-STELLE/ANNAHMESTELLE, LADESTELLE, NUMMER DES WARENEMPFÄNGERS, ROUTE und NUMMER DES SPEDITEURS. Sie müssen sich nun ein Szenario ausdenken, mit welchen Kriterien Sie Ihre Lieferbelege zusammenfassen möchten. Hierzu bildet das SAP-System vorab einzelne Gruppen von Lieferbelegen. Möchten Sie z. B. über die Routen und Versandstellen Ihre Lieferbelege zusammenführen bzw. Gruppierungen bilden, setzen Sie vor den beiden Feldern ein Häkchen in die Checkbox und klicken auf das Icon 🖻. Ich wähle als Beispiel das Icon hinter der Route und bekomme ein neues Bild (siehe Abbildung 10.14).

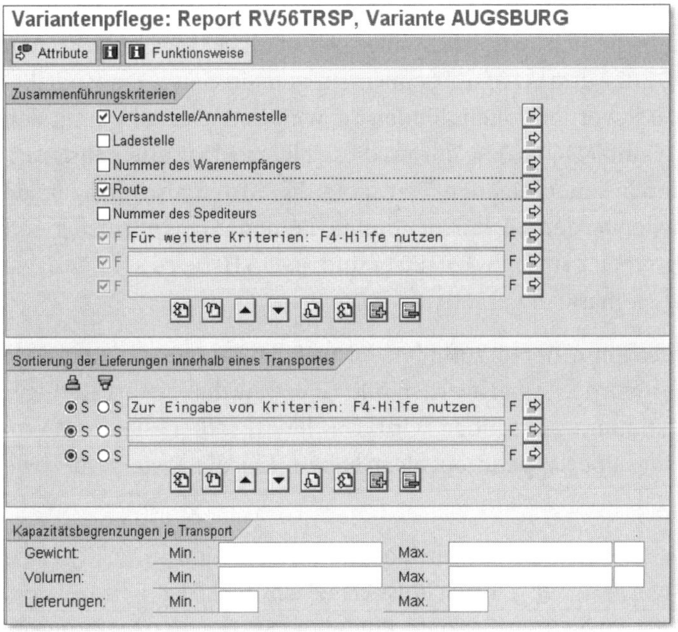

Variantenpflege: Report RV56TRSP, Variante AUGSBURG

 Attribute | | Funktionsweise

Zusammenführungskriterien

☑ Versandstelle/Annahmestelle

☐ Ladestelle

☐ Nummer des Warenempfängers

☑ Route

☐ Nummer des Spediteurs

☑ F Für weitere Kriterien: F4-Hilfe nutzen   F

☑ F   F

☑ F   F

Sortierung der Lieferungen innerhalb eines Transportes

◉ S ○ S Zur Eingabe von Kriterien: F4-Hilfe nutzen   F

◉ S ○ S   F

◉ S ○ S   F

Kapazitätsbegrenzungen je Transport

Gewicht:	Min.	Max.	
Volumen:	Min.	Max.	
Lieferungen:	Min.	Max.	

Abbildung 10.13 Kriterien für die Zusammenführung von Lieferbelegen in einem Transportbeleg

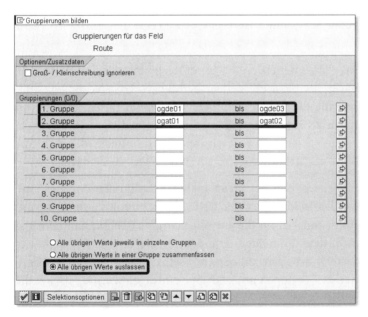

Abbildung 10.14 Kriterien zur Gruppenbildung von Lieferbelegen

Pflegen Sie hier ein, welche Routen zusammengelegt werden können. In meinem Beispiel gebe ich vor, dass alle Lieferbelege mit den Routen »OGDE01«, »OGDE02« und »OGDE03« in einem gemeinsamen Transportbeleg zusammengefasst werden sollen. Finden Sie weitere Lieferbelege mit den Routen »OGAT01« und »OGAT02«, dürfen diese Lieferbelege ebenfalls gruppiert werden, aber in einen eigenen Transport. Es dürfen also nicht beide Gruppen vermischt werden, d. h., Sie finden keinen Transportbeleg mit gemeinsamen Lieferbelegen für »OGDE01« und »OGAT01«, es sei denn, sie wurden nachträglich manuell verändert.

Das System versucht nun herauszufinden, in welche Gruppe die Route im Lieferbeleg passen würde. Dabei werden alle Gruppen durchgearbeitet, bis die erste Übereinstimmung gefunden wird. Das heißt, sollten Sie die Werte für die Gruppierung überlappend angelegt haben, hat die erste gefundene Gruppe die Priorität.

Über das Icon 🔄 haben Sie alle Möglichkeiten zur Selektion Ihrer Kriterien (maskiert, Einzelwerte usw.). Zum Schluss habe ich noch das Kennzeichen ALLE ÜBRIGEN WERTE AUSLASSEN markiert. Findet das System also Lieferbelege mit Routen, die nicht in die Gruppierung fallen, werden diese Lieferbelege außer Acht gelassen. Sollen aber auch die Lieferbelege zur Transporterstellung berücksichtigt werden, die nicht in die Gruppierung fallen, gibt es zwei Möglichkeiten: entweder Sie wählen ALLE ÜBRIGEN WERTE JEWEILS IN EINZELNE GRUPPEN oder ALLE ÜBRIGEN WERTE IN EINER GRUPPE ZUSAMMENFASSEN.

Mit der ersten Möglichkeit werden die Lieferbelege mit gleichen Routen in eine Gruppe gepackt, die nicht mit den vordefinierten Gruppierungen übereinstimmen. Das heißt, Sie finden Lieferbelege in einem Transportbeleg mit jeweils den gleichen Routen. Entscheiden Sie sich für die zweite Möglichkeit, werden alle Lieferbelege in eine Gruppe übernommen, die nicht die Routen »OGDE01« – »OGDE02« oder »OGAT01« – »OGAT02« besitzen.

Haben Sie, wie in meinem Beispiel, gleich mehrere Zusammenführungskriterien definiert, werden beide mit einer UND-Verknüpfung verbunden. Das heißt, beide Kriterien müssen für die jeweilige Gruppe übereinstimmen. Das bedeutet aber auch, dass die beiden Gruppen für die Routen nicht mit der gleichen Versandstelle arbeiten können, da, selbst wenn Sie die Versandstelle »OGWB« in die 1. Gruppe und 2. Gruppe eintragen würden, immer die 1. Gruppe ermittelt wird. Die Kombination Versandstelle »OGWB« (1. Gruppe) mit der Route »OGAT01« (2. Gruppe) würde über diese Variante nie erstellt werden können. Daher ist es ratsam, die Varianten so einfach wie möglich zu halten und lieber mehrere Varianten anzulegen.

Haben Sie Ihre Variante für die Zusammenführungskriterien gepflegt, drücken Sie die Enter-Taste, und die eingetragenen Werte werden übernommen. Sie kommen zurück zum Pflegebild (siehe Abbildung 10.13).

Reichen Ihnen diese fünf Felder nicht aus, setzen Sie den Cursor auf das Feld FÜR WEITERE KRITERIEN: F4-HILFE NUTZEN. Klappen Sie dieses Feld auf, und Sie erhalten eine große Anzahl weiterer Felder, die Sie zur Selektion heranziehen können (siehe Abbildung 10.15). Markieren Sie ein Feld, und drücken Sie die Enter-Taste. Das Feld wird in die Selektionsmaske in Abbildung 10.13 übernommen und direkt markiert.

Fahren Sie nun mit den Sortierkriterien fort. Wurden verschiedene Lieferbelege selektiert und in den Transportbeleg übernommen, können die Lieferbelege innerhalb des Transportbelegs nach bestimmten Kriterien sortiert werden. Diese Sortierung hat den Vorteil, dass Sie später bei der Abschnittsbildung einen besseren Überblick bekommen. Außerdem finden Sie in Ihrer Transportdisposition die Lieferbelege gemäß Ihrer Sortierung wieder.

Feldbezeichnung	Kategorie	Feldname	Tabellenna...	Rfo
Versandstelle/Annahmestelle	Versandstelle	VSTEL	VTRLK	001
Ladestelle	Versandstelle	LSTEL	VTRLK	002
empfangendes Werk	Werk/Lager	WERKS	VTRLK	003
Lagernummer	Werk/Lager	LGNUM	VTRLK	004
Tor zur Lagernummer	Werk/Lager	LGTOR	VTRLK	005
Bereitstellort	Werk/Lager	BEROT	VTRLK	006
Nummer des Warenempfängers	Warenempfänger	KUNWE	VTRLK	007
Abladestelle	Warenempfänger	ABLAD	VTRLK	008
Land der Warenempfängeradresse	Warenempfänger	LAND1_WE	VTRLK	009
Region des Warenempfängerlandes	Warenempfänger	REGIO_WE	VTRLK	010
Postleitzahl der Warenempfängeradresse	Warenempfänger	PSTLZ_WE	VTRLK	011
Ort der Warenempfängeradresse	Warenempfänger	ORT01_WE	VTRLK	012
Ortsteil der Warenempfängeradresse	Warenempfänger	ORT02_WE	VTRLK	013

Abbildung 10.15 Mögliche Felder, die zur Selektion herangezogen werden können

Ich habe mich in diesem Beispiel für die Sortierung nach dem Ort des Warenempfängers entschieden. Ich habe damit erreicht, dass alle Lieferbelege mit dem gleichen Ort zusammen gesichtet werden können. Klappen Sie für diesen Zweck die Möglichkeiten aller Sortierfelder auf, und markieren Sie das gewünschte Feld. Drücken Sie nun die Enter-Taste, und das Feld wird als Sortierkriterium übernommen. Entscheiden Sie noch, ob Sie die Lieferbelege aufwärts oder abwärts sortieren möchten (Icon 🖨 für aufsteigend und Icon 🖨 für absteigend).

Das letzte Kriterium ist die Kapazitätsgrenze. Möchten Sie Transportbelege nur bis zu einem bestimmten Wert (Gewicht, Volumen und/oder Anzahl Lieferbelege) erstellen, werden nur so viele Lieferbelege in einen Transportbeleg selektiert, dass dieser Wert nicht überschritten wird. Alle anderen Lieferbelege, die nicht mehr passen, werden zunächst einmal aussortiert. Wurden alle Lieferbelege auf diese Weise durchlaufen (in einen Transportbeleg aufgenommen oder aussortiert), werden in einem erneuten Durchlauf die aussortierten Lieferbelege erneut verarbeitet und gegebenenfalls in einen neuen Transportbeleg aufgenommen, und zwar so lange, bis alle auf Transportbelege verteilt sind.

Haben Sie allerdings als Kapazitätsgrenze Minimalwerte angegeben und diese werden unterschritten, bleiben die Lieferbelege unberücksichtigt und werden erst wieder im nächsten Sammellauf selektiert. Damit kann eine vernünftige Auslastung der Transporte gewährleistet werden.

Zu guter Letzt müssen Sie nun noch Ihre Parameter vorgeben, die Sie sonst auch bei einer manuellen Erstellung eines Transportbelegs benötigen würden. Geben Sie hinter DATEN UND OPTIONEN (siehe Abbildung 10.12) den Namen der Variante ein, und klicken Sie wieder auf den Button 🔧 Pflegen. Sie erhalten ein Bild, in dem Sie diverse Voreinstellungen vorgeben können (siehe Abbildung 10.16).

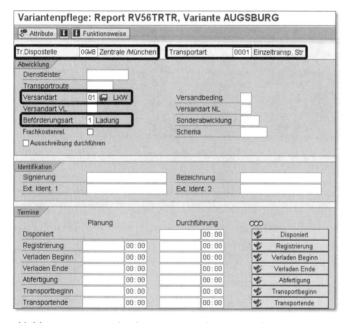

Abbildung 10.16 Vorgabe der Parameter, die zur Erstellung eines Transports benötigt werden

Die minimale Vorgabe ist die Tr.Dispostelle und die Transportart. Alle Kriterien, die sich hinter diesen beiden Kennzeichen verbergen, werden automatisch in die Variante gesetzt (z. B. wird die Versandart aus der Transportart gezogen und hier eingestellt). Alle hier eingestellten Felder können Sie mit Inhalten füllen, die in den zu erstellenden Transport übernommen werden. Sichern Sie daraufhin Ihre Variante.

Arbeiten Sie immer mit den gleichen Einzelvarianten, haben Sie schließlich die Möglichkeit, die komplette Einstellung als eine Art »Obervariante« abzuspeichern. Haben Sie auf dem Selektionsbild Ihre Varianten und Informationen eingegeben, verzweigen Sie in die Menüleiste zu Springen • Varianten • Als Variante sichern. Hier können Sie das komplette Selektionsbild als Variante abspeichern und somit jederzeit wieder auf diese Variante zurückgreifen.

Starten Sie die Transaktion VT04, und geben Sie alle Varianten ein. Ich habe zunächst einmal auf den Radiobutton Nie sichern (Simulation) geklickt und ein detailliertes Protokoll angefordert. Nachdem Sie Ihre Daten und Varianten eingegeben und das Programm gestartet haben, wird Ihnen das Ergebnis angezeigt (siehe Abbildung 10.17).

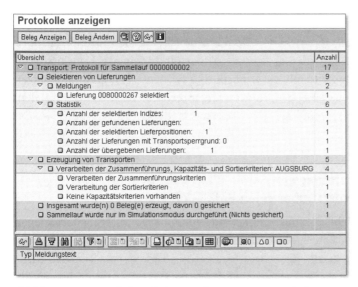

Abbildung 10.17 Protokoll nach der Erstellung von Transportbelegen

Ist es bei der Sammelanlage von Transporten zu Fehlern gekommen, können Sie die einzelnen Meldungen weiter aufklappen, indem Sie auf das Icon ▽ klicken. Starten Sie den Sammellauf erneut, wenn das Ergebnis zufriedens-

tellend war, und wählen dieses Mal den Radiobutton NICHT SICHERN BEI FEH-
LERN. Sie erhalten daraufhin das Protokoll in der oberen Bildschirmhälfte,
wie es in Abbildung 10.18 gezeigt wird.

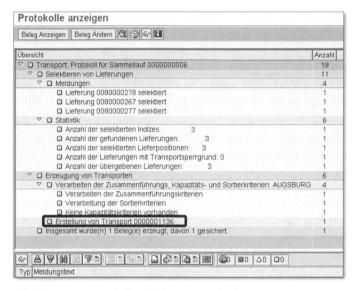

Abbildung 10.18 Protokoll nach dem Sammellauf

Aus dem Protokoll heraus haben Sie die Möglichkeit, sich Ihren Transportbeleg sowie Ihren Lieferbeleg anzeigen zu lassen, indem Sie den Cursor auf
die entsprechende Zeile mit der Transport- bzw. Lieferbelegnummer setzen
und auf den Button `Beleg Anzeigen` klicken. Entsprechend verfahren Sie mit dem
Button `Beleg Ändern`, wenn Sie den Transport direkt ändern oder wieder
löschen möchten.

10.2.3 Transportbelege im Sammellauf über den Arbeitsvorrat über einen Batch-Job anlegen

Die zweite Möglichkeit eines Sammellaufs zur Anlage von Transportbelegen
erfolgt über einen Batch-Job. Hierzu wählen Sie die Transaktion VT07 oder
den Menüpfad LOGISTIK • LOGISTICS EXECUTION • TRANSPORT • TRANSPORTDIS-
POSITION • ANLEGEN • SAMMELVERARBEITUNG IM HINTERGRUND. Diese Funktion ist zu empfehlen, sobald Sie mehr als nur einige wenige Transporte pro
Tag erstellen.

Sie erhalten zunächst ein kleines Popup, in dem Ihre Varianten angezeigt
werden (siehe Abbildung 10.19).

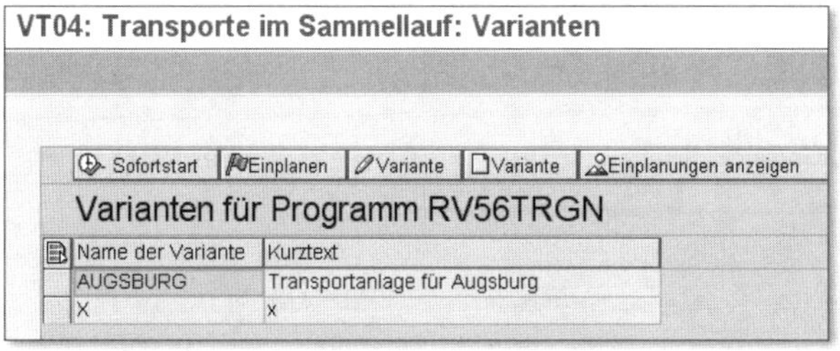

Abbildung 10.19 Auswahl der Batch-Varianten vor dem Start des Sammellaufs

Fehlt Ihre gewünschte Variante, müssen Sie sie zunächst einmal über den Button ☐ Variante erstellen. Im ersten Popup geben Sie hinter ANLEGEN VARIANTE einen Variantennamen ein und klicken anschließend auf den Button ☐ Anlegen. Sie erhalten ein zweites Popup, wie es in Abbildung 10.20 dargestellt wird.

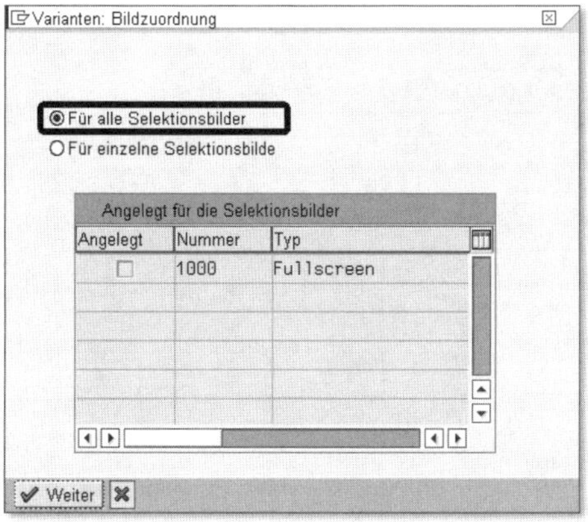

Abbildung 10.20 Selektion der Selektionsbilder für Ihre Variante

Klicken Sie auf den Radiobutton FÜR ALLE SELEKTIONSBILDER und anschließend auf den Button ✔ Weiter. Sie erhalten nun das gleiche Bild, wie Sie es bereits in Abbildung 10.12 kennengelernt haben.

Existiert Ihre Variante schon, markieren Sie sie und klicken dann auf den Button Sofortstart. Sie haben hiermit einen Batch-Lauf gestartet. Das Ergebnis erhalten Sie erst, wenn Sie nach dem entsprechenden Spool-Eintrag suchen. Rufen Sie hierzu den Spool auf (z. B. über die Transaktion SP01). Sie finden dort unter Ihrer USER-ID den TITEL des Batch-Laufs (hier z. B. »LIST1S LOCL RV56TRGN_OGA«, siehe Abbildung 10.21).

Abbildung 10.21 Ansicht der Spool-Datei zur Suche des Protokolls des Sammellaufs

Setzen Sie das Häkchen vor SPOOL-NR. und klicken dann auf den Button 🔍, um Ihr Protokoll einzusehen (siehe Abbildung 10.22).

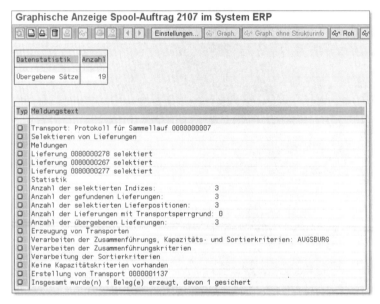

Abbildung 10.22 Protokoll des Sammellaufs aus der Spool-Datei

Es gibt aber auch noch eine zweite Möglichkeit, sich die Protokolle der Batch-Läufe anzusehen. Sind z. B. Ihre Batch-Läufe regelmäßig eingeplant, müssen Sie nicht den Umweg über die Spool-Datei gehen, sondern rufen direkt die Transaktion VT05 auf oder wählen über den Menüpfad die Funktion LOGISTIK • LOGISTICS EXECUTION • TRANSPORT • TRANSPORTDISPOSITION • LISTEN UND PROTOKOLLE • PROTOKOLLE. Sie erhalten zunächst ein Selektionsbild, mit dem Sie Ihre Protokolle finden (siehe Abbildung 10.23).

Da Ihnen die Sammellaufnummer im Normalfall nicht bekannt ist (Sie müssten vorher aus dem Protokoll in der Spool-Datei die Sammellaufnummer ermitteln), selektieren Sie nach Datum und eventuell nach der User-ID, unter der der Batch-Lauf gestartet wurde. Starten Sie die Selektion mit dem Icon ⊕ oder der [F8]-Taste. Sie erhalten nun eine Übersicht über alle Protokolle, die Ihren Selektionskriterien entsprechen. Doppelklicken Sie auf ein Protokoll, das über den Sammellauf erstellt wurde (Transaktion VT04), erhalten Sie wieder das Bild, das Sie bereits aus Abbildung 10.18 kennen. Sie bekommen jedoch dieses Detailbild nicht, wenn das Protokoll über einen Batch-Job erstellt wurde.

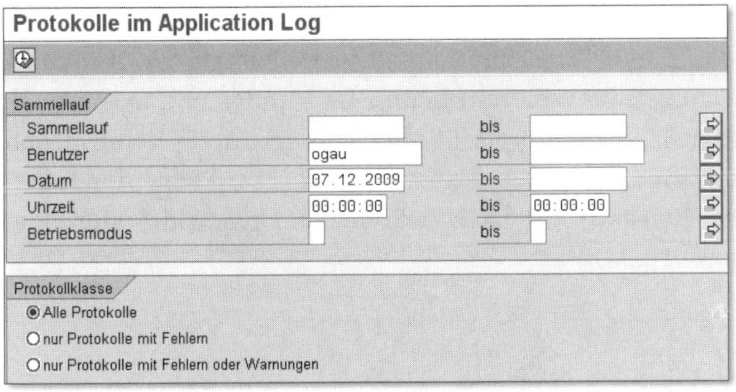

Abbildung 10.23 Selektion Ihrer Protokolle über die Sammelläufe

Ich habe Ihnen die drei Möglichkeiten vorgestellt, wie Sie Transportbelege anlegen können. Um eine optimale Zusammenfassung von Lieferbelegen zu Transporten zu erhalten, müssen Sie Ihre Lieferbelege so genau wie möglich spezifizieren und danach entsprechend selektieren.

10.3 Transportdisposition

In diesem Abschnitt beschreibe ich Ihnen zum einen, welche Möglichkeiten Sie haben, Ihre Lieferbelege für eine optimale Auslastung Ihrer Transporte zu pflegen und zu selektieren. Zum anderen erfahren Sie hier, wie Sie bestehende Transportbelege erweitern, korrigieren und wie Sie mit Massenänderungen umgehen können.

10.3.1 Selektion von Lieferbelegen

Die Selektion Ihrer Lieferbelege, die Sie zu Transporten zusammenfassen möchten, ist das A und O für eine optimale Auslastung Ihrer Transporte. Dabei dürfen Sonderabwicklungen, die einer besonderen Bearbeitung und Transportabwicklung bedürfen, natürlich nicht außer Acht gelassen werden. Hierzu zählen z. B. Gefahrguttransporte, Thermotransporte (Transporte mit

Thermo-Lkws) oder Fälle, in denen der Kunde eine komplette Lkw-Ladung bestellt hat.

Um solche oder ähnliche Abwicklungen zu kennzeichnen und später zu selektieren, stellt SAP verschiedene Kennzeichen in den Lieferbelegen zur Verfügung. Teilweise werden diese Kennzeichen bereits bei der Erfassung des Kundenauftrags gesetzt.

Transportmittelart

Ein wichtiges Merkmal, um Ihre Lieferung zu klassifizieren, ist die *Transportmittelart*. Sie kennzeichnen hiermit bereits im Kundenauftrag, mit welchem Medium Sie den Transport durchführen möchten. Dieses Kennzeichen geht nicht ins Detail, sondern bezieht sich auf die höchste Ebene der Transportmittel. Typische Transportmittelarten wären z. B. Lkw, Schiff oder Flugzeug (siehe Abbildung 10.24).

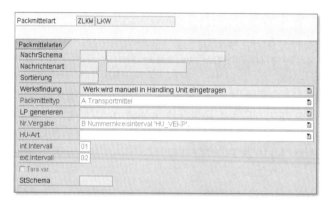

Abbildung 10.24 Definition einer Transportmittelart

Die Transportmittelart können Sie im SAP-Standard nicht über Stammdaten oder andere Customizing-Einstellungen vorbelegen. Entweder geben Sie diese Information manuell ein, oder Sie programmieren, falls Sie dieses Feld nutzen und eine eigene Findungsstrategie definieren, eine kleine Routine in einem User Exit im Rahmen der Kundenauftrags- oder Lieferbelegerfassung.

Technische Informationen zur Transportmittelart

▸ Feldlänge: 4-stellig
▸ Menüpfad im Customizing: LOGISTICS EXECUTION • VERSAND • VERPACKEN • PACKMITTELARTEN DEFINIEREN
▸ Eigene Transaktion: VHAR
▸ Tabellen: TVTY und TVTYT (sprachenabhängige Bezeichnung)

Sie finden das Feld im Kundenauftrag, indem Sie sich die Registerkarte VER-
SAND auf Ebene der Kopfdaten anzeigen lassen. Haben Sie es dort bereits eingepflegt, wird dieses Feld in den Kopf des Lieferbelegs kopiert. Im Lieferbeleg finden Sie dieses Feld ebenfalls in den Kopfdaten, hier jedoch auf der
Registerkarte TRANSPORT.

Versandart

Eine zweite Möglichkeit, die Transporte zu qualifizieren, erfolgt über das
Feld VERSANDART. In diesem speziellen Fall muss ich die Definition aus der
SAP-Standardhilfe zitieren: »Art des Versands (z. B. per Lkw oder Bahn), die
zur Beförderung von Waren auf den Strecken des Transports gewählt wird«.
Die Beschreibung der Transportmittelart lautet dagegen: »Schlüssel, der fest-
legt, wie die Ware transportiert wird«. Letztendlich sagen beide Felder das
Gleiche aus.

Der einzige Unterschied, den ich zwischen den beiden Feldern erkenne,
besteht darin, dass Sie die Versandart in der Route vorgeben können. Dieses
Kennzeichen wird dann automatisch zum Zeitpunkt der Erstellung eines
Transportbelegs vorgeschlagen. Daher möchte ich Ihnen an dieser Stelle
empfehlen, in erster Instanz die Versandart zu wählen.

Technische Informationen zur Versandart

- Feldlänge: 2-stellig
- Menüpfad im Customizing: LOGISTICS EXECUTION • VERSAND • GRUNDLAGEN • ROUTEN
  • ROUTENDEFINITION • VERSANDARTEN DEFINIEREN
- Eigene Transaktion: 0VTA
- Tabellen: T173 und T173T (sprachenabhängige Bezeichnung)

Zunächst müssen Sie jedoch die Versandart definieren, wenn Sie mit den
von SAP im Standard angebotenen Einstellungen nicht auskommen. Der Ein-
fachheit halber kopieren Sie eine ähnliche Versandart. Dieser Versandart
müssen Sie einen *Verkehrsträger* zuordnen. Geben Sie hierzu in der Spalte
VKTR einen entsprechenden Wert ein. Der Verkehrsträger gibt an, ob es sich
um eine Versandart über die Straße, per Bahn, Post oder via Postdienste, per
See oder Luft usw. handelt. Da die Versandart auch Einfluss auf die Findung
des Kalkulationsschemas in der Frachtabrechnung ausübt, Sie aber nicht für
jede Versandart unterschiedliche Kalkulationsschemata anlegen möchten,
können Sie gleichartige Versandarten zur Kalkulationsschemafindung über

die Versandartenschemagruppe, Feld VSGR, zusammenfassen (siehe Abbildung 10.25).

Sicht "Versandarten" ändern: Übersicht

Neue Einträge | BC-Set: Feldwert ändern

Versandarten

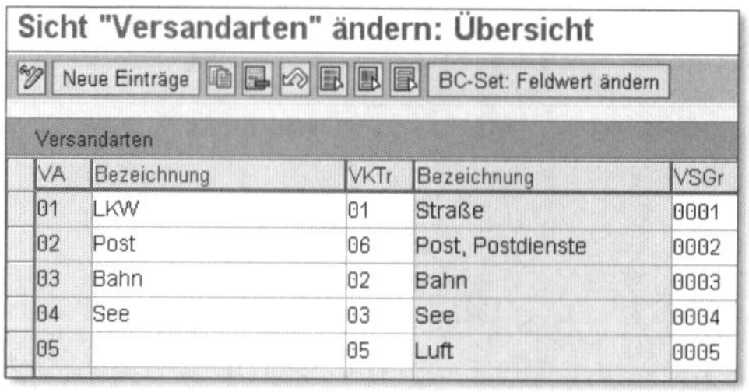

VA	Bezeichnung	VKTr	Bezeichnung	VSGr
01	LKW	01	Straße	0001
02	Post	06	Post, Postdienste	0002
03	Bahn	02	Bahn	0003
04	See	03	See	0004
05		05	Luft	0005

Abbildung 10.25 Definition einer Versandart

Sie haben die Möglichkeit, weitere Verkehrsträger anzulegen, falls Ihnen die, die die SAP-Standardauslieferung anbietet, nicht ausreichen.

Technische Informationen zum Verkehrsträger

- Feldlänge: 2-stellig
- Menüpfad im Customizing: LOGISTICS EXECUTION • VERSAND • GRUNDLAGEN • ROUTEN • ROUTENDEFINITION • VERKEHRSTRÄGER DEFINIEREN
- Eigene Transaktion: OVTB
- Tabellen: TVTR und TVTRT (sprachenabhängige Bezeichnung)

Sie können die Versandart in der Route festlegen (siehe Abbildung 10.26). Die Versandart wird aber weder im Kundenauftrag noch im Lieferbeleg automatisch gefunden, sondern erst im Transport ermittelt. Es bleibt, wie bei der Transportmittelart, bei einem manuell zu steuernden Vorgang oder erfolgt durch eigene Algorithmen, die Sie im User Exit programmieren.

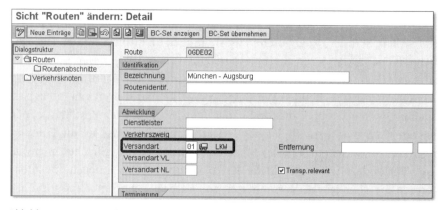

Abbildung 10.26 Vorgabe der Versandart über die Route

Sonderabwicklungskennzeichen

Ein drittes Kriterium, um Ihre zu transportierenden Materialien zu qualifizieren, ist das SONDERABWICKLUNGSKENNZEICHEN. Mit diesem Feld kennzeichnen Sie Ihren Transport, der eine besondere Abwicklung oder Berücksichtigung erfordert. Sie können dieses Kennzeichen auch für Ihre Frachtabrechnung nutzen. Ein besonderes Kennzeichen könnte sein, wenn der Lkw eine Hebebühne besitzen muss, nur eine bestimmte Höhe haben darf (wegen der Höhe der Toreinfahrt beim Warenempfänger) usw.

Technische Informationen zum Sonderabwicklungskennzeichen
▸ Feldlänge: 4-stellig
▸ Menüpfad im Customizing: LOGISTICS EXECUTION • TRANSPORT • GRUNDLAGEN • SONDERABWICKLUNGSKENNZEICHEN DEFINIEREN
▸ Eigene Transaktion: OVTW
▸ Tabellen: TVSAK und TVSAKT (sprachenabhängige Bezeichnung)

Hier haben Sie alle Möglichkeiten, weitere Kriterien anzulegen (siehe Abbildung 10.27).

Abbildung 10.27 Definition des Sonderabwicklungskennzeichens

Auch das Sonderabwicklungskennzeichen müssen Sie im Kundenauftrag oder Lieferbeleg manuell vorgeben. Sie können dieses Kennzeichen lediglich in einem Routenabschnitt hinterlegen, sodass dieses Kennzeichen in den Transportbeleg übernommen wird. Denken Sie aber auch daran, dass derselbe Routenabschnitt auch durch andere Warenempfänger gefunden werden kann. Ob in diesem Fall das Sonderabwicklungskennzeichen ebenfalls gültig sein soll, müssen Sie entscheiden. Wenn bestimmte Kunden eine Sonderabwicklung im Transport erfordern, leiten Sie gegebenenfalls eine andere Routenfindung ein (eine Spezialroute nur für diesen Kunden). Dieser Route ordnen Sie nun dieses Sonderabwicklungskennzeichen fest zu.

Transportrelevante Daten im Lieferbeleg

Im Lieferbeleg werden alle Felder im Lieferkopf auf der Registerkarte TRANS-PORT festgehalten (siehe Abbildung 10.28). Sie sehen hier alle drei (genau genommen vier) Felder: TRAMITART, VERSANDART und SOND.ABW.K. Als viertes Feld gesellt sich noch VERSANDBED hinzu.

Abbildung 10.28 Beschreibung des Transports zur Selektion der Lieferbelege

[!] Mir ist bis jetzt noch kein Kunde begegnet, der sich an diese Vorgabe von SAP gehalten hat. In den meisten Fällen entsteht ein Wildwuchs an Kennzeichen, Versandarten werden als Versandbedingungen definiert, Sonderabwicklungskennzeichen als Versandarten usw.

Da lediglich die Versandbedingungen aus dem Kundenstamm während der Erfassung von Kundenaufträgen vorbelegt werden können und alle anderen Felder letztendlich manuell oder über User Exits beigesteuert werden müssen, sollten auch Sie sich genau überlegen, für welche Prozessschritte Sie diese Kennzeichen benötigen und was Sie damit steuern möchten.

Alle diese Kennzeichen können Sie zur Selektion Ihrer Lieferbelege oder dafür verwenden, Transporte zu erstellen, zu bündeln oder zu trennen. Haben Sie z. B. Thermotransporte zu disponieren, lassen Sie sich alle fälligen Lieferbelege anzeigen, die über einen Thermo-Lkw abgewickelt werden müssen. Müssen Sie bei Ihrem Spediteur Frachtaufschläge abrechnen, da Sie spezielle Anforderungen an Ihren Transport stellen (Lkw mit Hebebühne), können Sie Ihre Transporte mit den gleichen Anforderungen bündeln.

Selektion der Lieferbelege

In Abbildung 10.9 habe ich Ihnen einen Teil der Selektionskriterien dargestellt, die zur Selektion der Lieferbelege zu füllen sind. In der Regel arbeiten die Mitarbeiter im Versand immer mit den gleichen Selektionskriterien, manchmal sind sogar Mitarbeiter nur mit einer Route oder einem Land beschäftigt. Diese Mitarbeiter können in ihrem Benutzerstamm eine feste Variante vorgeben, die in der Transaktion VT01N automatisch übernommen wird. Es handelt sich hierbei um den Parameter TSV. Sie können sich diesen Parameter selbst einrichten, indem Sie über die Menüleiste den Menüpfad SYSTEM • BENUTZERVORGABEN • EIGENE DATEN wählen. Gehen Sie auf die Registerkarte PARAMETER, und geben Sie unter PARAMETER-ID den Wert »TSV« und unter PARAMETERWERT Ihren Variantennamen (hier »AUGSBURG«) ein (siehe Abbildung 10.29).

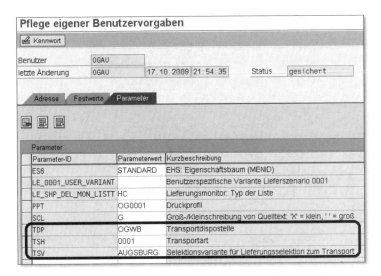

Abbildung 10.29 Vorgabe einer eigenen Selektion über Ihre User-ID

Pflegen Sie zusätzlich Ihre Transportdispostelle über die PARAMETER-ID »TDP« (hier mit »OGWB« eingestellt) und Ihre meist verwendete Transportart über »TSH« (hier mit »0001« eingestellt). Wenn Sie nun die Transaktion VT01N starten, erscheint direkt Ihre Selektion mit den richtigen Werten (siehe Abbildung 10.30).

Abbildung 10.30 Aufruf der Transaktion VT01N (Erstellen Einzeltransport) nach Pflege der Parameter in der User-ID

10.3.2 Transportbelege ändern

In diesem Abschnitt zeige ich Ihnen, wie Sie selektierte Lieferbelege wieder entfernen oder aus anderen bereits existierenden Transportbelegen übertragen können. Starten Sie Ihre Selektion, indem Sie auf den Button [⊞ Lieferungen] klicken (siehe Abbildung 10.30). In der Selektionsmaske korrigieren Sie Ihre vorbelegten Kriterien, wenn es Ihnen nötig erscheint. Starten Sie die Selektion mit einem Klick auf das Icon ⊕. In dem nun angezeigten Übersichtsbild finden Sie in der oberen Hälfte die selektierten Lieferbelege (siehe Abbildung 10.31).

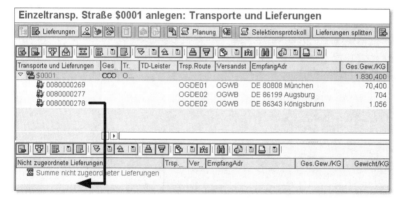

Abbildung 10.31 Übersicht über die selektierten Lieferbelege

Möchten Sie einen Lieferbeleg entfernen, markieren Sie den Beleg (z. B. »80000278«) und klicken dann auf das Icon [⊞]. Oder Sie setzen den Cursor auf den Lieferbeleg, halten die linke Maustaste fest und ziehen den Lieferbeleg in die untere Bildschirmhälfte (siehe Abbildung 10.32).

Abbildung 10.32 Entfernte Lieferbelege werden in der unteren Bildschirmhälfte angezeigt.

Möchten Sie einen nicht zugeordneten Lieferbeleg aus der unteren Bildschirmhälfte übernehmen, setzen Sie entweder den Cursor auf den betreffenden Lieferbeleg, halten die linke Maustaste fest und ziehen den Lieferbeleg in die obere Bildschirmhälfte, oder Sie markieren den Lieferbeleg und klicken auf das Icon ⬇. Entscheiden Sie sich für den Weg über das Icon, wird der nicht zugeordnete Lieferbeleg vor die bereits bestehenden Lieferbelege auf die erste Stelle geschoben. Möchten Sie den nicht zugeordneten Lieferbeleg an eine andere Stelle platzieren, ziehen Sie den Lieferbeleg mit dem Cursor auf den Lieferbeleg, hinter dem er gesetzt werden soll (sobald Sie mit dem Cursor während des Ziehens auf einen Lieferbeleg kommen, wird dieser etwas dunkler angezeigt).

Eine weitere hilfreiche Variante einer Transportdisposition besteht darin, einen oder mehrere bereits bestehende Transporte mit dem neuen Transport zu kombinieren. Klicken Sie dazu auf den Button ⬛ Transporte . Es wird Ihnen daraufhin im ersten Popup ein Selektionsbild angezeigt. Kennen Sie die bestehende Transportnummer, scrollen Sie in dem Selektionsbild bis zum Feld TRANSPORTNUMMER und geben dort Ihren bestehenden Transport ein oder wählen eine andere beliebige Kombination, um Ihre Transporte zu finden. Starten Sie Ihre Selektion, und Sie erhalten ein zweites Popup mit den gefundenen Transporten. Markieren Sie die gewünschten Transporte, und starten Sie erneut. Nun werden der selektierte Transport und der aktuell am Bildschirm angezeigte Transport zusammen angezeigt (siehe Abbildung 10.33)

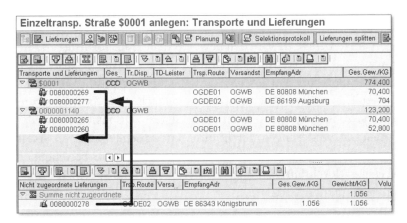

Abbildung 10.33 Zwei Transportbelege und ein nicht geordneter Lieferbeleg

Ziehen Sie nun den Lieferbeleg »80000269« in den Transport »1140« (Cursor auf den Lieferbeleg setzen, linke Maustaste festhalten und den Beleg in den

Transport ziehen). Anschließend ziehen Sie den nicht zugeordneten Lieferbeleg nach Königsbrunn in den oberen Transport. Sie haben nun einen
neuen Transport mit zwei Lieferbelegen, einen nach Augsburg und einen
nach Königsbrunn, und im bestehenden Transport »1140« gibt es drei Lieferbelege, alle nach München.

Sollten Sie beim Ziehen der Lieferbelege nicht klar den Zieltransport getroffen haben, erhalten Sie ein Popup, in dem Sie den gewünschten Transportbeleg markieren müssen. Erst dann wird das Verschieben durchgeführt.

Abbildung 10.34 Übersicht nach einer Transportdisposition

Sichern Sie nun diese Umschichtung. Sie bekommen den Hinweis, dass zwei
Transporte gesichert wurden und die Transportnummern »1140« und
»1141« lauten.

Die Funktion, Lieferbelege zu schieben bzw. aus dem Transportbeleg zu entfernen, können Sie nur im Anfangsstadium eines Transports ausführen.
Sobald der Transport auf den ersten Status (Status »Disposition«) gesetzt
wurde, sind solche Änderungen nicht mehr möglich. Sind trotzdem Ver-
schiebungen erforderlich, müssen Sie den Status »Disposition« wieder
zurücknehmen, die Änderungen durchführen und anschließend den Status
erneut setzen. Die gleiche Funktion lässt sich auch mit bereits bestehenden
Transportbelegen durchführen. Rufen Sie den ersten Transport zur Änderung mit der Transaktion VT02N auf.

Eine sehr interessante Funktion, die Sie ausführen können, ist, wenn Sie
nachträglich Lieferbelege in einen neuen Transportbeleg umschichten. Zu
diesem Zweck habe ich als Beispiel einen Transportbeleg mit gleich elf Lieferbelegen erstellt (siehe Abbildung 10.35).

Einzeltransp. Straße 1142 ändern: Transporte und Lieferungen
Lieferungen
Planung
Selektionsprotokoll
Lieferungen splitten
Trans
Transporte und Lieferungen
Gesamtstat
Tr.Dis...
TD-Leister
Trsp.Route
Versandst
EmpfangAdr
Ges.Gew./KG
0000001142 OGWB 2.112,000
0080000245 OGDE01 OGWB DE 80808 München 70,400
0080000246 OGDE01 OGWB DE 80808 München 70,400
0080000247 OGDE01 OGWB DE 80808 München 70,400
0080000248 OGDE01 OGWB DE 80808 München 70,400
0080000253 OGDE01 OGWB DE 80808 München 70,400
0080000254 OGDE01 OGWB DE 80808 München 1.408
0080000255 OGDE01 OGWB DE 80808 München 70,400
0080000256 OGDE01 OGWB DE 80808 München 70,400
0080000257 OGDE01 OGWB DE 80808 München 70,400
0080000258 OGDE01 OGWB DE 80808 München 70,400
0080000259 OGDE01 OGWB DE 80808 München 70,400

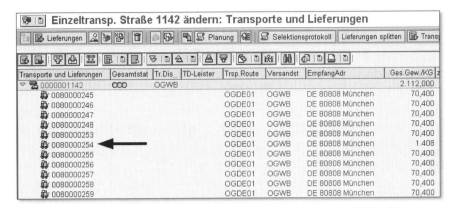

Abbildung 10.35 Transportbeleg mit mehreren Lieferbelegen

Stellen Sie nun fest, dass Sie bestimmte Lieferbelege entfernen (z. B. passt die Lieferung »80000254« nicht in diesen Transport) und diese in einen neuen Transportbeleg überführen möchten, klicken Sie einfach auf das Icon . Damit wird ein neuer Transportbeleg mit den gleichen organisatorischen Eigenschaften angelegt und in die Übersicht übernommen (siehe Abbildung 10.36). Sie erhalten den Hinweis »Neuen Transport aufgenommen mit der vorläufigen Nummer $0001«.

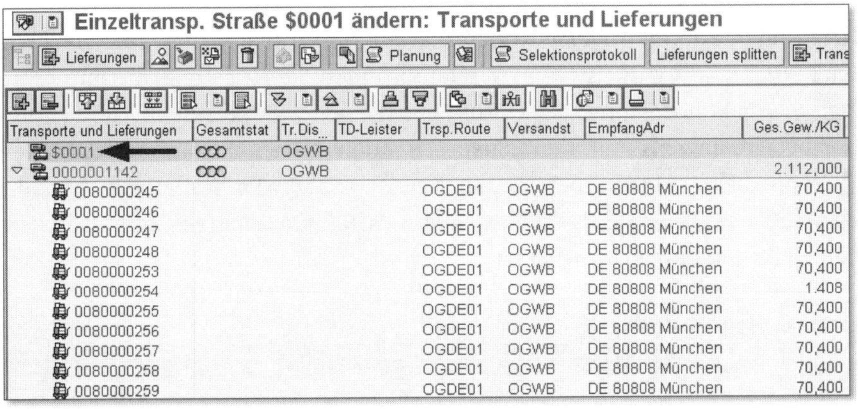

Einzeltransp. Straße $0001 ändern: Transporte und Lieferungen
Lieferungen
Planung
Selektionsprotokoll
Lieferungen splitten
Trans
Transporte und Lieferungen
Gesamtstat
Tr.Dis...
TD-Leister
Trsp.Route
Versandst
EmpfangAdr
Ges.Gew./KG
$0001 OGWB
0000001142 OGWB 2.112,000
0080000245 OGDE01 OGWB DE 80808 München 70,400
0080000246 OGDE01 OGWB DE 80808 München 70,400
0080000247 OGDE01 OGWB DE 80808 München 70,400
0080000248 OGDE01 OGWB DE 80808 München 70,400
0080000253 OGDE01 OGWB DE 80808 München 70,400
0080000254 OGDE01 OGWB DE 80808 München 1.408
0080000255 OGDE01 OGWB DE 80808 München 70,400
0080000256 OGDE01 OGWB DE 80808 München 70,400
0080000257 OGDE01 OGWB DE 80808 München 70,400
0080000258 OGDE01 OGWB DE 80808 München 70,400
0080000259 OGDE01 OGWB DE 80808 München 70,400

Abbildung 10.36 Neu aufgenommener Transportbeleg

Nun können Sie Ihre Lieferbelege verschieben, wie ich es zuvor beschrieben habe. Klicken Sie zum Schluss auf das Icon , um die Änderungen zu speichern. Es wird Ihnen anschließend die neue Transportbelegnummer vom System genannt.

10.3.3 Massenänderungen

Eine nicht so häufig genutzte, aber in manchen Fällen doch sehr hilfreiche Funktion ist die Massenänderung von Transportbelegen. Starten Sie hierzu die Transaktion VT06. Sie erhalten ein Selektionsbild, auf dem Sie Ihre Transportbelege selektieren, die Sie ändern möchten. Zur Selektion der Transportbelege können Sie, wie auch bei allen anderen Selektionsbildern, eine Variante für Ihre Bedürfnisse anlegen, die Sie anschließend immer wieder benutzen können. Sie erhalten nun alle Transportbelege, die zu den Selektionskriterien passen (siehe Abbildung 10.37).

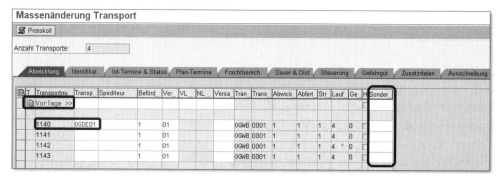

Abbildung 10.37 Übersicht über die Massenänderung von Transportbelegen

Hier finden Sie nun diverse Registerkarten, wie ABWICKLUNG, IDENTIFIKAT., IST-TERMINE & STATUS usw. Des Weiteren finden Sie eine Zeile, die mit »Vorlage >>« gekennzeichnet ist. Darunter befinden Sie die selektierten Transportbelege, jeweils mit den entsprechenden Daten. Sie sehen, dass der Transportbeleg »1140« bereits die Route »OGDE01« besitzt. Sie können ebenfalls erkennen, dass in der Spalte SONDERABWICKLUNGSKENNZEICHEN kein Häkchen gesetzt worden ist.

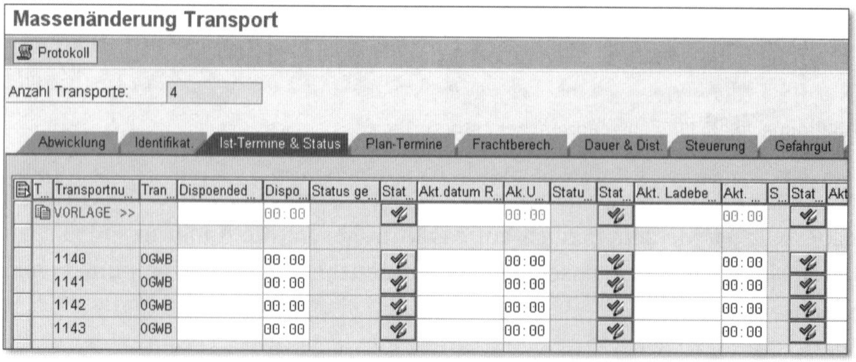

📝	T	Transportnu	Tran	Disponendet	Dispo	Status ge	Stat	Ak.datum R.	Ak.U.	Statu	Stat	Akt. Ladebe	Akt.	S	Stat	Akt
		📋 VORLAGE >>			00:00		🥢		00:00		🥢		00:00		🥢	
		1140	OGWB		00:00		🥢		00:00		🥢		00:00		🥢	
		1141	OGWB		00:00		🥢		00:00		🥢		00:00		🥢	
		1142	OGWB		00:00		🥢		00:00		🥢		00:00		🥢	
		1143	OGWB		00:00		🥢		00:00		🥢		00:00		🥢	

Abbildung 10.38 Übersicht über die Massenänderung von Terminen und Status

Auf der Registerkarte ABWICKLUNG sehen Sie nur bestimmte Daten. Wählen Sie z. B. die Registerkarte IST-TERMINE & STATUS, erhalten Sie ein Bild, in dem die Daten und Termine angezeigt werden (siehe Abbildung 10.38).

Wie gehen Sie nun mit diesen Massenänderungen um? Ich greife zur besseren Übersicht auf Abbildung 10.37 zurück. Ich möchte alle Transportbelege mit einem Thermo-Lkw durchführen und schreibe daher in die Vorlagenzeile unter das SONDERABWICKLUNGSKENNZEICHEN »ZTHE« (siehe Abbildung 10.39).

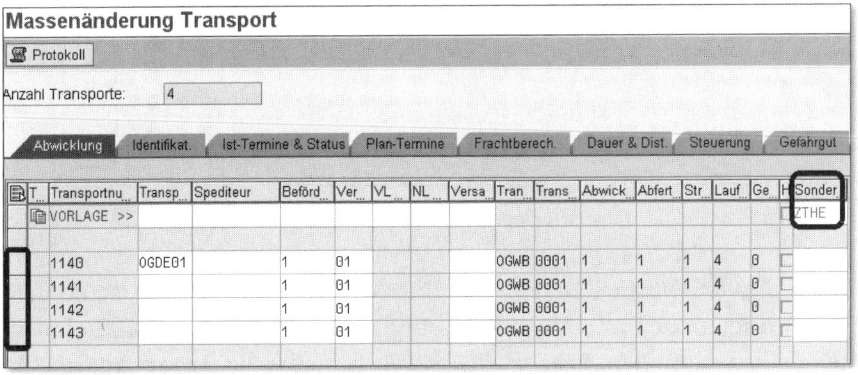

Abbildung 10.39 Vorlage zur Massenänderung ausfüllen

Markieren Sie nun die Transportbelege, für die Sie die Daten aus der Vorlagenzeile übernehmen möchten. Klicken Sie hierzu die Zeile in der ersten Spalte an. Die komplette Zeile wird nun dunkel angezeigt. Möchten Sie alle Transportbelege markieren, klicken Sie auf das Icon 📑. Sie finden dieses Icon sowie die noch folgenden Buttons ganz unten auf Ihrem Bildschirm (die Icons habe ich in den Abbildungen nicht mit dargestellt). Ihr Bild müsste jetzt aussehen, wie es in Abbildung 10.40 gezeigt wird.

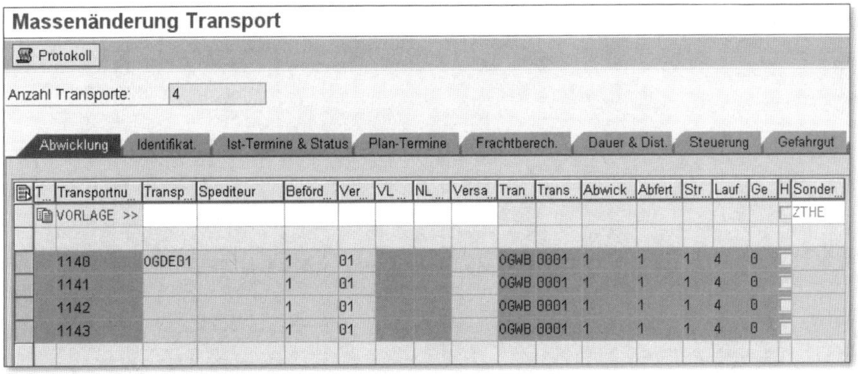

Abbildung 10.40 Auswählen der Transporte für die Massenänderung

Klicken Sie nun auf den Button ⎘ Vorlage . Es werden die eingegebenen Daten aus der Vorlagenzeile in die markierten Transportbelege übernommen (siehe Abbildung 10.41). Sichern Sie diese Daten, indem Sie auf das Icon 🖫 klicken.

Massenänderung Transport

𝄞 Protokoll

Anzahl Transporte: 4

| Abwicklung | Identifikat. | Ist-Termine & Status | Plan-Termine | Frachtberech. | Dauer & Dist. | Steuerung | Gefahrgut |

T	Transportnu	Transp.	Spediteur	Beförd	Ver.	VL	NL	Versa	Tran	Trans	Abwick	Abfert	Str	Lauf	Ge	H	Sonder
	1140	OGDE01		1	01				OGWB	0001	1	1	1	4	0	☐	ZTHE
	1141			1	01				OGWB	0001	1	1	1	4	0	☐	ZTHE
	1142			1	01				OGWB	0001	1	1	1	4	0	☐	ZTHE
	1143			1	01				OGWB	0001	1	1	1	4	0	☐	ZTHE

Abbildung 10.41 In die Transportbelege übernommene Daten aus der Vorlage

Stellen Sie vor dem Sichern fest, dass Ihre Änderung nicht richtig ist, können Sie alle Änderungen mit einem Klick auf das Icon 🖉 wieder zurücknehmen. Sie erhalten damit den Zustand, den Sie vorgefunden haben, als Sie das Bild direkt nach der Selektion erhalten haben.

Möchten Sie den Inhalt einer Spalte löschen, müssen Sie zunächst einmal die entsprechende Spalte markieren, indem Sie mit Ihrem Cursor die Überschrift der Spalte anklicken. Die komplette Spalte erscheint nun dunkel. Markieren Sie jetzt die entsprechenden Transportbelege, indem Sie die dazugehörige Zeile im ersten Feld anklicken. In meinem Beispiel lösche ich das Sonderabwicklungskennzeichen wieder aus allen Transportbelegen, nicht aber aus dem Transport »1142«. Ihr Bild, kurz vor der Ausführung, sieht nun aus, wie es in Abbildung 10.42 dargestellt ist.

Massenänderung Transport

𝄞 Protokoll

Anzahl Transporte: 4

| Abwicklung | Identifikat. | Ist-Termine & Status | Plan-Termine | Frachtberech. | Dauer & Dist. | Steuerung | Gefahrgut |

T	Transportnu	Transp.	Spediteur	Beförd	Ver.	VL	NL	Ver.	Tran	Trans	Abwick	Abfert	Str	Lauf	Ge	H	Son.
	1140	OGDE01		1	01				OGWB	0001	1	1	1	4	0	☐	ZTHE
	1141			1	01				OGWB	0001	1	1	1	4	0	☐	ZTHE
	1142			1	01				OGWB	0001	1	1	1	4	0	☐	ZTHE
	1143			1	01				OGWB	0001	1	1	1	4	0	☐	ZTHE

Abbildung 10.42 Massenlöschungen von Daten (vor der Ausführung)

Wenn Sie jetzt auf den Button [🗑 Spalteninhalt] klicken, werden alle markierten Felder gelöscht (siehe Abbildung 10.43).

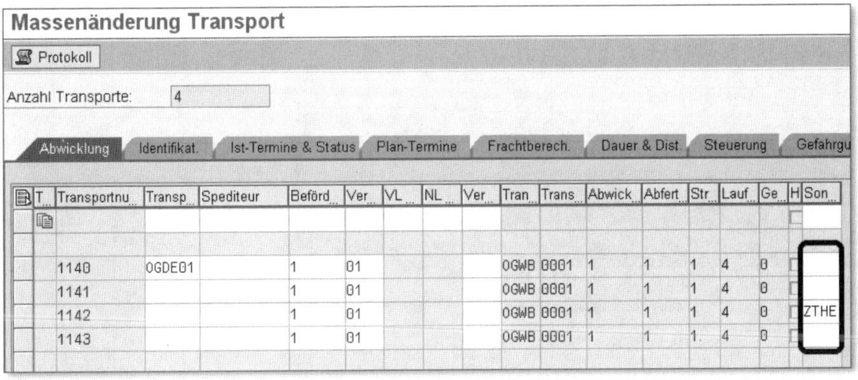

	T	Transportnu	Transp	Spediteur	Beförd.	Ver.	VL	NL	Ver.	Tran	Trans	Abwick	Abfert	Str.	Lauf	Ge	H	Son
	🗋																	
		1140	0GDE01		1	01				0GWB	0001	1	1	1	4	0		
		1141			1	01				0GWB	0001	1	1	1	4	0		
		1142			1	01				0GWB	0001	1	1	1	4	0		ZTHE
		1143			1	01				0GWB	0001	1	1	1	4	0		

Massenänderung Transport
🖳 Protokoll
Anzahl Transporte: 4
Abwicklung | Identifikat. | Ist-Termine & Status | Plan-Termine | Frachtberech. | Dauer & Dist. | Steuerung | Gefahrgu

Abbildung 10.43 Massenlöschungen von Daten (nach der Ausführung)

Auch hier gilt, nur mit einem Klick auf das Icon 🖫 werden die Änderungen in den Transportbelegen abgespeichert.

Prinzipiell ist die Funktionsweise für die Massenänderung auf allen Registerkarten gleich. Trotzdem gehe ich noch einmal kurz auf die Registerkarte IST-TERMINE & STATUS ein (siehe Abbildung 10.38). Hier geht es um das Setzen eines bestimmten Status.

Das Setzen eines Status, entweder in der Vorlagenzeile oder direkt in der Zeile zu den einzelnen Transportbelegen, geschieht, indem Sie für den entsprechenden Status auf das Icon [✍] klicken. Dadurch werden das aktuelle Datum und die Uhrzeit zu dem Status gesetzt, und hinter der Uhrzeit wird ein Häkchen platziert (siehe Abbildung 10.44).

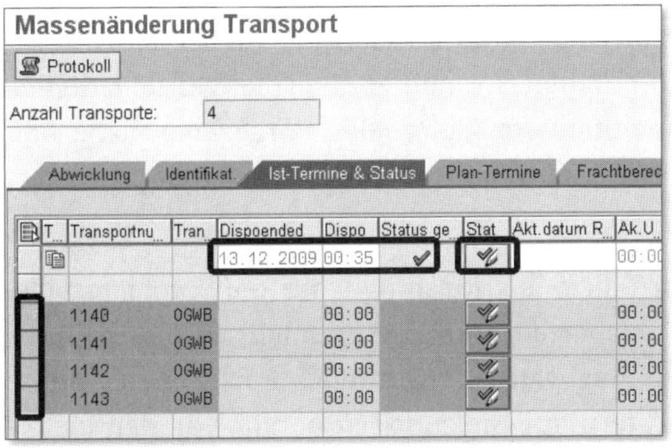

Massenänderung Transport
🖳 Protokoll
Anzahl Transporte: 4
Abwicklung | Identifikat. | Ist-Termine & Status | Plan-Termine | Frachtberec

	T	Transportnu	Tran	Dispoended	Dispo	Status ge	Stat	Akt.datum R.	Ak.U.
	🗋			13.12.2009	00:35	✓	✍		00:00
		1140	0GWB		00:00		✍		00:00
		1141	0GWB		00:00		✍		00:00
		1142	0GWB		00:00		✍		00:00
		1143	0GWB		00:00		✍		00:00

Abbildung 10.44 Massenänderungen von Status

Markieren Sie nun die Transportbelege, für die Sie diesen Status setzen möchten, und klicken Sie auf den Button 🗐 Vorlage . Damit wird der Status aus der Vorlage in alle markierten Transportbelege kopiert (siehe Abbildung 10.45).

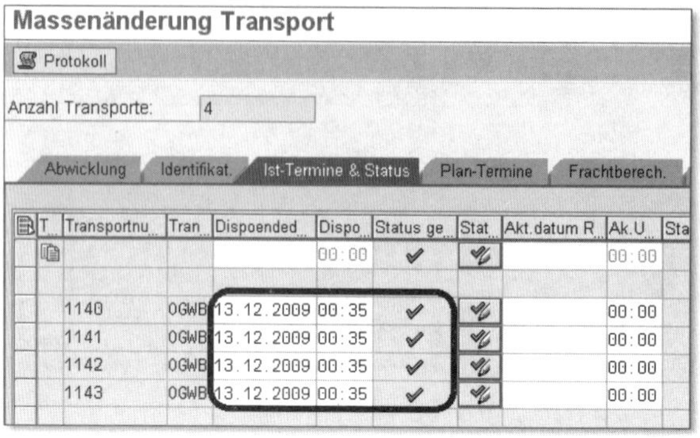

Abbildung 10.45 Status nach der Massenänderung

Bei einer Massenänderung kann es zu Fehlersituationen kommen bzw. dazu, dass Warnungen an Sie ausgegeben werden. Sie erhalten in diesem Fall ein Popup (siehe Abbildung 10.46).

Abbildung 10.46 Popup für den Hinweis auf Warnungen und Fehler

Zum Protokoll (siehe Abbildung 10.47) kommen Sie, indem Sie auf den Button 🗷 Protokoll klicken. Reißen Sie die Informationen bis zur letzten Instanz auf, um alle Informationen zu erhalten. In meinem Beispiel wurde lediglich mitgeteilt, dass ich keinen Spediteur im Lieferbeleg vorgegeben habe und dieser dann auch folglich nicht in den Transportbeleg kopiert werden konnte.

Ich habe Ihnen nun ausführlich die Selektionsmöglichkeiten von Lieferbelegen für die Erstellung von Transporten erklärt. Anschließend bin ich noch detailliert auf die Änderungen eingegangen. Nun möchte ich Ihnen weitere Funktionen im Transport erläutern, die Sie zum Teil bereits von den Lieferbelegen her kennen.

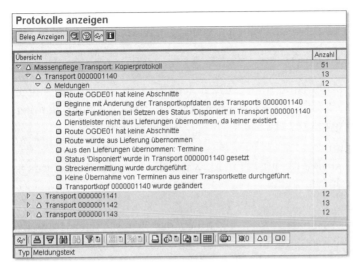

Abbildung 10.47 Protokoll der Massenänderung

10.4 Versandtermine im Transport

Genau wie im Lieferbeleg haben Sie auch im Transportbeleg die Möglichkeit einer detaillierten Transportplanung. Hierzu sind *Versandtermine* erforderlich, die festlegen, wann ein bestimmter Vorgang beginnen muss, damit die Ware rechtzeitig beim Kunden eintreffen kann. In diesem Abschnitt stelle ich Ihnen die einzelnen Termine vor und erläutere, wie sie durch das Kopieren aus dem Lieferbeleg ermittelt werden können. Diese Termine gehen als sogenannte *Plantermine* in den Transportbeleg ein. Hierzu werden im späteren Geschäftsprozess die Ist-Termine erfasst, die entsprechend zu einem bestimmten Status führen. Die Ist-Termine, welchen Status sie haben und welche Funktionen mit diesem Status kombiniert werden können werde ich Ihnen in Kapitel 12, »Status im Transport«, detailliert vorstellen.

Folgende Versandtermine werden im Transportbeleg erfasst:

▸ **Registrierung**
Der Termin REGISTRIERUNG gibt an, wann der Lkw im Auslieferungswerk ankommen soll. Meistens meldet sich der Fahrer beim Pförtner zur Registrierung.

▸ **Verladen Beginn**
VERLADEN BEGINN soll dem Anwender anzeigen, wann mit der Verladung der Ware begonnen werden muss.

- **Verladen Ende**

  Der Termin VERLADEN ENDE gibt an, wann die Ware fertig verladen sein muss.

- **Abfertigung**

  Für die Transportdurchführung müssen dem Fahrer Lieferpapiere mitgegeben werden. Hier gibt der Termin ABFERTIGUNG Auskunft darüber, wann die Lieferpapiere dem Fahrer ausgehändigt sein sollten.

- **Transportbeginn**

  Der Termin TRANSPORTBEGINN gibt an, wann der Lkw das Auslieferungswerk verlassen haben sollte.

- **Transportende**

  Der Termin TRANSPORTENDE ist eigentlich das Wunschlieferdatum des Kunden, sagt also aus, wann der Lkw beim Kunden ankommen sollte, damit die Ware pünktlich beim Kunden in Empfang genommen werden kann.

Sie haben nun die Möglichkeit, Ihre Versandterminierung manuell durchzuführen oder sich die Werte aus den Lieferbelegen vorschlagen zu lassen. Hierzu bietet SAP eine bestimmte *Kopierroutine* an, die Sie im Customizing auf Ebene der Transportart definieren müssen. Setzen Sie daher die KOPIERROUTINE »8« (siehe Abbildung 10.48).

Abbildung 10.48 Kopierroutine für die Termine je Transportart einstellen

Diese Kopierroutine von SAP setzt die geplanten Versandtermine nach folgenden drei Regeln:

1. Der *früheste Ladetermin* aus den Lieferbelegen wird in REGISTRIERUNG und VERLADEN BEGINN übertragen.

2. Der *zuletzt geplante Warenausgangstermin* wird in VERLADEN ENDE, ABFERTIGUNG und TRANSPORTBEGINN übertragen.

3. Der *letzte Liefertermin* wird in TRANSPORTENDE übertragen.

Als Beispiel für diese Arbeitsweise habe ich Ihnen in Abbildung 10.49 den Lieferbeleg »80000254« mit der entsprechenden Lieferterminierung im oberen Teil des Bildes dargestellt. Im unteren Teil des Bildes sehen Sie den dazugehörigen Transportbeleg.

Darüber hinaus können Sie natürlich auch Ihre eigenen Kopierroutinen definieren. Hierzu müssen Sie im Pflegebild den Transportarten eine neue Kopierroutine hinzufügen. Klicken Sie zu diesem Zweck auf den Button ▦ Pflegen (siehe Abbildung 10.48). Ihnen werden nun die bereits definierten Form-Routinen (Kopierroutinen) angezeigt. Wählen Sie Ihre eigene Routine, indem Sie sich eine neue Nummer zwischen »500« und »999« aussuchen und diese eingeben. Programmieren Sie nun in der Form-Routine »FV56Cnnn« (»nnn« steht für die ausgewählte Nummer der Form-Routine) mit Ihren eigenen Kopieralgorithmen.

User Exit

Darüber hinaus bietet SAP die Erweiterung V56FCOPY an. Hier haben Sie alle Möglichkeiten, Daten zu kopieren und in die entsprechenden Felder im Transportbeleg zu übertragen. Wählen Sie hierzu den Funktionsbaustein EXIT_SAPLV56F_010 mit dem Include ZXV56U15.

Die Versandtermine im Transportbeleg werden ermittelt, sobald Sie auf den Button Disposition klicken. Entsprechend der Kopierregel »8« werden die einzelnen Termine aus den Lieferbelegen übernommen.

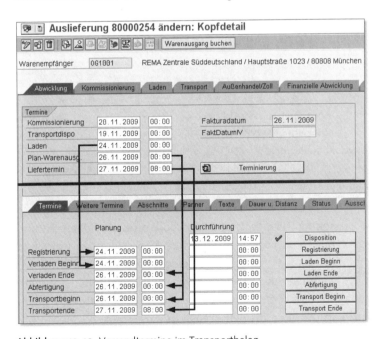

Abbildung 10.49 Versandtermine im Transportbeleg

Darüber hinaus haben Sie die Möglichkeit, eine weitaus detailliertere Planung Ihrer Transportaktivitäten durchzuführen, z. B. wenn Sie die minutengenaue Terminierung für Ihre Lieferbelege aktiviert haben. Dieses Thema eingehender zu behandeln würde allerdings den Rahmen dieses Buches sprengen.

10.5 Partnerfindung

Als Partner werden im SAP-System alle die Personen, Unternehmen, Kunden, Dienstleister oder Lieferanten bezeichnet, die in irgendeiner Weise am Geschäftsprozess beteiligt sind. Im Falle der Transportabwicklung sind das z. B. der Spediteur, der Frachtführer und das Versicherungsunternehmen.

Die Daten der beteiligten Partner müssen als Stammdaten hinterlegt werden. Für den Spediteur oder auch den Frachtführer müssen Sie die Daten in der Lieferantenstammdatei pflegen. Diese Partner nehmen im Transportprozess bestimmte Rollen ein, die mit einer Rollenidentifikation oder *Partneridentifikation* gekennzeichnet werden (z. B. »SP« für Spediteur).

Die *Partnerrollen* habe ich Ihnen bereits ausführlich im Rahmen der Kundenstammdatei (siehe Abschnitt 3.2, »Kundenstammdaten«) bzw. in Abschnitt 6.3, »Partnerfindung«, vorgestellt. In diesem Abschnitt zeige ich Ihnen, wie Sie das SAP-System einstellen müssen, um für Ihre Prozesse die notwendigen Partner im Transportbeleg zu ermitteln.

> **Technische Informationen zur Partnerrolle**
>
> ▸ Feldlänge: 2-stellig
> ▸ Menüpfad im Customizing: LOGISTICS EXECUTION • TRANSPORT • GRUNDLAGEN • PARTNERSTEUERUNG • PARTNERFINDUNG FÜR TRANSPORTE EINSTELLEN
> ▸ Eigene Transaktion: auch noch über VOPA, anschließend Partnerobjekt TRANSPORT auswählen und abschließend auf den Button PARTNERROLLEN klicken
> ▸ Tabellen: TPAR und TPART (sprachenabhängige Bezeichnung)

Legen Sie zunächst einmal fest, welche Partnerrollen für Ihre Transportabwicklung infrage kommen und ob Sie mit den im SAP-Standard angebotenen Rollen auskommen. Wenn Sie die Rollen festgelegt haben, die Sie benötigen, fassen Sie alle notwendigen Rollen zusammen und schnüren daraus ein Paket, das sogenannte *Partnerschema*. In Abbildung 10.50 habe ich Ihnen die SAP-Standard-Partnerrollen für den Transport dargestellt.

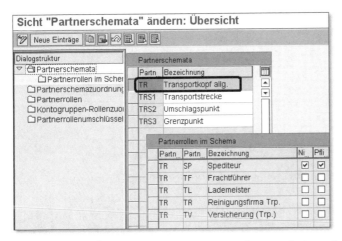

Abbildung 10.50 Übersicht über die von SAP angebotenen Partnerrollen für den Transportbelegkopf

---

Technische Informationen zum Partnerschema

▸ Feldlänge: 4-stellig

▸ Menüpfad im Customizing: LOGISTICS EXECUTION • TRANSPORT • GRUNDLAGEN • PARTNERSTEUERUNG • PARTNERFINDUNG FÜR TRANSPORTE EINSTELLEN

▸ Eigene Transaktion: auch noch über VOPA, anschließend das Partnerobjekt TRANSPORT auswählen und abschließend auf den Button PARTNERSCHEMATA klicken

▸ Tabelle: TVPG (Partnerobjekt »N«)

Müssen Sie neue Partnerrollen anlegen und diese Partnerrollen einem Partnerschema zuordnen, finden Sie weiterführende Informationen dazu in Abschnitt 6.3, »Partnerfindung«.

Technische Informationen zur Zuordnung der Partnerrollen

▸ zu einem Partnerschema

▸ Menüpfad im Customizing: LOGISTICS EXECUTION • VERSAND • GRUNDLAGEN • PARTNERSTEUERUNG • PARTNERFINDUNG FÜR TRANSPORTE EINSTELLEN

▸ Eigene Transaktion: auch noch über VOPA, anschließend das Partnerobjekt TRANSPORT auswählen und auf den Button PARTNERSCHEMATA klicken; ein Schema aussuchen und abschließend auf den Button ROLLEN IM SCHEMA klicken

▸ Tabelle: TPAER

Dieses Partnerschema ordnen Sie zum Schluss dem Transportbeleg (je Transportart) zu (siehe Abbildung 10.51).

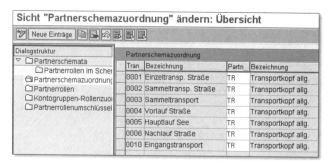

Abbildung 10.51 Zuordnung eines Partnerschemas zur Transportart

> **Technische Informationen zur Zuordnung der Partnerrollen zu einer Transportart**
>
> ▸ Menüpfad im Customizing: Logistics Execution • Transport • Grundlagen • Partnersteuerung • Partnerfindung für Transporte einstellen
>
> ▸ Eigene Transaktion: auch noch über VOPA, anschließend das Partnerobjekt Transport auswählen und auf den Button Partnerschemata klicken; ein Schema aussuchen und abschließend auf den Button Schemazuordnung klicken
>
> ▸ Tabelle: TVTK (abgespeichert im Feld PARGR)

Sie erreichen die Einstellungen über das Customizing, können aber auch die Transaktion VOPA aus den vorigen Releaseständen nutzen. Allerdings weichen die Bildschirmbilder von den hier abgedruckten Abbildungen ab.

Sehr oft steht der Spediteur bereits fest, wenn der Transportbeleg erstellt wird, z. B. weil Ihr Kunde den Spediteur vorschreibt oder Sie für bestimmte Routen Rahmenverträge mit Ihren Spediteuren abgeschlossen haben. Somit können Sie den Spediteur direkt als Partnerrolle im Kundenstamm hinterlegen. Dieser Partner wird über den Kundenauftrag in den Lieferbeleg kopiert. Damit diese Partner aus dem Lieferbeleg in den Transportbeleg übernommen werden können, müssen Sie die richtige Kopierroutine aktivieren.

Über das Customizing legen Sie für die Transportart fest, welche Kopierroutine aktiviert werden soll. In Abbildung 10.52 sehen Sie den Bildschirmteil für die Pflege der Kopierroutine. Ich habe hier eine »10« eingetragen. Mit dieser Routine werden der Spediteur und die Termine aus dem Lieferbeleg kopiert.

Den Partner im Lieferbeleg finden Sie, indem Sie die Registerkarte Partner auf Kopfebene auswählen (siehe Abbildung 10.53). Der SAP-Standard ist dort voreingestellt. Die Partner-ID des Spediteurs muss »SP« sein. Haben Sie eine eigene neue Partner-ID erstellt, müssen Sie die bestehende Kopierroutine auf eine neue kopieren und entsprechend ändern.

Abbildung 10.52 Kopierroutine für die Partner im Transportbeleg

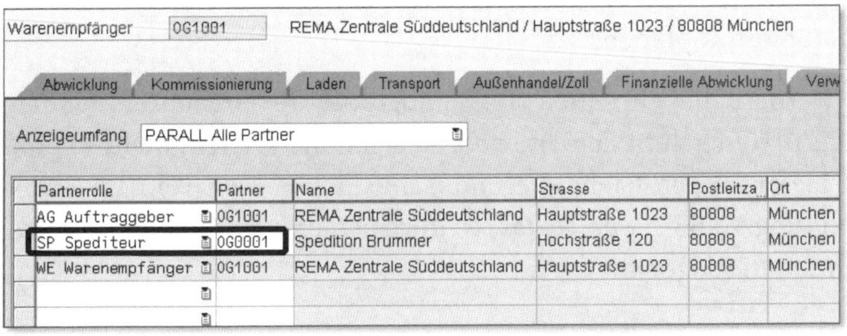

Partnerrolle		Partner	Name	Strasse	Postleitza	Ort
AG Auftraggeber		0G1001	REMA Zentrale Süddeutschland	Hauptstraße 1023	80808	München
SP Spediteur		0G0001	Spedition Brummer	Hochstraße 120	80808	München
WE Warenempfänger		0G1001	REMA Zentrale Süddeutschland	Hauptstraße 1023	80808	München

Warenempfänger 0G1001   REMA Zentrale Süddeutschland / Hauptstraße 1023 / 80808 München

Anzeigeumfang PARALL Alle Partner

Abbildung 10.53 Spediteur als Partnerrolle im Lieferbeleg

Erstellen Sie nun den Transportbeleg zu dieser Lieferung und setzen den Status »Disposition« auf Kopfebene (Registerkarte TERMINE), wird der Spediteur in das entsprechende Feld übernommen (siehe Abbildung 10.54).

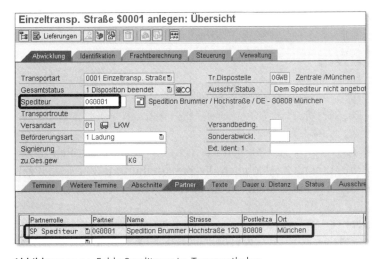

Abbildung 10.54 Feld »Spediteur« im Transportbeleg

Zudem finden Sie den Spediteur als Partner auf der Registerkarte PARTNER. Zusätzlich wird der Spediteur in alle Abschnitte Ihres Transports übernommen (siehe auch Abschnitt 11.2).

10.6 Texte im Transport

Neben den fest definierten Daten in den einzelnen Feldern des Transportbelegs gibt es Informationen, die keiner Verschlüsselung oder Definition unterliegen. Hierzu zählen die *Texte*, in denen Sie Informationen und Hinweise unterbringen können. Im Gegensatz zum Lieferbeleg kommen im Transportbeleg Texte nur auf Kopfebene vor.

Auch hier werden die einzelnen Texte über die *Textart* unterschieden, jedoch ist die Textvielfalt in den Transportbelegen bei Weitem nicht so groß wie in den Lieferbelegen (siehe die unterschiedlichen Textarten im Transport in Abbildung 10.55). Jede Textart ist durch einen vierstelligen Schlüssel gekennzeichnet, die sogenannte *Text-ID*.

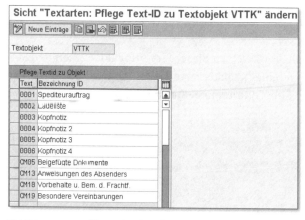

Abbildung 10.55 Übersicht über die von SAP angebotenen Textarten für den Transportbeleg

Im Transportbeleg selbst sehen Sie jedoch nicht die Textart, die sich hinter einem Text verbirgt, sondern lediglich die Beschreibung in der jeweiligen Sprache, in der Sie sich am System angemeldet haben.

[+] Definieren Sie die Textart, indem Sie in den ersten vier Stellen der Beschreibung die Textart wiederholen, z. B. »0001 Spediteurauftrag«. Somit wird die Textart über die Beschreibung angezeigt.

Möchten Sie alle möglichen Textarten sehen, die in Ihrem SAP-System für Transportbelege angelegt sind, starten Sie die Transaktion VOTXN (in älteren Releaseständen teilweise noch VOTX). Wählen Sie nun den Menüpunkt TRANSPORT. Klicken Sie anschließend auf den Button [Textarten]. Sie erhalten daraufhin alle eingestellten Textarten im SAP-System für das ausgewählte Objekt »VTTK« (Transportkopf).

Da Sie für Ihre Anforderungen im Unternehmen nicht alle Textarten nutzen werden oder darüber hinaus noch ein paar spezifische Textarten benötigen, die hier nicht angelegt sind, können Sie über das Customizing weitere Texte definieren. Diese Text-IDs beginnen immer mit »Z«, sodass Sie sofort erkennen können, ob es sich um eine SAP-Standard-Textart oder um eine speziell für Ihre Anforderungen angelegte Textart handelt.

Die Texte, die Sie für eine bestimmte Transportart benötigen, werden zu einem *Textschema* zusammengefasst. Dieses Schema bekommt eine Nummer zur Identifikation. Diese Schemanummer wird wiederum einer Transportart zugeordnet. Hiermit ist festgelegt, welche Textarten für welche Transportarten erlaubt sind.

Die Textarten im Transport werden nicht aus den Lieferbelegen übernommen. Der Grund dafür liegt auch darin, dass mehrere Lieferbelege zu einem Transport zusammengefasst werden. Das SAP-System wüsste in diesem Fall nämlich nicht, von welchem Lieferbeleg die entsprechenden Texte kopiert werden sollen.

Beispiel: Ich lege einen Text für die Verladung an und nenne die Text-ID »ZVLA«. Gehen Sie nun in das Customizing, oder starten Sie direkt die Transaktion VOTXN. Wählen Sie über den Radiobutton das Objekt TRANSPORT. Drücken Sie die [F5]-Taste, oder klicken Sie auf den Button [Textarten]. Markieren Sie einen ähnlichen Text, z. B. die Text-ID »0003 Kopfnotiz«, und klicken Sie auf das Icon [], oder drücken Sie die [F6]-Taste. Überschreiben Sie die TEXT-ID mit »ZVLA«, und geben Sie unter BEZEICHNUNG ID »Verladehinweise« ein (siehe Abbildung 10.56).

Abbildung 10.56 Neu hinzugefügte Textart zum Transportbeleg

> **Technische Informationen zur Textart**
>
> ▸ Feldlänge: 4-stellig
> ▸ Menüpfad im Customizing: LOGISTICS EXECUTION • TRANSPORT • GRUNDLAGEN • TEXT-STEUERUNG • TEXTARTEN DEFINIEREN
> ▸ Eigene Transaktion: VOTXN
> ▸ Tabellen: TTXID (Textobjekt »VTTK«) und TTXIT (sprachenabhängige Bezeichnung)

[!] Sichern Sie diese neue Text-ID mit einem Klick auf das Icon 🔲. Beachten Sie jedoch, dass diese Text-ID mandantenübergreifend verfügbar ist. Sie kann also von allen Mandanten, die auf Ihrem installierten SAP-System laufen, genutzt werden. Eine Absprache ist erforderlich, da sonst unter Umständen ein Wildwuchs von Textarten entsteht.

Prüfen Sie, welches Textschema für die Transportarten genutzt wird, für die Sie die Verladehinweise benötigen. Handelt es sich um ein SAP-Standardschema, legen Sie ein neues Schema an, in dem Sie das Standardschema überschreiben. SAP empfiehlt, dass das eigene Schema mit einem »Z« beginnen sollte. Ist der Transportart bereits ein kundenspezifisches Schema zugeordnet (es fängt mit einem »Z« an), merken Sie sich einfach dieses Schema (siehe Abbildung 10.57). In meinem Beispiel ist noch das Textschema »03« der Transportart »0001« zugeordnet.

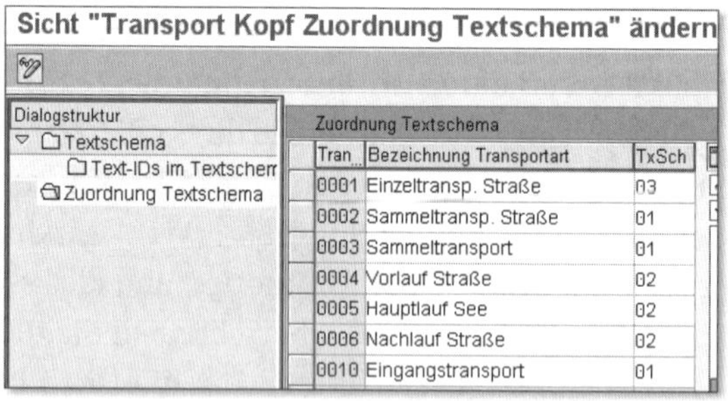

Abbildung 10.57 Zuordnung eines Textschemas zur Transportart

> **Technische Informationen zum Textschema**
>
> ▸ Feldlänge: 2-stellig
> ▸ Menüpfad im Customizing: LOGISTICS EXECUTION • TRANSPORT • GRUNDLAGEN • TEXT-STEUERUNG • TEXTSCHEMATA DEFINIEREN UND ZUORDNEN
> ▸ Eigene Transaktion: VOTXN
> ▸ Tabellen: TTXG (Textobjekt »VTTK«) und TTXGT (sprachenabhängige Bezeichnung)

Klicken Sie nun auf TEXTSCHEMA in der linken Bildhälfte. Markieren Sie das neue bzw. alte Textschema (in meinem Beispiel die »03«), und klicken Sie auf das Icon ▣, um es zu kopieren. Sie erhalten ein neues Bild, in dem Sie das neue Schema einpflegen. In diesem Beispiel nenne ich das neue Textschema »ZL«. Drücken Sie die ⌜Enter⌝-Taste, und wählen Sie in dem erscheinenden Popup ALLE KOPIEREN.

Sichern Sie anschließend Ihre Eingaben. Drücken Sie einmal die ⌜Back⌝- oder die ⌜F3⌝-Taste, und Sie gelangen wieder in die Übersicht der Textschemata.

Markieren Sie daraufhin das Schema »ZL«, und doppelklicken Sie auf TEXT-IDs IM TEXTSCHEMA. Dort finden Sie die von Schema »03« kopierten Text-IDs (siehe Abbildung 10.58). Ich füge die neue TEXT-ID »ZVLA« hinter der Lade-liste als laufende Nummer »35« ein. Klicken Sie auf den Button ⌜Neue Einträge⌝, und pflegen Sie nun unter LFDNR »35« und unter ID »ZVLA« ein. Sichern Sie diese Eingaben.

Abbildung 10.58 Neue Text-IDs, die beim Kopieren erzeugt wurden

Zum Schluss ordnen Sie dieses Schema noch Ihrer Transportart zu. Öffnen Sie dazu im linken Teil des Übersichtsbilds den Ordner ZUORDNUNG TEXT-SCHEMA. Pflegen Sie dort unter der gewünschten Transportart das neue Text-schema ein (siehe Abbildung 10.57). Überschreiben Sie in diesem Beispiel die »03« mit dem neuen Schema »ZL«.

Normalerweise müssen Sie bei der beschriebenen Vorgehensweise vorher eine eigene Transportart erstellen und dieser das neue Textschema zuord-nen. Es ist nicht empfehlenswert, Änderungen in den Einstellungen der SAP-Standardauslieferung vorzunehmen.

Die Texte finden Sie im Transport auf der Registerkarte TEXTE. Mehr Infor-mationen zur Pflege der Texte (neu eingeben, ändern und wieder löschen)

finden Sie in Abschnitt 6.4, »Texte im Lieferbeleg«. Einige Funktionen stehen Ihnen dabei allerdings nicht zur Verfügung:

▸ Sie können einen Text nicht von einer Word-Datei in das SAP-System hochladen.

▸ Die Analysefunktion zur Textfindung ist hier nicht verfügbar.

Im Großen und Ganzen ist der Prozess rund um die Texte im Transportbeleg einfacher einzustellen und zu handhaben als im Lieferbeleg. Die Bearbeitung am Bildschirm ist jedoch für beide Belegarten gleich.

10.7 Routen

Die Beschreibung und Findung der Route habe ich Ihnen bereits in Abschnitt 5.6 vorgestellt. Die Route hat jedoch nicht nur die Funktion der Selektion von anstehenden Auslieferungen, sondern ist fundamentale Grundlage für die Erstellung und Disposition von Transporten im SAP-System. Mithilfe einer Route bestimmen Sie, mit welchem Dienstleister (Spediteur), mit welchem Verkehrszweig (z. B. Lkw, Bahn, Flugzeug oder Schiff) und mit welcher Versandart Sie Ihre Ware transportieren. Die Route kann in Abschnitte eingeteilt werden, die einen festen Abgangsort (in der Regel die Versandstelle) und einen Empfangsort (Warenempfänger, Verteilstationen, Häfen usw.) haben. Über die Route haben Sie auch die Möglichkeit, eine Transportterminierung durchzuführen, die regelt, wann der Lkw spätestens die Versandstelle verlassen muss, um rechtzeitig beim Kunden zu sein.

In diesem Kapitel geht es um die Erstellung von Transportbelegen und darum, in welcher Form hierzu Informationen aus der Route verwendet werden können (siehe Abbildung 10.59). Die Route hat auf die Erstellung der Transportbelege folgenden Einfluss:

▸ **Entfernung zwischen Abgangs- und Empfangsort**
Hat die Route sowohl einen fest definierten Abgangsort (z. B. die Versandstelle) als auch Empfangsort (z. B. Hafen, Zollstelle, Umschlagspunkt), können Sie die Entfernung (Feld ENTFERNUNG) in der Route einpflegen. Wie Sie den Abgangsort und den Empfangsort vordefinieren, zeige ich Ihnen in Abschnitt 13.2, »Nachrichtenfindung«.

▸ **Transportketten**
Müssen Sie Mehrfachtransporte (Transportketten) abwickeln, können Sie die entsprechenden Informationen in der Route festlegen und als trans-

portrelevant einstellen. Sie haben beispielsweise eine Überseelieferung und planen zunächst den ersten Transport von Ihrer Versandstelle zu einem Hafen. In einem zweiten Transportbeleg bilden Sie den Seetransport von Ihrem Hafen bis zum Zielhafen ab. Im dritten und letzten Transportbeleg planen Sie den Transport vom Zielhafen bis zum Warenempfänger. Es handelt sich hierbei um einen Vor-, Haupt- und Nachlauf.

▶ **Maximal zulässiges Gesamtgewicht**
Sie können für eine Route ein maximal zulässiges Gewicht einpflegen. Überschreiten Sie mit Ihrem Transport diesen Wert, erhalten Sie einen Warnhinweis (Feld ZU.GES.GEW).

▶ **Versandarten**
Sie können für den Transportbeleg die Versandart in der Route vorgeben (Felder VERSANDART, VERSANDART VL und VERSANDART NL).

▶ **Vorgabe eines Spediteurs**
Sie haben die Möglichkeit, bereits in der Route einen Spediteur vorzugeben (Feld DIENSTLEISTER). Dieser wird in den Transportbeleg übernommen.

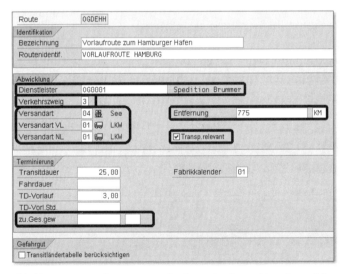

Abbildung 10.59 Informationen, die Sie in der Route hinterlegen können

Die Informationen, die Sie zu einer Route einpflegen, werden nicht nur für den Transportbelegkopf übernommen. Sie haben auch die Möglichkeit, bis zur Ebene der Abschnitte Informationen zu übertragen. Die Abschnitte werde ich Ihnen noch in Abschnitt 11.2 genauer vorstellen.

[zB] Ich habe eine Route für einen Kunden in Venezuela definiert. Für den Vorlauf habe ich die Versandart (Feld VERSANDART VL) »01« (Lkw) eingetragen (Transport bis zum Hafen). Der Hauptlauf (Feld VERSANDART) kennzeichnet die Seefracht. Ist die Ware im Bestimmungshafen angekommen, muss noch der Nachlauf (Feld VERSANDART NL) gestartet werden. Ich habe einen Kundenauftrag erfasst und einen Lieferbeleg, der aufgrund der Transportzone des Warenempfängers die Route »OGDEHH« gefunden hat.

Ich erstelle den Transportbeleg (siehe Abbildung 10.60) für den Vorlauf von der Versandstelle bis zum Abgangshafen. Nun rufe ich die Transaktion VT01N auf und selektiere die Lieferungen nach Australien. Als TRANSPORTART gebe ich »0004 Vorlauf Straße« vor.

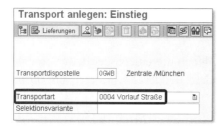

Abbildung 10.60 Erstellung eines Transportbelegs für den Vorlauf

Nehmen Sie die Selektion der Lieferbelege vor. Die gewählte Lieferung wird in den Transport übernommen. Lassen Sie sich nun die Kopfdetails anzeigen (siehe Abbildung 10.61).

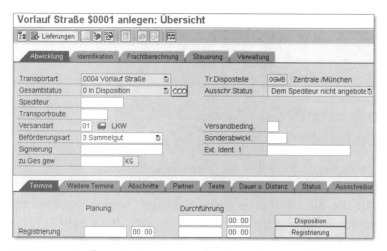

Abbildung 10.61 Übersicht über den erstellten Vorlauftransportbeleg

Klicken Sie jetzt auf den Button [Disposition]. Es wird Ihnen daraufhin ein Popup angezeigt, in dem Sie nach dem Abgangshafen (genauer nach dem Empfangsort dieser Route bzw. des Transportbelegs) gefragt werden (siehe Abbildung 10.62).

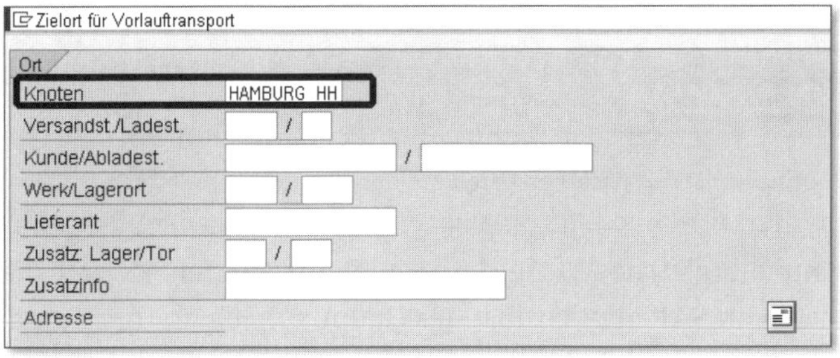

Abbildung 10.62 Popup zur Eingabe des Bestimmungshafens

Geben Sie den Empfangsort für diesen Vorlauftransport vor, und drücken Sie anschließend die [Enter]-Taste. Verzweigen Sie zur Kontrolle auf die Registerkarte Abschnitte. Sie finden hier sowohl den Abgangsort (also die Versandstelle aus dem Lieferbeleg) als auch den Zielhafen (siehe Abbildung 10.63). Über Routenabschnitte kann dieser Vorgang automatisiert werden. Dazu aber mehr in Abschnitt 11.2.3, »Streckenermittlung über die Route«.

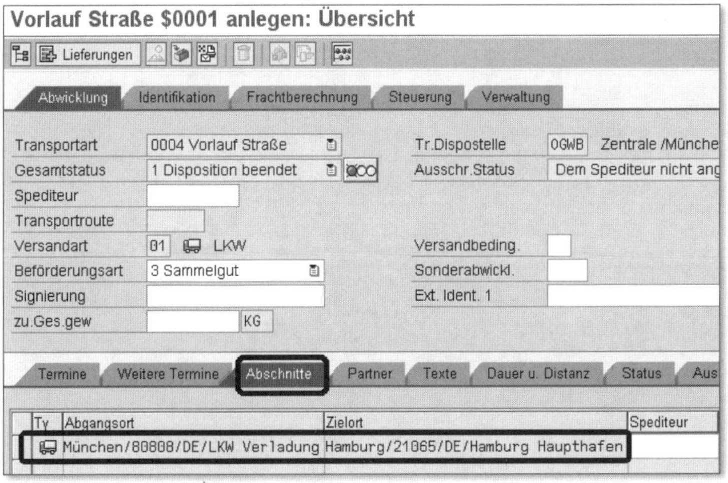

Abbildung 10.63 Übersicht über den Transportbeleg nach Eingabe des Zielhafens

Sichern Sie diesen Vorlauftransport. Ein Blick in den Lieferbeleg zeigt, dass der Transportdispostatus auf »B« gewechselt hat (siehe Abbildung 10.64).

Abbildung 10.64 Transportdispostatus nach Fertigstellung des Vorlaufs

Erstellen Sie nun auf die gleiche Weise den Hauptlauf (achten Sie auf die richtige Transportart!). Im SAP-Standard ist der Hauptlauf See mit der Transportart »0005« definiert. Abschließend erstellen Sie noch den Nachlauf. Haben Sie dies durchgeführt, wechselt der Transportdispostatus im Lieferbeleg auf »C«.

Alle drei Transportbelege können Sie auch über den Sammellauf (Transaktion VT04) erstellen (siehe Abbildung 10.12). Wählen Sie eine Selektionsvariante, und klicken Sie auf den Button Pflegen . Pflegen Sie Ihre Variante, sodass Sie den oder die gewünschten Lieferbeleg(e) selektieren, und sichern Sie diese. Klicken Sie anschließend auf den Button Transportkette erzeugen . Das Bild hat sich erweitert (siehe Abbildung 10.65). Pflegen Sie nun für den Vor-, Haupt- und Nachlauf zumindest die Attribute DATEN UND OPTIONEN.

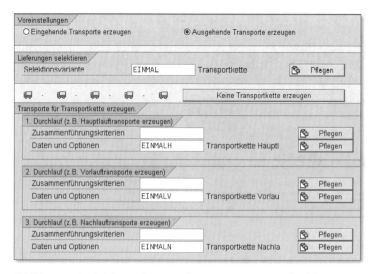

Abbildung 10.65 Selektion, Daten und Optionen im Sammellauf für Transportketten

Starten Sie den Sammellauf. Sie erhalten nun das Protokoll zu diesem Lauf (siehe Abbildung 10.66). Insgesamt wurden drei Transporte erstellt.

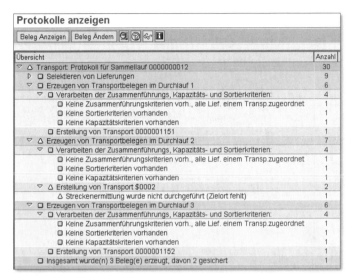

Abbildung 10.66 Protokoll zum Sammellauf zur Erstellung von Transportketten

Ich habe Ihnen nun erläutert, wie die Route die Erstellung von Transportbelegen beeinflusst. Wie Sie den Transportbeleg selbst durch die Informationen in den Routen beeinflussen können, erfahren Sie in Abschnitt 11.2, »Abschnitte«. Hierzu gehört auch, wie Sie z. B. für bestimmte Auftraggeber (Großkunden) verschiedene Warenempfänger über ein und dieselbe Route abwickeln und wie Sie Umschlagspunkte (Cross-Docking-Stationen) einbauen.

10.8   Externes Transportplanungssystem

Eine gänzlich andere Art und Weise, Transportbelege zu erstellen, ist der Weg über ein *externes Transportplanungssystem*. Während das SAP-System lediglich Lieferbelege selektieren kann, die festen Vorgaben entsprechen, können externe Transportplanungssysteme dynamischer planen. Ich habe z. B. ein externes Planungssystem kennengelernt, das sich über einen Routenplaner die fälligen Lieferbelege tourenoptimiert zusammenstellt, sodass beispielsweise der eigene Fuhrpark zu fast 100 % ausgelastet ist und die Fahrstrecken von der Entfernung her optimiert werden. Hierdurch lassen sich in der Regel 20 bis 30 % der gesamten Transportkosten einsparen.

Ist ein solches externes Transportplanungssystem von SAP zertifiziert, können Sie mit einigen wenigen technischen und organisatorischen Einstellungen die Systeme verbinden. SAP hat hierzu *TPS* (Transportplanungssystem) entwickelt, um für diesen Prozess einen einheitlichen und integrierten Ablauf zu gewährleisten. Ich beziehe mich in diesem Abschnitt jedoch nur auf die organisatorischen Einstellungen.

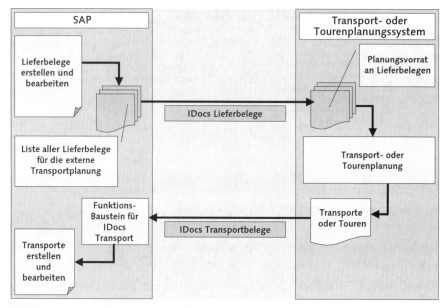

Abbildung 10.67 Funktionsweise zwischen SAP und einem externen Transportplanungssystem über TPS

Ich habe Ihnen in Abbildung 10.67 den Ablauf skizziert. Im SAP-System werden Lieferbelege über IDocs an das externe TPS geschickt. Dort werden die Lieferbelege zu Touren verplant, anschließend per IDocs wieder an das SAP-System zurückgeschickt und in Transportbelegen umgesetzt. Parallel zu diesem Prozess kann es erforderlich werden, Stammdaten an das externe TPS zu übertragen, damit z. B. Warenannahmezeiten beim Warenempfänger berücksichtigt werden.

Wurden die Transportbelege über das externe TPS erstellt, obliegen die Pflege und die weitere Verarbeitung wieder den Anwendern im SAP-System. Ebenso werden die Drucke und Dokumente im SAP-System erstellt.

Dem externen TPS wird zur Erstellung der Transportbelege eine feste Transportdispostelle zugeordnet. Da TPS über die ALE-Technik und den asynchronen *Remote Function Call* (RFC) realisiert ist, hat TPS einen logischen Namen. Dieser Name wird der Transportdispostelle zugeordnet.

Die Einstellungen nehmen Sie im Customizing vor. Sie erreichen die einzelnen Stellen über den Menüpfad LOGISTICS EXECUTION • TRANSPORT • SCHNITTSTELLEN • EXTERNE TRANSPORTPLANUNGSSYSTEME. Hier müssen Sie die technische Anbindung und den Prozessablauf einstellen. Die einzelnen Schritte habe ich Ihnen in Abbildung 10.68 dargestellt.

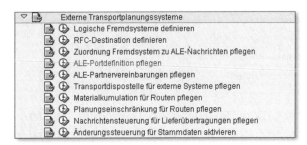

Abbildung 10.68 Die einzelnen Schritte zur Einstellung eines externen Transportplanungssystems

Da ich mich hier auf den Prozess beschränke und nicht auf die technischen Einstellungen eingehe, besteht der erste Schritt darin, die Transportdispostelle einem externen System zuzuordnen, da diese organisatorische Einheit zur Erstellung von Transportbelegen zwingend notwendig ist (siehe auch Abschnitt 12.2.1, »Aktivitäten definieren«). Des Weiteren legen Sie an diesem Punkt fest, mit welchem Nummernkreis die Transportbelege angelegt werden sollen.

Ist der Transportbeleg einmal angelegt, geben Sie in diesem Menüpunkt zusätzlich an, welche Änderungen an dem Transportbeleg durchgeführt werden dürfen. Hierbei gibt es wenige Möglichkeiten: keine Einschränkungen bei einer eventuellen Änderung oder das Verbot, planungsrelevante Felder zu ändern.

Um aber überhaupt Lieferbelege an das externe Planungssystem schicken zu können, müssen Sie für diesen Prozess die Nachrichtenart »TPS0« pflegen und einstellen. Benötigen Sie eine eigene Nachrichtenart, schlagen Sie zur Pflege von Nachrichtenschemata und Nachrichtenarten in Kapitel 13, »Versandpapiere und -dokumente«, nach.

Ähnlich müssen Stammdaten vom SAP-System an das externe TPS geschickt werden. SAP spricht hierbei von *Ortsstammdaten*. Diese sind zwingend erforderlich, wenn z. B. das externe Transportplanungssystem Routen (optimiert nach geografischen und topografischen Daten) neu berechnen muss.

Menüpfad zum externen Transportplanungssystem

LOGISTIK • LOGISTICS EXECUTION • TRANSPORT • TRANSPORTDISPOSITION • EXTERNES PLANUNGSSYSTEM. Hier haben Sie weitere Auswahlmöglichkeiten.

Transaktionscodes

VT60:   Stammdaten werden mit dieser Transaktion aus dem SAP-System an das externe Planungssystem geschickt.

BD21:   Geänderte Materialstammdaten schicken

VT61:   Lieferbelege an TPS übertragen

SAP weist selbst darauf hin, dass zur Erstellung von Transporten die Lieferbelege nicht nach geografischen oder anderen speziellen Faktoren selektiert und sortiert werden. Darauf haben sich externe Tourenplanungssysteme spezialisiert, und die Funktionalität wird im SAP-System nicht angeboten. Möchten Sie solche Planungssysteme nutzen, müssen Sie TPS arbeiten oder selbst eine Schnittstelle planen und entwickeln. Hierzu stehen Ihnen entsprechende BAPIs zur Erstellung von Transporten zur Verfügung.

10.9   Zusammenfassung

Der Transportbeleg ist ein weiterer Beleg im Versandprozess. Mit ihm bilden Sie einen Transport im SAP-System ab. Hierzu gibt es mehrere Transportarten (z. B. Vorlauf, Mischsendungen oder Hauptlauf). Transporte können einzeln manuell erfasst oder im Sammellauf (online oder über eine Batch-Variante) erstellt werden. Viele Funktionen, die Sie nun mit dem Transportbeleg abbilden werden, haben Sie bereits im Lieferbeleg kennengelernt (Textfindung, Partnerfindung, Routen, Versandtermine usw.).

In Kapitel 11, »Weitere Funktionen im Transport«, werde ich noch auf zwei spezifische Funktionen eingehen, die nur im Transportbeleg vorhanden sind.

Der Transportbeleg hat gegenüber den üblichen Vertriebsbelegen eine Besonderheit: die Abschnitte. Ich erkläre Ihnen hier die Aufgaben dieser Abschnitte, gehe noch einmal auf das Verpacken ein und widme mich dann einem weiteren großen Thema: der Frachtabrechnung mit den Spediteuren.

11   Weitere Funktionen im Transport

Die Aufgabe und den Aufbau eines Transportbelegs haben Sie bereits in Kapitel 10, »Transporte«, kennengelernt, ebenso einige Funktionen, wie die Partnerfindung, die Texte, die Aufgaben der Route usw. Der Transportbeleg besitzt jedoch noch eine weitere Funktion: Er ist Grundlage für die Abrechnung mit dem Spediteur.

Sie können von der Möglichkeit Gebrauch machen, Ihre Frachten über das SAP-System berechnen und gegebenenfalls sogar, je nach Vereinbarung mit Ihren Spediteuren, das Gutschriftsverfahren durchführen zu lassen. Das wird auch das Hauptthema dieses Kapitels sein, da die Frachtabrechnung nicht einfach zu verstehen ist und ich schon oftmals aufgrund Unkenntnis von so manchem Anwender gehört habe: »Das geht nicht mit SAP«. Die Frachtabrechnung kann mehr, als vielfach angenommen wird.

Aber bevor ich mich mit der Frachtabrechnung befasse, müssen Sie die Abschnitte und deren Funktionsweise verstanden haben, da die Abschnitte auch in die Frachtabrechnung eingreifen. Abschnitte sind Strecken, die durch einen Anfangsort und einen Zielort gekennzeichnet werden. Sie werden in der Regel automatisch vom SAP-System ermittelt. Hier gibt es allerdings zahlreiche Möglichkeiten, wie die Abschnitte gebildet werden können. Auch auf diese Möglichkeiten werde ich intensiv eingehen.

Einen kleineren Bereich wird das Verpacken einnehmen, da diese Funktion bereits in Kapitel 8 abgehandelt wurde. Ich weise in diesem Fall nur noch auf die Besonderheiten hin, die beim Verpacken im Transportbeleg in Erscheinung treten, und darauf, was auf Ebene des Transportbelegs möglich ist.

11.1 Verpacken

Der Funktion *Verpacken* habe ich bereits Kapitel 8 gewidmet und Ihnen dort vorgestellt, welche Einstellungen im Customizing nötig sind und welche Voraussetzungen auf der Seite der Stammdaten geschaffen werden müssen, um die Verpackungsfunktion im SAP-System zu nutzen. Sie haben die Möglichkeit, Ihre Materialien auf Ladehilfsmittel (z. B. Paletten, Gitterboxen) zu packen und diese Packdaten im Lieferbeleg zu hinterlegen. Sie wissen also nach dem Verpacken, aus wie vielen Ladehilfsmittel Ihre Lieferung besteht. Entsprechende Labels können Sie über die Nachrichtenfindung drucken.

11.1.1 Mehrstufiges Verpacken im Liefer- und Transportbeleg

Ich habe Ihnen die Möglichkeit vorgestellt, eine *mehrstufige Verpackung* im Lieferbeleg anzuwenden (siehe Abschnitt 8.2.2), z. B. Ihre Materialien zuerst in Kartons zu verpacken und anschließend die Kartons auf die einzelnen Ladehilfsmittel zu verteilen. Solange Sie je Lieferbeleg immer nur volle Ladehilfsmittel ausliefern und Anbruchpaletten nicht mit Materialien aus anderen Lieferbelegen (mit gleichem Warenempfänger) auffüllen, reicht Ihnen die Funktionalität, wie ich sie in Kapitel 8, »Verpacken«, beschrieben habe, vollkommen aus.

Ich treffe bei meinen Kunden aber auch sehr oft Situationen an, in denen eine Lieferposition eine Auslieferung darstellt, d. h., bestellt der Kunde bei Ihnen mehrere Positionen, müssen Sie mehrere Kundenaufträge und folglich zu jedem Kundenauftrag einen eigenen Lieferbeleg anlegen. Ich finde die Konstellation sehr oft in der Automobilbranche vor. Hier ist es durchaus sinnvoll, die Verpackungsfunktion nicht nur im Lieferbeleg durchzuführen, sondern auch auf Ebene des Transportbelegs. Besonders auch dann, wenn Sie, um einen Lkw vollständig zu beladen, mehrere Lieferbelege (mit je einer Auftragsposition) in einem Transport abwickeln.

Ein anderes Beispiel aus der Praxis sind die Exporte in Überseeländer. Hier packen Sie sehr oft die Ladehilfsmittel je Lieferbeleg in einen Container. Befinden sich mehrere Lieferbelege in einem Container, kann der Container im Transportbeleg verpackt werden. Auch hier wird von einer mehrstufigen Verpackung gesprochen.

Wickeln Sie sogar Kleinmengen ab und haben einen Dienstleister, der für Sie die Warenverteilung übernimmt (das können auch Kurier-, Express- und Paketdienste sein, kurz *KEP-Dienste* genannt), bilden Sie hierfür einen Transport und verteilen nun die einzelnen Positionen aus den verschiedenen Lieferbelegen auf ein Ladehilfsmittel.

Haben Sie sich entschieden, Paletten auf Transportebene zu verpacken, sieht die Situation aus, wie ich sie in Abbildung 11.1 dargestellt habe.

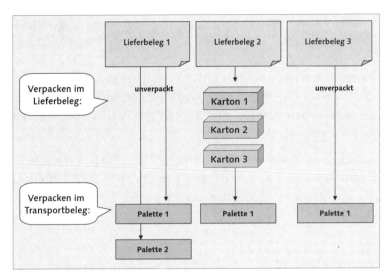

Abbildung 11.1 Richtiges Verpacken im Liefer- und Transportbeleg

Sie müssen sich entscheiden, ob Sie die gleiche Verpackungstiefe entweder in den Lieferbelegen oder im Transportbeleg durchführen. Das muss ich Ihnen näher erläutern, damit Sie es nachvollziehen können: Haben Sie die drei Verpackungstiefen »unverpackt«, »Materialien verpackt in Kartons« und »Kartons verpackt auf Paletten«, können Sie nicht in einem Lieferbeleg Paletten verpacken und auf diese Paletten weitere Positionen eines anderen Lieferbelegs packen, auch nicht im Transportbeleg. Abbildung 11.2 veranschaulicht diese Situation. **[!]**

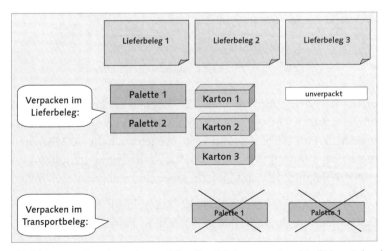

Abbildung 11.2 Das Verpacken auf dieselbe Palette aus unterschiedlichen Belegebenen ist nicht möglich.

[zB] Ich habe insgesamt drei Kundenaufträge erstellt. Im ersten Kundenauftrag hat der Kunde 150 Werbe-T-Shirts mit der Aufschrift »Weizen-Brauerei« bestellt. Er hat zusätzlich einen weiteren Auftrag mit 1.200 Flaschen Weizenbier platziert. Ein paar Stunden später hat der gleiche Kunde noch 200 Flaschen naturtrübes Weizenbier nachbestellt.

Ich starte mit dem ersten Lieferbeleg über 1.200 Flaschen helles Weizenbier. Diese verpacke ich nicht: Die 800 Flaschen für eine Europalette (ergibt eine volle Europalette) und den Rest für eine Anbruchpalette mit 400 Flaschen werde ich erst im Transportbeleg verpacken.

Der zweite Auftrag beläuft sich auf 150 Werbe-T-Shirts. Diese werden in je fünf Kartons verpackt, sodass sich in jedem Karton je 30 T-Shirts befinden. Diese verpacke ich mit der Packfunktion auf Ebene des Lieferbelegs (siehe Abbildung 11.3).

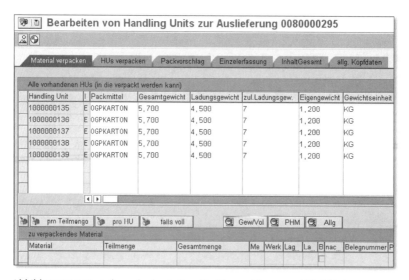

Abbildung 11.3 Verteilung der bestellten Position auf insgesamt fünf Kartons

Ich weiß nun, dass der dritte Auftrag über 200 Flaschen noch problemlos auf die Anbruchpalette aus der ersten Lieferung passt und ebenso die fünf Kartons mit den T-Shirts. Aus diesem Grund verpacke ich auch die 200 Flaschen nicht im Lieferbeleg, sondern erst später im Transportbeleg. Ich bilde nun meinen Transportbeleg mit den drei Lieferbelegen und sichere diesen Beleg.

Anschließend rufe ich die Übersicht über die Transaktion VT02N (Ändern Transport) auf. Ich erhalte das Bild, das in Abbildung 11.4 zu sehen ist.

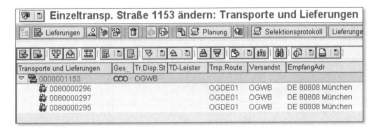

Abbildung 11.4 Übersicht über alle Lieferbelege im Transportbeleg

Klicken Sie zum Verpacken auf das Icon 🖐, oder gehen Sie über die Menüleiste in den Menüpfad SPRINGEN • TRANSPORT- UND PACKMITTEL. Sie erhalten das Bild, in dem Sie normalerweise Ihre Verpackung vornehmen. Wählen Sie die Registerkarte MATERIAL VERPACKEN. Sie sehen nun im unteren Teil des Bildes die Materialien, die noch unverpackt sind (siehe Abbildung 11.5).

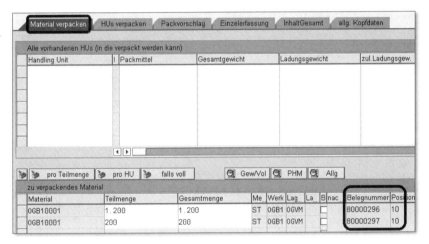

Abbildung 11.5 Anzeige der noch unverpackten Materialien aus den insgesamt zwei Lieferbelegen

Ich verpacke nun zuerst 800 Flaschen aus der ersten Position (Lieferbeleg 80000296) in eine Palette und dann den verbleibenden Rest von 600 Flaschen aus den Lieferbelegen 80000296 und 80000297 auf eine weitere Palette. Ich wechsle nun auf die Registerkarte HUs VERPACKEN. Hier sehen Sie nun die noch »unverpackten« Kartons mit den T-Shirts (siehe Abbildung 11.6).

Zusätzlich sehen Sie in der unteren Bildschirmhälfte noch die Europaletten selbst. Sie sind jedoch dunkel eingefärbt und können dort nicht markiert werden. Hätte ich das System so eingestellt, dass auch Paletten noch weiter verpackt werden dürfen (z. B. in Container), wären die beiden Palettenpositionen anwählbar gewesen.

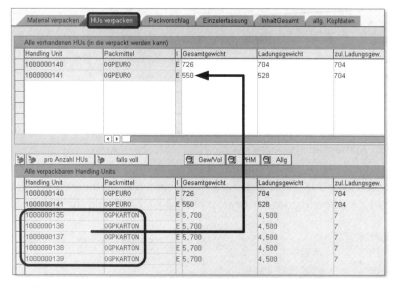

Abbildung 11.6 Anzeige der noch zu verpackenden Kartons

Markieren Sie nun alle fünf Kartons mit den Nummern »1000000135« bis »1000000139«, und kennzeichnen Sie dann in der oberen Hälfte die Palette, auf die Sie die Kartons packen wollen. Klicken Sie zum Abschluss auf das Icon .

Möchten Sie einen Überblick über alle Packdaten sehen, klicken Sie auf das Icon . Sie sehen zunächst die zwei Paletten (siehe Abbildung 11.7).

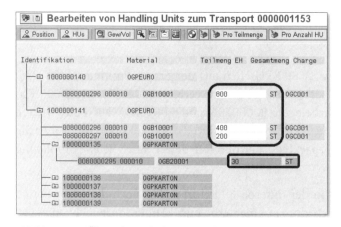

Abbildung 11.7 Übersicht nach dem Verpacken

Auf der ersten Palette befinden sich lediglich die 800 Flaschen aus der Lieferung 80000296. Auf der zweiten Palette befinden sich insgesamt 600 Flaschen aus den zwei unterschiedlichen Lieferbelegen sowie die fünf Kartons aus dem Lieferbeleg 80000295. Sie haben hier die Möglichkeit, die Mengen auf den Paletten noch einmal zu ändern. Sie erkennen aber auch, dass Sie die Menge in den Kartons an dieser Stelle nicht korrigieren können, da sie im Lieferbeleg gepackt wurden. In Abbildung 11.7 habe ich den Karton »1000000135« aufgeklappt, damit Sie den Inhalt dieses Kartons sehen können.

Kartons oder Positionen im Lieferbeleg, die Sie im Transport verpackt haben, können im Lieferbeleg nicht verändert werden. Sie erhalten dort einen Hinweis, dass die Positionen im Transport verpackt sind und dort erst einmal wieder entpackt werden müssen, falls Sie Änderungen vornehmen möchten.   **[!]**

Natürlich können Sie auch Packpositionen in den entsprechenden Lieferbelegen generieren. Die für das Verpacken im Lieferbeleg erforderlichen Einstellungen habe ich Ihnen bereits in Abschnitt 8.3, »Bestandsgeführte Verpackungen«, vorgestellt. Planen Sie jedoch das Generieren von Packpositionen im Lieferbeleg, wenn Sie auf Ebene des Transportbelegs verpacken, müssen Sie zusätzlich für die entsprechende Transportart ein Häkchen im Feld HU SIND RELEVANT FÜR LF-POS.GENERIERUNG setzen (siehe Abbildung 11.8).

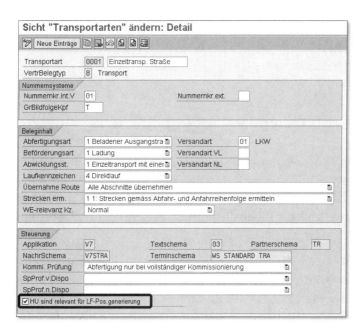

Abbildung 11.8 Packpositionen generieren

Wenn Sie nun im Transportbeleg verpacken, werden nach dem Sichern des Transportbelegs die eingesetzten Verpackungen als Positionen in den Lieferbeleg übernommen. Planen Sie, dass die Positionen erst zu einem bestimmten Zeitpunkt im Lieferbeleg erzeugt werden sollen, können Sie diesen Zeitpunkt über die Einstellungen im Aktivitätsprofil bestimmen. Dieses Profil werde ich Ihnen in Abschnitt 12.2, »Aktivitätsprofile«, näher beschreiben.

[!] Es gibt eine wichtige Restriktion, die Sie beachten sollten: Es erfolgt keine Positionsgenerierung für die Lieferbelege, für die der Warenausgang bereits zum Zeitpunkt des Verpackens gebucht wurde.

11.1.2 Einsatz von Transportmitteln

Eine weitere Besonderheit, die häufig im Transportbeleg genutzt wird, ist die Angabe von *Transportmitteln*. Hierbei kann es sich z. B. um Container handeln oder um das Fahrzeug selbst. Sehr oft werden auch nur die Transportmittel angegeben, die nicht über die Verpackungsfunktion gefüllt werden. Es bleibt in diesem Fall letztendlich eine leere Handling Unit im Transportbeleg stehen. Das hat aber den Vorteil, dass Sie zu einem Transportmittel Daten hinterlegen können, die Sie im Transportbeleg selbst nicht vorfinden, z. B. den Fahrer oder das Kennzeichen des Lkws.

Technische Informationen zur Transportmittelart

- ▸ Feldlänge: 4-stellig
- ▸ Menüpfad im Customizing: Logistics Execution • Versand • Verpacken • Packmittelarten definieren
- ▸ Eigene Transaktion: VHAR
- ▸ Tabellen: TVTY und TVTYT (sprachenabhängige Bezeichnung)

Um diese Funktion zu nutzen, müssen Sie zunächst einen Transportmitteltyp einrichten. Nutzen Sie die von SAP voreingestellten Typen. Wenn diese nicht ausreichen, definieren Sie eigene Transportmitteltypen, die mit einem »Z« beginnen sollten. Ich habe Ihnen die Einstellungen für ein Transportmittel in Abbildung 11.9 dargestellt.

Wichtig ist, dass Sie unter Packmitteltyp ein »A« für »Transportmittel« eintragen. Im nächsten Schritt müssen Sie für die Transportmittel einen Materialstammsatz mit der Materialart »VERP« anlegen. Weiterführende Informationen dazu finden Sie in Abschnitt 8.1, »Voraussetzungen für das Verpacken«. Tragen Sie im Materialstamm in das Feld Packmittelart Ihren zuvor definierten Transportmitteltyp ein, in meinem Beispiel ist das der Wert »ZOG1«.

Abbildung 11.9 Definition eines Transportmittels

Möchten Sie die Transportmittel befüllen und hierauf eine Plausibilitätsprüfung durchführen, müssen Sie Ihre Packmittel einer MATERIALGRUPPE PM zuordnen und sie über das Customizing einem Transportmitteltyp zuweisen. Auch dieser Vorgang ist in Abschnitt 8.1 genau beschrieben.

Rufen Sie einen Transportbeleg zum Ändern über die Transaktion VT02N **[zB]** auf. Verzweigen Sie in das Verpackungsbild. Tippen Sie in der Spalte PACKMITTEL Ihr im Materialstamm angelegtes Transportmittel ein. In meinem Beispiel habe ich zuvor als Transportmittel den Materialstamm mit der Materialnummer »OGTLKW« eingerichtet. Drücken Sie einmal die [Enter]-Taste. Die aktuelle Situation finden Sie in Abbildung 11.10.

Doppelklicken Sie auf das Transportmittel, und Sie erhalten die Stammdaten zu dieser Handling Unit (auch hier wird ein Transportmittel als Handling Unit im Transportbeleg geführt). Wählen Sie die Registerkarte TRANSPORTMITTELDATEN (siehe Abbildung 11.11). Geben Sie z. B. das Autokennzeichen des Lkws ein oder, falls es sich um einen Container handelt, die entsprechende Containernummer. Ich habe zusätzlich den Namen des Fahrers und seine Staatsangehörigkeit sowie die beladene Länge (Lademeter) eingepflegt.

Diese Informationen dienen lediglich der Information und haben nicht den Charakter, Prozesse zu steuern. Sie können über die Transaktion HUMO nach den HU-Identifikationen und -Informationen suchen, um schnell an Informationen zu kommen, falls Sie zu diesem Transport Rückfragen erhalten.

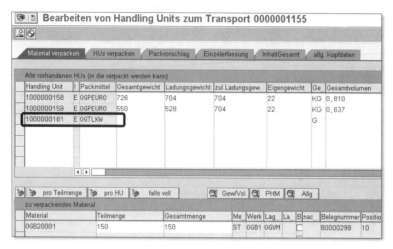

Abbildung 11.10 Übersichtsbild zum Verpacken nach der Eingabe eines Transportmittels

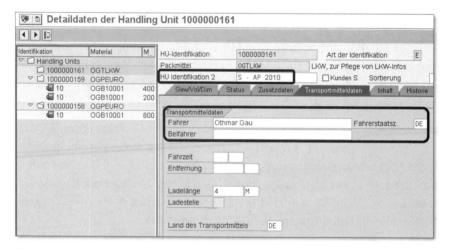

Abbildung 11.11 Eingabemaske für spezifische Daten zu einem Transportmittel

Ob es an dieser Stelle sinnvoll ist, Ihre Transportmittel über die Packfunktion zu befüllen, müssen Sie abhängig von Ihrer Geschäftssituation entscheiden. Meistens ist ein Transportbeleg auch mit einem Lkw gleichzusetzen. Verschicken Sie Ihre Materialien auch in Containern und haben Sie mehrere Container in einem Transportbeleg, kann es sinnvoll sein, Ihre Container zu verpacken, um eine genaue Inhaltsangabe zu jedem Container zu bekommen. Zusätzlich werden Sie dann aber wieder einen Lkw als leere Handling Unit eingeben, um die Fahrzeugdaten einzupflegen.

11.2   Abschnitte

Eine zu Beginn dieses Kapitels bereits erwähnte Besonderheit im Transportbeleg sind die Abschnitte. Nutzen Sie den Folgeprozess der Frachtabrechnung, werden Sie die Abschnitte einsetzen müssen. Dadurch dass der Transportbeleg aus mehreren Lieferbelegen und auch aus mehreren Warenempfängern bestehen kann, können Sie die zurückzulegenden Strecken in den Abschnitten abbilden.

Sie legen z. B. über eine Anfahrreihenfolge zu Ihren Warenempfängern fest, dass Sie die erste Strecke an Ihrer Versandstelle beginnen und bei Ihrem ersten Warenempfänger beenden. Die zweite Strecke beginnt wiederum beim ersten und endet beim zweiten Warenempfänger usw. Laden Sie an mehreren Versandstellen, kann z. B. die erste Strecke an der ersten Versandstelle beginnen und an der zweiten enden. Erst die zweite Strecke startet zum Warenempfänger und beginnt in diesem Fall mit der zweiten Versandstelle. Wickeln Sie mit Ihrem Kunden den Transport über Cross-Docking-Stationen ab, ist der »Warenempfänger« für Ihre Auslieferung die *Cross-Docking-Station* (auch *Umschlagspunkt* genannt). Wickeln Sie Exportgeschäfte ab, kann die erste Strecke bis zum Grenzübergang verlaufen, von dort aus in einer zweiten Strecke zum letzten Grenzübergang, und die letzte Strecke erstreckt sich dann bis zum endgültigen Warenempfänger.

Jedem Abschnitt können Sie eigene Informationen zuordnen oder diese bereits über die Route vorgeben. Sie können für einen Abschnitt einen bestimmten Spediteur einsetzen. Somit haben Sie die Möglichkeit, in einem Transport mit mehreren Spediteuren zu arbeiten. Sie können für jeden Abschnitt eine eigene Terminierung durchführen sowie Gewichte, Volumen und Entfernungen festhalten. Abschnitte können für die Frachtkostenabrechnung relevant sein.

Ebenfalls können Sie jedem Abschnitt die dazugehörigen Lieferbelege zuordnen. Somit haben Sie die Möglichkeit, Ihre Frachtkosten auf jeden Lieferbeleg zu verteilen, falls dies erforderlich sein sollte. Diese Abrechnung findet in der Regel dann statt, wenn Sie einen eigenen Fuhrpark besitzen und Ihre Kosten auf die Lieferungen umlegen wollen.

Jeder Abschnitt hat ein *Laufkennzeichen*. Es sagt aus, ob es sich bei diesem Abschnitt um einen Vor-, Haupt-, Nach-, Direkt- oder Rücklauf handelt. Sie kennen diese Begriffe bereits aus der Transportart. Sie haben hier die gleiche Bedeutung.

Sie gelangen zu den Abschnitten, indem Sie im Transportbeleg die Register-karte ABSCHNITTE wählen (siehe Abbildung 11.12).

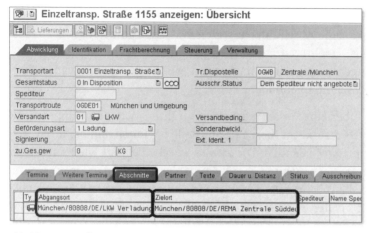

Abbildung 11.12 Übersichtsbild über die im Transportbeleg gebildeten Abschnitte

Um die Abschnitte in Ihrem Transportbeleg einzupflegen, stehen Ihnen drei Möglichkeiten zur Verfügung:

► die manuelle Eingabe der einzelnen Streckenabschnitte

► die automatische Streckenermittlung

► die Übernahme der Streckenabschnitte aus der Routendefinition

---

User Exit

Darüber hinaus gibt es die Möglichkeit, nach der Streckenermittlung durch den SAP-Standard eine eigene Ermittlung mit der SAP-Erweiterung V56SLDET durch-zuführen. Hierzu wird der Funktionsbaustein EXIT_SAPLV56S_001 mit dem Include ZXV56U13 aufgerufen. In diesem Include können Sie Ihre eigene Strecken-ermittlung durchführen.

[zB] Um Ihnen alle drei Möglichkeiten vorzustellen, habe ich Ihnen vier Lieferbe-lege als Beispiel zusammengestellt, die Sie in der Übersicht in Tabelle 11.1 wiederfinden.

Lieferbeleg-Nr.	PLZ der Versandstelle	Versandstelle	PLZ des Warenempf.	Ort des Warenempf.
80000301	80808	OGWB	86199	Augsburg
80000302	80808	OGWB	86343	Königsbrunn

Tabelle 11.1 Lieferbelege für die Beispiele zur Abschnittsermittlung

Lieferbeleg-Nr.	PLZ der Versandstelle	Versandstelle	PLZ des Warenempf.	Ort des Warenempf.
80000305	82008	OGBD	80808	München
80000306	82008	OGBD	86199	Augsburg

Tabelle 11.1 Lieferbelege für die Beispiele zur Abschnittsermittlung

Ich habe die Lieferbelege im Transport wie folgt sortiert: Der Transport beginnt an der Versandstelle OGWB, von dort geht es zur Versandstelle OGBD. Haben Sie auch dort Ihre Materialien aufgenommen, ist der erste Warenempfänger in 80808 München, der zweite in 86199 Augsburg und der letzte in 86343 Königsbrunn. Hier endet der Transport.

Verschieben Sie hierzu Ihre Lieferbelege in der Übersicht so, dass die entsprechende Reihenfolge entsteht (siehe Abbildung 11.13). Sie erreichen diese Verschiebung, indem Sie den Cursor auf einen Lieferbeleg positionieren, anschließend die linke Maustaste festhalten und den Beleg an die gewünschte Position ziehen.

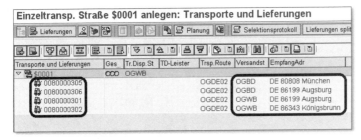

Abbildung 11.13 Übersicht über die Beispiellieferbelege

Auch wenn SAP für Beispiele sowohl den Begriff *Abschnitt* als auch den Ausdruck *Strecke* verwendet, werde ich ausschließlich von *Abschnitten* sprechen.

11.2.1 Manuelle Erstellung von Abschnitten

Die manuelle Erstellung von Abschnitten ist zwar die einfachste, aber auch die zeitaufwendigste Methode. Sie geben manuell im Transportbeleg Ihre Abschnitte ein und geben für jeden dieser Abschnitte einen Abgangs- und einen Zielort vor. Gehen Sie in der Übersicht auf die Registerkarte Abschnitte. In der Regel haben Sie zu Beginn noch keine Abschnitte eingepflegt, sodass Ihnen keine bereits existierenden Abschnitte angezeigt werden (siehe Abbildung 11.14).

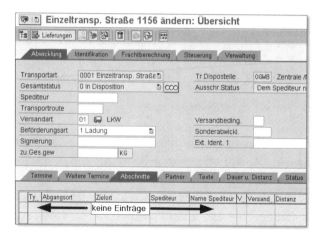

Abbildung 11.14 Übersicht über die Registerkarte »Abschnitte«

Beginnen Sie mit dem ersten Abschnitt, und klicken Sie auf das Icon 🖳. Sie erhalten nun ein Popup, auf dem Sie den Abgangs- und den Zielort einpflegen. Ich tippe für mein Beispiel als Abgangsort die Versandstelle »OGWB«, als Zielort »OGBD« und als Spediteur »OG0001« (Spedition Brummer) ein (siehe Abbildung 11.15).

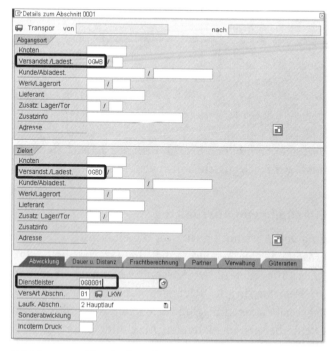

Abbildung 11.15 Eingabe der Informationen für einen manuellen Abschnitt

Sie sehen im Popup, dass Sie mehrere Möglichkeiten haben, einen Ort einzugeben, z. B. eine Versandstelle (wie im jetzigen Falle), einen Kunden, ein Werk mit Lagerort, einen Lieferanten sowie einen Verkehrsknoten.

Drücken Sie nun die ⌈Enter⌉-Taste, und die Daten zu den Versandstellen werden übernommen (siehe Abbildung 11.16).

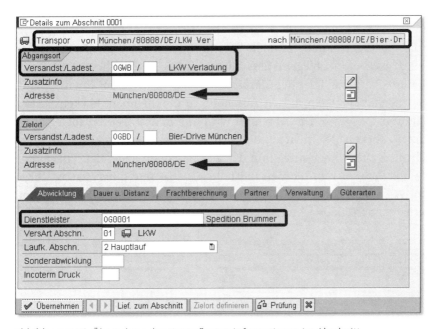

Abbildung 11.16 Übernahme der eingepflegten Informationen im Abschnitt

Wie Sie erkennen, haben Sie weitere Registerkarten zur Verfügung, um Informationen für diesen Abschnitt einzupflegen. Auf der Registerkarte DAUER U. DISTANZ (siehe Abbildung 11.17) können Sie diverse Zeiten und die Entfernung zwischen den beiden Orten einpflegen.

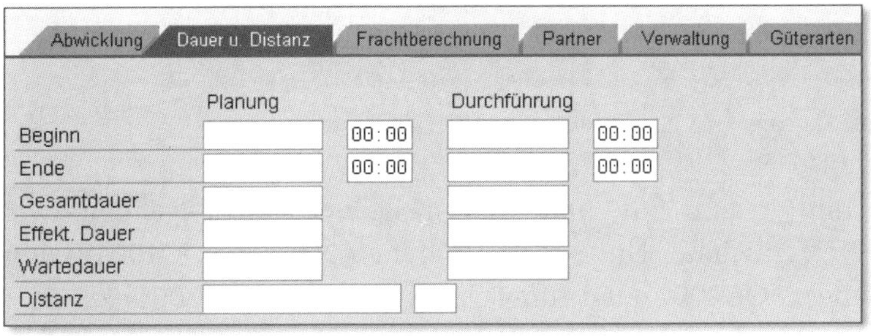

		Planung		Durchführung	
	Abwicklung	Dauer u. Distanz	Frachtberechnung	Partner	Verwaltung	Güterarten
Beginn			00:00		00:00
Ende			00:00		00:00
Gesamtdauer					
Effekt. Dauer					
Wartedauer					
Distanz					

Abbildung 11.17 Dauer und Distanz zu einem Abschnitt

User Exit

Möchten Sie die Entfernung zwischen dem Abgangs- und dem Zielort in einem Abschnitt automatisch ermitteln, können Sie die SAP-Erweiterung V56DISTZ nutzen. Hier steht Ihnen der Funktionsbaustein EXIT_SAPLSTAG_001 mit dem Include ZXV56U23 zur Verfügung. Sie müssen sich jedoch eine eigene Routine einfallen lassen, um die Entfernung zu ermitteln, da SAP an dieser Stelle keine Lösung anbietet.

Für die Frachtabrechnung können Sie Informationen auf der Registerkarte FRACHTBERECHNUNG ablegen. Ebenfalls können Sie für diesen Abschnitt bestimmte Partner auf der Registerkarte PARTNER hinterlegen. Um die manuell hinzugefügten Daten in den Abschnitt zu übernehmen, klicken Sie auf den Button ✔ Übernehmen. Der Abschnitt wird nun in den Transportbeleg übernommen. Klicken Sie erneut auf das Icon 🖳, um den zweiten Abschnitt einzugeben. Es wird Ihnen daraufhin das gleiche Popup angezeigt. Pflegen Sie nun unter ABGANGSORT die Versandstelle »OGBD« und unter ZIELORT Ihren ersten Warenempfänger »OG1001« ein. Drücken Sie die ⎡Enter⎤-Taste, und Sie erhalten das Bild, wie es in Abbildung 11.18 gezeigt wird.

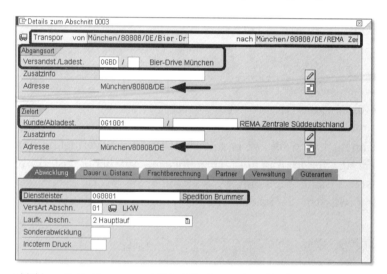

Abbildung 11.18 Abgangs- und Zielort für den zweiten Abschnitt

Fahren Sie nun genauso fort, und pflegen Sie noch die folgenden zwei Abschnitte ein: Abschnitt Nr. 3 vom Warenempfänger »OG1001« zum Warenempfänger »OG2001« und zum Schluss Nr. 4 von »OG2001« zu »81«. Sie erhalten abschließend das Übersichtsbild, wie es in Abbildung 11.19 dargestellt ist.

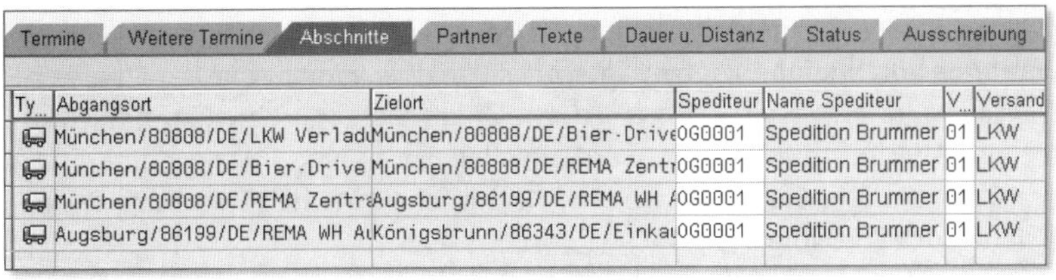

Ty	Abgangsort	Zielort	Spediteur	Name Spediteur	V	Versand
🚚	München/80808/DE/LKW Verlad	München/80808/DE/Bier·Drive	0G0001	Spedition Brummer	01	LKW
🚚	München/80808/DE/Bier·Drive	München/80808/DE/REMA Zentr	0G0001	Spedition Brummer	01	LKW
🚚	München/80808/DE/REMA Zentr	Augsburg/86199/DE/REMA WH A	0G0001	Spedition Brummer	01	LKW
🚚	Augsburg/86199/DE/REMA WH A	Königsbrunn/86343/DE/Einkau	0G0001	Spedition Brummer	01	LKW

Abbildung 11.19 Übersicht über die komplett manuell erstellten Abschnitte

Ordnen Sie nun noch Ihren einzelnen Abschnitten die jeweiligen Lieferbe-
lege zu. Markieren Sie z. B. den ersten Abschnitt, und klicken Sie auf den
Button Lieferungen . Sie erhalten nun ein Bild, auf dem alle Lieferbelege dem
Abschnitt bereits zugeordnet sind (siehe Abbildung 11.20). Real befördern
Sie jedoch die beiden Lieferbelege »80000301« und »80000302« von der
Versandstelle »OGWB« zur Versandstelle »OGBD«.

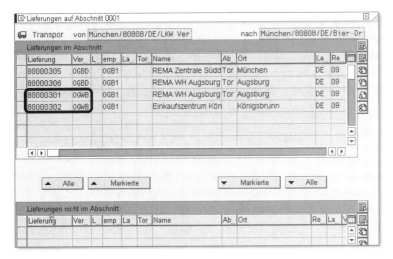

Abbildung 11.20 Zuordnen von Lieferbelegen zu einem Abschnitt

Markieren Sie die beiden Lieferbelege, die nicht in diesem Abschnitt befördert werden, und klicken Sie auf den Button ▼ Markierte . Somit erscheinen
diese Lieferbelege in der unteren Bildschirmhälfte und sind nicht mehr diesem Abschnitt zugeordnet. Klicken Sie jetzt auf den Button ✔ Übernehmen .
Ordnen Sie nun alle Lieferbelege dem zweiten Abschnitt zu (Sie haben ab der
zweiten Versandstelle alle Lieferbelege »an Bord«, und zwar bis zum ersten
Warenempfänger in München). Ordnen Sie dann die entsprechenden Lieferbelege den restlichen Abschnitten auf die gleiche Weise zu. Haben Sie alle
Zuordnungen getroffen, sichern Sie Ihre Eingaben.

[!] Setzen Sie später den Status »Disposition«, wird unter Umständen eine neue Stre-
     ckenermittlung durchgeführt. Sehen Sie vorsichtshalber einmal auf der Register-
     karte STEUERUNG im Feld STRECKEN ERM. nach. Wenn Sie generell wünschen, dass
     nur manuelle Abschnitte akzeptiert werden sollen, muss hier »Blank: Keine Stre-
     cken ermitteln« stehen. Sie können dieses Kennzeichen bei der Transportart ein-
     stellen (siehe auch Abbildung 10.4).

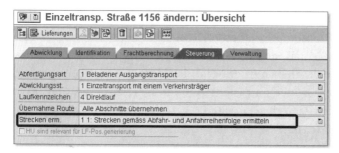

Abbildung 11.21 Diverse Steuerungskennzeichen auf der Registerkarte »Steuerung«

Haben Sie den Wert eingepflegt, den Sie in Abbildung 11.21 sehen, wird
eine neue Streckenermittlung durchgeführt. Möchten Sie also mit diesem
Kennzeichen »1« eine manuelle Vorgabe tätigen, können Sie nur über einen
Umweg Ihre manuellen Abschnitte erhalten.

Setzen Sie zunächst den Status »Disposition«, und lassen Sie das System die
Abschnitte bilden. Setzen Sie den Status wieder zurück. Löschen Sie nun alle
Abschnitte und pflegen diese jetzt manuell ein, wie ich es eben beschrieben
habe. Setzen Sie wieder den Status »Disposition«, erhalten Sie ein Popup mit
der Frage, ob die Streckenermittlung erneut durchgeführt werden soll.
Geben Sie über die Checkbox an, dass Sie keine neue Streckenermittlung
wünschen.

Eine kleine Variante zu dem Streckenermittlungstyp »Blank« ist der Typ »0«.
Haben Sie diesen Typ Ihrer Transportart zugeordnet, müssen Sie zwar die
einzelnen Abschnitte manuell vorgeben, jedoch erfolgt die Zuordnung der
Lieferbelege zu den einzelnen Abschnitten nun automatisch. Auf ein Beispiel
verzichte ich hier dennoch, da die manuelle Vorgehensweise meines Erach-
tens ausreichend beschrieben ist.

11.2.2 Automatische Streckenermittlung

In der Regel wird jedoch eine automatische Streckenermittlung durchgeführt
und gegenüber einer manuellen bevorzugt. Unter diesem Automatismus ist

allerdings nicht zu verstehen, dass das SAP-System eine Streckenoptimierung nach Entfernungen durchführt, sondern lediglich die Strecken gemäß der Reihenfolge der Lieferbelege bildet.

Ein weiterer Vorteil der automatischen Streckenermittlung gegenüber der manuellen Abschnittserfassung ist, dass der SAP-Standard bereits einige Informationen in die Abschnitte übernimmt. Je nach Einstellungen im System oder den bereits vorhandenen Daten in den Lieferbelegen bzw. im Transportkopf wird

1. der Dienstleister, d. h. der Spediteur, in den Abschnitt übernommen,
2. die Versandart für den jeweiligen Abschnitt bestimmt,
3. das Laufkennzeichen gesetzt, das den jeweiligen Abschnitt näher identifiziert, und
4. die Frachtabrechnungsrelevanz ermittelt.

Abhängig von der Transportart wird die Art und Weise der automatischen Streckenermittlung festgelegt. Hierbei wird zwischen den folgenden Arten unterschieden:

1. Streckenermittlung Blank: Es wird keine automatische Streckenermittlung durchgeführt.
2. Streckenermittlung 0: Es wird keine automatische Streckenermittlung durchgeführt. Falls Sie aber manuell Abschnitte hinzufügen, versucht das SAP-System, die Lieferbelege den manuell hinzugefügten Abschnitten zuzuordnen.
3. Streckenermittlung 1: Streckenermittlung gemäß der Abfahr- und Anfahrreihenfolge
4. Streckenermittlung 2: Vorlauf pro Ladestelle, Nachlauf pro Warenempfänger
5. Streckenermittlung 3: Vor- und Nachlauf für jede Lieferung ermitteln
6. Streckenermittlung 4: Wie Streckenermittlung 1, jedoch ist die Versandart manuell änderbar.

Nach dieser kurzen Übersicht gehe ich nun auf die Details der einzelnen Streckenermittlungstypen »0« bis »4« ein. Bei der Streckenermittlungsart »Blank« müssen Sie die Abschnitte sowie die Zuordnung der Lieferbelege zu den einzelnen Abschnitten manuell durchführen, was ich Ihnen bereits in Abschnitt 11.2.1, »Manuelle Erstellung von Abschnitten«, vorgestellt habe.

Streckenermittlung 0: nur Zuordnungen von Lieferbelegen zu Abschnitten ermitteln

Haben Sie dieses Kennzeichen zur Streckenermittlung in Ihrer Transportart eingestellt, führt das System keine automatische Streckenermittlung durch. Sie müssen also, wenn Sie Abschnitte benötigen, diese manuell erfassen. Auf die manuelle Erfassung bin ich bereits in Abschnitt 11.2.1 ausführlich eingegangen.

[!] Setzen Sie den Status »Disposition«, erhalten Sie die Nachricht, dass eine Streckenermittlung durchgeführt wurde. Das stimmt aber nicht. Nehmen Sie den Status »Disposition« wieder zurück und setzen Sie ihn erneut, bekommen Sie das übliche Popup mit der Frage, ob Sie eine neue Streckenermittlung durchführen möchten. Selbst hier, wenn Sie sich für eine neue Streckenermittlung entscheiden, wird in Wirklichkeit keine durchgeführt.

Ausgiebige Tests meinerseits haben ergeben, dass die beiden Streckenermittlungsarten »blank« und »0« zu dem gleichen Ergebnis führen: Es werden alle Lieferbelege jedem einzelnen Abschnitt zugeordnet. Auch im Hilfsportal der SAP gibt es keinen klaren Hinweis auf die Unterschiede.

Streckenermittlung 1: gemäß Abfahr- und Anfahrreihenfolge

Die am häufigsten benutzte Regel zur Streckenermittlung ist die Regel »1«: *Streckenermittlung gemäß Abfahr- und Anfahrreihenfolge.* Diese Regel besagt, dass Sie mit Ihrem Lkw erst einmal alle Versandstellen und von der letzten Versandstelle aus Ihre Kunden anfahren. Hierbei wird die Reihenfolge eingehalten, die Sie in der Anfahrreihenfolge vorgegeben haben (siehe Abbildung 11.13).

Laden Sie Ihren Transport nur an einer Versandstelle, werden die Lieferbelege der Reihe nach angefahren. Lieferbelege mit gleichen Warenempfängern (oder genauer gesagt mit gleicher Empfangsadresse) werden dabei zusammengefasst. Als Beispiel habe ich Ihnen in Tabelle 11.2 ein mögliches Szenarium zusammengestellt.

Lieferbeleg-Nr.	PLZ der Versandstelle	Versandstelle	PLZ des Warenempf.	Ort des Warenempf.
80000309	80808	OGWB	80808	München
80000307	80808	OGWB	86199	Augsburg

Tabelle 11.2 Lieferbelege für den Streckenermittlungstyp »1«

Lieferbeleg-Nr.	PLZ der Versandstelle	Versandstelle	PLZ des Warenempf.	Ort des Warenempf.
80000308	80808	OGWB	86343	Königsbrunn
80000310	80808	OGWB	86199	Augsburg

Tabelle 11.2 Lieferbelege für den Streckenermittlungstyp »1«

Das SAP-System würde aus diesem Beispiel folgende Abschnitte bilden: Versandstelle OGWB → München → Augsburg → Königsbrunn.

Müssen Sie jedoch Ihre Waren an mehreren Versandstellen laden, ist die Streckenermittlung für das SAP-System nicht mehr eindeutig. Als Beispiel zeige ich Ihnen in Tabelle 11.3 noch einmal die Lieferbelege, die ich in Tabelle 11.1 bereits erwähnt habe.

Lieferbeleg-Nr.	PLZ der Versandstelle	Versandstelle	PLZ des Warenempf.	Ort des Warenempf.
80000305	82008	OGBD	80808	München
80000306	82008	OGBD	86199	Augsburg
80000301	80808	OGWB	86199	Augsburg
80000302	80808	OGWB	86343	Königsbrunn

Tabelle 11.3 Lieferbelege für die Beispiele zur Abschnittsermittlung

Das System kann nicht wissen, an welcher Versandstelle Sie Ihren Transport starten möchten und in welcher Reihenfolge letztendlich die Warenempfänger angefahren werden. Um diese Streckenermittlung durchzuführen, klicken Sie auf den Button DISPOSITION auf der Registerkarte TERMINE. Sie erhalten nun ein Popup, in dem die Reihenfolge der einzelnen Punkte angezeigt wird, wie Sie mit dem Lkw angefahren werden könnten (siehe Abbildung 11.22). Diese Reihenfolge können Sie an dieser Stelle noch ändern.

Abbildung 11.22 Vorschlag der Anfahrreihenfolge der einzelnen Versandstellen und Warenempfänger

Entweder Sie überschreiben einfach die neue Sortierung mit einer neuen Nummerierung, oder Sie löschen den Vorschlag, indem Sie auf den Button 🗑 Sortiernummern klicken. Geben Sie nun die neue Nummerierung ein (siehe Abbildung 11.23).

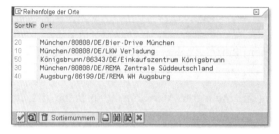

Abbildung 11.23 Neue Anfahrreihenfolge vorgeben

Klicken Sie auf das Icon 🗃. Das System sortiert nun die Orte gemäß der neuen Nummerierung. Ist die Anfahrreihenfolge so in Ordnung, klicken Sie auf das Icon ☑. Der Status im Transportbeleg wechselt auf »Disposition«, und als Hinweis erhalten Sie den Text »Streckenermittlung wurde durchgeführt«. Die Abschnitte mit den dazugehörigen Lieferbelegen wurden erfolgreich erstellt. Sehen Sie sich nun die Abschnitte im Einzelnen an (siehe Abbildung 11.24).

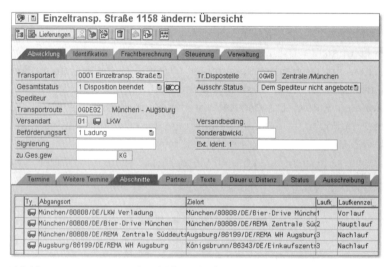

Abbildung 11.24 Automatisch gebildete Abschnitte im Transportbeleg

Der Abschnitt, in dem alle Lieferbelege enthalten sind, wird hier als *Hauptlauf* bezeichnet und erhält somit das LAUFKENNZEICHEN »2«. Die Abschnitte vor dem Hauptlauf sind die *Vorläufe* (LAUFKENNZEICHEN »1«), und die Abschnitte nach dem Hauptlauf sind somit die *Nachläufe* (LAUFKENNZEICHEN »3«). Die Abschnitte sehen also wie folgt aus:

▸ Versandstelle OGWB (Vorlauf) → Versandstelle OGBD

▸ Versandstelle OGBD (Hauptlauf) → München

▸ München (Nachlauf) → Augsburg

▸ Augsburg (Nachlauf) → Königsbrunn

Eine kleine Besonderheit gibt es noch bei dieser Streckenermittlung. Geben Sie vorher einen manuellen Hauptlauf vor, z. B. als Hauptlauf die Bahnstrecke von München nach Augsburg, legt das System die Abschnitte bis zum Bahnhof München als Vorlauf sowie die Abschnitte nach dem Bahnhof Augsburg kommend als Nachlauf an.

Streckenermittlung 2: pro Abfahrtsort, Nachlauf pro Empfangsort

Eine weitere Variante zur Ermittlung der Abschnitte ist der Streckenermittlungstyp »2«: *Streckenermittlung pro Abfahrtsort, Nachlauf pro Empfangsort*. Diesen Ermittlungstyp müssen Sie in der Transportart definieren. Sie sollten in diesem Fall die Versandarten für den Vor-, Haupt- und Nachlauf pflegen (siehe Abbildung 11.25).

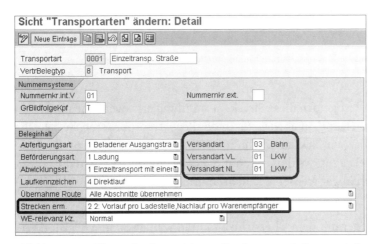

Abbildung 11.25 Pflegen des Kennzeichens »Strecken erm.« je Transportart

In meinem Beispiel lege ich die Lieferbelege zugrunde, die ich für Sie in Tabelle 11.4 aufgelistet habe.

Lieferbeleg-Nr.	PLZ der Versandstelle	Versandstelle	PLZ des Warenempf.	Ort des Warenempf.
80000305	82008	OGBD	80808	München
80000306	82008	OGBD	86199	Augsburg
80000301	80808	OGWB	86199	Augsburg
80000302	80808	OGWB	86343	Königsbrunn

Tabelle 11.4 Lieferbelege für die Beispiele zur Abschnittsermittlung

Lassen Sie das SAP-System die Streckenermittlung ohne manuellen Eingriff durchführen, erstellt das System für jeden Lieferbeleg einen Direktlauf, und zwar genau mit den Abgangs- und Zielorten, wie sie im Lieferbeleg festgelegt sind. Für den Lieferbeleg »80000305« wird ein Abschnitt angelegt, Abfahrtsort ist die Versandstelle »OGBD« und der Zielort der Warenempfänger in München.

Legen Sie nun den Transport an, und setzen Sie den Status »Disposition«. Wählen Sie die Registerkarte ABSCHNITTE (siehe Abbildung 11.26).

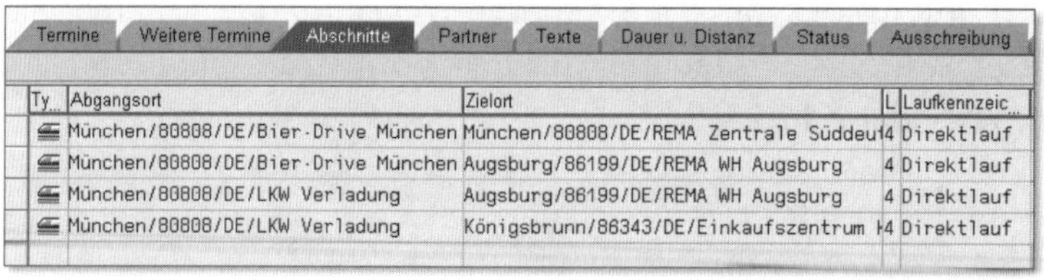

Abbildung 11.26 Gebildete Abschnitte ohne manuellen Eingriff für den Streckenermittlungstyp »2«

Richtig sinnvoll ist jedoch diese Streckenermittlung erst, wenn Sie mit einem fest definierten Hauptlauf abwickeln. In der Regel transportieren Sie z. B. alle Materialien mit dem Lkw zum Bahnhof und packen dort alles auf die Bahn um. An der Zielstation wird wieder auf die Lkws umgepackt, und die einzelnen Warenempfänger werden angefahren. Mein Beispiel verdeutlicht diesen Prozess.

Starten Sie wieder mit dem Übersichtsbild, und wählen Sie die Registerkarte ABSCHNITTE. Legen Sie manuell einen Hauptlauf an, z. B. die Bahnstrecke von München nach Augsburg (diese Strecke soll nur als Beispiel dienen). Nutzen Sie hierfür das Feld KNOTEN. Der Abgangsknoten ist »München HB«, und der Zielknoten ist »Augsburg B«. Klicken Sie auf den Button [✓ Übernehmen]. Ihre Übersicht sieht nun so aus, wie es in Abbildung 11.27 gezeigt wird.

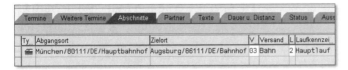

Abbildung 11.27 Manuelle Vorgabe eines Hauptlaufs (hier die Bahnstrecke von München nach Augsburg)

Klicken Sie nun auf den Button [Streckenermittlung], oder setzen Sie den Status »Disposition«. Jetzt werden zwei Vorläufe und drei Nachläufe generiert (siehe Abbildung 11.28). Die zwei Vorläufe starten jeweils von den Versandstellen »OGBD« und »OGWB«, die drei Nachläufe enden bei den jeweiligen Warenempfängern.

Ty	Abgangsort	Zielort	V	Versand	L	Laufkennzei
🚙	München/80808/DE/Bier·Drive Mü	München/80111/DE/Hauptbahr	01	LKW	1	Vorlauf
🚙	München/80808/DE/LKW Verladung	München/80111/DE/Hauptbahr	01	LKW	1	Vorlauf
🚆	München/80111/DE/Hauptbahnhof	Augsburg/86111/DE/Bahnhof	03	Bahn	2	Hauptlauf
🚙	Augsburg/86111/DE/Bahnhof Augs	Königsbrunn/86343/DE/Einka	01	LKW	3	Nachlauf
🚙	Augsburg/86111/DE/Bahnhof Augs	München/80808/DE/REMA Zen	01	LKW	3	Nachlauf
🚙	Augsburg/86111/DE/Bahnhof Augs	Augsburg/86199/DE/REMA WH	01	LKW	3	Nachlauf

Abbildung 11.28 Generierung der Vor- und Nachläufe nach der manuellen Vorgabe des Hauptlaufs

Dem Hauptlauf wurden alle Lieferbelege zugeordnet, entsprechende Zuordnungen wurden bei den Vor- und Nachläufen durchgeführt.

> Dieser Streckenermittlungstyp ist nur dann sinnvoll, wenn Sie keine Versanddokumente und -papiere für die unterschiedlichen Läufe benötigen. Müssen Sie z. B. für die Bahn eigene Versandpapiere und speziell für den Vorlauf bzw. Nachlauf separate Speditionsanweisungen drucken, müssen Sie die Transportkette nutzen. In der Transportkette haben Sie für den Hauptlauf einen eigenständigen Transportbeleg, ebenso für die Vor- und Nachläufe. Somit können Sie auch für jeden Transport eigene Versanddokumente drucken. **[+]**

Streckenermittlung 3: Vorlauf pro Lieferbeleg, Nachlauf pro Lieferbeleg

Die vorletzte Variante, der Streckenermittlungstyp »3«, ist in etwa mit dem zuvor beschriebenen Typ »2« gleichzusetzen. Jedoch werden die Vor- und Nachläufe nicht je Versandstelle bzw. Warenempfänger zusammengefasst (es findet keine Konsolidierung statt), sondern jeder einzelne Lieferbeleg führt zu einem Vorlauf- und einem Nachlaufabschnitt. Das gleiche Beispiel,

direkt mit der manuellen Vorgabe der Bahnstrecke von München nach Augsburg als Hauptlauf, bringt das Ergebnis, das in Abbildung 11.29 dargestellt
ist.

Ty	Abgangsort	Zielort	V	Versand	L	Laufkennzei	S
	München/80808/DE/LKW Verladung	München/80111/DE/Hauptbahnhof München	01	LKW	1	Vorlauf	
	München/80808/DE/LKW Verladung	München/80111/DE/Hauptbahnhof München	01	LKW	1	Vorlauf	
	München/80808/DE/Bier-Drive München	München/80111/DE/Hauptbahnhof München	01	LKW	1	Vorlauf	
	München/80808/DE/Bier-Drive München	München/80111/DE/Hauptbahnhof München	01	LKW	1	Vorlauf	
	München/80111/DE/Hauptbahnhof München	Augsburg/86111/DE/Bahnhof Augsburg	03	Bahn	2	Hauptlauf	
	Augsburg/86111/DE/Bahnhof Augsburg	Königsbrunn/86343/DE/Einkaufszentrum	01	LKW	3	Nachlauf	
	Augsburg/86111/DE/Bahnhof Augsburg	München/80808/DE/REMA Zentrale Süddeu	01	LKW	3	Nachlauf	
	Augsburg/86111/DE/Bahnhof Augsburg	Augsburg/86199/DE/REMA WH Augsburg	01	LKW	3	Nachlauf	
	Augsburg/86111/DE/Bahnhof Augsburg	Augsburg/86199/DE/REMA WH Augsburg	01	LKW	3	Nachlauf	

Abbildung 11.29 Ermittlung der Abschnitte nach der manuellen Vorgabe des Hauptlaufs nach
Streckenermittlungstyp »3«

**Streckenermittlung 4: wie Streckenermittlung 1, nur Vor- und Nachlauf
über Versandart änderbar**

Beim Streckenermittlungstyp »4«, dem letzten Typ, kann ich auf den Typ »1«
verweisen. Jedoch hängt die Anlage der Vor- und Nachläufe von der Angabe
einer Versandart je Transportart ab. Geben Sie keine Versandart im Customizing für die entsprechende Transportart für den Vorlauf vor, werden im
Transportbeleg auch keine Vor- und Nachläufe angelegt. Das kann also dann
sinnvoll sein, wenn Sie bewusst keinen Vor- oder Nachlauf anlegen möchten.

11.2.3 Streckenermittlung über die Route

Bei manchen Kunden werden die Materialien generell zuerst über einen
Umschlagspunkt geschleust. So gibt es bei großen Baumärkten und Einzel-
handelsketten bestimmte Anlaufstellen, über die geliefert wird, die sogenannten *Umschlagspunkte*. Es gibt aber auch Transporte, die immer über den
gleichen Grenzposten laufen. Bei Cross-Docking-Stationen endet für Sie die
Lieferung, die weitere Verteilung übernimmt Ihr Kunde. Dabei ist der
Warenempfänger der Endkunde, der auch die Ware in Empfang nimmt,
während die Cross-Docking-Station auch über die Route vorgegeben werden
kann.

Haben Sie Kunden, die eine eigene Transportabwicklung besitzen, geben Sie
diesen Kunden eine eigene Transportzone, sodass die entsprechende »Son-

derroute« gefunden werden kann (siehe auch Abschnitt 5.6, »Routen«). In dieser Sonderroute definieren Sie einen bestimmten Endpunkt, Grenzpunkt o.Ä. Wickeln Sie diese Sonderfälle zusätzlich über eine eigene Transportart ab, sodass Sie die Abschnittsfindung entsprechend einstellen können.

Ein Beispiel mit dem Streckenermittlungstyp »4« soll das verdeutlichen: **[zB]**

1. Ich habe eine neue Transportzone definiert, und zwar »OGDEUP0001« mit der Bezeichnung »UP Augsburg«.

2. Diese Transportzone pflege ich in den Kundenstammsatz eines Kunden in Königsbrunn ein (siehe Abbildung 11.30).

Abbildung 11.30 Neue Transportzone beim ausgewählten Kunden

3. Ich definiere nun einen Verkehrsknoten. Es handelt sich hierbei um einen Umschlagspunkt. Als Referenzadresse habe ich den gleichen Kunden mit der Filiale in Augsburg angegeben. Dieser Kunde dient lediglich als Referenz für die Adressdaten (siehe Abbildung 11.31).

Technische Informationen zum Verkehrsknoten

▸ Feldlänge: 10-stellig

▸ Menüpfad im Customizing: LOGISTICS EXECUTION • VERSAND • GRUNDLAGEN • ROUTEN • ROUTENDEFINITION • VERKEHRSKNOTEN DEFINIEREN

▸ Eigene Transaktion: 0VTD

▸ Tabellen: TVKN und TVKNT (sprachenabhängige Bezeichnung)

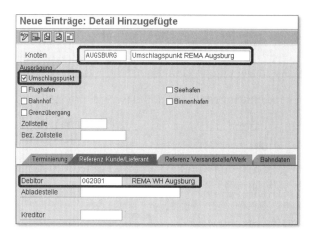

Abbildung 11.31 Verkehrsknoten für den Umschlagspunkt Augsburg definieren

4. Nun definiere ich noch den Abgangsknoten mit dem Namen »OGWB«. Als Referenz trage ich bei diesem Knoten die Versandstelle »OGWB« ein.

5. Beide neu definierten Knoten füge ich nun zu einem Abschnitt in einer neuen Route zusammen. Zuerst wird die Route definiert (Route »OGDEUA«). Habe ich die Route eingegeben, öffne ich in der linken Bildschirmhälfte den Ordner ROUTENABSCHNITTE und pflege dort diesen Abschnitt ein (siehe Abbildung 11.32).

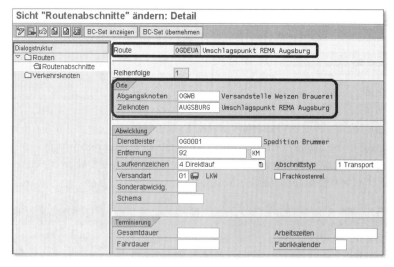

Abbildung 11.32 Definition eines Routenabschnitts

6. Hier sehen Sie, dass der Abschnitt mit der Versandstelle »OGWB« beginnt und am Zielknoten »AUGSBURG« endet.

7. Ich lege nun noch die Routenfindung über die neue Transportzone »OGDEUP0001« fest.

8. Ich lege jetzt einen Kundenauftrag mit einem Warenempfänger in Königsbrunn und den dazugehörigen Lieferbeleg an (siehe Abbildung 11.33).

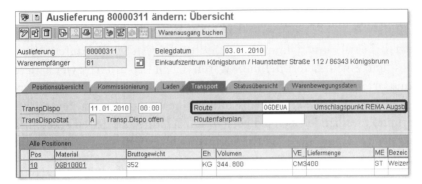

Abbildung 11.33 Lieferbeleg mit der neuen Route »OGDEUA«

9. Zur Erstellung des Transportbelegs selektiere ich nach der neuen Route und bekomme somit alle gleichartigen Lieferbelege zusammen in einen Transport. Ich lösche die Versandarten für den Vor- und Nachlauf, sodass ich nur den Direktlauf erstelle. Ich setze nun den Status »Disposition«. Das System gibt die Meldung, dass die automatische Streckenermittlung durchgeführt wurde. Das System hat nun die Daten aus der Route gezogen und den Abschnitt vom Knoten »OGWB« zum »Umschlagspunkt REMA Augsburg« gebildet (siehe Abbildung 11.34).

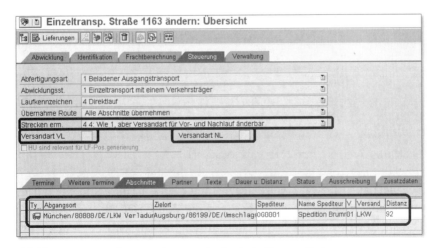

Abbildung 11.34 Streckenermittlung aus der Route im Transportbeleg

Achten Sie auf die Steuerung STRECKEN ERM. »4« und ÜBERNAHME ROUTE »Alle Abschnitte übernehmen«. Hätten Sie z. B. den Streckenermittlungstyp »1« aktiviert, würde zu diesem Direktlauf zum Umschlagspunkt noch ein Nachlauf zum Warenempfänger generiert.

In meinem kleinen Bespiel habe ich zusätzlich der Route direkt einen Spediteur zugeordnet und die Entfernungskilometer vorgegeben.

Bis jetzt habe ich Ihnen immer Abschnitte vorgestellt, die durch einen Abgangs- und einen Zielort definiert waren. Es gibt aber noch zwei andere Abschnittsarten, die ich kurz erwähnen möchte: die Abschnittsarten *Grenzpunkt* und *Umschlagspunkt*. Bei Abschnitten dieser Art werden keine Strecken ermittelt. Es handelt sich lediglich um Abschnitte, aus denen erkennbar ist, dass der Transport einen bestimmten Umschlagspunkt bzw. Grenzpunkt beinhaltet.

Ich habe daher den Routenabschnitt vom Abschnittstyp »Transport« auf »Umschlagspunkt« geändert (siehe Abbildung 11.35). Hier gibt es keinen direkten Abgangs- oder Zielort, sondern lediglich eine Beschreibung dieses Umschlagspunkts.

Abbildung 11.35 Abschnittstyp »2« als Umschlagspunkt

Als Beispiel habe ich zwei Lieferbelege, einen nach Augsburg und einen nach Königsbrunn. Beide Lieferbelege besitzen die Route »OGDEUA«. Führe ich im Transportbeleg nun die Streckenermittlung durch, wird der Umschlagspunkt als zusätzlicher Eintrag in die Abschnitte eingefügt (siehe Abbildung 11.36).

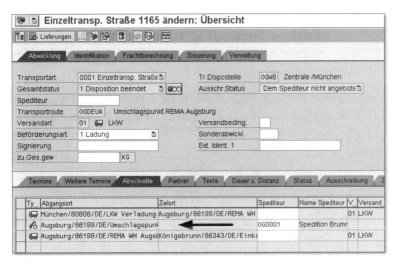

Abbildung 11.36 Abschnittsbildung mit einem Umschlagspunkt

Ähnlich verhält sich das System, wenn Sie anstatt eines Umschlagspunkts einen Grenzpunkt in der Route definieren.

Sie sehen an diesen Beispielen, dass im Rahmen der Routendefinition und -findung zusammen mit den Abschnitten im Transportbeleg einige Variationen möglich sind. Sie müssen zunächst lediglich alle konkreten Anforderungen seitens des Transportwesens geschickt in ein abstraktes Gebilde aus Transportzonen, Routen, Abschnitten, Umschlagspunkten, Vor-, Haupt-, Direkt- und Nachlauf usw. umsetzen. Kommt nun noch der Folgeprozess, die Frachtkostenabrechnung, hinzu, ist es zugegebenermaßen nicht immer ganz einfach, hier eine optimale Lösung zu finden.

11.3 Frachtkostenabrechnung

Mit der *Frachtkostenabrechnung* können Sie die für einen Transport entstandenen Kosten berechnen bzw. abrechnen. In der Regel haben Sie mit Ihren Spediteuren Frachtraten abgeschlossen. Diese Frachtraten sind unterschiedlich ausgeprägt – mal hängen die Preisstaffeln von der Entfernung ab, mal vom Gewicht und mal von den mit dem Spediteur vereinbarten Tarifzonen. Es können auch zweidimensionale Preisstaffeln ausgehandelt sein, z. B. nach Entfernung und nach Gewichten.

Sie müssen nun Ihr SAP-System so einstellen, dass diese Regeln zur Berechnung der einzelnen Frachtraten berücksichtigt werden. Zusätzlich können

Sie die errechneten Frachtraten an Ihre Buchhaltung und an das Controlling weiterleiten. Unter Umständen haben Sie sogar das Gutschriftsverfahren mit Ihrem Spediteur vereinbart, das Sie ebenfalls mit dem SAP-System abbilden können.

Die Basis für die komplette Frachtberechnung sind zwar die Daten aus dem Transportbeleg, jedoch werden die errechneten Frachtraten in einem eigens hierfür angelegten Beleg, dem *Frachtkostenbeleg*, abgespeichert. Sie müssen also, um Ihre Transporte berechnen zu können, einen Frachtkostenbeleg anlegen. Dieser Frachtkostenbeleg hat folgende Aufgaben:

- ▶ die errechneten Frachtkosten abzuspeichern
- ▶ die errechneten Frachtkosten zu kontieren
- ▶ sie an die Finanzbuchhaltung zu übertragen
- ▶ die Frachtkosten mit dem Spediteur abzurechnen

Ich betrachte in erster Linie den logistischen Part dieser Prozesse: das Errechnen der Frachtkosten.

11.3.1 Aufbau des Frachtkostenbelegs

Zur Erstellung des richtigen Customizings und zum besseren Verständnis der Frachtkostenberechnung stelle ich Ihnen den Aufbau des *Frachtkostenbelegs* sowie den Zusammenhang zum Transportbeleg vor. Wie jeder Vertriebsbeleg im SAP-System hat auch der Frachtkostenbeleg drei verschiedene Ebenen, in denen Daten gespeichert werden können (siehe Abbildung 11.37).

Kopf Frachtkostenbeleg

Im Kopf des Frachtkostenbelegs stehen Informationen, die allgemein für den kompletten Beleg gültig sind. Sie finden im Kopf den Gesamtstatus der Bearbeitung, aber auch Verwaltungsinformationen (z. B.: Wann wurde der Beleg von wem erstellt und zuletzt geändert?) und Referenzangaben (Auf welchen Transportbeleg bezieht sich dieser Frachtkostenbeleg?).

Da Sie im SAP-System unterschiedliche Transportarten abwickeln können – z. B. Einzeltransport, Sammeltransport, Transportketten (Vor-, Haupt- und Nachlauf) –, benötigen Sie unter Umständen auch unterschiedliche Abrechnungsmethoden. Daher erhält der Frachtkostenbeleg auf oberster Ebene eine *Frachtkostenart*.

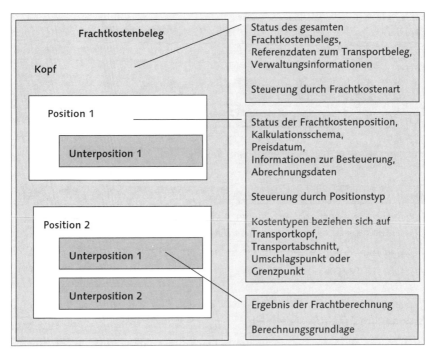

Abbildung 11.37 Aufbau des Frachtkostenbelegs und der Zusammenhang zum Transportbeleg

Technische Informationen zur Frachtkostenart

▸ Feldlänge: 4-stellig

▸ Menüpfad im Customizing: LOGISTICS EXECUTION • TRANSPORT • FRACHTKOSTEN • FRACHTKOSTENBELEG • FRACHTKOSTENARTEN UND POSITIONSTYPEN (Ordner FRACHTKOSTENARTEN DEFINIEREN)

▸ Eigene Transaktion: T_56

▸ Tabellen: TVTF und TVTFT (sprachenabhängige Bezeichnung)

Diese Frachtkostenart hat generelle Steuerungsparameter. Sie legen zum einen den Belegnummernkreis für die Frachtkostenbelege fest und zum anderen den Status, den ein Transportbeleg erreichen muss, bevor Sie überhaupt einen Frachtkostenbeleg anlegen können (siehe Abbildung 11.38).

Den Nummernkreis legen Sie ebenfalls im Customizing fest. Hier haben Sie, wie bei allen Nummernkreisen, die Auswahl, zwischen der internen oder externen Nummernvergabe zu wählen. Zur Handhabung der Nummernkreispflege verweise ich Sie hier auf die entsprechenden Abschnitte im Liefer- bzw. Transportbeleg.

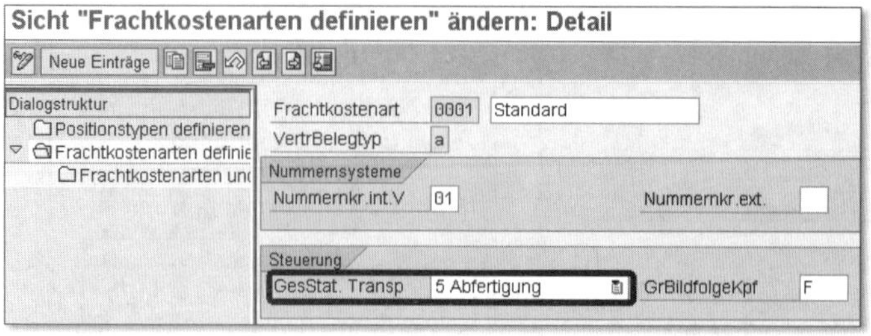

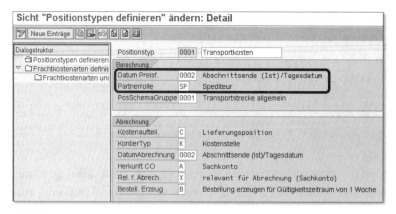

Abbildung 11.38 Steuerungsmerkmale in einer Frachtkostenart

Technische Informationen zu den Nummernkreisen

▸ Menüpfad im Customizing: LOGISTICS EXECUTION • TRANSPORT • FRACHTKOSTEN • FRACHTKOSTENBELEG • NUMMERNKREISE FÜR FRACHTKOSTEN DEFINIEREN

▸ Eigene Transaktion: VN08

▸ Tabelle: NRIV (Objekt SD_FRACHT)

Positionen im Frachtkostenbeleg

In den Positionen eines Frachtkostenbelegs finden Sie Basisdaten, die für die Berechnung einer Fracht benötigt werden (siehe Abbildung 11.39).

Abbildung 11.39 Steuerungsmerkmale im Frachtkostenpositionstyp

Das sind z. B. der Spediteur selbst, mit dem Sie Ihre Frachtraten ausgehandelt haben (Feld PARTNERROLLE: Tragen Sie hier die Partnerrolle ein, unter der der Spediteur im Transportbeleg gefunden werden kann), oder auch das Preisdatum, d. h. das Datum, mit dem ein gültiger Preis gefunden werden soll (Feld DATUM PREISF.). Im Gegensatz zu allen anderen Vertriebsbelegen sind in den Positionen noch keine Berechnungen oder Preise zu finden. Um eine richtige

Referenz und auch Rechenart sicherzustellen, müssen die Frachtkostenpositionen durch einen Positionstyp unterschieden werden.

Technische Informationen zum Frachtkostenpositionstyp

▸ Feldlänge: 4-stellig

▸ Menüpfad im Customizing: LOGISTICS EXECUTION • TRANSPORT • FRACHTKOSTEN • FRACHTKOSTENBELEG • FRACHTKOSTENARTEN UND POSITIONSTYPEN (Ordner POSITIONSTYPEN DEFINIEREN)

▸ Eigene Transaktion: T_56

▸ Tabellen: TVFT und TVFTT (sprachenabhängige Bezeichnung)

Die Frachtkostenpositionen haben einen Bezug zum Transportbelegkopf, zu einem Transportabschnitt, einem Umschlagspunkt oder zu einem Grenzpunkt (siehe Abbildung 11.40, Spalte KOSTENTYP). Müssen Sie z. B. Versicherungskosten oder Zuschläge für Thermotransporte, Gefahrguttransporte und Eilzustellungen abrechnen, beziehen sich diese Kosten oder Zu- und Abschläge auf den gesamten Transport, also auf Informationen aus dem Transportkopf (Kostentyp »A«). Rechnen Sie dagegen eine Frachtrate zu einem Umschlagspunkt ab (Kostentyp »C«) oder auf Entfernungen, müssen Sie auf den Transportabschnitt (Kostentyp »B«) referieren, da nur dort die Informationen stehen, die Sie benötigen.

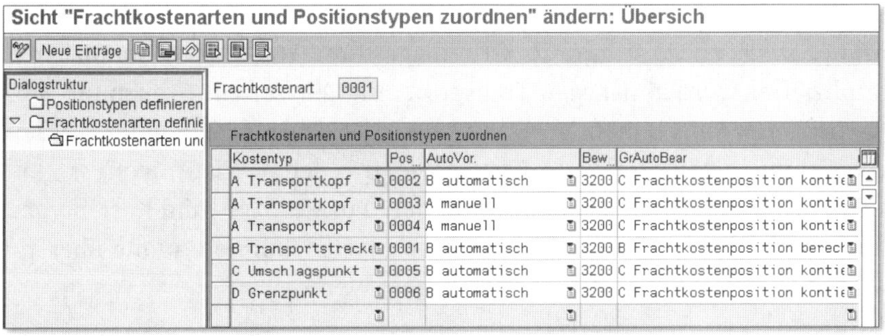

Abbildung 11.40 Zuordnung der Positionstypen zu einer Frachtkostenart

---

Technische Informationen zur Zuordnung von Frachtkostenarten zu den einzelnen Frachtkostenpositionstypen

▸ Menüpfad im Customizing: LOGISTICS EXECUTION • TRANSPORT • FRACHTKOSTEN • FRACHTKOSTENBELEG • FRACHTKOSTENARTEN UND POSITIONSTYPEN (Ordner FRACHTKOSTENARTEN UND POSITIONSTYPEN ZUORDNEN)

▸ Eigene Transaktion: T_56

▸ Tabelle: TVFTK

Der Vollständigkeit halber sei auch noch der Kostentyp »D« erwähnt, der zum Tragen kommt, wenn eine Abrechnung zum Grenzkontrollpunkt erfolgt. Zu diesen einzelnen Kostentypen geben Sie jeweils den entsprechenden Positionstyp und die Information an, ob dieser Kostentyp bzw. Positionstyp manuell vorgegeben werden muss oder automatisch errechnet wird. Der Zusammenhang zwischen Frachtkostenart, Positionstyp und Kostentyp wird in Abbildung 11.41 deutlich.

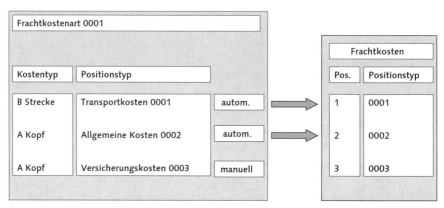

Abbildung 11.41 Zusammenhang zwischen Frachtkostenart, Positionstyp und Kostentyp

Sie können dieser Zusammenstellung entnehmen, dass Sie für einfache Einzeltransporte (ein Lieferbeleg in einem Transportbeleg) lediglich den Transportkopf und den Abschnitt als Grundlage Ihrer Frachtraten heranziehen. Komplizierter werden dagegen Transporte, die über einen Grenzpunkt hinausgehen oder über einen Vor-, Haupt- und Nachlauf abgebildet werden. Auch Sammeltransporte bzw. Transporte für den Kurier-, Express- und Paketdienst (KEP-Dienste) haben eine andere Positionstyp- und Kostentypzusammenstellung. Diese einzelnen Transportarten können somit über die Frachtkostenart unterschiedlich abgerechnet werden.

Frachtkostenunterposition

Erst in den *Frachtkostenunterpositionen* sind die errechneten Preise zu finden. Die Summe aller Frachtkostenunterpositionen ergibt die gesamten Kosten für diesen Transport. Zur Frachtkostenabrechnung gibt es bestimmte Berechnungsgrundlagen, die zwar generell über den Kostentyp gesteuert werden, aber letztendlich über die Konditionstechnik zur richtigen Basis finden (siehe Abbildung 11.42).

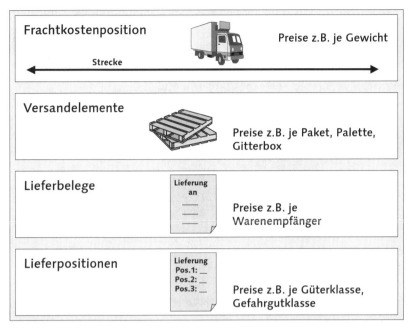

Abbildung 11.42 Übersicht über verschiedene Berechnungsgrundlagen

Dieses Beispiel verdeutlicht, dass Sie bestimmte Preise, je nachdem, wie Sie diese mit Ihrem Spediteur verhandelt haben, von unterschiedlichen Plattformen des Transportbelegs berechnen. Diese Berechnungsgrundlage spiegelt sich in der *Konditionsart* wider. Hier geben Sie die Bezugsgröße (z. B. Bruttogewicht, Nettogewicht, Volumen, Anzahl Packstücke, Preise je Warenempfänger und Gefahrgutklassen) vor. Alle nur erdenklichen Konditionsarten werden über ein Kalkulationsschema gebündelt. In Abschnitt 11.3.2, »Frachtkostenkalkulation«, erfahren Sie mehr zu diesem Thema.

Versuchen Sie Ihre Konditionen mit Ihren Spediteuren so einheitlich wie möglich zu gestalten. Haben Sie mit 100 Spediteuren 100 verschiedene Vereinbarungen und Mengenstaffeln vereinbart, werden Ihre Einstellungen im SAP-System unübersichtlich und sind letztlich so nicht mehr steuerbar. Wenn Sie beabsichtigen, Ihre Frachtabrechnung mit dem SAP-System durchzuführen, nehmen Sie diese Umstellung als Chance zur Vereinheitlichung und Harmonisierung Ihrer Frachtraten. **[+]**

Frachtkostenrelevanz

Abrechnen können Sie Ihren Transport erst, wenn er als frachtrelevant eingestellt ist. Dies geschieht auf Kopf- und auf Abschnittsebene. Im ersten

Schritt ordnen Sie im Customizing der Transportart eine feste Frachtkosten-art zu. Im zweiten Schritt legen Sie fest, welche Objekte im Transportbeleg als frachtkostenrelevant eingestellt werden (siehe Abbildung 11.43). Setzen Sie ein Häkchen in der entsprechenden Spalte KOPF, STRECKE, UMSCHL und/oder GRENZP, um die Relevanz zu markieren.

Sicht "Frachtkostenrelevanz für Transportart festlegen" ändern: Übersi						
Dialogstruktur	TrAr	Bezeichnung	Kopf	Strecke	Umschl	Grenzp
☐ Frachtkostenart der Tran	0001	Einzeltransp. Straße	☐	☑	☐	☐
☐ Frachtkostenrelevanz für	0002	Sammeltransp. Straße	☑	☑	☐	☐
	0003	Sammeltransport	☑	☑	☑	☑
	0004	Vorlauf Straße	☑	☑	☑	☑
	0005	Hauptlauf See	☑	☑	☑	☑
	0006	Nachlauf Straße	☑	☑	☐	☐
	0010	Eingangstransport	☑	☑	☐	☐

Abbildung 11.43 Frachtkostenrelevanz für die unterschiedlichen Transportarten

---

Technische Informationen zur Frachtkostenrelevanz

▶ Menüpfad im Customizing: LOGISTICS EXECUTION • TRANSPORT • FRACHTKOSTEN • FRACHTKOSTENBELEG • FRACHTKOSTENRELEVANZ UND VORSCHLAG FÜR FRACHTKOSTENART (Ordner FRACHTKOSTENART DER TRANSPORTART ZUORDNEN und Ordner FRACHTKOS-TENRELEVANZ FÜR TRANSPORTART FESTLEGEN)

▶ Eigene Transaktion: T_57

▶ Tabelle: TVTK

Sie haben mit diesen Einstellungen zunächst einmal nur die Basis hergestellt, um Ihre Transportbelege anlegen zu können. Im nächsten Schritt müssen Sie Ihre Kalkulationsschemata einrichten und Ihre Konditionen in das SAP-System einpflegen.

11.3.2 Frachtkostenkalkulation

Bevor Sie jedoch einen Frachtkostenbeleg anlegen können, müssen Sie Ihre Konditionen, die Sie mit Ihrem Spediteur verhandelt haben, in das System einpflegen. Um das Konditionssystem für Ihre Frachtabrechnung zu nutzen, sind folgende Schritte erforderlich:

1. Sie müssen das SAP-System mit Hilfe des Customizings auf Ihre Frachtkos-tenkalkulation einstellen.

2. Sie müssen die Frachtraten in das System einpflegen.

Die komplette Frachtkostenberechnung ist an die SAP-Konditionstechnik angelehnt. Die Funktionsweise dieser Konditionstechnik habe ich Ihnen in Abbildung 11.44 in der Übersicht dargestellt.

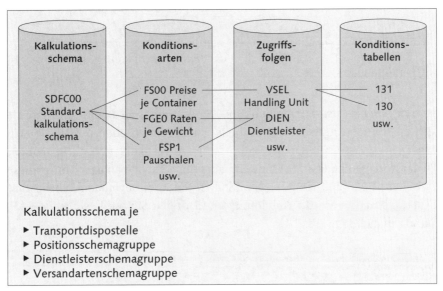

Abbildung 11.44 Übersicht über die Arbeitsweise der Frachtkostenkalkulation

Konditionstabellen: Findungskriterien für Ihre Frachtraten

Wie schon bei den anderen Einsatzgebieten der Konditionstechnik (z. B. Nachrichtenfindung, Chargenfindung) beginne ich mit den Konditionstabellen. Ihre Frachtraten, die Sie mit Ihrem Spediteur vereinbart haben, hängen von bestimmten Kriterien ab. Ein Kriterium ist Ihr Spediteur selbst, da davon auszugehen ist, dass Sie nicht mit jedem Spediteur die gleichen Frachtraten vereinbart haben. Weitere Kriterien können z. B. Ihre Versandstellen und Ihr Warenempfänger oder die Tarifzone Ihres Warenempfängers sein. Je weiter Ihr Warenempfänger von Ihrer Versandstelle entfernt ist, desto größer werden Ihre Frachtraten sein.

Haben Sie Zuschläge zu Ihren Frachtraten vereinbart, z. B. für Thermotransporte, müssen Sie das Feld, mit dem Sie einen solchen Thermotransport kennzeichnen, ebenfalls als Kriterium aufnehmen. Diese Kombinationen von Feldern legen Sie in diesen Tabellen fest. Im Customizing spricht SAP in diesem Fall auch von *Preisabhängigkeiten*.

> **Technische Informationen zu den Tabellen**
>
> ▸ Feldlänge: 3-stellig
>
> ▸ Menüpfad im Customizing: Logistics Execution • Transport • Frachtkosten • Preisfindung • Steuerung der Preisfindung • Preisabhängigkeiten (Konditionen) definieren
>
> ▸ Eigene Transaktionen: T_03 (zum Anlegen einer neuen Konditionstabelle), T_04 (zum Ändern), T_05 (zur Pflege der Konditionstabellen) und TV24 (zur Anzeige der erlaubten Felder)

Starten Sie die Customizing-Funktion. Sie erhalten ein Popup, in dem Sie sich entscheiden müssen, eine Tabelle anzulegen, zu ändern oder sie sich anzeigen zu lassen. Zusätzlich gibt es die Möglichkeit, sich alle erlaubten Felder anzeigen zu lassen. Wenn Sie eine neue Tabelle anlegen, muss diese zwischen »501« und »999« liegen. Stellen Sie in dieser neuen Tabelle Ihre Feldkombination ein. In Abbildung 11.45 finden Sie die bestehende SAP-Standardtabelle »113«.

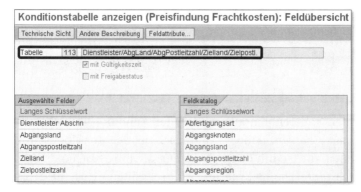

Abbildung 11.45 Kombination von Feldern für die bestehende Konditionstabelle »113«

In der linken Bildschirmhälfte sehen Sie die ausgewählten Felder und in der rechten alle möglichen nutzbaren Felder aus dem Feldkatalog. Haben Sie Ihre Felder ausgewählt, können Sie noch zwei Checkboxen setzen: mit Gültigkeitszeit und mit Freigabestatus. Mit der Gültigkeitszeit legen Sie fest, dass alle Frachtvereinbarungen zu dieser Tabelle mit einem Gültigkeitszeitraum versehen werden müssen. Das kann ich nur empfehlen, da Sie Änderungen Ihrer Frachtraten bereits erfassen können, wenn sie bekannt werden, aber erst später gültig werden sollen. Als Alternative können Sie jede Frachtrate einzeln freigeben, wenn Sie die Checkbox mit Freigabestatus setzen.

Zugriffsfolge für Ihre Konditionstabellen

Haben Sie Ihre Suchkriterien (Tabellen) über die einzelnen Felder definiert, müssen Sie nun die Reihenfolge festlegen, in der die einzelnen Tabellen zur Findung der Frachtrate abgearbeitet werden sollen. Diese Reihenfolge der Zugriffe auf die Tabellen wird im SAP-System ZUGRIFFSFOLGE genannt. Für jede einzelne Konditionsart (z. B. Zuschläge, Inlandsfrachtraten, Frachtraten für Seeverkehr) müssen Sie eine Zugriffsfolge definieren. Im Customizing werden zwar zuerst die Konditionsarten angelegt, jedoch legen Sie in der Konditionsart bereits die Zugriffsfolge fest.

Technische Informationen zu den Zugriffsfolgen

▸ Feldlänge: 4-stellig

▸ Menüpfad im Customizing: LOGISTICS EXECUTION • TRANSPORT • FRACHTKOSTEN • PREISFINDUNG • STEUERUNG DER PREISFINDUNG • ZUGRIFFSFOLGEN DEFINIEREN

▸ Eigene Transaktion: T_07

▸ Tabellen: T682 (Verwendung »A«, Applikation »F«) und T682T (sprachenabhängige Beschreibung)

Starten Sie das Customizing für die Definition der Zugriffsfolgen. Sie erhalten zunächst eine Übersicht über die bereits angelegten Zugriffsfolgen (siehe Abbildung 11.46). Müssen Sie eigene Zugriffsfolgen definieren, kopieren Sie eine bestehende und geben Ihrer neuen Folge einen Namen, der mit einem »Z« beginnt.

Abbildung 11.46 Übersichtsbild über die bereits angelegten Zugriffsfolgen

Markieren Sie eine bestehende Zugriffsfolge, und öffnen Sie den Ordner ZUGRIFFE (in der linken Bildschirmhälfte). Hier geben Sie die Reihenfolge der einzelnen Tabellen vor (siehe Abbildung 11.47).

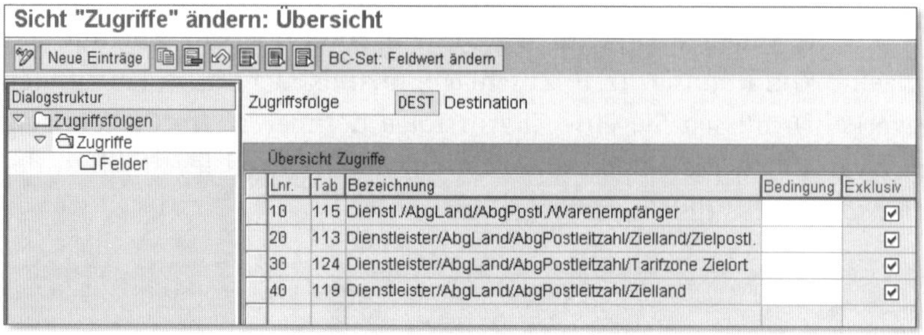

Abbildung 11.47 Festlegung der Reihenfolge für die Abarbeitung der einzelnen Tabellen in einer Zugriffsfolge

Hierzu füllen Sie die Spalte LNR. mit einer laufenden Nummer und die Spalte TAB mit der Nummer Ihrer Konditionstabelle. Nummerieren Sie die laufende Nummer nicht in 1er-Schritten, sondern lassen Sie zwischen den einzelnen Tabellen ein wenig Platz, damit Sie später problemlos weitere Tabellen einfügen können. Die Checkbox EXKLUSIV bedeutet, dass nach dem ersten Finden einer Kondition innerhalb einer Konditionsart die weitere Suche in dieser Zugriffsfolge abgebrochen wird. In der Spalte BEDINGUNG können Sie eine Bedingung vorgeben, zu der dieser Zugriff mit der entsprechenden Tabelle gelesen werden soll. Diese Bedingung müssen Sie selbst mit ABAP programmieren. Setzen Sie hierzu den Cursor auf die Spalte BEDINGUNG, und klappen Sie dieses Feld auf. Sie sehen nun alle bereits definierten Bedingungen. Müssen Sie eigene Bedingungen definieren, wählen Sie eine freie Bedingung aus und geben diese ein. Das System generiert automatisch eine Form-Routine, die Sie nun für Ihre Belange programmieren müssen.

Konditionsarten

In diesem Schritt definieren Sie Ihre *Konditionsart*. Hier haben Sie die umfangreichsten Einstellungsmöglichkeiten. Unter einer Konditionsart versteht SAP z. B. einen Preis (beispielsweise einen Preis ausschließlich für Inlandstransporte). Sehr oft werden für Auslandstransporte eigene Konditionsarten vereinbart, da sie unterschiedlich strukturiert sind. See- und Luftfrachten haben z. B. wieder eine andere Preisberechnung als die anderen Auslandstransportarten. Neben den Preisen sind aber auch Zu- oder Abschläge eigenständige Konditionsarten.

Technische Informationen zu den Konditionsarten

▶ Feldlänge: 4-stellig

▶ Pfad im Customizing: LOGISTICS EXECUTION • TRANSPORT • FRACHTKOSTEN • PREISFIN-DUNG • STEUERUNG DER PREISFINDUNG • KONDITIONSARTEN DEFINIEREN

▶ Eigene Transaktion: T_06

▶ Tabellen: T685A (Applikation »F«), T685T (Beschreibung der Konditionsart, Anwendung »A«, Applikation »F«)

Wenn Sie das Customizing starten, erhalten Sie zunächst eine Übersicht über die bereits definierten Konditionsarten. Wenn Sie eigene Konditionsarten definieren, und das ist der Regelfall, müssen diese mit einem »Y« oder »Z« beginnen. Beziehen Sie sich in diesem Fall auf eine ähnliche bereits existierende Konditionsart, und kopieren Sie diese. Markieren Sie hierzu eine Zeile, und klicken Sie auf das Icon 🖫. Geben Sie im Folgebild als Erstes die neue Konditionsart und eine kurze Beschreibung ein. Füllen oder ändern Sie nun jedes einzelne Feld entsprechend Ihrem Geschäftsprozess. Abbildung 11.48 zeigt Ihnen das dazugehörige Übersichtsbild.

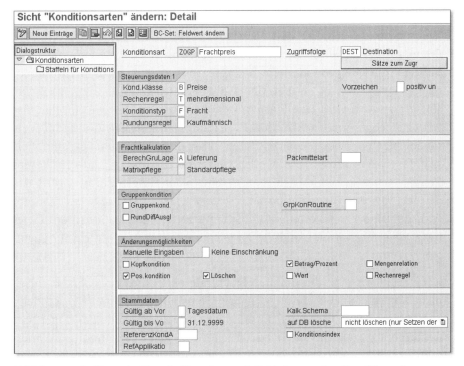

Abbildung 11.48 Übersicht über die Einstellungsmöglichkeiten zu einer Konditionsart

Fügen Sie zunächst Ihre bereits definierte Zugriffsfolge in das Feld ZUGRIFFS-FOLGE ein. Im Feld KOND.KLASSE definieren Sie, ob es sich bei dieser Kondition um Zu- oder Abschläge (»A«), Preise (»B«) oder um Steuern (»D«) handelt. Klappen Sie das Feld auf, und Sie sehen alle möglichen Einträge. Das Feld VORZEICHEN sagt aus, ob die ermittelten Beträge mit einem positiven (»A«) oder negativen (»X«) Vorzeichen gerechnet werden. Lassen Sie das Feld frei, müssen Sie in der Kondition selbst das Vorzeichen vorgeben. In der RECHENREGEL legen Sie fest, ob es sich bei dieser Kondition um einen festen Preis (»B«), um einen prozentualen Wert (»A«) oder um eine über eine Staffel definierte Kondition (»T«) handelt. Unter KONDITIONSTYP geben Sie ein »F« ein, da es sich um Frachtkonditionen handelt. Im letzten Feld im Bereich der STEUERUNGSDATEN 1 legen Sie die RUNDUNGSREGEL fest. Möchten Sie den errechneten Wert Ihres Frachtpreises (SAP spricht hier vom Konditionswert) kaufmännisch runden, lassen Sie dieses Feld frei. Setzen Sie ein »A« ein, wenn der errechnete Wert immer aufgerundet, und ein »B«, wenn er immer abgerundet werden soll.

Im nächsten Bildschirmbereich finden Sie das Feld BERECHGRULAGE. Dieses Feld bestimmt die Herkunft der Daten, die für diese Konditionsart benötigt werden. Hierbei sind folgende Datenquellen vorgesehen: Lieferung (»A«), Lieferungsposition (»B«) und Versandelemente (»C«), z. B. Paletten. Die Daten aus dem Transportkopf und aus den Abschnitten stehen immer zur Verfügung. Lassen Sie die Berechnungsgrundlage leer, werden alle Datenquellen zur Verfügung gestellt. Geben Sie in dieser Konditionsart ein »A« für »Lieferung« vor, wird eine Frachtkostenunterposition für jede einzelne Lieferung erzeugt. Äquivalent verhält es sich mit Lieferungspositionen und Versandelementen. Haben Sie Frachtraten, die z. B. gewichtsabhängig sind, holt sich das System die entsprechenden Gewichte in Abhängigkeit von diesem Kennzeichen. Steht hier z. B. ein »B« für »Lieferungsposition«, wird das Gewicht aus der Lieferungsposition gezogen. Setzen Sie hier ein »D« ein, wird nur eine Frachtkostenunterposition erzeugt. Informationen aus Lieferung, Lieferungsposition und Versandelementen stehen hier nicht zur Verfügung.

Hängt die Basis einer bestimmten Frachtrate oder eines Zu- oder Abschlags nicht nur von einer Lieferung, Lieferungsposition oder einem Versandelement ab, sondern von einer bestimmten Gruppe (z. B. nur Positionen mit Gefahrgutkennzeichen oder nur Positionen einer bestimmten Warengruppe), müssen die Gruppenkennzeichen gepflegt werden. Zunächst setzen Sie die Checkbox GRUPPENKOND., falls es sich um eine solche Gruppenkonditionsart handelt. Sie müssen nun die Regel festlegen, unter der die Werte zur

Berechnung kumuliert werden. Hierzu müssen Sie ein Programm anlegen, in dem Sie diese Regel kodieren. Das legen Sie im Feld GRPKONROUTINE fest. Zum Schluss müssen Sie noch definieren, wie mit den Rundungsdifferenzen umzugehen ist. Rundungsdifferenzen entstehen, wenn die kumulierten Werte aus den einzelnen Gruppen nicht mit den Kopfwerten übereinstimmen. Setzen Sie die Checkbox RUNDDIFFAUSGL, wenn die Differenz zur größten Position hinzugerechnet werden soll.

Über das Feld MANUELLE EINGABEN wird festgelegt, ob die vom System ermittelte oder die manuell vorgegebene Kondition Priorität hat. Ich beginne mit dem Kennzeichen »B«: Falls eine vom System ermittelte Kondition besteht, dürfen Sie diese nicht manuell überschreiben. »C« bedeutet, dass eine manuelle Kondition gegenüber einer vom System ermittelten Kondition Vorrang hat. Mit dem Kennzeichen »D« schließen Sie jegliche manuelle Vorgaben aus. Lassen Sie dieses Feld leer oder setzen ein »A«, gibt es keine Einschränkungen.

Es gibt nun noch eine Reihe von Kennzeichen, die hauptsächlich über eine Checkbox eingestellt werden. Setzen Sie die Checkbox KOPFKONDITION, ist diese Konditionsart nur für Kopfkonditionen gültig (z. B. generelle Zu- und Abschläge, Steuern). Die Checkbox BETRAG/PROZENT wird gesetzt, wenn Sie erlauben möchten, dass der Basiswert oder Prozentsatz im Beleg nachträglich geändert werden kann. Möchten Sie zulassen, dass im Frachtkostenbeleg Umrechnungsfaktoren zu Mengeneinheiten geändert werden dürfen, setzen Sie die Checkbox MENGENRELATION.

Handelt es sich bei der Konditionsart um eine Positionskondition, setzen Sie die Checkbox POS.KONDITION. Erlauben Sie das Löschen einer kompletten Konditionsart aus dem Frachtkostenbeleg, setzen Sie die Checkbox LÖSCHEN. Der errechnete Konditionswert darf geändert werden, wenn Sie die Checkbox WERT setzen. Die Checkbox RECHENREGEL setzen Sie, wenn Sie im Frachtkostenbeleg die Rechenregel ändern möchten.

Haben Sie sich dafür entschieden, Ihre Frachtraten mit einem Gültigkeitszeitraum zu versehen, können Sie in der Konditionsart vorgeben, ob diese bei der manuellen Erfassung vorbelegt werden sollen oder nicht. Hierzu gibt es die Felder GÜLTIG AB VOR und GÜLTIG BIS VO. Im Feld GÜLTIG AB VOR haben Sie fünf Möglichkeiten: Lassen Sie das Feld leer, wird bei der Eingabe Ihrer Frachtrate oder Kondition das Tagesdatum vorgeschlagen. Geben Sie eine »1« ein, wird der erste Tag der Woche vorgeschlagen, bei einer »2« der erste Tag des Monats und bei einer »3« der erste Tag des Jahres. Geben Sie eine »4« ein, müssen Sie den Gültigkeitsbeginn manuell vorgeben. Für das Feld

GÜLTIG BIS VO gibt es vier Möglichkeiten: »0« bedeutet, als Gültigkeitsende wird das Tagesdatum gesetzt, bei »1« das Ende des laufenden Monats und bei »2« das Ende des laufenden Jahres. Lassen Sie das Feld leer, wird der 31.12.9999 vorgeschlagen. Möchten Sie das Gültigkeitsende manuell vorgeben, geben Sie eine »5« ein.

Kalkulationsschema

Ich habe Ihnen die wesentlichen Kennzeichen einer Konditionsart vorgestellt. Der vorerst letzte Schritt besteht darin, die zur Berechnung einer bestimmten Fracht notwendigen Konditionsarten in eine richtige logische Reihenfolge zu bringen. Diese Reihenfolge wird im *Kalkulationsschema* abgelegt.

Technische Informationen zum Kalkulationsschema

▸ Feldlänge: 6-stellig

▸ Pfad im Customizing: LOGISTICS EXECUTION • TRANSPORT • FRACHTKOSTEN • PREISFINDUNG • STEUERUNG DER PREISFINDUNG • KALKULATIONSSCHEMA DEFINIEREN UND ZUORDNEN

▸ Eigene Transaktion: T_08

▸ Tabellen: T683 (Verwendung »A«, Applikation »F«), T683S und T683T (sprachenabhängige Beschreibung)

Wie Sie aus dem Menüpfad des Customizings erkennen können, wird an dieser Stelle nicht nur das Kalkulationsschema definiert, sondern auch die Findung des richtigen Schemas eingestellt oder zugeordnet. Zunächst aber zum Kalkulationsschema selbst: Wenn Sie das Customizing starten und den Unterpunkt KALKULATIONSSCHEMA DEFINIEREN wählen, erhalten Sie eine Übersicht über die bereits existierenden Kalkulationsschemata (siehe Abbildung 11.49).

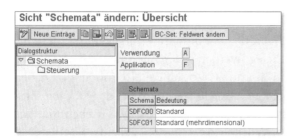

Abbildung 11.49 Übersicht über die im System existierenden Kalkulationsschemata

Kopieren Sie für Ihre Zwecke ein bestehendes Schema, und geben Sie dem neuen Schema einen entsprechenden Namen, der mit einem »Z« beginnen muss. Sie sehen nun alle einzelnen Konditionsarten in der entsprechenden Reihenfolge (siehe Abbildung 11.50).

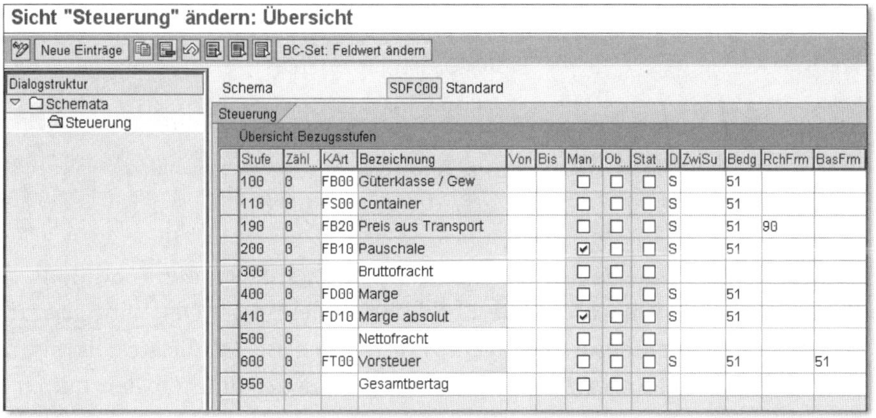

Abbildung 11.50 Kalkulationsschema »SDFC00«, das von SAP als Standard ausgeliefert wird

Setzen Sie nun Ihre Konditionsarten in der Reihenfolge ihrer Abarbeitung zu einem Kalkulationsschema zusammen. Jede Konditionsart bekommt daher eine fortlaufende Nummerierung in den Spalten STUFE und ZÄHL. In den meisten Fällen stehen zu Anfang die Spezialpreise oder die Konditionsarten, die nur für einen bestimmten Fall benötigt werden. Daran anschließend stehen die Standardpreise. Das hat den Vorteil, dass die Standardpreise nicht mehr durchsucht werden müssen, wenn Sie zu Anfang gleich einen Sonderpreis gefunden haben. Das hat Auswirkungen auf die Systemperformance, da die Anzahl der Konditionssätze für Standardpreise erheblich höher sein wird als die Anzahl der Konditionssätze für Sonderpreise. Anschließend werden die Zu- und Abschläge gerechnet. Zum Schluss kommen noch die Errechnung einer Marge, wenn es gewünscht wird, und die Mehrwertsteuer (bzw. Vorsteuer) hinzu.

Die Spalten VON und BIS werden genutzt, wenn es sich um prozentuale Zu- oder Abschläge handelt, und kennzeichnen, dass die Basis aus einer Summe von mehreren Konditionsarten gebildet wird. Ein nicht ganz praxisnahes Beispiel dazu finden Sie in Tabelle 11.5.

Die Konditionsart »ZWIN« ist in diesem Fall ein prozentualer Aufschlag auf den Preis. Der Preis setzt sich zusammen aus der Summe der eigentlichen Frachtrate und eines festen Zuschlags pro Gefahrguttransport. Der prozentuale Zuschlag einer Winterpauschale wird jedoch von der Summe aus den beiden Positionen gezogen. In den Spalten VON und BIS kennzeichnen Sie also die erste und die letzte Konditionsart eines Kalkulationsschemas.

Stufe	Konditions-art	Bezeichnung	Von	Bis
100	ZFRA	Frachtraten, Preise		
200	ZGEF	Fester Gefahrgut-zuschlag		
300	ZWIN	Zuschlag für Winterfahrten	100	200

Tabelle 11.5 Beispiel für die Errechnung von Zuschlägen aufgrund einer Summe verschiedener Konditionsarten

Setzen Sie die Checkbox in der Spalte MANU, wenn Sie die Konditionsart manuell vorgeben möchten. Die Checkbox in der Spalte OBL wird gesetzt, wenn diese Konditionsart zwingend erforderlich ist. Ist die Konditionsart rein statistisch und geht nicht in die Berechnung der Frachtkosten mit ein, setzen Sie die Checkbox STAT. Die Spalten D (= Konditionsart soll gedruckt werden) und ZWISU (es soll an dieser Stelle eine Zwischensumme gebildet werden) sind für die Frachtkostenabrechnung nicht interessant. In den Spalten BEDG (Bedingung), RCHFRM (Rechenregel) und BASFRM (Konditionsformel zur Basisberechnung) können Sie selbst über die Programmierung in die Berechnung der Preise eingreifen.

Zunächst einmal können Sie in der Bedingung definieren, zu welchem Ereignis diese Konditionsart überhaupt berücksichtigt werden soll. Im Beispiel einer Gefahrgutfahrt könnten Sie z. B. das Feld »enthält Gefahrgut« abfragen. Ist dieses gefüllt, ist die Bedingung erfüllt, und die Kondition wird ausgeführt.

In der Basisformel können Sie den Basiswert programmtechnisch beeinflussen. In der SAP-Dokumentation steht dafür auch oft die Bezeichnung *Konditionsbasisformel*. Rechnen Sie z. B. Ihren Gefahrguttransport nicht nach dem kompletten Gesamtgewicht ab, sondern müssen aus dem Gesamtgewicht Packdaten oder aus dem Lieferbeleg bestimmte Positionen herausrechnen, können Sie über diese Basisformel das Gewicht nur für diese eine Konditionsart reduzieren.

Für den Fall, dass eine Ermittlung Ihrer Konditionen über den SAP-Standard nicht möglich ist, können Sie den Konditionswert über die Rechenregel auch selbst errechnen. Auch in diesem Fall müssen Sie die Rechenformel über die ABAP-Programmierung eigenständig programmieren.

Im Konditionsschema selbst dürfen Sie beliebig viele Zwischensummen setzen (siehe die Zeilen »300« und »500« in Abbildung 11.50). Bei den prozentualen Berechnungen können Sie sich auch auf diese Zwischensummen beziehen.

Findungsregeln für das Kalkulationsschema

Nachdem Sie nun das Kalkulationsschema festgelegt haben, muss dieses Schema zum Schluss noch einer Suchstrategie zugeordnet werden. Die Findung ist leider kompliziert und trifft vielerorts auf Verständnisschwierigkeiten. In der Regel habe ich daher bei meinen Kunden bislang auch nur die Grundeinstellungen vorgefunden. Trotzdem will ich Ihnen den Grundgedanken dieser Kalkulationsschemafindung kurz vorstellen.

In Abbildung 11.51 finden Sie eine Aufstellung, von welchen Kriterien die Findung des richtigen Kalkulationsschemas abhängt. Hierbei werden insgesamt vier Kriterien berücksichtigt: die Transportdispostelle, die Positionsschemagruppe, die Dienstleisterschemagruppe und die Versandartenschemagruppe.

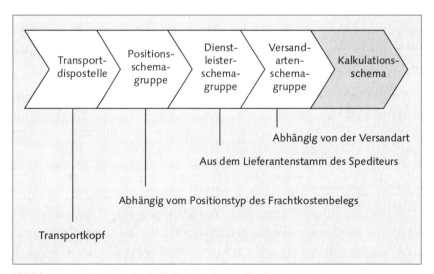

Abbildung 11.51 Findung des Kalkulationsschemas für die Frachtkostenermittlung

Ich beginne mit der *Positionsschemagruppe*. Wie bereits in Abschnitt 11.3.1 erwähnt (siehe auch Abbildung 11.39), werden im Frachtkostenbeleg Positionen angelegt, die einen bestimmten Positionstyp besitzen. Diese Positionstypen können unterschiedlich ausgeprägt sein und somit auch unterschiedlich zur Frachtkostenabrechnung beitragen. Um nicht für jeden einzelnen

Positionstyp das Kalkulationsschema ermitteln zu müssen, fassen Sie gleichartige Positionstypen zu einer Positionsschemagruppe zusammen.

> **Technische Informationen zu den Schemagruppen**
>
> ▶ Feldlänge: 4-stellig
>
> ▶ Pfad im Customizing: LOGISTICS EXECUTION • TRANSPORT • FRACHTKOSTEN • PREISFINDUNG • STEUERUNG DER PREISFINDUNG • KALKULATIONSSCHEMA DEFINIEREN UND ZUORDNEN
>
> ▶ Eigene Transaktionen: T_71 (Positionsschemagruppe), T_70 (Dienstleisterschemagruppe), T_72 (Versandartenschemagruppe) und T_73 (Findung des Kalkulationsschemas)
>
> ▶ Tabellen zur Positionsschemagruppe: TVFCG und TVFCGT (sprachenabhängige Beschreibung), Zuordnung in TVFT (abgespeichert im Feld FCGRP)
>
> ▶ Tabellen zur Dienstleisterschemagruppe: TVFCD und TVFCDT (sprachenabhängige Beschreibung)
>
> ▶ Tabellen zur Versandartenschemagruppe: TVFCV und TVFCVT (sprachenabhängige Beschreibung), Zuordnung in T173 (abgespeichert im Feld VSGRP)

Starten Sie nun das Customizing für die *Positionsschemagruppe*. Im ersten Schritt definieren Sie die Positionsschemagruppen, falls Sie die Standardschemagruppen nicht nutzen möchten. Beschreiben Sie die Schemagruppe kurz mit einem Text. Im zweiten Schritt ordnen Sie dieser Schemagruppe einen Positionstyp zu.

Die *Dienstleisterschemagruppe* wird im Customizing lediglich definiert. Anschließend pflegen Sie bei Ihrem Spediteur im Feld DIENSTLSCHMGR auf der Registerkarte STEUERUNG Ihres Kreditors (siehe auch Abschnitt 3.3, »Lieferantenstammdatei«) die Dienstleisterschemagruppe ein.

Ähnlich wie im Falle der Positionstypen gruppieren Sie im dritten Schritt Ihre Versandarten zu den *Versandartenschemagruppen* zusammen. Gleichartige Versandarten erhalten somit die gleiche Schemagruppe. Definieren Sie im ersten Teil Ihre Versandartenschemagruppen, falls Ihnen die Einträge aus der SAP-Standardeinstellung nicht reichen. Anschließend ordnen Sie diese Schemagruppe Ihren Versandarten zu.

Sind alle drei Schemagruppen definiert und eingerichtet, stellen Sie diese drei hintereinander und teilen diesen Gruppen je Transportdispostelle ein Kalkulationsschema zu. Wenn Sie das Customizing starten, werden Ihnen im ersten Bild die angelegten Transportdispostellen angezeigt. Markieren Sie die gewünschte Transportdispostelle, und klicken Sie auf den Ordner FIN-

DUNG KALKULATIONSSCHEMA. Sie erhalten nun Ihre Findungsregeln (siehe Abbildung 11.52).

Abbildung 11.52 Findungsregeln je Transportdispostelle für das Kalkulationsschema

Sie haben nun die Grundvoraussetzungen dafür geschaffen, Ihre Transporte einfach und ohne spezielle Besonderheiten abzurechnen. Aber leider haben die Frachtraten im Speditionsgeschäft zur Abrechnung der Transportkosten viele Besonderheiten, die es sonst in dieser Form in der Preisgestaltung nicht gibt (z. B. Alternativberechnungen, einmal nach Gewichten und einmal nach Volumen, oder auch Staffelvergleiche – befinde ich mich kurz vor dem Ende einer Staffel, kann es sein, dass der Preis für die nächsthöhere Staffel günstiger ist, wenn ich das Gewicht des Transports künstlich erhöhe usw.). Auf diese Besonderheiten möchte ich im weiteren Verlauf noch ganz kurz im Einzelnen eingehen.

11.3.3 Staffeln

Frachtkosten können Sie erst abrechnen, wenn die Frachtraten im System eingepflegt sind. Hierzu bediene ich mich eines Beispiels, wie es in der Praxis häufig vorkommt: Die Preise werden je Tarifzone und Gewicht ausgehandelt. Verhandelt wurden in diesem Fall die Frachtraten ab Versandstelle München (siehe Abbildung 11.53).

Die Preise staffeln sich je Gewicht bis 1.000 kg, 2.000 kg, 6.000 kg, 10.000 kg und 15.000 kg. Der Mindestpreis ist unter MINIMUM, der Maximalpreis unter MAXIMUM eingetragen. Die Preise in den Staffeln beziehen sich auf je 100 kg, der Minimal- bzw. Maximalbetrag ist ein absoluter Betrag. Zu diesen Frachtraten kommt ein fester Pauschalbetrag in Höhe von 150,00 €, wenn die Ware mit einem Thermo-Lkw verschickt werden muss.

Bevor Sie jedoch die Preise im SAP-System erfassen, muss die Staffel im System hinterlegt werden. Hierzu gibt es eine Reihe von Transaktionen, die zur Pflege von Staffeln entwickelt wurden.

Tarifzone Gewicht	Tarifzone 1 um München	Tarifzone 2 z.B. bis Augsburg	Tarifzone 3 z.B. bis Ingolstadt	Tarifzone 4 z.B. bis Nürnberg
Minimum	35,32 €	38,28 €	43,51 €	45,67 €
bis 1.000 kg	14,90 €	19,56 €	23,43 €	26,92 €
bis 2.000 kg	13,91 €	14,77 €	22,66 €	26,69 €
bis 6.000 kg	5,47 €	5,93 €	10,53 €	11,77 €
bis 10.000 kg	4,04 €	4,33 €	8,10 €	9,10 €
bis 15.000 kg	3,03 €	3,64 €	7,04 €	8,02 €
Maximum	545,40 €	655,20 €	1.267,20 €	1.443,60 €

Preisvereinbarung mit der Spedition Brummer: Preise gelten pro 100 kg, Minimum- und Maximumwert: Preis pro Fracht.

Thermozuschlag pauschal pro Sendung: 150,00 €

Abbildung 11.53 Beispiel einer vereinbarten Frachtrate ab München

Menüpfad zur Pflege von Staffeln

LOGISTIK • LOGISTICS EXECUTION • STAMMDATEN • TRANSPORT • FRACHTKOSTEN • STAFFELN. Hier haben Sie die Möglichkeit zu wählen, ob Sie die Staffel ANLEGEN, MIT VORLAGE ANLEGEN, ÄNDERN oder ANZEIGEN möchten. Darüber hinaus steht Ihnen unter LISTE STAFFELN eine Auswertung zur Verfügung.

Transaktionscodes

VS01:   Neue Staffel anlegen

VS04:   Neue Staffel mit Vorlage anlegen

VS02:   Bestehende Staffel ändern

VS04:   Bestehende Staffel anzeigen

VS06:   Liste der Staffeln

Zur Pflege einer neuen Staffel rufen Sie die Transaktion VS01 auf. Hier werden Sie zunächst aufgefordert, die BEZUGSGRÖSSE Ihrer Staffel einzugeben. In meinem Beispiel beziehe ich mich auf das Bruttogewicht (Kennzeichen »D«). Klappen Sie dieses Feld auf, um das richtige Kennzeichen für die Bezugsgröße auszuwählen (siehe Abbildung 11.54).

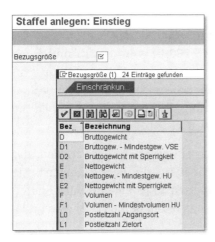

Abbildung 11.54 Auswahl der Bezugsgrößen für eine neue Staffel

Doppelklicken Sie auf die gewünschte Bezugsgröße. Nachdem das Kennzeichen übernommen wurde, drücken Sie die `Enter`-Taste. Sie erhalten die Übersicht zur Pflege Ihrer Staffel (siehe Abbildung 11.55).

Abbildung 11.55 Definition Ihrer Staffel und deren Werte

Im Feld STAFFELART müssen Sie festlegen, ob es sich um eine Ab- (»A«), Bis- (»B«) oder Gleich-Staffel (»X«) handelt. Dieses Kennzeichen bezieht sich auf die einzelnen Staffelwerte. Haben Sie eine Bis-Staffel definiert, legen Sie die einzelnen Preise jeweils für das Gewicht »bis« 1.000 kg, »bis« 2.000 kg, »bis« 6.000 kg usw. fest. Die RUNDUNGSREGEL gibt Auskunft darüber, wie der Basiswert, mit dem auf die Staffel zugegriffen wird, in diesem Fall das Bruttogewicht, vor der Frachtberechnung gerundet werden soll. In meinem Beispiel habe ich mich auf die Rundungsregel »0005« festgelegt. Beträgt das Gesamtgewicht Ihres Transports z. B. 7.245,780 kg, wird kaufmännisch auf volle Kilogramm gerundet, d. h., es wird mit 7.246 kg auf die Staffel zugegriffen. In das Feld STAFFELMENGENEINHEIT geben Sie noch die Einheit Ihrer Staffel ein, in meinem Beispiel »kg«. Die Staffel selbst habe ich aus Abbildung 11.53 übernommen.

Hinter der Staffel verborgen, befindet sich ein wichtiges Kennzeichen, das mit der Spaltenüberschrift B gekennzeichnet ist: die Berechnungsart. Sie legen hier fest, ob es sich bei den Frachtwerten zu jedem einzelnen Staffelwert um einen absoluten Betrag (»A« für einen festen Betrag) oder einen relativen Betrag (»B«, z. B. x € je n kg) handelt.

Auf der Registerkarte BERECHNUNG geben Sie weitere wichtige Parameter ein: Setzen Sie die zwei Checkboxen MINIMUM PFL.BAR und MAXIMUM PFL.BAR, wenn Sie entsprechende Minimum- und Maximumwerte in Ihrer Staffel unterbringen möchten. Hier können Sie in der Staffel selbst für jeden Staffelwert einen Minimal- und/oder Maximalpreis einsetzen. Im Feld PREIS-EINHEIT legen Sie den relativen Preis zu einer bestimmten Bezugsgröße fest, in diesem Fall ist der Preis pro 100 kg zu verstehen. Der Basiswert für die Berechnung des Konditionswerts wird nun noch kaufmännisch gerundet (Feld RUNDUNGSREGEL). Wenn Sie die Rundungsregeln aufklappen, finden Sie hier eine ganze Reihe von Möglichkeiten.

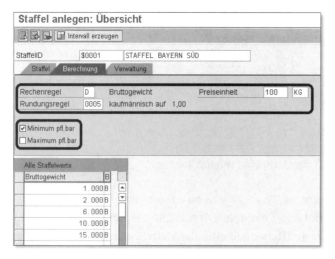

Abbildung 11.56 Weitere Parameter zur Kennzeichnung Ihrer Staffel

[+]

Haben Sie eine Bis-Staffel definiert, ist die Berechnung nach dem letzten Staffel-wert, in diesem Fall 15.000 kg, abgeschlossen. Um einen Maximalbetrag zu erreichen, nutzen Sie den Trick, dass Sie den letzten Staffelwert bis zu einer unerreichbaren Größe (z. B. 999.999 kg) festlegen und dort einen absoluten Festbetrag einpflegen. Sichern Sie nun die Staffel mit einem Klick auf das Icon . Sie erhalten vom System die Staffelnummer, die Sie später wieder benötigen.

11.3.4 Tarifzonen

Im folgenden Schritt müssen Sie Ihrem Spediteur, mit dem Sie die Frachtra-ten verhandelt haben, Tarifzonen zuordnen. In der Frachttabelle (siehe Abbildung 11.53) finden Sie die vereinbarten Tarifzonen für München, Augsburg, Ingolstadt und Nürnberg.

Technische Informationen zu den Tarifzonen

- ▶ Feldlänge: 10-stellig
- ▶ Pfad im Customizing: LOGISTICS EXECUTION • TRANSPORT • FRACHTKOSTEN • GRUNDLA-GEN • TARIFZONEN DEFINIEREN UND ZUORDNEN
- ▶ Eigene Transaktion: T_76
- ▶ Tabellen: TVFTZ und TVFTZT (sprachenabhängige Beschreibung), TVFPTZH (Organisationsschlüssel) und TVFPTZ (Zuordnung der Tarifzonen zu den Organi-sationsschlüsseln)

Starten Sie das Customizing, und definieren Sie Ihre Tarifzonen. Ich habe mich dafür entschieden, die Zonen nach dem Muster »OGDEnn« zu benen-nen, wobei »nn« die ersten zwei Stellen der Postleitzahl repräsentiert (siehe Abbildung 11.57).

Abbildung 11.57 Definition der Tarifzonen

Sichern Sie Ihre Eingaben. Ordnen Sie nun diese Tarifzonen Ihrem Spediteur zu, wenn es sich um Zonen handelt, die nur für einen Spediteur gelten. Defi-nieren Sie zuerst den Organisationsschlüssel für die Tarifzonenzuordnung.

Doppelklicken Sie auf den Ordner ORGANISATIONSSCHLÜSSEL FÜR TARIFZONEN-ZUORDN. DEF. Ich stelle in diesem Beispiel die Tarifzonen generell für jeden Dienstleister und für jede Versandart ein (siehe Abbildung 11.58).

Abbildung 11.58 Organisationsschlüssel für die Tarifzonenzuordnung

Generell können Sie für jede Kombination aus Transportdispostelle, Spediteur (Dienstleister), Versandart und Empfangsland eigene Tarifzonen definieren. Sichern Sie diesen Organisationsschlüssel, und markieren Sie ihn für den nächsten Schritt. Doppelklicken Sie auf den Ordner TARIFZONEN ZU ORG-SCHLÜSSEL ZUORDNEN. Ordnen Sie nun die Postleitzahlen (von/bis) Ihren Tarifzonen zu (siehe Abbildung 11.59).

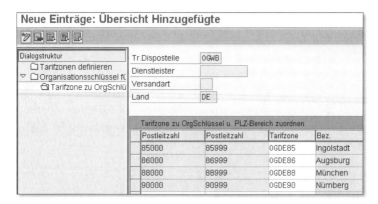

Abbildung 11.59 Zuordnung der Tarifzonen zu den Postleitzahlen

11.3.5   Frachtraten pflegen

Pflegen Sie nun Ihre Preise ein. Starten Sie die Transaktion TK11, um neue Preise einzupflegen. Sie werden dazu aufgefordert, eine Konditionsart einzugeben. In meinem Beispiel habe ich die Konditionsart »ZOGP« erstellt. Drücken Sie die ⌈Enter⌉-Taste. Sie erhalten daraufhin eine Übersicht über die möglichen Kombinationen. Diese Kombinationen sind nichts anderes als Ihre zuvor definierten Tabellen in der Reihenfolge, in der Sie sie in Ihrer Zugriffsfolge festgelegt haben (siehe Abbildung 11.60).

Abbildung 11.60 Schlüsselkombination zur Pflege Ihrer Frachtraten

Ich wähle die dritte Kombination aus Spediteur, Abgangsland, Postleitzahl der Versandstelle und der Tarifzone des Zielorts. Drücken Sie erneut die ⎡Enter⎤-Taste. Sie erhalten ein neues Übersichtsbild (siehe Abbildung 11.61).

Frachtpreis (ZOGP) anlegen: Schnellerfassung										

Dienstleister Abschn   OG0001   Spedition Brummer
Abgangsland   DE   Deutschland
Abgangspostleitzahl   80808

Dienstleister/AbgLand/AbgPostleitzahl/Tarifzone Zielort

TfZZl	Bezeichnung	Betrag	Einh.	pro	ME	R	B	Gültig ab	bis	L.
OGDE85	Ingolstadt		EUR		T			01.01.2010	31.12.9999	☐
OGDE86	Augsburg		EUR		T			01.01.2010	31.12.9999	☐
OGDE88	München		EUR		T			01.01.2010	31.12.9999	☐
OGDE90	Nürnberg		EUR		T			01.01.2010	31.12.9999	☐
☑										☐

Abbildung 11.61 Übersichtsbild zur Pflege Ihrer Frachtraten

Im Kopf geben Sie nun Ihre Kombination ein: im Feld Dienstleister Abschn die Lieferantennummer Ihres Spediteurs, hier »OG0001« für die Spedition Brummer. Das Abgangsland ist Deutschland (»DE«), die Abgangspostleitzahl der Versandstelle OGWB ist »80808«. Geben Sie in der Spalte TfZZl (Tarifzone Zielland) Ihre zuvor definierten Tarifzonen ein. Drücken Sie einmal die ⎡Enter⎤-Taste. Den Gültigkeitszeitraum erhalten Sie aus der Definition der Konditionsart »ZOGP«.

Markieren Sie nun die Tarifzone »OGDE86« für die Zone Augsburg, und klicken Sie auf das Icon 🗐. Sie erhalten ein Popup, in dem Sie aufgefordert werden, Ihre Staffelnummer einzugeben. Tippen Sie Ihre Staffelnummer, in meinem Beispiel ist es die »1«, ein. Sie haben aber auch die Möglichkeit, an dieser Stelle eine neue Staffel zu definieren.

Drücken Sie die ⌈Enter⌋-Taste, und Sie erhalten die einzelnen Staffelwerte. Tragen Sie hinter jedem Staffelwert Ihre Frachtraten ein (siehe Abbildung 11.62).

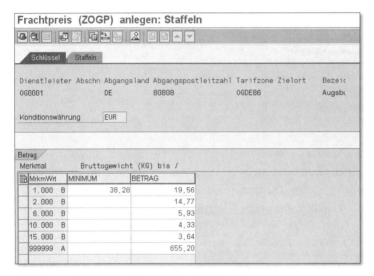

Abbildung 11.62 Frachtpreise zu jedem Staffelwert

Sichern Sie diese Staffel, und wiederholen Sie die Pflege der Frachtraten für die restlichen Tarifzonen, bis Sie alle Frachtraten erfasst haben. An dieser Stelle wäre ein Upload, z.B. aus einer Microsoft Excel-Tabelle, wünschenswert, er wird jedoch im SAP-Standard nicht angeboten. Hier kann ich nur empfehlen, ein entsprechendes Upload-Programm selbst zu erstellen, damit sich das Einspielen von Frachttabellen schneller durchführen lässt.

11.3.6 Einen einzelnen Frachtkostenbeleg manuell erstellen

Alle Grundvoraussetzungen sind jetzt geschaffen, um Transporte abrechnen zu können. Aus diesem Grund stelle ich Ihnen im Folgenden das manuelle Erstellen eines Frachtkostenbelegs vor.

[zB] Ich habe zu diesem Zweck einen Transport angelegt (siehe Abbildung 11.63). Es handelt sich hierbei um eine Lieferung direkt nach Augsburg (Postleitzahl 86199); daraus resultiert die Tarifzone »OGDE86«. Das Gesamtgewicht der Lieferung beträgt 7.260 kg.

Aus der Spalte der TARIFZONE 2 Z. B. BIS AUGSBURG in Abbildung 11.53 entnehmen Sie den Wert bis 10.000 kg: 4,33 € pro 100 kg. Das ergibt eine Frachtrate von 314,36 € ohne Mehrwertsteuer (4,33 € pro 100 kg * 7.260 kg).

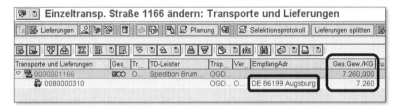

Abbildung 11.63 Beispieltransport zur Berechnung der Frachtkosten

Menüpfad zu Frachtkostenbelegen

LOGISTIK • LOGISTICS EXECUTION • TRANSPORT • FRACHTKOSTEN. Hier haben Sie die Möglichkeit zu wählen, ob Sie den Frachtkostenbeleg ANLEGEN, ÄNDERN oder ANZEIGEN möchten. Darüber hinaus steht Ihnen unter LISTEN UND PROTOKOLLE eine Auswertung zur Verfügung.

Transaktionscodes

VI01:	Einzelbeleg anlegen
VI02:	Einzelbeleg ändern
VI03:	Einzelbeleg anzeigen
VI04:	Frachtkostenbeleg im Sammelgang anlegen
VI05:	Frachtkostenbeleg im Sammelgang ändern
VI06:	Frachtkostenbelege im Sammelgang im Hintergrund anlegen
VI07:	Frachtkostenbelege im Sammelgang im Hintergrund ändern

Starten Sie die Transaktion VI01 zur Erstellung eines Einzelbelegs. Geben Sie im Feld TRANSPORTNUMMER die Nummer des zu berechnenden Transports ein (siehe Abbildung 11.64).

Abbildung 11.64 Startbild zur manuellen Erstellung eines einzelnen Frachtkostenbelegs

Die FRACHTKOSTENART können Sie zwar manuell vorgeben, die beste Vorgehensweise ist jedoch, sich die Frachtkostenart vom System vorgeben zu lassen, daher lassen Sie dieses Feld frei. Da die Frachtraten mit einem Gültig-keitszeitraum versehen sind, werden die Konditionen gelesen, deren Gültigkeitszeitraum zu dem vorgegebenen PREISDATUM passt. Das ABRECH.DATUM hat buchhalterischen Charakter. Sie können einen Beleg in eine andere Abrechnungsperiode buchen, wenn diese Periode noch nicht abgeschlossen ist.

Drücken Sie die Enter -Taste. Sie erhalten nun das Übersichtsbild mit dem errechneten Preis (siehe Abbildung 11.65). Der Gesamtpreis beträgt, wie bereits errechnet, 314,36 €.

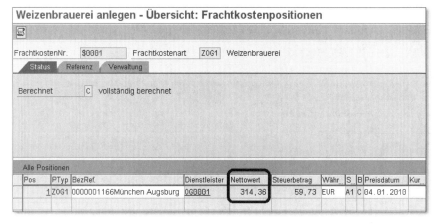

Abbildung 11.65 Übersichtsbild mit dem errechneten Gesamtpreis

An dieser Stelle zeige ich Ihnen direkt, wie Sie zur Preisanalyse gelangen, falls sich der gewünschte Preis nicht einstellt. Mit der Preisanalyse haben Sie die Möglichkeit, genau zu erkennen, mit welchen Kriterien welche Konditionsarten gefunden wurden. Markieren Sie die Position, die Sie analysieren möchten, und klicken Sie auf das Icon ⊞. Sie erhalten daraufhin die Detailinformationen zu dieser Position (siehe Abbildung 11.66). Sie erkennen in der oberen Bildschirmhälfte eine Reihe von Registerkarten, die zu dieser Position gehören.

Da sich die eigentliche Frachtkostenberechnung auf der Unterposition befindet, müssen Sie sich jetzt der unteren Bildschirmhälfte widmen. Hier wird Bezug auf die Lieferung »80000310« genommen. Markieren Sie nun diese Unterposition, und klicken Sie auf das Icon ⊞. Daraufhin erhalten Sie das Kalkulationsschema mit den gefundenen Konditionsarten (siehe Abbildung 11.67).

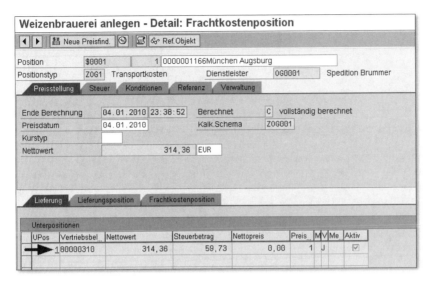

Abbildung 11.66 Anzeige der Frachtkostenposition

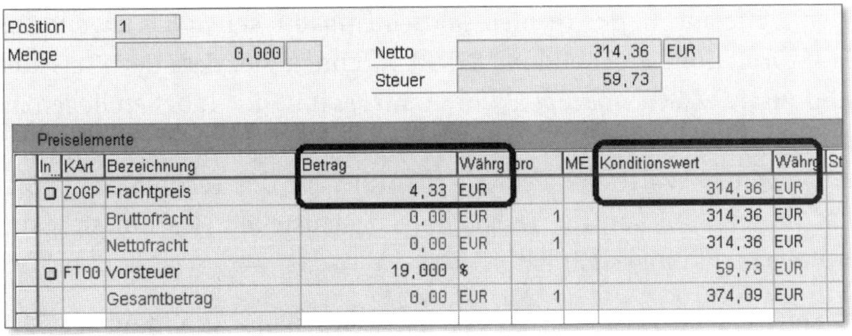

Abbildung 11.67 Kalkulationsschema mit den gefundenen Konditionsarten

Der Preis wurde aus der Konditionsart »ZOGP« gezogen, der Betrag ist 4,33 € pro 100 kg. Einige Zeilen tiefer wurde noch der Mehrwertsteuerbetrag mit 19 % auf die Nettofracht ermittelt.

Markieren Sie nun die Zeile mit der Konditionsart »ZOGP« und klicken anschließend auf den Button ⚙ Konditionssatz , zeigt Ihnen das Programm den aktuell gezogenen Konditionssatz mit der kompletten Staffel an. Klicken Sie hingegen auf den Button ▦ Analyse , zeigt Ihnen das Programm die komplette Struktur des Kalkulationsschemas an (siehe Abbildung 11.68).

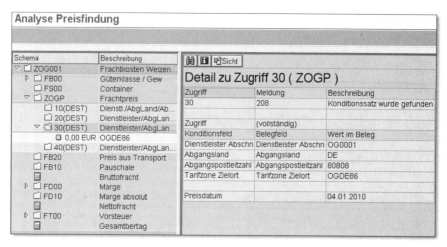

Abbildung 11.68 Analyse der kompletten Preisfindung

In der linken Bildschirmhälfte sehen Sie die Konditionsarten im Kalkulationsschema »ZOG001«. Klappen Sie die einzelnen Ordner bis zu der zu analysierenden Stelle auf. In der rechten Bildschirmhälfte sehen Sie jeweils die passende Information. In Abbildung 11.68 erkennen Sie, dass der Preis aus der Konditionsart »ZOGP« gezogen wurde. Insgesamt vier Tabellen liegen in der Zugriffsfolge. Die Folge mit der Nummer »30« hat die Kondition gefunden. Die einzelnen Werte der Felder sehen Sie auf der rechten Seite. Sie haben mit dieser Funktion die Möglichkeit festzustellen, warum sich ein erhoffter Preis nicht eingestellt hat.

Springen Sie wieder zurück auf das Positionsbild (siehe Abbildung 11.66). Klicken Sie auf das Icon 🖫 auf Positionsebene (im oberen Bildschirmteil). Sie gelangen nun zu der Preiskalkulation, die sich auf Positionsebene befindet. Auf diesem Bild können Sie manuell Konditionen vorgeben. Möchten Sie z. B. eine bestimmte Pauschale vorgeben (etwa über die Konditionsart »FB10« eine Pauschale von 100 €), geben Sie diese in die nächste freie Zeile ein (siehe Abbildung 11.69).

Drücken Sie einmal die ⎡Enter⎤-Taste, und das System fügt die Konditionsart an der richtigen Stelle (gemäß dem Kalkulationsschema) ein (siehe Abbildung 11.70).

Gehen Sie zurück auf die Gesamtübersicht, und sichern Sie diesen Beleg. Das SAP-System wird Ihnen daraufhin eine Frachtkostenbelegnummer anzeigen.

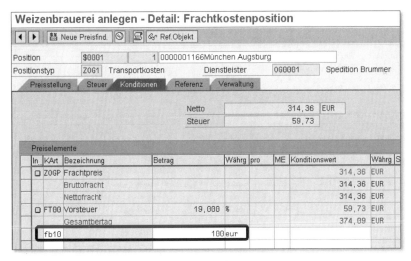

Abbildung 11.69 Vorgabe von manuellen Konditionen

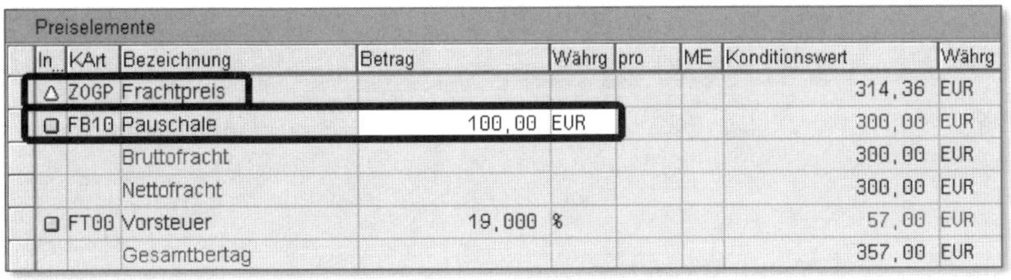

In.	KArt	Bezeichnung	Betrag	Währg	pro	ME	Konditionswert	Währg
△	ZOGP	Frachtpreis					314,36	EUR
☐	FB10	Pauschale	100,00	EUR			300,00	EUR
		Bruttofracht					300,00	EUR
		Nettofracht					300,00	EUR
☐	FT00	Vorsteuer	19,000	%			57,00	EUR
		Gesamtbertag					357,00	EUR

Abbildung 11.70 Kalkulationsschema nach der Vorgabe einer manuellen Kondition

11.3.7 Frachtkostenbeleg im Sammelgang erstellen

Im Rahmen der Erstellung von Frachtkostenbelegen gehe ich noch kurz auf das Erstellen im Sammelgang ein. Ich habe Ihnen das manuelle Erstellen eines einzelnen Frachtbelegs gezeigt. Mit der Transaktion VI04 können Sie einen Sammelgang starten. Hier steht Ihnen eine Vielzahl an Parametern zur Verfügung, die Sie zur Selektion Ihrer Transportbelege nutzen können (siehe Abbildung 11.71).

Ich verweise in diesem Fall auch auf Abschnitt 5.3.2, »Fehlerprotokoll zur Lieferbelegerstellung«. Die Funktionen hier und dort sind vergleichbar, zumindest was die Anlage von Varianten und das Ausführen dieser Funktion betrifft. Wenn Sie die Funktion gestartet haben, erhalten Sie eine Übersicht über alle Transporte, die abgerechnet werden können (siehe Abbildung 11.72).

Liste Transporte: Frachtkosten anlegen

⊕ ▣ 🄸 ⟳ Selektionsoptionen │ Alle Selektionen

Abwicklung

Dienstleister		bis	⇨
Transportroute		bis	⇨
Versandart		bis	⇨
Laufkennzeichen		bis	⇨
Versandbedingung		bis	⇨
Sonderabwicklungskennz.		bis	⇨

Identifikation

Signierung		bis	⇨
Externe Identifik. 1		bis	⇨
Externe Identifik. 2		bis	⇨
Transportbezeichnung		bis	⇨

Aktueller Ausschreibungsstatus

Ausschreibungsstatus		bis	⇨
Annahmebed/Absagegr		bis	⇨
Datum Ausschr.Stat.		bis	
UhrzeitAusschreibung	00:00:00	bis	00:00:00
gültig bis		bis	
Expiration time	00:00:00	bis	00:00:00

Abbildung 11.71 Ein Teil des Selektionsbilds zur Erstellung der Frachtkostenbelege im Sammelgang

Liste Transporte: Frachtkosten anlegen

⊕ 🄳 Protokoll 🖉 🔗 ▣ ▣ ▼ 🖽 Lieferung 🖨 🗗 🗗 🔍 🔄 🗗 ⏮ ◀ ▶ ⏭

Liststufe: 1   Einträge: 8   Sicht: 1

⚠ Transport	TrAr	TDSt	A	B	VS	VL	VN	L	VB	Route	Signierung	Ext. Ident. 1	Ext.
☐◯◯◯ 1114	0003	1000	1	3	01				4				
☐◯◯◯ 1134	0003	S330	1	3	01	01	01		4				
☐◯◯◯ 1234	ZSL5	SL31	1	3	03	01	01		2	000003	0815	SL 3PL Transpo...	Main
☐◯◯◯ 1235	ZSL4	SL31	1	3	01	01	01		1	000003	0815	SL 3PL Transpo...	Pre
☐◯◯◯ 1245	0001	S330	1	1	01				4			sdvgsadfdf	
☐◯◯◯ 1246	0001	S330	1	1	01				4			sdfgfsdfsdf	
☐◯◯◯ 1248	0001	S330	1	1	01				4			sdfadfsafasdf	
☐◯◯◯ 1278	0001	06WB	1	1	01	01	01		4	06DE02			

Abbildung 11.72 Übersicht über alle abzurechnenden Transporte

Setzen Sie ein Häkchen in die Checkbox am Anfang der Zeile eines jeden Transports, den Sie berechnen wollen, und starten Sie anschließend die Funktion mit der [F8]-Taste oder indem Sie auf das Icon ⊕ klicken. Wie Sie das List-Bild gemäß Ihren Belangen verändern können, habe ich ebenfalls ausführlich in Abschnitt 5.3.2 beschrieben.

Nach dem Start erhalten Sie einen Hinweis, ob Frachtkostenbelege angelegt wurden und ob ein Protokoll geschrieben wurde. Klicken Sie auf den Button Protokoll, um sich das Protokoll anzusehen (siehe Abbildung 11.73).

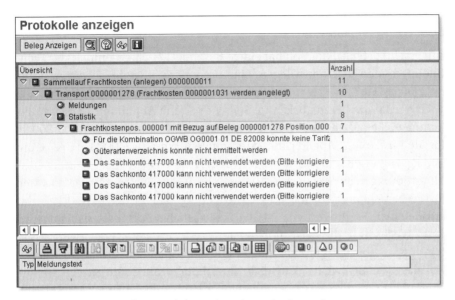

Abbildung 11.73 Protokoll zur Frachtkostenberechnung im Sammelgang

11.3.8 Frachtkostenbeleg im Hintergrund erstellen

Mit der Transaktion VI06 können Sie das Erstellen der Frachtkostenbelege im Hintergrund über einen Batch-Lauf starten. Mehr Informationen dazu finden Sie in Abschnitt 5.3.3, »Weitere Positionen im Lieferbeleg aufnehmen«.

Besonderheiten in der Frachtkostenkalkulation

Die Struktur der Frachtkostenkalkulation ist aus der Preisfindung im Kundenauftrag bzw. in der Rechnung entstanden. Vergleichen Sie diese Preisefindung mit der hier vorgestellten Frachtkostenkalkulation, finden Sie zahlreiche Ähnlichkeiten. Allerdings hat die Preisstruktur der Frachtraten einige Besonderheiten, die Sie hauptsächlich nur hier finden. Dazu gehört z. B. die Schnittgewichtsberechnung, die ich Ihnen im folgenden Abschnitt noch vorstellen werde.

Andere Besonderheiten, z. B. die Abrechnung unter Berücksichtigung der Sperrigkeit einer Ware oder die Abrechnung von Packstücken über ein Mindestgewicht kann ich aus Platzgründen in diesem Buch nicht vorstellen.

Informationen hierzu finden Sie unter anderem in dem Buch »Frachtabrechnung mit SAP Logistics Execution System«, das ebenfalls bei SAP PRESS erschienen ist.

Schnittgewichtsabrechnung

Die Frachtkostenkalkulation hat einige Besonderheiten gegenüber der Preisfindung in den Vertriebsbelegen. Eine Besonderheit ist die *Schnittgewichtsabrechnung*. Sie lässt sich am besten an einem Beispiel erklären: Sehen Sie sich noch einmal die bereits bekannte Staffel an (siehe Abbildung 11.53). Angenommen, Sie hätten eine Lieferung mit einem Gesamtgewicht von 5.800 kg für die Tarifzone 1. Abgerechnet wird mit dem Wert bis 6.000 kg: 5,47 € pro 100 kg. Das ergibt einen Frachtwert von 317,26 €. Wäre die Lieferung allerdings 300 kg schwerer, also 6.100 kg, würde die Fracht mit der nächsten Staffel berechnet, also mit 4,04 € pro 100 kg (Staffel bis 10.000 kg). Das ergäbe einen Frachtwert von 246,44 €. Sie sehen sofort, dass sich aufgrund eines Wechsels in die nächsthöhere Staffel ein geringerer Frachtwert ermitteln lässt. Derartige Vereinbarungen mit dem Spediteur, in einem solchen Fall das Gesamtgewicht »künstlich« zu erhöhen, um somit in den Genuss eines günstigeren Preises zu kommen, werden häufig getroffen. Im SAP-System wird das als *Schnittgewichtsabrechnung* bezeichnet.

Um diese Funktion abzubilden, bedient sich SAP eines Tricks. Es wird eine zweite Konditionsart eingerichtet, die auf eine bestehende Konditionsart referiert. Somit benötigen Sie die Frachtstaffeln nicht noch einmal für die zweite Konditionsart. Anschließend definieren Sie ein Ausschlussverfahren zwischen diesen beiden Konditionsarten, sodass die günstigere gezogen wird. Dieses Ausschlussverfahren können Sie übrigens auch anwenden, wenn Sie grundsätzlich mehrere Konditionsarten vergleichen wollen.

Kopieren Sie von der Originalkonditionsart eine zweite Konditionsart, z. B. in meinem Beispiel die »ZOG2«. Im Bereich STAMMDATEN pflegen Sie zu der neuen Konditionsart im Feld REFERENZKONDA die Konditionsart ein, auf die sich diese zweite bezieht (z. B. »ZOGP«). Darüber hinaus müssen Sie im Feld REFAPPLIKATIO ein »F« setzen. Damit geben Sie dem System bekannt, dass es sich bei der Referenz um eine Frachtkondition handelt (siehe Abbildung 11.74).

Abbildung 11.74 Zweite Konditionsart zur Schnittgewichtsberechnung

Sichern Sie diese Konditionsart. Klappen Sie nun im gleichen Bild auf der linken Seite den Ordner STAFFELN FÜR KONDITIONSARTEN auf (siehe Abbildung 11.75). Haben Sie in der Originalkonditionsart feste Staffeln zugeordnet, würden diese hier ebenfalls erscheinen. In meinem Beispiel ist das nicht der Fall. Trotzdem setzen Sie das Häkchen in der Checkbox S (Schnittgewichtsberechnung).

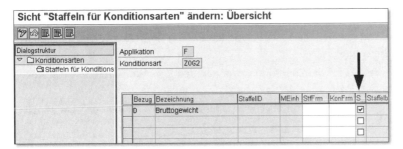

Abbildung 11.75 Kennzeichen Schnittgewichtsberechnung auf der Staffel der zweiten Konditionsart

Sichern Sie auch diese Eingabe. Setzen Sie nun im Kalkulationsschema die zweite Konditionsart direkt hinter die, auf die Sie referieren (siehe Abbildung 11.76).

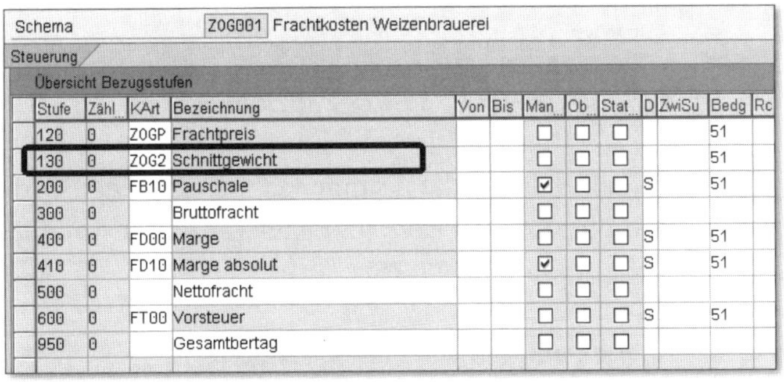

Schema		Z0G001	Frachtkosten Weizenbrauerei									

Steuerung

Übersicht Bezugsstufen

Stufe	Zähl	KArt	Bezeichnung	Von	Bis	Man	Ob	Stat.	D	ZwiSu	Bedg	Rc
120	0	Z0GP	Frachtpreis			☐	☐	☐			51	
130	0	Z0G2	Schnittgewicht			☐	☐	☐			51	
200	0	FB10	Pauschale			☑	☐	☐	S		51	
300	0		Bruttofracht			☐	☐	☐				
400	0	FD00	Marge			☐	☐	☐	S		51	
410	0	FD10	Marge absolut			☑	☐	☐	S		51	
500	0		Nettofracht			☐	☐	☐				
600	0	FT00	Vorsteuer			☐	☐	☐	S		51	
950	0		Gesamtbetrag			☐	☐	☐				

Abbildung 11.76 Beide Konditionsarten zur Schnittgewichtsberechnung

Konditionsausschlussverfahren

Nun müssen Sie ein Ausschlussverfahren zwischen diesen beiden Konditionsarten definieren. Sie beginnen mit einer *Konditionsausschlussgruppe*. Rufen Sie das Customizing auf, und legen Sie eine neue Konditionsausschlussgruppe an, die, laut SAP-Empfehlung, mit einem »Z« beginnen sollte.

Technische Informationen zu den Konditionsausschlussgruppen

▶ Feldlänge: 4-stellig

▶ Pfad im Customizing: LOGISTICS EXECUTION • TRANSPORT • FRACHTKOSTEN • PREISFIN-DUNG • STEUERUNG DER PREISFINDUNG • KONDITIONSAUSSCHLUSS • KONDITIONSAUS-SCHLUSS FÜR GRUPPEN VON KONDITIONEN

▶ Eigene Transaktionen: T_031 (Konditionsausschlussgruppen definieren), T_32 (Zuordnung Konditionsarten zu einer Konditionsausschlussgruppe), TOK8 (Aus-schlussgruppe einem Kalkulationsschema zuordnen)

▶ Tabelle: T684 (Verwendung »A«, Applikation »F«) und T684T (sprachenabhän-gige Bezeichnung)

▶ Tabelle: T684G für die Zuordnung zwischen den Konditionsarten und der Kon-ditionsausschlussgruppe (Verwendung »A«, Applikation »F«)

▶ Tabelle: T684S für das Konditionsausschlussverfahren (Verwendung »A«, Appli-kation »F«)

Abbildung 11.77 Konditionsausschlussgruppe für die Schnittgewichtsberechnung

In Abbildung 11.77 habe ich als Beispiel die Gruppe »ZOGS« angelegt. Ord-nen Sie nun die zwei Konditionsarten »ZOGP« und »ZOG2« dieser Konditi-onsausschlussgruppe zu (siehe Abbildung 11.78).

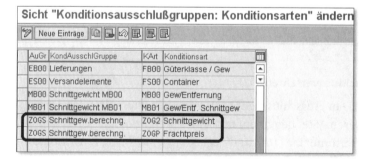

Abbildung 11.78 Zuordnung der Konditionsarten zu einer Konditionsausschlussgruppe

Im letzten Schritt müssen Sie definieren, wie sich das System verhalten soll, wenn gültige Konditionssätze bei beiden Konditionsarten gefunden wurden. Wählen Sie diese Funktion, müssen Sie vorher Ihr Kalkulationsschema markieren und den Ordner AUSSCHLUSS auswählen. Sie erhalten daraufhin ein Bild, wie es in Abbildung 11.79 zu sehen ist.

Abbildung 11.79 Verfahren innerhalb dieser Ausschlussgruppe

Fügen Sie das Verfahren hinzu. In der Spalte KVF (Konditionsausschlussverfahren) geben Sie ein »A« ein, wenn der günstigste Preis gezogen werden soll, falls bei beiden Konditionsarten eine gültige Kondition gefunden wurde. Ein »E« bedeutet, dass der ungünstige Preis gefunden werden soll; das ist meist bei Luftfrachten der Fall, wenn der Preis zwischen Volumen- oder Gewichtsabhängigkeit verglichen wird (zehn Paletten mit extrem leichter Ware sind sicherlich teurer als eine einzige schwere Palette). Sie können auch Preise innerhalb der gleichen Konditionsart steuern: Bei einem »B« wird die günstigere Kondition gezogen. Vergleichen Sie die Ausschlussgruppen sogar untereinander, geben Sie ein »C« ein, wenn die günstigere Ausschlussgruppe Vorrang erhalten soll, ansonsten ein »F«, falls Sie mit dem Preis aus der ungünstigsten Ausschlussgruppe weiterrechnen möchten.

Ich habe mich in meinem Beispiel für »A« entschieden und trage noch die dazugehörige Konditionsausschlussgruppe in die Spalte AUGR1 ein.

Ich habe erneut einen Transport erstellt, diesmal mit einem Gesamtgewicht **[zB]** von 5.808 kg (siehe Abbildung 11.80).

Einzeltransp. Straße 1167 anzeigen: Transporte und Lieferungen							
	Lieferungen				Planung	Selektionsprotokoll	Lieferungen splitten	
Transporte und Lieferungen	Ges.	Tr.	TD-Leister	Trsp.	Ver.	EmpfangAdr	Ges.Gew./KG zu.
▽ 🚛 0000001167	∞∞	O...	Spedition Brum...	OGD...			5.808,000
📦 0080000309				OGD...	O...	DE 80808 München	5.808

Abbildung 11.80 Beispieltransport mit 5.808 kg

Laut der definierten Staffel würden Frachtkosten in Höhe von 317,70 € anfallen. Ich starte nun die Transaktion VI01 und erstelle den Frachtkostenbeleg (siehe Abbildung 11.81).

Weizenbrauerei anlegen: Unterposition - Konditionen

Position	1							
Menge	0,000			Netto		242,44	EUR	
				Steuer		46,06		

Preiselemente

In	KArt	Bezeichnung	Betrag	Währg	pro	ME	Konditionswert	Währg	Status	KU
△	Z0GP	Frachtpreis	5,47	EUR			317,70	EUR		
▢	Z0G2	Schnittgewicht	4,04	EUR			242,44	EUR		
		Bruttofracht	0,00	EUR	1		242,44	EUR		
		Nettofracht	0,00	EUR	1		242,44	EUR		
▢	FT00	Vorsteuer	19,000	%			46,06	EUR		
		Gesamtbetrag	0,00	EUR	1		288,50	EUR		

Abbildung 11.81 Schnittgewichtsabrechnung im Kalkulationsschema

Da die Rundung auf volle Kilogramm eingestellt ist, geht das System in der folgenden Staffel bis zur untersten Grenze: 6.001 kg. Bei einem Staffelpreis von 4,04 € pro 100 kg ergibt das einen Preis von 242,44 €. Sie sehen an der Kalkulationsübersicht, dass beide Preise ermittelt wurden, aber aufgrund des Ausschlussverfahrens mit dem günstigeren Preis weitergerechnet wurde.

Ich habe Ihnen das Grundprinzip der Frachtberechnung aufgezeigt. Das größte Problem, das Sie meistern müssen, falls Sie in Ihrem Unternehmen die Frachtabrechnung nutzen möchten, liegt in der Analyse, wie Sie Ihre konkreten Anforderungen in einem Kalkulationsschema umsetzen. Diese Umsetzung kann ein Buch nicht aufzeigen, sondern bedarf Ihrer eigenen exakten Untersuchung. Notieren Sie alle vereinbarten Parameter und Abhängigkeiten und versuchen Sie sie zu Einheiten zusammenzufassen, damit Sie eine überschaubare Anzahl an Konditionsarten behalten. Versuchen Sie für jeden Verkehrsträger eigene Kalkulationsschemata zu bilden, die Sie über die Versandartenschemagruppe gut steuern können.

Zum Abschluss möchte ich noch die Möglichkeit erwähnen, dass Sie Ihre Frachtkosten nach der Berechnung an Ihre Finanzbuchhaltung überleiten können. Hierzu müssen Sie jedoch die Kontenfindung in Ihrer Frachtabrechnung aktivieren oder einstellen. An dieser Stelle müssen Sie sich mit Ihrer Finanzbuchhaltung dahingehend abstimmen, welche Konten in welchem Fall bebucht werden müssen. Ich habe dieses Thema hier ausgespart, da es dabei um viele finanzbuchhalterische Fragen geht, die ich aus Platzgründen nicht erörtern kann. Ebenso muss ich das Gutschriftsverfahren mit den Spediteuren auslassen. Hierzu müssen Sie Ihre Einkaufsparameter zur Erstellung einer Bestellung zu jeder Transportart hinterlegen. Auch hier gelangen wir in die Bestellabwicklung und würden damit den eigentlichen Transportprozess verlassen.

11.4 Zusammenfassung

Sie haben in diesem Kapitel den Aufbau der Abschnitte innerhalb eines Transportbelegs kennengelernt und wissen jetzt, wie Sie Ihre Fracht abrechnen können. Zudem bin ich auf die Besonderheiten eingegangen, die Sie beim Verpacken auf Transport- bzw. auf Liefer- *und* Transportebene beachten müssen. Spezielle Funktionen (z. B. Nachrichten innerhalb eines Transports) sowie die unterschiedlichen Status und Aktivitätsprofile stelle ich Ihnen nun in den folgenden Kapiteln vor.

Um Ihre Transporte zu planen und durchzuführen, können Sie die einzelnen Schritte (Disponieren, Laden, Abfertigen, Abschließen) verfolgen. Ich stelle Ihnen hierzu die einzelnen Statusinformationen im Transportbeleg vor. Darüber hinaus zeige ich Ihnen, wie Sie bei Erreichen bestimmter Status automatische Aktivitäten anstoßen können.

12 Status im Transport

In den Kapiteln 10, »Transporte«, und 11, »Weitere Funktionen im Transport«, habe ich Ihnen die einzelnen Funktionen vorgestellt, die Sie zur Durchführung Ihrer Transporte nutzen können. Diese Funktionen werden bei bestimmten Arbeitsschritten durchgeführt. Der *Status im Transportbeleg* gibt Auskunft über den Stand der Arbeitsschritte, z.B. Disponieren, Registrieren, Laden, Abfertigen, Transport starten und erledigen. Hierzu gibt es zusätzlich Auswertungsfunktionen, ähnlich dem Auslieferungsmonitor (siehe Abschnitt 9.2, »Versandspezifische Status«), mit denen Transportbelege selektiert werden können, die einen bestimmten Status erreicht haben und weiterverarbeitet werden müssen.

Die einzelnen Status werde ich Ihnen im ersten Abschnitt dieses Kapitels vorstellen. Im zweiten Abschnitt gehe ich auf die sogenannten *Aktivitätsprofile* ein. In einem Aktivitätsprofil definieren Sie im SAP-System, ob bestimmte Aktivitäten beim Erreichen eines bestimmten Status durchgeführt werden sollen. Hierbei handelt es sich um fest definierte Aktivitäten, z.B. bestimmte Nachrichtenarten im Transportbeleg erzeugen und durchführen, bestimmte Felder im Transportbeleg zur Eingabe in einem Popup vorgeben, die Warenausgangsbuchung durchführen oder die Fakturierung anstoßen. Ich stelle Ihnen vor, welche Customizing-Einstellungen notwendig sind, um diese Aktivitäten einem bestimmten Status zuzuordnen.

12.1 Status im Transport

In Abschnitt 10.4, »Versandtermine im Transport«, haben Sie bereits einiges über die Terminierung der einzelnen Arbeitsschritte erfahren (siehe auch

Abbildung 12.1). Sie sehen hier die einzelnen möglichen Arbeitsschritte, die Sie durch einen Klick auf den entsprechenden Button abschließen können. Damit setzen Sie den aktuellen Status, den Ihr Transportbeleg während der Bearbeitung einnimmt. Unterschieden wird hierbei zwischen den geplanten Terminen und den Ist-Terminen. Wurde ein Ist-Termin gesetzt, wird auch der dazugehörige Status gesetzt.

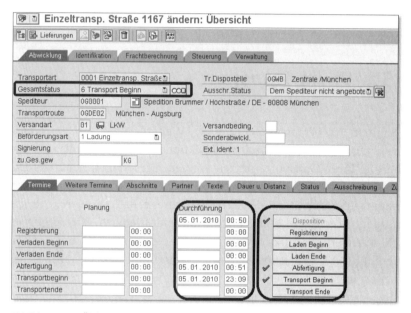

Abbildung 12.1 Übersicht über die einzelnen Status im Transportbeleg

12.1.1 Übersicht über die möglichen Status

Folgende Erledigungstermine und die damit verbundenen Status können Sie setzen, und zwar auf der rechten Bildschirmhälfte unter DURCHFÜHRUNG (auf der unteren Registerkarte TERMINE):

▸ **Disposition**
Der Status »Disposition« ist der erste Status, den Sie nach der Erstellung Ihres Transportbelegs setzen können. Er gibt an, dass der Transport beim Spediteur angemeldet wurde. Der GESAMTSTATUS im Transportbeleg wird auf »1« gesetzt.

▸ **Registrierung**
Der Status »Registrierung« gibt an, dass der Lkw im Auslieferungswerk angekommen ist. Meistens meldet sich der Fahrer beim Pförtner zur Registrierung. Der GESAMTSTATUS wechselt auf »2«.

▸ **Laden Beginn**

Der Status »Laden Beginn« wird im Allgemeinen von den Mitarbeitern im Lager gesetzt, wenn mit der Verladung der Ware begonnen wurde. Der GESAMTSTATUS wird auf »3« gesetzt.

▸ **Laden Ende**

Der Status »Laden Ende« wird von den Lagermitarbeitern gesetzt, wenn die Ware fertig verladen wurde. Der GESAMTSTATUS wechselt auf »4«.

▸ **Abfertigung**

Für die Transportdurchführung müssen dem Fahrer Lieferpapiere mitgegeben werden. Wurden diese erstellt und dem Fahrer übergeben, wird von dem Mitarbeiter der Status »Abfertigung« gesetzt. Der eingetragene Termin gibt auch Auskunft darüber, wann dem Fahrer die Lieferpapiere ausgehändigt wurden. Der GESAMTSTATUS wird auf »5« gesetzt.

▸ **Transport Beginn**

Hat der Lkw das Auslieferungswerk verlassen, wird der Termin bzw. Status »Transport Beginn« gesetzt. Der GESAMTSTATUS wird auf »6« gesetzt.

▸ **Transport Ende**

Der Status »Transport Ende« wird gesetzt, wenn der Lkw beim Kunden angekommen ist. In den meisten Fällen ist Ihnen jedoch der exakte Termin nicht bekannt. Bei meinen Kunden wurde dieser Status daher sehr oft zusammen mit dem Transportbeginn gesetzt. Der Status »Transport Ende« ist zugleich der letzte Status, der vergeben werden kann. Der GESAMTSTATUS wechselt auf »7«.

12.1.2 Status im Transportbeleg setzen

Klicken Sie auf den entsprechenden Button (z. B. `Transport Beginn`), wenn Sie diesen Status setzen möchten. Das Datum und die Uhrzeit werden automatisch gesetzt; zusätzlich wird der Button mit einem ✔ versehen. Der Gesamtstatus (das Feld steht in der oberen Bildschirmhälfte, siehe Abbildung 12.1) wird ebenfalls gesetzt (z. B. `6 Transport Beginn`).

Die Ampel hinter dem Feld GESAMTSTATUS steht auf Rot, wenn Sie lediglich den Status »1 Disposition« gesetzt haben. Sie wechselt auf Gelb, wenn Sie den Status »2 Registrierung« setzen, und verbleibt einschließlich bis zum Status »4 Laden Ende« auf Gelb. Ab dem Status »5 Abfertigung« wird die Ampel auf Grün gesetzt.

Sie können auch das Datum und die Uhrzeit manuell vorgeben. In diesem Fall ist es nicht notwendig, den Button anzuklicken, um den Status zu setzen.

Falls Sie nachträglich noch Korrekturen an Ihrem Transportbeleg vornehmen müssen, klicken Sie auf den entsprechenden Button, um den Status wieder zurückzunehmen. Das Datum und die Uhrzeit werden gelöscht. Merken Sie sich in diesem Fall vorher das Datum und die Uhrzeit. Haben Sie Ihre Änderungen vorgenommen, setzen Sie anschließend das ursprüngliche Datum und die entsprechende Uhrzeit wieder ein.

Sie müssen nicht alle Status setzen, wenn Sie sie für die Abwicklung Ihres Transports nicht benötigen. Es kann durchaus vorkommen, dass Sie nur die Status »1 Disposition«, »5 Abfertigung« und »7 Transport Ende« benötigen. Gibt es in Ihrem System Programme, die den Status eines Transportbelegs abfragen, ist es unter Umständen anzuraten, nicht nur einen exakten Status abzufragen, sondern auch die darüberliegenden. Wurde der Status »5 Abfertigung« gesetzt, sind die darunterliegenden Status ebenfalls gesetzt und beinhalten die Status »1 Disposition« bis »4 Laden Ende«. Allerdings werden das Datum und die Uhrzeit nur im Status »Abfertigung« übernommen, nicht in den davorliegenden Status.

Status gibt es nur auf der Ebene des Transportkopfes. Zu den Abschnitten oder den einzelnen Lieferpositionen werden keine Status fortgeschrieben. Die einzige Ausnahme wäre noch der Status der Frachtkostenabrechnung. Dieser kann auf der Ebene des Transportkopfes und der Abschnitte gesetzt werden. Wurden die Frachtkosten zu einem Transport oder Abschnitt gerechnet, wird der Status auf »C« (voll abgerechnet) gesetzt. Wurde er noch nicht gerechnet, steht der Status auf »A«. Ist der Transport nicht frachtkostenrelevant, ist der Status frei.

Sie können allerdings auch zu jedem Abschnitt das Datum und die Uhrzeit vorgeben, um nachvollziehen zu können, wann der Fahrer zu dem entsprechenden Abschnitt bzw. der Strecke gestartet und wann er am Ziel angekommen ist (siehe Abbildung 12.2). Ein Status wird in diesem Fall aber nicht gesetzt. Diese Informationen haben lediglich informellen Charakter und können ausgewertet werden, um die Termingenauigkeit des Spediteurs festzuhalten. Jedoch benötigen Sie dafür von Ihrem Spediteur die exakten Zeiten (siehe auch Abschnitt 11.3.6, »Einzelnen Frachtkostenbeleg manuell erstellen«).

Zu den Status selbst müssen Sie keine Customizing-Einstellungen vornehmen, sie sind fest vorgegeben. Sie können aber vom SAP-System zu jedem Status eine bestimmte Aktion durchführen lassen. Diese Aktionen werden über das Aktivitätsprofil gesteuert.

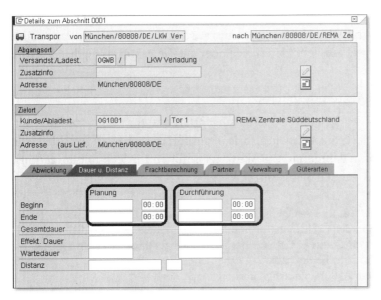

Abbildung 12.2 Start- und Endezeiten in einem Abschnitt

12.2 Aktivitätsprofile

Wenn Sie einen bestimmten Status in Ihrem Transportbeleg setzen, können Sie Ihr SAP-System veranlassen, automatisch bestimmte Aktivitäten durchzuführen. Diese Einstellungen steuern Sie über ein *Aktivitätsprofil*.

Folgende Aktivitäten können Sie in einem solchen Profil vorgeben:

▸ Sie können ein Popup mit Feldern generieren lassen, die Sie zu diesem Status erfassen möchten (z. B. den Namen des Fahrers nach der Registrierung oder Abfertigung). Dieses Popup erscheint, nachdem Sie den entsprechenden Button angeklickt haben.

▸ Sie haben die Möglichkeit, ein Protokoll generieren zu lassen. Hier werden Fehler oder Warnhinweise protokolliert, die während der Verarbeitung der Aktivitäten aufgetreten sind.

▸ Sie können die Warenausgangsbuchung durchführen oder in einem Batch-Job starten.

▸ Sie können die Fakturierung der Lieferbelege in diesem Transport anstoßen.

▸ Sie haben die Möglichkeit, für die Packmittel in Ihrem Transport Lieferpositionen zu generieren.

▸ Sie können Nachrichten generieren, die sich entweder auf den Transport, auf ein Packmittel (eine Handling Unit) aus dem Transport, den Lieferbeleg, ein Packmittel aus dem Lieferbeleg oder auf die Fakturierung beziehen.

12.2.1 Aktivitäten definieren

Aktivitätsprofile legen Sie zu jeder Transportart und für jeden einzelnen Status getrennt fest. Sie können also je Transportart sieben unterschiedliche Aktivitätsprofile definieren. Ihr Aktivitätsprofil wird jedoch nur ausgeführt, wenn Sie exakt diesen Status setzen.

[!] Definieren Sie z. B. Ihre Aktivität für den Status »4 Laden Ende« und setzen nicht diesen, sondern den nächsthöheren Status »5 Abfertigung«, werden die festgelegten Aktionen zum Status »4 Laden Ende« nicht durchgeführt. Setzen Sie dagegen in einem Arbeitsschritt beide Status (»4 Laden Ende« und »5 Abfertigung«), werden die festgelegten Aktionen durchgeführt.

Technische Informationen zum Aktivitätsprofil

▸ Menüpfad im Customizing: LOGISTICS EXECUTION • TRANSPORT • TRANSPORTE • AKTIVITÄTSPROFILE DEFINIEREN UND ZUORDNEN

▸ Eigene Transaktion: 0VTL

▸ Tabelle: TVTK

Starten Sie das Customizing. Sie erhalten eine Übersicht, und zwar in der Senkrechten über alle Transportarten und in der Waagerechten über alle Status (siehe Abbildung 12.3).

Sicht "Aktivitätsprofile für Transportarten" ändern: übersicht

TrAr	Bezeichnung	Bei Dispos.	Bei Registr.	Bei Ladebeginn	Bei Ladeende	Bei Abfert.	Bei Tr.beg.	Bei Tr.ende
0001	Einzeltr.Straße					0001-05		
0002	Sammeltransp. Straße					0002-05		
0003	Sammeltransport					0003-05		
0004	Vorlauf Straße							
0005	Hauptlauf See							
0006	Nachlauf Straße							
0010	Eingangstransport	0010-01						
0015	Hauptlauf Lufttr.							
CPB1	Einzeltransp. Straße					0001-05		
IAPO	Eingangstransp. APO					0001-05		
OAPO	Einzeltransp. APO					0001-05		
VS01	Veh shed APO outb							

Abbildung 12.3 Übersicht über alle Aktivitätsprofile je Transportart

Um ein neues Aktivitätsprofil anzulegen, tippen Sie für die gewünschte Transportart zu dem jeweiligen Status einen Profilnamen ein. Sie können hierzu auch sprechende Namen für Ihre Profile nutzen, z. B. »0001 – 05«. Die »0001« steht für die Transportart und die »05« für den Status 5 (bei Abfertigung). Um ein existierendes Profil zu ändern, positionieren Sie Ihren Cursor auf das gewünschte Profil.

Klicken Sie auf den Button [Pflegen]. Sie kommen nun zu dem Pflegebild Ihres Profils. Da es sich um ein recht umfangreiches Pflegebild handelt, habe ich in Abbildung 12.4 lediglich den ersten Teil dargestellt.

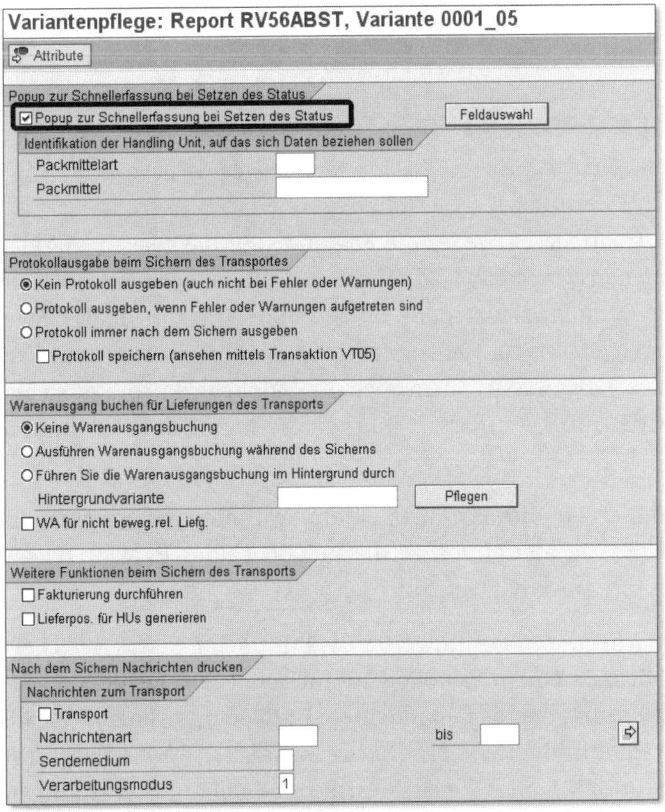

Variantenpflege: Report RV56ABST, Variante 0001_05

Attribute

Popup zur Schnellerfassung bei Setzen des Status
☑ Popup zur Schnellerfassung bei Setzen des Status   Feldauswahl
Identifikation der Handling Unit, auf das sich Daten beziehen sollen
Packmittelart
Packmittel

Protokollausgabe beim Sichern des Transportes
◉ Kein Protokoll ausgeben (auch nicht bei Fehler oder Warnungen)
○ Protokoll ausgeben, wenn Fehler oder Warnungen aufgetreten sind
○ Protokoll immer nach dem Sichern ausgeben
☐ Protokoll speichern (ansehen mittels Transaktion VT05)

Warenausgang buchen für Lieferungen des Transports
◉ Keine Warenausgangsbuchung
○ Ausführen Warenausgangsbuchung während des Sicherns
○ Führen Sie die Warenausgangsbuchung im Hintergrund durch
Hintergrundvariante   Pflegen
☐ WA für nicht beweg.rel. Liefg.

Weitere Funktionen beim Sichern des Transports
☐ Fakturierung durchführen
☐ Lieferpos. für HUs generieren

Nach dem Sichern Nachrichten drucken
Nachrichten zum Transport
☐ Transport
Nachrichtenart   bis
Sendemedium
Verarbeitungsmodus   1

Abbildung 12.4 Teil 1 des Pflegebilds für ein Aktivitätsprofil

Möchten Sie, dass beim Setzen dieses Status bestimmte Felder im Transportbeleg eingepflegt werden sollen, kennzeichnen Sie die Checkbox POPUP ZUR SCHNELLERFASSUNG BEI SETZEN DES STATUS. Klicken Sie zusätzlich auf den Button [Feldauswahl], um die gewünschten Felder auszusuchen. Die Feldauswahl habe ich für Sie in Abbildung 12.5 dargestellt.

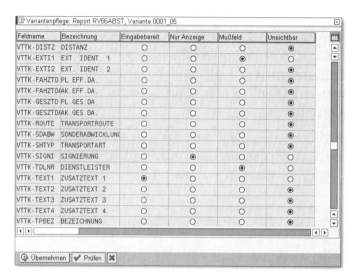

Feldname	Bezeichnung	Eingabebereit	Nur Anzeige	Mußfeld	Unsichtbar
VTTK-DISTZ	DISTANZ	○	○	○	◉
VTTK-EXTI1	EXT. IDENT. 1	○	○	◉	○
VTTK-EXTI2	EXT. IDENT. 2	○	○	○	◉
VTTK-FAHZTD	PL.EFF.DA.	○	○	○	◉
VTTK-FAHZTD	AK.EFF.DA.	○	○	○	◉
VTTK-GESZTD	PL.GES.DA.	○	○	○	◉
VTTK-GESZTD	AK.GES.DA.	○	○	○	◉
VTTK-ROUTE	TRANSPORTROUTE	○	○	○	◉
VTTK-SDABW	SONDERABWICKLUNG	○	○	○	◉
VTTK-SHTYP	TRANSPORTART	○	○	○	◉
VTTK-SIGNI	SIGNIERUNG	○	◉	○	○
VTTK-TDLNR	DIENSTLEISTER	○	○	◉	○
VTTK-TEXT1	ZUSATZTEXT 1	◉	○	○	○
VTTK-TEXT2	ZUSATZTEXT 2	○	○	○	◉
VTTK-TEXT3	ZUSATZTEXT 3	○	○	○	◉
VTTK-TEXT4	ZUSATZTEXT 4	○	○	◉	○
VTTK-TPBEZ	BEZEICHNUNG	○	○	○	◉

Abbildung 12.5 Feldauswahl zum »Popup zur Schnellerfassung bei Setzen des Status«

Entscheiden Sie sich, ob Sie entweder die Felder als Eingabebereit markieren (d. h., Sie können etwas in das Feld eingeben), ob Sie diese Eingabe nur anzeigen möchten (Nur Anzeige) oder ob Sie eine Eingabe in das Feld erzwingen möchten (Mussfeld). Haben Sie Ihre Auswahl getroffen, klicken Sie auf den Button ⊕ Übernehmen. Sie haben auch die Möglichkeit, Ihre Auswahl zuvor auf Plausibilität prüfen zu lassen. Klicken Sie hierzu auf den Button ✓ Prüfen.

Darüber hinaus können Sie Ihre Eingaben einem bestimmten Transportmittel zuordnen. Pflegen Sie hierzu vorher die beiden Felder Packmittelart und Packmittel in Ihrem Aktivitätsprofil.

Kommt es zu Fehlern oder Warnhinweisen, während Ihr Status gesichert wird, können Sie diese in einem Protokoll zusammenfassen. Legen Sie fest, wie Sie mit diesem Protokoll umgehen möchten: Entweder unterdrücken Sie jedes Protokoll (Radiobutton Kein Protokoll ausgeben (auch nicht bei Fehler oder Warnungen)), oder Sie lassen sich nur Fehler und Warnungen protokollieren und anzeigen (Radiobutton Protokoll ausgeben, wenn Fehler oder Warnungen aufgetreten sind), oder Sie lassen sich generell ein Protokoll anzeigen (Radiobutton Protokoll immer nach dem Sichern ausgeben). Möchten Sie ein Protokoll abspeichern und später über die Transaktion VT05 abrufen, setzen Sie die Checkbox Protokoll speichern (ansehen mittels Transaktion VT05).

Eine weitere Aktivität, die Sie auswählen können, ist die Durchführung der Warenausgangsbuchung. Zunächst müssen Sie sich entscheiden, ob Sie mit dem Setzen dieses Status eine Warenausgangsbuchung durchführen möchten oder nicht (Radiobutton KEINE WARENAUSGANGSBUCHUNG). Haben Sie sich dafür entschieden, gibt es zwei Möglichkeiten: Sie führen die Warenausgangsbuchung sofort durch (Radiobutton AUSFÜHREN WARENAUSGANGSBUCHUNG WÄHREND DES SICHERNS) oder über einen Batch-Job (Radiobutton FÜHREN SIE DIE WARENAUSGANGSBUCHUNG IM HINTERGRUND DURCH). Im letzten Fall müssen Sie noch eine Variante für Ihren Batch-Job anlegen (siehe Abbildung 12.6).

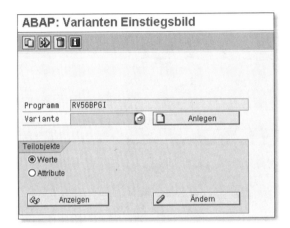

Abbildung 12.6 Variantenpflege für das Durchführen der Warenausgangsbuchung in einem Batch-Job

Auf die Pflege dieser Variante gehe ich nicht weiter ein. Auch wenn sie für das Programm RV56BPGI angelegt wird, verweise ich auf Abschnitt 5.3.5, »Erstellung der Lieferbelege im Batch«. Hier gehe ich intensiver auf die Pflege von Batch-Varianten ein. Das Anlegen von Batch-Varianten sollten Sie unter Umständen mit Ihren Systemadministratoren abstimmen.

Weitere Funktionen stehen Ihnen zur Verfügung, so z. B. das Anstoßen der Fakturierung. Setzen Sie hierzu die Checkbox FAKTURIERUNG DURCHFÜHREN. Möchten Sie zu Ihren Pack- oder Transportmitteln Lieferpositionen generieren (da Sie hierüber Bestände führen), setzen Sie die Checkbox LIEFERPOS. FÜR HUS GENERIEREN.

Umfangreiche Möglichkeiten haben Sie für den Umgang mit Ihren Nachrichten. Sie können bestimmte Nachrichtenarten generieren, wenn Sie einen bestimmten Status gesetzt haben (siehe Abbildung 12.7). Diese Nachrichten können sich beziehen auf:

▶ den Transport selbst (Nachrichten im Transport beziehen sich immer auf den kompletten Transport und können nicht pro Abschnitt definiert werden)

▶ die Lieferungen im Transport (hierbei handelt es sich um Nachrichten auf Lieferkopfebene)

▶ Handling Units im Transport oder in den Lieferbelegen

▶ die Fakturierung, falls diese bereits erstellt wurde

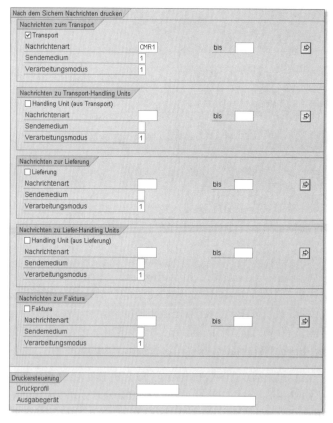

Abbildung 12.7 Teil 2 des Pflegebilds für ein Aktivitätsprofil

Setzen Sie die entsprechende Checkbox (TRANSPORT, HANDLING UNIT (AUS TRANSPORT), LIEFERUNG, HANDLING UNIT (AUS LIEFERUNG) oder FAKTURA), und geben Sie die gewünschte NACHRICHTENART vor. Klicken Sie auf das Icon ⇨, wenn Sie mehrere Nachrichtenarten generieren möchten (siehe Abbildung

12.8). Berücksichtigen Sie jedoch, dass die Nachrichtenarten, die Sie verarbeiten möchten, in Ihrem Nachrichtenschema angelegt sein müssen.

Abbildung 12.8 Generieren von mehreren Nachrichtenarten

Im Feld SENDEMEDIUM tragen Sie ein, ob es sich um eine *Druckausgabe* (»1«), um eine *EDI-Nachricht* (»6«) oder um eine *Sonderfunktion* (»8«, z. B. IDoc-Verarbeitung) handelt. Im Feld VERARBEITUNGSMODUS tragen Sie ein, wie die Nachricht verarbeitet werden soll. Eine »1« sagt aus, dass die Nachricht nach dem Sichern des Transportbelegs direkt verarbeitet wird. Es muss sich hierbei um die erste Verarbeitung handeln, es darf also keine Wiederholungsverarbeitung vorliegen. Die »2« sagt aus, dass die Nachricht wiederholt werden soll. Tragen Sie eine »3« ein, wenn eine fehlerhafte Nachricht wiederholt werden soll.

Sie haben nun alle Aktivitäten kennengelernt, die Sie nach dem Setzen eines bestimmten Status vom SAP-System automatisch ausführen lassen können. Möchten Sie eigene Tabellen oder Add-ons in Ihrem System ansteuern, wenn ein bestimmter Status erreicht wurde, können Sie Ihre eigenen Funktionen ebenfalls über eine Nachrichtenart steuern. Ich finde diese Lösung bei fast allen meinen Kunden wieder. Es werden eigene »Pseudo-Druckprogramme« erstellt, die keine einzige Zeile drucken, aber wie ein Druckprogramm angesteuert werden. In Wirklichkeit werden in diesen »Druckprogrammen« eigene Funktionen durchgeführt, z. B. werden Z-Tabellen gefüllt, und unter Umständen wird bereits ein Folgestatus gesetzt (hierzu gibt es eigene Funktionsbausteine, um einen bestimmten Status zu setzen). Ihnen stehen in einem solchen Programm alle Möglichkeiten offen.

Der bessere Weg ist allerdings, die bestehenden User Exits zu nutzen, die Ihnen SAP während der Transportbearbeitung anbietet. Hier müssen Sie lediglich den Status abfragen, bei dem Sie Ihre Aktivität durchführen möchten. SAP bietet Ihnen mit der Erweiterung V56FSTAT zwei Funktionsbausteine an.

▶ Der erste Funktionsbaustein EXIT_SAPLV56F_011 mit dem Include ZXV56U16 wird aufgerufen, bevor die Aktivitäten im SAP-Standard durchgeführt werden, die sich auf die durchgeführte Änderung des Status beziehen. Sie können also vorher auf diese Prozesse Einfluss nehmen.

▶ Der zweite Funktionsbaustein EXIT_SAPLV56F_012 mit dem Include ZXV56U35 wird erst nach der Verarbeitung der Standardaktivitäten zu der durchgeführten Statusänderung aufgerufen. Sie können also Ihre eigenen Prozesse auf das Ergebnis der Statusänderung aufbauen.

12.2.2 Beispiel zu den Aktivitätsprofilen

Abschließend zeige ich Ihnen noch ein Beispiel für das zuvor beschriebene Popup zur Eingabe bestimmter Felder. Rufen Sie die Transaktion VT02N auf, und setzen Sie z. B. den Status »5 Abfertigung«, indem Sie den Button Abfertigung anklicken (siehe auch Abbildung 12.1). Sie erhalten nun das gewünschte Popup gemäß Abbildung 12.9.

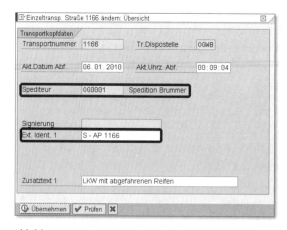

Abbildung 12.9 Popup zur Eingabe der gewünschten Felder nach dem Setzen eines bestimmten Status

In meinem Beispiel waren die externe Identifikation (Feld EXT. IDENT. 1) und der SPEDITEUR als Mussfelder definiert. Daher musste ich hier Eingaben vornehmen (als externe Identifikation z. B. das Autokennzeichen des Lkws »S – AP 1166« und als Spediteur die Kreditorennummer »OG0001« meiner Spedition). Das Feld SIGNIERUNG wird nur angezeigt und ist nicht eingabebereit.

Das Feld ZUSATZTEXT 1 ist eingabebereit, aber eine Eingabe ist nicht zwingend erforderlich.

Klicken Sie auf den Button ⊕ Übernehmen , um Ihre Eingaben in den Transportbeleg zu transferieren. In der Übersicht sind alle übernommenen Einträge in den einzelnen Feldern dargestellt (siehe Abbildung 12.10).

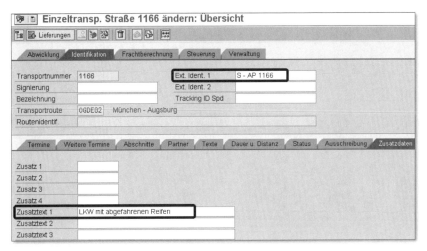

Abbildung 12.10 Übersicht über den Transportbeleg nach Eingabe der Felder

Der Status »Abfertigung« wurde gesetzt, und die gewünschten Felder wurden in den Transportbeleg übernommen. Sichern Sie zum Schluss noch Ihre Eingaben.

12.3 Zusammenfassung

Sie haben hier die unterschiedlichen Status und ihre Bedeutung im Transportbeleg kennengelernt und wissen nun, wie Sie diese setzen können. Zu jedem dieser Status können Sie von Ihrem System automatisch bestimmte Aktivitäten ausführen lassen. Hierzu müssen Sie die Aktivitäten über das Customizing einstellen und über ein Aktivitätsprofil einer Transportart und einem bestimmten Status zuordnen.

Im folgenden Kapitel stelle ich Ihnen verschiedene Nachrichtenarten vor. Mit den Nachrichtenarten steuern Sie Ihre Ausdrucke, aber auch den EDI-Prozess und die Aufbereitung von Daten, die z. B. in Form von IDocs zum Versenden an ein externes System bereitgestellt werden.

Manchmal ist es erforderlich, Informationen zu Teilprozessen zu drucken, z. B. Etiketten für Handling Units, Lieferscheine, Packlisten oder auch Speditionsanweisungen. Ich stelle Ihnen die hierzu notwendigen Einstellungen im System vor und erläutere, wie Sie Ihre Ausdrucke erstellen und steuern können.

13 Versandpapiere und -dokumente

In der gesamten Prozesskette werden zur Erledigung der einzelnen Aufgaben Ausdrucke benötigt. Trotz belegloser Kommissionierung und EDI-Übertragungen ist es teilweise gesetzlich zwingend erforderlich, Unterlagen und Dokumente zu drucken. So ist dem Frachtführer bei Gefahrgütern eine exakte Deklaration der geladenen Materialien mitzugeben. Im Rahmen von Exportgeschäften außerhalb der EG werden immer noch Dokumente für die Zollabfertigung benötigt. Aber auch Kunden verlangen Lade- oder Packlisten, um eine bessere Wareneingangskontrolle durchführen zu können. Paletten müssen, auch wenn die Daten per EDI an den Warenempfänger übertragen werden, ein Etikett erhalten, das sie eindeutig identifiziert. Im SAP-System wird ein Dokument (z. B. Lieferschein, Ausfuhrerklärung, Speditionsauftrag sowie CMR-Frachtbrief) als *Nachricht* bezeichnet. Ich werde hier ebenfalls die Bezeichnung *Nachricht* verwenden und die Begriffe *Ausdruck* und *Dokument* weitgehend vermeiden. SAP hat sich auch deshalb für den Begriff *Nachricht* entschieden, weil die erzeugten Ausdrucke und Dokumente nicht nur gedruckt, sondern auch als EDI-Nachricht verschickt werden können. EDI-Nachrichten haben ein eigenes Format, werden aber trotzdem über die Nachrichtenfindung erstellt.

Die Nachrichtensteuerung, an die Konditionstechnik im Vertrieb angelehnt, ist für alle Nachrichten identisch. Die einzige Ausnahme bildet der Druck der Kommissionierlisten, die ich bereits in Kapitel 7, »Kommissionierung«, behandelt habe. Grundlage einer Nachricht ist der Lieferbeleg, die Gruppe, die Handling Unit oder der Transportbeleg. Für diese vier Objekte ist jeweils eine getrennte Nachrichtensteuerung vorgesehen.

Ich werde im ersten Teil dieses Kapitels verstärkt auf das Customizing eingehen. Im Anschluss zeige ich Ihnen, wie Sie mit den Nachrichten im Lieferbeleg umgehen, wie Sie sie manuell erstellen, eventuell drucken oder verschicken und wie Sie sie wiederholen können. Äquivalent dazu verfahren Sie auch mit den Nachrichten im Transportbeleg, auf die ich nur kurz eingehen werde. Die Druckerfindung schließlich erörtere ich im letzten Teil dieses Kapitels.

13.1 SAP-Standardausdrucke

SAP bietet bereits im Standard zahlreiche Ausdrucke an. Diese können Sie beliebig erweitern und in die Nachrichtenfindung einfließen lassen. Zunächst stelle ich Ihnen die Nachrichtenfindung im Überblick vor, bevor ich auf die Details eingehe.

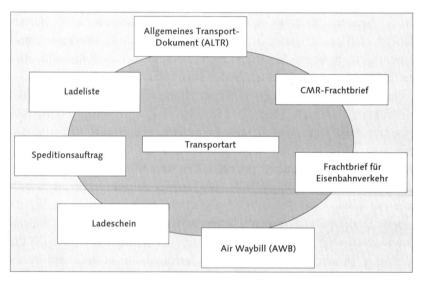

Abbildung 13.1 Mögliche Versandpapiere im Transportbeleg

Um Lieferungen und Transporte abzuwickeln, müssen Sie im Liefer- und Transportbeleg Nachrichten erzeugen, die in gedruckter Form dem Frachtführer mitgegeben werden. Sie werden aber auch Nachrichten drucken, die z. B. die Paletten und Kartons identifizieren. Darüber hinaus werden Sie Nachrichten per Fax, E-Mail oder EDI an Ihre Partner schicken. Eine grobe Übersicht über mögliche Versandpapiere bietet Ihnen Abbildung 13.1.

Diese unterschiedlichen Nachrichten werden mit einer Nachrichtenidentifikation versehen; SAP spricht hier von einer *Nachrichtenart*. Der Lieferschein hat also eine eigene Nachrichtenart, ebenso wie die Packliste oder auch das

Palettenetikett. Die wichtigsten Nachrichtenarten, die im SAP-Standard eingestellt sind, habe ich für Sie in den Tabelle 13.1 bis Tabelle 13.4 zusammengestellt.

Nachrichtenart	Bezeichnung
ET01	Materialetikett
LD00	Lieferschein
LD01	Lieferschein nach VDA4994
PL00	Packliste
SPAT	Speditionsauftrag
TRM	Unfallmerkblatt
WA00	Warenanhänger
WABS	Warenbegleitschein

Tabelle 13.1 Übersicht über die von SAP angebotenen Standardnachrichtenarten für Lieferbelege

Nachrichtenart	Bezeichnung
0001	Versandelement
KEP6	Etikett für den Expressdienst

Tabelle 13.2 Übersicht über die von SAP angebotenen Standardnachrichtenarten für Handling Units

Nachrichtenart	Bezeichnung
LL00	Ladeliste
SK00	Sammelkommissionierliste
SK01	Sammelkommissionierliste 1

Tabelle 13.3 Übersicht über die von SAP angebotenen Standardnachrichtenarten für Liefergruppen

Nachrichtenart	Bezeichnung
CMR1	CMR-Frachtbrief
SPAT	Speditionsauftrag
WABS	Warenbegleitschein

Tabelle 13.4 Übersicht über die von SAP angebotenen Standardnachrichtenarten für Transportbelege

Die komplette Nachrichtensteuerung im SAP-System ist auf den ersten Blick und besonders für Mitarbeiter, die sich gerade erst in das SAP-System einarbeiten, eher unübersichtlich. Ich werde daher Schritt für Schritt die einzelnen Einstellungen und ihre Möglichkeiten erklären.

Das Customizing selbst wird sehr oft von den Entwicklern eingestellt, die in der Regel auch Anpassungen an den Druckvorlagen und -programmen vornehmen. Vielerorts sind eigene Druckprogramme im Einsatz. Eine ABAP/4- oder SAPScript-Einführung (das sind die Programmiersprachen und -tools, mit denen Druckprogramme entwickelt werden) kann ich aber an dieser Stelle nicht leisten. Es gibt jedoch zahlreiche andere Bücher, die sich mit dem Aspekt der Programmierung detailliert befassen.

13.2 Nachrichtenfindung

Fassen Sie die Nachrichtenarten, die Sie für Ihren Prozess benötigen, zu einem *Nachrichtenschema* zusammen. Dieses Nachrichtenschema ordnen Sie einer Lieferart zu, wenn es sich um Nachrichten handelt, die zu dem Lieferbeleg gehören. Da Sie aber je Lieferbeleg nicht alle Nachrichten benötigen, können Sie zu jeder Nachrichtenart die Kriterien dafür festlegen, unter welchen Bedingungen diese Nachricht in den Lieferbeleg eingestellt werden soll. Diese Kriterien finden Sie in den *Konditionstabellen* wieder.

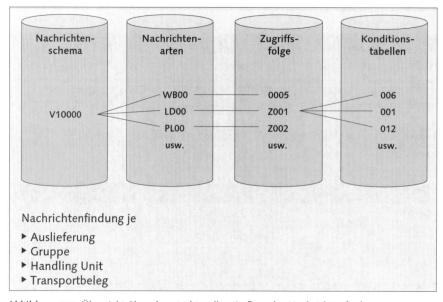

Abbildung 13.2 Übersicht über den strukturellen Aufbau der Nachrichtenfindung

Sind für Sie mehrere Kriterien relevant, fassen Sie diese Kriterien mit Priorisierung zu einer *Zugriffsfolge* zusammen. Diese Zugriffsfolge ordnen Sie zum Schluss einer Nachrichtenart zu. In Abbildung 13.2 finden Sie diesen Zusammenhang noch einmal in einer Übersicht wieder.

13.2.1 Konditionstabellen

Ich möchte Ihnen im ersten Schritt die *Konditionstabellen* vorstellen. In den Konditionstabellen legen Sie die Kriterien dafür fest, wann eine Nachricht gefunden werden soll. Diese Kriterien sind meistens sehr einfach, z. B. je Lieferart oder Versandstelle. Sie haben aber auch die Möglichkeit, Ihre Kriterien bis zum Warenempfänger zu verfeinern. Ihnen stehen dafür einige wenige von SAP voreingestellte Tabellen zur Verfügung, z. B. die Konditionstabelle 009. Sie hat als Kriterium nur die Lieferart. Stellen Sie hier über die Konditionstransaktionen die Lieferart »LF« ein, wird die Nachricht generell dann gefunden, wenn Sie einen Lieferbeleg mit der Lieferart »LF« erstellt haben. Etwas enger ist die Konditionstabelle 010 gefasst. Hier sind Versandstelle und Route die relevanten Kriterien. Ich habe Ihnen die Einstellungen zu dieser Konditionstabelle in Abbildung 13.3 dargestellt.

Abbildung 13.3 Konditionstabelle für die Kriterien Versandstelle und Route

Sie sehen auf der rechten Bildschirmhälfte, dass Ihnen zahlreiche andere Felder zur Verfügung stehen, die Sie als Findungskriterium Ihrer Nachrichtenart zuordnen können. Legen Sie eigene Konditionstabellen an, müssen diese mit einer »9« beginnen, damit sie nicht dem SAP-internen Namensraum zugeordnet werden.

Technische Informationen zu den Konditionstabellen

▸ Feldlänge: 3-stellig

▸ Menüpfad im Customizing für Auslieferungen: LOGISTICS EXECUTION • VERSAND • GRUNDLAGEN • NACHRICHTENSTEUERUNG • NACHRICHTENFINDUNG • NACHRICHTENFINDUNG FÜR AUSLIEFERUNGEN PFLEGEN • KONDITIONSTABELLEN PFLEGEN

▸ Menüpfad im Customizing für Handling Units: LOGISTICS EXECUTION • VERSAND • GRUNDLAGEN • NACHRICHTENSTEUERUNG • NACHRICHTENFINDUNG • NACHRICHTENFINDUNG FÜR HANDLING UNITS PFLEGEN • KONDITIONSTABELLEN PFLEGEN

▸ Menüpfad im Customizing für Gruppen: LOGISTICS EXECUTION • VERSAND • GRUNDLAGEN • NACHRICHTENSTEUERUNG • NACHRICHTENFINDUNG • NACHRICHTENFINDUNG FÜR GRUPPEN PFLEGEN • KONDITIONSTABELLEN PFLEGEN

▸ Menüpfad im Customizing für Transportbelege: LOGISTICS EXECUTION • TRANSPORT • GRUNDLAGEN • NACHRICHTENSTEUERUNG • NACHRICHTENFINDUNG FÜR TRANSPORTE PFLEGEN • KONDITIONSTABELLEN PFLEGEN

▸ Eigene Transaktionen für Auslieferungen: V/59 (Konditionstabellen anlegen), V/60 (Konditionstabellen ändern), V/61 (Konditionstabellen anzeigen)

▸ Eigene Transaktionen für Handling Units: V/93 (Konditionstabellen anlegen), V/94 (Konditionstabellen ändern), V/95 (Konditionstabellen anzeigen)

▸ Eigene Transaktionen für Gruppen: V/G1 (Konditionstabellen anlegen), V/G2 (Konditionstabellen ändern), V/G3 (Konditionstabellen anzeigen)

▸ Eigene Transaktionen für Transportbelege: V/77 (Konditionstabellen anlegen), V/78 (Konditionstabellen ändern), V/79 (Konditionstabellen anzeigen)

▸ Eigene Transaktionen für den Feldkatalog: V/87 (Auslieferungen), V/90 (Handling Units), V/89 (Gruppen) und V/91 (Transportbelege)

▸ Tabelle für den Feldkatalog: T681F (Verwendung »B«), Applikationen: »V2« (Auslieferungen), »V6« (Handling Units), »V5« (Gruppen) und »V7« (Transportbelege)

Die Konditionstabelle pflegen Sie in der gleichen Art und Weise, unabhängig davon, ob als Grundlage der Nachricht der Lieferbeleg, eine Liefergruppe oder die Handling Unit dient.

Über den Feldkatalog (im gleichen Menüpfad des Customizings zu finden) können Sie alle Felder einsehen, die Ihnen der SAP-Standard anbietet, um eigene Kriterien für die Nachrichtenfindung einzustellen.

13.2.2 Zugriffsfolge

Fassen Sie nun Ihre Konditionstabellen zu einer logischen Reihenfolge zusammen. Mit den entsprechenden Feldern aus dem Lieferbeleg versucht das System, einen Eintrag in den einzelnen Konditionstabellen zu finden. Diese Konditionstabellen werden in einer *Zugriffsfolge* logisch in eine Reihenfolge gebracht.

Starten Sie das Customizing für die Zugriffsfolgen. Sie erhalten eine Übersicht über alle von SAP voreingestellten Zugriffsfolgen. Definieren Sie Zugriffsfolgen für Ihre eigenen Belange, müssen sie mit einem »Z« beginnen. Ich habe z. B. die Zugriffsfolge »ZOG1« angelegt. Markieren Sie die Zeile mit der Zugriffsfolge ZOG1, und öffnen Sie in der linken Bildschirmhälfte den Ordner ZUGRIFFE. Es werden Ihnen alle Zugriffe angezeigt, die Sie nun beliebig nach Ihren Anforderungen anpassen können (siehe Abbildung 13.4).

Abbildung 13.4 Übersicht über die Konditionstabellen in einer Zugriffsfolge

Sie können zu jeder Zugriffsfolge Bedingungen programmieren. Dazu erfahren Sie später mehr. Wichtig ist an dieser Stelle die Checkbox EXKLUSIV. Ist hier ein Häkchen gesetzt, hört das SAP-System mit der Suche nach gültigen Nachrichtensätzen bei der ersten gefundenen Nachricht auf und unterbricht somit die Zugriffsfolge.

Technische Informationen zu den Zugriffsfolgen

▸ Feldlänge: 3-stellig

▸ Menüpfad im Customizing für Auslieferungen: LOGISTICS EXECUTION • VERSAND • GRUNDLAGEN • NACHRICHTENSTEUERUNG • NACHRICHTENFINDUNG • NACHRICHTENFINDUNG FÜR AUSLIEFERUNGEN PFLEGEN • ZUGRIFFSFOLGEN PFLEGEN

▸ Menüpfad im Customizing für Handling Units: LOGISTICS EXECUTION • VERSAND • GRUNDLAGEN • NACHRICHTENSTEUERUNG • NACHRICHTENFINDUNG • NACHRICHTENFINDUNG FÜR HANDLING UNITS PFLEGEN • ZUGRIFFSFOLGEN PFLEGEN

▸ Menüpfad im Customizing für Gruppen: LOGISTICS EXECUTION • VERSAND • GRUNDLAGEN • NACHRICHTENSTEUERUNG • NACHRICHTENFINDUNG • NACHRICHTENFINDUNG FÜR GRUPPEN PFLEGEN • ZUGRIFFSFOLGEN PFLEGEN

- Menüpfad im Customizing für Transportbelege: LOGISTICS EXECUTION • TRANSPORT • GRUNDLAGEN • NACHRICHTENSTEUERUNG • NACHRICHTENFINDUNG FÜR TRANSPORTE PFLEGEN • ZUGRIFFSFOLGEN PFLEGEN

- Eigene Transaktionen: V/50 (Lieferbelege), V/96 (Handling Units), V/G4 (Gruppen) und V/80 (Transportbelege)

- Applikationen: »V2« (Auslieferungen), »V6« (Handling Units), »V5« (Gruppen) und »V7« (Transportbelege)

- Tabellen: T682 (Definition der Zugriffsfolge), T682T (Beschreibung der Zugriffsfolge), T682I (Zugriffsfolge und deren Konditionstabellen) und T682Z (Feldzuordnung zu jeder Konditionstabelle); für alle Tabellen gilt: Verwendung »B« und Applikation (»V2«, »V6«, »V5« oder »V7«).

13.2.3 Nachrichtenart

Diese Zugriffsfolge ordnen Sie nun einer *Nachrichtenart* zu. Die Nachrichtenarten haben eine Vielzahl von Parametern, die Sie sich im System nach Bedarf detaillierter ansehen können. Wenn Sie neue Nachrichtenarten definieren, sollten sie mit einem »Z« beginnen.

Sehen wir uns z. B. die Packliste an, der als Zugriffsfolge die »ZOG1« zugeordnet wurde. Markieren Sie im Customizing zur Pflege der Nachrichtenfindung die Nachrichtenart »PL00« (PL steht hier für Packliste), und klicken Sie auf das Icon 🔍. Sie erhalten daraufhin das in Abbildung 13.5 gezeigte Bild.

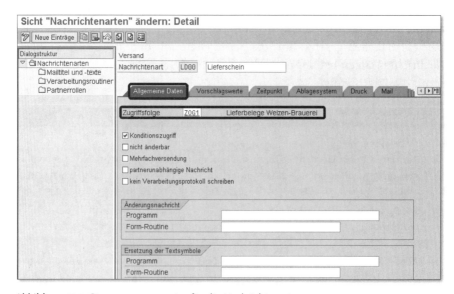

Abbildung 13.5 Steuerungsparameter für die Nachrichtenart

Sie sehen eine Vielzahl von Registerkarten, auf denen die Parameter für diese Nachrichtenart eingestellt werden können. Auf der Registerkarte ALLGEMEINE DATEN stellen Sie z. B. ein, ob die Nachricht nach der Erstellung im System noch manuell verändert werden darf oder nicht. Ebenso steuern Sie, ob Sie die Nachricht mehrfach versenden dürfen oder nicht.

Auf der Registerkarte VORSCHLAGSWERTE verbergen sich einzelne Felder, die steuern, wann genau eine Nachricht erzeugt oder ob sie gar nicht erzeugt werden darf. Sie legen hier z. B. den Versandzeitpunkt dieser Nachricht fest. Eine Möglichkeit besteht etwa darin, die Nachricht zu verarbeiten, nachdem der Lieferbeleg gesichert wurde. Ich habe in meinem Beispiel die sofortige Ausgabe auf den Drucker veranlasst.

Auf der Registerkarte ZEITPUNKT steuern Sie, wann eine Nachricht nicht erzeugt werden soll oder nicht erlaubt ist. Sie können aber von hier aus auch einen User Exit ansteuern, der den Zeitpunkt der Nachrichtenerstellung selbst feststellt.

Technische Informationen zu den Nachrichtenarten

- ▶ Feldlänge: 4-stellig
- ▶ Menüpfad im Customizing für Auslieferungen: LOGISTICS EXECUTION • VERSAND • GRUNDLAGEN • NACHRICHTENSTEUERUNG • NACHRICHTENFINDUNG • NACHRICHTENFINDUNG FÜR AUSLIEFERUNGEN PFLEGEN • NACHRICHTENART PFLEGEN
- ▶ Menüpfad im Customizing für Handling Units: LOGISTICS EXECUTION • VERSAND • GRUNDLAGEN • NACHRICHTENSTEUERUNG • NACHRICHTENFINDUNG • NACHRICHTENFINDUNG FÜR HANDLING UNITS PFLEGEN • NACHRICHTENART PFLEGEN
- ▶ Menüpfad im Customizing für Gruppen: LOGISTICS EXECUTION • VERSAND • GRUNDLAGEN • NACHRICHTENSTEUERUNG • NACHRICHTENFINDUNG • NACHRICHTENFINDUNG FÜR GRUPPEN PFLEGEN • NACHRICHTENART PFLEGEN
- ▶ Menüpfad im Customizing für Transportbelege: LOGISTICS EXECUTION • TRANSPORT • GRUNDLAGEN • NACHRICHTENSTEUERUNG • NACHRICHTENFINDUNG FÜR TRANSPORTE PFLEGEN • NACHRICHTENART PFLEGEN
- ▶ Eigene Transaktionen: V/34 (Auslieferungen), V/97 (Handling Units), V/G6 (Gruppen) und V/82 (Transportbelege)
- ▶ Applikationen: »V2« (Auslieferungen), »V6« (Handling Units), »V5« (Gruppen) und »V7« (Transportbelege)
- ▶ Tabelle: T685B (Verwendung »B«, Applikation »V2«, »V6«, »V5« oder »V7«)

Ich habe Ihnen hier nicht alle Parameter vorgestellt, die Sie in der Nachrichtenart hinterlegen können. Die wichtigsten jedoch haben Sie bereits kennengelernt.

13.2.4 Nachrichtenschema

Haben Sie alle Nachrichtenarten zusammen, bündeln Sie sie zu einem *Nachrichtenschema*. In einem Nachrichtenschema sind also alle Nachrichtenarten enthalten, die für den entsprechenden Beleg prozessiert werden können. Hier haben Sie noch einmal die Möglichkeit, eine Bedingung vorzugeben. Diese Bedingung steuert, ob Sie eine bestimmte Nachricht berücksichtigen möchten oder nicht. Des Weiteren können Sie hier über eine Checkbox steuern, ob diese Nachrichtenart automatisch gefunden werden soll. Wenn nicht, müssen Sie die Nachrichtenart selbst manuell über die Belegänderung antriggern.

Technische Informationen zum Nachrichtenschema

- ▶ Feldlänge: 6-stellig
- ▶ Menüpfad im Customizing für Auslieferungen: Logistics Execution • Versand • Grundlagen • Nachrichtensteuerung • Nachrichtenfindung • Nachrichtenfindung für Auslieferungen pflegen • Nachrichtenschema pflegen
- ▶ Menüpfad im Customizing für Handling Units: Logistics Execution • Versand • Grundlagen • Nachrichtensteuerung • Nachrichtenfindung • Nachrichtenfindung für Handling Units pflegen • Nachrichtenschema pflegen
- ▶ Menüpfad im Customizing für Gruppen: Logistics Execution • Versand • Grundlagen • Nachrichtensteuerung • Nachrichtenfindung • Nachrichtenfindung für Gruppen pflegen • Nachrichtenschema pflegen
- ▶ Eigene Transaktionen: V/76 (Auslieferungen), V/99 (Handling Units), V/G8 (Gruppen) und V/84 (Transportbelege)
- ▶ Applikationen: »V2« (Auslieferungen), »V6« (Handling Units), »V5« (Gruppen) und »V7« (Transportbelege)
- ▶ Tabellen: T683, T683S und T683T (sprachenabhängige Bezeichnung) (Verwendung »B«, Applikation »V2«, »V6«, »V5« oder »V7«)

13.2.5 Findung des Nachrichtenschemas

Zum Schluss ordnen Sie das Nachrichtenschema einer der folgenden Möglichkeiten zu:

- ▶ einer Lieferart
- ▶ einem Lieferscheinpositionstyp
- ▶ einem Packmitteltyp (für die Handling Units)
- ▶ einer Gruppenart
- ▶ einer Transportart

Hierbei handelt es sich um eine einfache Zuordnung.

> **Technische Informationen für die Zuordnung des Nachrichtenschemas zur Lieferung**
>
> ▸ Menüpfad im Customizing für Auslieferungen: Logistics Execution • Versand • Grundlagen • Nachrichtensteuerung • Nachrichtenfindung • Nachrichtenfindung für Auslieferungen pflegen • Nachrichtenschema zuordnen
>
> ▸ Eigene Transaktionen: V/71 (je Lieferscheinart) und V/73 (je Lieferpositionstyp)
>
> ▸ Tabelle: TVLK oder TVLP (in beiden Tabellen abgespeichert im Feld KALSM)

Haben Sie Nachrichtenarten auf Basis von Handling Units definiert, erfolgt anschließend die Zuordnung des Nachrichtenschemas zu einer Packmittelart (siehe hierzu auch Kapitel 8, »Verpacken«). Mehr Details finden Sie in Abschnitt 13.4, »Nachrichten je Handling Unit«.

Arbeiten Sie mit Gruppen oder Kommissionierwellen, können Sie ebenfalls je Gruppenart Ihre Nachrichtenschemata zuordnen. Auch hierzu finden Sie mehr Informationen in Abschnitt 13.5, »Nachrichten je Gruppe«.

Bleibt zum Schluss noch das Nachrichtenschema für den Transportbeleg übrig. Dieses Schema ordnen Sie der Transportart zu.

> **Technische Informationen für die Zuordnung des Nachrichtenschemas**
>
> ▸ zur Transportart
>
> ▸ Menüpfad im Customizing für Auslieferungen: Logistics Execution • Transport • Grundlagen • Nachrichtensteuerung • Nachrichtenfindung für Transporte pflegen • Nachrichtenschema zuordnen
>
> ▸ Eigene Transaktion: V/24
>
> ▸ Tabelle: TVTK (abgespeichert im Feld KALSM)

13.2.6 Bedingungen im Nachrichtenschema

Sie haben die Möglichkeit, Bedingungen zu programmieren. Hierzu stehen Ihnen mit einem User Exit alle Möglichkeiten offen, eine bestimmte Konditionstabelle in der Zugriffsfolge oder sogar eine komplette Nachrichtenart auszuschließen.

> **Technische Informationen zu den Bedingungen**
>
> ▸ Menüpfad im Customizing für Auslieferungen: Logistics Execution • Versand • Grundlagen • Nachrichtensteuerung • Bedingungen definieren
>
> ▸ Eigene Transaktion: V/27
>
> ▸ Tabelle: TFRM (Gruppenkennzeichen »PBEN«)

Definieren Sie Ihre eigenen Bedingungen, wird Ihnen ein Rahmenprogramm zur Verfügung gestellt, in dem Sie Ihre Bedingungen programmieren können. Die Bedingung wird mit einem dreistelligen numerischen Schlüssel definiert. Das generierte Programm hat den entsprechenden Programmnamen LB61Bnnn (*nnn* steht für die Nummer der Bedingung).

Sie haben nun die Systemeinstellungen zur Nachrichtenfindung kennengelernt. Ich werde mich jetzt den Nachrichten aus Sicht des Endanwenders widmen.

13.3 Nachrichten im Liefer- und Transportbeleg

Nachrichten werden entweder im Lieferbeleg, zu einer Handling Unit (Packstück oder Palette), zu einer Gruppe von Lieferbelegen oder zu Transportbelegen erstellt. Ich beschreibe Ihnen nun ausführlich die Konditionen zur Nachrichtenfindung sowie die Funktionen, die Sie mit der Nachrichtenart im Lieferbeleg ausführen können. Diese Funktionen sind stellvertretend für die Nachrichten zur Handling Unit, zur Gruppe und zum Transportbeleg, da es hier nur geringe Abweichungen zur Handhabung im Lieferbeleg gibt.

13.3.1 Pflege von Konditionen zur Nachrichtenfindung

Die erste Frage, die Sie beantworten müssen, um anschließend die Antwort darauf im SAP-System abzubilden, ist, wann Sie eine bestimmte Nachricht erwarten. Die Antwort geben Sie in Form einer Kondition mit den Regeln ein, die Sie zuvor definiert haben.

1. **Start der Funktion**
   Starten Sie die Transaktion VV21, oder wählen Sie aus dem SAP-Menü die Funktion LOGISTIK · VERTRIEB · STAMMDATEN · NACHRICHTEN · VERSAND · ANLEGEN.

2. **Auswahl einer Nachrichtenart**
   Es erscheint daraufhin ein Bild, in dem Sie die Nachrichtenart vorgeben müssen. Ich wähle hier als Beispiel die Nachrichtenart »LD00« (Lieferschein). Drücken Sie die `Enter`-Taste, oder klicken Sie auf den Button `Schlüsselkombination`.

3. **Konditionstabelle auswählen**
   Es wird Ihnen nun, wie Sie in Abbildung 13.6 erkennen können, eine Auswahl der möglichen Kriterien angezeigt. Sie müssen sich hier entscheiden, welche Kriterien für Sie relevant sind. Ich wähle in diesem Fall die Kom-

bination Verkaufsorganisation/Versandstelle, d. h., ich benötige generell einen Lieferschein für bestimmte Verkaufsorganisationen und Versandstellen.

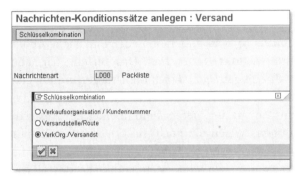

Abbildung 13.6 Auswahl der möglichen Kriterien zum Druck eines Lieferscheins

4. **Eingabe Ihrer Kriterien zur Nachrichtenfindung**

Drücken Sie erneut die Enter -Taste, oder klicken Sie auf das Icon ✔. Sie erhalten nun ein Bild (siehe Abbildung 13.7), in dem Sie Ihre Kriterien eingeben können.

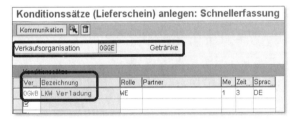

Abbildung 13.7 Eingabe Ihrer Kriterien zur Findung einer Nachrichtenart

Pflegen Sie unter Verkaufsorganisation und Versandstelle Ihre Daten ein (z. B. »OGGE« und »OGWB«). In das Feld Medium tragen Sie eine »1« ein, wenn Sie den Lieferschein drucken möchten. Sie haben weitere Möglichkeiten, z. B. »7«, wenn Sie Ihre Nachricht per E-Mail verschicken, oder »2«, wenn Sie die Nachricht aus dem SAP-System faxen möchten. Wichtig ist auch die Angabe im Feld Zeitpunkt. Hier tragen Sie ein, wann die Nachricht erzeugt werden soll. Der Druck eines Lieferscheins ist erst sinnvoll, wenn alle Prozesse abgeschlossen sind. Mit dem Wert »3« geben Sie an, dass die Nachricht manuell oder mit eigenen Programmen gedruckt wird. Tragen Sie eine »4« ein, wenn die Nachricht direkt gedruckt werden soll, nachdem der Lieferbeleg gesichert wurde. Die Werte »1« und »2«

beziehen sich auf einen Druck über Batch-Programme. Geben Sie zum Schluss noch die Sprache an, in der die Nachricht erstellt werden soll. Lassen Sie die Sprache leer, wird das Programm versuchen, die Nachricht in der Sprache der Lieferung zu erstellen.

5. **Druckparameter**

Klicken Sie nun auf den Button KOMMUNIKATION . In dem neuen Bild (siehe Abbildung 13.8) tragen Sie unter AUSGABEGERÄT Ihren Drucker ein. Ich habe hier zunächst einmal »LOCL« eingetragen, da ich die Druckerfindung erst in den folgenden Abschnitten beschreibe. Unter ANZAHL NACHRICHTEN tragen Sie eine »1« ein, wenn Sie nur den Lieferschein in einfacher Ausfertigung ohne Kopien benötigen. Setzen Sie noch die Checkboxen SOFORT AUSGEBEN und FREIGABE N. AUSGABE. Ich habe in meinem Beispiel die Checkbox SOFORT AUSGEBEN nicht aktiviert. Meine Ausgabe des Lieferscheins wird also erst einmal in den SAP-Spool gesteuert.

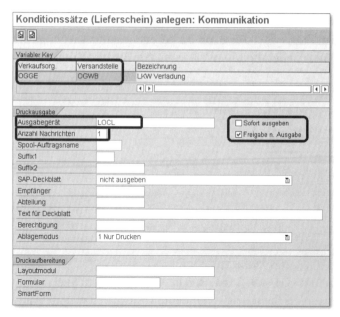

Abbildung 13.8 Parameter für den Ausdruck und zur Druckerfindung

6. **Eingaben sichern**

Sichern Sie Ihre Eingaben. Sie erhalten daraufhin den Hinweis, dass die Konditionssätze gesichert wurden.

Äquivalent dazu ist die Pflege der Konditionssätze für Ihre Nachrichten, wenn diese sich auf eine Gruppe, eine Handling Unit oder auf einen Transportbeleg beziehen.

Transaktionscodes für Nachrichtenkonditionssätze	
VV21:	Konditionssätze für Lieferbelege anlegen
VV22:	Konditionssätze für Lieferbelege ändern
VV23:	Konditionssätze für Lieferbelege anzeigen
VV61:	Konditionssätze für Handling Units anlegen
VV62:	Konditionssätze für Handling Units ändern
VV63:	Konditionssätze für Handling Units anzeigen
VVG1:	Konditionssätze für Gruppen anlegen
VVG2:	Konditionssätze für Gruppen ändern
VVG3:	Konditionssätze für Gruppen anzeigen
VV71:	Konditionssätze für Transportbelege anlegen
VV72:	Konditionssätze für Transportbelege ändern
VV73:	Konditionssätze für Transportbelege anzeigen

13.3.2 Beispiel für die Verarbeitung von Nachrichten

Ich habe in meinem Beispiel einen neuen Kundenauftrag angelegt und hierzu einen Lieferbeleg erstellt. Nun wähle ich in der Menüleiste ZUSÄTZE • LIEFERNACHRICHTEN • KOPF. Ich erhalte ein neues Übersichtsbild, in dem die über das Nachrichtenschema gefundenen Nachrichten angezeigt werden (siehe Abbildung 13.9).

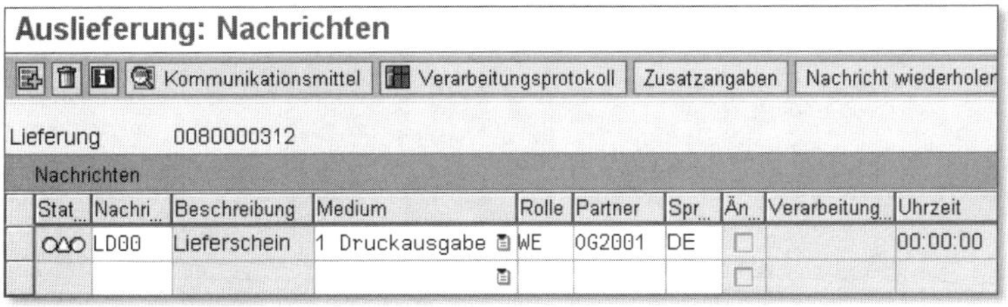

Abbildung 13.9 Übersicht über die ermittelten Nachrichtenarten

Die gelbe Ampel (Icon ⬚) zeigt an, dass die NACHRICHTENART »LD00« noch nicht gedruckt wurde (MEDIUM: »Druckausgabe«). Möchten Sie diese Nachricht nun drucken, markieren Sie einfach die Zeile mit der gewünschten Nachrichtenart und klicken dann auf den Button Zusatzangaben.

Ihnen wird anschließend das Bild mit den Zusatzangaben angezeigt (siehe Abbildung 13.10).

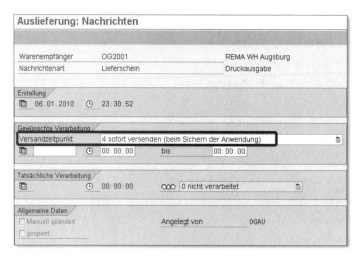

Abbildung 13.10 Zusatzangaben zur Druckersteuerung

Setzen Sie den Versandzeitpunkt auf »4 sofort versenden (beim Sichern der Anwendung)«. Drücken Sie nun die Back -Taste, oder klicken Sie auf das Icon 🌐. Sie kommen wieder zum Übersichtsbild. Markieren Sie erneut die Zeile der betreffenden Nachrichtenart, und klicken Sie dann auf den Button 🔍 Kommunikationsmittel. Sie erhalten daraufhin das in Abbildung 13.11 dargestellte Bild.

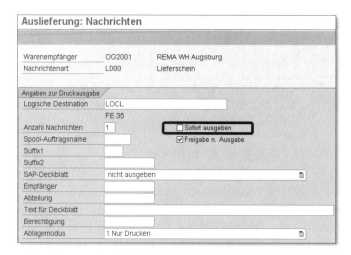

Abbildung 13.11 Eingabe der druckerspezifischen Kriterien

Ich habe hier nur die Checkbox Sofort ausgeben deaktiviert, da ich Ihnen den Ausdruck aus dem Spool zeigen möchte. Drücken Sie erneut die Back -

Taste, um in die Übersicht zu gelangen. Sichern Sie nun den Lieferbeleg. Wenn Sie jetzt erneut das Übersichtsbild aufrufen (über die Transaktion VL02N oder VL03N), wechselt die Ampel zeitgleich auf Grün (siehe Abbildung 13.12). Zur Kontrolle sehen Sie in den Spalten VERARBEITUNG und UHRZEIT, wann diese Nachricht verarbeitet wurde; nicht, wann sie gedruckt oder ob sie überhaupt gedruckt wurde! SAP hat an dieser Stelle kein Hand-Shake-Verfahren installiert. Sollte der Drucker defekt sein oder das angeschlossene Netzwerk nicht laufen, wird Ihnen trotzdem eine grüne Ampel mit einer Verarbeitungszeit angezeigt.

Auslieferung: Nachrichten

			Kommunikationsmittel	Verarbeitungsprotokoll	Zusatzangaben	Nachricht wiederholen	Än

0080000312

Nachrichten

Stat	Nachri	Beschreibung	Medium		Rolle	Partner	Spr.	Än	Verarbeitung	Uhrzeit	Ze
OOO	LD00	Lieferschein	1 Druckausgabe		WE	0G2001	DE	☐	06.01.2010	23:37:34	4
								☐			
								☐			

Abbildung 13.12 Übersichtsbild nach erfolgreichem Ausdruck der Nachrichtenart »LD00«

Ähnlich verhält es sich, wenn Sie über diese Nachrichtentechnik EDI-Nachrichten verschicken. Hier würden Sie lediglich sehen, ob die Nachrichten (in diesem Fall IDocs) erstellt wurden. Ob sie auch erfolgreich an Ihren Partner geschickt wurden, sehen Sie hier nicht.

Rufen Sie nun die Transaktion SP01 auf, um sich die Spool-Datei anzeigen zu lassen (siehe Abbildung 13.13). Hier finden Sie auch Ihren Lieferschein wieder.

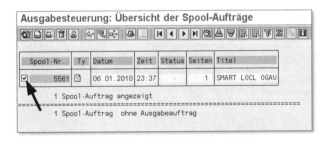

Ausgabesteuerung: Übersicht der Spool-Aufträge

	Spool-Nr.	Ty	Datum	Zeit	Status	Seiten	Titel
☑	5561		06.01.2010	23:37	-	1	SMART LOCL 0GAU

1 Spool-Auftrag angezeigt

1 Spool-Auftrag ohne Ausgabeauftrag

Abbildung 13.13 Übersicht über die Spool-Datei

Setzen Sie das Häkchen in der Checkbox am Anfang der Zeile, und wählen Sie die Anzeigefunktion mit dem Icon ⚙. Es wird Ihnen nun der Lieferschein angezeigt (siehe Abbildung 13.14).

Abbildung 13.14 Anzeigen des Lieferscheins aus der Spool-Datei

Sie können nun Ihre Einträge in der Spool-Datei löschen (klicken Sie auf das Icon 🗑) oder auf einen Drucker schicken (Icon 🖨). Möchten Sie die Druckparameter im Spool noch ändern (z. B. den Druck auf einen anderen Drucker umleiten), klicken Sie auf das Icon 🖨.

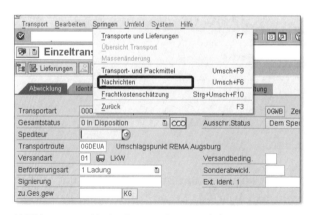

Abbildung 13.15 Nachrichten im Transportbeleg

Die Funktionsweise der Nachrichtenfindung im Transportbeleg ist identisch mit der im Lieferbeleg. Lediglich der Weg, um zu den Nachrichten im Transportbeleg zu gelangen, ist ein anderer. Sie finden die Nachrichten über die Menüleiste unter ZUSÄTZE • NACHRICHTEN (siehe Abbildung 13.15).

13.3.3 Nachrichtenfindungsanalyse

Falls die Nachrichtenart, die Sie erwarten, nicht generiert wurde, können Sie mit einem Analysetool feststellen, woran dies gelegen hat. Starten Sie die Transaktion VL02N (Ändern Lieferbeleg), äquivalent bei Handling Units, Gruppen und Transportbelegen die entsprechenden Änderungstransaktionen. Springen Sie auf das Übersichtsbild (siehe Abbildung 13.12). Wählen Sie aus der Menüleiste die Funktion SPRINGEN • FINDUNGSANALYSE, oder klicken Sie auf das Icon 🖹. Es werden Ihnen nun auf der linken Bildschirmhälfte alle möglichen Nachrichtenarten angezeigt, die zu dem entsprechenden Nachrichtenschema gehören (siehe Abbildung 13.16).

Abbildung 13.16 Übersicht über die Nachrichtenarten aus dem Findungsprotokoll

Auf der rechten Bildschirmhälfte bekommen Sie bereits einen Überblick über die Ergebnisse der Nachrichtenfindung. Die Nachrichtenart »LD00« aus unserem Beispiel steht auf »Nachricht wurde gefunden«.

Abbildung 13.17 Detailanalyse, auf die Nachrichtenart heruntergebrochen

Klicken Sie nun z. B. auf die nicht gefundene Nachrichtenart »LAVA«, werden Ihnen Details zur Nachrichtenart angezeigt. SAP spricht in diesem Fall von einer Konditionsart, meint damit aber die Nachrichtenart. Doppelklicken Sie nun auf die Zugriffsfolge 01. Es wird Ihnen jetzt die Analyse angezeigt (siehe Abbildung 13.17). Hier können Sie erkennen, dass das SAP-System mit den richtigen Kriterien versucht hat, eine Nachrichtenart zu finden, nämlich mit der Verkaufsorganisation »OGGE« und dem Warenempfänger »OG2001«. Hier fehlen lediglich die Findungskriterien bei der Nachrichtenart (Transaktion VV21). Der Fehlertext »Nachricht wurde nicht gefunden« weist auf diesen fehlenden Eintrag hin.

13.3.4 Wiederholungsdruck von Nachrichten

Möchten Sie eine Nachricht wiederholen (beim Ausdruck: noch einmal drucken, bei EDI: noch einmal senden), markieren Sie im Übersichtsbild die Nachrichtenart, die Sie wiederholen möchten (siehe Abbildung 13.12). Klicken Sie auf den Button | Nachricht wiederholen |. Sie erhalten daraufhin das in Abbildung 13.18 dargestellte Bild.

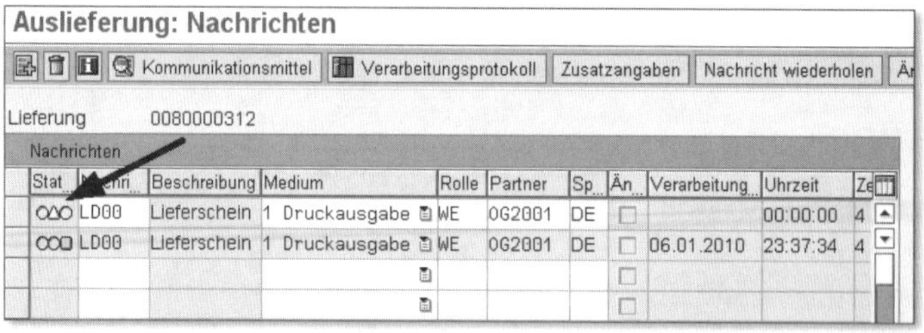

Abbildung 13.18 Übersicht über die Nachrichtenarten nach dem Wiederholen einer Nachrichtenart

Das SAP-System erstellt mit der gleichen Nachrichtenart einen erneuten Eintrag in der Nachrichtentabelle des Lieferbelegs. Markieren Sie die neue Nachricht, und handhaben Sie diese in der gleichen Weise, wie ich es Ihnen bereits vorgestellt habe.

13.4 Nachrichten je Handling Unit

Für den Lieferbeleg kennen Sie nun den Weg, wie Sie zur Nachrichtensteuerung gelangen. Für die Handling Units gehen Sie folgendermaßen vor:

Bei Handling Units kommen Sie an die Nachrichten, indem Sie die Handling-Unit-Nummer über die Transaktion HUMO aufrufen oder in die Verpackungsfunktion des Lieferbelegs verzweigen (siehe Kapitel 8, »Verpacken«). Doppelklicken Sie dort auf die entsprechende Handling Unit. Anschließend springen Sie über die Menüleiste auf ZUSÄTZE · NACHRICHTEN (siehe Abbildung 13.19).

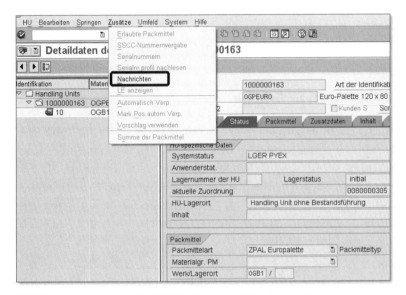

Abbildung 13.19 Weg zur Nachrichtenfindung bei Handling Units

Sie gelangen nun in die gleiche Übersicht, die ich Ihnen bereits bei den Lieferbelegen gezeigt habe (siehe Abbildung 13.12).

Technische Informationen für die Zuordnung des Nachrichtenschemas

▸ zur Packmittelart

▸ Menüpfad im Customizing für Auslieferungen: LOGISTICS EXECUTION · VERSAND · GRUNDLAGEN · NACHRICHTENSTEUERUNG · NACHRICHTENFINDUNG · NACHRICHTENFINDUNG FÜR HANDLING UNITS PFLEGEN · NACHRICHTENSCHEMA ZUORDNEN

▸ Eigene Transaktion: V/22

▸ Tabelle: TVTY (abgespeichert im Feld KALSM)

Das Nachrichtenschema, das Sie zur Findung Ihrer Nachrichten benötigen, pflegen Sie in Ihrer Packmittelart ein (siehe Abbildung 13.20).

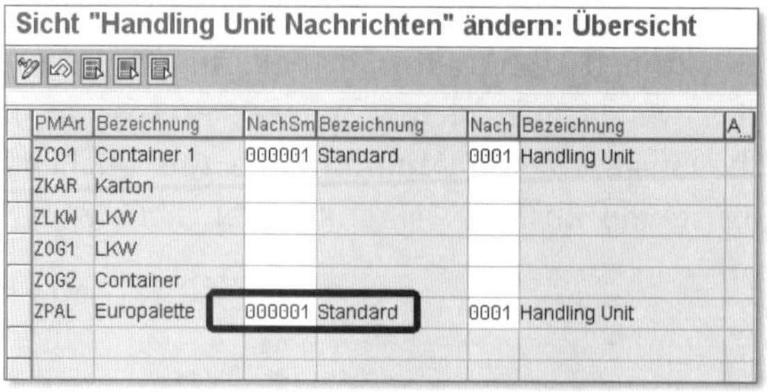

Sicht "Handling Unit Nachrichten" ändern: Übersicht
PMArt | Bezeichnung | NachSm | Bezeichnung | Nach | Bezeichnung | A...
ZC01 | Container 1 | 000001 | Standard | 0001 | Handling Unit
ZKAR | Karton
ZLKW | LKW
ZOG1 | LKW
ZOG2 | Container
ZPAL | Europalette | 000001 | Standard | 0001 | Handling Unit

Abbildung 13.20 Zuordnung des Nachrichtenschemas zu Ihrer Packmittelart

13.5 Nachrichten je Gruppe

Um eine Nachricht innerhalb einer Gruppe (dies kann auch eine Kommissionierwelle sein) zu erstellen und zu drucken, wählen Sie zum Ändern der Gruppe die Transaktion VG02. Geben Sie Ihre Gruppennummer ein. Hier ist die Suche nach den Nachrichten einfacher (siehe Abbildung 13.21), denn es gibt dafür einen eigenen Button: [Nachrichten]. Wenn Sie auf diesen Button klicken, erhalten Sie wiederum das Übersichtsbild über die verarbeiteten Nachrichten (siehe Abbildung 13.12).

Gruppe anzeigen: Belege zur Gruppe
Nachrichten
Gruppe
Gruppenart | W | Kommissionierwellen
Gruppe | 2000000002 | PW 02.12.2009
Lagernummer | 901 | Zentrallager München
Vertriebsbelege
Vertriebsbel... | Sort...
80000258 | 0001
80000267 | 0002
80000266 | 0003

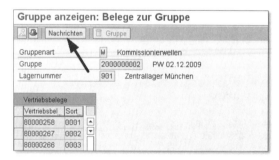

Abbildung 13.21 Weg zur Nachrichtenfindung bei Liefergruppen

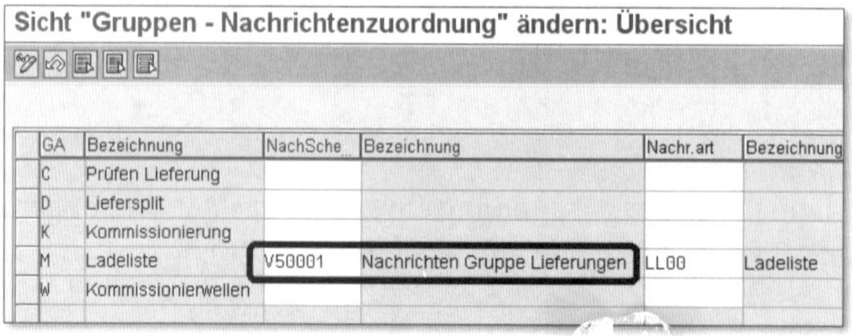

Sicht "Gruppen - Nachrichtenzuordnung" ändern: Übersicht
GA | Bezeichnung | NachSche... | Bezeichnung | Nachr.art | Bezeichnung
C | Prüfen Lieferung
D | Liefersplit
K | Kommissionierung
M | Ladeliste | V50001 | Nachrichten Gruppe Lieferungen | LL00 | Ladeliste
W | Kommissionierwellen

Abbildung 13.22 Zuordnung des Nachrichtenschemas zur Gruppenart

Das Nachrichtenschema ist bei Liefergruppen natürlich der Gruppenart zugeordnet (siehe Abbildung 13.22).

> **Technische Informationen für die Zuordnung des Nachrichtenschemas**
>
> ▸ zur Gruppenart
> ▸ Menüpfad im Customizing für Auslieferungen: LOGISTICS EXECUTION • VERSAND • GRUNDLAGEN • NACHRICHTENSTEUERUNG • NACHRICHTENFINDUNG • NACHRICHTENFINDUNG FÜR GRUPPEN PFLEGEN • NACHRICHTENSCHEMA ZUORDNEN
> ▸ Eigene Transaktion: V/21
> ▸ Tabelle: TVTY (abgespeichert im Feld KALSM)

Ich habe Ihnen in den letzten drei Abschnitten dargestellt, wie Sie Ihre Nachrichten verfolgen, ausdrucken und wiederholen können. Jetzt müssen Sie nur noch den richtigen Drucker ansteuern.

13.6 Druckerfindung

Der Druck von Versanddokumenten und -etiketten erfolgt nicht immer zentral an einer Stelle, sondern sehr oft z. B. direkt am Platz des Sachbearbeiters oder an einem gemeinsamen Drucker je Versandstelle oder Transportdispostelle. Im SAP-System lassen sich zahlreiche Optionen einstellen. Sollte hier der SAP-Standard nicht ausreichen, nutzen Sie die User Exits von SAP.

13.6.1 Druckerfindung für Nachrichten aus dem Lieferbeleg

Die Grundeinstellung für die Druckerfindung führen Sie im Customizing durch. Im ersten Schritt legen Sie je Nachrichtenart fest, nach welchen Kriterien der Drucker gefunden werden soll. Starten Sie das Customizing entweder für Auslieferungen, Handling Units oder Gruppen. In meinem Beispiel habe ich wieder die Nachrichtenart »LD00« für Auslieferungen ausgewählt. Sie sehen das in Abbildung 13.5 gezeigte Bild. Wählen Sie in diesem Bild die Registerkarte DRUCK. Jetzt wird Ihnen das Feld DRUCKPARAMETER angezeigt. In meinem Beispiel ist das Feld mit »Versandstelle« voreingestellt. Lassen Sie sich die verschiedenen Eingabemöglichkeiten für dieses Feld anzeigen. Sie können dadurch erkennen, von welchen Kriterien die Druckerfindung abhängig sein kann (siehe Abbildung 13.23).

Die unterste Ebene zur Druckerfindung ist der Anwender mit seiner User-Id selbst. In meinem Beispiel habe ich mich aber für eine Druckerfindung je Versandstelle entschieden.

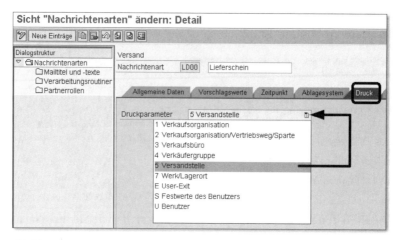

Abbildung 13.23 Kriterien für die Druckerfindung für Auslieferungen

---

Technische Informationen zur Druckerzuordnung

▸ Menüpfad im Customizing: Logistics Execution • Versand • Grundlagen • Nachrichtensteuerung • Druckparameter Versand definieren

▸ Eigene Transaktion: VP01SHP

▸ Tabelle: TNADx (»x« repräsentiert eine fortlaufende Nummer, z. B. »5« für die Druckerfindung je Versandstelle); Applikation: »V2« (Lieferbelege), »V6« (Handling Units) oder »V5« (Gruppen)

In einem zweiten Schritt müssen Sie den Namen des Druckers Ihren hier ausgewählten Kriterien zuordnen. Wählen Sie die Funktion im Customizing aus. Sie erhalten zunächst drei Ordner, in denen Sie Ihre Druckparameter für den Versand, für Sonderfunktionen im Versand (hierzu zählen die Kommissionierlisten) oder für Gruppen einstellen können. Wählen Sie für das Beispiel den Ordner Versand (V2). Sie sehen daraufhin alle definierten Nachrichtenarten (siehe Abbildung 13.24).

Doppelklicken Sie auf Lieferschein (LD00). Sie erhalten daraufhin eine neue Übersicht über alle Versandstellen und ihre Druckerzuordnung (siehe Abbildung 13.25).

Scrollen Sie bis zu Ihrer gewünschten Versandstelle vor, falls Sie die Druckerzuordnung ändern oder ansehen möchten, oder klicken Sie auf den Button Neue Einträge , wenn Sie die Druckerzuordnung für eine neue Versandstelle einrichten möchten. In meinem Beispiel stelle ich die Druckerzuordnung für die neue Versandstelle »OGWB« ein. Sie erhalten nun das in Abbildung 13.26 dargestellte Bild.

Abbildung 13.24 Übersicht über alle Nachrichtenarten im Ordner »Versand (V2)«

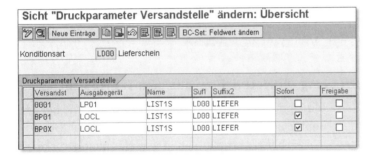

Abbildung 13.25 Bereits existierende Druckerzuordnungen

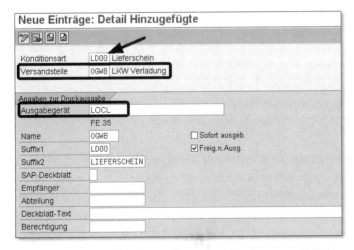

Abbildung 13.26 Eingabe der Druckparameter für eine ausgewählte Versandstelle

Geben Sie im Feld AUSGABEGERÄT den Namen des Druckers an. Außerdem können Sie einen dreiteiligen Namen vorgeben, unter dem Sie den Ausdruck in der SAP-Spool-Datei wiederfinden können. Ich habe hier den Namen »OGWB LD00 Lieferschein« ausgewählt. Setzen Sie ein Häkchen in die Checkbox SOFORT AUSGEBEN, wenn Sie den Druck direkt auf Ihren Drucker legen möchten. Soll die Nachricht nach dem Druck in der SAP-Spool-Datei gelöscht werden, setzen Sie ein Häkchen in die Checkbox FREIG. N. AUSGABE. Soll vor dem eigentlichen Ausdruck ein Deckblatt gedruckt werden, können Sie die Felder SAP-DECKBLATT, EMPFÄNGER, ABTEILUNG und DECKBLATT-TEXT füllen. Sichern Sie anschließend Ihre Eingaben.

[!] Wenn Sie die Druckerfindung über den gerade beschriebenen Weg aktivieren, dürfen Sie in Ihrer Kondition (siehe Abbildung 13.7 und Abbildung 13.8) keine Druckparameter vorgeben. Diese übersteuern Ihre Einstellungen im Customizing.

Die Nachrichtenfindung wird also unabhängig von der Druckerfindung eingestellt. Mit der gleichen Technik erfolgt die Nachrichten- und Druckerfindung für die Handling Units und die Gruppen.

13.6.2 Druckerfindung für Nachrichten aus dem Transportbeleg

Der Druck von Versanddokumenten für Ihren Transport erfolgt, wie bei den Lieferbelegen, nicht immer zentral an einer Stelle, sondern sehr oft z. B. direkt am Platz des Sachbearbeiters oder an einen gemeinsamen Drucker je Transportdispostelle. Wenn der SAP-Standard nicht ausreicht, nutzen Sie als letzte Möglichkeit die User Exits von SAP.

Technische Informationen zur Druckerzuordnung

▸ Menüpfad im Customizing: LOGISTICS EXECUTION • TRANSPORT • GRUNDLAGEN • NACHRICHTENSTEUERUNG • DRUCKPARAMETER TRANSPORT DEFINIEREN

▸ Eigene Transaktion: VP01TRA

▸ Tabelle: TNADx (»x« repräsentiert eine fortlaufende Nummer, z. B. »8« für die Druckerfindung je Transportdispostelle); Applikation: »V7« (Transportbelege)

Ordnen Sie den Namen des Druckers Ihrer Transportdispostelle zu. Wählen Sie die Funktion im Customizing aus. Sie erhalten zunächst einen Ordner, in dem Sie Ihre Druckparameter für den Transport einstellen können. Wählen Sie den Ordner TRANSPORT (V7). Sie sehen nun alle definierten Nachrichtenarten. Doppelklicken Sie z. B. auf den CMR-FRACHTBRIEF (CMR1) (siehe Abbildung 13.27).

Abbildung 13.27 Übersicht über alle Nachrichtenarten im Ordner »Transport (V7)«

Sie erhalten nun eine neue Übersicht über alle Transportdispostellen und ihre Druckerzuordnung. Scrollen Sie bis zu Ihrer gewünschten Transportdispostelle vor, falls Sie die Druckerzuordnung ändern oder ansehen möchten, oder klicken Sie auf den Button Neue Einträge , wenn Sie die Druckerzuordnung für eine neue Transportdispostelle einstellen möchten. Sie erhalten daraufhin zur Pflege einer neuen Druckerzuordnung ein neues Bild. Dieses Bild kennen Sie bereits aus der Druckerzuordnung im Lieferbeleg. Ich verweise hier daher auf den Abschnitt 13.6.2, »Druckerfindung für Nachrichten aus dem Transportbeleg«.

13.7 Zusammenfassung

Ich habe Ihnen in diesem Kapitel die Druckersteuerung für Lieferbelege, Handling Units, Gruppen und Transportbelege vorgestellt. Die einzelnen Schritte, die Sie dafür im SAP-System durchführen müssen, lassen sich wie folgt zusammenfassen:

- im Customizing festlegen, welche Ausdrucke und Dokumente Sie für die Lieferbelege, Handling Units, Gruppen und Transportbelege benötigen

- im Customizing die Kriterien für die Druckerfindung festlegen

- im Customizing die Kriterien für den Druckanstoß festlegen

- mithilfe der Konditionstechnik die Kriterien für den Druckanstoß mit Informationen füllen

Wurden die Nachricht und der Drucker ermittelt, lässt sich die komplette Nachrichtensteuerung noch manuell manipulieren. Sie können dazu eine

Findungsanalyse nutzen, falls sich das gewünschte Ergebnis nicht einstellen sollte.

EDI-Nachrichten werden nicht gedruckt, sondern als IDocs aufbereitet und an den Rechner eines Ihrer Geschäftspartner übertragen. Wie diese IDocs aufgebaut sind und wie Sie Ihre IDoc-Schnittstelle überwachen können, erfahren Sie im folgenden Kapitel.

EDI-Prozesse beschreiben den Austausch von betriebswirtschaftlichen Daten zwischen zwei Partnern. In diesem Kapitel erfahren Sie, wie Sie EDI-Prozesse aus Ihren Liefer- und Transportbelegen anstoßen, wie EDI-Nachrichten aufgebaut sind und wie Sie die Verarbeitung Ihrer EDI-Daten überwachen.

14   EDI und IDocs

Der Austausch von betriebswirtschaftlichen Daten zwischen zwei Partnern auf elektronischem Weg wird bereits seit Jahrzehnten praktiziert. Allgemein wird dieser Austausch *EDI* genannt (eine Abkürzung für *Electronic Data Interchange*). SAP hat hierfür bereits im R/2-System Lösungen angeboten und diese im R/3-System weiterentwickelt. Damit die Inhalte und Geschäftsszenarien zum Datenaustausch zwischen den Geschäftspartnern nicht immer wieder neu abgestimmt werden müssen, wurden weltweit einheitliche Standards vereinbart.

Je nach Geschäftsszenario gibt es fest vorgegebene Standardvereinbarungen. Eine dieser Standardvereinbarungen ist *UN/EDIFACT* (= United Nations Electronic Data Interchange for Administration, Commerce and Transport) oder auch das ältere, ursprünglich von der Automobilbranche ins Leben gerufene *ODETTE* (= Organisation for Data Exchange by Tele Transmission in Europe). In diesen Standardvereinbarungen wurden die unterschiedlichsten Typen vereinbart, die immer einem bestimmten Zweck dienen. Wenn Sie heute Ihrem Partner z. B. Preislisten Ihrer angebotenen Materialien mitteilen wollen, nutzen Sie PRICAT, möchten Sie Ihren Spediteur oder externen Lagerhalter über eine anstehende Lieferung informieren, nutzen Sie IFTMIN oder SHPORD. Jedes Szenario hat eine Bezeichnung, den sogenannten *EDI-Nachrichtentyp.* Ich stelle Ihnen für die Lieferbelege und Transportbelege vor, welche EDI-Nachrichtentypen seitens SAP angeboten werden.

Sehr oft werden Subsysteme oder Converter eingesetzt, die die EDI-Nachrichten standardgemäß generieren. Bei ausgehenden Nachrichten müssen jedoch die Daten aus dem SAP-System kommen und bei eingehenden Nachrichten in das SAP-System gehen und dort verarbeitet werden.

Um diese Kommunikation mit den Subsystemen ebenfalls zu standardisieren, nutzt SAP einen eigenen Standard: die *IDoc-Schnittstelle*. Wie diese IDocs strukturiert sind und wie der Datentransfer zwischen SAP, IDoc, EDI-Converter und Partner zu organisieren ist, stelle ich Ihnen kurz in einem separaten Abschnitt vor.

Im letzten Abschnitt zeige ich Ihnen, wie Sie Ihre Schnittstelle kontrollieren und fehlerhafte Übertragungen ermitteln können.

14.1 EDI zum Lieferbeleg

Im Rahmen der in diesem Buch beschriebenen Versand- und Transportszenarien ist die Basis für ausgehende EDI-Nachrichten der Liefer- oder Transportbeleg. Eingehende EDI-Nachrichten erstellen oder schreiben Informationen in den Liefer- oder Transportbelegen fort. Ich beginne meine Beschreibung mit den EDI-Nachrichten von und zu Lieferbelegen.

Wenn Sie einmal überlegen, mit welchen Partnern Sie auf elektronischem Weg Daten aus Lieferbelegen austauschen können, kommen Sie auf Ihren Warenempfänger, Ihren Spediteur und eventuell Ihren externen Lagerhalter. Ihrem Warenempfänger würden Sie mitteilen, welche Lieferung er zu erwarten hat, Ihrem Spediteur, welche Mengen er für den Transport disponieren muss, und Ihrem Lagerhalter, welche Materialien er kommissionieren und zum Versand bereitstellen soll.

Betrachten Sie nun eingehende EDI-Nachrichten, gibt es nur zwei klassische Anwendungen: Ihr Spediteur meldet die Bestätigung, dass er den Versand übernimmt, und Ihr Lagerhalter meldet die kommissionierten Mengen.

Folgende EDI-Nachrichtentypen werden z.B. von SAP im Standard unterstützt:

- Versenden eines Lieferavis: Ausgang, Nachrichtentyp DESADV
- Bestätigung der empfangenen Lieferung: Eingang, Nachrichtentyp RECADV
- Lieferabrufe senden und tätigen: Eingang, Nachrichtentyp DELFOR

Ausgehende EDI-Nachrichten werden im Lieferbeleg über die Nachrichtenfindung gesteuert. Sie definieren in Ihrem Nachrichtenschema eine Nachrichtenart, die als EDI-Nachricht gekennzeichnet ist. Die Kennzeichnung erfolgt auf der Registerkarte VORSCHLAGSWERTE im Feld SENDEMEDIUM. Setzen Sie dort eine »6« für »EDI« ein (siehe Abbildung 14.1). Wenn es sich um eine reine IDoc-Abwicklung handelt, tragen Sie an dieser Stelle eine »8« (für »Sonderfunktion«) ein.

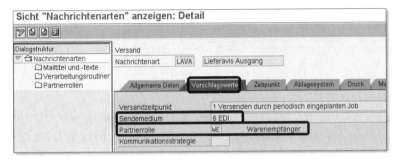

Abbildung 14.1 Einstellungen zu einer EDI-Nachrichtenart

Zudem tragen Sie die PARTNERROLLE ein, zu der eine Partnervereinbarung gesucht werden soll. In der Nachrichtenart ist lediglich vermerkt, dass es sich um eine EDI-Nachricht handelt. Aber zu welchem Partner sie geschickt werden soll, steht im Lieferbeleg unter der hier angegebenen Partnerrolle. Somit wird eine Verbindung zwischen der Nachrichtenart und dem Partner aus dem Lieferbeleg aufgebaut.

Öffnen Sie nun zu dieser Nachrichtenart den Ordner VERARBEITUNGSROUTINEN. Hier pflegen Sie bitte Folgendes ein: in das Feld PROGRAMM »RSNASTED« und in das Feld FORM-ROUTINE »EDI_PROCESSING« (siehe Abbildung 14.2).

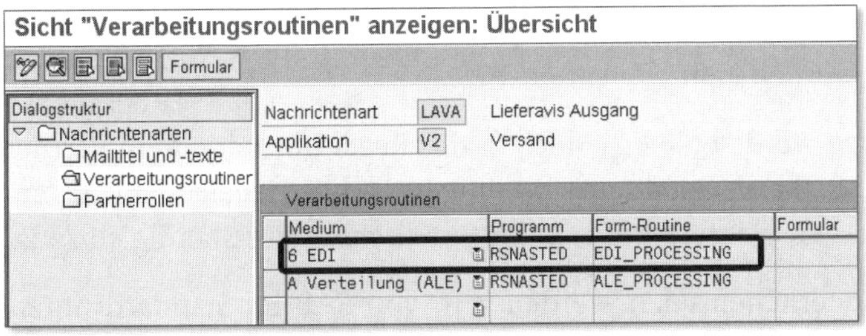

Abbildung 14.2 Definition der EDI-Verarbeitungsroutinen

Vergessen Sie nicht, für diese Nachrichtenart eine Zugriffsfolge und entsprechende Konditionen einzupflegen. In Kapitel 13, »Versandpapiere und -dokumente«, wird das weitere Customizing und das Anlegen und Pflegen von Konditionssätzen näher erklärt. Wurde die EDI-Nachricht nach dem Sichern Ihres Lieferbelegs verschickt, steht der Status dieser Nachrichtenart auf Grün (siehe Abbildung 14.3).

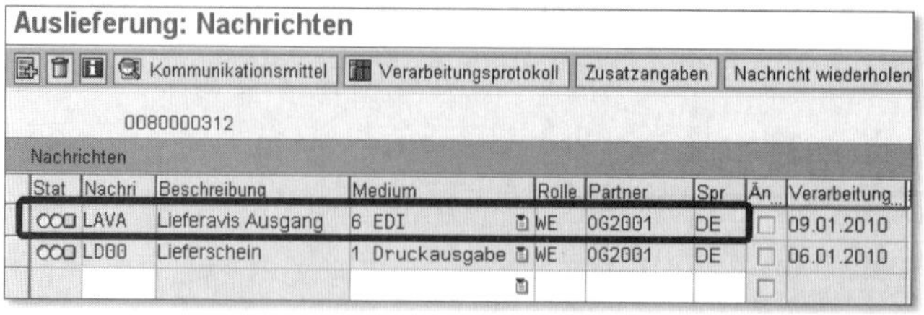

Abbildung 14.3 Status der EDI-Nachricht im Lieferbeleg

Sie kommen zu den Nachrichten, indem Sie die Transaktionen VL02N (Ändern Lieferbeleg) oder VL03N (Anzeigen Lieferbeleg) starten. Wählen Sie nun aus der Menüleiste den Menüpfad ZUSÄTZE • LIEFERNACHRICHTEN • KOPF. Wie Sie mit den einzelnen Nachrichtenarten umgehen, habe ich bereits in Kapitel 13, »Versandpapiere und -dokumente«, vorgestellt.

Sie können nun EDI-Nachrichten zu Ihrem Lieferbeleg kontrollieren und wissen, auf welche speziellen Einstellungen Sie achten müssen. Prinzipiell läuft die gleiche Nachrichtenverarbeitung auch auf dem Transportbeleg ab.

14.2 EDI zum Transportbeleg

Da Ihnen die Nachrichtensteuerung auch auf Transportebene zur Verfügung steht, haben Sie hier die gleiche Möglichkeit, über die Nachrichtensteuerung EDI-Nachrichten zu verschicken oder IDoc-Datensätze zu generieren. Eingehende EDI-Nachrichten werden ebenfalls von SAP unterstützt, sodass mit dem entsprechenden EDI-Nachrichtentyp der Transportbeleg erstellt oder fortgeschrieben werden kann.

Im Transportbeleg werden Sie es jedoch in der Regel nur mit einem Partner zu tun haben: mit Ihrem Spediteur, in einigen Fällen vielleicht mit Ihrem externen Lagerhalter, wenn dieser z. B. die Spediteure selbstständig einsetzt.

Folgende EDI-Nachrichtentypen werden z. B. von SAP im Standard unterstützt:

- Versandauftrag an Ihren Lagerhalter: Ausgang, Nachrichtentyp SHPORD

- Transportauftrag an Ihren Spediteur: Ausgang, Nachrichtentyp IFTMIN

- Versandbestätigung vom Spediteur: Eingang, Nachrichtentyp SHPCON

- Benachrichtigung Ihres Spediteurs: Ausgang, Nachrichtentyp CARNOT

- Erstellung von Transporten von Ihrem Partner: Eingang, Nachrichtentyp SHPADV

▶ Ändern von Transporten durch Ihren Partner: Eingang, Nachrichtentyp SHPMNT

Ausgehende EDI-Nachrichten werden im Transportbeleg ebenfalls über die Nachrichtenfindung gesteuert. Die Arbeitsschritte zur Definition einer Nachrichtenart und die Zuordnung zu einem Nachrichtenschema laufen analog zu denen der Nachrichtenarten aus dem Lieferbeleg ab. Sie definieren in Ihrem Nachrichtenschema eine Nachrichtenart, die als EDI-Nachricht gekennzeichnet ist. Die Kennzeichnung erfolgt ebenfalls auf der Registerkarte Vorschlagswerte im Feld Sendemedium. Setzen Sie dort eine »6« für »EDI« ein (siehe Abbildung 14.4).

Zudem tragen Sie die Partnerrolle ein, zu der eine Partnervereinbarung gesucht werden soll. Das ist im Falle eines Transportbelegs in der Regel Ihr Spediteur. In der Nachrichtenart ist lediglich vermerkt, dass es sich um eine EDI-Nachricht handelt. Aber zu welchem Partner sie geschickt werden soll, steht im Transportbeleg unter der hier angegebenen Partnerrolle. Somit wird eine Verbindung zwischen der Nachrichtenart und dem Partner aus dem Transportbeleg aufgebaut.

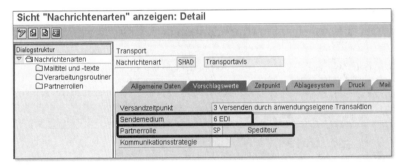

Abbildung 14.4 EDI-Einstellungen zum Transportbeleg

Öffnen Sie nun zu dieser Nachrichtenart den Ordner Verarbeitungsroutinen. Hier pflegen Sie die gleichen Werte ein, die Sie in einen Lieferbeleg eintragen würden. Und auch hier gilt: Denken Sie an die Zugriffsfolge und die Eingabe von entsprechenden Konditionen.

Sie kommen zu den Nachrichten, indem Sie die Transaktionen VT02N (Ändern Transportbeleg) oder VT03N (Anzeigen Transportbeleg) starten. Selektieren Sie nun aus der Menüleiste Springen • Nachrichten.

Sie wissen nun, wie Sie in Ihrem Transportbeleg EDI-Nachrichten kontrollieren können und auf welche speziellen Einstellungen Sie achten müssen. Um aber EDI-Nachrichten verstehen und verfolgen zu können, sollten Sie die Struktur der IDocs kennen.

14.3 IDocs

Selbst dann, wenn Sie EDI-Nachrichten versenden, benötigen Sie die *IDoc-Verarbeitung*. Unter dem Begriff *IDoc* (Abkürzung für *Intermediate Document*) wird im weiteren Sinne zunächst einmal ein Dokument verstanden, das in eine SAP-Datentabelle zur weiteren Verarbeitung abgelegt wird.

14.3.1 Ausgehende IDoc-Nachrichten

Ausgehende IDoc-Nachrichten werden von SAP in diese Datentabelle geschrieben. Sub- oder Fremdsysteme, die die Weiterverarbeitung übernehmen sollen, werden aus dem großen Topf der IDocs bedient. Hierzu wird seitens SAP oft ein *Remote-Function-Call* genutzt, der ein Subsystem direkt aufruft. Oder es werden die Daten mit der Partneradresse versehen und meist über einen Converter in das Telefonnetz gespeist, um sie an den Empfänger zu senden. In Abbildung 14.5 habe ich die einzelnen Prozessschritte in einer Übersicht über die ausgehenden IDocs dargestellt.

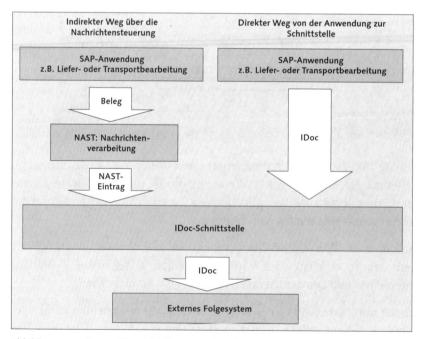

Abbildung 14.5 Prozessübersicht über ausgehende IDocs

Hier ist noch eine Unterscheidung zwischen der indirekten und direkten IDoc-Erstellung zu treffen. Bei der direkten IDoc-Erstellung wird das IDoc aus der Anwendung heraus generiert und über den Funktionsbaustein MASTER_IDOC_DISTRIBUTE an die IDoc-Schnittstelle übergeben. Die indirekte IDoc-Verarbeitung erfolgt über die Nachrichtensteuerung.

14.3.2 Eingehende IDoc-Nachrichten

Bei *eingehenden IDoc-Nachrichten* schreiben alle Sub- und Fremdsysteme IDocs in den großen Topf von SAP hinein. Über einen *Vorgangscode*, der einem IDoc-Typ und der Partnervereinbarung zugeordnet ist, wird seitens SAP ein Funktionsbaustein aufgerufen, der die weitere Verarbeitung des IDocs übernimmt und die entsprechenden Anlagen bzw. Änderungen im Vertriebsbeleg vornimmt. Abbildung 14.6 zeigt in der Übersicht die einzelnen Verarbeitungsschritte einer eingehenden IDoc-Nachricht.

Auch bei eingehenden IDoc-Nachrichten wird von indirekter und direkter Verarbeitung gesprochen. Beide Verarbeitungsarten entsprechen im Wesentlichen denen der ausgehenden Verarbeitung, mit dem einzigen Unterschied, dass hier der Prozess bei der indirekten Verarbeitung über den SAP-Workflow läuft und nicht wie bei den ausgehenden Nachrichten über die Nachrichtensteuerung.

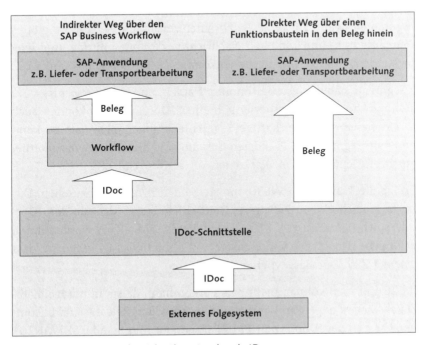

Abbildung 14.6 Prozessübersicht über eingehende IDocs

14.3.3 Aufbau eines IDocs

Wenn allgemein von einem IDoc gesprochen wird, ist damit ein (elektronisches) Dokument gemeint. Diese Dokumente sind normiert. Darüber hinaus wurde jedem Dokument eine bestimmte Aufgabe zugeteilt.

IDoc-Typ, Nachrichtentyp

Diese Aufgabe wird korrekt *IDoc-Typ* genannt. Dieser IDoc-Typ kann z. B. die Aufgabe übernehmen, beim Spediteur einen Transport anzumelden (IDoc-Typ SHPMNT). Hat der Spediteur den Transport angenommen, kann er diesen mit dem IDoc-Typ SHPCON bestätigen. Um nicht mit jedem Partner eigene IDocs vereinbaren zu müssen, sind die Inhalte der IDocs normiert. Der IDoc-Typ SHPMNT hat immer den gleichen strukturierten Aufbau, egal, mit welchem Spediteur Sie kommunizieren.

Segmente im IDoc

IDocs haben einen bestimmten Aufbau. Im IDoc selbst werden gleichartige Daten (z. B. Adressdaten, Packdaten, Gefahrgutdaten) zusammengefasst. Diese gleichartigen Daten heißen *Segmente*. Ein IDoc besteht also aus mehreren Segmenten. Es gibt Segmente, die im IDoc vorhanden sein müssen (z. B. Adressdaten), und es gibt solche, die nicht zwingend erforderlich sind (z. B. Gefahrgutdaten, wenn Sie keine Gefahrgüter versenden). Weiterhin gibt es Segmente, die nur einmal in einer Nachricht vorkommen dürfen, und wiederum Segmente, die sich wiederholen können (z. B. Materialpositionen).

Diese Segmente haben einen bestimmten Namen, und zwar *Segmenttyp*. Sie haben eine feste Reihenfolge innerhalb eines IDoc-Typs und können auch verschachtelt werden. Gleichartige Segmente können mehrmals vorkommen, z. B. ein Segmenttyp »Packdaten Gesamt« und hierarchisch darunterliegend mehrere Segmenttypen »Packdaten je Handling Unit«.

[zB] Starten Sie die Transaktion WE30, um sich einen IDoc-Typ anzusehen. Das System fragt nach einem OBJEKTTYP. Hierbei handelt es sich um den IDoc-Typ oder auch IDoc-Basistyp. Klappen Sie dieses Feld auf. Es werden Ihnen hier zahlreiche IDoc-Typen vorgeschlagen. In Abbildung 14.7 sehen Sie, dass im System 1.729 IDoc-Basistypen eingestellt sind.

Gleiche IDoc-Typen können mehrmals vorkommen, da sie in unregelmäßigen Zeitabständen angepasst werden und einen neuen Releasestand bekommen (so hat z. B. der IDoc-Typ SHPMNT insgesamt fünf Stände: SHPMNT01 bis SHPMNT05). Daher werden die unterschiedlichen IDoc-Typen auch gerne Basistypen genannt. Vereinbaren Sie also mit Ihrem EDI- oder IDoc-Partner nicht nur den IDoc-Typ oder die EDI-Nachricht, sondern auch deren jeweiligen Basistyp (Releasestand). Ich entscheide mich in meinem Beispiel für den IDoc-Typ »SHPMENT01«. Wählen Sie anschließend noch den Radiobutton BASISTYP, und starten Sie die Transaktion, indem Sie auf das Icon 🖼 klicken. Daraufhin wird Ihnen das Hauptsegment »E1EDK31« angezeigt (siehe Abbildung 14.8).

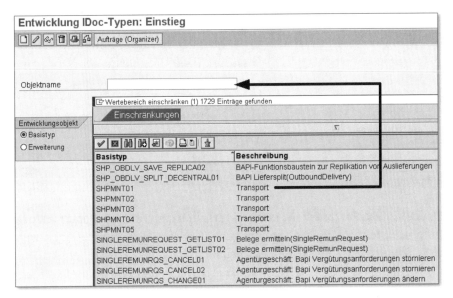

Abbildung 14.7 Übersicht über alle IDoc-Typen

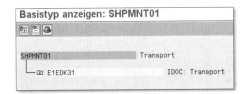

Abbildung 14.8 Basissegment zum IDoc-Typ »SHPMNT01«

Klappen Sie nun die komplette Struktur einmal auf, indem Sie auf das Icon 🖼 klicken. Sie sehen jetzt alle Segmente sowie deren Reihenfolge und Hierarchien (siehe Abbildung 14.9).

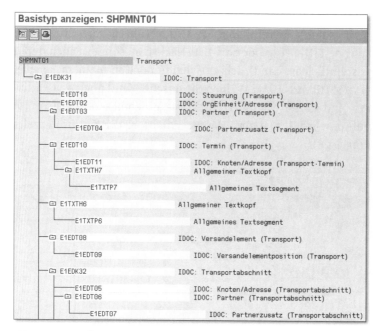

Abbildung 14.9 Übersicht über alle Segmente eines IDoc-Typs

Doppelklicken Sie auf ein Segment. Sie erhalten daraufhin ein Popup mit den Informationen, wie dieses Segment genutzt wird; diese Informationen werden auch *Attribute eines Segments* genannt. Sie geben z. B. an, ob das Segment ein »Muss-Segment« ist, wie oft es vorkommen (wiederholt werden) kann oder welches das nächsthöhere Segment (Elternsegment) ist (siehe Abbildung 14.10).

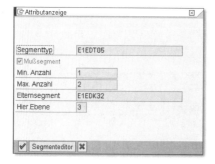

Abbildung 14.10 Attribute eines einzelnen Segments

Klicken Sie hingegen aus der Übersicht der Segmente auf das Icon ⬛, erhalten Sie generelle Informationen zu dem IDoc-Typ (wird im SAP-System auch manchmal Basistyp genannt, siehe Abbildung 14.11).

Abbildung 14.11 Kopfinformationen zum Segmentkopf

Über die Transaktion WE31 können Sie sich den Aufbau der einzelnen Segmente ansehen. Ich habe als Beispiel das Segment »E1EDT05« ausgewählt (siehe Abbildung 14.12).

Entwicklung Segmente: Segmentdefinition E2EDT05 anzeigen

Attribute des Segmenttyps				
Segmenttyp	E1EDT05			☐ Qualifiziertes Segm.
Kurzbeschreibung	IDOC: Knoten/Adresse (Transportabschnitt)			

Segmentdefinition	E2EDT05	☑ Freigegeben
Letzte Änderung	SAP	

Posi.	Feldname	Datenelement	ISO-Co.	Exp.
1	QUALF	EDI_VTDT05	☐	3
2	ID1	EDI_VTKN01	☐	10
3	ID2	EDI_VTKN02	☐	25
4	ID1_BEZ	BEZEI30	☐	30
5	ID2_BEZ	BEZEI30	☐	30
6	ANRED	ANRED_VP	☐	15
7	NAME1	NAME1_GP	☐	35
8	NAME2	NAME2_GP	☐	35
9	NAME3	NAME3_GP	☐	35
10	NAME4	NAME4_GP	☐	35
11	STRAS	STRAS_GP	☐	35
12	LAND1	LAND1_GP	☐	3
13	PSTLZ	PSTLZ	☐	10

Abbildung 14.12 Aufbau eines einzelnen Segments

Ich bin an der untersten Ebene eines IDoc-Typs auf Feldebene angelangt. SAP ist trotz der IDoc-Verarbeitung ein offenes System, und Sie haben natürlich die Möglichkeit, über Modifikationen im Customizing eigene Segmente anzulegen. Die Namen dieser eigenen Segmente müssen mit einem »Z« beginnen. Sie können in den bestehenden Prozess problemlos eingebaut werden. Um diese Daten zu verarbeiten, werden die entsprechenden User Exits in der IDoc-Verarbeitung angesprungen.

Im Normalfall werden die einzelnen Felder in den Segmenten über die SAP-Standardbausteine der IDoc-Verarbeitung aus den entsprechenden Vertriebsbelegen gefüllt. Sie haben jedoch über User Exits die Chance, diese Daten zu überschreiben, wenn sie nicht aus den Standardquellen übernommen werden sollen bzw. wenn Sie generell noch Manipulationen an den Daten vornehmen müssen.

Es gibt auch eigene Übersetzungstabellen, die Sie in SAP einstellen können, wenn bestimmte Inhalte umgeschlüsselt werden müssen. Um Ihnen dies jedoch näher veranschaulichen zu können, müsste ich detaillierter auf die EDI-Entwicklung eingehen, was den Rahmen und auch den Zweck dieses Buches überspannen würde.

14.3.4 Partnervereinbarung

Wie wird nun dieser IDoc-Typ verarbeitet? Sie müssen für Ihren EDI- oder IDoc-Partner eine *Partnervereinbarung* anlegen. Neben einigen technischen Informationen müssen Sie hier einen *Vorgangscode* hinterlegen. Dieser Vorgangscode sagt aus, was Sie mit Ihrem Partner »vorhaben«. Die Partnervereinbarung starten Sie mit der Transaktion WE20. Auf der Registerkarte NACHRICHTENSTEUERUNG verbinden Sie die Nachrichtenart mit dem Vorgangscode für jeden einzelnen IDoc-Typ, den Sie mit diesem Partner vereinbart haben (siehe Abbildung 14.13).

Um nun real mit Ihrem Partner auf elektronischem Weg Daten auszutauschen, sind viele weitere technische Informationen erforderlich, die ebenfalls im System eingepflegt werden müssen (IP-Adressen, die Übertragungsart, bei einem Remote-Function-Call einen User-Namen mit Passwort etc.). Weitere Informationen zum Thema EDI finden Sie z. B. im Buch *Architecting EDI with SAP IDocs* (Hadzipetros, Galileo Press: 2009).

Der Vorgangscode ist fest mit einem Programm »verdrahtet« (einem Funktionsbaustein), das aufgerufen wird, wenn ein IDoc hereinkommt oder ein IDoc über die Nachrichtenart erstellt wird.

Vereinfacht dargestellt wird ein ausgehendes IDoc wie folgt verarbeitet:

Im Vertriebsbeleg wird eine Nachricht erzeugt. Diese Nachrichtenart ist als EDI-Nachricht eingestellt. Das System sucht nun für die einzelnen Partnerrollen im Beleg nach einer Partnervereinbarung. Hier wird zu dieser Nachrichtenart ein Vorgangscode gesucht. Wird dieser gefunden, wird das Verarbeitungsprogramm zu diesem Vorgangscode aufgerufen, das das IDoc erstellt. Nach Erstellung des IDocs wird der Status der Nachricht im Vertriebsbeleg auf Grün gesetzt.

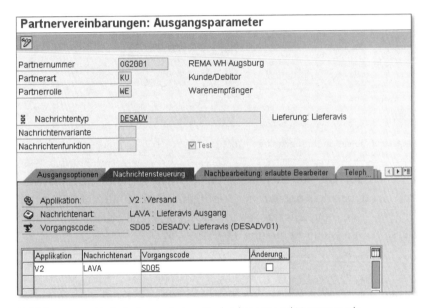

Abbildung 14.13 Verknüpfung zwischen Nachrichtenart und Vorgangscode

14.4   Fehler in den EDI-Nachrichten

Über die Transaktion WE05 können Sie Ihre IDocs verfolgen und ermitteln, ob es dabei zu Fehlern gekommen ist, welche IDocs erstellt und welche bereits verarbeitet wurden. Jedes IDoc bekommt also einen Status. Darüber hinaus erhält jedes IDoc zur Identifikation eine Nummer, die *IDoc-Nummer*.

14.4.1   IDoc-Monitoring

Starten Sie die Transaktion WE05, und Sie erhalten ein Selektionsbild gemäß Abbildung 14.14.

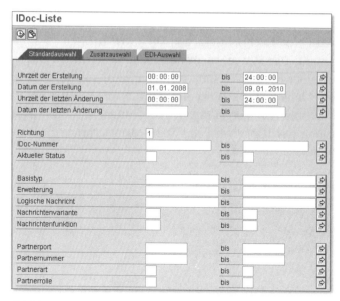

Abbildung 14.14 Selektion Ihrer erstellten IDocs

Ihnen stehen auf den Registerkarten Zusatzauswahl und EDI-Auswahl weitere Selektionsmöglichkeiten zur Verfügung. Starten Sie Ihre Selektion mit der [F8]-Taste, oder klicken Sie auf das Icon ⊕. Sie erhalten daraufhin ein Übersichtsbild (siehe Abbildung 14.15).

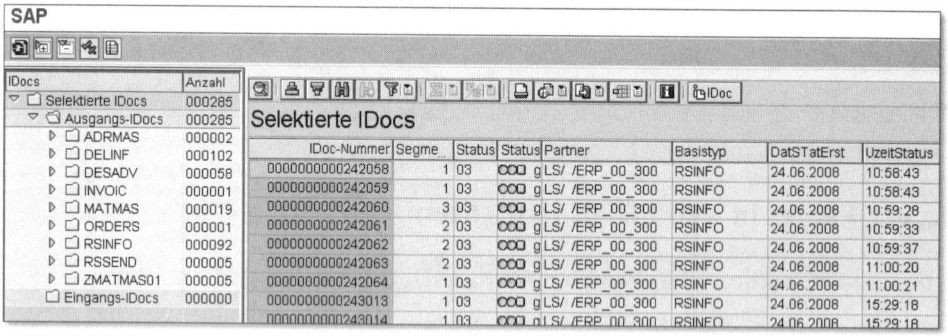

Abbildung 14.15 Übersicht über alle selektierten IDocs

In der linken Bildschirmhälfte stehen alle Ausgangs- und Eingangs-IDocs. Diese werden entsprechend ihrer Nachrichtenart weiter aufgeteilt. In der rechten Bildschirmhälfte steht zu jedem IDoc eine Information. Über die Spalte IDoc-Status können Sie sehr schnell erkennen, ob etwas falsch gelaufen ist. Da es allerdings insgesamt etwa 75 Status gibt, ist es mir an dieser Stelle nicht möglich, Ihnen alle einzeln vorzustellen.

Doppelklicken Sie einfach auf eine IDoc-Nummer, und Sie erhalten das gleiche Bild erneut, nun allerdings mit der von Ihnen selektierten IDoc-Nummer. Klappen Sie in der linken Bildschirmhälfte den Ordner DATENSÄTZE auf. Hier können Sie immer weiter aufklappen, bis Sie alle Segmente sehen. Doppelklicken Sie auf ein Segment. In der rechten Bildschirmhälfte werden nun die Felder und ihre Inhalte zum selektierten Segment angezeigt (siehe Abbildung 14.16).

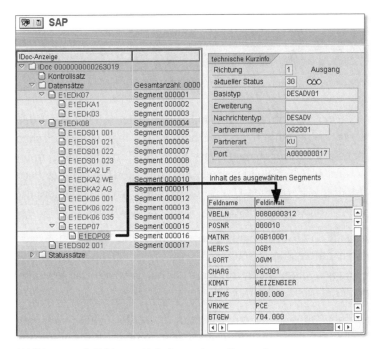

Abbildung 14.16 Felder und Inhalte zu einem Segment

Wenn Sie nach Inhalten von Feldern suchen, ohne dass Ihnen die IDoc-Nummer bekannt ist, können Sie die Transaktion WE09 nutzen. Sie müssen dazu aber schon vorher wissen, wie die Segmente und ihre Felder heißen.

Eine leicht abgewandelte Form der Transaktion WE05 ist der *IDoc-Monitor*, den Sie mit der Transaktion BD87 aufrufen. Das Selektionsbild ist ähnlich, jedoch haben Sie hier nicht so viele Möglichkeiten wie mit der Transaktion WE05. Starten Sie die Transaktion BD87. Sie erhalten daraufhin eine andere Übersichtsform (siehe Abbildung 14.17).

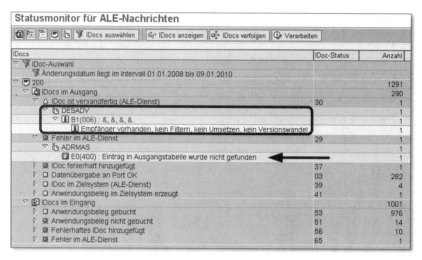

Abbildung 14.17 IDoc-Monitoring mit der Transaktion BD87

Hier werden die IDocs nach ihrem Status aufgelistet. Hier sehen Sie auf den ersten Blick, ob eine fehlerhafte IDoc-Verarbeitung vorliegt. Die klassischen Nachfragen seitens des Partners haben meist das Nichteintreffen bestimmter Vertriebsbelege zum Inhalt. Selektieren Sie also nur die IDocs dieses Partners, und Sie erhalten sofort einen Überblick darüber, wie viele fehlerhafte und wie viele problemlose IDocs erstellt und versendet wurden.

Klappen Sie nun die Statuszeilen auf, werden Ihnen die Nachrichtenarten angezeigt, die sich hinter dieser Statuszeile verbergen. Klappen Sie weiter auf, erhalten Sie sogar einen Fehlerhinweis darauf, weshalb das jeweilige IDoc nicht verarbeitet werden konnte.

Führen Sie nun einen Doppelklick entweder auf die Fehlermeldung oder auf die Nachrichtenart aus, werden Ihnen alle IDocs gezeigt, die sich auf die angeklickte Zeile beziehen (siehe Abbildung 14.18).

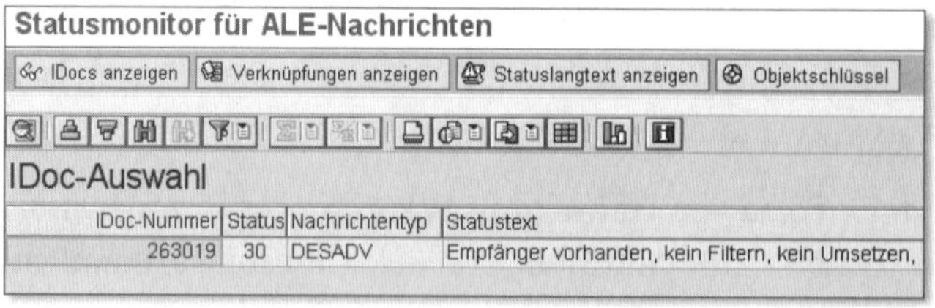

Abbildung 14.18 IDoc-Übersicht

Führen Sie nun einen erneuten Doppelklick z. B. auf die IDoc-Zeile aus, wird das IDoc selbst angezeigt (siehe Abbildung 14.16). Diese Transaktion hat einen höheren Komfort als die Transaktion WE05, die ich Ihnen bereits vorgestellt habe, sie ist allerdings auch technisch orientiert.

14.4.2 Bearbeiten von Fehlern

Sind fehlerhafte IDocs vorhanden, müssen Sie prüfen, ob der Fehler im jeweiligen IDoc direkt liegt oder ob Probleme bestehen, die mit dem IDoc selbst nichts zu tun haben.

Werden Ihnen z. B. Änderungen von Ihrem Lagerhalter für Lieferbelege geschickt und das Material ist durch einen anderen Anwender zurzeit gesperrt, kann der Lieferbeleg nicht geändert werden. Das IDoc kann nicht verarbeitet werden und bleibt mit dem Fehler »Material ist von Anwender x gesperrt« hängen. Ist das Material wieder frei, muss das IDoc erneut zur Verarbeitung gestartet werden. Setzen Sie hierzu den Cursor auf den Fehlercode (siehe Abbildung 14.17), und klicken Sie auf den Button `Verarbeiten`. Das IDoc wird nun erneut prozessiert. Sie erhalten, wenn die Verarbeitung fehlerfrei gelaufen ist, einen entsprechenden Hinweis.

Buchen Sie z. B. die Warenausgänge, die Ihnen der Lagerhalter per EDI schickt, über die IDoc-Schnittstelle und das IDoc ist wegen dieser Materialsperre spätabends am 31. des Monats hängen geblieben, kommen Sie wahrscheinlich an einer Änderung des IDoc-Inhalts nicht vorbei. Wenn Sie nämlich versuchen, am Folgetag des neuen Monats diesen Warenausgang nachzubuchen, wird das System unter Umständen einen neuen Fehler anzeigen: Der Warenausgang in der alten Buchungsperiode ist nicht mehr möglich. Sie müssen nun also das IDoc editieren und das Ist-Warenausgangsdatum verändern.

Zu diesem Zweck gibt es vor jedem Segment das Icon 📄 (siehe Abbildung 14.16). Führen Sie einen Doppelklick auf dieses Icon aus. Es wird daraufhin das komplette Segment dargestellt (siehe Abbildung 14.19).

In der Menüleiste wählen Sie nun DATENSATZ • ANZEIGEN -> ÄNDERN. Die Spalte FELDINHALT ist daraufhin eingabebereit. Ändern Sie Ihre Daten, und sichern Sie die Änderung. Sie erhalten anschließend einen kurzen Hinweis, ob die Änderung erfolgreich war oder nicht.

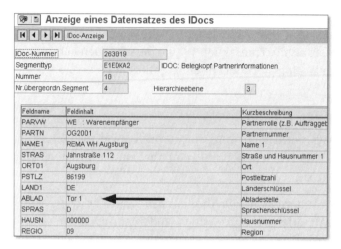

Abbildung 14.19 Einsicht in ein einzelnes Segment mit seinen Feldern

Wenn Sie den IDoc-Monitor erneut aufrufen bzw. Ihre Anzeige auffrischen, erhalten Sie zwei IDoc-Einträge: den Originaleintrag mit dem Hinweis, dass dies der Originaleintrag war, und einen neuen Eintrag mit dem Hinweis, dass dieser kopiert und anschließend geändert wurde (siehe Abbildung 14.20).

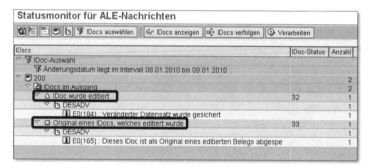

Abbildung 14.20 Blick in den IDoc-Monitor nach dem Ändern eines IDocs

14.4.3 Suchen in IDocs

Eine weitere Funktion, die ich Ihnen zum Schluss noch kurz vorstellen möchte, ist, wie Sie spezielle IDocs finden können, wenn Sie nach bestimmten Feldinhalten suchen. Als Beispiel suche ich nach dem IDoc, in dem ich gerade als Abladestation »Tor 2« eingetragen habe. Starten Sie hierzu die Transaktion WE09. Hier sehen Sie im oberen Teil die Standardselektion, die ich Ihnen bereits in Abschnitt 14.4.1, »IDoc-Monitoring«, vorgestellt habe.

Im unteren Selektionsteil müssen Sie jedoch ein paar technische Details eintragen (siehe Abbildung 14.21).

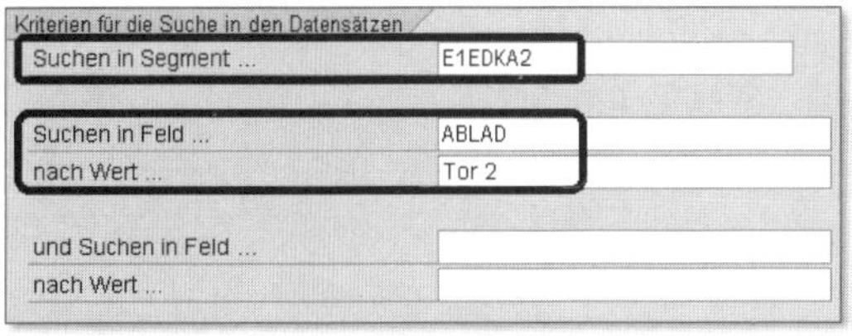

Abbildung 14.21 Selektion nach bestimmten Feldinhalten eines Segments

Nehmen Sie für dieses Beispiel die technischen Informationen aus der Abbildung 14.19 zur Grundlage. Hier finden Sie auch den Segmenttyp und den Feldnamen. Sie erhalten diese Informationen aber auch aus der IDoc-Anzeige (siehe Abbildung 14.16). Wenn Sie nun die Transaktion starten, werden Ihnen die IDocs angezeigt, die dieser Selektion entsprechen. Aus dieser Übersicht geht es in gewohnter Weise weiter: Doppelklick auf das IDoc, und schon befinden Sie sich wieder in der detaillierten IDoc-Anzeige.

14.5 Zusammenfassung

Die EDI- und IDoc-Verarbeitung ist aus der Versand- und Transportabwicklung nicht mehr wegzudenken. Wie Sie im Liefer- und Transportbeleg EDI- und IDoc-Nachrichten verarbeiten, habe ich Ihnen in den ersten beiden Abschnitten dieses Kapitels vorgestellt.

Eine Übersicht über den Aufbau eines IDocs haben Sie im dritten Abschnitt erhalten. Außerdem bin ich kurz auf die Prozessabläufe der IDocs eingegangen. Ich habe Ihnen erklärt, welche Informationen eingepflegt werden müssen, wenn Sie neue EDI-Partner in das System einbinden möchten. Im letzten Teil dieses Kapitels habe ich mich darüber hinaus noch der Statusverfolgung aus der EDI- bzw. IDoc-Verarbeitung heraus gewidmet.

Ich habe Ihnen fast alle Prozesse in der Versand- und Transportabwicklung vorgestellt, es fehlt nun noch der letzte Teil innerhalb der Prozesskette: die Warenausgangsbuchung. Wie Sie die Warenausgangsbuchung ausführen, wie sie storniert werden kann und wie die Kontenfindung für die Übernahme der Buchung in die Finanzbuchhaltung abläuft, stelle ich Ihnen im folgenden Kapitel vor. Dabei gehe ich auch kurz auf den Liefersplit ein, der in der Regel kurz vor der Warenausgangsbuchung noch durchgeführt werden muss.

Der letzte Vorgang im Versandprozess ist die Warenausgangsbuchung. Sie lernen in diesem Kapitel die unterschiedlichen Möglichkeiten kennen, die Warenausgangsbuchung durchzuführen bzw. sie wieder zu stornieren. Zudem stelle ich Ihnen hier den nachträglichen Liefersplit vor und erkläre kurz die Kontenfindung zur Warenausgangsbuchung.

15 Warenausgang

Der Warenausgang ist der abschließende Schritt im Versandprozess. Die *Warenausgangsbuchung* (oft auch nur *WA-Buchung* genannt) wird durchgeführt, wenn die Materialien Ihr Werk verlassen haben. Sie werden mengen- und wertmäßig aus Ihrem Bestand gebucht. Die verschiedenen Möglichkeiten, die Warenausgangsbuchung durchzuführen, möchte ich Ihnen im ersten Abschnitt dieses Kapitels vorstellen.

Es kann vorkommen, dass Sie aus bestimmten Gründen die Warenausgangsbuchung zurücknehmen oder stornieren müssen. Meistens handelt es sich um Probleme in der Fakturierung (Daten müssen nachträglich im Kundenauftrags- oder Lieferbeleg korrigiert werden) oder um Mengenkorrekturen im Lieferbeleg (wenn diese früh genug bemerkt werden). Ich stelle Ihnen die Stornierung der Warenausgangsbuchung und gleichzeitig auch die Grenzen vor, ab wann die Stornierung nicht mehr möglich ist.

In bestimmten Fällen muss, bevor die Warenausgangsbuchung durchgeführt wird, der Lieferbeleg gesplittet werden. Hierfür gibt es vielfältige Gründe zu unterschiedlichen Zeitpunkten innerhalb Ihres Versandprozesses. *Split* bedeutet, dass bestimmte Positionen eines bestehenden Lieferbelegs extrahiert werden und mit diesen Positionen ein neuer Lieferbeleg gebildet wird. Worauf zu achten ist, wenn Sie diese Funktion durchführen müssen, erfahren Sie in Abschnitt 15.3, »Nachträglicher Liefersplit«.

Im letzten Abschnitt gehe ich kurz auf die Kontenfindung ein. Sie betrifft zwar nicht direkt den Versandprozess, aber Sie sollten etwas Einblick in diese Thematik haben, um die Warenausgangsbuchung besser verstehen zu können. Es werden nicht nur Mengen ausgebucht, sondern auch Werte, die in die Buchhaltung Ihres Unternehmens weitergereicht werden.

15.1 Arten der Warenausgangsbuchung

Im Rahmen Ihrer Versandabwicklung ist die letzte Aktion, nachdem die Materialien Ihr Werk verlassen haben, die Durchführung der *Warenausgangsbuchung*. Grundlage dieser Warenausgangsbuchung ist der Lieferbeleg. Die Buchung hat jedoch nicht nur die Aufgabe, Ihre Lagerbestände um die gelieferte Menge zu reduzieren, sondern es müssen auch die Werte (die bewerteten Bestände) auf den Bestandskonten Ihrer Finanzbuchhaltung angepasst werden.

Darüber hinaus werden aufgrund des integrierten Ablaufs im SAP-System weitere Aktionen durchgeführt. Die Bedarfe, die durch die Bedarfsübergabe an Ihre Disposition übertragen wurden (siehe hierzu auch Abschnitt 5.8.4), müssen abgebaut werden. Die Historie und der Status der Serialnummern (siehe auch Abschnitt 6.7) werden fortgeschrieben. Die Warenausgangsbuchung wird im Belegfluss Ihres Verkaufs- bzw. Lieferbelegs festgehalten, die Status in den Belegen werden angepasst.

Die Fakturierung Ihrer versendeten Materialien wird freigegeben, indem der Arbeitsvorrat zur Fakturierung erstellt wird, und falls Sie die Lieferempfangsbestätigung aktiviert haben, wird der Arbeitsvorrat für die Abwicklung der Lieferempfangsbestätigung fortgeschrieben.

Sie sehen, dass die Warenausgangsbuchung im Hintergrund zahlreiche Aktivitäten ausführt. Es müssen aber auch Voraussetzungen erfüllt sein, um die Buchung problemlos durchführen zu können. Haben Sie z. B. in der Kommissionierung WM (Warehouse Management) im Einsatz, müssen die Transportaufträge in WM komplett quittiert sein. Die Kommissionier- und die Packmengen müssen mit den Liefermengen übereinstimmen, wenn Ihre Positionen im Lieferbeleg kommissionier-, quittierungs- und packrelevant sind.

Folgende Möglichkeiten haben Sie, die Warenausgangsbuchung durchzuführen:

▸ Sie buchen manuell den Warenausgang für einen einzelnen Lieferbeleg.

▸ Sie wählen die Sammelverarbeitung, um gleich für mehrere Lieferbelege die Warenausgangsbuchung durchzuführen.

▸ Sie wählen die Sammelverarbeitung als Batch-Job, der die Warenausgangsbuchungen durchführt. An dieser Stelle haben Sie keinen weiteren Einfluss auf die Buchungen.

▶ Sie buchen manuell oder über ein Aktivitätsprofil alle Lieferbelege zu einem Transport aus.

▶ Sie führen die Warenausgangsbuchung über den Auslieferungsmonitor durch.

Ich stelle Ihnen im Folgenden die einzelnen Möglichkeiten im Einzelnen vor.

15.1.1 Manuelle Warenausgangsbuchung eines einzelnen Lieferbelegs

Die einfachste Möglichkeit, die Warenausgangsbuchung für einen Lieferbeleg durchzuführen, ist die manuelle Variante. Starten Sie dazu die Transaktion VL02N (Ändern Lieferbeleg), oder wählen Sie aus dem SAP-Menü den Menüpfad LOGISTIK • VERTRIEB • VERSAND UND TRANSPORT • BUCHUNG WARENAUSGANG • AUSLIEFERUNG EINZELBELEG. Geben Sie in das Feld AUSLIEFERUNG den auszubuchenden Lieferbeleg ein, und klicken Sie auf den Button Warenausgang buchen (siehe Abbildung 15.1).

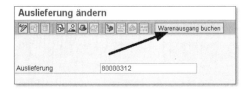

Abbildung 15.1 Manuelle Durchführung einer einzelnen Warenausgangsbuchung

Sie erhalten direkt im Anschluss ein Fehlerprotokoll, falls die Voraussetzungen zur Warenausgangsbuchung nicht erfüllt sind oder es zu Fehlern in der Verarbeitung gekommen ist, wie es z. B. in Abbildung 15.2 dargestellt ist.

Abbildung 15.2 Fehlerprotokoll nach dem Versuch, eine Warenausgangsbuchung durchzuführen

Wurde die Warenausgangsbuchung ohne Fehler durchgeführt, erhalten Sie lediglich den Hinweis, dass Ihr Beleg gebucht wurde. Lassen Sie sich zur Sicherheit noch einmal die Übersicht über Ihren Lieferbeleg anzeigen (Transaktion VL03N), und wählen Sie die Registerkarte WARENBEWEGUNGSDATEN (siehe Abbildung 15.3).

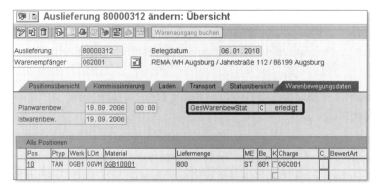

Abbildung 15.3 Gesamtstatus der Warenausgangsbuchung im Lieferkopf

Klicken Sie auf das Icon 🗐, um sich den Belegfluss anzeigen zu lassen. Sie sehen die Belegnummer Ihrer Warenausgangsbuchung (siehe Abbildung 15.4).

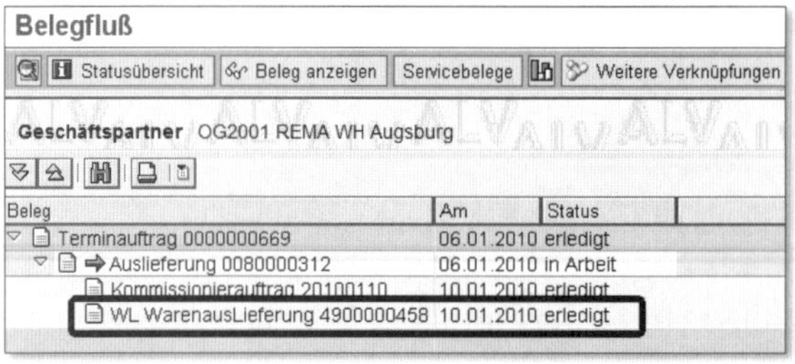

Abbildung 15.4 Belegfluss Ihres Lieferbelegs nach der Warenausgangsbuchung

Sie können sich nun den Warenausgangsbeleg ansehen, indem Sie den Cursor auf die Zeile der Warenausgangsbuchung in Ihrem Belegfluss positionieren und anschließend auf den Button [Beleg anzeigen] klicken. Falls Ihnen die Belegnummer bekannt sein sollte, können Sie sich den Warenausgangsbeleg aber auch über die Transaktion MB03 anzeigen lassen (siehe Abbildung 15.5).

Sie sehen im Materialbeleg im Feld MATSCHEIN die Belegnummer Ihres Lieferbelegs sowie unter BwA die Bewegungsart, mit der das Material ausgebucht wurde.

Setzen Sie den Cursor auf die einzelne Position und klicken auf das Icon 🗐, erhalten Sie Detailinformationen zur Belegposition (siehe Abbildung 15.6).

Abbildung 15.5 Materialbeleg zur Warenausgangsbuchung

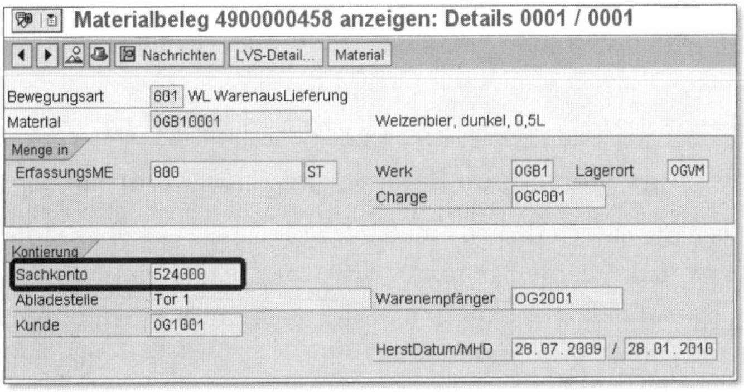

Abbildung 15.6 Detailinformationen zur Belegposition der Warenausgangsbuchung

Sie sehen im Teilbild MENGE IN, mit welcher Menge (Feld ERFASSUNGSME) das Material aus welchem WERK und LAGERORT und mit welcher CHARGE ausgebucht wurde. Im Teilbild KONTIERUNG sehen Sie das SACHKONTO, auf das gebucht wurde, sowie einige Informationen zum Warenempfänger oder Auftraggeber.

Klicken Sie hingegen auf das Icon ⬛, erhalten Sie Detailinformationen zum Belegkopf (siehe Abbildung 15.7).

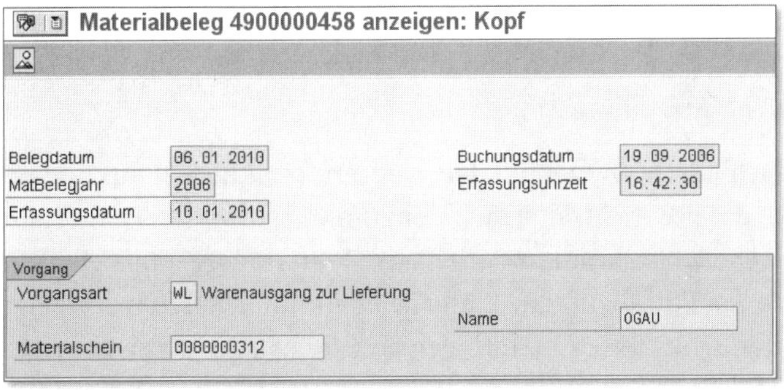

Abbildung 15.7 Detailinformationen zum Belegkopf

Im Belegkopf finden Sie lediglich ein paar statistische Angaben, wann, von wem und zu welchem Buchungsdatum der Warenausgangsbeleg erstellt wurde. Die VORGANGSART »WL« ist fest vorgegeben und identifiziert diesen Buchungsbeleg als Warenausgangsbuchung.

Sie haben die Möglichkeit, das Datum des Warenausgangs im Lieferbeleg vorzugeben. Sollte es z. B. zu einer Verspätung gekommen sein und Sie die WA-Buchung erst einige Tage später durchführen können, geben Sie im Kopf des Lieferbelegs das Ist-Warenausgangsdatum vor. Im Materialbeleg haben Sie es somit mit drei Daten zu tun: dem Erstellungsdatum (wann Ihr Materialbeleg erfasst wurde), dem Warenausgangsdatum (wann Ihre Materialien das Werk verlassen haben) und dem Buchungsdatum (in welcher Buchungsperiode Ihre Buchung auf den Sachkonten stattfinden soll).

15.1.2 Warenausgangsbuchung im Sammelgang durchführen

In vielen Fällen haben Sie jedoch täglich eine Fülle von Lieferbelegen, für die der Warenausgang gebucht werden muss. Es wäre zu zeitaufwendig, jeden einzelnen Lieferbeleg manuell anzupacken und die Buchung durchzuführen. Müssen Sie trotzdem einmal gleichzeitig für mehrere Lieferbelege manuell den Warenausgang buchen, bietet sich der *Sammelgang* an.

Über den Sammelgang haben Sie verschiedene Möglichkeiten, Ihre Lieferbelege zu selektieren, die zur Warenausgangsbuchung anstehen (siehe Abbildung 15.8). Geben Sie z. B. die Nummer des Transportbelegs vor, und das System zeigt Ihnen zunächst alle Lieferbelege an, die im Transport enthalten sind. Oder Sie selektieren nach dem geplanten Warenausgangsdatum im Lieferbeleg, wie ich es in Abbildung 15.8 dargestellt habe.

Starten Sie die Transaktion VL06G, oder wählen Sie den Menüpfad LOGISTIK • VERTRIEB • VERSAND UND TRANSPORT • BUCHUNG WARENAUSGANG • SAMMELVERARBEITUNG ÜBER AUSLIEFERUNGSMONITOR aus dem SAP-Menü. Geben Sie Ihre Selektion vor, und starten Sie die Funktion mit der [F8]-Taste, oder klicken Sie auf das Icon ⊕. Sie erhalten nun eine Übersicht über alle selektierten Lieferbelege (siehe Abbildung 15.9).

Hier haben Sie verschiedene Möglichkeiten, weitere Funktionen auszuwählen. Sie können z. B. die POSITIONSSICHT wählen, um die einzelnen Positionen im Lieferbeleg zu sehen. Sie können zudem die Lieferbelege umsortieren. Wenn Sie einen Doppelklick auf die Lieferbelegnummer ausführen, zeigt Ihnen das System den kompletten Lieferbeleg an (Verzweigung zur Transaktion VL03N). Möchten Sie noch Änderungen im Lieferbeleg vornehmen, setzen Sie in die Checkbox am Anfang der Zeile ein Häkchen, und wählen Sie dann die Funktion ÄNDERN (Icon ✐). Sie haben auch die Möglichkeit, für dieses Übersichtsbild ein eigenes Layout anzulegen und weitere Felder aus dem Lieferbeleg in das Übersichtsbild zu holen.

Abbildung 15.8 Selektion der Lieferbelege zur Warenausgangsbuchung

Lieferung	Warenausg	Route	Warenempf	Name des Warenempfängers	Auftr.geb.
☐ 80000257	04.12.2009	0GDE01	0G1001	REMA Zentrale Süddeutschland	0G1001
☐ 80000269	09.12.2009	0GDE01	0G1001	REMA Zentrale Süddeutschland	0G1001
☑ 80000309	14.01.2010	0GDE02	0G1001	REMA Zentrale Süddeutschland	0G1001
☑ 80000310	14.01.2010	0GDE02	0G2001	REMA WH Augsburg	0G1001

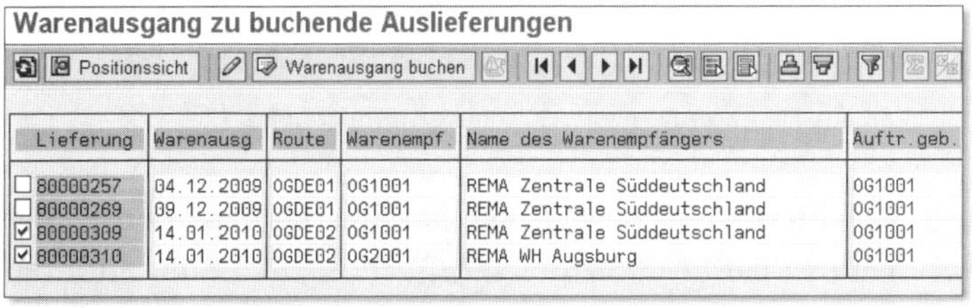

Abbildung 15.9 Selektierte, zur WA-Buchung anstehende Lieferbelege

Die Warenausgangsbuchung führen Sie aus, indem Sie die gewünschten Lieferbelege markieren und zu Beginn der Zeile in die Checkbox ein Häkchen setzen. In Abbildung 15.9 zeige ich, wie der Warenausgang für die letzten zwei Lieferbelege gebucht wird. Klicken Sie dazu auf den Button ▭ Warenausgang buchen . Es wird Ihnen ein Popup angezeigt, in dem Sie das echte Warenausgangsdatum eingeben können (siehe Abbildung 15.10).

Ist-Warenausgangsdatum vorgeben
Istwarenbew.Datum
10.01.2010

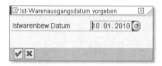

Abbildung 15.10 Vorgabe des echten Warenausgangsdatums

Das sollte in der Regel das aktuelle Tagesdatum sein. Führen Sie die Warenausgangsbuchung nachträglich durch (weil die Buchung an den Tagen zuvor nicht durchgeführt werden konnte), können Sie hier das Datum eingeben, an dem Ihre Materialien tatsächlich Ihr Werk verlassen haben. Das kann dann sinnvoll sein, wenn Sie Statistiken über Ihre Lieferzuverlässigkeit führen und Sie somit eine Lieferverzögerung von mehreren Tagen ausweisen, die es in Wirklichkeit aber nicht gegeben hat.

Bestätigen Sie das vorgeschlagene Datum, oder ändern Sie es ab. Drücken Sie anschließend die Enter-Taste. Sie erhalten nun einen Hinweis in der untersten Bildschirmzeile, der aussagt, wie viele Lieferungen erfolgreich und wie viele gar nicht gebucht werden konnten. Im Falle von fehlerhaften Buchungen (die entsprechenden Lieferbelege werden in der Übersicht mit einer anderen Farbe unterlegt) klicken Sie auf das Icon . Daraufhin wird Ihnen ein Protokoll angezeigt (siehe Abbildung 15.11).

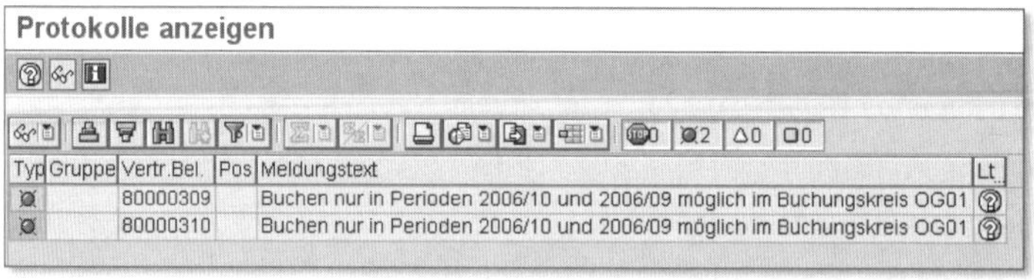
Protokolle anzeigen
Typ Gruppe Vertr.Bel. Pos Meldungstext Lt
80000309 Buchen nur in Perioden 2006/10 und 2006/09 möglich im Buchungskreis OG01
80000310 Buchen nur in Perioden 2006/10 und 2006/09 möglich im Buchungskreis OG01

Abbildung 15.11 Protokoll des Sammelgangs zur Warenausgangsbuchung

Sie müssen nun Ihre fehlerhaften Lieferbelege korrigieren bzw. den Fehler beheben, der dazu geführt hat, dass Sie die WA-Buchung nicht durchführen konnten.

Sind Sie sich Ihrer selektierten Lieferbelege sicher, können Sie direkt im Selektionsbild (siehe Abbildung 15.8) auf den Button Warenausgang Hintergrund klicken. In diesem Fall wird Ihnen kein Übersichtsbild angeboten, sondern Sie werden nach Ihren Druckparametern für das Protokoll sowie nach dem Ausführungstermin gefragt. Im Hintergrund wird ein Job eingeplant, der Ihre Selektionskriterien übernimmt und die Warenausgänge bucht.

Starten Sie die Jobübersicht aus der Menüleiste über den Menüpfad System • Dienste • Jobs • Job-Übersicht. Selektieren Sie Ihre Jobs. Es wird Ihnen nun auch Ihr Job angezeigt, der die Warenausgänge buchen sollte bzw. gebucht hat (siehe Abbildung 15.12).

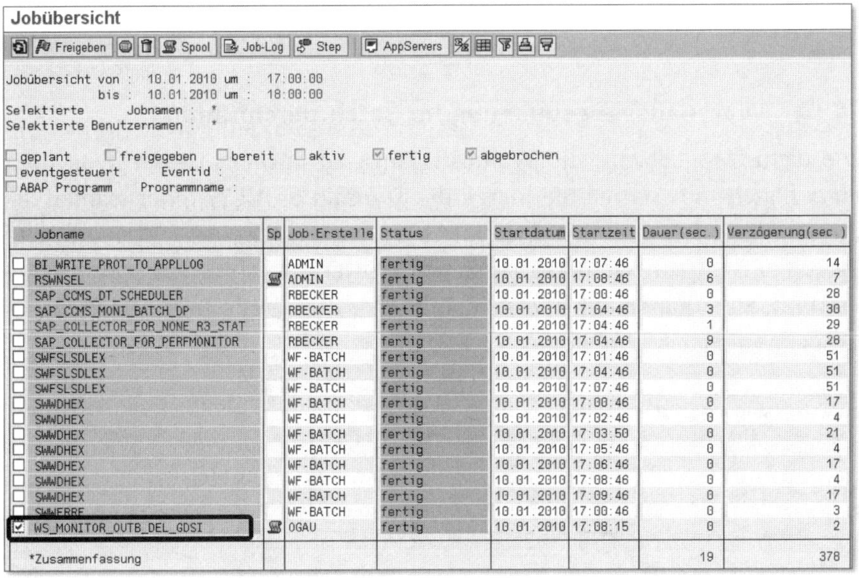

Abbildung 15.12 Anzeige aller Hintergrundjobs

Sie sehen in der Spalte SP, dass ein Protokoll 🖼 angelegt wurde. Markieren Sie die Checkbox mit einem Häkchen vor dem entsprechenden Job, und klicken Sie dann auf den Button 🖼 Spool . Das System verzweigt nun in die Spool-Übersicht. Wählen Sie dort Ihr Protokoll aus, indem Sie erneut ein Häkchen in die Checkbox zu Beginn der Zeile setzen und sich das Protokoll anzeigen lassen (Icon 🔍). Sie erhalten daraufhin das gleiche Protokoll, jedoch in einer anderen Aufbereitung (siehe Abbildung 15.13).

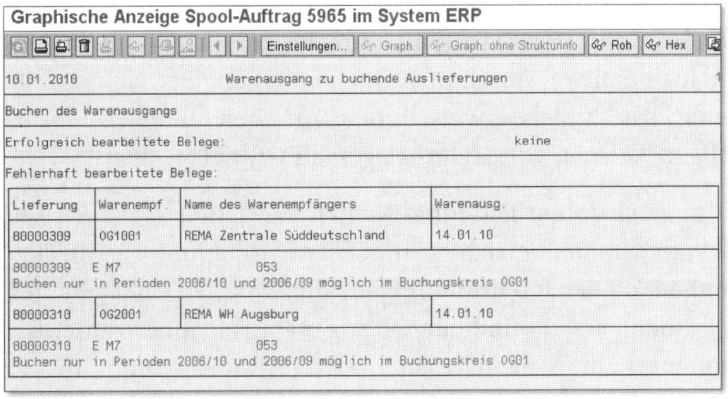

Abbildung 15.13 Anzeige des WA-Protokolls aus der Hintergrundverarbeitung mit einem Batch-Job

Mit der zuletzt beschriebenen Möglichkeit, den Warenausgang im Sammel-gang durch die Hintergrundverarbeitung durchzuführen, habe ich bereits die dritte Variante beschrieben, die Warenausgangsbuchung mithilfe eines Batch-Jobs.

15.1.3 Warenausgangsbuchung im Batch durchführen

Die dritte Möglichkeit, die Warenausgänge zu buchen, ist der Weg über einen Batch-Job. Starten Sie hierzu die Transaktion VL23, oder wählen Sie die Funktion aus dem SAP-Menüpfad Logistik • Vertrieb • Versand und Transport • Buchung Warenausgang • Einplanung Hintergrundverar-beitung. Sie erhalten ein Übersichtsbild über die bereits angelegten Selekti-onsvarianten (siehe Abbildung 15.14).

Abbildung 15.14 Auswahl an bereits angelegten Varianten für den Batch-Job zur Warenausgangsbuchung

Möchten Sie eine neue Variante anlegen, klicken Sie auf den Button ☐ Variante , zum Ändern einer existierenden Variante auf den Button ✐ Variante . Wenn Sie eine Variante anlegen, werden Sie anschließend in einem Popup dazu aufge-fordert, einen Namen für Ihre neue Variante einzugeben. Daraufhin wählen Sie das vorgeschlagene oder aber alle Selektionsbilder aus. Sie erhalten anschließend das bereits vorgestellte Selektionsbild aus Abbildung 15.8. Den weiteren Ablauf (Sicherung der Batch-Variante, Starten oder Einplanen des Batch-Jobs) habe ich bereits in Abschnitt 5.3.5, »Erstellung der Lieferbelege im Batch«, erläutert. Die Vorgehensweise für das Arbeiten mit Batch-Jobs ist die gleiche, die beim Anlegen von Lieferbelegen als Grundlage dient.

Der durchgeführte Batch-Job erhält einen Namen. Über diesen Namen fin-den Sie diesen Job in der Jobübersicht wieder (siehe Abbildung 15.12). Hier können Sie erkennen, ob der Job ordnungsgemäß und ohne Fehler gelaufen ist oder ob ein Protokoll erstellt und der Job sogar abgebrochen wurde. Die Nutzung der Jobübersicht habe ich Ihnen bereits in Abschnitt 15.1.2, »Warenausgangsbuchung im Sammelgang durchführen«, beschrieben.

15.2 Stornierung eines Warenausgangs

Es gibt die Möglichkeit, die Warenausgangsbuchung für einen Lieferbeleg komplett zu stornieren. Funktionsweise und Aufgaben einer *Stornierung* entsprechen exakt denen der Warenausgangsbuchung, lediglich mit einem anderen Vorzeichen. Der Lagerbestand wird wieder komplett aufgebaut (einschließlich der Schnittstellenlagertypen, wenn WM aktiviert ist), die gebuchten Werte auf den Sachkonten werden aus dem ursprünglich erzeugten Warenausgangsbeleg zurückgebucht, und alle Status, Bedarfe, Serialnummern usw. werden in den Zustand, der vor der Warenausgangsbuchung bestand, zurückgesetzt.

Es gibt eine Voraussetzung, um die Stornierung einer Warenausgangsbuchung durchführen zu können: Der Kundenauftrag darf noch nicht fakturiert, die Umlagerungsbestellung noch nicht verrechnet (interne Verrechnung) worden sein. Wenn Sie trotzdem eine Stornierung durchführen müssen, ist es unumgänglich, auch die komplette Fakturierung für diesen Lieferbeleg zu stornieren.

> Wurde die Kommissionierung der Lieferung über ein dezentrales WM abgewickelt, ist eine Rücknahme der Warenausgangsbuchung ausgeschlossen. **[+]**

15.2.1 Durchführung der WA-Stornierung

Sie können die Warenausgangsbuchung nur für den kompletten Lieferbeleg stornieren. Eine Stornierung von Teilmengen oder nur von bestimmten Positionen im Lieferbeleg ist nicht möglich. Die Stornierung starten Sie mit der Transaktion VL09 oder über das SAP-Menü unter dem Menüpfad LOGISTIK · VERTRIEB · VERSAND UND TRANSPORT · BUCHUNG WARENAUSGANG · STORNO. Sie erhalten als Erstes ein kleines Selektionsbild, um Ihre zu stornierenden Lieferbelege zu selektieren (siehe Abbildung 15.15).

Sie können über diverse Kriterien die Lieferbelege selektieren, die storniert werden sollen. Ich habe mich in diesem Beispiel direkt für den Lieferbeleg »80000312« entschieden und diesen in das Feld ANLIEFERUNG / AUSLIEFERUNG eingetragen. Klicken Sie auf das Icon ⊕, oder drücken Sie die F8 -Taste. Es wird noch keine Stornierung vorgenommen, sondern es werden Ihnen zunächst lediglich die selektierten Lieferbelege angezeigt (siehe Abbildung 15.16).

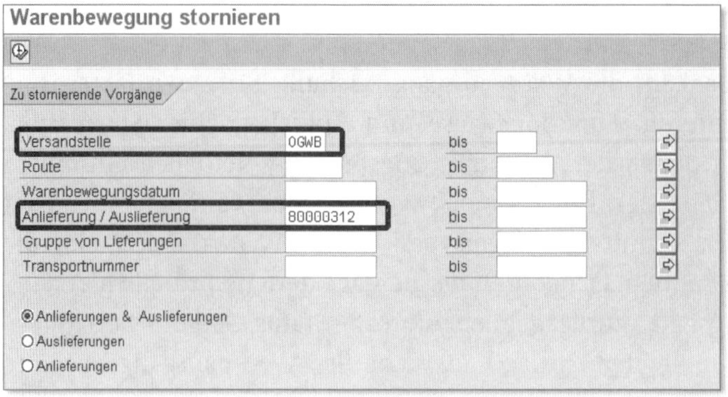
Warenbewegung stornieren
Zu stornierende Vorgänge
Versandstelle OGWB bis
Route bis
Warenbewegungsdatum bis
Anlieferung / Auslieferung 80000312 bis
Gruppe von Lieferungen bis
Transportnummer bis
Anlieferungen & Auslieferungen
Auslieferungen
Anlieferungen

Abbildung 15.15 Selektionsbild für Lieferbelege zur Stornierung der WA-Buchung

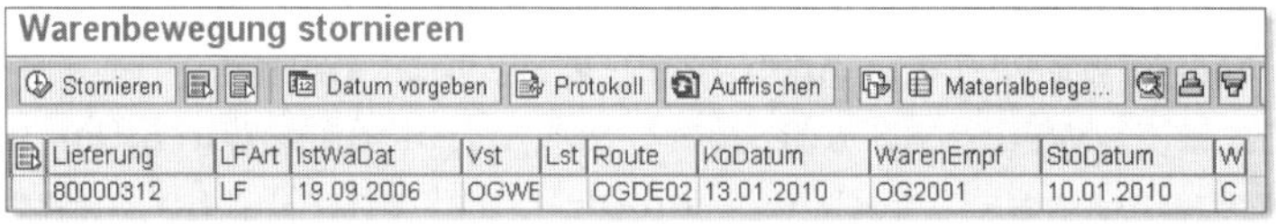
Warenbewegung stornieren
Stornieren
Datum vorgeben
Protokoll
Auffrischen
Materialbelege...
Lieferung LFArt IstWaDat Vst Lst Route KoDatum WarenEmpf StoDatum W
80000312 LF 19.09.2006 OGWE OGDE02 13.01.2010 OG2001 10.01.2010 C

Abbildung 15.16 Übersicht über die selektierten Lieferbelege zur Stornierung der WA-Buchung

Wählen Sie Ihre Lieferbelege aus, indem Sie sie in der ersten Spalte markieren (unterhalb des Icons). Möchten Sie alle Lieferbelege selektieren, nutzen Sie dafür das Icon . Das Icon nimmt die Markierung wieder zurück. Klicken Sie nun auf den Button Stornieren. Sie erhalten ein Popup mit der Frage, ob Sie die WA-Buchung wirklich stornieren möchten. Bestätigen Sie die Stornierung, indem Sie auf das Icon klicken. Stimmen Sie der Stornierung nicht zu, klicken Sie auf das Icon . Sie erhalten daraufhin eine Meldung, dass die WA-Buchung erfolgreich storniert wurde, oder es wird ein Fehlerprotokoll angezeigt (siehe Abbildung 15.17).

Warenbewegung stornieren
Stornieren
Datum vorgeben
Protokoll
Auffrischen
Materialbelege...
Lieferung LFArt IstWaDat Vst Lst Route KoDatum WarenEmpf StoDatum
80000312 LF 19.09.2006 OGWE OGDE02 13.01.2010 OG2001 10.01.2010
Fehlerprotokoll zur Stornierung: Meldungen anzeigen
Typ Meldungstext Ltxt
WA für Lieferung 80000312 ist aus folgenden Gründen nicht stornierbar:
Buchen nur in Perioden 2006/10 und 2006/09 möglich im Buchungskreis 0...

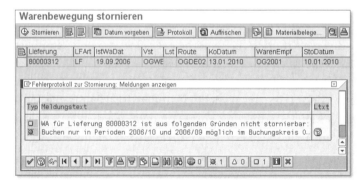

Abbildung 15.17 Fehlerprotokoll zur Stornierung einer WA-Buchung

Wenn Sie ein bestimmtes Buchungsdatum vorgeben müssen, klicken Sie vorher auf den Button [🔣 Datum vorgeben] aus dem Übersichtsbild (siehe Abbildung 15.16). Sie erhalten ein Popup, in dem Sie das Buchungsdatum vorgeben können, also das Datum, zu dem die Buchung in der Finanzbuchhaltung erfolgen soll. Geben Sie das Datum vor, und bestätigen Sie es, indem Sie wiederum das Icon ☑ anklicken.

Wurde die WA-Buchung zu Ihrem Lieferbeleg erfolgreich storniert, wird der Stornobeleg anschließend in die Belegentwicklung eingetragen (siehe Abbildung 15.18).

Abbildung 15.18 Belegentwicklung nach der Stornierung einer WA-Buchung

15.2.2 WA-Stornobeleg

Setzen Sie Ihren Cursor z. B. auf den Beleg mit der Belegart »WR Warenaus-Liefer St« und klicken dann auf den Button [👁 Beleg anzeigen], erhalten Sie die Anzeige Ihres Stornomaterialbelegs (siehe Abbildung 15.19).

Abbildung 15.19 Stornobeleg der Materialbuchung

Sie sehen an der Bewegungsart »602« (Spalte BwA), dass hier die Stornierung durchgeführt wurde. Die WA-Buchung selbst wird mit der Bewegungsart »601« durchgeführt; die Stornobewegungsart ist im SAP-System immer um 1 höher, daher also »602«.

Sie können auch jetzt wieder Korrekturen an Ihrem Lieferbeleg durchführen. Je nach Korrektur müssen Sie jedoch weitere Aktivitäten rückgängig machen (haben Sie WM im Einsatz, können Sie den Transportauftrag mit der Transaktion LT0G wieder zurücklagern, Sie können die Handling Units leeren und löschen usw.).

15.3   Nachträglicher Liefersplit

Eine Aufgabe, die an mehreren Stellen Ihres Versandprozesses von Interesse ist, aber sehr oft erst kurz vor der Warenausgangsbuchung durchgeführt wird, ist der *nachträgliche Liefersplit*. Es gibt mehrere Gründe dafür, einen Liefersplit nachträglich durchzuführen, etwa wenn Sie während der Verladung merken, dass nicht alle Positionen auf den Lkw passen und Sie Materialien zurücklassen oder auf einen anderen Lkw verladen müssen.

Ein weiterer Grund wäre, wenn Sie zu viele Positionen in Ihrem Lieferbeleg haben und die Warenausgangsbuchung daher nicht durchgeführt werden kann. Die Datenbank für den Buchhaltungsbeleg hat lediglich drei Stellen für die Positionsnummer. Zu jeder Position im Lieferbeleg haben Sie mindestens zwei Positionen im Buchhaltungsbeleg, eine Soll- und eine Haben-Buchung. Bilden Sie noch Rückstellungen, kann es bereits drei Buchhaltungspositionen pro Lieferposition geben. Sie sehen, dass im Bereich ab 350 Positionen in einem Lieferbeleg Probleme im Buchhaltungsbeleg entstehen können, sodass die WA-Buchung nicht durchgeführt werden kann. Auch in einem solchen Fall bietet sich der nachträgliche Liefersplit an.

So einfach, wie sich der Liefersplit auch anhört: Es ist leider kein einfach zu verstehendes Programm, und das Resultat, das Sie sich erhofft haben, trifft nicht immer ein. Daher empfehle ich, den nachträglichen Liefersplit nur in allerhöchster Not zu nutzen. Sie rufen die Funktion mit der Transaktion VLSP oder über den Menüpfad LOGISTIK • VERTRIEB • VERSAND UND TRANSPORT • AUSLIEFERUNG • ÄNDERN • NACHTRÄGLICHER AUSLIEFERUNGSSPLIT auf.

Der Liefersplit dient dazu, einen bestehenden Lieferbeleg in mindestens zwei aufzuteilen. Hierbei bleibt der originäre Lieferbeleg zwar erhalten, jedoch enthält er nicht mehr die abgesplitteten Positionen. Die abgesplitteten Positionen bilden mindestens einen neuen Lieferbeleg.

15.3.1   Voraussetzungen zum nachträglichen Liefersplit

Sie müssen zum Split ein umfangreiches Customizing durchführen, das zu einem Splitprofil führt. Das lässt sich auch sehr leicht nachvollziehen, wenn ich Ihnen kurz die Bedingungen beschreibe, die für einen solchen nachträglichen Liefersplit erfüllt sein müssen. Zunächst gibt es aber erst einmal ein paar Grundvoraussetzungen:

▸ Sie dürfen keine Auslieferungen splitten, wenn Sie Ihre Kommissionierung in einem dezentralen WM vornehmen lassen.

▸ Ihr Lieferbeleg darf nicht den Warenausgangsstatus »B« oder »C« und auch nicht den Fakturastatus »B« oder »C« besitzen. Die SAP-Dokumentation sagt: »… keine Warenbewegung gebucht und nicht fakturiert«. Haben Sie bereits die Warenbewegung durchgeführt und direkt im Anschluss wieder storniert, steht der WA-Status wieder auf »A«, und Sie dürfen den Liefersplit durchführen, obwohl bereits einmal eine Warenbewegung gebucht wurde!

Weitere Bedingungen zur Durchführung des nachträglichen Liefersplits auf der Ebene der Lieferpositionen sind:

▸ Haben Sie WM aktiviert und die Position ist teilweise quittiert, muss die im Originallieferbeleg verbleibende Menge mindestens so groß sein wie die noch in WM zu quittierende Menge.

▸ Sie dürfen der Lieferposition keine Serialnummern zugeordnet haben.

▸ Es darf auf der Position kein Prüflos aus dem Qualitätsmanagement existieren.

Sie sehen schon an den Bedingungen, dass ein nachträglicher Liefersplit nicht ganz unproblematisch ist – vor allem auch dann, wenn die Positionen bereits verpackt wurden. So darf die Restmenge nicht niedriger werden als die bereits verpackte Menge. Sie können jedoch als Splitregel die Berücksichtigung der Packstücke aufrufen.

Ist der Lieferbeleg bereits in einen Transportbeleg aufgenommen worden, gelten folgende Bedingungen:

▸ Ist der Transport bereits abgefertigt (Status »Abfertigung«), kann kein Liefersplit mehr durchgeführt werden.

▸ Wurde der Transportbeleg durch ein externes Transportdisposystem erstellt (siehe hierzu auch Abschnitt 10.8, »Externes Transportplanungssystem«), kann der Originallieferbeleg aus dem bereits bestehenden Transportbeleg nicht entfernt und der neu erstellte Lieferbeleg nicht in einen Transportbeleg aufgenommen werden.

▸ Versandelemente auf Transportebene können nicht gesplittet werden. Sie verbleiben auf dem Originaltransport.

Weitaus komplizierter wird der Fall, wenn im Lieferbeleg verpackt wurde (z. B. Kartons) und die Kartons auf Transportebene auf Paletten oder Container verpackt wurden. Da normalerweise ein Split nur auf höchster Packstufe (z. B. Palette, Container) möglich ist, Sie aber einige Kartons in einen zweiten Lieferbeleg splitten möchten, können Sie durch entsprechende Splitregeln die obere Packebene als »planerische Verpackung« einstellen. In diesem Fall können Sie auf unterer Ebene, also die Mengen pro Karton, splitten. Achtung: Der Split packt nicht aus!

Lieferbelege, die in Gruppen zusammengefasst wurden, können problemlos gesplittet werden, nicht jedoch diejenigen, die zu Kommissionierwellen zusammengestellt wurden. Wurden Gruppen angelegt, wird dem neuen Lieferbeleg eine eigene Gruppe zugeordnet. Achtung: Wurden die Gruppen zur zweistufiger Kommissionierung in WM angelegt, können die sich darin befindlichen Lieferbelege ebenfalls nicht gesplittet werden!

15.3.2 Splitregeln im Splitprofil

Die Splitregel definieren Sie im Customizing in einem Splitprofil.

Technische Informationen zum Splitprofil

▶ Feldlänge: 4-stellig

▶ Menüpfad im Customizing: LOGISTICS EXECUTION • VERSAND • LIEFERUNGEN • NACHTRÄGLICHER LIEFERSPLIT

▶ Eigene Transaktion: OVDSP

▶ Tabellen: TVDSS (Splitprofil), TVDSST (sprachenabhängige Bezeichnung), TVDSP (Splitprofil je Lieferart) und TVDSG (Splitprofil je Gruppenart)

Starten Sie das Customizing. Sie erhalten ein Bild, auf dem in der rechten Bildschirmhälfte die bereits existierenden Splitprofile aufgelistet werden (siehe Abbildung 15.20).

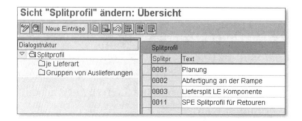

Abbildung 15.20 Auflistung der bestehenden Splitprofile

Markieren Sie ein Splitprofil, und klicken Sie auf das Icon ⊕. Sie sehen nun die eingestellten Werte (siehe Abbildung 15.21). Möchten Sie eigene Splitprofile anlegen, sollte Ihr Profilname mit einem »Z« beginnen. Kopieren Sie zu diesem Zweck ein bestehendes Splitprofil.

Hier finden Sie die meisten Einträge wieder, die angeben, wie das System bei einem Split auf die soeben beschriebenen Bedingungen reagieren soll. Geben Sie Ihrem Profil im Feld TEXT einen klaren, eindeutigen Namen. Abgesplittete Positionen bilden einen oder mehrere neue Lieferbelege. Diese werden zu einer Gruppe zusammengefasst. Im Feld GRART ERGEBNIS geben Sie an, mit welcher Gruppenart die Lieferbelege zusammengefasst werden sollen.

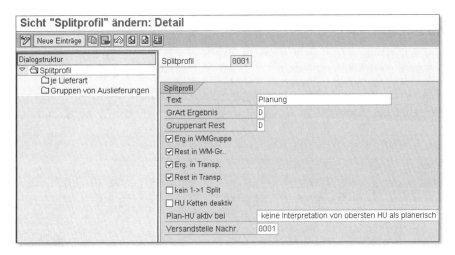

Abbildung 15.21 Möglichkeiten zur Einstellung eines Splitprofils

Haben Sie im Feld GRUPPENART REST ebenfalls eine Gruppenart eingetragen, wird der Originallieferbeleg ebenfalls in eine Gruppe gestellt. Fehlt hier ein Eintrag, wird keine Gruppe gebildet. Sind beide Gruppenarten identisch, werden alle, der Original- und die neu gebildeten Lieferbelege, in nur einer Gruppe zusammengefasst, es sei denn, der Originallieferbeleg befand sich bereits vorher in einer Gruppe.

Setzen Sie die Checkbox ERG.IN WMGRUPPE, wenn die neu gebildeten Lieferbelege in die gleiche Gruppe aufgenommen werden sollen, die in WM für die zweistufige Kommissionierung gebildet wurde. Setzen Sie die Checkbox REST IN WM-GR., wenn der verbleibende Rest ebenfalls in eine Gruppe zur zweistufigen Kommissionierung aufgenommen werden soll.

Möchten Sie die neu erstellten Lieferbelege in den gleichen Transportbeleg übernehmen, in dem der Originallieferbeleg zu finden ist, setzen Sie in die Checkbox ERG. IN TRANSP. ein Häkchen. Ähnlich verhält es sich mit dem Splitrest. Hierfür ist die Checkbox REST IN TRANSP. zuständig.

Haben Sie Transportketten (z. B. Vorlauf, Hauptlauf, Nachlauf) und Ihre Lieferposition ist in mehreren Transporten, aber mit unterschiedlichen Mengen und Transport- bzw. Packmitteln verpackt, sollte die Checkbox nicht gesetzt sein. Hier versucht das System, die Splitmengen auf die Packmittel zu verteilen. Haben Sie die Funktion deaktiviert (Setzen der Checkbox HU KETTEN DEAKTIV), werden die Packdaten nicht berücksichtigt.

Die planerische Verpackungsstufe habe ich bereits erklärt. Im Feld PLAN-HU AKTIV BEI können Sie einstellen, auf welcher Ebene die Packdaten nicht berücksichtigt werden sollen. Im Feld VERSANDSTELLE NACHR. können Sie eine Versandstelle vorgeben. Sie dient nur als Basis für einige Funktionen innerhalb der Liefersplits, z. B. die Nachrichtenfindung.

Sichern Sie Ihr Splitprofil. Doppelklicken Sie nun auf den Ordner JE LIEFERART. Hier kombinieren Sie das Splitprofil mit der Lieferart (siehe Abbildung 15.22).

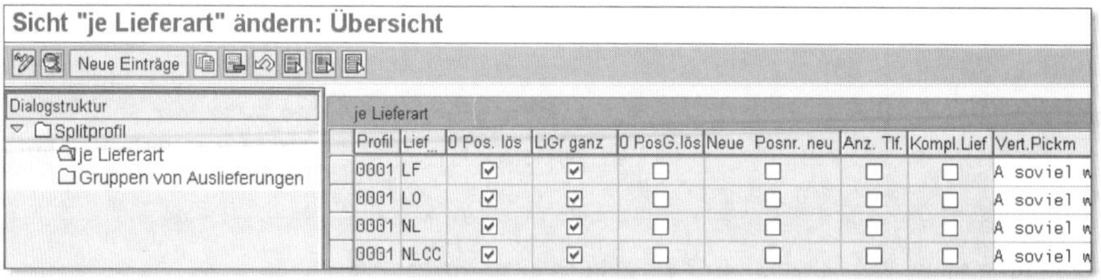

Abbildung 15.22 Kombination aus Splitprofil und Lieferart

15.3.3 Parameter zur Anlage des neuen Lieferbelegs

Hier legen Sie nun fest, wie der Original- und der neue Lieferbeleg nach dem Split aussehen sollen. Setzen Sie z. B. die Checkbox 0 POS. LÖS, werden alle Positionen, die durch den Liefersplit keine Mengen mehr besitzen, im Lieferbeleg gelöscht. Oder möchten Sie eine neue Nummerierung der Lieferpositionen im neu angelegten Lieferbeleg erreichen? Dann setzen Sie die Checkbox NEUE POSNR. NEU. Erlaubt Ihr Kunde eigentlich keine Teillieferung, müssen Sie aber trotzdem jetzt splitten (was letztendlich für den Originallieferbeleg einen Liefersplit bedeutet), lassen Sie die Checkbox ANZ. TLF. frei. Aktivieren Sie diese Checkbox, ist ein Liefersplit nicht möglich, wenn der

Kunde keine Teillieferung erlaubt. Ähnlich verhält es sich mit der Checkbox Kompl. Lief. Verlangt Ihr Kunde eine Komplettlieferung und die Prüfung wurde für den Liefersplit (durch Setzen der Checkbox Kompl. Lief) nicht ausgeschaltet, kann auch kein Liefersplit durchgeführt werden.

Die Einstellungen zur Kombination Splitprofil und Lieferart können Sie nun gleichermaßen auch für die Kombination Splitprofil und Gruppenart durchführen.

15.3.4 Beispiel zum Liefersplit

Rufen Sie die Transaktion zum nachträglichen Liefersplit auf. Sie erhalten zunächst ein Bild, auf dem Sie Informationen vorgeben müssen, die den Liefersplit betreffen (siehe Abbildung 15.23).

Ich habe die Versandstelle und den Lieferbeleg eingegeben. Im unteren Teil des Bildes geben Sie das Splitprofil an. Starten Sie jetzt den Liefersplit, indem Sie auf das Icon ☑ klicken. Sie sehen nun die Lieferpositionen und die Packstücke auf oberer und unterer Ebene (siehe Abbildung 15.24).

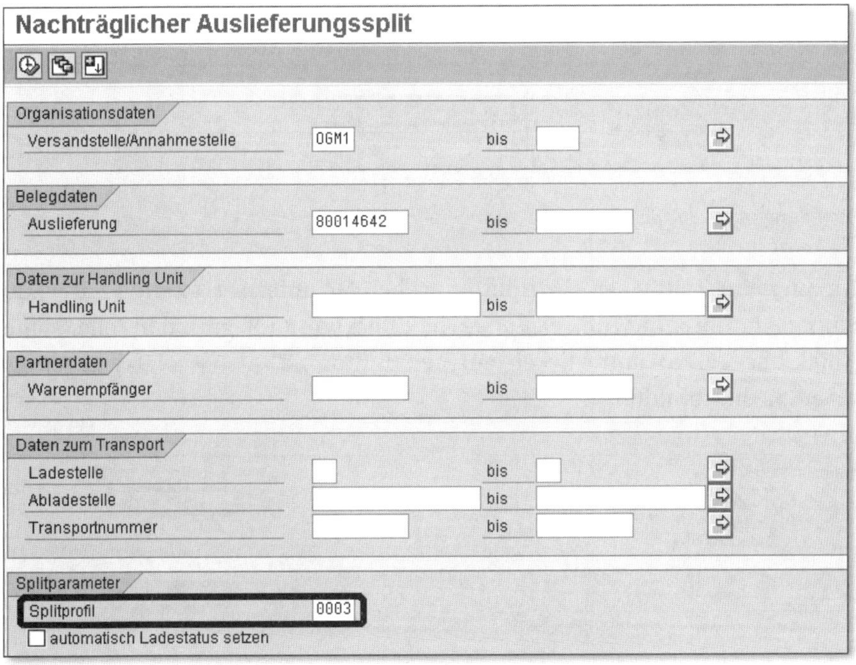

Abbildung 15.23 Selektionsbild zum nachträglichen Liefersplit

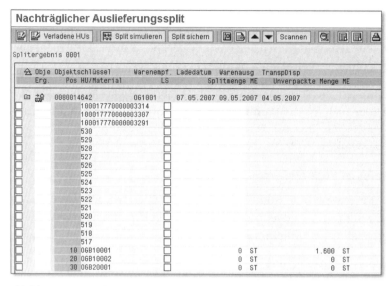

Abbildung 15.24 Auflistung aller Positionen des Lieferbelegs einschließlich der Handling Units

Die Packstücke auf oberer Ebene besitzen die SSCC-Nummer (hier Paletten), auf unterer Ebene sind es die Kartons mit der dreistelligen Nummerierung.

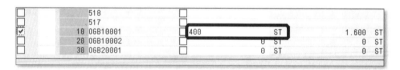

Abbildung 15.25 Beispiel für den Split einer Teilmenge

Um nun eine Teilmenge abzusplitten, geben Sie unter SPLITMENGE z. B. »400 Stück« ein. Anschließend setzen Sie die Checkbox zu Beginn der Zeile (siehe Abbildung 15.25) und klicken auf den Button [Split simulieren]. Das Ergebnis sehen Sie in Abbildung 15.26.

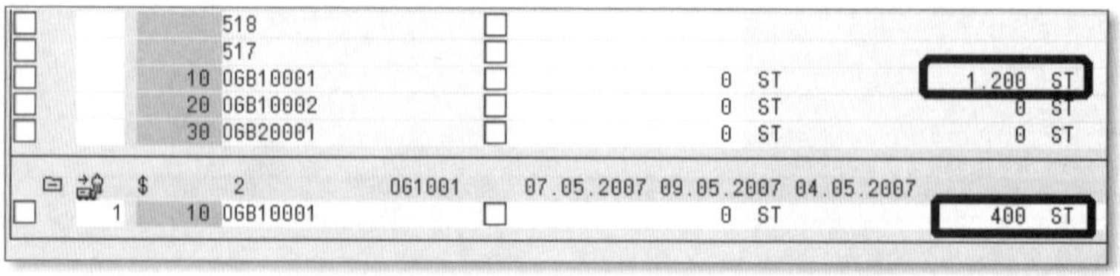

Abbildung 15.26 Splitergebnis einer Teilmenge

Von der ursprünglichen Menge von 1.600 Stück verbleiben 1.200 Stück auf dem Originallieferbeleg, die abgesplitteten 400 Stück werden in einen neuen

Lieferbeleg übernommen. Klicken Sie auf den Button `Split sichern`. Sie erhalten folgende Meldung: `✓ 2 Lieferungen gesichert, davon 1 geänderte Originallieferungen`

In der Übersicht sehen Sie den alten und den neuen Lieferbeleg (siehe Abbildung 15.27).

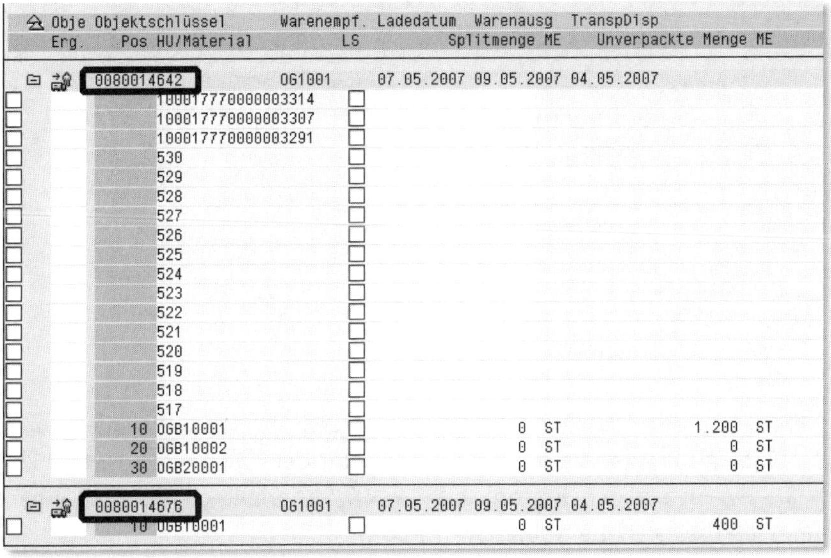

Abbildung 15.27 Ergebnis nach dem Sichern des Liefersplits

15.3.5 Liefersplit in mehrere Lieferbelege

Ich zeige Ihnen nun anhand eines Beispiels, wie Sie mehrere Liefersplits anlegen können. Ihr Lieferbeleg besteht aus zwei Positionen, eine Position ist durch einen Chargensplit gekennzeichnet. Beide Positionen sind unverpackt. Sie rufen den nachträglichen Liefersplit auf (siehe Abbildung 15.28).

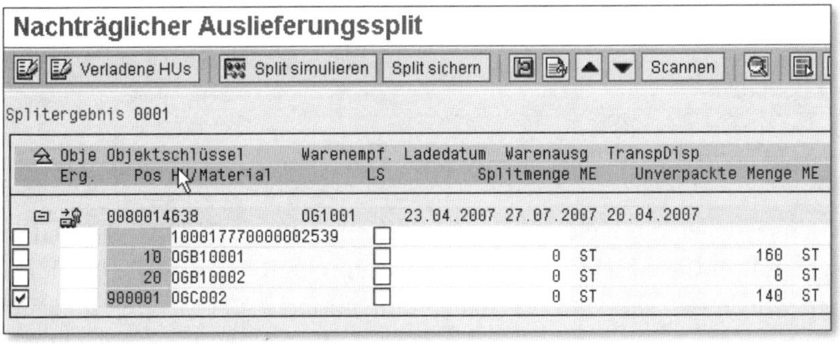

Abbildung 15.28 Übersicht vor dem Liefersplit

Sie setzen die Checkbox für die Chargensplitposition und klicken dann auf den Button [Split simulieren]. Daraufhin erhalten Sie das in Abbildung 15.29 dargestellte Bild.

```
Nachträglicher Auslieferungssplit

[Verladene HUs] [Split simulieren] [Split sichern] [Scannen]

Splitergebnis 0002

   Obje Objektschlüssel    Warenempf. Ladedatum  Warenausg  TranspDisp
   Erg.   Pos HU/Material          LS            Splitmenge ME   Unverpackte Menge ME

      0080014638        061001    23.04.2007 27.07.2007 20.04.2007
                1000017770000002539
✓         10 06B10001                           0 ST              160 ST
          20 06B10002                           0 ST                0 ST
      900001 06C002                             0 ST                0 ST

      $      2          061001    23.04.2007 27.07.2007 20.04.2007
    1     20 06B10002                           0 ST                0 ST
    1 900001 06C002                             0 ST              140 ST
```

Abbildung 15.29 Übersicht nach dem ersten Split

Klicken Sie nun auf das Icon [▲]. Hiermit setzen Sie den Splitzähler um 1 hoch. Wählen Sie jetzt die nächste Position mit der Checkbox aus, und klicken Sie erneut auf den Button [Split simulieren]. Sie erhalten daraufhin einen dritten Lieferbeleg (siehe Abbildung 15.30).

```
Nachträglicher Auslieferungssplit

[Verladene HUs] [Split simulieren] [Split sichern] [Scannen]

Splitergebnis 0002

   Obje Objektschlüssel    Warenempf. Ladedatum  Warenausg  TranspDisp
   Erg.   Pos HU/Material          LS            Splitmenge ME   Unverpackte Menge ME

      0080014638        061001    23.04.2007 27.07.2007 20.04.2007
                1000017770000002539
          10 06B10001                           0 ST                0 ST
          20 06B10002                           0 ST                0 ST
      900001 06C002                             0 ST                0 ST

      $      2          061001    23.04.2007 27.07.2007 20.04.2007
    1     20 06B10002                           0 ST                0 ST
    1 900001 06C002                             0 ST              140 ST

      $      3          061001    23.04.2007 27.07.2007 20.04.2007
    2     10 06B10001                           0 ST              160 ST
```

Abbildung 15.30 Übersicht nach dem zweiten Split

Am besten lässt sich ein Liefersplit durchführen, wenn noch keine Packdaten angelegt sind und der Lieferbeleg noch nicht in einen Transportbeleg übernommen wurde – es sei denn, Sie haben eine einfache Verpackung und nur einen Transportbeleg. Dann markieren Sie mit der Checkbox nicht die einzelne Position, sondern das Packstück selbst.

Es lassen sich aus Platzgründen nicht alle Varianten anhand von Beispielen demonstrieren und dabei alle möglichen Parameter berücksichtigen, die Sie im Splitprofil einstellen können. Haben Sie jedoch die Funktionsweise des nachträglichen Liefersplits verstanden, ist es recht einfach, hier selbst einmal einige Versuche (in einem Testsystem) durchzuführen.

15.4   Kontenfindung

Mit jeder Warenausgangsbuchung werden auf Werksebene nicht nur Bestände fortgeschrieben, das Material wird auch mit dem aktuellen Wert auf den Sachkonten ausgebucht. Sie haben es also hier nicht nur mit einem Mengenfluss, sondern auch mit einem Wertefluss zu tun. Das Wichtigste ist also zunächst einmal die Kenntnis darüber, dass Ihre Bestände wertmäßig in Ihrer Finanzbuchhaltung auf Sachkonten bewertet sind und dass jede Wareneingangs- und -ausgangsbuchung ebenfalls eine Buchung auf Ihrem Sachkonto nach sich zieht.

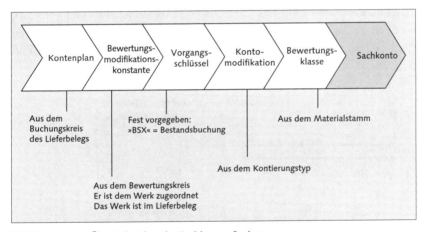

Abbildung 15.31 Übersicht über die Sachkontenfindung

Die *Kontenfindung* hat eigentlich mit dem Versand- und Transportprozess wenig zu tun. Trotzdem möchte ich sie der Vollständigkeit halber kurz erwähnen. Das Customizing wird in den seltensten Fällen von den Versand- und Logistikmitarbeitern vorgenommen. Die durchzuführenden Einstellungen gehören entweder zur Finanzbuchhaltung oder zur Bestandsführung.

Die einzelnen Schritte, die das System durchläuft, um letztendlich das richtige Sachkonto zu finden, habe ich in Abbildung 15.31 zusammengestellt. In den folgenden Abschnitten gehe ich kurz auf diese Schritte ein.

15.4.1 Kontenplan

Wir werfen zunächst einen kurzen Blick ins Lehrbuch: Der Kontenplan ist ein systematisch geordnetes Verzeichnis aller Konten innerhalb der Buchführung. Damit wird gewährleistet, dass alle in einem Unternehmen anfallenden Buchungen oder Kontenbewegungen einheitlich behandelt werden. Die Einheitlichkeit gewährleistet zusätzlich die Möglichkeit, Betriebsvergleiche auf einfache Art und Weise durchzuführen. Somit ist also der Kontenplan die erste Instanz, auf der Sie Ihre Kontenfindung einstellen müssen. Ihren gültigen Kontenplan hinterlegen Sie in Ihrem Buchungskreis.

Technische Informationen zur Zuordnung des Kontenplans zum Buchungskreis

▸ Menüpfad im Customizing: Finanzwesen (neu) • Hauptbuchhaltung (neu) • Stammdaten • Sachkonten • Vorarbeiten • Buchungskreis einem Kontenplan zuordnen

▸ Eigene Transaktion: OB62

▸ Tabelle: T001, Feld: KTOPL

Sie erreichen diese Funktion über das Customizing (siehe Abbildung 15.32). Verständlicherweise kann an dieser Einstellung nichts verändert werden, da der Kontenplan zur Geschäftseröffnung vergeben wird und anschließend feststeht.

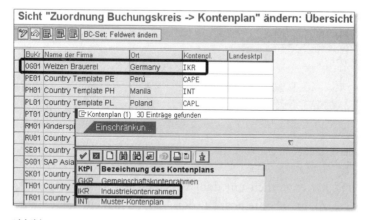

Abbildung 15.32 Zuordnung eines Kontenplans zu einem Buchungskreis

15.4.2 Bewertungsmodifikationskonstante

Die nächste Instanz, von der Ihre Kontenfindung abhängt, ist die sogenannte *Bewertungsmodifikationskonstante*. Sie haben zwar auf Buchungskreisebene einen Kontenplan definiert, trotzdem können Sie auf Werksebene eine davon abweichende Kontenfindung einstellen. Dem Werk ist ein Bewertungskreis zugeordnet und dem Bewertungskreis die Bewertungsmodifikationskonstante. Sie haben damit nun die Möglichkeit, über diese Bewertungsmodifikationskonstante verschiedene Werke mit gleicher Kontenfindung zusammenzufassen.

Um an die Bewertungsmodifikationskonstante heranzukommen, benötigen Sie zuerst den Bewertungskreis. Dieser ist dem Werk zugeordnet. Liegt der Bewertungskreis auf Werksebene, sind Bewertungskreis und Werk identisch. Handelt es sich um das Werk »OGB1«, ist auch der Bewertungskreis »OGB1«.

Liegt der Bewertungskreis auf Buchungskreisebene, ist der Bewertungskreis mit dem Buchungskreis identisch; ist also z. B. das Werk »OGB1« dem Buchungskreis »OG01« zugeordnet, gehört auch dem Werk der Bewertungskreis »OG01«. Ein Blick in die Tabelle T001W, Feld BEKWY klärt solche Zuordnungsfragen.

Technische Informationen zur Zuordnung einer Bewertungsmodifikationskonstanten

- ▸ Feldlänge: 4-stellig
- ▸ Menüpfad im Customizing: MATERIALWIRTSCHAFT • BEWERTUNG UND KONTIERUNG • KONTENFINDUNG • KONTENFINDUNG OHNE ASSISTENT • BEWERTUNGSKREISE GRUPPIEREN
- ▸ Eigene Transaktion: OMWD
- ▸ Tabelle: T001K, Feld: BWMOD

Im Customizing finden Sie aus der Kombination von Bewertungskreis und Buchungskreis die Bewertungsmodifikationskonstante (siehe Abbildung 15.33). Prüfen Sie vorher im Menüpunkt BEWERTUNGSSTEUERUNG FESTLEGEN (direkt über BEWERTUNGSKREIS GRUPPIEREN), ob Sie überhaupt die Berücksichtigung der Bewertungsmodifikationskonstanten aktiviert haben.

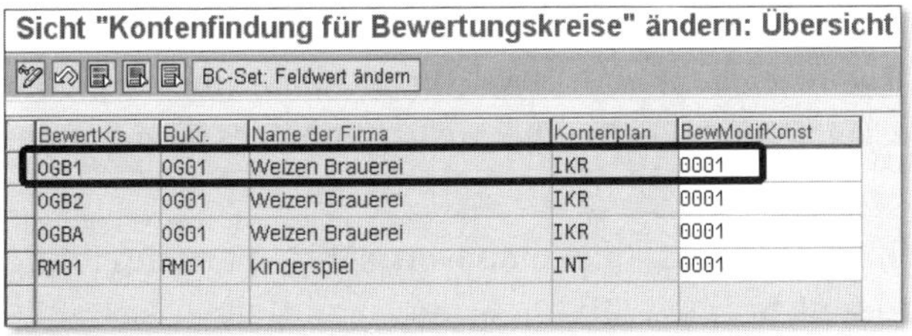

BewertKrs	BuKr.	Name der Firma	Kontenplan	BewModifKonst
OGB1	OG01	Weizen Brauerei	IKR	0001
OGB2	OG01	Weizen Brauerei	IKR	0001
OGBA	OG01	Weizen Brauerei	IKR	0001
RM01	RM01	Kinderspiel	INT	0001

Abbildung 15.33 Ermittlung der Bewertungsmodifikationskonstanten

15.4.3 Vorgangsschlüssel zur Bewegungsart

Nun sind Ihr Kontenplan und die Bewertungsmodifikationskonstante geklärt. Der dritte Schritt besteht darin, einen *Vorgangsschlüssel* in die Kontenfindung einfließen zu lassen. Der Vorgangsschlüssel ist von SAP fest definiert. Sie haben hier keine Möglichkeit, eigene Vorgangsschlüssel anzulegen. Zu jeder Bewegungsart und zu jedem Vorgang in der Rechnungsprüfung existieren Buchungssätze, die Sie verallgemeinern können. Diese Verallgemeinerung drückt sich in den Vorgangsschlüsseln aus. Für Bestandsbuchungen ist der Vorgangsschlüssel »BSX« vorgesehen.

15.4.4 Schlüssel zum Buchungsvorgang

Zu diesem Vorgangsschlüssel in Kombination mit der Bewegungsart wird nun ein weiterer Schlüssel benötigt. Es ist der Schlüssel für den jeweiligen *Buchungsvorgang*. Diese Schlüssel sind vorgegeben und sollten nicht verändert werden.

Für einen Warenabgang aus dem Bestand wäre der Buchungsschlüssel »99«, für einen Warenzugang »89«. Kosten werden über die Schlüssel »81« und »91« definiert. Es werden immer zwei Schlüssel definiert, einen für die Soll- und einen für die Haben-Buchung.

15.4.5 Kontomodifikation

Da bei einer Warenausgangsbuchung nicht ganz klar ist, welches Gegenkonto zum Bestandskonto herangezogen werden soll, ist es erforderlich, zu dem Buchungsvorgang ein weiteres Kennzeichen hinzuzunehmen: die *Kontomodifikation*. Eine Ausbuchung aus dem Bestand geht zwar in der Regel gegen ein Bestandsveränderungskonto, aber bei einer Verschrottung beispielsweise wird ein anderes Gegenkonto herangezogen. Bei einer Konsignationsentnahme ist die Gegenbuchung auf eine Konsignationsverbindlichkeit durchzuführen. Die Kontomodifikation hängt von folgenden Kriterien ab:

1. von der Bewegungsart

2. vom Sonderbestandskennzeichen, z.B. »W« für Auslieferung aus dem Kundenkonsignationslager oder »E« für eine Auslieferung aus dem Kundeneinzelbestand

3. vom Kennzeichen, ob im Materialstamm eine wertmäßige Fortschreibung durchgeführt wird oder nicht

4. vom Kennzeichen, ob im Materialstamm eine mengenmäßige Fortschreibung durchgeführt wird oder nicht

5. vom Bewegungskennzeichen, z. B. »L«, wenn die WA-Buchung aus einem Lieferbeleg erfolgt

6. vom Kennzeichen, ob eine Verbrauchsbuchung vorliegt (in der Regel ist dies das Kennzeichen »V«)

7. vom Buchungsstring für die Werte (in der Regel »WA01« oder »WA03«)

8. vom Vorgangsschlüssel, z. B. »GBB« oder »PRD«

Technische Informationen zur Ermittlung der Kontomodifikation

▶ Feldlänge: 3-stellig

▶ Menüpfad im Customizing: MATERIALWIRTSCHAFT • BEWERTUNG UND KONTIERUNG • KONTENFINDUNG • KONTENFINDUNG OHNE ASSISTENT • KONTOMODIFIKATION FÜR BEWEGUNGSARTEN FESTLEGEN

▶ Eigene Transaktion: OMWN

▶ Tabelle: T156X

Sie stellen die Kontomodifikation über das Customizing ein (siehe Abbildung 15.34).

Sicht "Kontomodifikation" ändern: Übersicht

Bw	S	Wertfort	MngFort	Bew	Vbr	Wertestrg	Cn	VSchl	KontoModif	P
601		☑	☑	L		WA01	2	GBB	VAX	☑
601		☑	☑	L		WA01	3	PRD	PRA	☑
601		☑	☑	L	E	WA01	2	GBB	VKA	☑
601		☑	☑	L	E	WA01	3	PRD	PRA	☐
601		☑	☑	L	P	WA01	2	GBB	VKA	☑
601		☑	☑	L	P	WA01	3	PRD	PRA	☐
601		☑	☑	L	V	WA01	2	GBB	VAY	☑
601		☑	☑	L	V	WA01	3	PRD	PRA	☐
601	E	☑	☑			WA01	2	GBB	VAX	☑
601	E	☑	☑			WA01	3	PRD	PRA	☐
601	E	☑	☑	L		WA01	2	GBB	VAX	☑

Abbildung 15.34 Ermittlung der Kontomodifikation

15.4.6 Bewertungsklasse je Material

Die letzte Möglichkeit, auf die Kontenfindung Einfluss zu nehmen, besteht durch das Material selbst. Sie können dem Material eine *Bewertungsklasse* zuordnen und damit die Kontenfindung beeinflussen (siehe Abbildung 15.35). Ihre wertmäßigen Bestände führen Sie z. B. bei einer Handelsware sicherlich auf einem anderen Konto als bei einer selbst gefertigten Ware.

Obwohl Sie zur Warenausgangsbuchung den gleichen Vorgangsschlüssel und Buchungsvorgang nutzen, sind doch beide Materialien unterschiedlich zu behandeln.

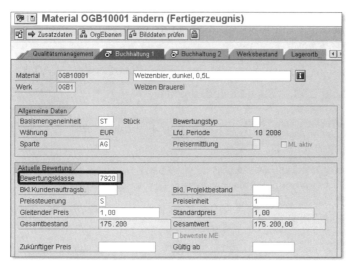

Abbildung 15.35 Bewertungsklasse im Materialstamm

15.4.7 Kontenfindung konfigurieren

Diese Einstellung nehmen Sie im Customizing vor. Sie starten diese Funktion über die Transaktion OMWB.

Technische Informationen zur Konfiguration Ihrer Kontenfindung

▶ Menüpfad im Customizing: MATERIALWIRTSCHAFT • BEWERTUNG UND KONTIERUNG • KONTENFINDUNG • KONTENFINDUNG OHNE ASSISTENT • AUTOMATISCHE BUCHUNGEN EINSTELLEN

▶ Eigene Transaktion: OMWB

Unter Umständen werden Ihnen zu Beginn fehlerhafte Bewertungskreise angezeigt. Ist dies der Fall, überspringen Sie diese fehlerhaften Bewertungskreise mit dem Button ABBRECHEN. Ist Ihre Anzeige nun fehlerfrei, klicken Sie auf den Button [Kontierung]. Es werden Ihnen jetzt alle Vorgangsschlüssel angezeigt (siehe Abbildung 15.36).

Setzen Sie den Cursor auf den Vorgangsschlüssel »BSX«, und klicken Sie auf das Icon ⎙. Sie werden nun aufgefordert, Ihren KONTENPLAN einzugeben. Drücken Sie danach die [Enter]-Taste, und Sie gelangen zu den Sachkonten (siehe Abbildung 15.37).

Konfiguration Buchhaltung pflegen : Autom. Buchungen - Vorgänge

Gruppe RMK Buchungen der Materialwirtschaft (MM)

Vorgänge

Bezeichnung	Vorgang	Kontenfindung
Deltabuchung zum Bestand	BSD	☑
Bestandsveränderung	BSV	☑
Bestandsbuchung	BSX	☑
Nachbewertung sonstiger Verbräuche	COC	☑
Delkredere	DEL	☑
Kleindifferenzen Materialwirtschaft	DIF	☑
Einkaufskonto	EIN	☑
Einkaufsgegenkonto	EKG	☑
Frachtverrechnung	FR1	☑
Frachtrückstellung	FR2	☑
Zollverrechnung	FR3	☑
Zollrückstellung	FR4	☑
Frachteinkaufskonto	FRE	☑
Fremdleistung	FRL	☑
Fremdleistungen Nebenkosten	FRN	☑
G01 < fehlt >	G01	☑
G02 < fehlt >	G02	☑
G04 < fehlt >	G04	☑
Gegenbuchung zur Bestandsbuchung	GBB	☑
Kontierte Bestellung	KBS	☐

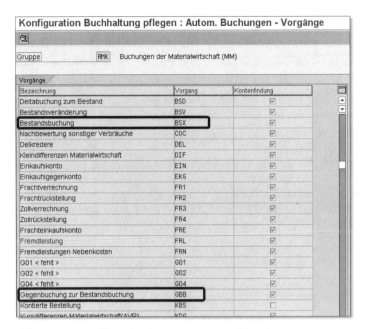

Abbildung 15.36 Übersicht über alle Vorgangsschlüssel

Konfiguration Buchhaltung pflegen : Autom.

Buchungsschlüssel | Vorgänge | Regeln

Kontenplan IKR Industriekontenrahmen

Vorgang BSX Bestandsbuchung

Kontenzuordnung

Bewertungs...	Bewertungs...	Konto
0001	3000	200000
0001	3001	200010
0001	3030	202000
0001	3031	203000
0001	3040	204000
0001	3050	205000
0001	3100	220000
0001	7900	210000
0001	7920	220000

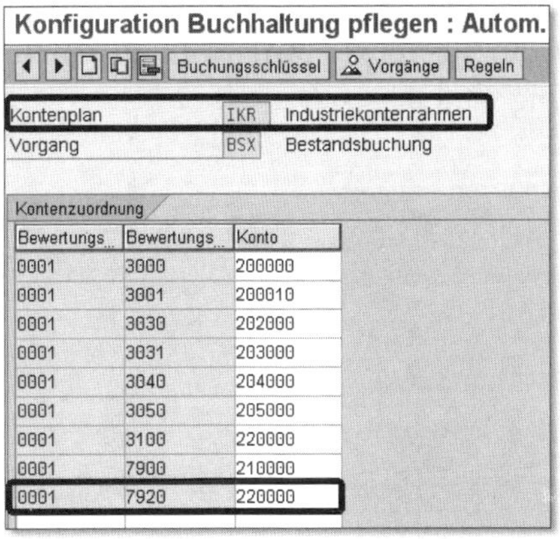

Abbildung 15.37 Übersicht über die Sachkontenfindung in Abhängigkeit von der Bewertungsklasse

In meinem Beispiel aus Abbildung 15.5 entnehmen Sie das Material mit der Nummer »OGB10001«. Nehmen Sie nun den Materialstammsatz auf der Registerkarte BUCHHALTUNG 1 in Augenschein. Dort befindet sich das Feld BEWERTUNGSKLASSE (siehe Abbildung 15.35).

Mit dieser Bewertungsklasse »7920« suchen Sie jetzt in Abbildung 15.37 das dazugehörige Konto »220000«.

15.4.8 Buchhaltungsbeleg

Den *Buchhaltungsbeleg* selbst können Sie einsehen, indem Sie von Ihrem Materialbeleg aus auf den Button [RW-Belege…] klicken (siehe Abbildung 15.5). Sie erhalten unter Umständen ein Popup. Markieren Sie in diesem Fall den Buchhaltungsbeleg, und klicken Sie auf das Icon [🔍]. Sie erhalten anschließend den Beleg aus dem Rechnungswesen (siehe Abbildung 15.38).

Abbildung 15.38 Beleg aus dem Rechnungswesen zur Warenausgangsbuchung

Hier finden Sie auch das Bestandskonto »220000« wieder. Hätten Sie in Abbildung 15.36 einen Doppelklick auf den Vorgangsschlüssel »GBB« (Gegenbuchung zur Bestandsbuchung) durchgeführt, wären Sie zu einem anderen Bild gekommen (siehe Abbildung 15.39).

Bewertungs	Allg. Modifik	Bewertungs	Soll	Haben
0001	VAX	3040	600020	600020
0001	VAX	3050	600020	600020
0001	VAX	3100	600020	600020
0001	VAX	7900	524000	524000
0001	VAX	7920	524000	524000
0001	VAY	3000	600000	600000
0001	VAY	3001	600010	600010

Abbildung 15.39 Kontenfindung für die Gegenbuchung

Aus Abbildung 15.34 entnehmen Sie die Modifikation »VAX«, die sich hauptsächlich aus der Bewegungsart »601« und dem Vorgang »GBB« zusammensetzt. Verfolgen Sie nun diese Kontomodifikation »VAX« gemeinsam mit der Bewertungsklasse aus dem Materialstamm in der Kontenfindung, gelangen Sie zu dem Konto »524000«.

15.4.9 Kontenfindungssimulation

Zum Schluss zeige ich Ihnen noch die Funktion der *Kontenfindungssimulation*. Starten Sie wieder das Customizing oder die Transaktion OMWB. Klicken Sie anstatt auf den Button [Kontierung] auf [Simulation]. Geben Sie nun Ihr WERK, Ihre MATERIALNUMMER und die BEWEGUNGSART »601« ein. Setzen Sie den Cursor auf »WL WarenausLieferung«, und klicken Sie auf den Button [Auswählen]. Klicken Sie anschließend auf den Button [Kontierungen]. Sie erhalten nun eine exakte Analyse der Sachkontenfindung für das vorgegebene Material (siehe Abbildung 15.40).

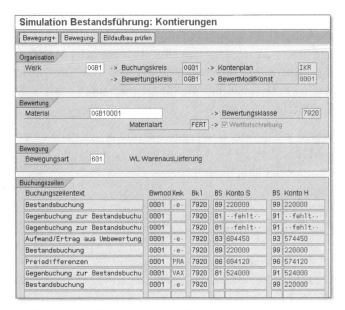

Abbildung 15.40 Übersicht über die Kontensimulation

Diese Funktion kann manchmal recht hilfreich sein, wenn es zum Zeitpunkt der Warenausgangsbuchung in der Sachkontenfindung zu Fehlern kommt.

15.5 Zusammenfassung

Ich habe Ihnen in diesem Kapitel erklärt, wie Sie die Warenausgangsbuchung für Ihre Lieferbelege durchführen können. Hier wird zwischen der manuellen einzelnen WA-Buchung pro Lieferbeleg und dem Sammelgang aus einer Selektion heraus unterschieden. Sie können die Lieferbelege aber auch über einen Batch-Job selektieren und darüber den Warenausgang buchen.

Jede Buchung kann auch storniert werden, und so verhält es sich auch mit der Warenausgangsbuchung. Worauf zu achten ist und wie sie durchgeführt wird, habe ich Ihnen im zweiten Abschnitt dieses Kapitels vorgestellt.

Eine Funktion, die vor der Warenausgangsbuchung ausgeführt wird, ist der nachträgliche Liefersplit. Mit dieser Funktion sind allerdings einige Grundvoraussetzungen verknüpft. Darüber hinaus können Sie bei der Durchführung eines nachträglichen Liefersplits recht komplizierte Splitprofile, also Regeln zum Verhalten des Systems, anlegen, die ich Ihnen hier nicht alle bis ins Detail vorstellen konnte. Sie haben jedoch anhand eines kurzen Beispiels stellvertretend die Wirkungsweise eines Liefersplits kennengelernt.

Abschließend bin ich noch auf die Kontenfindung eingegangen. Da es sich hierbei jedoch um eine Funktion aus der Finanzbuchhaltung bzw. Materialwirtschaft handelt, die nicht direkt mit dem Versand und Transport Ihrer Materialien zu tun hat, habe ich Ihnen nur die für Sie relevanten Merkmale der Kontenfindung vorgestellt.

Im letzten Kapitel widmen wir uns der Gefahrgutabwicklung. Ich gebe Ihnen dort einen kurzen Überblick über die Funktionen der Gefahrgutabwicklung, die Sie für Ihre Transportabwicklung benötigen.

Versenden Sie Gefahrgüter, müssen Sie gesetzliche Vorschriften und Regeln einhalten. Wie Sie diese Vorschriften und Regeln in das SAP-System bekommen und wie Sie sie anwenden, zeige ich Ihnen in diesem Kapitel.

16 Gefahrgutabwicklung

Versenden Sie Ihre Materialien gemäß der gültigen Gefahrgutverordnung als Gefahrgüter, müssen Sie bestimmte Vorschriften beachten und Regeln einhalten. Die Gefahrgutverordnung selbst ist ein umfangreiches Werk, daher kann ich sie Ihnen in diesem Kapitel nicht in allen Einzelheiten vorstellen. SAP hat jedoch eine Lösung erarbeitet, mit der Sie diese Regeln größtenteils abbilden und berücksichtigen können. Es handelt sich hierbei um eine offene Lösung, d.h., Sie müssen die Regeln, die Sie benötigen, selbst in Funktionsbausteinen entwickeln und in das Gesamtkonzept der Komponente *SAP EHS Management* (SAP Environment, Health, and Safety Management) einbetten.

Bevor ich in diesen Prozess der Gefahrgutprüfungen einsteige, muss ich Ihnen einige Begriffe aus der Gefahrgutverordnung in Verbindung mit der SAP-Nomenklatur vorstellen, damit Sie diese Prozesse in den Liefer- und Transportbelegen leichter nachvollziehen können. Zu Ihrem besseren Verständnis beschreibe ich zudem kurz die Ausdrucke, die beim Transport von Gefahrgütern erstellt werden müssen, und erläutere Ihnen, von welchen Kriterien diese abhängen.

Die Abwicklung von Tankwagen wird im Übrigen von SAP EHS Management nicht unterstützt.

16.1 Gefahrgutstammdaten

Die *Gefahrgutverordnung* regelt und schreibt vor, was für die Beförderung von Gefahrgütern zu beachten ist. Um diese Regeln und Vorschriften im SAP-System umzusetzen, müssen Sie Ihre Gefahrgüter beschreiben oder klassifizieren. Hierzu sind Gefahrgutstammdaten erforderlich, die diese

Kennzeichen und Eigenschaften (auch *Stoffeigenschaften* genannt) für Ihr Material übernehmen. Den Gefahrgutstammsatz habe ich Ihnen bereits kurz in Abschnitt 3.5, »Gefahrgutstammdaten«, vorgestellt.

So regelt die Gefahrgutverordnung, ab welchen Mengen in welchen Gebinden ein Material als Gefahrgut zu deklarieren ist (Kleinstmengenregel), ob das Material für bestimmte Versandarten (Straße, Seeverkehr, Luftverkehr) überhaupt zulässig ist, welche Deklaration auf die Versandpapiere gedruckt werden muss, wie Paletten, Container, Lkws gekennzeichnet werden müssen usw.

16.1.1 Gültigkeitsraum

Die Gefahrgutverordnung ist ein nationales Gesetz, d. h., jedes Land hat eine eigene Gefahrgutverordnung. Um aber eine Harmonisierung zwischen den Ländern zu erreichen, haben sich viele Länder auf eine Gefahrgutverordnung einigen können. Um also diesen zwischen den Ländern vereinbarten Verordnungen gerecht zu werden, wurde der Begriff *Gültigkeitsräume* eingeführt. Diese Gültigkeitsräume müssen Sie im Customizing definieren.

Technische Informationen zum Gültigkeitsraum

▸ Menüpfad im Customizing: ENVIRONMENT, HEALTH & SAFETY • GEFAHRGUTABWICKLUNG • GRUNDDATEN UND STAMMDATEN • GEMEINSAME EINSTELLUNGEN • GÜLTIGKEITSRÄUME FESTLEGEN

▸ Eigene Transaktion: CGC1

▸ Tabellen: TCG91 (Gültigkeitsräume, Gültigkeitsraumtyp »REGION«), TCG92 (sprachenabhängige Bezeichnung der Gültigkeitsräume) und TCG93 (Zuordnung Länder zu Gültigkeitsräumen)

Starten Sie das Customizing. Sie erhalten zunächst eine Übersicht über die bereits angelegten Gültigkeitsräume (siehe Abbildung 16.1).

Abbildung 16.1 Pflege der Gültigkeitsräume

Möchten Sie eine neue Vorschrift anlegen, klicken Sie auf den Button
`Neue Einträge` . Für die Belange der Gefahrgutabwicklung geben Sie unter Gül-
trTyp »REGION« ein. Geben Sie ebenfalls den neuen Gültigkeitsraum und
eine Bezeichnung ein. Markieren Sie nun die Zeile mit der gewünschten Vorschrift (Spalte Gültraum). Doppelklicken Sie auf den Ordner Gültigkeits-
raum/Land Zuordnung. Sie erhalten nun die einzelnen Länder, die zu dieser ausgewählten Vorschrift gehören. Auch hier gilt, wenn Sie neue Einträge
anlegen möchten, müssen Sie zuerst auf den Button `Neue Einträge` klicken. Die
Gültigkeitsräume umfassen also geografisch gesehen eine Gruppe von Ländern oder Regionen, die eine eigene Gefahrgutabwicklung unterhalten. Gültigkeitsräume können sich über Länder, aber auch Bundesländer bzw. Regionen erstrecken.

Sie müssen also prinzipiell für jeden dieser Gültigkeitsräume Gefahrgutdaten
erfassen. Hierbei prüft das System, ob ein bestimmtes Land in mehreren Gültigkeitsräumen vorhanden ist oder nicht. Einmal genutzte Gefahrguträume
dürfen Sie nicht mehr löschen. Ist ein Land ein zweites Mal in einer Gruppe
vertreten, erhalten Sie eine Fehlermeldung.

16.1.2 Verkehrsträgertyp

Ein weiteres Steuerungskennzeichen in der Gefahrgutabwicklung ist der
Verkehrsträgertyp. Er sagt letztendlich aus, mit welchem Verkehrsträger Sie
Ihre Materialien verschicken. Über einen *Basisverkehrsträgertyp* können Sie
alle Verkehrsträgertypen zusammenfassen, um den Pflegeaufwand möglichst
gering zu halten.

Technische Informationen zum Verkehrsträgertyp

▸ Menüpfad im Customizing: Environment, Health & Safety • Gefahrgutabwicklung • Grunddaten und Stammdaten • Gemeinsame Einstellungen • Verkehrsträgertyp festlegen

▸ Eigene Transaktion: –

▸ Tabellen: THM151 und THM152 (sprachenabhängige Bezeichnung)

Unterscheiden Sie z. B. nach mehreren Verkehrsträgern (Thermowagen, Sat-
telschlepper usw.), pflegen Sie diese hier ein und ordnen sie dem Basisverkehrsträgertyp »01« (Straße) zu. Die gültigen Basisverkehrsträgertypen sehen
Sie in Abbildung 16.2 im Pflegebild.

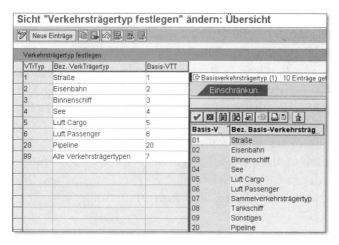

Abbildung 16.2 Verkehrsträgertypen und die gültigen Basisverkehrsträgertypen

Der Verkehrsträger hat einen großen Einfluss auf die Gefahrgutabwicklung, da es unterschiedliche Gefahrgutverordnungen gibt. Die Verordnung für die Straße (ADR) enthält andere Regeln und Bestimmungen als die für den Luftverkehr. Und sogar hier wird unterschieden, ob es sich um ein Passagierflugzeug (Vorschrift IATA-P) oder um ein Frachtflugzeug (Vorschrift IATA-C) handelt. Ich verweise auch in diesem Fall auf Abschnitt 3.5, »Gefahrgutstammdaten«.

16.1.3 Stammdatenpflege

Grundsätzlich müssen für die Gefahrgutabwicklung die Stammdaten akribisch genau gepflegt werden. Es könnte fatale Folgen haben, wenn Sie für Ihre Materialien falsche Deklarationen auf Ihre Lieferpapiere drucken. Die Gefahrgutdaten werden im Gefahrgutstammsatz abgelegt.

Transaktionscodes	
DGP1:	Anlegen des Gefahrgutstammsatzes
DGP2:	Ändern des Gefahrgutstammsatzes
DGP3:	Anzeigen des Gefahrgutstammsatzes
DGR1:	Auflisten aller Gefahrgutstammsätze

Wenn Sie die Gefahrgutstammdaten aufrufen, müssen Sie als Schlüsseldefinition nicht nur die Materialnummer, sondern auch die *Vorschrift* angeben. In Abbildung 16.3 habe ich Ihnen zusätzlich die im SAP-System vorhandenen Vorschriften aufgelistet.

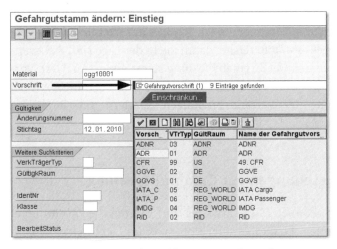

Abbildung 16.3 Einstieg in die Gefahrgut-Stammdatenpflege

Die Vorschrift ist über das Customizing an einen Verkehrsträger und an den Gültigkeitsraum gebunden.

Technische Informationen zur Gefahrgutvorschrift

▸ Feldlänge: 12-stellig

▸ Menüpfad im Customizing: Environment, Health & Safety • Gefahrgutabwicklung • Grunddaten und Stammdaten • Gemeinsame Einstellungen • Gefahrgutvorschrift festlegen

▸ Eigene Transaktion: HMCR

▸ Tabelle: THM063

Somit ist der Gefahrgutstammsatz direkt einem Verkehrsträger und einem Gültigkeitsraum zugeordnet. Der Stammsatz enthält eine Fülle von Informationen, die das Gefahrgut beschreiben. Sie werden benötigt, um die erforderlichen Prüfungen im Rahmen der Gefahrgutverordnung durchzuführen und vollständige Informationen auf die Versanddokumente zu drucken. Gefahrgutdaten sind auch in den EDI-Nachrichten enthalten, die Sie mit Ihrem Geschäftspartner austauschen. Sollten diese Informationen, die Ihnen das SAP-Standardsystem anbietet, nicht ausreichen, können Sie den Gefahrgutstammsatz um eigene Felder erweitern. Hierzu richten Sie eigene Registerkarten ein, auf denen die zusätzlichen Felder gepflegt werden können.

Da SAP EHS Management nicht nur die Gefahrgutabwicklung für Transporte abwickelt, sondern auch die Bereiche der Produktsicherheit, des Gefahrstoffmanagements, des Abfallmanagements, der Arbeitsmedizin und des Arbeitsschutzes abdecken muss, können Sie sich vorstellen, dass EHS eine mächtige und kaum überschaubare Komponente ist. Ich beschränke mich daher ausschließlich auf die wichtigsten Bereiche, damit Sie in der Lage sind, bei eventuellen Fehlerfällen in der Gefahrgutabwicklung selbst einige Analysen vornehmen zu können. Sehr oft liegt die Pflege dieser Daten noch nicht einmal in der Verantwortung der Versandabteilungen, sondern unterliegt dem Gefahrgutbeauftragten.

16.2 Grundeinstellungen zur Gefahrgutprüfung

Gefahrgutprüfungen können Sie entweder im Vertriebsbeleg (Anfrage, Angebot, Kundenauftrag, Lieferplan oder Kontrakt), im Lieferbeleg oder im Transportbeleg durchführen. Sie dienen dazu zu prüfen, ob Ihr Vertriebsbeleg gemäß den Gefahrgutbestimmungen für einen bestimmten Verkehrsträger und für die entsprechenden Länder (Abgangs-, Zielland und Transitländer) durchgeführt werden darf. Hierzu sind Prüfregeln zu hinterlegen. Diese Prüfregeln sind unabhängig davon, ob es sich um einen Vertriebs-, Liefer- oder Transportbeleg handelt.

16.2.1 Aktivierung der Gefahrgutprüfung

Um die Gefahrgutprüfung mit ihren Regeln zu aktivieren, sind einige Schritte notwendig. Im ersten Schritt muss die Gefahrgutprüfung generell aktiviert werden.

Technische Informationen zur Aktivierung der Gefahrgutprüfung

▸ Menüpfad im Customizing: Environment, Health & Safety · Gefahrgutabwicklung · Gefahrgutprüfungen und Gefahrgutpapiere/EDI · Gefahrgutprüfungen · Gefahrgutprüfungen aktivieren

▸ Eigene Transaktion: DGA1

▸ Tabelle: TDGA1

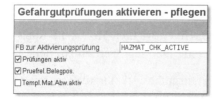

Abbildung 16.4 Aktivierung der Gefahrgutprüfung

Hier wird lediglich eingestellt, welcher Funktionsbaustein (FB ZUR AKTI-VIERUNGSPRÜFUNG) aufgerufen werden und die Durchführung der Gefahrgutprüfung entscheiden soll (siehe Abbildung 16.4). Tragen Sie hier den SAP-Standardbaustein ein, oder programmieren Sie einen eigenen Funktionsbaustein, den Sie hier eintragen. Aktivieren Sie die Prüfung in der Checkbox PRÜFUNGEN AKTIV. Sollen alle Positionen im Lieferbeleg an die Gefahrgutprüfung übergeben werden, lassen Sie die Checkbox PRUEFREL. BELEGPOS. frei. Setzen Sie diese Checkbox, wenn nur die Materialien geprüft werden sollen, die ein Gefahrgutkennzeichenprofil besitzen (siehe Abschnitt 16.3, »Gefahrgutprüfung im Lieferbeleg«). Sie pflegen dieses Profil auf der Registerkarte GRUNDDATEN 2 im Feld GEFAHRGKENNZPROFIL ein (siehe Abbildung 16.5). Setzen Sie die Checkbox TEMPL.MAT.ABW.AKTIV, wenn Sie die Gefahrgutprüfung einmalig über ein Material durchführen möchten. Diese Variante werde ich hier allerdings nicht weiter betrachten.

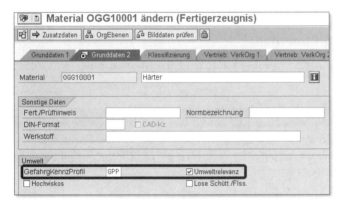

Abbildung 16.5 Gefahrgutrelevanz im Materialstamm

16.2.2 Funktionsbausteine zur Gefahrgutprüfung aktivieren

Im zweiten Schritt müssen Sie sich entscheiden, ob Sie die Gefahrgutprüfungen mit eigenen Funktionsbausteinen durchführen oder ob Sie den SAP-Standard nutzen möchten. Ich gehe im Folgenden auf den SAP-Standard ein.

Es werden insgesamt fünf Funktionsbausteine angeboten:

1. HAZMAT_CHK_VARIOUS prüft die Belege auf Vollständigkeit. Fehlen Informationen, um die Gefahrgutprüfung durchzuführen, wird bereits an dieser Stelle ein Fehler ausgegeben. Mehr zu den notwendigen Informationen erfahren Sie in den Abschnitten 16.3, »Gefahrgutprüfung im Lieferbeleg«, und 16.4, »Gefahrgutprüfung im Transportbeleg«.

2. HAZMAT_CHK_MOT prüft für den entsprechenden Verkehrsträgertyp, ob der Transport überhaupt zulässig ist. Hierzu gibt es ein Kennzeichen in den Gefahrgutstammdaten. Sie finden es auf der Registerkarte KLASSIFIZIERUNG im Feld TRTN.ZUL. (Transport nicht zulässig).

3. HAZMAT_CHK_PIH betrifft Inhalationstoxische Stoffe (Gase und Flüssigkeiten der Verpackungsstufe I). Dieser Funktionsbaustein prüft hierzu das Feld HAZD.ZONE (Hazard Zone) auf der Registerkarte AUSNAHMEN. Diese Regelung betrifft jedoch nur die Vorschrift 49 des Code of Federal Regulations (CFR-49, US-amerikanische Gefahrguttransport-Vorschriften).

4. DG63_CHK_INIT_HEADER dient lediglich als Initialisierungsbaustein für die Kopfprüfmethoden (z. B. Zusammenladeprüfungen). Dieser Funktionsbaustein muss in der Reihenfolge vor den Prüfmethoden stehen.

5. DG63_CHK_MLOAD überprüft ausschließlich, ob Materialien zusammen verladen werden dürfen.

16.2.3 Gefahrgutprüfmethode

Im dritten Schritt ordnen Sie diesen Funktionsbausteinen eine *Gefahrgutprüfmethode* zu.

Technische Informationen zur Gefahrgutprüfmethode

▸ Menüpfad im Customizing: ENVIRONMENT, HEALTH & SAFETY • GEFAHRGUTABWICKLUNG • GEFAHRGUTPRÜFUNGEN UND GEFAHRGUTPAPIERE/EDI • GEFAHRGUTPRÜFUNGEN • GEFAHRGUTPRÜFMETHODE FESTLEGEN

▸ Eigene Transaktion: –

▸ Tabellen: TDGA5 und TDGA6 (sprachenabhängige Bezeichnung)

Nutzen Sie eigene Funktionsbausteine, müssen Sie hier die notwendigen Einträge vornehmen (siehe Abbildung 16.6).

Sicht "Gefahrgutprüfmethoden festlegen" ändern: Übersicht

Prüfmeth	Bezeichnung Gefahrgut-Prüfmethode	Funktionsbaustein	PMArt
1	ALLGEMEINE PRÜFUNGEN	HAZMAT_CHK_VARIOUS	
2	ZULÄSSIGKEIT DES VERKEHRSTRÄGERTYPS	HAZMAT_CHK_MOT	
3	POISONOUS BY INHALATION	HAZMAT_CHK_PIH	
4	INITIALISIERUNGSBAUSTEIN FÜR KOPFPRÜFMETHODE	DG63_CHK_INIT_HEADER	03
5	ZUSAMMENLADEPRÜFUNGEN	DG63_CHK_MLOAD	02

Abbildung 16.6 Zuordnung der Gefahrgutprüfmethode zum Funktionsbaustein

Die *Prüfmethodenart* (Spalte PMArt) sagt lediglich aus, ob es sich um eine Kopfprüfmethode (Methode »02«), um eine Kopfinitialisierungsmethode (Methode »03«) oder um eine Kennzeichenermittlung im Rahmen der Gefahrgutpapiere/EDI (Methode »01«) handelt.

16.2.4 Verwendungsprofil

Der vierte Schritt ist die Festlegung eines *Verwendungsprofils*. Hier geben Sie an, wann eine Prüfmethode durchgeführt werden soll. So ist es sinnvoll, die Prüfmethode 03 für die Vorschrift CFR-49 nur für das Land USA durchzuführen. Geben Sie zu einer Prüfmethode kein Verwendungsprofil vor, wird die Prüfmethode immer durchgeführt.

Technische Informationen zur Gefahrgutprüfmethode

▸ Menüpfad im Customizing: ENVIRONMENT, HEALTH & SAFETY · GEFAHRGUTABWICKLUNG · GEFAHRGUTPRÜFUNGEN UND GEFAHRGUTPAPIERE/EDI · GEFAHRGUTPRÜFUNGEN · VERWENDUNGSPROFILE FÜR GEFAHRGUTPRÜFMETHODEN FESTLEGEN

▸ Eigene Transaktion: –

▸ Tabelle: TDGA7

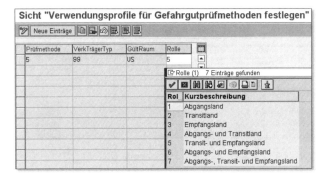

Abbildung 16.7 Zuordnung von Verwendungsprofilen zu den Prüfmethoden

Abbildung 16.7 zeigt eine Zuordnung. Sie ordnen der Prüfmethode einen Verkehrsträger und einen Gültigkeitsraum zu, bei denen diese Prüfung durchgeführt werden soll. Eine besondere Rolle nimmt der Gültigkeitsraum ein. Sie müssen festlegen, ob der angegebene Gültigkeitsraum dem Abgangsland, den Transitländern, dem Zielland oder einer Kombination aus den drei Ländertypen zugeordnet ist, welche Rolle also der Gültigkeitsraum einnimmt. Die Möglichkeiten habe ich Ihnen ebenfalls in Abbildung 16.7 dargestellt.

16.2.5 Gefahrgutprüfschema

Im fünften Schritt legen Sie ein *Gefahrgutprüfschema* fest. Hier definieren Sie, in welcher Reihenfolge die einzelnen Prüfmethoden durchlaufen werden sollen und welche Systemreaktion auszuführen ist.

Technische Informationen zum Gefahrgutprüfschema

▸ Feldlänge: 5-stellig

▸ Menüpfad im Customizing: ENVIRONMENT, HEALTH & SAFETY • GEFAHRGUTABWICK-LUNG • GEFAHRGUTPRÜFUNGEN UND GEFAHRGUTPAPIERE/EDI • GEFAHRGUTPRÜFUNGEN • GEFAHRGUTPRÜFSCHEMAS FESTLEGEN

▸ Eigene Transaktion: –

▸ Tabellen: TDGB1 (Prüfschema), TDGB2 (sprachenabhängige Beschreibung) und TDGB3 (Zuordnung von Prüfschema zur Prüfmethode)

Wenn Sie das Customizing starten, erhalten Sie zunächst eine Übersicht über die bereits angelegten Prüfschemata. Detailinformationen zum Prüfschema erhalten Sie erst, wenn Sie ein Prüfschema markieren und anschließend auf den Ordner ZUORD. PRÜFSCHEMA/PRÜFMETHODEN doppelklicken (siehe Abbildung 16.8).

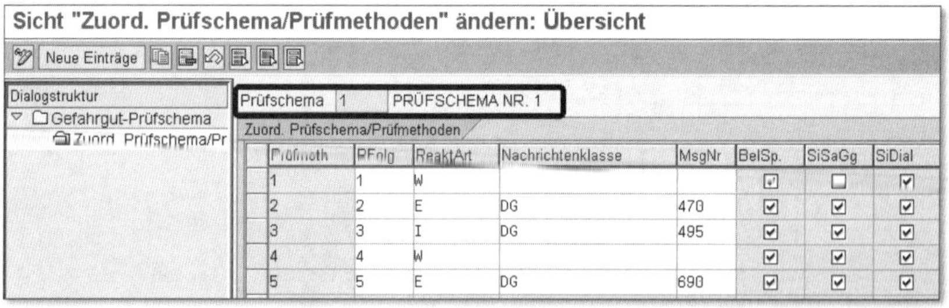

Abbildung 16.8 Zuordnung von Prüfmethoden zu einem Prüfschema

Die einzelnen Prüfmethoden (siehe Abbildung 16.6) werden jetzt in eine Reihenfolge gebracht. Die Prüfmethode mit dem Funktionsbaustein HAZMAT_CHK_VARIOUS muss in der Reihenfolge an erster Stelle und die Methode mit dem Baustein DG63_CHK_INIT_HEADER in der Reihenfolge vor weiteren Kopfprüfmethoden stehen.

Fällt die Prüfung negativ aus, wurde also aufgrund der Einstellungen und Regeln eine Verletzung der Gefahrgutverordnung festgestellt, können Sie eine bestimmte Nachricht ausgeben, die Sie in den Spalten REAKTART, NACHRICHTENKLASSE und MSGNR vorgeben.

Setzen Sie die Checkbox BELSP., wenn bei negativem Ausgang der Beleg zur weiteren Verarbeitung gesperrt werden soll. Die Checkbox SISAGG (Sichern Sammelgang) sagt aus, ob der negative Beleg trotzdem gesichert werden soll, wenn die Erstellung des Belegs im Hintergrund oder im Sammelgang aufgerufen wurde. Die dritte Checkbox SIDIAL wird gesetzt, wenn trotz negativer Gefahrgutprüfung der Beleg gesichert werden soll, während dieser im Dialog (z. B. VL01N, manuelle Anlage eines einzelnen Lieferbelegs) erstellt wird.

Der sechste Schritt betrifft den Einsatz des Gefahrgutprüfschemas. Hier definieren Sie, getrennt für den Vertriebs-, Liefer- und Transportbeleg, wann welches Schema durchgeführt werden soll. Diesen Punkt beschreibe ich in den Abschnitten 16.3, »Gefahrgutprüfung im Lieferbeleg«, und 16.4, »Gefahrgutprüfung im Transportbeleg«.

Der siebte und letzte Schritt ist die Festlegung der *Gefahrgutprüfschema-Findungsmethode*. Hier legen Sie lediglich fest, für welche Organisationseinheit Sie welchen Funktionsbaustein aufrufen, der die Findungsmethode durchführt. Auch hierauf gehe ich in den Abschnitten 16.3 und 16.4 näher ein.

Sie haben nun die grundlegenden Voraussetzungen geschaffen, um eine Gefahrgutprüfung vorzunehmen. Jetzt müssen Sie Ihre Gefahrstoffstammdaten in der Form pflegen, die eine entsprechende Prüfung ermöglicht. Wie Sie dazu vorgehen, werde ich Ihnen anhand eines Beispiels in Abschnitt 16.3 erläutern.

16.3 Gefahrgutprüfung im Lieferbeleg

Gefahrgutprüfungen können entweder im Verkaufs-, Liefer- oder Transportbeleg durchgeführt werden. In diesem Abschnitt widme ich mich der Gefahrgutprüfung im Lieferbeleg. Um die Prüfung durchzuführen, muss der Gefahrgutstammsatz gelesen werden, der vom Verkehrsträger und vom Gültigkeitsraum abhängt. Wie diese Informationen aus dem Lieferbeleg ermittelt werden und welche Einstellungen notwendig sind, zeige ich Ihnen im zweiten Teil dieses Abschnitts. Im dritten Teil behandle ich einige Beispiele.

16.3.1 Aktivierung der Gefahrgutprüfung für Lieferbelege

Zunächst müssen Sie festlegen, für welche Lieferbelege eine Gefahrgutprüfung durchgeführt werden soll.

> **Technische Informationen zur Zuordnung des Gefahrgutprüfschemas**
>
> ▶ Menüpfad im Customizing: ENVIRONMENT, HEALTH & SAFETY • GEFAHRGUTABWICK-LUNG • GEFAHRGUTPRÜFUNGEN UND GEFAHRGUTPAPIERE/EDI • GEFAHRGUTPRÜFUNGEN • GEFAHRGUTPRÜFSCHEMAS ZUORDNEN
>
> ▶ Eigene Transaktion: –
>
> ▶ Tabellen: TDGB9 für Verkaufsbelege, TDGB5 für Lieferbelege (Versandbelege) und TDGB7 für Transportbelege

Starten Sie das Customizing, und pflegen Sie das Gefahrgutprüfschema für Ihre Verkaufsorganisation, den Vertriebsbelegtyp (»J« = Lieferbeleg, »T« = Rücklieferung) und die Lieferart ein (siehe Abbildung 16.9).

Abbildung 16.9 Aktivierung der Gefahrgutprüfung über das Prüfschema

Ich habe in diesem Beispiel der Verkaufsorganisation (Spalte VKORG) »OGGE«, dem Lieferbelegtyp »J« (Spalte VERBELTYP) und der LIEFERART »LF« das PRÜFSCHEMA »1« zugeordnet.

Im zweiten Schritt müssen Sie die Gefahrgutprüfschema-Findungsmethode für Ihre Versandbelege definieren.

> **Technische Informationen zur Gefahrgutprüfschema-Findungsmethode**
>
> ▶ Menüpfad im Customizing: ENVIRONMENT, HEALTH & SAFETY • GEFAHRGUTABWICK-LUNG • GEFAHRGUTPRÜFUNGEN UND GEFAHRGUTPAPIERE/EDI • GEFAHRGUTPRÜFUNGEN • GEFAHRGUTPRÜFSCHEMA-FINDUNGSMETHODE ZUORDNEN • FÜR VERKAUFS- UND VER-SANDBELEGE ZUORDNEN
>
> ▶ Eigene Transaktion: –
>
> ▶ Tabelle: TDGA3

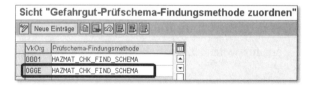

Abbildung 16.10 Zuordnung einer Findungsmethode zur Verkaufsorganisation

Ich habe mich hier für die SAP-Standard-Findungsmethode (PRÜFSCHEMA-FINDUNGSMETHODE »HAZMAT_CHK_FIND_SCHEMA«) entschieden und diese der Verkaufsorganisation »OGGE« (Spalte VKORG) zugeordnet (siehe Abbildung 16.10).

16.3.2 Ermittlung der Daten zur Durchführung der Gefahrgutprüfung

Um nun über das Customizing die richtigen Einstellungen zur Durchführung der Gefahrgutprüfung und auch zur Findung der richtigen Gefahrgutstammdaten im Lieferbeleg sicherzustellen, sind bestimmte Daten im Lieferbeleg erforderlich.

Gefahrgutkennzeichenprofil

Zunächst muss das Material selbst als Gefahrgut deklariert sein. Diese Einstellung nehmen Sie auf der Registerkarte GRUNDDATEN 2 über das *Gefahrgutkennzeichenprofil* vor (siehe Abbildung 16.5).

Technische Informationen zum Gefahrgutkennzeichenprofil

- Feldlänge: 3-stellig
- Menüpfad im Customizing: ENVIRONMENT, HEALTH & SAFETY • GEFAHRGUTABWICKLUNG • GEFAHRGUTPRÜFUNGEN UND GEFAHRGUTPAPIERE/EDI • GEMEINSAME EINSTELLUNGEN • KENNZEICHENPROFILE FÜR MATERIALSTAMM FESTLEGEN
- Eigene Transaktion: –
- Tabellen: TDG41 und TDG42 (sprachenabhängige Bezeichnung)

Im Customizing stellen Sie das Gefahrgutkennzeichenprofil ein (siehe Abbildung 16.11). Ist das Material generell als Gefahrgut zu klassifizieren, setzen Sie die Checkbox in der Spalte GG. Soll das Material in der Gefahrgutprüfung berücksichtigt werden, setzen Sie die Checkbox in der Spalte PRÜ. Setzen Sie schließlich noch die Checkbox PAP, wenn zu diesem Material Gefahrgutinformationen auf die Liefer- und Transportdokumente gedruckt werden müssen.

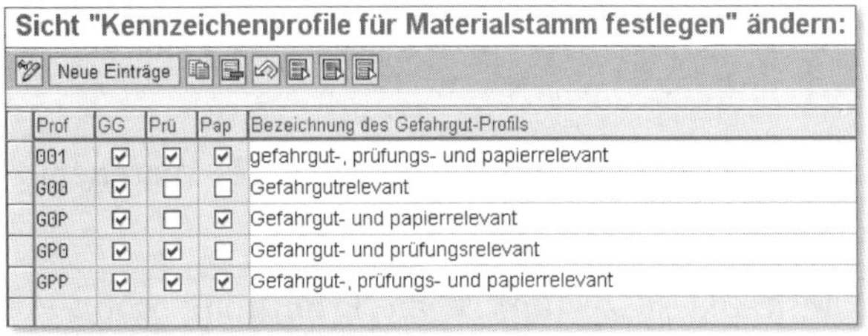
Sicht "Kennzeichenprofile für Materialstamm festlegen" ändern:

Neue Einträge

Prof	GG	Prü	Pap	Bezeichnung des Gefahrgut-Profils
001	☑	☑	☑	gefahrgut-, prüfungs- und papierrelevant
G00	☑	☐	☐	Gefahrgutrelevant
G0P	☑	☐	☑	Gefahrgut- und papierrelevant
GP0	☑	☑	☐	Gefahrgut- und prüfungsrelevant
GPP	☑	☑	☑	Gefahrgut-, prüfungs- und papierrelevant

Abbildung 16.11 Kennzeichenprofile für Gefahrgüter im Materialstamm

Datumsfindung zur Selektion des Gültigkeitszeitraums

Gefahrgutstammdaten haben einen *Gültigkeitszeitraum*. Sehr oft ist dieser unbegrenzt, es gibt aber auch Fälle, in denen die Stammsätze begrenzt gültig sein müssen, da eine Änderung der Gefahrgutverordnung angekündigt wurde. Sie können die Änderungen bereits vorab in das laufende System einstellen und diese neuen Eingaben mit einem entsprechenden Beginn des Gültigkeitszeitraums versehen. Nun müssen Sie noch definieren, mit welchem Datum aus dem Lieferbeleg Sie die Gültigkeit des Gefahrgutsatzes selektieren möchten.

Technische Informationen zur Datumsfindung

- ▸ Menüpfad im Customizing: Environment, Health & Safety • Gefahrgutabwicklung • Gefahrgutprüfungen und Gefahrgutpapiere/EDI • Gemeinsame Einstellungen • Datum für Ermittlung der Gefahrgutstammdaten festlegen
- ▸ Eigene Transaktion: DGCI (Vertriebsbelegtyp »J« für Lieferbelege und »T« für Retouren)
- ▸ Tabelle: TDG43

Starten Sie das Customizing. Geben Sie als Vertriebsbelegtyp »J« für Lieferbelege und »T« für Retouren ein. Anschließend legen Sie mit einem Radiobutton fest, welches Datum zur Selektion der gültigen Gefahrgutstammsätze herangezogen werden soll (z. B. Tagesdatum, Warenausgangsdatum, Kommissionierdatum, Verladedatum oder per User Exit).

Länderermittlung zur Findung des Gültigkeitsraums

Um die Gefahrgutstammdaten lesen zu können, wird ein Gültigkeitsraum benötigt. Dieser hängt vom Land ab; dabei werden drei Typen von Ländern unterschieden: das Abgangsland, die Transitländer und das Zielland. Die Gefahrgutprüfung wird für alle beteiligten Länder zu einem Transport durchgeführt.

Das *Abgangsland* wird aus der Adresse der Versandstelle ermittelt (siehe hierzu auch Abschnitt 2.1.5). Ist die Adresse nicht gepflegt, müssen Sie das Land direkt einpflegen (im Teilbild STANDORT).

Das *Zielland* wird, ebenfalls recht einfach, aus der Adresse des Warenempfängers abgeleitet.

Haben Sie es auch mit *Transitländern* zu tun, ist die Ermittlung schon ein wenig komplizierter und hängt von verschiedenen Kriterien ab. Im ersten

Fall haben Sie in Ihrem Lieferbeleg eine Route mit Routenabschnitten vorgegeben. Sie müssen in diesem Fall eine Transitländertabelle definieren und in der Route die Checkbox TRANSITLÄNDERTABELLE BERÜCKSICHTIGEN setzen (siehe Abbildung 16.12).

Die Transitländertabelle wird über das Customizing gepflegt.

Technische Informationen zur Transitländertabelle

▶ Menüpfad im Customizing: ENVIRONMENT, HEALTH & SAFETY • GEFAHRGUTABWICK-LUNG • GEFAHRGUTPRÜFUNGEN UND GEFAHRGUTPAPIERE/EDI • GEMEINSAME EINSTELLUN-GEN • TRANSITLÄNDER FESTLEGEN

▶ Eigene Transaktion: DGA5

▶ Tabellen: TDGT1 und TDGT2

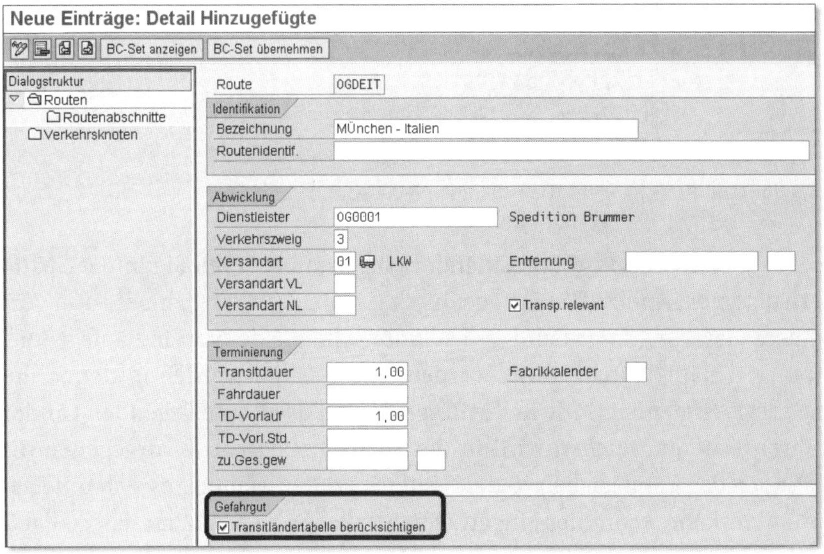

Abbildung 16.12 Checkbox für die Ermittlung von Transitländern

Starten Sie das Customizing. Sie erhalten zunächst eine Übersicht, auf der Sie das Abgangsland und das Zielland vorgeben (siehe Abbildung 16.13).

Abbildung 16.13 Festlegung von Transitländern (Teil 1 von 2)

Sie können dieser Kombination aus Abgangs- und Zielland auch eine bestimmte Route zuordnen. Die Gefahrgutprüfung liest zuerst mit allen drei Kriterien, die aus dem Abschnitt der Route stammen. Wurde kein Eintrag gefunden, wird ohne Route gelesen. Wird auch jetzt kein Eintrag gefunden, werden die Daten aus dem Kopf der Route entnommen und noch einmal mit allen drei Kriterien gelesen. Wurde jetzt wiederum kein Eintrag gefunden, wird erneut ohne Route gelesen.

Haben Sie die zwei oder drei Kriterien eingepflegt, markieren Sie diese Zeile und doppelklicken anschließend auf den Ordner ZUORDNUNG TRANSITLÄN-DER. Sie erhalten ein neues Bild (siehe Abbildung 16.14).

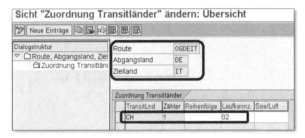

Abbildung 16.14 Festlegung der Transitländer (Teil 2 von 2)

Hier pflegen Sie nun Ihre Transitländer ein. Nummerieren Sie in der Spalte innerhalb eines Landes die Einträge durch (Spalte ZÄHLER), denn es kann vorkommen, dass im Transitland selbst unterschiedliche Versandläufe (Vor-, Haupt-, Nachlauf) durchgeführt werden. Diese Läufe werden in der Spalte LAUFKENNZ. eingepflegt. Die Reihenfolge der auf der Route liegenden Länder mit ihren Laufkennzeichen wird in der Spalte REIHENFOLGE vorgegeben. Es bleibt noch das Kennzeichen in der Spalte SEE/LUFT. Handelt es sich um See- oder Luftverkehr, kann hier eingetragen werden, ob es sich um das Zielland (Kennzeichen »02«) oder Abgangsland (Kennzeichen »01«) für den See- bzw. Luftverkehr handelt.

Pflegen Sie auf diese Weise alle beteiligten Transitländer ein, und sichern Sie anschließend Ihre Eingaben.

Wurden in der Route keine Abschnitte definiert, ist der Fall einfacher. Nun wird generell die Transitländertabelle gelesen, unabhängig davon, ob die Checkbox TRANSITLÄNDERTABELLE BERÜCKSICHTIGEN in der Definition der Route gesetzt ist oder nicht.

Ein Sonderfall in der Ermittlung der Transitländer liegt vor, wenn es sich um einen innerstaatlichen Transport (Abgangs- und Zielland sind gleich) handelt. Die Transitländertabelle wird in diesem Sonderfall nur gelesen, wenn im Routenkopf die Checkbox TRANSITLÄNDERTABELLE BERÜCKSICHTIGEN gesetzt ist.

Ermittlung Versandart zur Findung des Verkehrsträgertyps

Zum Lesen der Gefahrgutstammdaten wird ein weiteres Kriterium benötigt: der Verkehrsträgertyp. Der Verkehrsträgertyp wird in der Versandart definiert (siehe hierzu auch Abschnitt 10.3.1, »Selektion von Lieferbelegen«). Somit muss für die Gefahrgutprüfung die Versandart ermittelt werden. Diese Versandart wird anschließend den Ländern (Abgangs-, Zielland und den Transitländern) zugeordnet.

In der Versandartenfindung gibt es wiederum verschiedene Fälle. Im Fall 1 verwenden Sie in Ihrem Lieferbeleg eine Route mit Abschnitten. Die Transitländer werden ermittelt, wie ich es zuvor beschrieben habe. Gibt es nur einen Abschnitt in der Route, bekommen alle Transitländer die Versandart aus diesem Abschnitt. Ist das Abgangsland aus der Versandstelle nicht gleich dem Abgangsland aus dem Routenabschnitt, bekommt das Abgangsland aus der Versandstelle die Versandart aus dem Routenabschnitt, es sei denn, im Routenkopf wurde für den Vorlauf eine eigene Versandart hinterlegt. Ähnlich verhält es sich mit dem Zielland. Ist das Zielland des Warenempfängers nicht gleich dem Zielland aus dem Routenabschnitt, bekommt das Zielland des Warenempfängers die Versandart aus dem Routenabschnitt zugeordnet, es sei denn, im Routenkopf wurde eine Versandart für den Nachlauf eingepflegt.

Existieren mehrere Abschnitte in der Route, werden die Transitländer den Routenabschnitten zugeordnet. Da jeder Routenabschnitt eine Versandart besitzt, kann somit jedem Transitland die entsprechende Versandart zugeordnet werden. Bei der Ermittlung des Abgangs- und Ziellands läuft der Prozess so ab, als wenn nur ein Routenabschnitt definiert wäre. Nur findet der Vergleich diesmal beim Abgangsland mit dem ersten Abschnitt aus der Route und beim Zielland mit dem letzten Abschnitt aus der Route statt.

Fall 2 befasst sich mit Routen ohne Abschnitte. Stimmen Abgangs- und Zielland überein, geht das SAP-System von einer inländischen Lieferung aus, und das Land bekommt alle Versandarten zugeordnet, die in der Route definiert wurden. Handelt es sich um unterschiedliche Länder, wird von einer grenzüberschreitenden Lieferung ausgegangen.

Das Abgangsland bekommt in diesem Fall die Vorlaufversandart, wenn sie definiert wurde, ansonsten die Hauptlaufversandart. Das Zielland erhält die

Nachlaufversandart. Ist diese nicht gepflegt, erhält das Zielland die Hauptlaufversandart. Die Transitländer bekommen die Versandart aus dem Hauptlauf, es sei denn, die Versandart in der Transitländertabelle ist gepflegt.

Werden generell keine Transitländer gefunden, bekommen Abgangs- und Zielland die Hauptlaufversandart.

Ist die Hauptlaufversandart dem Verkehrsträgertyp See- oder Luftverkehr zugeordnet und wurde in der Transitländertabelle die Checkbox SEE/LUFT gesetzt, wird für dieses Land zusätzlich dieser Verkehrsträgertyp übernommen. Wurde die Checkbox in der Transitländertabelle nicht gesetzt, bekommt der Verkehrsträgertyp für See/Luft das Abgangs- und das Zielland des Versands zugeordnet.

Sie haben nun über die Länder (Abgangs-, Zielland und Transitländer) den Gültigkeitsraum und über das Land und den Verkehrsträgertyp die entsprechende Gefahrgutvorschrift ermittelt und können nun die richtigen Gefahrgutstammdaten bestimmen.

16.3.3 Beispiele zur Gefahrgutprüfung

[zB] Ich habe einen Kundenauftrag mit 500 Stück eines Peroxid-Gebindes erfasst. Der Gefahrgutstammsatz ist noch nicht freigegeben. Nach dem Sichern erfolgt die Ausgabe des Gefahrgutprüfprotokolls (siehe Abbildung 16.15).

Abbildung 16.15 Gefahrgutprüfprotokoll nach dem Sichern

Dieser Hinweis sagt aus, dass der zuvor erfasste Gefahrgutstammsatz noch nicht zur Gefahrgutprüfung freigegeben wurde. Klicken Sie auf den Button [&o Prüfungsprotokoll] , und Sie erhalten ein umfangreiches und aussagekräftiges Protokoll (siehe Abbildung 16.16).

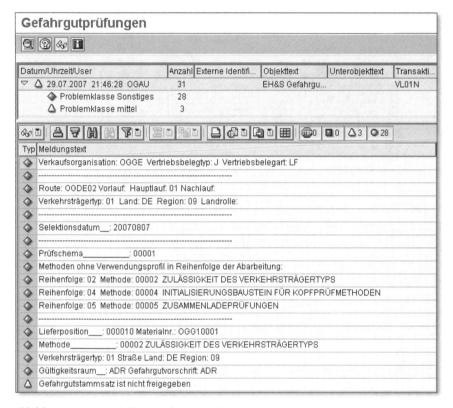

Abbildung 16.16 Protokoll zur Gefahrgutprüfung

Hier werden alle Werte, die zur Ermittlung der Gefahrgutstammdaten benötigt werden, sowie die Ergebnisse der einzelnen Gefahrgutprüfmethoden protokolliert.

Im Popup aus Abbildung 16.15 sichere ich den Lieferbeleg. Ich gebe nun den Gefahrgutstammsatz frei. Hierzu rufe ich die Transaktion DGP2 auf. Ich wähle die Registerkarte KLASSIFIZIERUNG und scrolle das Bild bis zum rechten Rand. Dort erscheint in einer der letzten Spalten der Bearbeitungsstatus (Spalte BEARBST...). Die möglichen Eingabewerte habe ich Ihnen in Abbildung 16.17 dargestellt.

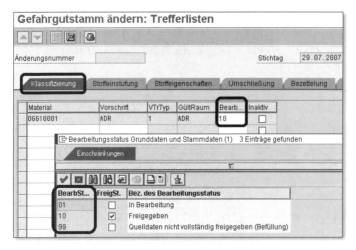

Abbildung 16.17 Bearbeitungsstatus des Gefahrgutstammsatzes

Setzen Sie nun den Status auf »10« und sichern den Gefahrgutstammsatz. Rufen Sie erneut den Lieferbeleg auf (mit der Transaktion VL02N, Ändern Lieferbeleg). Wählen Sie die Funktion aus der Menüleiste BEARBEITEN • GEFAHRGUTPRÜFUNGEN. Sie erhalten nun ein Popup mit einer neuen Nachricht (siehe Abbildung 16.18).

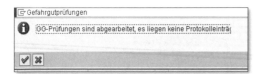

Abbildung 16.18 Popup nach erfolgreicher Gefahrgutprüfung

Zur Prüfung wählen Sie die Funktion aus der Menüleiste SPRINGEN • KOPF • LADEN. Hier ist die Checkbox ENTHÄLT GG gesetzt. Dieses Feld ist nicht eingabebereit und kann manuell nicht geändert werden (siehe Abbildung 16.19).

Springen Sie wieder zur Übersicht, markieren Sie die Position, und wählen Sie aus der Menüleiste SPRINGEN • POSITION • LADEN UND TRANSPORT. Hier wurde das Gefahrgutkennzeichenprofil (Feld GGPROFIL) aus dem Materialstammsatz übernommen (siehe Abbildung 16.20). Somit ist das Material als Gefahrgut gekennzeichnet.

In einem anderen Beispiel setze ich im Gefahrgutstammsatz die Checkbox, dass der Transport über diesen Verkehrsträger nicht zugelassen ist (siehe Abbildung 16.21).

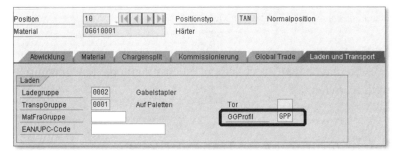

Abbildung 16.19 Gefahrgutkennzeichen im Lieferbelegkopf

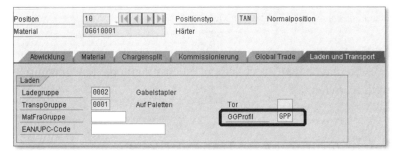

Abbildung 16.20 Gefahrgutprofil in der Lieferbelegposition

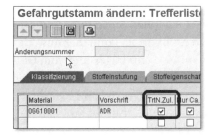

Abbildung 16.21 Checkbox »Transport nicht zugelassen«

Ich sichere diese Einstellung und starte erneut die Gefahrgutprüfung im Lieferbeleg. Ich erhalte daraufhin wieder eine Fehlermeldung (siehe Abbildung 16.22).

Abbildung 16.22 Fehlerprotokoll nach der erneuten Gefahrgutprüfung

Möchten Sie weitere Prüfungen vornehmen, müssen Sie hierzu die entsprechenden Funktionsbausteine selbst entwickeln. Hier ist natürlich der Entwickler gefragt. Nehmen Sie als Beispiel die gerade beschriebene Funktion. Der Funktionsbaustein HAZMAT_CHK_MOT, der die Checkbox »Transport nicht zugelassen« überprüft, besteht lediglich aus vier Programmzeilen (siehe Listing 16.1).

```
CLEAR E_REACT.
    IF NOT I_DGTMD_REC-DGTNA IS INITIAL.
* if dgtna is not initial, the mode of transport category is not
* permissible; in this case we set the returncode true which means that
* the reaction which is specified in customizing, will be processed
        E_REACT = 'X'.
    ENDIF.
```

Listing 16.1 Funktionsbaustein als Beispiel zur Gefahrgutprüfung

Haben Sie Ihren Funktionsbaustein erstellt, pflegen Sie ihn in die Gefahrgutprüfmethode ein und ordnen anschließend die Prüfmethode dem gewünschten Gefahrgutprüfschema zu.

16.4 Gefahrgutprüfung im Transportbeleg

Wie ich bereits zu Beginn dieses Kapitels erwähnt habe, können Gefahrgutprüfungen auch im Transportbeleg durchgeführt werden. Wie Sie diese Prüfung für die Transportbelege aktivieren, zeige ich Ihnen im ersten Teil dieses Abschnitts. Um die Gefahrgutprüfung durchführen zu können, muss der Gefahrgutstammsatz gelesen werden, der vom Verkehrsträger und vom Gültigkeitsraum abhängt. Wie diese Informationen aus dem Transportbeleg ermittelt werden und welche Einstellungen erforderlich sind, zeige ich Ihnen im zweiten Teil dieses Abschnitts. Den dritten Teil widme ich kurz einem kleinen Beispiel.

16.4.1 Aktivierung der Gefahrgutprüfung für Transportbelege

Zunächst müssen Sie festlegen, für welche Transportbelege eine Gefahrgutprüfung durchgeführt werden soll.

Starten Sie das Customizing über den entsprechenden Customizing-Pfad (siehe Abschnitt 16.3.1, »Aktivierung der Gefahrgutprüfung für Lieferbelege«). Pflegen Sie für Ihre Transportdispostelle und Transportart das Gefahrgutprüfschema ein (siehe Abbildung 16.23).

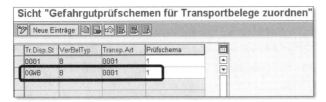

Abbildung 16.23 Aktivierung der Gefahrgutprüfung für Transportbelege

Der Vertriebsbelegtyp »8« wird automatisch vom SAP-System hinzugefügt.

Im zweiten Schritt müssen Sie die Gefahrgutprüfschema-Findungsmethode für Ihre Transportbelege definieren (siehe Abbildung 16.24).

Technische Informationen zur Gefahrgutprüfschema-Findungsmethode

▶ Pfad im Customizing: ENVIRONMENT, HEALTH & SAFETY • GEFAHRGUTABWICKLUNG • GEFAHRGUTPRÜFUNGEN UND GEFAHRGUTPAPIERE/EDI • GEMEINSAME EINSTELLUNGEN • GEFAHRGUTPRÜFSCHEMA-FINDUNGSMETHODE ZUORDNEN • FÜR TRANSPORTBELEGE ZUORDNEN

▶ Eigene Transaktion: –

▶ Tabelle: TDGA9

Sicht "Gefahrgut-Prüfschema-Findungsmethode zuordnen"	
Tr.Disp.St	Prüfschema-Findungsmethode
0001	HAZMAT_CHK_FIND_SCHEMA
OGWB	HAZMAT_CHK_FIND_SCHEMA

Abbildung 16.24 Gefahrgutprüfschema-Findungsmethode je Transportdispostelle

Ich habe mich hier für die SAP-Standard-Findungsmethode (PRÜFSCHEMA-FINDUNGSMETHODE »HAZMAT_CHK_FIND_SCHEMA«) entschieden und diese der Transportdispostelle »OGWB« (Spalte TR.DISP.ST) zugeordnet.

16.4.2 Ermittlung der Daten zur Durchführung der Gefahrgutprüfung

Um nun über das Customizing die richtigen Einstellungen zur Durchführung der Gefahrgutprüfung sowie zur Findung der richtigen Gefahrgutstammdaten im Transportbeleg sicherzustellen, sind bestimmte Daten im Transportbeleg erforderlich.

Datumsfindung zur Selektion des Gültigkeitszeitraums

Wie Sie es bereits beim Lieferbeleg kennengelernt haben, besitzen Gefahrgutstammdaten einen *Gültigkeitszeitraum*. Nun müssen Sie definieren, mit welchem Datum aus dem Transportbeleg Sie die Gültigkeit des Gefahrgutsatzes selektieren möchten.

Technische Informationen zur Datumsfindung

▸ Menüpfad im Customizing: ENVIRONMENT, HEALTH & SAFETY • GEFAHRGUTABWICKLUNG • GEFAHRGUTPRÜFUNGEN UND GEFAHRGUTPAPIERE/EDI • GEMEINSAME EINSTELLUNGEN • DATUM ZUR ERMITTLUNG DER GEFAHRGUTSTAMMDATEN FESTLEGEN

▸ Eigene Transaktion: DGCI (Vertriebsbelegtyp »8«)

▸ Tabelle: TDG43

Starten Sie das Customizing. Geben Sie als Vertriebsbelegtyp eine »8« für Transportbelege ein. Anschließend legen Sie mit einem Radiobutton fest, welches Datum zur Selektion der gültigen Gefahrgutstammsätze herangezogen wird.

Länderermittlung zur Findung des Gültigkeitsraums

Um die Gefahrgutstammdaten lesen zu können, wird ein Gültigkeitsraum benötigt. Dieser hängt vom Land ab; dabei werden drei Typen von Ländern unterschieden: das Abgangsland, die Transitländer und das Zielland. Die Gefahrgutprüfung wird für alle beteiligten Länder zu einem Transport durchgeführt.

Das *Abgangsland* wird aus der Adresse des Abgangsknotens der ersten Transportstrecke (siehe auch Abschnitt 11.2, »Abschnitte«) ermittelt, das *Zielland* aus der Adresse des Zielknotens der letzten Transportstrecke.

Transitländer werden aus der Adresse eines jeden weiteren Knotens abgeleitet. In folgenden Fällen werden jedoch die Transitländer aus der Transitländertabelle gezogen:

▸ Es existiert keine Route im Transportkopf.

▸ Es existiert zwar eine Route im Transportkopf, jedoch ohne Routenabschnitte.

▸ Es existiert eine Route im Transportkopf mit Routenabschnitten. Im Routenkopf ist die Checkbox TRANSITLÄNDERTABELLE BERÜCKSICHTIGEN gesetzt.

Zunächst wird die Ermittlung der Transitländer mit allen drei Kriterien (Route, Abgangs- und Zielland) versucht. Wurden keine Einträge gefunden, wird ohne Route erneut versucht, Transitländer zu finden. Diese Zugriffe werden zuerst mit der Route aus dem Transportkopf sowie dem Abgangs- und Zielland aus den Transportstrecken (Abschnitten) durchgeführt. Wurde nichts gefunden, wird das gleiche Spiel mit dem Abgangs- und Zielland aus dem Transportbeleg versucht.

Ermittlung Versandart zur Findung des Verkehrsträgertyps

Genauso wie beim Lieferbeleg wird auch beim Transportbeleg zum Lesen der Gefahrgutstammdaten der Verkehrsträgertyp als weiteres Kriterium benötigt. Der Verkehrsträgertyp wird in der Versandart definiert (siehe hierzu auch Abschnitt 10.3.1, »Selektion von Lieferbelegen«). Somit muss für die Gefahrgutprüfung die Versandart ermittelt werden. Diese Versandart wird anschließend den Ländern (Abgangs-, Zielland und den Transitländern) zugeordnet.

Bei den Ländern aus den Transportabschnitten wird die Route aus dem Abschnitt selbst zugeordnet. Bei den Transitländern wird unterschieden, ob im Transportbeleg nur ein einzelner Abschnitt oder mehrere Abschnitte gebildet wurden. Bei einem Transport mit nur einem Abschnitt erfolgt die Zuordnung der Versandart aus dem Abschnitt. Hat der Transport mehrere Abschnitte, werden die Transitländer den Transportstrecken zugeordnet. Nun kann die Versandart aus jeder jeweiligen Transitstrecke den Transitländern zugeordnet werden.

16.4.3   Beispiel

Ich übernehme den Lieferbeleg aus dem vorigen Beispiel (siehe Abschnitt [zB] 16.3.3) und erstelle einen Transport. Bei der Selektion der Lieferbelege habe ich die Checkbox NUR LIEFERUNGEN MIT GEFAHRGUT gesetzt. Nach dem Sichern geschieht zunächst einmal nichts. Erst durch das Setzen des Status »Disposition« im Transportbeleg wird die Abschnittsfindung durchgeführt, und jetzt kann auch die Gefahrgutprüfung erfolgen. Da ich mit dem gleichen Beispiel gearbeitet habe, tritt der Fehler erneut auf, dass der Transport nicht durchgeführt werden kann (siehe Abbildung 16.25).

Jedoch liegt der Fall hier ein wenig differenzierter als im Lieferbeleg. Da bereits die Gefahrgutprüfung im Lieferbeleg nicht in Ordnung war, müssen Sie zunächst den Gefahrgutstammsatz ändern. Anschließend müssen Sie auf dem Lieferbeleg eine neue Gefahrgutprüfung durchführen und im letzten Schritt den Lieferbeleg aus dem Transport entfernen und ihn neu selektieren. Erst dann ist die Gefahrgutsperre im Transportkopf entfernt. Sie sehen die Sperre auf der Registerkarte GEFAHRGUT. Sie können erneut den Status »Disposition« setzen, um die Abschnitte zu bilden.

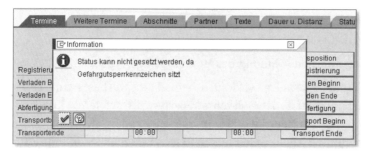

Abbildung 16.25 Fehlerprotokoll zur Gefahrgutprüfung im Transportbeleg

Setzen Sie nun das Kennzeichen im Gefahrgutstammsatz erneut zurück und lassen den Transport für diesen Verkehrsträgertyp nicht zu, bekommen Sie eine erneute Fehlermeldung (siehe Abbildung 16.26).

Abbildung 16.26 Fehler in der Gefahrgutprüfung im Transportbeleg

Klicken Sie auf den Button [Prüfungsprotokoll], und Sie erhalten ein ähnliches Protokoll, wie ich es Ihnen bereits im Lieferbeleg gezeigt habe.

16.5 Gefahrgutpapiere

Der Transport von Gefahrgütern muss in einer ganz bestimmten Weise (gemäß der Gefahrgutverordnung) dokumentiert werden. Der Fahrer muss Informationen über Erste-Hilfe-Maßnahmen bei Unfällen erhalten. Sicherheitsdatenblätter und Unfallmerkblätter werden gedruckt und dem Frachtführer ausgehändigt. Der Aufwand für die Pflege dieser Gefahrgutdokumente ist recht groß, da sie teilweise in mehreren Sprachen verfügbar sein müssen.

Ich betrachte an dieser Stelle lediglich die Dokumente, die für den Transport von Gefahrgütern benötigt werden. Die wichtigsten Lieferpapiere und

-dokumente sind bereits von SAP auf die Gefahrgutabwicklung vorbereitet und einsatzbereit. Hierbei handelt es sich in erster Linie um den *Lieferschein*, die *Packliste* und das *Unfallmerkblatt*.

Auf diesen Dokumenten sind gefahrgutspezifische Texte abgedruckt. Die einzelnen Texte werden in SAP EHS Management als *Phrasen* abgespeichert. Zur Pflege dieser sprachenabhängigen Texte hat SAP eine *Phrasenverwaltung* konzipiert. Hier werden alle Standardtexte verwaltet, die auf den Gefahrgutdokumenten abgedruckt werden.

Es werden aber auch Hilfstexte zu Feldern im Gefahrgutstammsatz angelegt. Möchten Sie zu einem bestimmten Feld Werte einpflegen, können Sie sich zu diesem Feld eine Auswahl (Phrasenauswahlmenge) von Phrasen anzeigen lassen. Diese Phrasen werden dann gleichzeitig für den Ausdruck benutzt.

16.5.1 Aktivierung der Verphrasung

Die Verphrasung als solche muss aktiviert werden. Starten Sie hierzu die Transaktion CGCZ, oder wählen aus dem SAP-Menü den Menüpfad Logistik • Environment, Health & Safety • Grunddaten • Werkzeuge • Laufende Einstellungen • Stammdatenabgleich. Sie erhalten eine Übersicht mit diversen Checkboxen (siehe Abbildung 16.27).

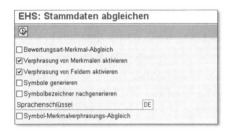

Abbildung 16.27 Aktivierung der Verphrasung

Im SAP-Standard werden bereits der Lieferschein und die Packliste mit Gefahrguttexten versorgt. Es handelt sich um die SAPScript-Formulare RVDELNOTE für Lieferscheine (Nachrichtenart »LD00«) und SD_PACKING_LIST für Packlisten (Nachrichtenart »PL00«). Beide Dokumente werden über die Nachrichtensteuerung erstellt (siehe hierzu auch Kapitel 13, »Versandpapiere und -dokumente«). Damit die entsprechenden Funktionsbausteine zur Ermittlung der Texte angesprochen werden, muss im Gefahrgutkennzeichenprofil die Checkbox Pap gesetzt sein (siehe Abbildung 16.11).

Ebenfalls über die Nachrichtensteuerung (Nachrichtenart »TRM«) werden die Unfallmerkblätter ausgedruckt. Die Unfallmerkblätter enthalten eine schriftliche Anweisung für den Fahrer oder das Fahrpersonal, welche Erste-Hilfe-Maßnahmen sie im Falle eines Unfalls durchführen müssen. Sie können auch eventuellen Rettungskräften ausgehändigt werden, um entsprechende Gegenmaßnahmen einzuleiten. Das Customizing zu den Unfallmerkblättern wird in der Produktsicherheit eingestellt. Zu den Unfallmerkblättern bietet SAP selbst umfangreiche Dokumentationen an.

Die Inhalte zu den meisten Feldern aus dem Gefahrgutstammsatz, die in den Lieferbeleg übernommen werden, können »verphrast« werden. Grob beschrieben läuft die Verphrasung folgendermaßen ab: Sie wissen, für welches Feld Sie bestimmte Werte vorgeben möchten. Dieses Feld ist in einer bestimmten Datenbanktabelle oder Struktur definiert. Jeden Wert, den Sie in dieses Feld einpflegen möchten, legen Sie als einzelne Phrase an. Zu dieser Phrase können Sie auch Gefahrguttexte anlegen.

Damit Sie die möglichen Eingabewerte erhalten, wenn Sie mit Ihrem Cursor auf ein solches Feld gehen und die Eingabewerte aufklappen, müssen Sie alle Werte (also Phrasen) zu diesem Feld einer Phrasenauswahlmenge zuordnen. Anschließend teilen Sie die Phrasenauswahlmenge dem Feld zu.

16.5.2 Phrasenauswahlmenge

Ein Beispiel wird das verdeutlichen: In der Gefahrgutstammdatei gibt es das Feld GEFAHRENHINWEIS 1. Über die *Phrasenauswahlmenge-Merkmal-Zuordnung* (Transaktion CGAB, siehe Abbildung 16.28) ordnen Sie diesem Feld mit dem FELDNAMEN »PDAIN1 – Gefahrenhinweis 1«) aus der TABELLE / STRUKTUR »DGTM2« die PHRASENAUSWAHLMENGE »SAP_EHS_1022_026_DAIN« zu.

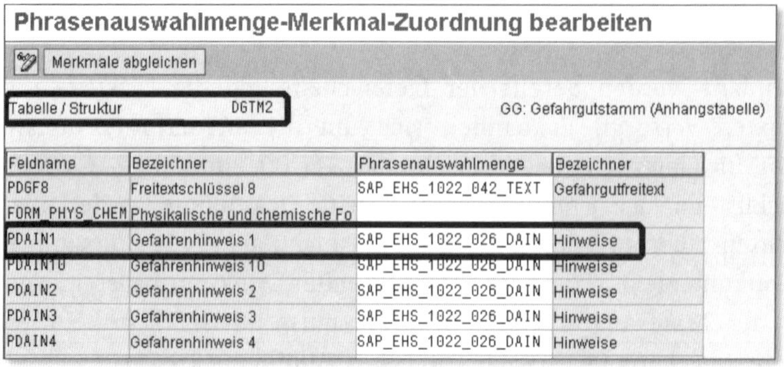

Phrasenauswahlmenge-Merkmal-Zuordnung bearbeiten

| | Merkmale abgleichen |

| Tabelle / Struktur | DGTM2 | | GG: Gefahrgutstamm (Anhangstabelle) |

Feldname	Bezeichner	Phrasenauswahlmenge	Bezeichner
PDGF8	Freitextschlüssel 8	SAP_EHS_1022_042_TEXT	Gefahrgutfreitext
FORM_PHYS_CHEM	Physikalische und chemische Fo		
PDAIN1	Gefahrenhinweis 1	SAP_EHS_1022_026_DAIN	Hinweise
PDAIN10	Gefahrenhinweis 10	SAP_EHS_1022_026_DAIN	Hinweise
PDAIN2	Gefahrenhinweis 2	SAP_EHS_1022_026_DAIN	Hinweise
PDAIN3	Gefahrenhinweis 3	SAP_EHS_1022_026_DAIN	Hinweise
PDAIN4	Gefahrenhinweis 4	SAP_EHS_1022_026_DAIN	Hinweise

Abbildung 16.28 Zuordnung einer Phrasenauswahlmenge zum Feld im Stammsatz

16.5.3 Phrasen einer Phrasenauswahlmenge zuordnen

Dieser *Phrasenauswahlmenge* teilen Sie nun die einzelnen Phrasen zu (Transaktion CG1B). Geben Sie die entsprechende Phrasenauswahlmenge an, und lassen Sie sich hierzu die einzelnen Phrasen anzeigen (siehe Abbildung 16.29).

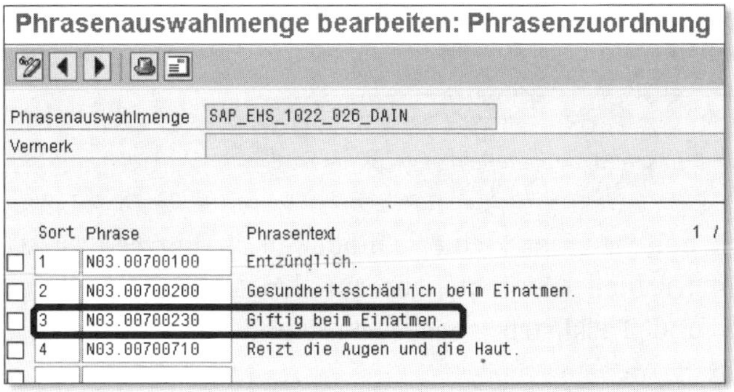

Phrasenauswahlmenge bearbeiten: Phrasenzuordnung

	Sort	Phrase	Phrasentext	1 /
☐	1	N03.00700100	Entzündlich.	
☐	2	N03.00700200	Gesundheitsschädlich beim Einatmen.	
☐	3	N03.00700230	Giftig beim Einatmen.	
☐	4	N03.00700710	Reizt die Augen und die Haut.	

Phrasenauswahlmenge SAP_EHS_1022_026_DAIN
Vermerk

Abbildung 16.29 Phrasen zu einer Phrasenauswahlmenge

Merken Sie sich in diesem Beispiel die Phrase »N03.00700230« mit dem Text »Giftig beim Einatmen«. Die Phrase selbst bearbeiten Sie mit der Transaktion CG12. Mit dieser Transaktion können Sie auch neue Phrasen anlegen.

Ich rufe nun den Gefahrgutstammsatz auf, wähle die Registerkarte PAPIERANDRUCKTEXTE und scrolle bis zum Feld GEFHIN. 1 vor (siehe Abbildung 16.30).

Abbildung 16.30 Gefahrgutstammsatz, Feld »GefHin.1«

Hier ist »Giftig beim Einatmen« in Form der Phrase »CUST- N03.00700230« eingepflegt. Lasse ich mir nun über das Icon ⊕ die komplette Feldauswahl anzeigen, werden mir die Phrasen dargestellt, die für dieses Feld über die Phrasenauswahlmenge definiert wurden (siehe Abbildung 16.31).

Abbildung 16.31 Mögliche Phrasen, die einem Feld zugeordnet sind

Mit diesem Beispiel haben Sie einen kleinen Einblick in die Phrasenverwaltung bekommen. Ein Großteil der Texte, die auf den Gefahrgutpapieren bzw. Lieferscheinen und Packlisten abgedruckt sind, wird über diese Phrasentechnik ermittelt.

Die Gefahrgutdaten sind auch seitens der SAP-Standardauslieferung in die IDoc-Verarbeitung (z. B. EDI-Abwicklung mit Ihren Geschäftspartnern) integriert. Auf den EDI-Prozess wird in Kapitel 14, »EDI und IDocs«, eingegangen, auf die Nachrichtensteuerung in Kapitel 13, »Versandpapiere und -dokumente«.

16.6 Zusammenfassung

In diesem Kapitel habe ich Ihnen in groben Zügen die Gefahrgutabwicklung für den Versand- und Transportprozess beschrieben. Ich bin im ersten Teil auf die Grundlagen der Gefahrgutabwicklung eingegangen. Diese sind zum einen in den Stammdaten und zum anderen im Customizing wiederzufinden.

Im zweiten Teil habe ich die Gefahrgutprüfungen dargestellt. Hierbei kam es mir in erster Linie darauf an, Ihnen zu zeigen, wie die richtigen Gefahrgutstammdaten gefunden werden und welche Voraussetzungen im Prozess gegeben sein müssen, um die korrekte und gültige Gefahrgutverordnung zu finden und anwenden zu können. Der SAP-Standard bietet an dieser Stelle lediglich Beispiele, die Sie kopieren können, um eigene Gefahrgutprüfungen zu entwickeln.

Im letzten Teil habe ich mich kurz dem Druck von Gefahrgutdaten gewidmet. Schwerpunkt ist hier die Phrasenabwicklung, die zur Findung der einzelnen Gefahrguttexte herangezogen wird.

Anhang

A   Wichtige Tabellennamen

A.1   Grundeinstellungen

A.1.1   Organisationseinheiten LES

T001   Buchungskreise

T001W   Werke/Niederlassungen

T001K   Zuordnung Werk – Buchungskreis (Bewertungskreis)

T001L   Lagerorte

TVST   Versandstellen

TVSWZ   Zuordnung Versandstelle – Werk

TVLA   Ladestellen

TTDS   Transportdispostellen

A.1.2   Organisationseinheiten WM

T300   Lagernummern

T340D   Weitere Informationen je Lagernummer (z. B. Liefersplit)

T320   Zuordnung Lagernummer – Werk, Lagerort

T331   Lagertypen

T302   Lagerbereiche

T30A   Kommissionierbereiche

T30AT   Sprachenabhängige Beschreibung (Text) zum Kommissionierbereich

T333A   Transportarten je Lagernummer

T307   Lagereinheiten

T333   Bewegungsarten

T333T   Sprachenabhängige Beschreibung (Text) zur Bewegungsart

T336   Differenzenkennzeichen

T336T   Sprachenabhängige Beschreibung (Text) zum Differenzenkennzeichen

T329P   Spool-Kennzeichen für das Drucken von Transportaufträgen

T329A   Druckerpool und Etiketten definieren

T312S   Sortierprofil/Sammelgang zum Drucken von Transportaufträgen

T329F   Druckkennzeichen für Transportaufträge definieren

T329D   Druckparameter je Lagerbewegung

A.1.3   Organisationseinheiten SD

TVKO   Verkaufsorganisationen

TVKWZ   Erlaubte Werke je Verkaufsorganisation

TVTW   Vertriebswege

TVKOV   Vertriebswege je Verkaufsorganisation

TSPA   Sparten

TVKOS   Erlaubte Sparten je Verkaufsorganisation

TVBUR   Verkaufsbüros

TVKBZ   Erlaubte Verkaufsbüros je Vertriebsbereich

TVKGR   Verkäufergruppen

TVBVK   Erlaubte Verkäufergruppe je Verkaufsbüro

A.2   Kundenaufträge

TVAK   Kundenauftragsarten

TVAKT   Sprachenabhängige Beschreibung (Text) zur Kundenauftragsart

A.3   Lieferbelege

TVLK   Lieferarten

TVLKT   Sprachenabhängige Beschreibung (Text) zur Lieferart

TVLP   Lieferpositionstypen

TPTM   Positionstypengruppe definieren

TPTMT Sprachenabhängige Beschreibung (Text) zur Positionstypengruppe

TVVW   Positionstypenverwendung anzeigen

TVVWT Sprachenabhängige Beschreibung (Text) zur Positionstypengruppe

T184L   Positionstypenfindung

T186   List-Profile zum Anlegen Lieferbelege über eine Batch-Variante

T160M Systemverhalten von Systemmeldungen

TVDSS Splitprofile

TVDSST Sprachenabhängige Beschreibung (Text) zum Splitprofil

TVDSP Splitprofil je Lieferart

A.3.1 Liefersperren

TVLS   Definition der Liefersperren und deren Verhalten im Prozess

TVLST   Sprachenabhängige Beschreibung (Text) zu den Liefersperren

TVLSP   Zuordnung der Liefersperren zu den Lieferarten

TVMS   Vertriebsstatus im Materialstamm definieren

TVMST Sprachenabhängige Beschreibung (Text) zum Vertriebsstatus

A.3.2 Bedingungen, Kopierregeln

TFRM   Kopierbedingung Kundenauftrag → Lieferbeleg (Gruppe »ABED«)

TFRM   Datenübernahme Kundenauftrag → Lieferbeleg (Gruppe »ADAT«)

TFRMT Sprachenabhängige Beschreibung (Text) zur Kopierbedingung

TVCPL   Kopierregeln von Auftragsart zur Lieferart

A.3.3 Versandstellenfindung

TVSB   Versandbedingungen

TVSBT   Sprachenabhängige Beschreibung (Text) zur Versandbedingung

TLGR   Ladegruppen

TLGRT   Sprachenabhängige Beschreibung (Text) zur Ladegruppe

TVSTZ   Versandstellenfindung

A.3.4 Routenfindung

TZONE   Transportzonen

TZONT   Sprachenabhängige Beschreibung (Text) zur Transportzone

TTGR   Transportgruppen

TTGRT   Sprachenabhängige Beschreibung (Text) zur Transportgruppe

TVLGZ   Gewichtsgruppen

TVLGT   Sprachenabhängige Beschreibung (Text) zur Gewichtsgruppe

TVRO   Route

TVROT   Sprachenabhängige Beschreibung (Text) zur Route

TROIZ   Routenfindung (Kopfeinträge)

TROLZ   Routenfindung (Positionseinträge)

TROAL   Erlaubte Alternativrouten

TVKN   Verkehrsknoten

TVKNT   Sprachenabhängige Beschreibung (Text) zum Verkehrsknoten

A.3.5 Warenannahmezeiten

TVWA   Schema zu den Warenannahmezeiten definieren und pflegen

TVWAT   Sprachenabhängige Beschreibung (Text) zum Schema WA-Zeiten

A.3.6 Terminierung

T630R   Richtzeiten je Versandstelle, Route und Gewichtsgruppe

T630L   Ladezeiten je Versandstelle, Route und Gewichtsgruppe

A.3.7 Unvollständigkeitsprüfung

TVUVS   Statusgruppen definieren und pflegen

TVUVG   Unvollständigkeitsgruppen

TVUVO   Sprachenabhängige Beschreibung (Text) zu den Unvollständigkeitsgruppen

TVUV   Unvollständigkeitsschemata

TVUVT   Sprachenabhängige Beschreibung (Text) zu den Unvollständigkeitsschemata

TVUVF   Zu prüfende Felder im Unvollständigkeitsschema

A.3.8   Partnerfindung im Lieferbeleg

TPAR   Partnerrollen

TPART   Sprachenabhängige Beschreibung (Text) zur Partnerrolle

TVPG   Partnerschemata (Partnerobjekt »D«)

TPAER   Zuordnung der Partnerrollen zu einem Partnerschema

TPAKD   Partnerrollen und die dazugehörigen erlaubten Kontogruppen

A.3.9   Textsteuerung

TTXID   Textarten (Textobjekt für Lieferbelege: »VBBK« [Kopftexte] und
»VBBP« [Pos.texte])

TTXIT   Sprachenabhängige Beschreibung (Text) zur Textart

TTXG   Textschemata (Textobjekt für Lieferbelege: »VBBK« und »VBBP«)

TTXGT   Sprachenabhängige Beschreibung (Text) zum Textschema

TTXZ   Zugriffsfolgen

TTXZT   Sprachenabhängige Beschreibung (Text) zur Zugriffsfolge

A.3.10   Chargenfindung

T682   Zugriffsfolgen für die Chargenfindung (Verwendung »H«, Applikation »V«)

T682T   Sprachenabhängige Beschreibung (Text) zur Zugriffsfolge

T685H   Strategiearten (Applikation »V«)

T683   Chargensuchschema (Verwendung »H«, Applikation »V«)

T683U   Sprachenabhängige Beschreibung (Text) zum Chargensuchschema

T683C   Chargensuchschema dem Vertriebsbereich zuordnen

A.3.11 Serialnummern

T377P   Serialnummernprofile

T377P_T   Sprachenabhängige Beschreibung (Text) zum Serialnummern-
            profil

T377   Serialisierungsvorgänge

A.3.12 Registrierung

V_LECI_CHK_PT   Tore bzw. Pforten definieren

LECI_FORMS   Druckprogramme für Passierscheine

A.3.13 Nummernkreise

NRIV   Nummernkreise Vertriebsbelege (Objekt RV_BELEG)

A.3.14 Kommissionierung

T142   Raumbedingungen

T142T   Sprachenabhängige Beschreibung (Text) zur Raumbedingung

TVKOL   Kommissionierlagerortfindung

A.3.15 Lean-WM

T30B   Tore

T30BT   Sprachenabhängige Beschreibung (Text) zum Tor

T30C   Bereitstellungszonen

T30CT   Sprachenabhängige Beschreibung (Text) zur Bereitstellungszone

TCTBF   Tor und Bereitstellungszone je Warenempfänger

TRTBF   Tor und Bereitstellungszone je Routenfahrplan

A.3.16 Gruppen von Lieferungen

TVSA   Liefer- oder Verarbeitungsgruppen

TVSAT   Sprachenabhängige Beschreibung (Text) zur Liefergruppe

T318   Kommissionierwellenprofile

T318T   Sprachenabhängige Beschreibung (Text) zum Kommissionierwellenprofil

TMET   Mengeneinheitenaufwandsgruppen

TMETT   Sprachenabhängige Beschreibung (Text) zu einer Mengeneinheitenaufwandsgruppe

A.3.17 Verpacken

TVFO   Kopierbedingung für das Verpacken (Folgefunktion 12, Gruppenkennzeichen Kopiersteuerung »FOFU«)

TVTY   Packmittelarten

TVTYT   Sprachenabhängige Beschreibung (Text) zur Packmittelart

TVEGR   Materialgruppen Packmittel

TVEGRT   Sprachenabhängige Beschreibung (Text) zur Materialgruppe Packmittel

TERVH   Materialgruppe Packmittel den Packmittelarten zuordnen (Erlaubte Packmittel)

NRIV   Nummernkreise Handling Units (Objekt RV_VEKP)

NRIV   Nummernkreise SSCC-Nummerierung (Objekt z. B. LE_SSCC)

T681   Mögliche Felder für die Merkmalskombinationen (Packvorschriften)

T682   Zugriffsfolgen für die Packvorschriften (Kopfinformationen)

T682I   Zugriffsfolgen für die Packvorschriften (Einzelne Zugriffe)

T685   Findungsarten für die Packvorschriften

T685T   Sprachenabhängige Beschreibung (Text) zur Findungsart

T683   Packvorschriftenfindungsschema für die Packvorschriften (Kopfinformationen)

T683T   Sprachenabhängige Beschreibung (Text) zum Packvorschriftenfindungsschema

T683S   Packvorschriftenfindungsschema für die Packvorschriften

CHUPDPARAPackdialogprofile

A.4   Transportbelege

A.4.1   Customizing

TVTK   Transportarten

TVTKT   Sprachenabhängige Beschreibung (Text) zur Transportart

TVTY   Transportmittelarten

TVTYT   Sprachenabhängige Beschreibung (Text) zur Transportmittelart

T173   Versandarten

T173T   Sprachenabhängige Beschreibung (Text) zur Versandart

TVTR   Verkehrsträger

TVTRT   Sprachenabhängige Beschreibung (Text) zum Verkehrsträger

TVSAK   Sonderabwicklungskennzeichen

TVSAKT Sprachenabhängige Beschreibung (Text) zum Sonderabwicklungskennzeichen

A.4.2   Nummernkreise

NRIV   Nummernkreise Transportbelege (Objekt RV_TRANSPO)

A.4.3   Partnerfindung im Transportbeleg

TPAR   Partnerrollen

TPART   Sprachenabhängige Beschreibung (Text) zur Partnerrolle

TVPG   Partnerschemata (Partnerobjekt »N«)

TPAER   Zuordnung der Partnerrollen zu einem Partnerschema

TPAKD   Partnerrollen und die dazugehörigen erlaubten Kontogruppen

A.4.4 Textsteuerung in Transportbelegen

TTXID Textarten (Textobjekt für Lieferbelege: »VTTK«)

TTXIT Sprachenabhängige Beschreibung (Text) zur Textart

TTXG Textschemata (Textobjekt für Lieferbelege: »VBBK« und »VBBP«)

TTXGT Sprachenabhängige Beschreibung (Text) zum Textschema

TTXZ Zugriffsfolgen

TTXZT Sprachenabhängige Beschreibung (Text) zur Zugriffsfolge

A.5 Frachtkostenbelege

A.5.1 Customizing

NRIV Nummernkreise Frachtkostenbelege (Objekt SD_FRACHT)

TVTF Frachtkostenarten

TVTFT Sprachenabhängige Beschreibung (Text) zur Frachtkostenart

TVFT Frachtkostenpositionstypen

TVFTT Sprachenabhängige Beschreibung (Text) zum Frachtkostenpositionstyp

TVFTK Zuordnung Frachtkostenpositionstypen zur Frachtkostenart

TVTK Frachtkostenrelevanz

T682 Zugriffsfolgen (Verwendung »A«, Applikation »F«)

T682T Sprachenabhängige Beschreibung (Text) zur Zugriffsfolge

T685A Konditionsarten (Applikation »F«)

T685T Sprachenabhängige Beschreibung (Text) zur Konditionsart

T683 Definition des Kalkulationsschemas (Verwendung »A«,
Applikation »F«)

T683T Sprachenabhängige Beschreibung (Text) zum Kalkulationsschema

T683S Kalkulationsschema (Verwendung »A«, Applikation »F«)

T684 Konditionsausschlussgruppen (Verwendung »A«, Applikation »F«)

T684T	Sprachenabhängige Beschreibung (Text) zur Konditionsausschlussgruppe
T684G	Zuordnung von Konditionsarten zu Ausschlussgruppen (Verwendung »A«, Applikation »F«)
T684S	Zuordnung von Ausschlussgruppen zu einem Kalkulationsschema (Verwendung »A«, Applikation »F«)
TVFCD	Dienstleisterschemagruppe
TVFCDT	Sprachenabhängige Beschreibung (Text) zur Dienstleisterschemagruppe
TVFCG	Positionsschemagruppe
TVFCGT	Sprachenabhängige Beschreibung (Text) zur Positionsschemagruppe
TVFCV	Versandartenschemagruppe
TVFCVT	Sprachenabhängige Beschreibung (Text) zur Versandschemagruppe
TVFTZ	Tarifzonen
TVFTZT	Sprachenabhängige Beschreibung (Text) zur Tarifzone
TVFPTZH	Organisationsschlüssel für die Tarifzonen definieren
TVFPTZ	Tarifzonen den Organisationsschlüsseln zuordnen

A.6 Nachrichten

A.6.1 Customizing

Applikationen: »V2« = Auslieferungen, »V6« = Handling Units, »V5« = Gruppen, »V7« = Transportbelege

T682F	Feldkatalog (Anwendung »B«, Applikation »Vx«)
T682	Zugriffsfolge (Anwendung »B«, Applikation »Vx«)
T682T	Sprachenabhängige Beschreibung (Text) zur Zugriffsfolge (Anwendung »B«, Applikation »Vx«)
T682I	Konditionstabellen zur Zugriffsfolge (Anwendung »B«, Applikation »Vx«)

T682Z   Feldzuordnung für die Zugriffsfolge (Anwendung »B«,
Applikation »Vx«)

T685B   Nachrichtenarten (Anwendung »B«, Applikation »Vx«)

A.7   Gefahrgutabwicklung

A.7.1   Customizing

TCG91   Gültigkeitsräume (Gültigkeitsraumtyp »REGION«)

TCG92   Sprachenabhängige Beschreibung (Text) zum Gültigkeitsraum

TCG93   Zuordnung Länder zu Gültigkeitsräumen

THM151 Verkehrsträgertypen

THM152 Sprachenabhängige Beschreibung (Text) zum Verkehrsträgertyp

THM063 Gefahrgutvorschriften

TDGA1   Aktivierung der Gefahrgutprüfung

TDGA5   Gefahrgutprüfmethode

TDGA6   Sprachenabhängige Beschreibung (Text) zur Gefahrgutprüfmethode

TDGA7   Verwendungsprofile

TDGB1   Gefahrgutschema

TDGB2   Sprachenabhängige Beschreibung (Text) zum Gefahrgutschema

TDGB3   Zuordnung Gefahrgutprüfmethoden zum Gefahrgutschema

TDGB5   Gefahrgutprüfschema für Lieferbelege

TDGB7   Gefahrgutprüfschema für Transportbelege

TDGB9   Gefahrgutprüfschema für Verkaufsbelege

TDGA3   Gefahrgutprüfschema-Findungsmethode für Lieferbelege

TDGA7   Gefahrgutprüfschema-Findungsmethode für Transportbelege

TDG41   Gefahrgutkennzeichenprofil für den Materialstamm

TDG42   Sprachenabhängige Beschreibung (Text) zum Gefahrgutkennzeichenprofil

TDG43   Datumsfindung für den Gültigkeitszeitraum der Gefahrgutdaten

B   Wichtige Transaktionen

B.1   Grundeinstellungen

B.2   Grundeinstellungen an den Organisationseinheiten LES

ECO1   Buchungskreis bearbeiten, besser SM30, View V_T001

ECO2   Werk bearbeiten, besser SM30, View V_T001W

OX18   Zuordnung Werk – Buchungskreis

OX09   Lagerort definieren, Zuordnung zum Werk

ECO7   Versandstelle bearbeiten, besser SM30, View V_TVST

OVXC   Zuordnung Versandstelle – Werk

SM30   View T_TVLA, Ladestelle bearbeiten

SM30   View T_TTDS, Transportdispostelle bearbeiten

B.2.1   Grundeinstellungen an den Organisationseinheiten WM

ECO9   Lagernummer definieren, besser SM30, View V_T3001

SM30   View V_T320, Zuordnung Lagernummer – Werk, Lagerort

SM30   View V_T3002, Lean-WM einrichten

SM30   View V_T3010, Lagertyp pflegen

SM30   View V_T3012, Lagertyp für Lean-WM pflegen

SM30   View V_T302, Lagerbereich pflegen

SM30   View V_T30A2, Kommissionierbereich für Lean-WM anlegen

LS01N   Lagerplatz manuell einzeln anlegen

LS05   Maschinelles Anlegen von Lagerplätzen, Struktur hierzu über LS10 anlegen

LS02N   Lagerplatz manuell einzeln ändern

LS11   Lagerplätze selektieren und massenweise ändern

LS03N   Lagerplatz einzeln anzeigen

OMM1   Lagereinheiten definieren

SM30   View V_T333A2, Transportarten für eine Lagernummer zulassen

OMLJ   Bewegungsarten definieren und pflegen

SM30   View V_T3362, Differenzkennzeichen je Lagernummer definieren

OMLV   Druckparameter im Lean-WM definieren und pflegen

B.2.2   Grundeinstellungen an den Organisationseinheiten SD

EC04   Verkaufsorganisation definieren, besser SM30, View V_TVKO

SM30   View V_TVKO_ASSIGN, Zuordnung Verkaufsorganisation – Buchungskreis

EC05   Vertriebsweg definieren, besser SM30, View V_TVTW

SM30   View V_TVKOV_ASSIGN, Zuordnung Vertriebsweg – Verkaufsorganisation

SM30   View V_TVKWZ_ASSIGN, Zuordnung Verkaufsorganisation und Vertriebsweg – Werk

EC06   Sparte definieren, besser SM30, View V_TSPA

SM30   View V_TVKOS_ASSIGN, Zuordnung Sparte – Verkaufsorganisation

SM30   View V_TVTA_ASSIGN, Vertriebsbereich (Verk.organisation, Vertr.weg, Sparte) bilden

SM30   View V_TVBUR, Verkaufsbüro definieren

SM30   View V_TVKBZ_ASSIGN, Zuordnung Verkaufsbüro – Vertriebsbereich

SM30   View V_TVKGR, Verkäufergruppe definieren

SM30   View V_TVBVK_ASSIGN, Zuordnung Verkäufergruppe – Verkaufsbüro

B.3 Stammdatenpflege

B.3.1 Pflege Materialstammdaten

MM01 Materialstammdaten einzeln anlegen

MM02 Materialstammdaten einzeln ändern

MM03 Materialstammdaten einzeln anzeigen

MM06 Löschvormerkung im Materialstamm setzen

B.3.2 Pflege Kundenstammdaten

XD01 Kundenstammdaten komplett anlegen

XD02 Kundenstammdaten komplett ändern

XD03 Kundenstammdaten komplett anzeigen

XD04 Änderungshistorie zum Kundenstamm anzeigen

XD05 Kundenstamm komplett sperren

XD06 Löschvormerkung setzen

VD01 Vertriebsbereichsdaten für einen Kunden anlegen

VD02 Vertriebsbereichsdaten für einen Kunden ändern

VD03 Vertriebsbereichsdaten für einen Kunden anzeigen

VD04 Änderungshistorie zu den Vertriebsbereichsdaten anzeigen

VD05 Kundenstamm für einen bestimmten Vertriebsbereich sperren

VD06 Löschvormerkung für einen bestimmten Vertriebsbereich setzen

OVSC Schema für Warenannahmezeiten definieren und pflegen

B.3.3 Pflege Kunden-Material-Infosätze

VD51 Kunden-Material-Infosätze anlegen

VD52 Kunden-Material-Infosätze ändern

VD53 Kunden-Material-Infosätze anzeigen

VD54 Kunden-Material-Infosätze über die Materialnummer suchen

B.3.4 Pflege Lieferantenstammdaten

XK01 Lieferant einzeln anlegen

XK02 Lieferant einzeln ändern

XK03 Lieferant anzeigen

B.3.5 Chargenstammdaten

MSC1N Charge einzeln anlegen

MSC2N Charge einzeln ändern

MSC3N Charge anzeigen

MSC4N Anzeigen der Änderungshistorie einer Charge

B.3.6 Gefahrgutstammsätze

DGP1 Gefahrgutstammsatz anlegen

DGP2 Gefahrgutstammsatz ändern

DGP3 Gefahrgutstammsatz anzeigen

DGR1 Auflisten aller Gefahrgutstammsätze eines Materials

B.3.7 Serialnummern

OIS2 Serialnummernprofile anlegen und pflegen

IQ01 Serialnummern-Stammsätze anlegen

IQ02 Serialnummern-Stammsätze ändern

IQ03 Serialnummern-Stammsätze anzeigen

IQ04 Serialnummern in Form einer Liste eingeben

B.4 Kundenaufträge

B.4.1 Customizing

VOV8 Kundenauftragsarten definieren und pflegen

VOV7 Positionstypen definieren und pflegen

SM30   View V_T184, Zuordnung bzw. Ermittlung des Positionstyps

VOV6   Einteilungstypen definieren und pflegen

VOFM   Bedingungen pflegen

VTLA   Kopierregeln zwischen Kundenauftrag und Lieferbeleg festlegen

B.5   Lieferungen

B.5.1   Customizing

0VLK   Lieferarten definieren und pflegen

0VLP   Lieferpositionstypen definieren und pflegen

SM30   View V_TPTM, Positionstypengruppe definieren

0184   Positionstypenfindung einstellen

SM30   View V_T186, List-Profile für die Lieferbelegerstellung im Batch definieren

SM30   View V_TVLS, Liefersperren definieren

SM30   View V_TVLSP, Zuordnung der Liefersperren zu den Lieferarten

SM30   View V_TVMS, Vertriebsstatus definieren und pflegen

SM30   View V_T340DJ, Liefersplit je Lagernummer

OVM1   Systemverhalten von Systemmeldungen

OVDSP   Liefersplitprofile definieren und pflegen

B.5.2   Lieferungen anlegen und ändern

VL01N   Lieferbeleg manuell erstellen

VL10A   Lieferbelege zu Kundenaufträgen im Sammelgang anlegen

VL10C   Lieferbelege zu Kundenauftragspositionen im Sammelgang anlegen

VL10B   Lieferbelege zu Umlagerungsbestellungen anlegen

VL10D   Lieferbelege zu Positionen in Umlagerungsbestellungen im Sammelgang anlegen

VL10G	Lieferbelege zu Kundenaufträgen und Umlagerungsbestellungen im Sammelgang anlegen
VL10H	Lieferbelege zu Kundenauftragspositionen und Positionen in Umlagerungsbestellungen im Sammelgang anlegen
VL10E	Lieferbelege zu Einteilungen im Kundenauftrag im Sammelgang anlegen
VL10F	Lieferbelege zu Einteilungen in der Umlagerungsbestellung im Sammelgang anlegen
VL10I	Lieferbelege zu Einteilungen im Kundenauftrag und in der Umlagerungsbestellung im Sammelgang anlegen
VL10BATCH	Lieferbelege im Batch-Lauf erstellen
V_SA	Protokoll des Sammellaufs anzeigen
VL02N	Lieferbeleg ändern bzw. löschen
VL03N	Lieferbeleg anzeigen
VLSP	Nachträglicher Liefersplit
VL31N	Anlieferungen anlegen
VL32N	Anlieferungen ändern bzw. löschen
VL33N	Anlieferungen anzeigen

B.5.3 Nummernkreise

| VN01 | Nummernkreis für Lieferbelege pflegen |

B.5.4 Registrierung

CHKPT	Tore bzw. Pforten definieren
LECIFORM	Druckprogramme für Passierscheine definieren
LECI	Zentralfunktion Registrierung, Passierscheine drucken

B.5.5 Versandstellenfindung

SM30   View V_TVSB, Versandbedingungen definieren

SM30   View V_TVAK_VB, Versandbedingung einer Kundenauftragsart
zuordnen

SM30   View V_TLGR, Ladegruppen definieren

SM30   View V_TVSTZ, Versandstellenfindung

B.5.6 Routenfindung

OVR1   Transportzonen definieren

OVL7   Transportzone in der Versandstelle pflegen

OVSY   Transportgruppen definieren

OVS8   Gewichtsgruppen definieren und pflegen

0VTC   Routen definieren

0VRF   Routenfindung

OVLR   Erlaubte Alternativrouten

0VTD   Verkehrsknoten definieren

B.5.7 Terminierung

OVLZ   Richt- und Ladezeiten je Versandstelle pflegen

SM30   View V_T630R, Richtzeiten je Versandstelle, Route und Gewichtsgruppe pflegen

SM30   View V_T630L, Ladezeiten je Versandstelle, Route und Gewichtsgruppe pflegen

SM30   View V_TVRO_COM, Transportdispovorlauf- und Transitzeit in der
Route pflegen

B.5.8 Unvollständigkeitsprüfung

OVA0   Statusgruppen definieren und pflegen

SM30   View V_TVUVG, Unvollständigkeitsgruppen

OVA2   Unvollständigkeitsschemata definieren und pflegen

VUA4   Zuordnung eines Unvollständigkeitsschemas zur Lieferart

VUP4   Zuordnung eines Unvollständigkeitsschemas zum Lieferpositionstyp

SM30   View V_TPAR_VUV, Zuordnung eines Unvollständigkeitsschemas zur Partnerrolle

B.5.9   Partnerfindung

VOPA   Veraltete Transaktion zur Partnerfindung, aber noch anwendbar

SM30   View V_TPAR_SD, Partnerrollen definieren

SM30   View V_TVPG_LK, Partnerschemata definieren

SM30   View V_TPAER_SD, Partnerrollen einem Partnerschema zuordnen

SM30   View V_TPAKD_SD, Kontogruppen einer Partnerrolle zuordnen

SM30   View V_TVLK_SD, Partnerschema einer Lieferart zuordnen

B.5.10   Textsteuerung

VOTXN Textarten, Textschemata, Zugriffsfolgen für die Textfindung

B.5.11   Chargenfindung

V/C7   Konditionstabellen für die Chargenfindung anlegen

V/C8   Konditionstabellen für die Chargenfindung ändern

V/C9   Konditionstabellen für die Chargenfindung anzeigen

V/C2   Zugriffsfolgen definieren und pflegen

V/C1   Strategiearten definieren und pflegen

V/C3   Chargensuchschema definieren

V/CA   Chargenfindung je Kundenauftragsart festlegen

V/CL   Chargenfindung je Lieferpositionstyp festlegen

MSC1N Chargenstammsatz anlegen

MSC2N Chargenstammsatz ändern

MSC3N Chargenstammsatz anzeigen

VCH1   Konditionssätze zur Chargenfindung anlegen

VCH2   Konditionssätze zur Chargenfindung ändern

VCH3   Konditionssätze zur Chargenfindung anzeigen

B.5.12 Kommissionierung

OVLQ   Regel zur Lagerortfindung der Lieferart zuordnen

OMS6   Raumbedingungen definieren

VSTK   Quittierungspflicht je Versandstelle einstellen

OVB6   Bedingungen zur Durchführung der Kommissionierung

VOFM   Pflege aller Bedingungen über Bedingungen → Folgefunktionen →
         Kommissionierung

B.5.13 Lean-WM

SM30   View V_T30B, Tore definieren und pflegen

SM30   View V_T30C, Bereitstellungszonen definieren und pflegen

SM30   View V_TVLK_W, Findungsregel für die Tore und Bereitstellungs-
         zonen je Lieferart festlegen

SM30   View V_TCTBF, Tor und Bereitstellungszone im Lieferkopf je
         Warenempfänger festlegen

SM30   View V_TCRBF, Tor und Bereitstellungszone in der Lieferposition
         je Warenempfänger festlegen

SM30   View V_TRTBF, Tor und Bereitstellungszone im Lieferkopf je Rou-
         tenfahrplan festlegen

SM30   View V_TRRBF, Tor und Bereitstellungszone in der Lieferposition
         je Routenfahrplan festlegen

LT03   Transportauftrag anlegen

LT21   Transportauftrag anzeigen

LT12   Transportauftrag quittieren

LT13   Transportauftragsposition quittieren

B.5.14 Kommissionierwellen, Liefergruppen

OVV5	Liefergruppen für den Auslieferungsmonitor bearbeiten
OVVM	Liefergruppen für die Ladelisten bearbeiten
VOGL	Sonstige Liefergruppen anlegen und pflegen
VSAN	Nummernkreise für die Liefergruppe pflegen
VG01	Anlegen einer Liefergruppe
VG02	Ändern einer Liefergruppe
VG03	Anzeigen einer Liefergruppe
VSAK	Löschen einer Liefergruppe
VL06P	Anlegen einer Liefergruppe aus der Lieferliste
VL35	Anlegen von Kommissionierwellen nach Vergleichszeitpunkten
VL35_S	Anlegen von Kommissionierwellen aus Transportbelegen
VL35_ST	Anlegen von Kommissionierwellen aus Transportbelegen und nach Vergleichszeitpunkt
VL06P	Anlegen von Kommissionierwellen aus dem Auslieferungsmonitor
VL37	Kommissionierwellenmonitor
SM30	View V_T340D_W, Vergleichszeitpunkte für die Zeitscheiben pflegen
SM30	View V_T318, Kommissionierwellenprofil pflegen
SM30	View V_TMET, Mengeneinheitenaufwandsgruppen pflegen
SM30	View V_TL006, Zuordnung Mengeneinheiten zu Mengeneinheitenaufwandsgruppen

B.5.15 Verpacken

VLPP	Packpflicht bzw. Packrelevanz je Lieferpositionstyp pflegen
VPBD	Bedingung für das Verpacken pflegen und programmieren
VHAR	Packmittelarten definieren und pflegen
VEGR	Materialgruppe Packmittel definieren

VHZU   Materialgruppe Packmittel den Packmittelarten zuordnen (Erlaubte Packmittel)

VNKP   Nummernkreise für Handling Units definieren

S_P99_41000252   SSCC-Nummernkreis je Werk/Lagerort pflegen

S_P99_41000260   SSCC-Nummernkreis je Lagernummer pflegen

SNRO   Nummernkreis innerhalb der SSCC-Nummer pflegen

OFP5   Merkmalskombinationen für die Packvorschriften anlegen

OFP6   Merkmalskombinationen für die Packvorschriften ändern

OFP7   Merkmalskombinationen für die Packvorschriften anzeigen

OFP8   Mögliche Felder für die Merkmalskombinationen

OFP2   Zugriffsfolgen für die Packvorschriften pflegen

OFP3   Findungsart für die Packvorschriften pflegen

OFP4   Packvorschriftenfindungsschema für die Packvorschriften pflegen

OVHU2   Packdialogprofil pflegen

OVHU3   Nummernkreise für die Packvorschriften pflegen

POP1   Packvorschrift anlegen

POP2   Packvorschrift ändern bzw. die Löschvormerkung setzen

POP3   Packvorschrift anzeigen

POP4   Bestehende Löschvormerkung in einer Packvorschrift entfernen

POF1   Neue Findungsregel anlegen

POF2   Findungsregel ändern

POF3   Findungsregeln anzeigen

B.5.16 Warenausgangsbuchung

VL02N   Warenausgang zu einem einzelnen Lieferbeleg buchen

VL06G   Warenausgangsbuchung im Sammelgang durchführen

VL23   Warenausgangsbuchung als Batch-Job einplanen

VL09   Warenausgang stornieren

B.6   Transportbelege

B.6.1   Customizing

OVTK   Transportarten definieren

OVTR   Transportrelevanz je Lieferart einstellen

SM30   View V_TVLP_TL, Transportrelevanz je Lieferpositionstyp einstellen

SM30   View V_TVRO, Transportrelevanz je Route einstellen

VN07   Nummernkreise für Transportbelege pflegen

VHAR   Transportmittelarten definieren und pflegen

OVTA   Versandarten definieren

OVTB   Verkehrsträger definieren

OVTW   Sonderabwicklungskennzeichen definieren

VOPA   Partnerfindung im Transportbeleg

OVTL   Aktivitätsprofile pflegen

B.6.2   Transportbelege anlegen, ändern und anzeigen

VT01N   Transportbeleg einzeln manuell erstellen

VT04   Transportbelege im Sammelgang erstellen

VT07   Transportbeleg über einen Batch-Job erstellen

VT02N   Transportbeleg einzeln ändern

VT06   Massenänderung an Transportbelegen durchführen

VT05   Protokoll der Sammelgänge anzeigen

VT03N   Transportbeleg einzeln anzeigen

VT11   Transportdisposition (Dispoliste)

B.6.3   Textsteuerung

VOTXN   Textarten, Textschemata, Zugriffsfolgen für die Textfindung

B.7 Frachtkostenbelege

B.7.1 Customizing

VN08	Nummernkreise für Frachtkostenbelege pflegen
T_56	Frachtkostenarten, -positionstypen und deren Zuordnung definieren und pflegen
T_57	Frachtkostenrelevanz einstellen
T_03	Konditionstabellen anlegen
T_04	Konditionstabellen ändern
T_05	Konditionstabellen anzeigen
TV24	Anzeige der für die Konditionstabellen erlaubten nutzbaren Felder
T_07	Zugriffsfolgen pflegen
T_06	Konditionsarten pflegen
T_08	Kalkulationsschema pflegen
T_31	Konditionsausschlussgruppen definieren
T_32	Konditionsarten zu Konditionsausschlussgruppen zuordnen
TOK8	Konditionsausschlussgruppe einem Kalkulationsschema zuordnen und pflegen
T_70	Dienstleisterschemagruppen definieren
T_71	Positionsschemagruppe definieren und zuordnen
T_72	Versandartenschemagruppe definieren und zuordnen
T_73	Findung Kalkulationsschema pflegen
T_76	Tarifzonen pflegen

B.7.2 Staffeln

VS01	Staffel anlegen
VS04	Neue Staffel mit Vorlage anlegen
VS02	Staffel ändern
VS03	Staffel anzeigen
VS06	Bestehende Staffeln selektieren und auflisten

B.7.3 Konditionen

TK11   Kondition anlegen

TK14   Neue Kondition mit Vorlage anlegen

TK12   Kondition ändern

TK13   Kondition anzeigen

B.7.4 Frachtkostenbelege

VI01   Frachtkostenbeleg manuell anlegen

VI02   Frachtkostenbeleg ändern

VI03   Frachtkostenbeleg anzeigen

VI04   Frachtkostenbelege im Sammelgang anlegen

VI05   Frachtkostenbelege im Sammelgang ändern

VI06   Frachtkostenbelege im Sammelgang im Hintergrund anlegen

VI07   Frachtkostenbelege im Sammelgang im Hintergrund ändern

B.8 Nachrichten

B.8.1 Customizing

V/59   Konditionstabellen für Auslieferungen anlegen

V/60   Konditionstabellen für Auslieferungen ändern

V/61   Konditionstabellen für Auslieferungen anzeigen

V/87   Feldkatalog für die Konditionstabellen Auslieferungen

V/93   Konditionstabellen für Handling Units anlegen

V/94   Konditionstabellen für Handling Units ändern

V/95   Konditionstabellen für Handling Units anzeigen

V/90   Feldkatalog für die Konditionstabellen Handling Units

V/G1   Konditionstabellen für Gruppen anlegen

V/G2   Konditionstabellen für Gruppen ändern

V/G3	Konditionstabellen für Gruppen anzeigen
V/89	Feldkatalog für die Konditionstabellen Gruppen
V/77	Konditionstabellen für Transportbelege anlegen
V/78	Konditionstabellen für Transportbelege ändern
V/79	Konditionstabellen für Transportbelege anzeigen
V/91	Feldkatalog für die Konditionstabellen Transportbelege
V/50	Zugriffsfolgen für Auslieferungen pflegen
V/96	Zugriffsfolgen für Handling Units pflegen
V/G4	Zugriffsfolgen für Gruppen pflegen
V/80	Zugriffsfolgen für Transportbelege pflegen
V/34	Nachrichtenarten für Auslieferungen pflegen
V/97	Nachrichtenarten für Handling Units pflegen
V/G6	Nachrichtenarten für Gruppen pflegen
V/82	Nachrichtenarten für Transportbelege pflegen

B.9 EDI- und IDoc-Verarbeitung

WE30	IDoc-Struktur anzeigen (IDoc-Typ bis zu den Segmenten)
WE31	Aufbau eines Segments anzeigen
WE20	Partnervereinbarungen pflegen
WE05	IDoc-Liste erstellen
WE09	IDocs nach Feldinhalten suchen
BD87	IDoc-Monitor

B.10 Gefahrgutabwicklung

B.10.1 Customizing

CGC1	Gültigkeitsräume festlegen
HMCR	Gefahrgutvorschriften pflegen

DGA1   Gefahrgutprüfungen aktivieren

DGCI   Datumsfindung für den Gültigkeitszeitraum von Gefahrgutdaten

DGA5   Transitländer definieren

CHCZ   Aktivierung der Verphrasung

CGAB   Phrasenauswahlmenge-Merkmal-Zuordnung

CG1B   Phrasen einer Phrasenauswahlmenge zuordnen

B.10.2 Gefahrgutstammsätze

DGP1   Gefahrgutstammsatz anlegen

DGP2   Gefahrgutstammsatz ändern

DGP3   Gefahrgutstammsatz anzeigen

DGR1   Auflisten Gefahrgutstammsätze

CG12   Phrasen bearbeiten

B.11   Handling Units

HUMO   Handling Unit Monitor

HUPAST Packtisch

VLMOVE Handling Units bewegen bzw. umlagern

C   Der Autor

 Othmar Gau beschäftigt sich bereits seit 1989 mit SAP-Logistiklösungen. Seit 1997 ist er als freiberuflicher IT-Berater und Entwickler für SAP-Logistik tätig. Seine Schwerpunkte liegen auf den Bereichen Warehouse Management sowie Transport und Versand mit SAP Logistics Execution System (LES). In zahlreichen Kundenprojekten hat er viele Probleme kennen gelernt und Lösungen dafür entwickelt.

Othmar Gau ist Autor der SAP PRESS-Bücher »Frachtabrechnung mit SAP Logistics Execution System« und »Transportation Management with SAP LES«.

Index

C

D

Funktionen, Prozesse und Customizing von
SAP APO-PP/DS verständlich erklärt

Heuristiken, finite Planung,
Auftragssichten, Plantafeln,
Alert-Handling, APO Core Interface u.v.m.

Mit ausführlicher Darstellung des
Zusammenspiels von SAP APO
und SAP ECC

Jochen Balla, Frank Layer

Produktionsplanung mit SAP APO

Dieses Buch bietet Ihnen eine fundierte Einführung in die
Produktionsplanung mit SAP APO-PP/DS: Funktionen,
Anwendung, Customizing. Sie lernen den Datenaustausch
zwischen APO und ECC mittels CIF, die APO-Stammdaten
und alle wichtigen Funktionen der Produktions- und Feinplanung
kennen. Darüber hinaus entdecken Sie, welche Auswertungs- und
Interaktionswerkzeuge Ihnen zur Verfügung stehen und wie die
Komponenten bei der Erstellung eines finiten Produktionsplans
zusammenspielen.

ca. 370 S., 2. Auflage, 69,90 Euro, 115,– CHF
ISBN 978-3-8362-1602-9, April 2010

>> www.sap-press.de/2380

Praxisorientierte Darstellung von Geschäftsprozessen, Anlagenstrukturierung und Customizing

Mit zahlreichen Tipps und Tricks für die Einführung und den laufenden Betrieb

Mit Schnittstellen, Reporting und Technologien wie MAM, RFID, SOA, Portal u.v.m.

Karl Liebstückel

Instandhaltung mit SAP

Mit diesem Buch lernen Sie, wie Sie Ihre Anlagenstrukturierung und Ihre Geschäftsprozesse in der Instandhaltung mit Enterprise Asset Management (EAM, ehemals PM) erfolgreich gestalten. Alle wichtigen Customizing-Einstellungen und Prozesse werden dabei ausführlich erläutert: von der Aufarbeitung bis zur zustands-orientierten Instandhaltung. Auch über die Schnittstellen zu anderen Bereichen, das Reporting, den Einsatz neuer Technologien (z.B. RFID) und die Implementierung von EAM erfahren Sie alles Relevante (inkl. Erfolgs- und Risikofaktoren). Mit DVD-Gutschein.

ca. 600 S., 2. Auflage, mit DVD-Gutschein, 69,90 Euro, 115,– CHF
ISBN 978-3-8362-1557-2, April 2010

>> www.sap-press.de/2329